Markenrecht

von

Professor Dr. Franz Hacker

Vorsitzender Richter am Bundespatentgericht in München
Honorarprofessor an der Universität Augsburg

5. Auflage

Carl Heymanns Verlag 2020

Zitiervorschlag: Hacker, Markenrecht, 5. Aufl., Rn. 559

Bibliografische Informationen der Deutschen Nationalbibliothek
Die Deutsche Nationalbibliothek verzeichnet diese Publikation in der Deutschen Natio-
nalbibliografie; detaillierte bibliografische Daten sind im Internet über http://dnb.d-nb.
de abrufbar.

ISBN 978-3-452-29193-6

www.wolterskluwer.de

Umschlagkonzeption: Martina Busch, Homburg Kirrberg
Satz: Innodata Inc., Noida, Indien
Druck und Weiterverarbeitung: Williams Lea & Tag GmbH, München

Gedruckt auf säurefreiem, alterungsbeständigem und chlorfreiem Papier.

Vorwort

Das vorliegende Werk versteht sich als Propädeutikum zu den großen markenrechtlichen Kommentaren und Handbüchern. Es wendet sich gleichermaßen an den Praktiker, der einen Einstieg in dieses Rechtsgebiet sucht, wie an Studenten, bei denen das Markenrecht einen Teil des Schwerpunktstudiums bildet. Ziel ist es, den Leser mit den wesentlichen Regeln und Institutionen des nationalen, europäischen und internationalen Markenrechts vertraut zu machen. Es geht also weniger um die Ausbreitung des im Markenrecht besonders wuchernden Detailreichtums als um den Grund und Zweck sowie den systematischen Zusammenhang der gesetzlichen Regelung. Vorkenntnisse werden nicht vorausgesetzt. Unerlässlich ist es jedoch, die jeweils behandelten Vorschriften im Gesetz selbst mit zu lesen.

Gegenüber der Vorauflage hat vor allem das Markenrechtsmodernisierungsgesetz (MaMoG) vom 11. Dezember 2018 zahlreiche Änderungen mit sich gebracht. Das Gesetz ist im Wesentlichen am 14. Januar 2019 in Kraft getreten. Bereits vollständig eingearbeitet ist aber auch die zum 1. Mai 2020 in Kraft tretende Neufassung der §§ 53, 54 MarkenG. Rechtsprechung und Literatur sind bis 1. Juni 2019 berücksichtigt

Stadtbergen, im Juni 2019   *Franz Hacker*

Inhaltsübersicht

Inhaltsverzeichnis

Inhaltsverzeichnis

Inhaltsverzeichnis

Abkürzungsverzeichnis

a.A.	anderer Ansicht
a.a.O.	am angegebenen Ort
abl.	ablehnend
ABl.	Amtsblatt
ABl-EG	Amtsblatt der Europäischen Gemeinschaft
ABl-EU	Amtsblatt der Europäischen Union
ABl-HABM	Amtsblatt des Harmonisierungsamtes für den Binnenmarkt
Abs.	Absatz
abw.	abweichend
ADHGB	Allgemeines deutsches Handelsgesetzbuch (1861)
a.E.	am Ende
AEUV	Vertrag über die Arbeitsweise der Europäischen Union
a.F.	alte(r) Fassung
AfP	Archiv für Presserecht
allg.	allgemein
Alt.	Alternative
a.M.	anderer Meinung
Amtl.Begr.	Begründung zum Regierungsentwurf eines Markenrechtsreformgesetzes, BlPMZ 1994, Sonderheft, S. 45 ff.
ÄndVO-GMV	Verordnung (EU) 2015/2424 des Europäischen Parlaments und des Rates zur Änderung der Verordnung (EG) Nr. 207/2009 des Rates über die Gemeinschaftsmarke und der Verordnung (EG) Nr. 2868/95 der Kommission zur Durchführung der Verordnung (EG) Nr. 40/94 des Rates über die Gemeinschaftsmarke und zur Aufhebung der Verordnung (EG) Nr. 2869/95 der Kommission über die an das Harmonisierungsamt für den Binnenmarkt (Marken, Muster und Modelle) zu entrichtenden Gebühren, ABl-EU Nr. L 341 v. 24.12.2015, S. 21
Anm.	Anmerkung
Art.	Artikel
Aufl.	Auflage
ausf.	ausführlich
BayObLG	Bayerisches Oberstes Landesgericht
Bd.	Band
Begr.	Begründung
Beschl.	Beschluss
BGB	Bürgerliches Gesetzbuch
BGBl.	Bundesgesetzblatt
BGH	Bundesgerichtshof
BGHZ	Entscheidungssammlung des Bundesgerichtshofs in Zivilsachen
BK	Beschwerdekammer
BlPMZ	Blatt für Patent-, Muster- und Zeichenwesen
BMJV	Bundesministerium der Justiz und für Verbraucherschutz
BPatG	Bundespatentgericht
BPatGE	Entscheidungssammlung des Bundespatentgerichts

BR-Drs.	Bundesratsdrucksache
BT-Drs.	Bundestagsdrucksache
BVerfG	Bundesverfassungsgericht
bzw.	beziehungsweise
ders.	derselbe
DesignG	Designgesetz
d.h.	das heißt
DL	Dienstleistung(en)
DPMA	Deutsches Patent- und Markenamt
DPMAV	Verordnung über das Deutsche Patent- und Markenamt
DurchsetzungsRL	Richtlinie 2004/48/EG des Europäischen Parlaments und des Rates vom 29.4.2004 zur Durchsetzung der Rechte des geistigen Eigentums, ABl-EU Nr. L 195 v. 2.6.2004, S. 16 = BlPMZ 2004, 408
EFTA	European Free Trade Association
EG	Vertrag zur Gründung der Europäischen Gemeinschaft (EG-Vertrag); Europäische Gemeinschaft
EGV	Vertrag zur Gründung der Europäischen Gemeinschaft (seit 1.5.1999 als EG abgekürzt)
Einigungsvertrag	Vertrag zwischen der Bundesrepublik Deutschland und der Deutschen Demokratischen Republik über die Herstellung der Einheit Deutschland vom 31.8.1990
Einl.	Einleitung
ErstrG	Gesetz über die Erstreckung von gewerblichen Schutzrechten v. 23.4.1992 (Erstreckungsgesetz)
etc.	et cetera
EU	Vertrag über die Europäische Union (EU-Vertrag); Europäische Union
EuG	Gericht der Europäischen Union, vormals Gericht erster Instanz der Europäischen Gemeinschaften
EuGH	Gerichtshof der Europäischen Union (Europäischer Gerichtshof)
EUIPO	Amt der Europäischen Union für geistiges Eigentum, vormals HABM
EU-Kommission	Kommission der Europäischen Union (Europäische Kommission)
EWG	Europäische Wirtschaftsgemeinschaft
EWR	Abkommen über den europäischen Wirtschaftsraum
f.	folgende
FA-GewRS	siehe Literaturverzeichnis
ff.	fortfolgende
Fn.	Fußnote
FS	Festschrift
GATT	General Agreement on Tariffs and Trade
GAusfOMMA/PMMA	Gemeinsame Ausführungsordnung zum Madrider Abkommen über die internationale Registrierung von Marken und zum Protokoll zu diesem Abkommen, derzeit geltend in der Fassung vom 01.02.2019

GebrMG	Gebrauchsmustergesetz
GebVerz	Gebührenverzeichnis
GeschmMG	Geschmacksmustergesetz
GewO	Gewerbeordnung
GG	Grundgesetz für die Bundesrepublik Deutschland
GMV	Verordnung (EG) Nr. 207/2009 des Rates vom 26.2.2009 über die Gemeinschaftsmarke; Nachfolgeregelung zu Verordnung (EG) Nr. 40/94 des Rates vom 20.12.1993 über die Gemeinschaftsmarke
grdl.	grundlegend
GRUR	Gewerblicher Rechtsschutz und Urheberrecht (Zeitschrift)
GRUR Int.	Gewerblicher Rechtsschutz und Urheberrecht, Internationaler Teil (Zeitschrift)
GRUR-Prax	Gewerblicher Rechtsschutz und Urheberrecht, Praxis im Immaterialgüter- und Wettbewerbsrecht (Zeitschrift)
GRUR-RR	Gewerblicher Rechtsschutz und Urheberrecht, Rechtsprechungs-Report (Zeitschrift)
GWB	Gesetz gegen Wettbewerbsbeschränkungen
HABM	Harmonisierungsamt für den Binnenmarkt (Marken, Muster und Modelle), jetzt EUIPO
Halbs.	Halbsatz
HGB	Handelsgesetzbuch
h.L.	herrschende Lehre
h.M.	herrschende Meinung
i.d.F.	in der Fassung
InstGE	Entscheidungen der Instanzgerichte zum Recht des Geistigen Eigentums
IR-Marke	international registrierte Marke
i.V.m.	in Verbindung mit
KG	Kammergericht (Berlin); Kommanditgesellschaft
krit.	kritsch
KUG	Kunsturhebergesetz
LG	Landgericht
lit.	litera (Buchstabe)
MaMoG	Gesetz zur Umsetzung der Richtlinie (EU) 2015/2436 des Europäischen Parlaments und des Rates vom 16.12.2015 zur Angleichung der Rechtsvorschriften der Mitgliedstaaten über die Marken (Markenrechtsmodernisierungsgesetz) vom 11.12.2018, BGBl. 2018 I, S. 2357 ff.
MarkenG	Markengesetz
MarkenR	Zeitschrift für deutsches, europäisches und internationales Kennzeichenrecht
MarkenRL-1988	Erste Richtlinie 89/104/EWG des Rates vom 21.12.1988 zur Angleichung der Rechtsvorschriften der Mitgliedstaaten über die Marken

MarkenRL-2008	Richtlinie 2008/95/EG des Europäischen Parlaments und des Rates vom 22.10.2008 zur Angleichung der Rechtsvorschriften der Mitgliedstaaten über die Marken (kodifizierte Fassung)
MarkenRL/MarkenRL-2015	Richtlinie (EU) 2015/2436 des Europäischen Parlaments und des Rates vom 16. Dezember 2015 zur Angleichung der Rechtsvorschriften der Mitgliedstaaten über die Marken, ABl-EU Nr. L 336 v. 23.12.2015, S. 1
MarkenRRG	Markenrechtsreformgesetz vom 25.10.1994
MarkenV	Markenverordnung
Mitt.	Mitteilungen der Deutschen Patentanwälte
MMA	Madrider Abkommen über die internationale Registrierung von Marken
MSchG	Gesetz über Markenschutz vom 30.11.1874
MünchKomm	Münchener Kommentar
m.w.N.	mit weiteren Nachweisen
n.F.	neue Fassung
NJW	Neue Juristische Wochenschrift
NJW-RR	NJW Rechtsprechungsreport Zivilrecht (Zeitschrift)
Nr.	Nummer
OLG	Oberlandesgericht
ÖBl.	Österreichische Blätter für gewerblichen Rechtsschutz (Zeitschrift)
ÖsterrOGH	Österreichischer Oberster Gerichtshof
PatG	Patentgesetz
PatKostG	Gesetz über die Kosten des Deutschen Patent- und Markenamts und des Bundespatentgerichts
PMMA	Protokoll zum Madrider Abkommen über die internationale Registrierung von Marken
PVÜ	Pariser Verbandsübereinkunft zum Schutz des gewerblichen Eigentums
Rdn.	Randnummer(n) (Verweisungen innerhalb des vorliegenden Werkes)
RG	Reichsgericht
RGBl.	Reichsgesetzblatt
RGZ	Entscheidungssammlung des Reichsgerichts in Zivilsachen
RKGE	Eidgenössische Rekurskommission für geistiges Eigentum
Rn.	Randnummer(n) (Verweisungen auf andere Werke)
ROHG	Reichsoberhandelsgericht
ROHGE	Entscheidungssammlung des Reichsoberhandelsgerichts
RPA	Reichspatentamt
Rspr.	Rechtsprechung
s.	siehe
S.	Satz, Seite
SchweizBG	Schweizerisches Bundesgericht
sic!	Zeitschrift für Immaterialgüter-, Informations- und Wettbewerbsrecht (Schweiz)

sog.	sogenannt
Sp.	Spalte
st.	ständig
StGB	Strafgesetzbuch
str.	streitig
st.Rspr.	ständige Rechtsprechung
Tabu	Taschenbuch des gewerblichen Rechtsschutzes, 4 Loseblatt-Bände
TLT	Trademark Law Treaty (Markenrechtsvertrag) vom 27.10.1994
TRIPs	Trade Related Aspects of Intellectual Property Rights (Übereinkommen über handelsbezogene Aspekte der Rechte des geistigen Eigentums) vom 15.4.1994, BlPMZ 1995, 18, 23
u.a.	unter anderem
UAbs.	Unterabsatz
UGP-RL	Richtlinie 2005/29/EG des Europäischen Parlaments und des Rates vom 11.05.2005 über unlautere Geschäftspraktiken von Unternehmern gegenüber Verbrauchern im Binnenmarkt, ABl-EG 2005 Nr. L 149, S. 22
UMV	Unionsmarkenverordnung, s. auch GMV, ÄndVO-GMV
UrhG	Urheberrechtsgesetz
usw.	und so weiter
UWG	Gesetz gegen den unlauteren Wettbewerb
v.	von, vom
Verz	Verzeichnis
VerzWDL	Verzeichnis der Waren und Dienstleistungen
vgl.	vergleiche
VO	Verordnung
VPP-Rundbrief	Zeitschrift des Deutschen Verbands der Patentingenieure und Patentassessoren e.V.
WbzG	Gesetz zum Schutz der Warenbezeichnungen vom 12.5.1894, RGBl. 1894, 441 = BlPMZ 1894/95, 5
WIPO	World Intellectual Property Organization (Weltorganisation für geistiges Eigentum)
WRP	Wettbewerb in Recht und Praxis (Zeitschrift)
WTO	World Trade Organization (Welthandelsorganisation)
WZG	Warenzeichengesetz
z.B.	zum Beispiel
ZHR	Zeitschrift für das gesamte Handels- und Wirtschaftsrecht
Ziff.	Ziffer
ZPO	Zivilprozessordnung
zutr.	zutreffend

Literaturverzeichnis

Ahrens	Der Wettbewerbsprozess, 8. Aufl. 2017
Baronikians	Der Schutz des Werktitels, 2. Aufl. 2015
Baumbach/Hefermehl	Wettbewerbs- und Warenzeichenrecht, Band II Warenzeichenrecht, 12. Aufl. 1985
Benkard	Patentgesetz und Gebrauchsmustergesetz (Kommentar), 11. Aufl. 2015
Bretthauer	Die Beurteilung von Markenlizenzverträgen nach deutschem und europäischem Kartellrecht, 2004
Büscher/Dittmer/Schiwy (Hrsg.)	Gewerblicher Rechtsschutz – Urheberrecht – Medienrecht (Kommentar), 3. Aufl. 2015
Busse	Patentgesetz (Kommentar), 8. Aufl. 2016
Celli	Internationales Kennzeichenrecht, 2000
Deutsch/Ellerbrock	Titelschutz, 2. Aufl. 2004
Drexl	Internationales Immaterialgüterrecht, in: Münchener Kommentar zum BGB, 11. Bd.
Eisenführ/Schennen	Unionsmarkenverordnung (Kommentar), 5. Aufl. 2017
Ekey/Bender/ Fuchs-Wissemann (Hrsg.)	Markenrecht (Kommentar), Band 1, 3. Aufl. 2015
Erdmann/Rojahn/Sosnitza (Hrsg.)	Handbuch des Fachanwalts Gewerblicher Rechtsschutz, 3. Aufl. 2018
FA-GewRS	siehe Erdmann/Rojahn/Sosnitza
Fammler	Der Markenlizenzvertrag, 3. Aufl. 2014
Fezer	Markenrecht (Kommentar), 4. Aufl. 2009
Fezer	Handbuch der Markenpraxis, 3. Aufl. 2015
Fikentscher	Wettbewerb und gewerblicher Rechtsschutz, 1958
Fikentscher	Wirtschaftsrecht, 2 Bde., 1983
FS 200 Jahre Carl Heymanns Verlag	Festschrift 200 Jahre Carl Heymanns Verlag, 2015
FS Bornkamm	Festschrift für Joachim Bornkamm, 2014
FS Büscher	Festschrift für Wolfgang Büscher, 2018
FS DPA	Festschrift DPA 100 Jahre Markenamt, 1994
FS Erdmann	Festschrift für Willi Erdmann, 2002
FS Fezer	Festschrift für Karl-Heinz Fezer, 2016

Literaturverzeichnis

FS Helm	Festschrift für Horst Helm, 2002
FS Hertin	Festschrift für Paul W. Hertin, 2000
FS von Mühlendahl	Festschrift für Alexander v. Mühlendahl, 2005
FS Piper	Festschrift für Henning Piper, 1996
FS Ströbele	Festschrift für Paul Ströbele, 2019
FS Tilmann	Festschrift für Winfried Tilmann, 2003
von Gamm	Gesetz gegen den unlauteren Wettbewerb (Kommentar), 3. Aufl. 1993
Goldmann	Der Schutz des Unternehmenskennzeichens, 4. Aufl. 2018
Hagens	Warenzeichenrecht (Kommentar), 1927
Harte/Henning	UWG (Kommentar), 3. Aufl. 2013, 4. Aufl. 2016
Hildebrandt	Marken und andere Kennzeichen, 4. Aufl. 2018
HK-MarkenR	Heidelberger Kommentar zum Markenrecht, s. Ekey/Bender/Fuchs-Wissemann
Hubmann/Götting	Gewerblicher Rechtsschutz, 9. Aufl. 2010
Ingerl/Rohnke	Markengesetz (Kommentar), 3. Aufl. 2010
Klostermann	Das geistige Eigenthum an Schriften, Kunstwerken und Erfindungen, 2 Bde., 1869/71
Köhler/Bornkamm/Feddersen	UWG (Kommentar), 37. Aufl. 2019
Kohler	Das Recht des Markenschutzes, 1884
Kohler	Warenzeichenrecht, 1910
Krieger (Hrsg.)	Die Warenzeichenlizenz, 1966
Kur/von Bomhard/Albrecht	Markenrecht (Kommentar), 2. Aufl. 2018
Lange	Marken- und Kennzeichenrecht, 2. Aufl. 2012
Marx	Deutsches, europäisches und internationales Markenrecht, 2. Aufl. 2007
Miosga	Internationaler Marken- und Herkunftsschutz, 1967
von Mühlendahl/Ohlgart	Die Gemeinschaftsmarke, 1998
Ohly/Sosnitza	UWG (Kommentar), 7. Aufl. 2016
Richter/Stoppel	Die Ähnlichkeit von Waren und Dienstleistungen, 18. Aufl. 2019
Risthaus	Erfahrungssätze im Kennzeichenrecht, 2. Aufl. 2007
von Schultz (Hrsg.)	Markenrecht (Kommentar), 3. Aufl. 2012
Sosnitza	Deutsches und europäisches Markenrecht, 2. Aufl. 2015
Ströbele/Hacker/Thiering	Markengesetz (Kommentar), 12. Aufl. 2018

Tabu	DPMA Taschenbuch des gewerblichen Rechtsschutzes (Loseblattsammlung, herausgegeben vom Deutschen Patent- und Markenamt)
Teplitzky	Wettbewerbsrechtliche Ansprüche, Unterlassung, Beseitigung und Schadensersatz, 12. Aufl. 2019
Ulmer, Eugen	Warenzeichen und unlauterer Wettbewerb, 1929
Verdross/Simma	Universelles Völkerrecht, 3. Aufl. 1984
Wadle	Geistiges Eigentum, 1996
Wadle	Fabrikzeichenschutz und Markenrecht, 2 Bde.

A. Grundlagen

§ 1 Grundbegriffe

Das MarkenG regelt, wie sich aus seinem § 1 ergibt, drei Arten von Kennzeichen: **1**
Marken, geschäftliche Bezeichnungen und geographische Herkunftsangaben. Diese
Begriffe sollen im Folgenden erläutert werden.

I. Marken

Eine Definition des Rechtsbegriffs der Marke findet sich im MarkenG nicht. Die   **2**
landläufige Vorstellung geht dahin, Bezeichnungen wie »Coca-Cola«, »Marlboro«
oder »Persil« oder auch etwa den Mercedes-Stern oder die Audi-Ringe als Marken
anzusehen. Das ist nicht falsch, trifft aber auch nicht das rechtlich Wesentliche. Was
gemeinhin als Marke angesehen wird, ist in der Rechtssprache des MarkenG zunächst
ein bloßes *Zeichen*, z.B. ein Wortzeichen wie »Coca-Cola« oder »Persil« oder ein Bildzeichen wie der Mercedes-Stern (vgl. die beispielhafte Aufzählung von Zeichenformen
in § 3 I MarkenG). Zur Marke werden solche Zeichen erst im Zusammenhang mit
bestimmten *Waren oder Dienstleistungen*, also in der Verbindung mit Limonade, Zigaretten, Waschmittel, Kraftfahrzeugen usw. Der Vorläufer des MarkenG, das Waren-
zeichenG (WZG), hatte diesen Waren/DL-Bezug terminologisch insofern deutlicher
zum Ausdruck gebracht, als dort – abweichend von der Alltagssprache – nicht von
Marken, sondern von »*Waren*zeichen« und »*Dienstleistungs*marken« die Rede war (§ 1
I und II WZG). Die für den Markenbegriff *konstitutive Verknüpfung eines Zeichens mit
einer Ware oder DL* kommt aber auch im geltenden Recht an vielen zentralen Stellen
zum Vorschein (vgl. z.B. §§ 3 I, 14 II, 26 I, 32 II Nr. 3 und 4 MarkenG).

Wie sich etwa aus § 3 I MarkenG weiter ergibt, genügt aber nicht jede Verknüpfung   **3**
eines Zeichens mit einer Ware oder DL, um ein Zeichen zur Marke zu machen.
Gemeint sind vielmehr nur solche Zeichen, die eine Ware/DL eines bestimmten
Unternehmens von denjenigen anderer Unternehmen unterscheiden. Marken sind
also Zeichen, die Waren und DL ihrer Herkunft aus einem bestimmten Unternehmen nach kennzeichnen und so gegenüber Waren/DL anderer Unternehmen *individualisieren*.

4 Diesem individualisierenden Charakter der Marke entspricht es – und dies ist das dritte Element des Rechtsbegriffes der Marke –, wenn § 14 I MarkenG dem Inhaber der Marke ein *ausschließliches Recht* zuspricht. Denn nur bei einer solchen Ausgestaltung als ausschließliches Recht kann gewährleistet werden, dass nicht auch andere Unternehmen sich zur Kennzeichnung ihrer Waren/DL desselben oder eines ähnlichen Zeichens bedienen.

5 Demzufolge lässt sich der Rechtsbegriff der Marke als das ausschließliche Recht bestimmen, eine Ware oder DL zur individualisierenden Unterscheidung von Waren oder DL anderer betrieblicher Herkunft mit einem bestimmten Zeichen zu versehen.

6 Dessen unbeschadet weist die landläufige Auffassung, die von Marke spricht und das bloße Zeichen meint, auch einen richtigen Kern auf. Denn die Vorstellung des breiten Publikums bildet sich naturgemäß am Beispiel besonders bekannter oder prestigeträchtiger Marken aus. Bei diesen herausragenden Marken aber findet häufig eine gewisse Verselbständigung des Zeichens aus der ursprünglichen Beziehung zu bestimmten Waren/DL statt. Das Zeichen selbst wird zu einem selbständigen Wirtschaftsgut. Das Gesetz trägt dem Rechnung, indem es bekannte Marken unter bestimmten Voraussetzungen auch außerhalb der ursprünglich vorgegebenen Zeichen-Ware/DL-Beziehung schützt, also den Marken- zum Zeichenschutz erweitert (vgl. §§ 9 I Nr. 3, 14 II S. 1 Nr. 3 MarkenG und dazu näher unten Rdn. 560 – 579).

II. Geschäftliche Bezeichnungen

7 Der Begriff der geschäftlichen Bezeichnung ist ein durch das MarkenG neu geschaffener Kunstbegriff. Als Oberbegriff umfasst er die Unternehmenskennzeichen und die Werktitel (§ 5 I MarkenG) und vereinfacht so die Gesetzessprache, soweit Vorschriften diese beiden Kennzeichenarten betreffen (z.B. §§ 15, 18, 19 MarkenG). Ein darüber hinausgehender eigenständiger Inhalt kommt dem Begriff der geschäftlichen Bezeichnung nicht zu.

1. Unternehmenskennzeichen

8 So wie die Marke eine Ware oder DL als solche eines bestimmten Unternehmens individualisiert, bezeichnet das Unternehmenskennzeichen ein bestimmtes Unternehmen, individualisiert es im Geschäftsverkehr und unterscheidet es so von anderen Unternehmen. Als individualisierendes Kennzeichen hat es zugleich – wie die Marke – den Charakter eines ausschließlichen Rechts (§ 15 I MarkenG).

9 Als individualisierende Unternehmenskennzeichen kommen zunächst die Namen und namensähnlichen Bezeichnungen von Unternehmen in Betracht. Ein Unternehmen »heißt« – ähnlich wie eine natürliche Person – soundso, z.B. »Raiffeisenbank« oder »Zum goldenen Lamm«. Von solchen namensmäßigen Unternehmenskennzeichen handelt § 5 II S. 1 MarkenG.

10 Unternehmen können aber auch durch andere, nicht-namensmäßige Kennzeichen individualisiert werden, etwa durch die Kleidung der Bediensteten (man denke z.B. an die braune Uniform der Mitarbeiter von UPS), die Aufmachung von Geschäftslokalen

oder Geschäftsfahrzeugen oder durch bestimmte Farben oder Farbkombinationen. Ein bestimmtes Mineralölunternehmen z.b. »heißt« nicht »weiß-blau«, wird aber dennoch durch diese Farben individualisiert und im Verkehr wiedererkannt. Solche nicht-namensmäßigen Kennzeichen sind in § 5 II S. 2 MarkenG angesprochen (»Geschäftsabzeichen und sonstige zur Unterscheidung des Geschäftsbetriebs von anderen Geschäftsbetrieben bestimmte Zeichen«).

2. Werktitel

Werktitel sind nach § 5 III MarkenG die Namen oder besonderen Bezeichnungen von   11
Druckschriften, Filmwerken, Tonwerken, Bühnenwerken oder sonstigen vergleichbaren Werken. Kennzeichnungsobjekt ist hier nicht die Ware (z.b. Buch) oder DL (z.b. Theateraufführung), in der das Werk verkörpert ist oder sonst in Erscheinung tritt, sondern primär der gedanklich-immaterielle Werkinhalt. Weil und insoweit ein Werktitel als Name oder besondere Bezeichnung einen Werkinhalt individualisiert, ist er wie die Marke oder das Unternehmenskennzeichen Gegenstand eines ausschließlichen Rechts (§ 15 I MarkenG).

3. Verhältnis zum Markenschutz

Da das Kennzeichnungsobjekt bei Marken, Unternehmenskennzeichen und Werk-   12
titeln jeweils ein anderes ist, kann dasselbe Zeichen im Hinblick auf Waren/DL als Marke, zur Bezeichnung eines Unternehmens als Unternehmenskennzeichen und im Hinblick auf einen gedanklichen Werkinhalt als Werktitel geschützt sein.[1] Zu beachten ist freilich in diesem Fall, dass es sich um unterschiedliche Rechte handelt, die jeweils den für sie geltenden Regeln unterworfen sind.

III. Geographische Herkunftsangaben

§ 126 I MarkenG definiert die geographischen Herkunftsangaben als die Namen von   13
Orten, Gegenden, Gebieten oder Ländern sowie sonstige Angaben oder Zeichen, die im geschäftlichen Verkehr zur Kennzeichnung der geographischen Herkunft von Waren oder DL benutzt werden. Mit den Marken haben sie den Bezug zu Waren oder DL gemeinsam. Jedoch fehlt ihnen der individualisierende Charakter, weil sie nicht auf ein bestimmtes Unternehmen als Herkunftsquelle der Waren/DL hinweisen, sondern eben nur auf deren geographische Herkunft, während die betriebliche Herkunft ganz unterschiedlich sein kann (ein »Münchner Bier« kann von verschiedenen Unternehmen stammen, ein »Augustiner« dagegen nur von einem bestimmten). Daher kann es grundsätzlich auch kein ausschließliches Recht an geographischen Herkunftsangaben geben. Eine den §§ 14 I, 15 I entsprechende Bestimmung für geographische Herkunftsangaben fehlt deshalb im Gesetz. Stattdessen verweist § 128 I S. 1 MarkenG

---

1 Vgl. zum Zusammentreffen von Marke und Unternehmenskennzeichen z.b. BGH GRUR 2002, 626 *IMS*; GRUR 2002, 809 *FRÜHSTÜCKS-DRINK I*; zum Verhältnis von Marke und Werktitelschutz s. etwa BGH GRUR 2010, 642 *WM-Marken*; GRUR 2000, 882 *Bücher für eine bessere Welt*; GRUR 2000, 504, 506 *FACTS*; GRUR 1998, 155, 156 *PowerPoint*.

zur Anspruchsberechtigung auf die Vorschriften des § 8 III UWG. Hinzu kommt, dass § 127 I MarkenG den Schutz geographischer Herkunftsangaben im Ausgangspunkt in Anlehnung an das wettbewerbsrechtliche Irreführungsverbot des § 5 I S. 2 Nr. 1 UWG ausgestaltet. Vor diesem Hintergrund hat die lange Zeit vorherrschende Meinung die §§ 126 ff. MarkenG als ihrer Natur nach *wettbewerbsrechtliche Regelung* verstanden.[2]

14 Demgegenüber geht der BGH neuerdings von einem *kennzeichenrechtlichen Verständnis* der §§ 126 ff. MarkenG aus.[3] Das ist rechtsdogmatisch zutreffend[4] und steht im Einklang mit der Rechtsprechung des EuGH, der geographische Herkunftsangaben schon immer als gewerbliches und kommerzielles Eigentum im Sinne von Art. 36 S. 1 AEUV einstuft.[5] Dessen unbeschadet weisen geographische Herkunftsangaben gegenüber Marken und geschäftlichen Bezeichnungen eine Reihe von Besonderheiten auf. Auch spielen sie in der kennzeichenrechtlichen Praxis eine eher geringe Rolle. In der vorliegenden Darstellung wird der Schutz von geographischen Herkunftsangaben daher ausgeklammert.

IV. Formale und sachliche Kennzeichenrechte

15 Nach ihrem Entstehungsgrund lassen sich die Kennzeichenrechte weiter einteilen in formale und sachliche. Das formale Kennzeichenrecht verdankt seine Entstehung allein der Eintragung in ein öffentliches Register. So liegt es bei der in § 4 Nr. 1 MarkenG geregelten Registermarke, bei der der Schutz ausschließlich auf der Eintragung in das beim Deutschen Patent- und Markenamt (DPMA) geführte Markenregister beruht. Alle anderen Kennzeichenrechte sind dagegen sachliche Rechte, wobei die Schutzvoraussetzungen unterschiedlich ausgestaltet sind. Zum Teil genügt die bloße Benutzung im Verkehr, so bei den namensmäßigen Unternehmenskennzeichen des § 5 II S. 1 MarkenG[6] oder bei den in § 5 III MarkenG geregelten Werktiteln, zum Teil werden aber auch weitergehende Anforderungen gestellt wie Verkehrsgeltung (vgl. § 4

---

2 Amtl.Begr., S. 110; BGH GRUR Int. 1999, 70, 71 *Warsteiner I*; BGH GRUR 1999, 252, 253 f. *Warsteiner II*; GRUR 2001, 73, 77 *Stich den Buben*; GRUR 2001, 420, 422 *SPA*; GRUR 2007, 67, 68 (Nr. 15) *Pietra di Soln*; OLG Hamburg GRUR-RR 2004, 36, 37 *Spreewälder Gurken*; OLG Karlsruhe WRP 2013, 662, 664 (Nr. 16) *Erzincan*; OLG Köln GRUR-RR 2014, 41, 42 *Himalaya-Salz*; OLG Stuttgart GRUR-RR 2014, 251, 253 *Mark Brandenburg*; Ingerl/Rohnke, Vor §§ 126–139 Rn. 1; Bornkamm, GRUR 2005, 97; Lange, Rn. 4717.

3 BGH GRUR 2016, 741, 742 (Nr. 11 ff.) *Himalaya Salz*.

4 S. ausführlich und m.w.N. Ströbele/Hacker/Thiering, § 126 Rn. 7–10; a.A. Sosnitza WRP 2018, 647, 651 (Nr. 37 ff).

5 EuGH GRUR Int. 1993, 76, 79 (Nr. 37, 38) *Exportur (Turron)*; EuGH GRUR 2003, 609, 612 (Nr. 49) *Grana Padano*; GRUR 2003, 616, 619 *Prosciutto di Parma*; GRUR 2018, 89, 92 (Nr. 81) *PORT CHARLOTTE*.

6 Soweit Unternehmenskennzeichen als Firmen zur Eintragung in das Handelsregister zu bringen sind, hat dies allein ordnungs- und haftungsrechtliche Gründe. Mit dem kennzeichenrechtlichen Schutz hat die Handelsregistereintragung nichts zu tun, s. unten Rdn. 869.

Nr. 2, § 5 II S. 2 MarkenG) oder gar notorische Bekanntheit (§ 4 Nr. 3 MarkenG). In der gerichtlichen Praxis stehen die formalen Registerrechte weit im Vordergrund. Sie bilden daher auch den Schwerpunkt der vorliegenden Darstellung.

§ 2 Das Markenrecht im System des Privatrechts

Mit der ökonomischen Emanzipation des Bürgertums, die von der Französischen 16 Revolution ihren Anfang nahm, von dort auch auf Deutschland übergriff und mit der in § 1 GewO (1869) verankerten allgemeinen *Gewerbefreiheit* im Wesentlichen zum Abschluss kam, erwiesen sich die aus dem gemeinen römischen Recht und aus der deutschen Rechtstradition überkommenen Institutionen des Privatrechts zunehmend als unzureichend. Es begann sich ein *Wirtschaftsprivatrecht als Sonderrecht des homo oeconomicus* zu entwickeln.[7]

Im Laufe der Zeit haben sich so eine Reihe von Institutionen herausgebildet, die 17 sich als Fortschreibungen und Analoga der allgemeinen zivilrechtlichen Institutionen begreifen lassen. Unter diesem Gesichtspunkt stellt sich z.B. das Kaufmannsrecht des HGB ebenso wie das Gesellschaftsrecht als Weiterentwicklung des allgemeinen Personenrechts dar, wie es vor allem im Allgemeinen Teil des BGB verankert ist. Das Schuldrecht wird ergänzt durch die besonderen Vorschriften des HGB über die Handelsgeschäfte. In ähnlicher Weise findet das allgemeine bürgerliche Sachenrecht sein wirtschaftsrechtliches Pendant im *Immaterialgüterrecht*, mit dem bestimmte geistige Güter wie z.B. Erfindungen und schöpferische Leistungen nach dem Vorbild des auf Sachen bezogenen Eigentumsrechts (§§ 90, 903 BGB) zum Gegenstand ausschließlicher (quasi-)dinglicher Rechte gemacht werden. Dass die Immaterialgüterrechte zum Wirtschaftsrecht gehören, zeigt sich daran, dass sich ihr Schutz auf den Bereich des geschäftlichen Verkehrs beschränkt (vgl. etwa § 11 Nr. 1 PatG, wonach sich die Wirkung eines Patents nicht auf Handlungen erstreckt, die im privaten Bereich zu nicht gewerblichen Zwecken vorgenommen werden; ebenso § 14 II S. 1 MarkenG).

Das Immaterialgüterrecht wird herkömmlich in die beiden Bereiche des *Gewerblichen* 18 *Rechtsschutzes* und des *Urheberrechts* eingeteilt. Der Gewerbliche Rechtsschutz wiederum befasst sich im Wesentlichen einerseits mit dem *Schutz von technischen Erfindungen* (Patente, Gebrauchsmuster), zum anderen mit den *Kennzeichenrechten*, die Gegenstand der vorliegenden Darstellung sind.

---

7 Zur Gewerbefreiheit als Ausgangspunkt für die Entwicklung des Wirtschaftsrechts s. Steindorff, Einführung in das Wirtschaftsrecht der Bundesrepublik Deutschland (1977), S. 8 f.; zum Verständnis des Wirtschaftsrechts als Sonderrecht des Wirtschaftsbürgers s. Fikentscher, Wirtschaftsrecht I (1983), § 2 II.

§ 3 Marke und Wettbewerb

19 Wettbewerb in einer privatwirtschaftlich organisierten Wirtschaftsordnung ist freier Wettbewerb. Jedermann hat die Möglichkeit, sich daran zu beteiligen, und die damit verbundene Chance auf ökonomischen Erfolg. Die Kehrseite solchen freien Wettbewerbs freilich ist das Fehlen gesicherter Besitzstände. Was heute errungen ist, kann morgen verloren sein. Die Rechtsordnung, d.h. das Wettbewerbsrecht, kann insoweit grundsätzlich nicht mehr tun, als zum einen den Wettbewerb in seinem *Bestand zu schützen*, z.B. gegen wettbewerbsbeschränkende Absprachen von Marktteilnehmern oder den Einsatz vornehmlich machtbedingter Vorteile – dies ist Gegenstand des Kartellrechts –, zum andern *objektiv-rechtliche Normen für das Verhalten im Wettbewerb* aufzustellen, wie sie sich vor allem im Gesetz gegen den unlauteren Wettbewerb (UWG) finden. Ziel dieser objektiv-rechtlichen Normen ist es insbesondere, das Wettbewerbsgeschehen als *Leistungswettbewerb* zu gestalten, also Verhaltensweisen zu unterbinden, die den ökonomischen Erfolg anders als durch Leistung, etwa durch unlautere Einflussnahmen auf die Entschließungsfreiheit des Kunden, durch unberechtigte Herabsetzung von Mitbewerbern, durch Nachahmung und Ausbeutung, durch Missachtung gesetzlicher Schranken usw. erreichen wollen.[8]

20 Immaterialgüterrechte stellen sich vor diesem Hintergrund auf den ersten Blick als Ausnahmeerscheinungen dar. Denn sie gewähren eigentumsähnliche subjektive Ausschließlichkeitsrechte, schaffen also eine abschließende Güterzuordnung, die von den Wettbewerbern zu respektieren ist und die geschützten Güter dem Konkurrenzkampf entzieht. Erst durch weitere Überlegungen entschlüsselt sich das scheinbare Paradoxon, dass gerade durch die Einräumung solcher begrenzter Rechtsmonopole der Leistungswettbewerb gestärkt werden kann.

21 Was die technischen Schutzrechte und auch das Urheberrecht angeht, fällt diese Einsicht nicht schwer. Wer eine neue technische Lehre entwickelt, die ein bestimmtes Maß an Erfindungshöhe aufweist, also über das hinausgeht, was ein Fachmann auf dem betreffenden technischen Gebiet aus dem Stand der Technik heraus als naheliegend auffinden kann (vgl. § 4 S. 1 PatG), erbringt eine besondere wettbewerbliche Leistung. Entsprechendes gilt für den, der ein Werk mit der in § 2 II UrhG geforderten Schöpfungshöhe erstellt. Schon um einen Anreiz zu solchen überdurchschnittlichen Leistungen zu geben, ist es geboten, das Leistungsergebnis zumindest eine Zeit lang vor einem ungehemmten Zugriff durch nachahmende Wettbewerber zu

---

8 Zum Leitgedanken des Leistungswettbewerbs s. BVerfG GRUR 2001, 170, 174 *Schockwerbung*; GRUR 2001, 1058, 1059 f. *Therapeutische Äquivalenz*; BVerfG WRP 2002, 430, 431 *Tierfreundliche Mode*; besonders deutlich auch BVerfG NJW 2003, 277, 278 *Juve-Handbuch*; BVerfG GRUR 2008, 81, 82 *Pharmakartell*; ähnlich BGH GRUR 2002, 360, 367 *H.I.V. POSITIVE II*; s. ferner EuGH GRUR 2015, 764, 766 (Nr. 45) *Huawei Technologies/ZTE* (»normale[r] Produkt- oder Dienstleistungswettbewerb auf der Grundlage der Leistungen der Wirtschaftsteilnehmer«); kritisch zum Begriff des Leistungswettbewerbs aber z.B. Köhler/Bornkamm/Feddersen, § 1 Rn. 44.

bewahren. Außerdem werden die Wettbewerber dadurch gezwungen, andere Lösungen und Produkte zu entwickeln. Die Gewichte werden so vom Nachahmungs- zum Innovationswettbewerb verschoben. Entsprechende Schutzrechte stellen sich daher auch und gerade unter dem Leitgedanken des Leistungswettbewerbs als wettbewerbskonform, ja wettbewerbsfördernd dar.

Im Falle der Kennzeichenrechte liegen die Verhältnisse nicht so klar zutage. Am leich- **22** testen erschließt sich die Wettbewerbskonformität bei denjenigen *sachlichen* Kennzeichenrechten, deren Schutz auf Verkehrsgeltung oder gar Notorietät beruht (vgl. § 4 Nr. 2 und 3, § 5 II S. 2 MarkenG). In dem Erreichen von Verkehrsgeltung oder Notorietät kann man eine besondere wettbewerbliche Leistung sehen, die einen Ausschließlichkeitsschutz rechtfertigt. Die besondere Leistung besteht hier allerdings – anders als im Patent- oder Urheberrecht – nicht in der Schaffung eines das allgemeine Wettbewerbsgeschehen überragenden Erzeugnisses, sondern im Erringen einer *mit dem Kennzeichen verbundenen Marktstellung*. Die Marktstellung als solche, auch soweit sie das tatsächliche Substrat der sachlichen Kennzeichenrechte bildet, kann nun freilich nicht Gegenstand eines Ausschließlichkeitsrechts sein. Denn zum Wesen eines freien Leistungswettbewerbs gehört es, dass Marktstellungen von den Konkurrenten angegriffen und gegebenenfalls zu Fall gebracht werden. Das ist bei der Ausgestaltung des Schutzes zu berücksichtigen. Dieser geht daher mit dem Verlust der Marktstellung unter (s. unten Rdn. 395). Die genannten Kennzeichenrechte schützen also nicht die Marktstellung als solche, sondern nur die *unter dem Kennzeichen und für ein bestimmtes Kennzeichen* errungene Marktstellung und auch nur dagegen, dass die Marktstellung gerade durch einen Eingriff in das Kennzeichen bedroht wird. Das ist ohne weiteres wettbewerbskonform.

Im Hinblick auf den *formalen* Schutz der Registermarke bietet sich der Rückgriff auf **23** den Leistungsgedanken dagegen nicht unmittelbar an. Der formale Markenschutz ist nicht daran geknüpft, dass irgendeine Leistung vorgewiesen werden kann, die als solche unmittelbar nach Schutz verlangen würde. Zwar werden oft beträchtliche Mühen und Kosten darauf verwendet, eine zugkräftige, eingängige und werbewirksame Marke zu entwickeln. Darauf kommt es aber rechtlich nicht an.[9] Das Markenrecht stellt keinerlei qualitative Anforderungen an die Marke im Sinne einer schöpferischen Tätigkeit.[10] Als Marke kann etwa ein beliebiges Wort der Alltagssprache oder schlicht der Name des Anmelders dienen, z.B. »Opium« für »Parfüm« oder »Meier« für »Computer«.[11] Eine schützenswerte Leistung, etwa im Sinne einer »Erfindung der Marke«,

---

9 Vgl. EuGH GRUR 2004, 943, 945 (Nr. 40 f.) *SAT.2*; GRUR 2010, 1096, 1097 (Nr. 38) *HABM/BORCO*; GRUR 2011, 1035 (Nr. 31) *1000*; ebenso schon Kohler, Warenzeichenrecht (1910), S. 63 Fn. 2.
10 Vgl. BGH GRUR 2001, 334, 336 f. *Gabelstapler*; GRUR 2001, 56, 57 f. *Likörflasche*; GRUR 2000, 722, 723 *LOGO*; Ströbele/Hacker/Thiering, § 8 Rn. 91, 160, 163 m.w.N.
11 Vgl. etwa RG MuW 1926, 260, 262 *Salamander*; BGH GRUR 1955, 481, 482 *Hamburger Kinderstube*; aus neuerer Zeit etwa BPatG, Beschl. v. 30.10.2007, 24 W(pat) 9/07 *aufrecht*; BPatG, Beschl. v. 17.09.2018, 26 W(pat) 518/18 *Landgang*; BPatG, Beschl. v. 24.10.2018, 26 W(pat) 41/17 *Sportsfreund*; vgl. auch BGH GRUR 2018, 380, 382 (Nr. 30) *GLÜCKSPILZ*.

kann darin nicht gesehen werden,[12] auch wenn das bisweilen versucht worden ist[13] und auch in der neueren Literatur immer wieder behauptet wird.[14] Es geht bei dem formalen Markenschutz also um etwas anderes, und zwar darum, eine *anderweit im Wettbewerb zu erbringende Leistung*, nämlich ein bestimmtes Angebot von Waren und DL, zu *individualisieren* (s. oben Rdn. 3). Dadurch wird einerseits die Angebotsseite stimuliert. Denn im Regelfall wird nur derjenige unter Aufwand von Mühe und Kosten ein Leistungsangebot auf den Markt bringen, dem die Rechtsordnung ein Mittel an die Hand gibt, dieses Angebot aus der Anonymität herauszuheben, also als das seine erkennbar und wiedererkennbar zu machen, und sich so die Früchte seiner risikobehafteten Marktteilnahme zu sichern.[15] Aus Sicht der Nachfrager erhöht die Individualisierung die Markttransparenz. Unter beiden Gesichtspunkten erweist sich die Monopolisierung von Zeichen daher als Instrument zur Förderung eines lauteren Wettbewerbs.

Die Registermarke weist nun allerdings die Besonderheit auf, dass eine zu individualisierende Leistung zum Zeitpunkt der Schutzgewährung noch nicht erbracht sein muss. Insoweit kommt ihr, wie *Eugen Ulmer* bis heute gültig herausgearbeitet hat, der Charakter einer *Entwicklungsbegünstigung* zu.[16] Die Rechtsordnung gewährt dem Markeninhaber also einen gewissen Vorschuss im Hinblick auf seine künftige Teilnahme am Markt und für die Vorbereitung dieser Teilnahme. Vorleistungen sind dem Wettbewerb aber an sich fremd. Daher bedarf es einschränkender Rahmenbedingungen, um das Institut der Registermarke wettbewerbskonform auszugestalten. Dazu gehört zum einen, dass die Vorreservierung eines Zeichens nur in Betracht kommt, soweit das Zeichen für die Konkurrenten objektiv entbehrlich ist. Anders gesagt: Das Allgemeininteresse darf einer Registrierung nicht im Wege stehen. Dies zu prüfen ist Aufgabe des DPMA im Eintragungsverfahren. Das Amt tritt insoweit als Sachwalter der Interessen der Konkurrenten auf (s. dazu unten Rdn. 131 – 134). Zum anderen können Vorleistungen nicht auf Dauer gewährt werden. Der formale Markenschutz steht daher unter dem Vorbehalt späterer Benutzung der Marke. Unterbleibt die

---

12 So aus dem frühen Schrifttum schon Klostermann, Das geistige Eigenthum an Schriftwerken, Kunstwerken und Erfindungen, Bd. 1 (1871), S. 214; s. auch O. Mayer, ZHR 26 (1881), S. 363, 401; aus neuerer Zeit Fikentscher, Wettbewerb und gewerblicher Rechtsschutz (1958), S. 140, auch S. 273; Goldmann, 2. Aufl., § 2 Rn. 85; ebenso BGH GRUR 1964, 372, 375 *Maja*; GRUR 1966, 375, 377 *Meßmer-Tee II*; GRUR 1973, 375, 377 *Miss petite*.

13 Vgl. die Nachweise bei Kohler, Markenschutz (1884), S. 74 Fn. 1.

14 Z.B. von Gamm, UWG, 3. Aufl. 1993, Einf. A Rn. 38; Marx, Rn. 102, relativierend aber Rn. 103; Hubmann/Götting, § 5 Rn. 13; Brömmelmeyer, WRP 2006, 1275, 1281; Haedicke GRUR 2007, 23, 27. In dieselbe Richtung weist die von Fezer, WRP 2000, 1 ff. vertretene Lehre von der latenten Herkunftsfunktion der Marke; dagegen zutreffend Kur, MarkenR 2000, 5; vgl. auch Goldmann, 2. Aufl., § 2 Rn. 85.

15 Vgl. EuG GRUR Int. 2006, 401, 404 (Nr. 43) *ROYAL COUNTY OF BERKSHIRE POLO CLUB*.

16 E. Ulmer, Warenzeichen und unlauterer Wettbewerb (1929), S. 63 ff.

Benutzung, so verfällt er und die Marke wird frei (s. zum Benutzungszwang unten Rdn. 297 – 394).[17]

Unabhängig vom Leistungsgedanken sind schließlich diejenigen sachlichen Kenn-   **24** zeichenrechte zu sehen, die (im Regelfall) allein auf einfacher Benutzung beruhen, also die Unternehmenskennzeichen im Sinne von § 5 II S. 1 MarkenG und die Werktitel (§ 5 III MarkenG). Diesen Kennzeichen ist gemeinsam, dass es sich um *namensmäßige Kennzeichen* handelt (ein Unternehmen »heißt« soundso, ein Werk, z.b. ein bestimmtes Buch, eine Oper oder ein Film, »heißt« XY). Ihnen liegt daher ähnlich wie dem Namensrecht der natürlichen Person (§ 12 BGB) die Erwägung zugrunde, dass individualisierende Namen ohne weiteres den Schutz der Rechtsordnung genießen. Mit einer wettbewerblichen Leistung hat dies nichts zu tun.

§ 4 Geschichtliche Entwicklungen

I. Anfänge

In einem Urteil vom 5. Juni 1877 berichtet das Reichsoberhandelsgericht (ROHG),   **25** der Vorläufer des 1879 errichteten Reichsgerichts, folgenden Sachverhalt:

> »I. & R. Tennent in Glasgow betreiben daselbst, und haben schon seit langer Zeit dort betrieben, eine Brauerei, in welcher sie unter Anderem gewisse, für den Transport nach den Tropenländern geeignete Biersorten produciren. Für diese haben sie eine auf den Flaschen ihres Fabrikats angebrachte Handelsmarke benutzt, bestehend aus einem in rother Farbe breit ausgeführten lateinischen T, dessen oberer Theil durch das Wort »Trade Mark« eingenommen und dessen aufrechtstehender Theil durch den Namen der Firma »I. & R. Tennent« durchkreuzt wird. – D. & S. in Hamburg suchten schon vor mehreren Jahren den Tennent's dadurch Concurrenz zu machen, dass sie von ihnen producirtes Bier mit deren vollständig nachgebildeter Marke bezeichneten. Die Hamburgischen Gerichte, im Jahre 1863 von Tennent's hiegegen angerufen, untersagten zwar den D. & S. die Mitbenutzung der fremden Firma, konnten aber nach dem damaligen Stande der Gesetzgebung nicht so weit gehen, das

---

17 Auch der Zusammenhang von Entwicklungsbegünstigung und Benutzungszwang ist bereits bei Ulmer erkannt; a.a.O., S. 66.

Verbot auf die Benutzung der Marke auszudehnen. D. & S. setzten den Vertrieb ihres Fabrikats unter Beibehaltung der *Marke* fort, welche sie jetzt durch *ihre* Firma durchkreuzten.«[18]

Soweit die Beklagten im Jahre 1863 verurteilt worden waren, sich der Benutzung der klägerischen *Firma* zur Kennzeichnung ihrer Ware zu enthalten, beruhte dies auf dem schon länger, u.a. im Hamburgischen Gewohnheitsrecht,[19] anerkannten Rechtsschutz der Handelsfirma. Die Abweisung der weitergehenden Klage der Tennents wegen der Nachbildung ihrer *Marke* ist dagegen repräsentativ für den damaligen Rechtszustand in den deutschen Territorien. Das *Zivilrecht* bot durchweg keine Handhabe, um gegen – auch eklatante – Markenverletzungen vorzugehen; spezielle Gesetze fehlten und auch das gemeine Recht, etwa unter dem Gesichtspunkt der actio doli, versagte den Schutz.[20] Allerdings existierten in fast allen deutschen Staaten einschlägige *strafrechtliche* Bestimmungen.[21] Einige Landesgesetze stellten den Gebrauch von fremden Warenzeichen aller Art unter Strafe. Andere waren von wesentlich engerem Zuschnitt, so vor allem in dem für die weitere Rechtsentwicklung maßgeblichen Preußen.

26   Dort war – einer Initiative des Deutschen Zollvereins folgend[22] – am 4. Juli 1840 ein »Gesetz zum Schutz der Waarenbezeichnungen« erlassen worden.[23] Die Strafdrohung richtete sich jedoch nur gegen die fälschliche Bezeichnung von Waren oder deren Verpackung mit dem Namen oder der Firma und mit dem Wohn- oder Fabrikort eines (inländischen) Unternehmers, Produzenten oder Kaufmanns und gegen die Inverkehrsetzung so bezeichneter Waren. Die Bestimmung ist später inhaltsgleich in den § 269 des preußischen StGB vom 14. April 1851[24] und schließlich als § 287 in das StGB des Deutschen Reichs vom 15. Mai 1871 übernommen worden.[25] Damit hatte sich die besonders restriktive Linie Preußens reichsweit durchgesetzt. Jedoch nur kurzfristig, wie der weitere Verlauf des Falles »Tennent« zeigt: Denn schon 1877 – vor dem ROHG – ging die Sache anders aus. D. & S. wurde es untersagt, für ihr Bier die Marke der Tennents zu benutzen. Rechtsgrundlage für dieses Verbot war das zwischenzeitlich erlassene *Gesetz über Markenschutz.*

---

18 ROHGE 22, 376 f. *Tennent* (Hervorhebungen im Original).

19 Vgl. dazu Wadle, Fabrikzeichenschutz und Markenrecht, Bd. 1, S. 222 f.

20 Vgl. Klostermann, Das geistige Eigenthum an Schriften, Kunstwerken und Erfindungen, Bd. 1 (1871), S. 214 f. und Bd. 2 (1869), S. 390, an beiden Stellen m.w.N.; s. auch RG BlPMZ 1900, 292, 294 *Benediktiner-Likör;* a.A. Kohler, Markenschutz (1884), S. 98.

21 Eine erschöpfende Übersicht findet sich bei Klostermann, aaO, Bd. 2, S. 393 ff., 400 ff.

22 Verhandlungen der zweiten General-Conferenz in Zollvereins-Angelegenheiten, Dresden (1838), S. 56, 59.

23 Preußische Gesetz-Sammlung 1840, 224.

24 Preußische Gesetz-Sammlung 1851, 101, 156.

25 RGBl. 1871, 127, 182.

II. Das Gesetz über Markenschutz (MSchG) von 1874

Mit dem MSchG vom 30. November 1874[26] beginnt der moderne Markenschutz in   27
Deutschland. Nunmehr konnten Gewerbetreibende, deren Firma im Handelsregister eingetragen war, »Zeichen, welche zur Unterscheidung ihrer Waaren von den Waaren anderer Gewerbetreibenden auf den Waaren selbst oder auf deren Verpackung angebracht werden« sollten, zur Eintragung in das Handelsregister anmelden, wobei ein Verzeichnis der Warengattungen beizufügen war, für welche das Zeichen bestimmt war (§§ 1 und 2 MSchG). Nach § 8 MSchG stand das Recht, Waren oder deren Verpackung mit einem für diese Waren zum Handelsregister angemeldeten Zeichen zu versehen, dem Inhaber derjenigen Firma, für welche die Anmeldung zuerst bewirkt worden war, ausschließlich zu. Gegen die widerrechtliche Bezeichnung von Waren mit einem geschützten Warenzeichen oder – insoweit an das frühere Recht anknüpfend – mit dem Namen oder der Firma eines anderen Produzenten oder Handeltreibenden gab § 13 MSchG einen Unterlassungsanspruch. Damit waren die wesentlichen Strukturen des Markenschutzes geschaffen: die formal-registerrechtliche Begründung des Schutzes und ein an den zeitlichen Vorrang der Anmeldung anknüpfendes privates Ausschließlichkeitsrecht an der Marke mit dem Inhalt, ein Zeichen zur Kennzeichnung der bei der Anmeldung bestimmten Waren zu benutzen.

Dem Erlass des MSchG waren intensive Auseinandersetzungen vorausgegangen.   28
Zustande gekommen ist es auf nachhaltiges Drängen von Industrie und Handel.[27] Auf den zunehmenden Markenmissbrauch wurde dabei ebenso hingewiesen wie auf die fortschrittliche Gesetzgebung des Auslands, insbesondere Frankreichs.[28] Trotzdem zeigte sich die Berliner Ministerialbürokratie solchen Forderungen gegenüber lange verschlossen. Die Gründe dafür sind nicht ganz eindeutig auszumachen. Praktische Schwierigkeiten bei der Schaffung eines Registersystems wurden geltend gemacht, waren aber vielleicht nur vorgeschoben. In Wahrheit dürfte für die ablehnende Haltung bestimmend gewesen sein, dass man den Markenschutz für andere Zeichen als Namen und Firmen als Eingriff in die noch nicht lange gewonnene allgemeine Gewerbefreiheit betrachtete, als ungerechtfertigtes Monopol und Privilegium.[29] Der wettbewerbsfördernde Effekt der gewerblichen Schutzrechte, der ja auch – wie dargelegt – gerade bei den Kennzeichenrechten nicht ohne weiteres auf der Hand liegt, war zu dieser Zeit noch nicht voll erkannt.

---

26 RGBl. 1874, 143.
27 Siehe z.B. Beschlüsse des 4. Deutschen Handelstages zu Berlin vom 20. bis 23. October 1868, in: Annalen des Norddeutschen Bundes und des Deutschen Zollvereins 1868, Sp. 971, 979; über diese und weitere Initiativen berichtet eingehend Wadle, Fabrikzeichenschutz und Markenrecht, Bd. 1, S. 241 ff.
28 Gesetz vom 23. Juni 1857; hierzu Chavanne/Burst, Droit de la propriété industrielle, 5. Aufl. 1998, Rn. 875.
29 Wadle, Das Markenschutzgesetz von 1874, in: ders., Geistiges Eigentum, S. 387, 390.

III. Das Warenbezeichnungsgesetz (WbzG) von 1894

29   Das MSchG 1874 wies bei allem Fortschritt, den es gebracht hatte, gravierende Unzulänglichkeiten auf. So beschränkte sich der Schutz auf Bildzeichen bzw. bildlich ausgestaltete Zeichen (§ 3 II MSchG); reine Wortzeichen (ebenso wie Zahl- oder Buchstabenzeichen) waren also ausgeschlossen. Außerdem konnte die Registrierung, da es eine Zentralbehörde für den gewerblichen Rechtsschutz noch nicht gab, nur dezentral im Handelsregister, also bei dem registerführenden Handelsgericht (heute Amtsgericht) erfolgen (§ 1 MSchG i.V.m. Art. 12 ff., Art. 3 ADHGB 1861).

30   Diese Mängel wurden durch das WbzG vom 12. Mai 1894 größtenteils abgestellt.[30] Einer zentralen Registrierung stand jetzt nichts mehr im Wege, nachdem durch das PatG von 1877 das Kaiserliche Patentamt als Zentralbehörde errichtet worden war. In materiell-rechtlicher Hinsicht wurde die Eintragung auch von Wortzeichen zugelassen. Darüber hinaus brachte das WbzG 1894 die Anerkennung des sachlichen Zeichenschutzes kraft Verkehrsgeltung.

31   Durch Gesetz vom 5. Mai 1936 wurde das WbzG unter dem Titel »Warenzeichengesetz« (WZG) neu geordnet.[31] In dieser Form war es dann bis zum 31. Dezember 1994 in Kraft. Bis dahin erfuhr es nur wenige grundlegende Änderungen. So wurde mit Gesetz vom 4. September 1967[32] der Benutzungszwang eingeführt. Die Novelle vom 29. Januar 1979 eröffnete die Möglichkeit, neben *Waren*zeichen auch *Dienstleistungsmarken* zur Eintragung zu bringen.[33]

IV. Deutsche Einheit

32   Die Wiederherstellung der deutschen Einheit zum 3. Oktober 1990 stellte an den Gesetzgeber ganz besondere Anforderungen auch auf dem Gebiet des gewerblichen Rechtsschutzes. Bereits im Einigungsvertrag (Anlage I Kapitel III Sachgebiet E Abschnitt II § 1) war festgelegt worden, dass das (damals noch so benannte) Deutsche Patentamt ab dem 3. Oktober 1990 alleinige Zentralbehörde für den gewerblichen Rechtsschutz werden sollte. Dagegen war die Frage, wie die bis dahin in den beiden Teilstaaten bestehenden Altrechte behandelt werden sollten, dem künftigen gesamtdeutschen Gesetzgeber vorbehalten worden (a.a.O. § 13). Die entsprechenden Regelungen enthält das am 1. Mai 1992 in Kraft getretene *ErstreckungsG*.[34] Danach wurden die am 1. Mai 1992 in lediglich einem der beiden Teilgebiete geltenden Rechte mit diesem Datum ex lege auf das jeweils andere Teilgebiet erstreckt (§§ 1 und 4 ErstrG). Soweit es durch diese wechselseitige Erstreckung zu einer Markenkollision kam (oder noch kommt), darf jede der Marken im Erstreckungsgebiet grundsätzlich nur mit

---

30 RGBl. 1894, 441; mit den Materialien in BlPMZ 1894/95, 5 ff.
31 Mit den Materialien in BlPMZ 1936, 90 ff., 119 ff.
32 Mit den Materialien in BlPMZ 1967, 234 ff., 248 f., 264 ff.
33 Mit den Materialien in BlPMZ 1979, 83 ff.
34 Mit den Materialien in BlPMZ 1992, 202 ff., 213 ff.

Zustimmung des anderen Markeninhabers benutzt werden (§ 30 I ErstrG mit Ausnahmen in Abs. 2).

V. Einfluss des europäischen Rechts

Der deutsche Gesetzgeber hatte sich über die Jahrzehnte nach dem II. Weltkrieg einer   **33** grundlegenden Reform des Markenwesens enthalten, da seit langem sichtbar war, dass die europäische Rechtsentwicklung ohnehin eine solche Reform erzwingen würde. Mit den Römischen Verträgen vom 25. März 1957 hatte sich die neu gegründete Europäische Wirtschaftsgemeinschaft (EWG) das Ziel gesetzt, im Territorium der Mitgliedstaaten einen einheitlichen Binnenmarkt mit gemeinsamer Außengrenze zu errichten, in dem Waren und DL grundsätzlich frei zirkulieren können (vgl. zur Warenverkehrsfreiheit Art. 30 ff. EGV, heute Art. 34 ff. AEUV; zur Dienstleistungsfreiheit Art. 59 ff. EGV, heute Art. 56 ff. AEUV). Dabei war von Anfang an klar, dass das Prinzip des freien Binnenmarktes in ein Spannungsverhältnis zu den Immaterialgüterrechten treten würde, die nach Maßgabe des nationalen Rechts nur jeweils auf das Gebiet der einzelnen Mitgliedstaaten begrenzte Rechtsmonopole hervorbringen (Territorialitätsprinzip). Aus diesem Spannungsverhältnis können sich Handelshemmnisse ergeben, wie etwa der folgende Fall zeigt:[35]

Die Klägerin, die Firma »Miguel Torres«, ist ein großes spanisches Weinbau- und Weinhandelshaus und exportiert seit 1964 ihre Weine auch nach Deutschland, wobei auf den Weinflaschen die Bezeichnung »Torres« groß herausgestellt ist. Diese Bezeichnung genießt auch in Deutschland Schutz. Die Beklagte, eine deutsche Handelsgesellschaft, vertreibt in Deutschland ebenfalls spanischen Wein, den sie seit 1990 u.a. von der spanischen Firma B. bezieht. Dieser Wein trägt die Bezeichnung »Torres de Quart«. Die Klägerin ist in Spanien nicht in der Lage, die Benutzung der Bezeichnung »Torres de Quart« zu untersagen, was daran liegen dürfte, dass es sich bei »Torres« um einen in Spanien häufigen Familiennamen handelt. Die »Torres de Quart«-Weine sind in Spanien also unter dieser Bezeichnung frei verkäuflich. Die Klägerin möchte es der Beklagten verbieten, in Deutschland Weine unter der Bezeichnung »Torres de Quart« zu vertreiben. Die Klage hatte Erfolg, da die konkurrierenden Weinbezeichnungen in Deutschland für verwechselbar angesehen wurden. Der Sache nach wirkt dies wie ein Importverbot.

Das Unionsrecht löst dieses Spannungsverhältnis grundsätzlich zugunsten des natio-   **34** nalen Immaterialgüterrechts,[36] im Beispielsfall also zugunsten der in Deutschland älteren Bezeichnung »Torres« (vgl. Art. 36 S. 1 AEUV, vorher Art. 30 S. 1 EG, noch früher Art. 36 S. 1 EGV). Die EU-Kommission beschloss daher schon im Jahre 1959 die Erarbeitung von Maßnahmen, die den gewerblichen Rechtsschutz mit dem Binnenmarktprinzip zusammenführen sollten. Im Vordergrund stand dabei die Schaffung eines europäischen Markenrechtssystems, also einer supranationalen EWG-Marke,

---

35 Vgl. BGH GRUR 1995, 825 *Torres.*
36 Vgl. BGH GRUR 2012, 621, 625 (Nr. 45) *OSCAR.*

die im gesamten Gemeinschaftsgebiet wie in einem einheitlichen Staatsgebiet gelten sollte. Diese Überlegung war von der Vorstellung getragen, dass die nationalen Markenrechte – wenn nicht vollständig, so doch überwiegend – von der neuen Gemeinschaftsmarke abgelöst werden sollten. Soweit die nationalen Markenrechtssysteme – jedenfalls bis auf weiteres – fortbestanden, sollten durch eine Angleichung der Rechtssysteme Handelshemmnisse nach Möglichkeit beseitigt werden.[37]

VI. Entwicklung eines europäischen Rechtsrahmens – 1. Phase

35 Nach jahrzehntelangen Arbeiten wurde am 21. Dezember 1988 die *Erste Richtlinie (EWG) Nr. 89/104 des Rates zur Angleichung der Rechtsvorschriften der Mitgliedstaaten über die Marken* (MarkenRL-1988) verabschiedet.[38] Die MarkenRL-1988 hat zentrale Teile des Markenrechts der Mitgliedstaaten harmonisiert. Für die nach Art. 249 III EG (jetzt Art. 288 III AEUV) erforderliche Umsetzung der Richtlinie in nationales Recht war eine Frist bis zum 31. Dezember 1991 vorgesehen, die für Deutschland (wegen der damals zu bewältigenden Wiedervereinigung) bis zum 31. Dezember 1992 verlängert worden war. Diese Richtlinie ist unter dem 22. Oktober 2008 in inhaltlich unveränderter, sog. kodifizierter, d.h. teilweise neu gegliederter Fassung als *Richtlinie 2008/95/EG* (MarkenRL-1988/2008) neu erlassen worden.[39]

36 Als zweites großes europäisches Gesetzeswerk folgte am 20. Dezember 1993 die *Verordnung (EG) Nr. 40/94 des Rates über die Gemeinschaftsmarke* (GMV).[40] Mit ihr wurde durch unmittelbar in allen Mitgliedstaaten geltendes Recht (Art. 288 II AEUV, früher Art. 249 II EG) ein gemeinschaftsweites supranationales Markenrecht geschaffen,[41] wie es in dem erwähnten Kommissionsbeschluss von 1959 angedacht worden war. Als europäische Zentralbehörde für den Markenschutz ist das *Harmonisierungsamt für den Binnenmarkt (Marken, Muster, Modelle)* – kurz »HABM« – eingerichtet worden, wobei die Bezeichnung »Harmonisierungsamt« insofern missverständlich war, als es bei der Arbeit dieser Behörde gerade nicht um die Harmonisierung der nationalen Markenrechte, sondern um den Vollzug der GMV als unmittelbar geltendes EG-Recht ging. Als Sitz des HABM wurde Alicante/Spanien bestimmt. Es wurde am 1. April 1996, dem Tag des Inkrafttretens der GMV, eröffnet. Auch die GMV wurde einer sog. Kodifikation unterzogen und ist am 26. Februar 2009 als *Verordnung (EG) Nr. 207/2009* neu erlassen worden.[42]

---

37   S. zum ganzen EG-Kommission, Denkschrift über die Schaffung einer EWG-Marke, GRUR Int. 1976, 481 ff.; lesenswert auch der sehr frühe und weit in die Zukunft blickende Aufsatz von Röttger, GRUR Int. 1959, 329 ff.

38   ABl-EG Nr. L 40 vom 11.02.1989, S. 1 = BlPMZ 1989, 189 und BlPMZ 1994, Sonderheft, S. 146.

39   ABl-EU Nr. L 299 vom 08.11.2008, S. 25 = BlPMZ 2009, 4.

40   ABl-EG Nr. L 11 vom 14.01.1994, S. 1 = BlPMZ 1994, 192; seither mehrfach geändert.

41   Vgl. BGH GRUR 2007, 705, 707 (Nr. 19) *Aufarbeitung von Fahrzeugkomponenten.*

42   ABl-EU Nr. L 78 vom 24.03.2009, S. 1 = BlPMZ 2009, 203.

VII. Das MarkenG vom 25. Oktober 1994

Die notwendige Umsetzung der europäischen MarkenRL ist vom deutschen Gesetz-   37
geber zum Anlass für eine völlige Neugestaltung des Kennzeichenrechts genommen
worden. Sie erfolgte durch das jetzt geltende MarkenG vom 25. Oktober 1994, das
am 1. Januar 1995 in Kraft getreten ist und das WZG abgelöst hat. Es wird durch eine
Reihe von Verordnungen und Nebengesetzen ergänzt, von denen hier vor allem die
MarkenV und das *PatKostG* zu erwähnen sind.

Ziel der Neuordnung war es, das Kennzeichenrecht einer *einheitlichen Kodifikation*   38
(im eigentlichen, traditionellen, vom europäischen Sprachgebrauch abweichenden
Sinne) zuzuführen.[43] Bis 1994 war das deutsche Kennzeichenrecht außer im WZG
(mit Verweisung in das PatG hinsichtlich der verfahrensrechtlichen Bestimmungen,
§ 12 I WZG) auch im UWG sowie in einigen Nebengesetzen geregelt, wobei diese
verschiedenen Gesetze ihrerseits den tatsächlichen Rechtszustand nur unvollkommen
wiedergaben und von einer Fülle von Richterrecht überlagert waren. Erste Anregun-
gen, diese Zersplitterung durch ein einheitliches Kennzeichengesetz zu überwinden,
stammten – ohne Beeinflussung durch nationalsozialistisches Gedankengut – aus der
Mitte der 30er Jahre.[44] Sie wurden jedoch weder vor noch nach dem zweiten Weltkrieg aufgegriffen. Erst durch das MarkenG ist dieser unbefriedigende Zustand behoben worden. So ist das gesamte Markenverfahrensrecht in das MarkenG integriert
worden (§§ 32–96 MarkenG). Als weiterer Reformpunkt wurde das Recht der Unternehmenskennzeichen und der Werktitel, das zuvor im UWG geregelt war (§ 16 UWG
1909), sowie das Recht der geographischen Herkunftsangaben in das MarkenG übernommen (§ 1 Nr. 2 und 3, §§ 5, 15, §§ 126 ff. MarkenG).

Seit seinem Inkrafttreten hat das MarkenG eine Vielzahl von Detailänderungen   39
erfahren. Von besonderer Bedeutung war das MarkenGÄndG von 1996,[45] mit dem
die §§ 125a–125h eingefügt wurden. Diese Vorschriften regeln die Schnittstellen
zwischen dem Gemeinschaftsmarkenrecht und dem teilharmonisierten nationalen
Markenrecht.

VIII. Die DurchsetzungsRL 2004/48/EG

Mit der MarkenRL 89/104/EWG bzw. 2008/95/EG ist zwar, wie erwähnt, das mate-   40
rielle Markenrecht größtenteils europaweit harmonisiert worden. Hiervon ausgeklammert blieben aber die Sanktionen und Rechtsfolgen im Falle einer Markenverletzung
(Anspruch auf Unterlassung, Schadensersatz usw.). Sogar für die Gemeinschaftsmarke ist dieser Komplex weitgehend dem nationalen Recht überlassen worden (vgl.
Art. 14 I S. 2, Art. 102 II GMV). Diese empfindliche Harmonisierungslücke hat
der europäische Gesetzgeber durch die *Richtlinie 2004/48/EG vom 29. April 2004*

---

43 Vgl. Amtl.Begr., S. 48.
44 Schumann, ZAkDR 1936, 181, 183; zustimmend Nerreter, Allgemeine Grundlagen eines
    deutschen Wettbewerbsrechts (1936), S. 101 f.
45 BlPMZ 1996, 393; Materialien in BT-Drs. 13/3841.

zur Durchsetzung der Rechte des geistigen Eigentums (DurchsetzungsRL) geschlossen.[46] Diese Richtlinie gilt für alle Arten des geistigen Eigentums, somit auch für die Rechtsfolgen der Verletzung einer Gemeinschafts- oder einer nationalen Marke.[47]

41 Die Umsetzung der DurchsetzungsRL erfolgte – verspätet[48] – mit dem Gesetz zur Verbesserung der Durchsetzung von Rechten des geistigen Eigentums vom 7. Juli 2008[49] (DurchsetzungsG), das am 1. September 2008 in Kraft getreten ist.

IX. Fortentwicklung des europäischen Rechtsrahmens

42 Obwohl mit der Kodifikation der MarkenRL im Jahre 2008 der Titelzusatz »Erste …« entfallen, eine »zweite« Richtlinie also eigentlich nicht mehr zu erwarten war, hat die EU-Kommission etwa zur selben Zeit eine Studie des Münchner Max-Planck-Instituts für Geistiges Eigentum, Wettbewerbs- und Steuerrecht (heute Max-Planck-Institut für Innovation und Wettbewerb) zur Fortentwicklung des europäischen Markenrechts in Auftrag gegeben, deren Ergebnisse unter dem 10. Dezember 2010 veröffentlicht worden sind. Auf der Grundlage dieser Studie legte die Kommission am 27. März 2013 einen Vorschlag für eine Neufassung der MarkenRL[50] und der GMV[51] vor. Nachdem insbesondere das Europäische Parlament erheblichen Änderungsbedarf gesehen hat,[52] wurden beide Vorlagen bis Juni 2015 noch einmal grundlegend überarbeitet.[53] Mit weiteren geringfügigen Änderungen ist dann die *neue MarkenRL (EU) 2015/2436* am 23. Dezember 2015 im Amtsblatt der EU verkündet worden[54] (im Folgenden: MarkenRL). Einen Tag später folgte die *ÄnderungsVO (EU) 2015/2424*[55] zur GMV[56] (im Folgenden: ÄndVO-GMV).

---

46 ABl-EU Nr. L 195 vom 02.06.2004, S. 16 = BlPMZ 2004, 408.
47 Vgl. die Erklärung der EU-Kommission zu Art. 2 DurchsetzungsRL, BlPMZ 2005, 336.
48 S. die deswegen erfolgte Verurteilung der Bundesrepublik durch EuGH GRUR Int. 2008, 745.
49 BGBl. 2008 I, S. 1191; Materialien in BT-Drs. 16/5048, auch abgedruckt in BlPMZ 2008, 274 ff.
50 COM (2013) 162 final.
51 COM (2013) 161 final.
52 Vgl. den Bericht des Rechtsausschusses des Europäischen Parlaments vom 16.01.2014, A7–0032/2014.
53 Vgl. Ratsdokument 9547/15 vom 08.06.2015.
54 ABl-EU Nr. L 336 vom 23.12.2015, S. 1.
55 Zu Beginn des Jahres 2015 wurden die Bezeichnungen der EU-Rechtsakte umgestellt. Während bis dahin Richtlinien mit der Jahreszahl voraus und einer fortlaufenden Zählung der Richtlinien pro Jahr hinter dem Schrägstrich (z.B. Richtlinie 2008/95) und Verordnungen gerade umgekehrt mit der fortlaufenden Zählung pro Jahr voraus und dem Jahr des Erlasses hinter dem Schrägstrich (z.B. Verordnung Nr. 207/2009) bezeichnet wurden, wird nunmehr bei allen Rechtsakten das Jahr des Erlasses vorausgestellt; nach dem Schrägstrich erscheint die fortlaufende Zählung pro Jahr ohne Differenzierung nach der Art der Rechtsakte, was zugleich die hohe Zahl erklärt.
56 ABl-EU Nr. L 341 vom 24.12.2015, S. 21.

Im Vergleich zur MarkenRL von 2008 ist der Text der MarkenRL 2015 erheblich   **43** angeschwollen. Die Zahl der Erwägungsgründe hat sich von 14 auf 46, die der Artikel von 19 auf 57 erhöht. Dennoch halten sich die Änderungen in Grenzen. Das materielle Recht ist nur in Randbereichen modifiziert worden. Die Vermehrung des Textvolumens ist vor allem detaillierten Vorschriften zu den (praktisch nicht sehr bedeutsamen) Garantie-, Gewährleistungs- und Kollektivmarken (Art. 27–36) und der weitgehenden Harmonisierung des nationalen Markenverfahrensrechts (Art. 37–49) geschuldet. Umzusetzen waren die neuen Vorgaben im Wesentlichen bis zum 14. Januar 2019, teilweise läuft die Umsetzungsfrist bis zum 14. Januar 2023 (s. im einzelnen Art. 54 MarkenRL).

Anders als die MarkenRL ist die ÄndVO-GMV in wesentlichen Teilen bereits am   **44** 23. März 2016 in Kraft getreten; im Übrigen gilt sie seit dem 1. Oktober 2017 (s. im einzelnen Art. 4 ÄndVO-GMV). Im Anschluss an die Umbenennung der »Europäischen Gemeinschaft« in »Europäische Union« durch den Vertrag von Lissabon ist die Bezeichnung »Gemeinschaftsmarke« in *Unionsmarke* geändert worden, aus der bisherigen GMV wurde die *UnionsmarkenVO* (im Folgenden: UMV). Das »Harmonisierungsamt für den Binnenmarkt« (HABM) führt nunmehr die Bezeichnung »Amt der Europäischen Union für geistiges Eigentum« (in allen 24 Amtssprachen einheitlich mit »*EUIPO*« abgekürzt), was der tatsächlichen Tätigkeit des Amtes zweifellos besser Rechnung trägt (s. Rdn. 36). Im Übrigen hat die ÄndVO-GMV eine Vielzahl (insgesamt 145) von Änderungen der GMV bzw. jetzt der UMV vorgenommen. Wie im Bereich der MarkenRL handelt es sich aber um Detailkorrekturen; das 1993 errichtete Rechtssystem selbst hat sich bewährt und ist unverändert geblieben.

Wegen der zahlreichen Änderungen ist die UMV am 14. Juni 2017 in *kodifizierter*   **45** *Fassung*, aber inhaltlich unverändert als *VO (EU) 2017/1001* neu erlassen worden.[57] Die kodifizierte Fassung ist am 1. Oktober 2017 in Kraft getreten.

X. Das MarkenrechtsmodernisierungsG (MaMoG)

Zur Umsetzung der neuen MarkenRL hat das Bundesministerium der Justiz und für   **46** Verbraucherschutz unter dem 31. Januar 2017 den Referentenentwurf eines MarkenrechtsmodernisierungsG (MaMoG) herausgebracht. Aufgrund der hierzu eingegangenen Stellungnahmen[58] ist dieser Entwurf erheblich überarbeitet worden. Der darauf beruhende Gesetzentwurf der Bundesregierung ist am 20. Juni 2018 in das Gesetzgebungsverfahren gegangen[59] und wurde am 10. Oktober 2018 im Ausschuss für Recht und Verbraucherschutz des Bundestages behandelt.[60] Mit den insoweit vorgeschlagenen Änderungen ist das MaMoG sodann vom Bundestag beschlossen und am

---

57 ABl-EU Nr. L 154 v. 16.06.2017, S. 1.
58 Z.B. der Deutschen Vereinigung für Gewerblichen Rechtsschutz und Urheberrecht, GRUR 2017, 366; weitere Stellungnahmen sind auf der Homepage des BMJV eingestellt.
59 BT-Drs. 19/2898.
60 Beschlussfassung und Bericht in BT-Drs. 19/4879.

14. Dezember 2018 im Bundesgesetzblatt verkündet worden.[61] Soweit nachfolgend
nicht anders vermerkt, ist das MaMoG am 14. Januar 2019 in Kraft getreten. Neben
zahlreichen Änderungen des MarkenG (Art. 1 MaMoG) hat das Gesetz auch die nötigen Anpassungen der MarkenV (Art. 2) und des PatKostG (Art. 3) vorgenommen.[62]

§ 5 Zur Auslegung des MarkenG

I. Reichweite der europäischen Rechtsharmonisierung

47   MarkenRL und DurchsetzungsRL haben zwar eine weitgehende, aber keine vollständige Harmonisierung des Markenrechts gebracht. So gelten die Vorgaben der MarkenRL nach ihrem Art. 1 nur für den formalen Registermarkenschutz, nicht für die
sachlichen Markenrechte, und auch nicht für das Recht der geschäftlichen Bezeichnungen (Unternehmenskennzeichen und Werktitel).[63] Die DurchsetzungsRL erfasst
hingegen alle Immaterialgüterrechte, geht insoweit also über den Anwendungsbereich
der MarkenRL hinaus.

48   Beide Richtlinien enthalten überwiegend für die Mitgliedstaaten zwingendes Recht
(z.B. Art. 4 I, 5 I MarkenRL, Art. 13 I DurchsetzungsRL); zum Teil werden aber auch
nur Regelungsoptionen eröffnet (z.B. Art. 3 II S. 2 und III, 5 IV MarkenRL, Art. 13
II DurchsetzungsRL), von denen die Mitgliedstaaten Gebrauch machen können oder
auch nicht. Aber auch innerhalb des zwingenden Richtlinienrechts ist noch einmal zu
differenzieren. So handelt es sich bei den Vorschriften der MarkenRL grundsätzlich
um abschließende Regelungen; sie stellen daher nicht nur einen Mindest-, sondern
zugleich einen Höchststandard auf.[64] Dagegen versteht sich die DurchsetzungsRL
generell nur als ein Mindeststandard, von dem das nationale Recht zugunsten des
Rechtsinhabers abweichen darf (Art. 2 I DurchsetzungsRL).

---

61 BGBl. 2018 I, S. 2357.
62 Eine ausführliche Darstellung des Gesetzes findet sich bei Hacker GRUR 2019, 113 ff.,
    235 ff.
63 Vgl. BGH GRUR 1995, 825, 827 *Torres*.
64 Vgl. etwa EuGH GRUR 1998, 919, 921 (Nr. 25) *Silhouette*.

II. Folgen für die Auslegung und Anwendung des MarkenG

Vor dem Hintergrund der verschieden weit reichenden Harmonisierungsakte auf europäischer Ebene lassen sich im deutschen MarkenG nicht weniger als vier Vorschriftengruppen unterscheiden: **49**

1. Umsetzung zwingender Vorgaben

Die *erste Gruppe* wird durch Vorschriften gebildet, mit denen ausschließlich obligatorische Richtlinienvorgaben in nationales Recht umgesetzt werden. Beispiele hierfür sind etwa § 8 I, II Nr. 1, 2, 4, 5 MarkenG als Umsetzung von Art. 3, 4 I lit. a, b, c, f, g MarkenRL oder § 9 I Nr. 1 und 2 MarkenG als Umsetzung von Art. 5 I MarkenRL. **50**

In diesen Fällen werden die für das nationale Recht entwickelten Auslegungsregeln (also der klassische Kanon der grammatikalischen, historischen, systematischen und teleologischen Auslegung) überlagert durch den *vorrangigen Grundsatz der richtlinienkonformen Auslegung*.[65] Über den Grundsatz der richtlinienkonformen Auslegung gewinnen *mittelbar* die vom EuGH für die Auslegung des europäischen Rechts (und damit auch der Richtlinien) aufgestellten Maximen Bedeutung.[66] **51**

Von besonderem Gewicht ist insoweit zunächst der *Wortlaut* der betreffenden Richtlinienvorschrift unter Berücksichtigung der verschiedenen Sprachfassungen.[67] **52**

Große Bedeutung kommt sodann der *teleologischen Auslegung* zu, da sie in besonderem Maße geeignet ist, dem Integrationszweck des europäischen Rechts Geltung zu verschaffen. In diesem Zusammenhang sind vor allem die *Erwägungsgründe* zu beachten, die den Richtlinien (wie auch den europäischen Verordnungen) jeweils vorangestellt sind. Mit diesen Erwägungsgründen kommt der europäische Gesetzgeber der in Art. 296 II AEUV vorgeschriebenen Begründungspflicht nach. Sie sind Bestandteil des Rechtsaktes selbst und werden vom EuGH faktisch gleichrangig mit dem eigentlichen Normtext behandelt.[68] Dadurch unterscheiden sie sich zum einen von bloßen *Protokollerklärungen*, die vom Rat oder der Kommission gelegentlich aus Anlass eines Rechtsetzungsaktes abgegeben werden, wie dies auch bei der MarkenRL-1988 und der früheren GMV geschehen ist.[69] Solche Protokollerklärungen bleiben nach der **53**

---

65 Zum Vorrang der richtlinienkonformen Auslegung sehr lehrreich BGH GRUR 2016, 497, 498, 500 (Nr. 22, 34 ff.) *Davidoff Hot Water II* (durch richtlinienkonforme Auslegung erzwungene teleologische Reduktion einer harmonisierten nationalen Vorschrift); s. ferner BGH GRUR 2018, 932, 934 (Nr. 20) *#darferdas?*; Lutter, JZ 1992, 593, 604 f; Auer NJW 2007, 1106 m.w.N.

66 Lutter, JZ 1992, 593, 598.

67 Vgl. EuGH NJW 1983, 1257, 1258 *CILFIT*; EuGH GRUR 2016, 375, 377 (Nr. 39) *Daimler/Együd Garage*.

68 Vgl. z.B. EuGH GRUR 1998, 919, 920 f. (Nr. 23–25) *Silhouette*; GRUR 1998, 922, 923 (Nr. 15) *Canon*; GRUR 2007, 146, 148 (Nr. 39) *Diesel*.

69 Gemeinsame Erklärung des Rates und der Kommission zur MarkenRL, ABl-HABM 1996, 606; Gemeinsame Erklärung des Rates und der Kommission zur GMV, ABl-HABM 1996, 612.

Rechtsprechung des EuGH bei der Auslegung unberücksichtigt, soweit sie keinen Eingang in den Text der Richtlinie (oder Verordnung) gefunden haben.[70] Die Erwägungsgründe haben aber auch einen wesentlich höheren Stellenwert als die amtlichen Gesetzesbegründungen im nationalen Recht,[71] die lediglich Material für die historische Auslegung bilden und letztlich unverbindlich sind.[72]

54 Die *systematische Auslegungsmethode* im eigentlichen Sinne, d.h. soweit sie das den einzelnen Rechtsakt übergreifende Rechtssystem oder ein Subsystem ins Auge fasst und daraus Erkenntnisse gewinnen will, ist demgegenüber wenig ergiebig, da die Richtlinien meist nur punktuell – wenn auch an zentralen Stellen – in das nationale Recht eingreifen. Soweit der EuGH von einer systematischen Auslegung spricht, ist daher meist nur der Kontext des einzelnen Rechtsaktes gemeint.[73] Mit fortschreitender Harmonisierungsdichte ergeben sich allerdings auch Ansätze für eine systematische Auslegung im eigentlichen Sinne.[74]

55 Weitgehend in den Hintergrund tritt schließlich auch die *historische Auslegung*. Die Richtlinien gehen in der Regel auf einen Kompromiss der Mitgliedstaaten zurück, wobei mitunter einzelne Rechtsinstitute einem bestimmten nationalen Recht entnommen sind. Vor diesem Hintergrund würde eine historische Auslegung in hohem Maße integrationshemmend wirken, da die Mitgliedstaaten verleitet wären, einzelne Teile der Richtlinie so zu verstehen, wie dies ihrem früheren nationalen Recht entsprechen würde. Der Harmonisierungseffekt wäre dahin. Vorbestehendes nationales Recht spielt daher für die Auslegung einer Richtlinie keine Rolle. Das gilt selbst dann, wenn in einer Protokollerklärung auf den nationalen Ursprung einer Richtlinienbestimmung ausdrücklich hingewiesen worden ist.[75] Der europäische Gesetzgebungsprozess (z.B. frühere Fassungen von Vorschlägen der EU-Kommission zu dem betreffenden Rechtsakt) kann dagegen durchaus für die Auslegung relevant werden.

2. Gleichlaufende Vorschriften

56 Zu einer *zweiten Gruppe* kann man Vorschriften zusammenfassen, die zwar einerseits zwingende europäische Vorgaben umsetzen, zugleich aber auch für die sachlichen, nicht harmonisierten Kennzeichenrechte gelten, insoweit mithin autonomes nationales Recht darstellen. Solche Vorschriften finden sich im MarkenG an zentraler Stelle, z.B. §§ 14, 23, 24, vgl. Art. 10, 14, 15 MarkenRL.

---

70 EuGH GRUR 2004, 858, 859 (Nr. 17) *Heidelberger Bauchemie GmbH*; GRUR 2005, 153, 156 (Nr. 79) *Anheuser-Busch/Budvar.*

71 Z.B. die Begründung zum Regierungsentwurf des MarkenG, BT-Drs. 12/6581, S. 53 ff. = BlPMZ 1994, Sonderheft, S. 45 ff.

72 Vgl. BGH GRUR 2006, 842, 845 (Nr. 20) *Demonstrationsschrank*; GRUR 2012, 1026, 1029 (Nr. 27, 30) *Alles kann besser werden*; GRUR 2013, 536, 538 (Nr. 21) *Die Heiligtümer des Todes.*

73 Vgl. z.B. EuGH GRUR 2015, 1198, 1199 (Nr. 25) *Nestlé/Cadbury (Kit Kat)* (»Wortlaut, Systematik oder Zweck«).

74 Vgl. etwa EuGH GRUR 2008, 698, 700 (Nr. 49) O_2 *und* O_2 *(UK)/H3G.*

75 Vgl. Nr. 5 lit. b der Gemeinsamen Erklärung zur MarkenRL und hierzu EuGH GRUR 1998, 387, 389 (Nr. 14 ff.) *Sabèl/Puma*; überholt insoweit Lutter, JZ 1992, 593, 602.

Nach der Rechtsprechung des BGH sind solche Vorschriften, obwohl eine unter- 57
schiedliche Auslegung möglich wäre, insgesamt einheitlich auszulegen, wobei dies
dann nur eine richtlinienkonforme Auslegung sein kann.[76]

3. Umsetzung fakultativer Vorgaben

Die *dritte Gruppe* besteht aus Vorschriften, mit denen lediglich fakultative Richtlinien- 58
bestimmungen umgesetzt werden. Beispiele hierfür sind: § 8 II Nr. 13 MarkenG/
Art. 4 III lit. a MarkenRL; § 12 MarkenG/Art. 5 IV MarkenRL.

Nach der Auffassung des EuGH hat ein Mitgliedstaat nur die Wahl, die Vorschrift 59
entweder zu übernehmen oder nicht. Entscheidet er sich für die Übernahme, kommt
eine Abweichung von der Vorgabe nicht mehr in Betracht; es gilt vielmehr in vollem
Umfang der Grundsatz der *richtlinienkonformen Auslegung*.[77]

Dem kann so nicht gefolgt werden. Der Harmonisierungseffekt fakultativer Richtlini- 60
enbestimmungen beschränkt sich grundsätzlich darauf, dass nationale Vorschriften,
mit denen solche Bestimmungen umgesetzt werden, jedenfalls mit anderweitigen obligatorischen Vorgaben des europäischen Rechts in Einklang stehen. Im Übrigen aber
sind die Mitgliedstaaten frei. Das gilt nicht nur für die Frage, ob eine solche Vorschrift
umgesetzt wird, sondern konsequenterweise auch für das Wie der Umsetzung und
damit auch der Auslegung.[78] Die gegenteilige Auffassung des EuGH vermag schon
deswegen nicht zu überzeugen, weil ein Mitgliedstaat ohne weiteres zwar eine der
betreffenden Richtlinienoption entsprechende Vorschrift schaffen, aber gleichzeitig
erklären kann, dies geschehe nicht in Umsetzung der fakultativen Richtlinienbestimmung, sondern kraft nationaler Rechtsetzungsbefugnis. Das bedeutet freilich nicht,
dass die Rechtsprechung des EuGH zur Auslegung fakultativer Richtlinienbestim-
mungen unbeachtlich ist. Vielmehr wird man sie grundsätzlich als Richtschnur heran-
ziehen können und müssen, soweit der nationale Gesetzgeber durch wortlautgemäße
Umsetzung kundgetan hat, sich an der fakultativen Vorgabe ausrichten zu wollen.[79]
Dies ist dann aber eine Frage der *historischen Auslegung*, die – anders als die richtlinienkonforme Auslegung – im Laufe der Zeit an Bedeutung verlieren kann.

---

76 Vgl. BGH GRUR 1999, 992, 995 *BIG PACK* (zu § 23 Nr. 2 MarkenG); BGH GRUR
    2002, 1063, 1065 *Aspirin* (zu § 24 MarkenG); zum UWG ebenso BGH GRUR 2018,
    1251, 1257 (Nr. 54) *Werbeblocker II.*
77 Vgl. zu Art. 5 II MarkenRL-1988 (Sonderschutz der bekannten Marke) EuGH GRUR 2004,
    58, 59 (Nr. 18, 20) *Adidas/Fitnessworld*; bestätigt in EuGH WRP 2013, 1166 (Nr. 28, 41)
    Malaysia Dairy (Yakult-Flasche); EuGH GRUR 2014, 280, 281 (Nr. 34) *De Vries/Red Bull.*
78 Vgl. hierzu auch Hacker GRUR Int. 2002, 502, 505; zust. Koppensteiner, Markenrecht,
    Kap. E Rn. 38 Fn. 132; im Ergebnis wie hier auch Sack GRUR 1995, 81; a.A. Fammler
    MarkenR 2004, 89, 91; Büscher, FS Ullmann (2006), S. 129, 153; Jänich WRP 2018, 261,
    267 (Nr. 43).
79 Vgl. zu der ähnlichen Situation bei § 1 GWB BGH GRUR 2011, 641, 645 (Nr. 58) *Jette
    Joop.*

Das Problem ist freilich dadurch weitgehend entschärft worden, dass die jetzt geltende MarkenRL eine Reihe besonders wichtiger, bisher aber nur fakultativer Vorgaben in zwingende Normen umgestaltet hat (vgl. etwa zum absoluten Schutzhindernis der bösgläubigen Anmeldung früher Art. 3 II lit. d MarkenRL-1988, jetzt Art. 4 II MarkenRL und zum Sonderschutz bekannter Marken früher Art. 5 II MarkenRL-1988, jetzt Art. 10 II lit. c MarkenRL).

4. Übrige Vorschriften

61 Die restlichen Vorschriften des MarkenG (*vierte Gruppe*) stellen autonomes nationales Recht dar. Hierzu gehören insbesondere alle Bestimmungen, die sich ausschließlich mit den sachlichen Markenrechten und den geschäftlichen Bezeichnungen befassen sowie Teile des Markenverfahrensrechts. In diesem Bereich gelten die nationalen Auslegungsgrundsätze an sich unbeschränkt. Trotzdem sind die Vorgaben der MarkenRL auch insoweit nicht bedeutungslos. Die Rechtsprechung des BGH geht nämlich seit langem vom Grundsatz der *Einheitlichkeit des (gesamten) Kennzeichenrechts* aus.[80] Soweit daher Vorschriften des nicht harmonisierten nationalen Rechts eine sachliche Nähe zum harmonisierten Recht aufweisen, spielen über den Grundsatz der Einheitlichkeit des Kennzeichenrechts doch wieder die harmonisierten Vorschriften und damit die richtlinienkonforme Auslegung herein.[81] So hat der Bundesgerichtshof z.B. seine langjährige Rechtsprechung zur fehlenden Schutzfähigkeit von reinen Buchstabenkombinationen als Unternehmenskennzeichen[82] unter explizitem Hinweis auf die markenrechtliche Schutzfähigkeit solcher Zeichen nach harmonisiertem Recht aufgegeben.[83] Nur wo eine solche Nähe fehlt (etwa im Verfahrensrecht), verbleibt es bei den nationalen Auslegungsgrundsätzen.

62 Die Rechtsmasse des MarkenG stellt sich nach alledem als ein überaus komplexes und vielschichtiges Gebilde dar, wobei die Rechtsanwendung noch dadurch komplizierter wird, dass den einzelnen Vorschriften des MarkenG nicht anzusehen ist, ob und inwieweit sie auf einer europäischen Richtlinie beruhen.

III. Vorlageverfahren

63 Entstehen für ein nationales Gericht bei der Auslegung einer dem nationalen Recht zugrunde liegenden Richtlinienbestimmung Zweifel, können bzw. – soweit es sich um ein letztinstanzlich entscheidendes Gericht handelt – müssen diese in einem *Vorlageverfahren nach Art. 267 AEUV* durch den EuGH geklärt werden. Dies erklärt die recht stattliche Anzahl grundlegender EuGH-Entscheidungen auf dem Gebiet des Markenrechts. Die Vorlagepflicht gilt gleichermaßen für zwingende wie für bloß optionale Richtlinienvorgaben. Eine bloß mittelbare Betroffenheit des nationalen Rechts durch

---

80 Vgl. BGH BlPMZ 2001, 210, 211 *WINDSURFING CHIEMSEE*.
81 BGH GRUR 2001, 344 *DB Immobilienfonds*.
82 Vgl. BGH GRUR 1998, 165, 166 *RBB*; GRUR 1985, 461, 462 *Gefa/Gewa*; GRUR 1979, 470, 471 *RBB/RBT*.
83 BGH GRUR 2001, 344 *DB Immobilienfonds*; GRUR 2005, 430 *mho.de*.

eine Richtlinienbestimmung (vgl. die vierte Gruppe Rdn. 61) kann jedoch eine Vorlage an den EuGH nicht rechtfertigen.[84]

IV. Verhältnis zum Unionsmarkenrecht

Soweit die MarkenRL Vorgaben für das nationale Recht macht, stimmen diese weitgehend mit den Vorschriften der UMV überein. Dessen ungeachtet handelt es sich um voneinander *unabhängige Rechtssysteme*, so dass Erkenntnisse, die unter der UMV gewonnen wurden, keine bindende Wirkung für die Beurteilung der Rechtslage unter der MarkenRL entfalten und umgekehrt.[85] Eine abweichende Beurteilung sollte aber dennoch nach Möglichkeit vermieden werden. Auch der EuGH ist darum bemüht, Rechtsfragen, die sich in beiden Regelwerken gleichermaßen stellen, einheitlich zu beantworten.[86] Insoweit kann bei der Anwendung des MarkenG im Rahmen der richtlinienkonformen Auslegung auch auf Erkenntnisse zur UMV zurückgegriffen werden.

64

§ 6 Funktionen der Marke

I. Funktionenlehre unter dem WZG

Unter der Geltung des WZG war es ständige Rechtsprechung und die im Schrifttum ganz überwiegend vertretene Meinung, dass es der alleinige, jedenfalls aber der wesentliche Zweck des Zeichenrechts sei, den Schutz der *Herkunftsfunktion* des Warenzeichens zu gewährleisten. Das Ausschließlichkeitsrecht am Warenzeichen sollte seinen Inhaber in die Lage versetzen, seine Waren als aus seinem Geschäftsbetrieb

65

---

84 Vgl. BGH GRUR 2013, 1150, 1153 (Nr. 41) *Baumann*.

85 St. Rspr., z.B. EuGH GRUR 2008, 339, 341 (Nr. 65, 66) *Develey/HABM*; EuGH GRUR-RR 2008, 335, 336 (Nr. 58) *Aire Limpio*; besonders deutlich EuGH GRUR 2018, 1146, 1149 (Nr. 72–73) *NEUSCHWANSTEIN*; EuG GRUR Int. 2007, 1023, 1025 (Nr. 40) *TOSCA BLU*; EuG GRUR-RR 2007, 5, 10 (Nr. 114 f.) *BUD/BIT*; BPatG GRUR 2007, 156, 157 *Anhörungsrüge*.

86 Z.B. EuGH GRUR 2006, 146 *Class International/Colgate-Palmolive*; GRUR 2008, 608, 610 (Nr. 54) *EUROHYPO*; GRUR 2009, 1156, 1157 (Nr. 42) *UDV/Brandtraders*; GRUR 2011, 1124, 1127 (Nr. 38) *Interflora/M&S*; GRUR 2012, 616, 617 (Nr. 19) *Alfred Strigl/DPMA*; EuGH WRP 2013, 1166, 1167 (Nr. 35) *Malaysia Dairy (Yakult-Flasche)*; EuGH GRUR 2015, 1198, 1200 (Nr. 45) *Nestlé/Cadbury (Kit Kat)*; GRUR 2018, 917, 919 (Nr. 29) *Mitsubishi/Duma*; s. auch EuG GRUR Int. 2007, 327, 328 (Nr. 48) *TDK*; BGH GRUR 2012, 832, 834 (Nr. 18) *ZAPPA*; GRUR 2018, 932, 934 (Nr. 20) *#darferdas?*.

stammend im Wettbewerb mit konkurrierenden Waren anderer Unternehmen zu individualisieren und zur Geltung zu bringen.[87]

66 Andere Funktionen der Marke wie
- die Unterscheidungsfunktion in dem Sinne, dass die Marke es dem Verbraucher ermögliche, Produkte mehr oder weniger gleicher Beschaffenheit voneinander zu unterscheiden;
- die Qualitäts- (Garantie-, Vertrauens-) funktion in dem Sinne, dass dem Adressaten der Marke, d.h. regelmäßig dem Verbraucher, über die Marke die Vorstellung einer gleichbleibenden, allenfalls sich verbessernden Produktqualität vermittelt wird;
- die Werbefunktion

wurden zwar als ökonomische Markenfunktionen durchaus erkannt, jedoch als rechtlich nicht oder doch nur in den Grenzen der Herkunftsfunktion mitgeschützt angesehen.

II. Funktionenlehre unter dem MarkenG

67 Diese traditionelle Funktionenlehre ist nach dem Inkrafttreten des MarkenG von Teilen des Schrifttums im Anschluss an Bemerkungen in der Amtlichen Begründung zum MarkenG[88] scharfer Kritik unterzogen worden. Mit dem MarkenG sei ein Paradigmenwechsel in der markenrechtlichen Funktionenlehre vollzogen worden.[89] Der ökonomischen Multifunktionalität der Marke sollte eine rechtliche Multifunktionalität folgen, der Primat der Herkunftsfunktion gebrochen werden.[90] Andere, darunter der Verf., wollten demgegenüber im Wesentlichen an der traditionellen Lehre festhalten, räumten aber ein, dass mit dem dem WZG noch fremden Sonderschutz der bekannten Marke gegen die unlautere Ausnutzung oder Beeinträchtigung ihrer Unterscheidungskraft oder Wertschätzung (Art. 4 IV lit. a, Art. 5 II MarkenRL-1988/ Art. 5 III lit. a, Art. 10 II lit. c MarkenRL-2015/§§ 9 Abs. 1 Nr. 3, 14 II S. 1 Nr. 3 MarkenG) auch die mit einer bekannten Marke verbundene Werbefunktion Anerkennung

---

87 RGZ 146, 325, 331 *Fratelli*; 161, 29, 37 und 40 *Zählerersatzteile*; BGH GRUR 1951, 324, 326 *Piek Fein*; GRUR 1964, 372, 374 *Maja*; GRUR 1966, 375, 377 *Meßmer-Tee II*; GRUR 1973, 468, 470 *Cinzano*; GRUR 1987, 525, 526 *LITAFLEX*; GRUR 1991, 782, 784 *Verbandszeichen*; Baumbach/Hefermehl, WZG, Einl. Rn. 16; Hagens, WZG, Einl. Rn. 3; Beier, Die Funktionen der Marke, in: ders., Markenrechtliche Abhandlungen, S. 225 ff.
88 Amtl. Begr., S. 66 und besonders S. 76.
89 Fezer, 3. Aufl., Einl. Rn. 35; vgl. auch Hubmann/Götting, 7. Aufl., S. 258.
90 Fezer, 3. Aufl., Einl. Rn. 40 a.E.; ähnlich Kunz-Hallstein, in: FS DPA 100 Jahre Markenamt; Tilmann, ZHR 1994, 371 ff.; Kiethe/Gröschke, WRP 1998, 541 ff.; Klippel, in: HK-MarkenR, 1. Aufl., E2 Rn. 5; für das österreichische Recht auch Schanda, MSchG § 1 Rn. 7 ff.

gefunden habe.[91] Vereinzelt schließlich wurde die Funktionenlehre generell als überholt[92] bzw. praktisch bedeutungslos[93] angesehen.

In der höchstrichterlichen Rechtsprechung insbesondere des EuGH bildete die   **68**
Betrachtung der Markenfunktionen seit jeher einen der wichtigsten Argumentationstopoi.[94] Nach dem Erlass der MarkenRL-1988 hat sich daran – bis heute – nichts geändert.[95] Im Vordergrund stand und steht dabei die traditionelle Herkunftsfunktion, die – als einzige Markenfunktion – im 16. (früher 11., noch früher 10.) Erwägungsgrund zur MarkenRL ausdrücklich erwähnt ist und vom EuGH immer wieder als die Hauptfunktion der Marke angesprochen worden ist.[96] Im Dunkel war dabei geblieben, ob und gegebenenfalls welche weiteren Funktionen der Marke zukommen. Diese Seite der Funktionenlehre ist durch das »L'Oréal«-Urteil des EuGH vom 18. Juni 2009[97] schlaglichtartig erhellt worden.

Das Urteil benennt in Übereinstimmung mit den Ausführungen des Generalanwalts   **69**
Mengozzi[98] erstmals explizit neben der Herkunftsfunktion als weitere Markenfunktionen die Gewährleistung der Qualität der Waren/DL des Markeninhabers (*Qualitätsfunktion*) sowie eine *Kommunikations-, Investitions- und eine Werbefunktion,*[99] wobei

---

91 1. Aufl., Rn. 62; Ströbele/Hacker, 9. Aufl., Einl. Rn. 36 unter Hinweis auf EuGH GRUR Int. 1998, 140, 143 (Nr. 39 ff.) *Dior/Evora.*
92 Pahlow MarkenR 2006, 97, 101.
93 Vgl. Ingerl/Rohnke, 2. Aufl., Einl. Rn. 67.
94 Vgl. EuGH GRUR Int. 1976, 402, 410 (Nr. 6) *Terranova/Terrapin*; GRUR Int. 1978, 291, 298 (Nr. 7) *Hoffmann-La Roche/Centrafarm*; GRUR Int. 1979, 99, 104 (Nr. 12) *Centrafarm/American Home Products*; GRUR Int. 1990, 960, 961 (Nr. 14) *HAG II*; GRUR Int. 1994, 614, 616 f (Nr. 37) *Ideal Standard II.*
95 Vgl. EuGH GRUR Int. 1996, 1144, 1148 (Nr. 47, 67) *Bristol-Myers Squibb*; GRUR Int. 2000, 159, 161 (Nr. 16) *Upjohn/Paranova*; EuGH GRUR 2001, 1148, 1149 (Nr. 22, 23) *Bravo*; GRUR 2002, 804, 806 (Nr. 29–32) *Philips*; GRUR 2002, 879, 881 (Nr. 29) *Boehringer*; GRUR 2003, 55, 57 (Nr. 48, 49) *Arsenal FC*; GRUR 2003, 422, 424 (Nr. 44, 45) *Arthur/Arthur et Félicie*; EuGH GRUR 2004, 428, 429 (Nr. 30) *Henkel*; EuGH GRUR Int. 2004, 843, 846 (Nr. 41) *MATRATZEN*; EuGH GRUR 2004, 943, 944 (Nr. 23) *SAT.2*; GRUR 2005, 1042, 1043 (Nr. 23–24) *THOMSON LIFE*; GRUR 2006, 495, 497 (Nr. 15) *Levi Strauss/Casucci*; EuGH GRUR Int. 2007, 718, 720 (Nr. 53) *TRAVATAN II.*
96 Vgl. die Nachw. bei Fn. 95; s. ferner EuGH GRUR 2009, 593, 594 Nr. 22) *Copad/Dior*; GRUR 2010, 1008, 1009 (Nr. 38) *Lego*; GRUR 2012, 268, 269 (Nr. 25) *Winters/Red Bull*; GRUR 2017, 1257, 1259 (Nr. 52) *The Tea Board/EUIPO (Darjeeling)*; GRUR 2018, 736, 737 (Nr. 23) *Junek Europ-Vertrieb/Lohmann & Rauscher (Debrisoft)*; GRUR 2018, 917, 919 (Nr. 34) *Mitsubishi/Duma*; EFTA-Gerichtshof GRUR Int. 2003, 936, 938 (Nr. 48) *Renitec Parallelimporte.*
97 EuGH GRUR 2009, 756 *L'Oréal/Bellure*; zu den unterschiedlichen Deutungen dieser Entscheidung s. Hacker, MarkenR 2009, 333 ff.; Völker/Elskamp, WRP 2010, 64 ff.; Fezer, WRP 2010, 165, 178 ff.
98 Schlussanträge Nr. 50–54 in der Rechtssache C-487/07 (»L'Oréal«).
99 EuGH GRUR 2009, 756, 761 (Nr. 58 a.E.) *L'Oréal/Bellure*; bestätigt in EuGH GRUR 2010, 445, 448 (Nr. 77) *Google und Google France*; GRUR 2010, 451, 453 (Nr. 31) *Bergspechte/trekking.at Reisen*; GRUR 2011, 1124, 1127 (Nr. 38) *Interflora/M&S*; GRUR 2015,

diese Aufzählung – wie die Wendung »u.a.« zeigt[100] – offenbar nicht abschließend gedacht ist.

70 Nicht mit gleicher Deutlichkeit äußert sich das Urteil zu der Frage, in welchem Verhältnis diese verschiedenen Funktionen zueinander stehen. Zwar wird die Herkunftsfunktion weiterhin als die Hauptfunktion der Marke bezeichnet.[101] Das soll aber wohl nicht heißen, dass die weiteren Funktionen immer nur im Rahmen und in den Grenzen der Herkunftsfunktion mitgeschützt sind. Denn im Ausgangsfall – es ging darum, ob der Markeninhaber gegen die Nennung seiner Marken im Rahmen einer vergleichenden Werbung vorgehen kann – war für den Verkehr klar, dass die beworbenen Produkte (Parfüm-Imitate) nicht vom Markeninhaber stammten; somit stand eine Beeinträchtigung der Herkunftsfunktion ausdrücklich nicht zur Debatte. Gleichwohl hielt der EuGH eine Markenverletzung für möglich und gab dem britischen Court of Appeal als Ausgangsgericht die Prüfung auf, ob durch die vergleichende Werbung u.a. die Kommunikations-, Investitions- und Werbefunktion der Klagemarken beeinträchtigt sein könnte.[102] Jedenfalls für diese Funktionen muss daher davon ausgegangen werden, dass sie *unabhängig von einer Beeinträchtigung der Herkunftsfunktion als Hauptfunktion* rechtlichen Schutz genießen.

71 Dasselbe wird auch für die Qualitätsfunktion gelten müssen. Zwar erwähnen die MarkenRL und ihr folgend das MarkenG die Qualitätsfunktion der Marke nur als einen Aspekt der Herkunftsfunktion. Nach Art. 15 II MarkenRL/§ 24 II MarkenG kann sich der Markeninhaber dagegen zur Wehr setzen, dass die Markenware nach ihrem Inverkehrbringen durch den Markeninhaber eine Veränderung oder Verschlechterung erfährt und in diesem Zustand weiter vertrieben wird (s. dazu unten Rdn. 628 f.). Ähnlich kann er nicht nur mit den Mitteln des Vertragsrechts, sondern auch markenrechtlich dagegen vorgehen, dass ein Marken-Lizenznehmer von einer vertraglich vereinbarten Produktqualität abweicht (Art. 25 II lit. e MarkenRL/§ 30 II Nr. 5 MarkenG, s. dazu unten Rdn. 852). In beiden Fällen geht es darum, dass sich der Markeninhaber derartig qualitativ veränderte Produkte im Wettbewerb nicht als die seinen zurechnen lassen muss, also um den Schutz der Herkunftsfunktion.[103] Das schließt aber nicht aus, dass die Qualitätsfunktion der Marke auch noch in anderer Weise beeinträchtigt werden kann, so etwa wenn die Qualität einer Markenware im Rahmen einer vergleichenden Werbung falsch dargestellt wird, vielleicht auch dadurch, dass der Werbende ein qualitativ wesentlich schlechteres Produkt zum Vergleich stellt.

1198, 1201 (Nr. 59) *Nestlé/Cadbury (Kit Kat)*; GRUR 2016, 375, 376 (Nr. 26) *Daimler/ Együd Garage*; GRUR 2017, 1257, 1259 (Nr. 53) *The Tea Board/EUIPO (Darjeeling)*; GRUR 2018, 917, 919 (Nr. 34) *Mitsubishi/Duma*; s. auch BGH GRUR 2010, 726, 727 (Nr. 16) *Opel-Blitz II*.

100 EuGH GRUR 2009, 756, 761 (Nr. 58 a.E.) *L'Oréal/Bellure*.
101 EuGH GRUR 2009, 756, 761 (Nr. 58 a.E.) *L'Oréal/Bellure*; s auch EuGH GRUR 2011, 1124, 1127 (Nr. 38) *Interflora/M&S*; GRUR 2014, 280, 281 (Nr. 30) *De Vries/Red Bull*.
102 EuGH GRUR 2009, 756, 761 (Nr. 63 a.E.) *L'Oréal/Bellure*.
103 Vgl. EuGH GRUR 2009, 593, 594 (Nr. 22–23) *Copad/Dior*; ähnlich Schmitt, MarkenR 2007, 9.

Als Zwischenergebnis kann damit festgehalten werden, dass zwar die Herkunftsfunk- **72**
tion nach wie vor die Hauptfunktion der Marke darstellt, die anderen Funktionen
stehen zu ihr aber nicht in einem Abhängigkeitsverhältnis, sondern genießen grundsätzlich eigenständigen Schutz.[104]

Davon zu unterscheiden ist die weitere Frage, *unter welchen Voraussetzungen* ein solcher **73**
Schutz in Betracht kommt. Als gesichert kann insoweit nur gelten, dass eine Marke
von Hause aus, d.h. vor und unabhängig von jeder Benutzung, jedenfalls Schutz gegen
eine Beeinträchtigung der Herkunftsfunktion genießt. *Der Schutz der Herkunftsfunktion besteht somit originär.* Fraglich ist, ob dies auch für die anderen Funktionen gilt.

Im Zusammenhang mit der *Kommunikationsfunktion* (einschließlich Investitions- und **74**
Werbefunktion) hatte Generalanwalt *Mengozzi* im »L'Oréal«-Verfahren von den in
einer Marke *»gespeicherten Informationen«* gesprochen, über die die Marke *infolge der
Verkaufsförderung oder der Werbung des Markeninhabers* verfügt, z.B. »Botschaften über
immaterielle Eigenschaften, die das Image des Produkts oder des Unternehmens allgemein (etwa bezüglich Qualität, Verlässlichkeit, Seriosität usw.) oder speziell (z.b.
bezüglich eines gewissen Stils, Luxus, Kraft) formen«.[105] Ganz ähnlich formuliert der
EuGH im »Interflora«-Urteil: »Eine Marke soll … stets ihre herkunftshinweisende
Funktion erfüllen und hat ihre anderen Funktionen nur, soweit sie vom Markeninhaber dazu verwendet wird, insbesondere zu Zwecken der Werbung oder Investi-
tion.«[106] Und speziell zur *Investitionsfunktion* hat der EuGH klargestellt, dass es dabei
nicht um einen Schutz der Investitionen geht, die möglicherweise mit der Kreation
einer neuen Marke verbunden sind (z.b. Design- und Recherchekosten), sondern um
den Schutz der Aufwendungen, um für die Marke einen Ruf zu erwerben oder zu
wahren, der geeignet ist, Verbraucher anzuziehen und zu binden.[107] Zur *Werbefunktion* hat der BGH ausgeführt, dass ihr Schutz »nur ausnahmsweise anzuerkennen«
sei.[108] Die genannten Funktionen kommen der Marke somit nicht schon originär mit
dem formalen Schutz durch den Registereintrag zu, sondern nur kraft eines gewissen
Besitzstands, den sich der Markeninhaber erarbeitet haben muss;[109] Bekanntheit im
Sinne von § 14 II S. 1 Nr. 3 MarkenG kann aber nicht gefordert werden.[110]

Was die *Qualitätsfunktion* angeht, setzt der Schutz gegen nachträgliche Veränderung **75**
der Markenware nach Art. 15 II MarkenRL/§ 24 II MarkenG zwangsläufig eine

---

104 Ebenso Völker/Elskamp, WRP 2010, 64, 67.
105 Schlussantrag Nr. 54 in der Rechtssache C-487/07 (»L'Oréal«).
106 EuGH GRUR 2011, 1124, 1127 (Nr. 40) *Interflora/M&S.*
107 EuGH GRUR 2011, 1124, 1128 (Nr. 60) *Interflora/M&S.*
108 BGH GRUR 2014, 1215, 1218 (Nr. 32) *Olympia-Rabatt.*
109 Möglicherweise anders aber jetzt EuGH GRUR 2018, 917, 919 (Nr. 36) *Mitsubishi/Duma,*
    wonach die Investitionsfunktion der Marke bedeute, dass der Markeninhaber *die Möglich-
    keit* habe, die Marke einzusetzen, um einen Ruf zu erwerben oder zu wahren, der geeignet
    ist, durch verschiedene Geschäftsmethoden Verbraucher anzuziehen und zu binden.
110 BGH, Beschl. v. 06.02.2013, I ZR 67/12 (Nr. 15) *SIPARI* in Korrektur von OLG Hamm
    GRUR-RR 2012, 384, 385 *Sipari.*

Benutzung der Marke voraus; er setzt aber andererseits schon mit der Benutzung für das erste Warenstück ein, das der Markeninhaber in Verkehr gebracht hat (s. unten Rdn. 627). Auch der Schutz gegen vertragsbrüchige Lizenznehmer nach Art. 25 II lit. e MarkenRL/§ 30 II Nr. 5 MarkenG verlangt nicht, dass die Marke im Verkehr bereits mit einer bestimmten Qualitätsvorstellung verbunden wird. Diese besonderen Ausprägungen der Qualitätsfunktion kommen der Marke somit von Hause aus zu, was aber nicht verwundert, weil es sich dabei – wie gezeigt (Rdn. 71) – nur um besondere Ausformungen der Herkunftsfunktion handelt. Im weiteren Sinne ist dagegen auch für die Qualitätsfunktion zu fordern, dass der Verkehr mit der Marke überhaupt konkrete Qualitätsvorstellungen verknüpft, was ohne eine hinreichende Benutzung nicht denkbar ist. Insoweit liegt es also wie bei den verschiedenen Spielarten der Kommunikationsfunktion.

76   Zusammenfassend kann daher festgehalten werden, dass nur die Herkunftsfunktion (zusammen mit ihren Ausprägungen in Art. 15 II und Art. 25 II lit. e MarkenRL) eine originäre Funktion der Marke ist; alle anderen Funktionen sind dagegen erworbene Funktionen, die entsprechende Marktaktivitäten des Markeninhabers voraussetzen.[111]

§ 7 Gang der Darstellung

77   Die vorliegende Darstellung wendet sich zunächst dem Markenrecht im engeren Sinne (§ 1 Nr. 1 MarkenG) zu. Dabei ist neben dem nationalen Markenrecht auch das Unionsmarkenrecht zu berücksichtigen. In Teil B werden die verschiedenen Entstehungsgründe des Markenschutzes behandelt. In diesem Zusammenhang ist auch ein Exkurs zum internationalen Markenrecht vorgesehen. Die korrespondierenden Erlöschensgründe werden in Teil C dargestellt, wobei der Schwerpunkt auf dem markenrechtlichen Benutzungszwang liegt. Teil D befasst sich sodann mit dem Inhalt des Markenschutzes, also mit den verschiedenen Verletzungstatbeständen. In diesem Zusammenhang gehören auch die im MarkenG und in der UMV vorgesehenen Freistellungstatbestände. Dabei geht es um Handlungen, die zwar an sich eine Markenverletzung darstellen, gegen die der Markeninhaber aber dennoch nicht vorgehen kann. Gegenstand des Teils E ist die Lehre von den markenrechtlichen Ansprüchen und den sonstigen Sanktionen einer Markenverletzung. Als Immaterialgüterrechte sind Marken zugleich Gegenstand des Rechtsverkehrs. Davon handelt Teil F. Das Recht der geschäftlichen Bezeichnungen ist gesondert in Teil G dargestellt.

---

111 Wie hier Weiler MarkenR 2011, 495; beiläufig auch Heinze, FS Büscher (2018), S. 29, 40; a.A. Völker/Elskamp, WRP 2010, 64, 71; Fezer, WRP 2010, 165, 180.

B. Entstehung des Markenschutzes

§ 8 Übersicht

Das MarkenG sieht sowohl einen formalen wie auch einen sachlichen Markenschutz **78** vor (s. dazu oben Rdn. 15). Der formale Markenschutz beruht allein auf der Eintragung der Marke in ein öffentliches Register; es ist nicht erforderlich, dass die Marke bereits benutzt wird. Bei der Eintragung kann es sich um eine nationale Registrierung in dem vom DPMA geführten Markenregister handeln (§ 4 Nr. 1 MarkenG, Rdn. 83 – 208); es kommt aber auch eine internationale Registrierung in dem vom Internationalen Büro in Genf verwalteten internationalen Markenregister in Betracht (§§ 107 ff. MarkenG; s. Rdn. 209 – 237). Hinzu kommen die Unionsmarken, die im Unionsmarkenregister des EUIPO in Alicante eingetragen sind (Rdn. 238 – 251).

Die registrierten Marken stellen die bei weitem wichtigste Markengruppe dar. So **79** waren Ende 2018 allein im Register des DPMA 815 589 gültige Marken eingetragen.[112]

Von deutlich geringerer praktischer Bedeutung sind die sachlichen Markenrechte, **80** die außerhalb des Registers entstehen. Dies sind zunächst die bei Rdn. 252 – 259 behandelten so genannten Benutzungsmarken, die aber nach § 4 Nr. 2 MarkenG über die bloße Benutzung hinaus Verkehrsgeltung als Marke voraussetzen. Obwohl sie also eigentlich »Verkehrsgeltungsmarken« heißen müssten,[113] wird hier in Übereinstimmung mit der Terminologie des MarkenG (vgl. §§ 27, 29, 30 MarkenG) und dem auch sonst üblichen Sprachgebrauch[114] der Ausdruck »Benutzungsmarke« beibehalten.

Eine weitere Form von sachlichen Markenrechten stellen die Notorietätsmarken dar **81** (§ 4 Nr. 3 MarkenG). Ihr Schutz beruht allein auf notorischer Bekanntheit im Inland. Eine inländische Benutzung ist – anders als bei § 4 Nr. 2 MarkenG – nicht vorausgesetzt. Da Notorietätsmarken in der Praxis kaum vorkommen, wird im vorliegenden Werk auf eine Darstellung verzichtet.

Auf Unionsebene sind sachliche Markenrechte nicht vorgesehen. Unionsmarken kön- **82** nen somit immer nur als formale Rechte im Wege der Registrierung entstehen (Art. 6 UMV).

---

112 BlPMZ 2019, 103.
113 Vgl. BGH GRUR 2009, 783 *UHU* (»Marke kraft Verkehrsgeltung«).
114 Vgl. etwa BGH GRUR 1998, 1034, 1036 *Makalu*; GRUR 2004, 151, 153 *Farbmarkenverletzung I*; GRUR 2009, 783, 785 (Nr. 22) *UHU*.

§ 9 Entstehung des formalen Markenschutzes I (nationale Registrierung)

I. Das Eintragungsverfahren

1. Allgemeine Charakteristik

Der Eintragung einer Marke in das beim DPMA geführte Markenregister, die nach   **83**
§ 4 Nr. 1 MarkenG den formalen Markenschutz entstehen lässt, geht ein Eintragungsverfahren voraus. Dabei handelt es sich um ein besonderes *Verwaltungsverfahren*, für
das jedoch nach § 2 II Nr. 3 VwVfG nicht die Vorschriften des VwVfG gelten; vielmehr kommen stattdessen die Vorschriften der §§ 32 ff. MarkenG zur Anwendung.

Im internationalen Vergleich haben sich im Wesentlichen zwei Arten von Eintragungs-   **84**
verfahren herausgebildet: das Registrierungsverfahren, bei dem lediglich die formellen
Voraussetzungen einer Eintragung geprüft werden, und das Prüfungsverfahren, bei
dem die Marke vor ihrer Eintragung einer Prüfung ihrer materiellen Schutzfähigkeit
unterzogen wird. Das deutsche Eintragungsverfahren ist von jeher als *materielles Prüfungsverfahren* ausgestaltet (vgl. §§ 36, 37 MarkenG, früher § 5 I WZG). Die deutsche
Registermarke stellt daher – insoweit ähnlich dem Patent (vgl. §§ 44, 49 PatG), aber
anders als das Gebrauchsmuster (vgl. § 8 I S. 1 und 2 GebrMG) und im Wesentlichen
auch das Design (vgl. §§ 16, 18 DesignG) – ein *geprüftes Schutzrecht* dar.

2. Anmeldung, Anmeldetag, Priorität

In Gang gesetzt wird das Eintragungsverfahren durch die beim DPMA vorzuneh-   **85**
mende *Anmeldung der Marke* (§ 32 I MarkenG). Anmeldeberechtigt ist jeder, der
Inhaber einer Marke sein kann (vgl. § 7 i.V.m. § 36 I Nr. 4 MarkenG), also jede
natürliche oder juristische Person sowie sonstige Rechtsträger (z.B. auch die Gesell-
schaft bürgerlichen Rechts als solche, vgl. § 5 I Nr. 2 S. 3 MarkenV), Inländer wie
Ausländer. Es ist – im Gegensatz zur Rechtslage unter dem WZG – nicht erforderlich,
dass der Anmelder Inhaber eines Unternehmens oder Geschäftsbetriebs ist.

Das Gesetz stellt für die Anmeldung eine Reihe von *formellen Anmeldeerfordernissen*   **86**
auf, die sich in drei Gruppen einteilen lassen:

a) Mindesterfordernisse

87   Zunächst sind gewisse Mindesterfordernisse zu beachten, ohne die eine Anmeldung im Rechtssinne nicht vorliegt. Diese Mindesterfordernisse sind in § 32 II Nr. 1–4 MarkenG geregelt. Danach muss die Anmeldung – außer einem Antrag auf Eintragung – enthalten: (1.) Angaben, die es erlauben, die Identität des Anmelders festzustellen, (2.) eine Darstellung der Marke (eigentlich: des Zeichens), die den Anforderungen des § 8 I MarkenG entspricht, und (3.) ein Verzeichnis der Waren und DL (VerzWDL), für die die Eintragung beantragt wird.[115] Durch diese Mindesterfordernisse werden die Marke im Rechtssinne, d.h. als ein Zeichen für bestimmte Waren/DL (s. zu der für den Markenbegriff konstitutiven Zeichen-Produkt-Beziehung oben Rdn. 2), und ihr Inhaber, also Gegenstand und Inhaberschaft des ausschließlichen Rechts im Sinne von § 14 I MarkenG, identifiziert und festgelegt.

88   Sind die Mindesterfordernisse erfüllt, so wird für die Marke nach § 33 I S. 1 MarkenG ein *Anmeldetag* begründet.[116] Besondere Beachtung verdient in diesem Zusammenhang die seit dem 14.01.2019 geltende Neufassung des § 6a MarkenV. Nach Abs. 1 S. 2 dieser Vorschrift kann die nach § 32 II Nr. 3 MarkenG erforderliche Darstellung der Marke grundsätzlich, d.h. soweit es nach der Art des Zeichens in Betracht kommt, entweder in Papierform oder auf einem Datenträger eingereicht werden (s. dazu näher unten Rdn. 105–110), wobei nach § 6a III S. 1 MarkenV der Anmelder über die Art der Darstellung entscheidet. Abs. 3 S. 2 bestimmt sodann, dass die Darstellung auf einem Datenträger für den Schutzgegenstand maßgeblich ist, wenn die gleiche Darstellung sowohl auf Papier als auch auf einem Datenträger eingereicht wird. Für die Bestimmung des Anmeldetages ist jedoch nach § 6a III S. 3 MarkenV die zuerst eingereichte Darstellung maßgeblich. Die für die Bestimmung des Anmeldetages maßgebliche Darstellung muss also nicht mit der für die Bestimmung des Schutzgegenstandes maßgeblichen Darstellung übereinstimmen!

89   Der Anmeldetag einer Marke ist in zwei Hinsichten von wesentlicher Bedeutung: Zum einen lässt die Anmeldung einer Marke, deren Anmeldetag feststeht, einen *öffentlich-rechtlichen Anspruch auf Eintragung der Marke* entstehen, sofern keine sonstigen formellen oder materiellen Schutzhindernisse vorliegen (§ 33 II MarkenG). Zum andern legt der Anmeldetag in der Regel zugleich den *Zeitrang der Marke* fest (vgl. § 6 II MarkenG). Der Zeitrang ist maßgeblich, falls es zu einer Kollision von Rechten kommt, also ein Recht in den Schutzbereich eines andern Rechts eingreift. Solche Kollisionen sind nicht selten, was bei der großen Zahl von Rechten auch nicht verwundern kann. Wie im Straßenverkehr bedarf es daher einer Art »Vorfahrtsregel«. Diese Regel gibt der Zeitrang, d.h. das zeitrangältere Recht setzt sich – von Ausnahmen abgesehen – gegen das zeitrangjüngere Recht durch (»wer zuerst kommt, mahlt zuerst«, oft auch, wenngleich etwas ungenau, *Prioritätsprinzip* genannt).

---

115 So auch die Vorgabe in Art. 37 I MarkenRL.
116 Ebenso Art. 38 I MarkenRL.

Der Zeitrang einer Marke fällt jedoch nicht immer mit ihrem Anmeldetag zusammen. **90** Unter bestimmten Bedingungen kann für die Marke der *bessere Zeitrang* (die *Priorität*) einer *früheren ausländischen (Vor-)Anmeldung derselben Marke* (nicht auch der einer inländischen Voranmeldung!) in Anspruch genommen werden (Prioritätsprinzip im korrekten Sinne). Die Voraussetzungen dieses *Prioritätsrechts* ergeben sich aus Art. 4 der Pariser Verbandsübereinkunft (PVÜ), einem internationalen Vertrag, der insoweit durch § 34 MarkenG ergänzt und erweitert wird (s. näher zur PVÜ unten Rdn. 212 – 218). Danach kann z.B. für eine Marke, die zuerst in den USA angemeldet worden ist, im Falle ihrer späteren (Nach-)Anmeldung in Deutschland der Zeitrang der US-(Vor-)Anmeldung beansprucht werden. Freilich geht dieses Prioritätsrecht, wie jedes Recht, zu Lasten der Konkurrenten (hier der Inhaber etwa kollidierender Drittrechte), die damit rechnen müssen, dass durch eine inländische Nachanmeldung plötzlich, sozusagen aus dem Nichts, prioritätsbessere Drittrechte entstehen. Um diese Gefahr zu begrenzen, sieht Art. 4 Abschnitt C PVÜ eine Frist von sechs Monaten vor, innerhalb der die inländische Nachanmeldung vorgenommen werden muss (sog. Prioritätsfrist). Außerdem schreibt Art. 4 Abschnitt D PVÜ i.V.m. § 34 III MarkenG vor, dass die Priorität innerhalb einer Frist von zwei Monaten ab dem inländischen (Nach-)Anmeldetag beansprucht werden muss (Prioritätserklärungsfrist).

▶ **Beispiel:**

A hat am 05.02.2019 in den USA eine Marke M für die Ware W angemeldet. Meldet er dieselbe Marke bis spätestens 05.08.2019 auch beim DPMA an, so kann er innerhalb einer Frist von zwei Monaten ab dem inländischen Nachanmeldetag für die deutsche Nachanmeldung die bessere Priorität der US-Voranmeldung in Anspruch nehmen. In diesem Fall erhält die deutsche Marke den Zeitrang der US-Voranmeldung, also den 05.02.2019. Ein etwaiger Dritter D, der vor dem inländischen Nachanmeldetag, aber nach dem ausländischen Voranmeldetag der Marke M, also etwa am 03.05.2019, eine identische Marke M oder eine ähnliche Marke M' angemeldet hat, hat das Nachsehen; er muss dem besseren Recht des A weichen.

Andererseits kann es in einzelnen (praktisch seltenen und deshalb hier nicht weiter in **91** Betracht zu ziehenden) Fällen vorkommen, dass der Zeitrang gegenüber dem Anmeldetag *nach hinten* verschoben wird (s. § 37 II MarkenG; sog. *Zeitrangverschiebung*).

Sind die oben genannten Mindesterfordernisse einer Anmeldung nicht erfüllt, setzt **92** das DPMA eine Frist zur Mängelbeseitigung. Werden die festgestellten Mängel innerhalb dieser Frist nicht beseitigt, so *gilt die Anmeldung als zurückgenommen* (§ 36 II S. 1 MarkenG). Es tritt also unmittelbar mit dem Fristablauf eine gesetzliche Rücknahmefiktion ein[117], was vom DPMA nachfolgend durch Beschluss festgestellt wird. Werden die Mängel dagegen fristgemäß beseitigt, erkennt das Amt den Tag, an dem die Mängel beseitigt sind, als Anmeldetag an (§ 36 II S. 2 MarkenG). Eine etwa in Anspruch genommene Priorität nach der PVÜ bleibt in diesem Fall aber nur erhalten,

---

117 Wiedereinsetzung in den vorigen Stand nach § 91 I MarkenG ist daher möglich, vgl. Miosga in: Ströbele/Hacker/Thiering, § 36 Rn. 4.

wenn die Mängelbeseitigung innerhalb der sechsmonatigen Prioritätsfrist des Art. 4 Abschnitt C I PVÜ erfolgt.

b) Sonstige zwingende Anmeldeerfordernisse

93   Neben den essentiellen Anmeldeerfordernissen des § 32 II MarkenG besteht nach § 32 III MarkenG i.V.m. den Vorschriften der MarkenV eine Reihe von weiteren formellen Erfordernissen, deren Nichterfüllung zwar den Anmeldetag unberührt lässt, die aber nach § 36 IV MarkenG zur *Zurückweisung der Anmeldung* führt, sofern sie nicht nach Aufforderung durch das DPMA beseitigt werden. Zwingende Anmeldeerfordernisse in diesem Sinne sind etwa: die Angabe der Markenform (Wort-, Bildmarke usw.; § 6 MarkenV), Vorschriften zur Darstellung von Bildmarken, dreidimensionalen Marken etc. (§§ 8 ff. MarkenV), Anforderungen an die Formulierung des VerzWDL (§ 20 MarkenV).

c) Gebühr

94   Schließlich ist für die Anmeldung eine Gebühr zu zahlen. Diese beträgt derzeit grundsätzlich 300 € (§ 2 I PatKostG i.V.m. GebVerz Nr. 331 100). Im Einzelnen hängt die Gebührenhöhe jedoch von dem Umfang der Waren/DL ab, für die die Marke beansprucht wird. Zu diesem Zweck sind sämtliche denkbaren Waren/DL in zurzeit *45 Gebührenklassen* (34 Waren- und 11 DL-Klassen) eingeteilt, die nach Maßgabe des *Nizzaer Klassifikationsabkommens* (NKA) international vereinheitlicht sind. Waren/DL in bis zu drei Klassen sind von der Grundgebühr abgedeckt. Für jede weitere von der Anmeldung berührte Klasse wird eine zusätzliche *Klassengebühr* in Höhe von 100 € fällig (GebVerz Nr. 331 300).

95   Die Anmeldegebühr ist nach § 6 I S. 2 PatKostG innerhalb von drei Monaten ab der Anmeldung zu zahlen. Unterbleibt die Zahlung, *gilt die Anmeldung gemäß § 6 II PatKostG als zurückgenommen.* Zu unzureichenden Klassengebühren s. die Sonderregelung in § 36 III MarkenG.[118]

d) Formblatt

96   Zur Vermeidung von Anmeldefehlern hat das DPMA das folgende Formblatt herausgegeben:

---

118   Zu den mitunter schwierigen Fragestellungen in diesem Zusammenhang vgl. BPatG GRUR 2006, 172 *Unzureichende Klassengebühren.*

Deutsches Patent- und Markenamt
80297 München

W 7 0 0 5 1 . 1 9 1

(1)

Sendungen
des Deutschen Patent- und Markenamts sind zu richten an

Name, Vorname oder Firma

_____

_____

_____

Straße, Hausnummer/ggf. Postfach

_____

_____

Postleitzahl   Ort

**Antrag auf
Eintragung einer Marke
in das Register**

3

per Telefax   TT   MM   JJJJ

vorab am   ____   ____   ____

nur per Telefax *(nur bei reinen Wortmarken möglich)*
an Telefaxnummer +49 89 2195 - 4000

Land *(nur bei ausländischen Adressen)*

(2)

Kontaktdaten

Telefonnummer des Anmelders/Vertreters

_____

Telefaxnummer des Anmelders/Vertreters

_____

Geschäftszeichen des Anmelders/Vertreters

_____

E-Mail-Adresse des Anmelders/Vertreters

_____

(3)

nur
auszu-
füllen,
wenn
abwei-
chend
von
Feld
(1)

Anmelder

weitere Anmelder/vertretungsberechtigte Gesellschafter einer GbR siehe Anlage *(bitte
Formular W 7005.0 oder ein separates Blatt DIN A4 bzw. einen Datenträger verwenden)*

Name, Vorname/Firma *(ggf. einschließlich Rechtsform entsprechend registerrechtlicher Eintragung)*

_____

_____

Straße, Hausnummer *(kein Postfach)*

_____

Postleitzahl   Ort

Land *(nur bei ausländischen Adressen)*

(4)

Vertreter des Anmelders
(Rechts- oder Patentanwalt, Patentassessor)

Name, Vorname/Bezeichnung

_____

_____

Straße, Hausnummer

_____

Postleitzahl   Ort

Land *(nur bei ausländischen Adressen)*

ggf. Nummer der Allgemeinen Vollmacht

_____

---

(5) | **Markendarstellung** *(pro Anmeldung nur eine Marke)*

(Wortmarke)

oder

> **siehe Anlage** *(Anlage zwingend erforderlich für alle Markenformen, ausgenommen Wortmarken; bitte <u>Formular W 7005.1</u> oder ein separates Blatt DIN A4 bzw. einen Datenträger verwenden)*

! Ein ® sollte der Markendarstellung nicht schon bei der Anmeldung hinzugefügt werden, da unter Umständen eine Zurückweisung wegen Täuschungsgefahr gemäß § 8 Abs. 2 Nr. 4 Markengesetz in Betracht kommen kann.

---

(6) | **Markenform**

Wortmarke *(Wörter, Buchstaben, Zahlen, sonstige Schriftzeichen ohne grafische und/oder farbige Ausgestaltung)*

Wort-/Bildmarke *(Kombination aus Wort und/oder Zahl und Bild, grafisch und/oder farbig gestaltete Wörter)*

Bildmarke *(zweidimensionale Bilder ohne Wort- und/oder Zahlelemente)*

Dreidimensionale Marke *(dreidimensionale Gestaltungen)*

Farbmarke *(z.B. abstrakte Farbe oder Kombination aus mehreren Farben; als Markendarstellung Feld (5) ist ein Farbmuster einzureichen)*
Bezeichnung der Farbe/n nach einem international anerkannten Farbklassifikationssystem (z.B. RAL, Pantone, HKS)

Beschreibung der Anordnung der Farben zueinander (räumliche Anordnung und Größenverhältnis) ist als Anlage beigefügt (nur erforderlich bei einer Kombination der Marke aus mehreren Farben)

Klangmarke *(akustisch hörbare Töne/Melodien; als Markendarstellung (Feld (5)) ist eine Notenschrift oder eine Wiedergabe auf einem Datenträger einzureichen)*

Andere Markenform *(Positionsmarke, Kennfadenmarke, Mustermarke, Bewegungsmarke, Multimediamarke, Hologrammmarke, sonstige Marke)*

nämlich _____
(bitte nur eine der genannten Markenformen angeben)

Markenbeschreibung ist als Anlage beigefügt
(nur erforderlich, wenn die Markendarstellung den Schutzgegenstand – in objektiver Weise – nicht hinreichend bestimmt; darf maximal 150 Wörter in einem fortlaufenden Text und keine grafischen oder sonstigen Gestaltungselemente enthalten; bitte <u>Formular W 7005.2</u> oder ein separates Blatt DIN A4 bzw. einen Datenträger verwenden)

---

(7) | **Farbangaben zur Markendarstellung** *(nicht auszufüllen bei Wortmarken, Klangmarken und Farbmarken)*

Die Markendarstellung enthält **farbige** Elemente und zwar in folgenden Farben
(bitte allgemeine Farbnamen angeben, z.B. gelb, weiß, rot, grün, schwarz, blau)

---

(8) | **Nichtlateinische Schriftzeichen**

(zwingend auszufüllen, wenn die Marke nichtlateinische Schriftzeichen beinhaltet)

Die Markendarstellung enthält **nichtlateinische** Schriftzeichen

		Beispiel für „Буква"
Transliteration (buchstabengetreue Wiedergabe)	_____	Transliteration Bukva
Transkription (phonetische Wiedergabe in lateinischen Schriftzeichen)	_____	Transkription Bukwa
Übersetzung (in die deutsche Sprache)	_____	Übersetzung Buchstabe

Transliteration, Transkription und Übersetzung sind als Anlage beigefügt
(bitte <u>Formular W 7005.3</u> oder ein separates Blatt DIN A4 bzw. einen Datenträger verwenden)

(9) Verzeichnis der Waren und/oder Dienstleistungen

(zwingend auszufüllen)

Verzeichnis der Waren und/oder Dienstleistungen ist als Anlage beigefügt *(bitte Formular W 7005.4 oder ein separates Blatt DIN A4 bzw. einen Datenträger verwenden)*

Bitte gruppieren Sie Ihr Verzeichnis nach Klassen und trennen Sie die einzelnen Waren und/oder Dienstleistungen innerhalb der angegebenen Klassen durch Semikola voneinander. Nutzen Sie für die Erstellung, soweit möglich, die harmonisierten und zulässigen Begriffe der einheitlichen Klassifikationsdatenbank (eKDB).

Leitklassenvorschlag des Anmelders _____

Klassen	**Waren und/oder Dienstleistungen** *(zwingend zu benennen; nur Angabe der Klassen nicht ausreichend)*

(10) Serienanmeldung

Die Anmeldung ist Bestandteil **einer Serie** von Markenanmeldungen *(Vorblatt W 7002 bitte zwingend ausfüllen und beifügen)*

Die Serie enthält identische Waren-/Dienstleistungsverzeichnisse

Diese Anmeldung ist Nummer _____ von _____ Anmeldungen

(11) Priorität

Ausländische Priorität
Kopie/Abschrift der ausländischen Voranmeldung

 ist beigefügt

 wird nachgereicht

Datum	**Staat**	**Aktenzeichen**

Ausstellungspriorität   **Ausstellungsbescheinigung** *(Formular W 7708 bitte ausfüllen und beifügen)*

Bezeichnung der Ausstellung

---

(12)   ## Sonstige Anträge

Antrag auf **beschleunigte Prüfung** nach § 38 Markengesetz *(gebührenpflichtig)*

Antrag auf Eintragung als **Kollektivmarke** nach §§ 97 ff. Markengesetz *(nicht für Privatpersonen möglich; Markensatzung zwingend erforderlich – vgl. Feld (15), Anlagen)*

Antrag auf Eintragung als **Gewährleistungsmarke** nach §§ 106a ff. Markengesetz *(nicht für Hersteller/Lieferanten möglich; Markensatzung zwingend erforderlich - vgl. Feld (15), Anlagen)*

Antrag auf **internationale Registrierung** dieser Markenanmeldung liegt bei *(Begleitschreiben M 8005 und Formblatt der WIPO MM2 – vgl. Feld (15), Anlagen)*

---

(13)   ## Sonstige Erklärungen

Der Anmelder ist bereit zur

Lizenzierung der Marke (§ 42c MarkenV)

Veräußerung der Marke (§ 42c MarkenV)

---

(14)   ## Gebührenzahlung in Höhe von _____ €

Zahlung per Banküberweisung   **Zahlung mittels SEPA-Basis-Lastschrift**

    Überweisung   Ein gültiges **SEPA-Basis-Lastschriftmandat** *(Formular A 9530)*
    (dreimonatige Zahlungsfrist beachten)

    Zahlungsempfänger: liegt dem DPMA bereits vor *(Mandat für mehrmalige Zahlungen)*
    Bundeskasse Halle/DPMA
    IBAN: DE84 7000 0000 0070 0010 54   ist beigefügt
    BIC (SWIFT-Code): MARKDEF1700

    Anschrift der Bank: **Angaben zum Verwendungszweck** *(Formular A 9532)* des Mandats mit Man-
    Bundesbankfiliale München   datsreferenznummer sind beigefügt
    Leopoldstr. 234, 80807 München

!   Wird die Anmeldegebühr nicht innerhalb von 3 Monaten nach dem Tag des Eingangs der Anmeldung gezahlt, so gilt die Anmeldung als zurückgenommen. Bitte beachten Sie, dass die Prüfung der Schutzfähigkeit der Marke erst nach Zahlungseingang beginnt.

---

(15)   ## Anlagen   in Papierform beigefügt   auf beiliegendem Datenträger *(zulässige Datenträgerformate)*

Angaben zu weiteren Anmeldern *(Formular W 7005.0, separates Blatt DIN A4-Format oder pdf-Datei)* – Feld (3)

Markendarstellung *(Formular W 7005.1, separates Blatt DIN A4-Format oder Datei)* – Feld (5)

Markenbeschreibung *(Formular W 7005.2, separates Blatt DIN A4-Format oder pdf-Datei)* – Feld (6)

Transliteration, Transkription und Übersetzung *(Formular W 7005.3, separates Blatt DIN A4-Format oder pdf-Datei)* – Feld (8)

Verzeichnis der Waren und/oder Dienstleistungen *(Formular W 7005.4, separates Blatt DIN A4-Format oder pdf-Datei)* – Feld (9)

Prioritätsunterlagen *(Formular W 7708, separates Blatt DIN A4-Format oder pdf-Datei)* – Feld (11)

Markensatzung *(ungebunden im DIN A4-Format oder pdf-Datei)* – Feld (12)

Antrag auf internationale Registrierung *(Begleitschreiben M 8005 und Formblatt der WIPO MM2)* – Feld (12)

(16) **Unterschrift**

Der Unterschrift ist der Name in Druckbuchstaben oder Maschinenschrift hinzuzufügen; bei Firmen die Bezeichnung entsprechend register-rechtlicher Eintragung mit Angabe der Stellung/Funktion des Unterzeichnenden.

Bitte beachten Sie hinsichtlich der Verarbeitung Ihrer personenbezogenen Daten unser Merkblatt A 9106 „Datenschutz bei Schutzrechtsanmeldungen". Dieses finden Sie unter www.dpma.de: **Service – Formulare – Sonstige Formulare – Hinweise zum Datenschutz.**

! **Die Daten Ihrer Anmeldung werden in dem elektronischen Schutzrechtsauskunftssystem** DPMAregister **veröffentlicht (§ 33 Abs. 3 MarkenG).**

Datum

Unterschrift/en *(bei Anmeldergemeinschaften die Unterschriften aller Anmelder)*, ggf. *Firmenstempel*

Funktion/en der/des Unterzeichner/s

Hinweise zum Antrag

Ausführliche Hinweise für das Ausfüllen des Antrages finden sich in den <u>Ausfüllhinweisen zum Antrag</u> sowie in dem <u>Merkblatt „Wie melde ich eine Marke an?"</u> (W 7731). Das DPMA gibt veröffentlichte Daten auch an Dritte weiter; weitere Hinweise hierzu finden Sie unter <u>https://www.dpma.de/recherche/datenabgabe/dpmadatenabgabe/index.html</u>.

Alle Formulare und Merkblätter können Sie gebührenfrei unter <u>https://www.dpma.de/service/formulare/index.html</u> abrufen.

Anmeldegebühren*)

Wird die Anmeldegebühr nicht innerhalb von 3 Monaten nach dem Eingang der Anmeldung gezahlt, gilt die Anmeldung gemäß § 6 Abs. 2 PatKostG als zurückgenommen.

Bei einer Schutzdauer von zunächst **10 Jahren** beginnend mit dem Anmeldetag

(1) Anmeldeverfahren einschließlich der Klassengebühr für bis zu drei Klassen

für eine Marke (§ 32 MarkenG) bei elektronischer Anmeldung	290 €	Gebührennummer: 331 000
für eine Marke (§ 32 MarkenG) bei Anmeldung in Papierform	300 €	Gebührennummer: 331 100
für eine Kollektiv- oder Gewährleistungsmarke (§§ 97 und 106 a MarkenG)	900 €	Gebührennummer: 331 200

(2) Zusätzliche Klassengebühr bei Anmeldung für mehr als drei Klassen

für eine Marke je zusätzlicher Klasse (§ 32 MarkenG)	100 €	Gebührennummer: 331 300
für eine Kollektiv- oder Gewährleistungsmarke je zusätzlicher Klasse (§§ 97 und 106 a MarkenG)	150 €	Gebührennummer: 331 400

(3) Gebühr für den Antrag auf beschleunigte Prüfung nach § 38 MarkenG

Beschleunigte Prüfung der Anmeldung (§ 38 MarkenG)	200 €	Gebührennummer: 331 500

Zahlungshinweise

1. Die Gebühren können gemäß § 1 der Patentkostenzahlungsverordnung (PatKostZV) wie folgt entrichtet werden:

   a) durch **Bareinzahlung** bei den Geldstellen des Deutschen Patent- und Markenamts in München, Jena und im Informations- und Dienstleistungszentrum in Berlin,

   b) durch **Überweisung oder (Bar-) Einzahlung** bei einem inländischen oder ausländischen Geldinstitut auf das in der Fußzeile dieser Seite angegebene Konto der Bundeskasse Halle/DPMA,

   c) durch **Erteilung eines SEPA-Basis-Lastschriftmandats mit Angaben zum Verwendungszweck**
   Bitte beachten Sie hierzu Folgendes:

   → Wenn Sie dem DPMA bereits **ein SEPA-Basis-Lastschriftmandat** für mehrmalige Zahlungen erteilt haben, füllen Sie das Formular <u>A 9532</u> (Angaben zum Verwendungszweck) aus.

   → Haben Sie dem DPMA **noch kein SEPA-Basis-Lastschriftmandat** erteilt, können Sie ein SEPA-Basis-Lastschriftmandat (als Einzel- oder Mehrfachmandat) erteilen, indem Sie das Formular <u>A 9530</u> ausfüllen und das ausgefüllte Original an das DPMA übersenden. Ergänzend muss auch das Formular <u>A 9532</u> (Angaben zum Verwendungszweck) ausgefüllt werden. Das SEPA-Mandat muss dem DPMA immer im Original vorliegen. Bei einer Übermittlung per Telefax muss das SEPA-Mandat im Original innerhalb eines Monats nachgereicht werden, damit der Zahlungstag gewahrt bleibt. Geht das Original des SEPA-Mandats nicht innerhalb der Monatsfrist ein, so gilt der Tag des Eingangs des Originals als Zahlungstag.

   Weitere Einzelheiten zur Zahlung im SEPA-Basis-Lastschriftverfahren können Sie dem <u>„Merkblatt über die Nutzung der Verfahren der SEPA-Zahlungsinstrumente"</u> entnehmen.

2. Bei jeder Zahlung sind das vollständige Aktenzeichen, die genaue Bezeichnung des Anmelders (Rechtsinhabers) und der Verwendungszweck anzugeben. Anstelle des Verwendungszwecks kann auch die entsprechende Gebührennummer (siehe oben) angegeben werden.

Nach Eingang Ihrer Anmeldung beim DPMA werden eine Akte angelegt, das Verzeichnis der Waren und Dienstleistungen überprüft und Ihre Grunddaten erfasst. Sie erhalten nach etwa 3 bis 4 Wochen eine Empfangsbestätigung. Diese enthält Gebühreninformationen zu Ihrer Anmeldung. Zusätzlich zur Empfangsbestätigung erfolgt keine weitere Gebührenbenachrichtigung.

*) Stand: 14. Januar 2019 (Die jeweils gültigen Gebühren können dem Merkblatt <u>A 9510</u> oder dem Internet - siehe Adresse in der Fußzeile dieser Seite - entnommen werden.)

Markenabteilungen	Postanschrift	Telefax	Telefon
Dienststelle München	80297 München	+49 89 2195-4000	Zentraler Kundenservice:
Dienststelle Jena	07738 Jena		+49 89 2195-1000
Informations- und Dienstleistungszentrum Berlin	10958 Berlin		

Zahlungsempfänger: Bundeskasse Halle/DPMA
IBAN: DE84 7000 0000 0070 0010 54, BIC (SWIFT-Code): MARKDEF1700
Anschrift der Bank: Bundesbankfiliale München, Leopoldstr. 234, 80807 München

Internet:
https://www.dpma.de

40

3. Weiterer Gang des Eintragungsverfahrens; Verfahrensgrundsätze

Sind alle formellen Anmeldeerfordernisse erfüllt bzw. festgestellte Mängel behoben,   97
so tritt das DPMA in eine Prüfung der materiellen Schutzfähigkeit der Marke ein.
Zuständig hierfür (ebenso wie für die Formalprüfung) sind die im Patentamt errichteten und nach den Waren/DL-Klassen aufgeteilten *Markenstellen* (§ 56 I, II MarkenG;
z.B. »Markenstelle für Klasse 30«). Gegenstand der Schutzfähigkeitsprüfung (vgl. § 37
I MarkenG) ist in dieser Verfahrensphase lediglich, (1.) ob das als Marke angemeldete
Zeichen überhaupt geeignet ist, eine Marke zu sein (*Markenfähigkeit*, § 3 MarkenG),
(2.) ob der Anmeldung sog. *absolute Schutzhindernisse* im Sinne von § 8 II MarkenG
entgegenstehen (das sind Schutzhindernisse, die nicht auf etwa entgegenstehenden
älteren Rechten Dritter beruhen), sowie (3.) ob festgestellte absolute Schutzhindernisse, soweit dies möglich ist, durch *Verkehrsdurchsetzung* überwunden sind (§ 8 III
MarkenG). Ältere Rechte Dritter bleiben also zunächst außer Betracht!

Das Patentamt ermittelt den Sachverhalt nach § 59 I MarkenG von Amts wegen   98
(*Grundsatz der Amtsermittlung*). Der Anmelder muss somit über die formgerechte
Anmeldung hinaus keine Angaben machen. Soweit er sich allerdings zur Sache ein-
lässt, müssen seine Angaben der *Wahrheit* entsprechen (§ 92 MarkenG), ein Gebot,
gegen das mangels Sanktion in der Praxis leider nicht selten verstoßen wird. Trotz des
Amtsermittlungsgrundsatzes kann den Anmelder unter bestimmten Voraussetzungen
eine *Mitwirkungspflicht* treffen; relevant wird dies vor allem, soweit sich der Anmelder
auf eine Verkehrsdurchsetzung beruft (s. unten Rdn. 190 – 195).

II. Materielle Voraussetzungen des Markenschutzes

1. Markenfähigkeit

Bei der Frage der Markenfähigkeit geht es darum, ob ein Zeichen seinem Wesen nach   99
geeignet ist, eine Marke zu sein. Das Gesetz unterscheidet die allgemeinen Voraussetzungen der Markenfähigkeit (§ 3 I; vgl. Art. 3 MarkenRL) und zusätzliche besondere
Voraussetzungen für bestimmte Arten von dreidimensionalen und anderen produktbezogenen Marken (§ 3 II; vgl. Art. 4 I lit. e MarkenRL).

a) Allgemeine Voraussetzungen der Markenfähigkeit

aa) Zeichenqualität

Nach § 3 I MarkenG muss es sich bei dem angemeldeten Gegenstand um ein Zeichen   100
handeln. Dieser Begriff wird nicht definiert, sondern lediglich durch eine beispielhafte Aufzählung von Zeichenformen erläutert. Der Kreis der Zeichenformen, die
als Marke in Betracht kommen, ist im Laufe der geschichtlichen Entwicklung stetig
erweitert worden. Das MSchG von 1874 hatte nur figürliche Zeichen als Marken
zugelassen, was sich bald als unzureichend herausgestellt hatte (s. Rdn. 29). Unter
dem WZG waren Wort- und Bildzeichen schutzfähig. Auch Buchstaben- und Zah-
lenzeichen (z.B. »VW«, »BMW« oder »4711«) konnten eingetragen werden, allerdings

nur, wenn sie sich im Verkehr als Marken durchgesetzt hatten. Das MarkenG sieht keine Beschränkungen der Zeichenform mehr vor. Neben den traditionellen Wort- und Bildzeichen einschließlich Buchstaben und Zahlen sind daher z.b. auch dreidimensionale Zeichen (Formzeichen) einem Schutz zugänglich. Solche Formzeichen können gänzlich unabhängig von den Waren/DL sein, um die es geht (z.b. das Michelin-Männchen als Marke für Autoreifen); man spricht dann von einer *produktunabhängigen Formmarke*. Das Zeichen kann aber auch in der Form der betreffenden Ware selbst (*produktabhängige Formmarke*[119]) oder in der Form ihrer Verpackung (*Verpackungsformmarke*[120]) bestehen. Zu den schützbaren Zeichen gehören ferner Farben und Farbzusammenstellungen, und zwar auch unabhängig von einer bestimmten Aufmachung oder figürlichen Erscheinung (*abstrakte Farbmarken*).[121] Hinzu kommen die nicht-visuellen Zeichenformen, von denen das Gesetz exemplarisch *Klänge* erwähnt[122], zu denen aber auch *Geruchs-* (olfaktorische)[123], *Geschmacks-* (gustatorische)[124] und *Tast-* (haptische)[125] Zeichen gehören. Auch *Bewegungsabläufe*[126] und *Hologramme*[127] können Zeichen im Sinne von § 3 I MarkenG sein, kurz alles, was den menschlichen Sinnen zugänglich ist.[128]

101 Immerhin verlangt der Zeichenbegriff aber ein *Mindestmaß an Bestimmtheit*. Nicht als Zeichen anzuerkennen sind daher aleatorische Gegenstände, etwa beliebig wechselnde Formen eines durchsichtigen Auffangbehälters für Staubsauger[129], beliebig wechselnde Zusammenstellungen bestimmter Farben[130], oder eine Anzahl von Buchstaben oder Tönen, deren Abfolge nicht feststeht, oder eine Anordnung von Streifen, deren Farbe sich in Abhängigkeit von den gekennzeichneten Waren/DL verändern soll.[131]

bb) Abstrakte Unterscheidungseignung

102 Als zweite Voraussetzung der Markenfähigkeit neben der Zeichenqualität fordert § 3 I MarkenG in Übereinstimmung mit Art. 3 lit. a MarkenRL die Eignung des Zeichens,

---

119 Vgl. z.B. BGH GRUR 2018, 411 *Traubenzuckertäfelchen*; EuGH GRUR 2002, 804 *Philips*; GRUR 2003, 514 *Linde, Winward u. Rado*; EuGH GRUR Int. 2005, 135 *Maglite*.
120 Vgl. z.B. BGH GRUR 2018, 404 *Quadratische Tafelschokoladenverpackung*; EuGH GRUR 2004, 428 *Henkel*.
121 Vgl. EuGH GRUR 2003, 604 *Libertel*; GRUR 2004, 858 *Heidelberger Bauchemie GmbH*; BPatG GRUR 2002, 429 *abstrakte Farbmarke*.
122 Vgl. EuGH GRUR 2004, 54 *Shield Mark/Kist*.
123 Vgl. EuGH GRUR 2003, 145 *Sieckmann*; BPatG GRUR 2000, 1044 *Riechmarke*.
124 Vgl. HABM-BK Mitt 2004, 40, 41 (Nr. 12, 13) *Artificial Strawberry Flavour*.
125 Vgl. BGH GRUR 2007, 148 *Tastmarke* (zu BPatG GRUR 2005, 770 *Tastmarke*).
126 Vgl. z.B. HABM-BK GRUR 2004, 63 *Lamborghini-Türbewegungsablauf*.
127 Vgl. BPatG GRUR 2005, 594 *Hologramm*.
128 Vgl. BGH GRUR 2007, 148, 149 (Nr. 12) *Tastmarke*.
129 EuGH GRUR 2007, 231, 233 (Nr. 35–39) *Dyson*.
130 Vgl. EuGH GRUR 2004, 858, 859 (Nr. 24) *Heidelberger Bauchemie GmbH*.
131 Vgl. das noch heute instruktive Beispiel Kaiserliches Patentamt, BlPMZ 1902, 163 *Streifenetikett*; s. auch BPatG GRUR 2008, 416 *Variabler Strichcode*; BPatG BlPMZ 2010, 43 *Variable Bildmarke*.

Waren oder DL eines Unternehmens von solchen anderer Unternehmen zu unterscheiden. Darin kommt die Herkunftsfunktion als Hauptfunktion der Marke zum Ausdruck (s. oben Rdn. 68).

Für die Unterscheidungseignung im Sinne von § 3 I MarkenG genügt es, wenn das **103** betreffende Zeichen seiner Art nach geeignet ist, *irgendwelche* Waren/DL ihrer Herkunft nach zu kennzeichnen. Es ist insoweit also nicht auf die bestimmten Waren/DL abzustellen, die gemäß § 32 II Nr. 4 MarkenG Gegenstand der Markenanmeldung sind. Denn es geht – wie bei der Zeichenqualität – erst einmal nur darum, ob das Zeichen seinem Wesen nach eine Marke sein kann.[132] Man spricht daher zutreffend von der *abstrakten* (im Sinne von produktunabhängigen) *Unterscheidungseignung*[133]; dies im Gegensatz zur *konkreten Unterscheidungskraft*, die sich auf die spezifischen Anmeldewaren und –DL bezieht, deren Fehlen aber nicht die Markenfähigkeit des Zeichens in Frage stellt, sondern nach § 8 II Nr. 1 MarkenG lediglich ein absolutes Schutzhindernis darstellt. Der Unterschied von abstrakter Unterscheidungseignung und konkreter Unterscheidungskraft kommt auch im Gesetzeswortlaut zum Ausdruck. So spricht § 3 I MarkenG von »Waren oder Dienstleistungen eines Unternehmens«, § 8 II Nr. 1 MarkenG dagegen von der Unterscheidungskraft für *die* Waren oder DL, nämlich gerade die in der Markenanmeldung nach § 32 II Nr. 4 MarkenG aufgeführten Waren/DL, für die der Schutz beansprucht wird.[134]

Das Kriterium der abstrakten Unterscheidungseignung hat bisher in der Praxis keine **104** Rolle gespielt. Als Beispiele fehlender Unterscheidungseignung kommen etwa überlange Zeichengebilde in Betracht.[135] Dagegen fehlt z.B. der Buchstabenkombination »EDV« zwar die (konkrete) Unterscheidungskraft für Datenverarbeitungsgeräte, nicht aber etwa für Zuckerwaren. Daher ist das Zeichen »EDV« ohne weiteres markenfähig, und zwar auch, soweit es für EDV-Geräte angemeldet sein sollte.

cc) Von der graphischen Darstellbarkeit zur klaren und eindeutigen Bestimmbarkeit

Dritte Voraussetzung der Markenfähigkeit einer Registermarke war bisher (d.h. für **105** alle vor dem 14.01.2019 eingereichten Anmeldungen) ihre graphische Darstellbarkeit. Das ergab sich zwar nicht aus § 3 I MarkenG, wohl aber aus Art. 2 MarkenRL-1988. Der deutsche Gesetzgeber war hiervon abgewichen und hatte die graphische Darstellbarkeit erst in § 8 I MarkenG a.F. bei den absoluten Schutzhindernissen geregelt. Grund hierfür war, dass in § 3 I MarkenG die allgemeinen Voraussetzungen

---

132 Vgl. EuGH GRUR 2004, 674, 677 (Nr. 80) *Postkantoor.*
133 Z.B. BGH GRUR 2004, 507, 508 *Transformatorengehäuse*; GRUR 2006, 679, 680 (Nr. 11) *Porsche Boxster*; GRUR 2008, 71 (Nr. 11) *Fronthaube*; vgl. auch BGH GRUR 2008, 1093, 1094 (Nr. 10) *Marlene-Dietrich-Bildnis*; GRUR 2009, 954, 955 (Nr. 11) *Kinder III*; GRUR 2010, 138, 139 (Nr. 12) *ROCHER-Kugel.*
134 BPatG GRUR 1998, 572, 573 *Zahl 9000*; s. auch EuGH GRUR 2010, 1096 (Nr. 28–29, 36) *HABM/BORCO.*
135 Miosga in: Ströbele/Hacker/Thiering, § 3 Rn. 11 m.w.N.

der Markenfähigkeit für alle Markenarten, also auch für die außerhalb des Registers bestehenden Markenrechte nach § 4 Nr. 2 und 3 MarkenG geregelt werden sollten, während sich die MarkenRL-1988 (wie auch die geltende MarkenRL) nach ihrem Art. 1 nur auf registrierte Marken bezog (s. oben Rdn. 47).[136] Für die nicht registergebundenen Marken aber kommt es auf eine Darstellbarkeit im Register naturgemäß nicht an (s. unten Rdn. 253).

Geschuldet war das Erfordernis der graphischen Darstellbarkeit dem Umstand, dass das Markenregister im Prinzip ein »Papierregister« war. Zwar wurde das Markenregister in Deutschland schon seit dem 01.08.1999 vollständig in elektronischer Form geführt.[137] In der Sache hatte sich dadurch aber nichts geändert, da das elektronische Markenregister in seiner bisherigen Form technisch nicht mehr leistete als das alte Papierregister.

106 In Umsetzung von Art. 3 lit. b MarkenRL hat § 8 I MarkenG in seiner seit dem 14.01.2019 geltenden Fassung das Erfordernis der graphischen Darstellbarkeit aufgegeben und verlangt stattdessen, dass das Zeichen geeignet sein muss, im Register so dargestellt zu werden, dass die zuständigen Behörden und das Publikum den Gegenstand des Schutzes klar und eindeutig bestimmen können. Rechtsdogmatisch ist damit die Regelung des Darstellungs*mittels* (»graphisch«) durch ein *materiell-rechtliches Kriterium* (»klar und eindeutig«) ersetzt worden. Entnommen ist dieses materiell-rechtliche Kriterium der Rechtsprechung des EuGH, der für das bisherige Erfordernis der graphischen Darstellbarkeit verlangt hatte, dass die Darstellung *klar, eindeutig, in sich abgeschlossen, leicht zugänglich, verständlich und dauerhaft* sein müsse.[138] Die Formulierung »klar und eindeutig« gibt diese Anforderungen verkürzt wieder. Die gemeinte und rechtlich maßgebliche »Langform« findet sich aber im 13. Erwägungsgrund zur MarkenRL, wo es in Satz 2 heißt: »Um die mit den Markeneintragungsverfahren verfolgten Ziele, nämlich Rechtssicherheit und ordnungsgemäße Verwaltung, zu erreichen, muss das Zeichen in eindeutiger, präziser, in sich abgeschlossener, leicht zugänglicher, verständlicher, dauerhafter und objektiver Weise darstellbar sein.«

107 Was nun das Darstellungs*mittel* angeht, führt der genannte 13. Erwägungsgrund zur MarkenRL in Satz 3 aus, dass ein Zeichen in jeder geeigneten Form unter Verwendung allgemein zugänglicher Technologie dargestellt werden darf, sofern die materiell-rechtlichen Anforderungen erfüllt sind. Das bedeutet aber nicht, dass der Anmelder in der Wahl der Darstellungsmittel – in dem genannten Rahmen – frei ist. Denn faktisch bestimmen die Ämter, in Deutschland also das DPMA, welche »allgemein zugängliche Technologie« dem materiell-rechtlichen Bestimmtheitsgebot Genüge leistet. Dementsprechend sieht § 6a I MarkenV vor, dass zur Darstellung der Marke außer der

---

136 Vgl. Amtl.Begr., S. 59.
137 Vgl. MittPräsDPMA Nr. 21/99, BlPMZ 1999, 392.
138 S. zu visuell nicht wahrnehmbaren Zeichen EuGH GRUR 2003, 145, 148 (Nr. 52–54) *Sieckmann*; GRUR 2004, 54, 57 (Nr. 55) *Shield Mark/Kist*; zu visuell wahrnehmbaren Zeichen ebenso EuGH GRUR 2003, 604, 606 (Nr. 28–29) *Libertel*; GRUR 2004, 858, 859 (Nr. 32) *Heidelberger Bauchemie GmbH*.

Papierform nur Datenträger in Betracht kommen, die vom DPMA auslesbar sind. Ist der Datenträger nicht lesbar, gilt die Darstellung als nicht eingereicht.[139]

Wie die verschiedenen in Betracht kommenden Markenformen[140] (eigentlich: Zeichenformen) darzustellen sind, ergibt sich im einzelnen aus den §§ 7–12a MarkenV.

Mit der Möglichkeit, Marken (ausschließlich) mithilfe elektronischer Datenträger   **108** darzustellen, hat sich der Kreis der registerfähigen Zeichenformen zweifellos erweitert. Abweichend vom bisherigen Recht sind z.b. nunmehr eintragbar:
– Klangmarken, auch soweit sich das Zeichen nicht durch Notenschrift darstellen lässt (z.b. Geräusche, Tierlaute); insoweit ist eine Darstellung auf einem Klangdatenträger möglich (§ 11 I MarkenV);
– Bewegungs- und Hologrammmarken, da sich mit einer Videodatei auch komplexere Abläufe darstellen lassen;
– Multimediamarken, die aus einer Kombination von Bild und Ton bestehen oder sich darauf erstrecken.[141]

Soweit eine Darstellung eines Zeichens weder mit graphischen Mitteln noch mithilfe   **109** eines elektronischen Datenträgers möglich ist, verweist § 6a II MarkenV auf eine mittelbare Darstellung in Textform. Ob sich damit z.b. Geruchs- oder Tastzeichen hinreichend klar und eindeutig darstellen lassen, wie die Gesetzesbegründung zum MaMoG meint[142], muss freilich bezweifelt werden.[143] Zwar hatte der BGH schon unter der Geltung des alten Rechts erkennen lassen, dass er es für ausreichend hält, wenn der den betreffenden (als Marke zu schützenden) Sinneseindruck *auslösende Gegenstand* hinreichend präzise umschrieben ist.[144] Das entspricht aber nicht den Vorgaben des EuGH.[145] Auch die Einreichung z.B. einer Geruchsprobe oder eines zu ertastenden körperlichen Gegenstandes scheidet als Darstellungsmittel aus, wie § 13 MarkenV in Übereinstimmung mit der alten Rechtslage klarstellt.

Größere praktische Bedeutung wird alledem vermutlich nicht zukommen. Bisher   **110** wurde und wird das Markengeschehen von traditionellen Wort- und kombinierten Wort-/Bildmarken beherrscht. Schon reine Bildmarken und dreidimensionale Marken spielen demgegenüber eine marginale Rolle. So weist die DPMA-Statistik für 2018 aus, dass von 70 532 in Deutschland angemeldeten Marken 40 127 Wortmarken und

---

139 Zu möglichen Problemen bei der Lesbarkeit elektronischer Datenträger vgl. BPatG, Beschl. v. 15.12.2016, 30 W(pat) 709/13 *Tragbarer Datenträger* (zum Designrecht).
140 S. hierzu § 6 MarkenV, wo exemplarisch aufgezählt sind: Wortmarken, Bildmarken, dreidimensionale Marken, Farbmarken, Klangmarken, Positionsmarken, Kennfadenmarken, Mustermarken, Bewegungsmarken, Multimediamarken, Hologrammmarken.
141 Vgl die Definition in Art. 3 III lit. i DurchführungsVO (EU) 2018/626 zur UMV.
142 BT-Drs. 19/2898, S. 97.
143 Vgl. zur Darstellung von Geruchszeichen in Textform EuGH GRUR 2003, 145, 149 (Nr. 69 ff.) *Sieckmann.*
144 BGH GRUR 2007, 148, 150 (Nr. 13, 14) *Tastmarke.*
145 Vgl. EuGH GRUR 2003, 145, 149 (Nr. 69) *Sieckmann*; EuG GRUR Int. 2006, 134, 135 (Nr. 40) *Odeur de fraise mûre.*

30 257 reine Bildmarken und Wort-/Bildmarken waren. Gerade einmal 82 Anmeldungen betrafen dreidimensionale Marken. Alles andere versinkt in Bedeutungslosigkeit.[146]

b) Besondere Schutzausschlüsse für produktabhängige Marken

aa) Rechtspolitische Grundlagen

111 Wie dargelegt, sind einem Markenschutz Zeichen aller Art zugänglich, so auch die Form der Ware oder ihrer Verpackung, Farben, Klänge usw. Dieser sehr weite Zeichenbegriff birgt die Gefahr, dass die Marke dazu benutzt wird, die Ware selbst – als ganzes oder teilweise oder hinsichtlich bestimmter Aspekte – zum Gegenstand eines Ausschließlichkeitsrechts zu machen und so dem Wettbewerb zu entziehen.[147] Damit freilich würde der Markenschutz als Rechtsinstitut ad absurdum geführt. Denn der Markenschutz dient, wie oben bei Rdn. 23 erörtert, im Ausgangspunkt dazu, Waren (und DL) eines bestimmten Unternehmens zur Unterscheidung von konkurrierenden Produkten mit einem individualisierenden Kennzeichen zu versehen und so im Wettbewerb erkennbar bzw. wiedererkennbar zu machen. Ein solches Rechtsinstitut macht nur Sinn und setzt daher voraus, dass alle Konkurrenten potentiell identische Produkte anbieten dürfen. Es müssen also Vorkehrungen dagegen getroffen werden, dass der Markenschutz als bloßer Kennzeichenschutz dazu missbraucht wird, den Produktwettbewerb selbst auszuschalten.

112 Nur die Kehrseite dieser Überlegung ist, dass das Markenrecht mit seinem weiten Zeichenbegriff in ein Spannungsverhältnis zu den anderen gewerblichen Schutzrechten tritt, die – wie z.B. das Patent oder das Design – bestimmte Erzeugnisse (Produkte) als solche schützen und damit bewusst in den Produktwettbewerb eingreifen, dies aber nur, sofern eine überdurchschnittliche wettbewerbliche Leistung vorliegt (vgl. §§ 1 I, 3, 4 PatG: Neuheit und erfinderische Tätigkeit; § 2 I DesignG: Neuheit und Eigenart) und auch nur zeitlich begrenzt (vgl. § 16 I S. 1 PatG: 20 Jahre ab Anmeldung; § 27 II DesignG: 25 Jahre ab Anmeldung).

113 Am deutlichsten treten diese Probleme zutage, soweit mit der Marke die Form der Ware (als Zeichen) unter Schutz gestellt werden soll. Aus diesem Grund hatte schon die MarkenRL-1988 in Art. 3 I lit. e und dem folgend § 3 II MarkenG a.F. besondere Schutzausschließungsgründe für solche Formmarken vorgesehen und so das Spannungsverhältnis zugunsten der besonderen Produktschutzrechte gelöst.[148] Auf diesen Formzeichen liegt daher der Schwerpunkt der folgenden Darstellung (Rdn. 114–128). Zu einem unerwünschten Eingriff in den Produktwettbewerb kann es aber auch dann kommen, wenn Schutz für ein Zeichen beansprucht wird, das ein anderes charakteristisches Merkmal der Ware betrifft, z.B. seine Farbe. Aus diesem Grund hat Art. 4 I

---

146 BlPMZ 2019, 102.
147 Bei DL als unkörperlichen Produkten stellt sich dieses Problem nicht.
148 Vgl. EuGH GRUR 2015, 1198, 1200 (Nr. 45) *Nestlé/Cadbury (Kit Kat)*; GRUR 2014, 1097, 1099 (Nr. 31) *Hauck/Stokke ua.*

lit. e der geltenden MarkenRL von 2015 die betreffenden Ausschlussgründe erweitert. Das MaMoG hat diese Vorgaben mit Wirkung zum 14.01.2019 in deutsches Recht umgesetzt (s. dazu Rdn. 129). Zur rechtlichen Einordnung dieser Bestimmungen s. Rdn. 130.

bb) Technisch-funktionale Formen

Bedeutung hat zunächst vor allem der Ausschlussgrund des § 3 II Nr. 2 MarkenG **114** erlangt. Danach sind einem Markenschutz nicht zugänglich Zeichen, die ausschließlich aus Formen bestehen, die zur Erreichung einer technischen Wirkung erforderlich sind. Zweck dieses Ausschlussgrundes ist es, eine Monopolisierung technischer Lösungen oder Gebrauchseigenschaften von Waren im Wege des Markenrechts zu verhindern.[149] Bezweckt ist somit eine Abgrenzung der Marke vom Patent und vom Gebrauchsmuster als technischen Schutzrechten. Eine potentielle »Zuständigkeit« dieser Schutzrechte genügt. Daher ist es für die Anwendbarkeit des markenrechtlichen Ausschlussgrundes ohne Bedeutung, ob das Zeichen bzw. – genauer – die seiner Ausgestaltung zugrunde liegende technische Lehre einem technischen Schutzrecht tatsächlich zugänglich wäre.[150]

(1) Grundsätzlich weite Auslegung

Die Vorschrift wird vom EuGH im Interesse der außerhalb der Produktschutzrechte **115** herrschenden grundsätzlichen Nachahmungsfreiheit[151] in mehrfacher Hinsicht *weit ausgelegt*:

Demnach greift § 3 II Nr. 2 MarkenG nicht nur dann ein, wenn es zu der bean- **116** spruchten Form keine (oder jedenfalls keine wirtschaftlich vernünftige) Alternative gibt, um eine bestimmte technische Wirkung zu erreichen.[152] Vielmehr sind – entgegen dem tendenziell engeren Wortlaut (»zur Erreichung einer technischen Wirkung *erforderlich*«) – alle Formen ausgeschlossen, die – ohne Rücksicht auf gleichwertige oder sogar bessere Formalternativen – *eine technische Funktion erfüllen*.[153] Mit dieser weiten Auslegung erübrigt sich eine Prüfung, ob und welche technisch gleichwertigen Formalternativen bestehen bzw. wie viele Alternativen gegebenenfalls zur Verfügung stehen müssen. Außerdem wird das Problem vermieden, dass die Zahl der Alternativen mit zunehmender Registrierungsdichte notwendig abnimmt, sodass irgendwann nur noch eine freie Alternative verbleibt.

---

149 EuGH GRUR 2002, 804, 809 (Nr. 78) *Philips*; GRUR 2010, 1008, 1009 (Nr. 43) *Lego*.
150 BGH GRUR 2018, 411, 412 f. (Nr. 13 f.) *Traubenzuckertäfelchen*.
151 Vgl. etwa BGH GRUR 2016, 725, 727 (Nr. 18) *Pippi-Langstrumpf-Kostüm II*; GRUR 2017, 79, 87 (Nr. 77) *Segmentstruktur*.
152 In diesem Sinne etwa noch Ingerl/Rohnke, 1. Aufl., § 3 Rn. 41; Fezer, 3. Aufl., § 3 Rn. 230; von Mühlendahl/Ohlgart, § 4 Rn. 35.
153 EuGH GRUR 2002, 804, 809 (Nr. 81–83) *Philips*; bestätigt durch EuGH GRUR 2015, 1198, 1201 (Nr. 56) *Nestlé/Cadbury (Kit Kat)*; BGH GRUR 2006, 589, 591 *Rasierer mit drei Scherköpfen*; GRUR 2010, 231, 233 (Nr. 25) *Legostein*.

117 Erweiternd wird auch das Tatbestandsmerkmal ausgelegt, wonach nur Formen einem Ausschluss unterliegen, die »*ausschließlich*« aus einer solchen technisch-funktionalen Form bestehen. Insoweit genügt es, wenn die *wesentlichen Merkmale* der beanspruchten Form der Erreichung einer technischen Wirkung zuzuschreiben sind.[154] Der Ausschlusstatbestand des § 3 II Nr. 2 MarkenG greift somit nur dann nicht ein, wenn die Form ein *signifikantes nicht-technisches Formmerkmal* aufweist.[155] Bei der Frage, was in diesem Sinne wesentlich ist und was nicht, ist auf den *Gesamteindruck* abzustellen, den die Form als solche, so wie sie beansprucht ist, vermittelt.

118 Schließlich gelten diese Erwägungen nicht nur für dreidimensionale Marken im eigentlichen Sinne. Um eine Umgehung des § 3 II Nr. 2 MarkenG zu verhindern, müssen jedenfalls auch *Bildmarken*, die lediglich die Form der Ware zeigen, diesem Schutzhindernis unterworfen werden.[156]

(2) Ermittlung der technischen Funktionalität

119 Die Ermittlung der technischen Funktion eines (wesentlichen) Formmerkmals kann im Markenrecht erhebliche Probleme bereiten. Denn anders als bei einer Patentanmeldung oder –schrift ist in einer Markenanmeldung keine technische Lehre formuliert, die über etwaige Funktionszusammenhänge Auskunft geben könnte. Im Regelfall hat die zur Prüfung berufene Stelle nur eine Darstellung der Form der Ware und die Warenangabe vor sich (§ 32 II Nr. 3 und 4 MarkenG). Zur Erschließung der technischen Funktionalität der beanspruchten Warenform muss daher in vielen Fällen auf externe Erkenntnisquellen zurückgegriffen werden, also auf Quellen, die außerhalb der Markendarstellung und der Warenangabe liegen.[157]

120 In einfach gelagerten Fällen, insbesondere wenn es um Gegenstände des täglichen Bedarfs geht, kann die technische Funktion manchmal schon mithilfe der allgemeinen Lebenserfahrung erkannt werden. Bei komplexeren Gegenständen versagt dieser Weg aber schnell. In solchen Fällen kann sich die technische Funktionalität einzelner Formmerkmale aus *technischen Schutzschriften* ergeben, falls die beanspruchte Form bzw. die in ihr verkörperte technische Lehre Gegenstand einer Patent- oder Gebrauchsmusteranmeldung oder eines erteilten Schutzrechts war oder ist, was gar nicht selten vorkommt.[158]

---

154 EuGH GRUR 2002, 804, 809 (Nr. 79) *Philips*; GRUR 2010, 1008, 1010 (Nr. 51–52) *Lego*; BGH GRUR 2006, 589, 591 *Rasierer mit drei Scherköpfen*.
155 Vgl. EuGH GRUR 2010, 1008, 1010 (Nr. 50) *Lego*.
156 EuGH GRUR 2002, 804, 809 (Nr. 76) *Philips*; BGH GRUR 1999, 495, 496 *Etiketten*; Ströbele/Hacker/Thiering, § 3 Rn. 95; Ingerl/Rohnke, § 3 Rn. 42.
157 S. Hacker, FS Büscher (2018), S. 15, 20 und ebenso BPatG GRUR 2018, 522, 525 (Nr. 40) *Nespresso-Kaffeekapsel*.
158 Vgl. z.B. BPatG GRUR 2018, 522 *Nespresso-Kaffeekapsel*; BPatG, Beschl. v. 28.06.2017, 26 W(pat) 63/14 *Standbeutel*, bestätigt durch BGH MarkenR 2018, 389 *Standbeutel*.

Im Wesentlichen unter Heranziehung technischer Schutzschriften wurden z.B. als   **121** technisch-funktional eingestuft der Rasierapparat-Scherkopf von Philips[159]

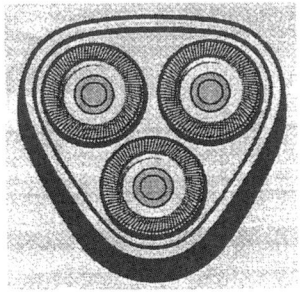

der Legobaustein[160]

---

159 Vgl. BPatG, Beschlüsse v. 13.12.2006, 28 W(pat) 2/02, 28 W(pat) 37/05, 28 W(pat) 147/02, 28 W(pat) 149/02 und dazu EuGH GRUR 2002, 804 *Philips*; BGH GRUR 2006, 588 *Scherkopf*; GRUR 2006, 589 *Rasierer mit drei Scherköpfen*.
160 BGH GRUR 2010, 231 *Legostein*; BPatG GRUR 2007, 786 *Lego-Baustein*; HABM (GrBK) GRUR Int. 2007, 58 *Legostein*, bestätigt durch EuG MarkenR 2009, 75 *Roter Legostein* und EuGH GRUR 2010, 1008 *Lego*.

oder auch der »Capri-Sonne«-Getränkestandbeutel[161]

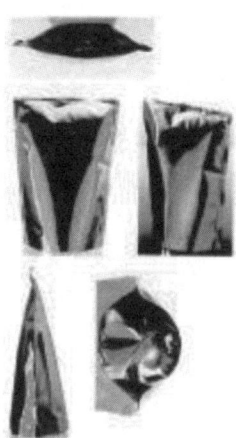

122   Darüber hinaus hat es der EuGH für zulässig und geboten erachtet, auch die vom Markenanmelder tatsächlich produzierten Waren in Betracht zu ziehen.[162] Das ist zwar nicht grundsätzlich ausgeschlossen, aber doch problematisch, weil die Heranziehung konkreter Waren dazu verleitet, Dinge zu prüfen, die nicht Gegenstand der Markenanmeldung sind.[163] So wurde z.B. der nachfolgende sog. »Zauberwürfel« (für dreidimensionale Puzzles)

---

161 BPatG, Beschl. v. 28.06.2017, 26 W(pat) 63/14 *Standbeutel*, bestätigt durch BGH MarkenR 2018, 389 *Standbeutel*.
162 EuGH, Urt. v. 06.03.2014, C-337/12 (Nr. 61) *Yoshida/Pi-Design*.
163 S. näher Hacker, FS Büscher (2018), S. 15, 22 ff.

als technisch-funktional eingestuft, obwohl der im Inneren liegende Drehmechanismus nicht sichtbar war und aus der schwarz-weißen (!) Darstellung auch nicht erschlossen werden konnte.[164]

(3) Beschränkung auf technische Wirkung

Bei aller extensiven Auslegung ist jedoch zu beachten, dass § 3 II Nr. 2 MarkenG nur **123** Formen betrifft, die zur Erreichung einer *technischen Wirkung* erforderlich sind. Unerheblich ist demgegenüber, ob die *Herstellung* der Form auf einer technischen Lehre beruht, also insofern *technisch bedingt* ist[165] (was bei vielen Warenformen der Fall sein kann[166]). Eine technische *Wirkung* in diesem Sinne kann z.b. in der verbesserten Handhabbarkeit der Ware[167], in der verbesserten Brauchbarkeit oder Leistungsfähigkeit der Ware, in ihrer Verbaubarkeit mit anderen Waren oder in einer durch die Form bedingten verbesserten Haltbarkeit usw. liegen. Davon zu unterscheiden sind lediglich *ästhetische Wirkungen* der Form, z.b. die Vermittlung besonderer visueller oder auch haptischer oder geschmacklicher Sinneseindrücke. Warenformen, die lediglich solche ästhetischen Wirkungen auslösen, sind also selbst dann nicht von dem Ausschlussgrund des § 3 II Nr. 2 MarkenG erfasst, wenn die Lehre, eine Form auf bestimmte Weise auszubilden, damit eine bestimmte ästhetische Wirkung erreicht wird, grundsätzlich einem technischen Schutzrecht zugänglich wäre.[168] Nicht durch § 3 II Nr. 2 MarkenG ausgeschlossen ist daher z.b. die Form einer Praline, mit der ein besonderes haptisch-geschmackliches Erlebnis erreicht werden soll[169], mag auch die Lehre, die Form zu eben diesem Zweck auf bestimmte Weise auszubilden, technischer Natur und insoweit einem technischen Schutzrecht zugänglich sein.[170]

Die Abgrenzung zwischen reiner Ästhetik und technischer Funktionalität ist freilich **124** nicht immer leicht zu ziehen. Soweit z.b. die abgeschrägten Ecken und Kanten des nachfolgend abgebildeten Traubenzucker-Täfelchens

164 EuGH GRUR 2017, 66, 68 (Nr. 46 ff.) *Simba Toys/EUIPO (Rubik's Cube)*.
165 EuGH GRUR 2015, 1198, 1200 (Nr. 52 ff.) *Nestlé/Cadbury (Kit Kat)*.
166 Vgl. BPatG GRUR 2011, 68, 71 *Goldhase in neutraler Aufmachung*.
167 Vgl. zur verbesserten Mitnahmemöglichkeit von Traubenzucker in Quaderform BGH GRUR 2018, 411, 414 (Nr. 31) *Traubenzuckertäfelchen*.
168 BPatG GRUR 2008, 420, 422 *ROCHER-Kugel*, insoweit bestätigt durch BGH GRUR 2010, 138, 139 (Nr. 18) *ROCHER-Kugel*; krit. Ingerl/Rohnke, § 3 Rn. 52.
169 BPatG GRUR 2008, 420, 422 *ROCHER-Kugel*, insoweit bestätigt durch BGH GRUR 2010, 138, 139 (Nr. 18) *ROCHER-Kugel*.
170 Vgl. etwa BGH GRUR 1966, 249, 250 *Suppenrezept*; BGH Mitt. 1972, 235 *Rauhreifkerze*.

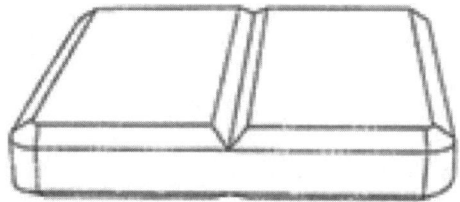

dazu dienen, den Verzehr zu erleichtern bzw. die Aufnahme im Mund angenehmer zu gestalten, ist dies eine ästhetisch-sensorische Wirkung, wogegen die Vermeidung von Schnittverletzungen im Mund durch scharfe Kanten technischer Natur wäre.[171] Das zeigt: Um Technik geht es dann, wenn die Gebrauchstauglichkeit der Ware in Frage steht.

cc) Durch die Art der Ware bedingte und wertverleihende Formen

125 Anders als im Fall des § 3 II Nr. 2 MarkenG, wo sich der EuGH in der erwähnten »Philips«-Entscheidung von 2002 schon relativ früh im Sinne einer extensiven Auslegung positioniert hat, wollte die in Deutschland ganz h.M. die Schutzhindernisse des § 3 II Nr. 1 und 3 MarkenG auf ein Minimalmaß beschränken. So sollte § 3 II Nr. 3 MarkenG (Formen, die der Ware einen wesentlichen Wert verleihen) auf Fälle beschränkt sein, in denen der ästhetische Wert der Ware so im Vordergrund steht, dass die Hauptfunktion der Marke, auf eine bestimmte betriebliche Herkunft der Ware hinzuweisen, nicht mehr zur Geltung kommt.[172] In Erwägung gezogen wurde dies z.B. für Kunstwerke[173] oder auch für kunstgewerbliche Erzeugnisse wie Schmuckstücke.[174] Und unter Formen, die durch die Art der Ware bedingt sind (§ 3 II Nr. 1 MarkenG), sollte neben Naturformen (z.B. die Form eines Apfels als Marke für Äpfel) und vollständig standardisierten Waren (z.B. Profi-Fußball) nur die Grundform der betreffenden Ware fallen.[175]

126 Auch im Hinblick auf diese Schutzhindernisse fordert der EuGH aber eine weite Auslegung. Anlass hierfür war die Frage, ob die Form des sogenannten »Tripp-Trapp«-Kinderhochstuhls

---

171 Vgl. BGH GRUR 2018, 411, 415 (Nr. 38) *Traubenzuckertäfelchen.*
172 BGH GRUR 2008, 71, 72 (Nr. 18) *Fronthaube*; GRUR 2010, 138, 139 (Nr. 19) *RO-CHER-Kugel*; BPatG MarkenR 2004, 153, 156 *Kelly-bag*; BPatG GRUR 2011, 68, 71 *Goldhase in neutraler Aufmachung.*
173 Vgl. BGH GRUR 2008, 71, 72 (Nr. 18) *Fronthaube.*
174 BPatG BlPMZ 2002, 228 *Schmuckring.*
175 Vgl. BGH GRUR 2008, 510, 511 (Nr. 16) *Milchschnitte*; GRUR 2010, 231, 233 (Nr. 28) *Legostein.*

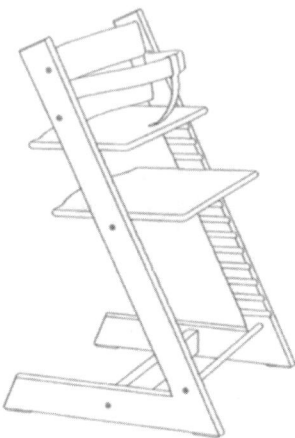

einem Markenschutz zugänglich ist.[176]

Zu § 3 II Nr. 3 MarkenG hat der EuGH in bewusster Abgrenzung zur Rechtspre-   **127** chung des BGH ausgeführt, dass dieses Schutzhindernis nicht auf Waren beschränkt ist, die einen rein künstlerischen oder dekorativen Wert haben. Der Umstand, dass der »Tripp-Trapp«-Kinderhochstuhl neben dem durch seine Form vermittelten ästhetischen Wert noch weitere (funktionale) Eigenschaften aufweist, die ihm ebenfalls einen wesentlichen Wert verleihen, steht der Anwendung von § 3 II Nr. 3 MarkenG somit nicht entgegen.[177]

Aber auch zu § 3 II Nr. 1 MarkenG wurde die restriktive Auslegung der deutschen   **128** Doktrin explizit verworfen.[178] Durch die Art der Ware bedingt ist demnach jede Form, die sich in Merkmalen erschöpft, die sich den wesentlichen Gebrauchseigenschaften oder gattungstypischen Funktionen der Ware zuschreiben lassen.[179] Insoweit kommt es nicht darauf an, ob die betreffenden Eigenschaften oder Funktionen in verschiedenen Formen verwirklicht sein können. Ein Kinderhochstuhl z.B. mag durch ein Hochgestell, eine Sitzfläche, eine Fußstütze und durch Sicherungsmaßnahmen gegen das Herabfallen des Kindes gekennzeichnet sein. Alle diese Funktionselemente können sehr unterschiedlich ausgestaltet sein. Das reicht aber nicht aus. Verlassen wird der Ausschlussgrund des § 3 II Nr. 1 MarkenG erst dann, wenn die Form zumindest ein wesentliches Merkmal, das mit den Eigenschaften und Funktionen der Ware nichts zu tun hat, also ein überschießendes Formmerkmal aufweist.[180] Der Generalanwalt hatte

---

176 EuGH GRUR 2014, 1097 *Hauck/Stokke ua*; s. näher zu dieser nicht ganz einfach zu verstehenden Entscheidung Hacker WRP 2015, 399 ff.
177 EuGH GRUR 2014, 1097, 1098 f. (Nr. 28–32) *Hauck/Stokke ua.*
178 EuGH GRUR 2014, 1097, 1098 (Nr. 23–24) *Hauck/Stokke ua.*
179 EuGH GRUR 2014, 1097, 1098 (Nr. 27) *Hauck/Stokke ua.*
180 EuGH GRUR 2014, 1097, 1098 (Nr. 22) *Hauck/Stokke ua.*

hierzu als Beispiel die Form einer Zahnbürste genannt, deren Handgriff in Form einer Märchenfigur ausgestaltet ist.[181]

Die Frage ist freilich, ob diese Auslegung des § 3 II Nr. 1 MarkenG nicht über das Ziel hinausgeht. Denn Formen, die ein solches zusätzliches Formmerkmal aufweisen, sind eigentlich keine echten Warenformmarken mehr. Insoweit könnte dieses Erfordernis im Widerspruch zu Art. 3 MarkenRL/§ 3 I MarkenG stehen, wo die Form der Ware als solche (d.h. gerade ohne ein zusätzliches Formmerkmal) als mögliche Zeichenform ausdrücklich anerkannt wird.

dd) Andere produktbezogene Zeichen

129 Wie oben erwähnt, schließt § 3 II MarkenG seit der Neufassung durch das MaMoG auch solche Zeichen vom Schutz aus, die (außer Formen) ausschließlich aus einem anderen charakteristischen Merkmal bestehen, das durch die Art der Ware bedingt ist, der Erreichung einer technischen Wirkung dient oder der Ware einen wesentlichen Wert verleiht. Durch die Art der Ware bedingt wäre z.B. ein abstraktes Farbzeichen (z.B. ein spezieller Blauton) für Farben (Klasse 2) oder eine Klangmarke, die aus dem Gezwitscher von Vögeln besteht, für »lebende Tiere« (Klasse 31).

ee) § 3 II MarkenG als absolutes Schutzhindernis

130 Systematisch ist die Vorschrift des § 3 II MarkenG im Übrigen falsch platziert. Die Frage etwa, ob eine bestimmte Warenform eine technische Funktion erfüllt, lässt sich sinnvoll nur stellen und beantworten, wenn und soweit die betreffende Form gerade für Waren dieser Art geschützt werden soll. Ob z.B. die Form einer Lampe technisch-funktional begründet ist, lässt sich nur prüfen, wenn diese Form als Marke gerade für Lampen bestimmt ist. Bezieht sich die Anmeldung dagegen beispielsweise auf Farben und Lacke, macht die Prüfung keinen Sinn. Das zeigt, dass es sich bei den Ausschlussgründen des § 3 II MarkenG in Wahrheit nicht um Kriterien der Markenfähigkeit (Kann das Zeichen als solches eine Marke sein?), sondern um spezielle absolute Schutzhindernisse handelt. Als solche werden sie denn auch in der zugrunde liegenden Bestimmung des Art. 4 I lit. e MarkenRL eingeordnet.[182] Die Abweichung im deutschen MarkenG beruht wiederum darauf, dass der Gesetzgeber in § 3 II eine Vorschrift für alle Markenkategorien schaffen wollte. Bei einer Einordnung in den Katalog des § 8 II MarkenG hätte die Vorschrift dagegen nur für Registermarken gegolten.

---

181 Schlussantrag Nr. 64 im Verfahren C-205/13.
182 BGH GRUR 2006, 589, 590 *Rasierer mit drei Scherköpfen*; GRUR 2008, 510, 511 (Nr. 16) *Milchschnitte*; Ströbele/Hacker/Thiering, § 3 Rn. 88.

2. Absolute Schutzhindernisse

a) Absolute Schutzhindernisse und Allgemeininteresse

Ist die Hürde der Markenfähigkeit genommen (tatsächlich scheitern daran nur sehr   **131** wenige Marken), tritt die Markenstelle in eine Prüfung der in § 8 II MarkenG geregelten absoluten Schutzhindernisse ein (vgl. § 37 I MarkenG). »Absolut« heißen diese Schutzhindernisse nicht, weil sie besonders rigoros oder unüberwindlich sind, sondern weil sie im Gegensatz zu den relativen Schutzhindernissen der §§ 9–13 MarkenG nicht auf besseren Individualrechten Dritter, sondern »losgelöst« von solchen Rechtspositionen bestehen. Es geht bei den absoluten Schutzhindernissen also im Wesentlichen um den *Schutz von Interessen der Allgemeinheit* (insbesondere der Konkurrenten des Anmelders), die im Einzelfall einer Schutzgewährung entgegenstehen können.[183] Das Patentamt tritt insoweit als *Sachwalter des Allgemeininteresses* auf.[184]

Eine grobe Einteilung der betroffenen Allgemeininteressen und damit der absolu-   **132** ten Schutzhindernisse lässt sich aus den reziproken Löschungsvorschriften des § 50 MarkenG erschließen. Wie später (unten Rdn. 264 – 273) noch näher darzulegen sein wird, können Marken, die entgegen einem absoluten Schutzhindernis eingetragen worden sind, nach §§ 50, 53 MarkenG n.F. vom DPMA für nichtig erklärt und gelöscht werden. Grundsätzlich setzt eine solche Löschung einen Antrag voraus, der von jedermann gestellt werden kann (Popularantrag, §§ 50 I, 53 II MarkenG n.F.[185]). In den Fällen des § 8 II Nr. 4–14 MarkenG kann das Patentamt darüber hinaus eine Löschung auch von Amts wegen vornehmen, wogegen es bei Verstößen gegen § 8 II Nr. 1–3 MarkenG bei der Antragslöschung verbleibt. In dieser Differenzierung spiegeln sich unterschiedliche Allgemeininteressen.[186]

Bei § 8 II Nr. 1–3 MarkenG geht es um den Schutz der Konkurrenten des Anmel-   **133** ders. So sind beschreibende Angaben im Sinne von § 8 II Nr. 2 und üblich gewordene Bezeichnungen nach § 8 II Nr. 3 MarkenG vom Schutz ausgeschlossen, weil jeder Konkurrent die Möglichkeit haben muss, solche Bezeichnungen zur Beschreibung seines Angebots frei zu verwenden. Ein Monopol an derartigen Bezeichnungen wäre in hohem Maße wettbewerbsschädlich. Nichts anderes gilt für das Schutzhindernis der fehlenden Unterscheidungskraft (§ 8 II Nr. 1 MarkenG). Denn ein Zeichen,

---

183 So der EuGH in ständiger Rechtsprechung, z.B. EuGH GRUR 1999, 723, 725 (Nr. 25–27) *Chiemsee*; GRUR 2002, 804, 809 (Nr. 77) *Philips*; GRUR 2003, 514, 518 (Nr. 71) *Linde, Winward u. Rado*; GRUR 2003, 604, 607 (Nr. 51) *Libertel*; GRUR 2004, 680, 681 (Nr. 34) *BIOMILD*; GRUR 2004, 674, 677 (Nr. 68) *Postkantoor*; GRUR 2004, 943, 944 (Nr. 25) *SAT.2*; GRUR 2006, 229, 232 (Nr. 59) *BioID*; GRUR 2008, 608, 610 (Nr. 55) *EUROHYPO*; GRUR 2011, 1035 (Nr. 36) *1000*; GRUR 2012, 616, 617 (Nr. 22) *Alfred Strigl/DPMA*; GRUR 2015, 1198, 1200 (Nr. 39) *Nestlé/Cadbury (Kit Kat)*; ebenso z.B. BGH GRUR 2012, 1044, 1047 (Nr. 28) *Neuschwanstein*.
184 Hacker GRUR 2001, 630, 633.
185 Bis 30.04.2020: § 54 I S. 2 MarkenG.
186 Skeptisch hierzu aber BGH GRUR 2014, 565, 567 f. (Nr. 17–18) *smartbook*.

das – aus welchen Gründen auch immer – nicht geeignet ist, die in der Anmeldung beanspruchten Waren/DL ihrer betrieblichen Herkunft nach zu individualisieren, ist Gemeingut und muss als solches auch den Konkurrenten des Anmelders zur freien Verfügung stehen. Bei den Schutzhindernissen nach § 8 II Nr. 4 und 5 MarkenG ist der Kreis der betroffenen Interessen deutlich weiter (daher die Möglichkeit der Löschung auch von Amts wegen). Täuschende und sittenwidrige Marken verfälschen nicht nur den Wettbewerb zulasten der redlichen Konkurrenz, sondern beeinträchtigen alle Marktteilnehmer. Die Schutzhindernisse nach § 8 II Nr. 6–8 und Nr. 13 MarkenG dienen öffentlichen Interessen (s. insbesondere Nr. 13, wo das öffentliche Interesse ausdrücklich genannt ist). Die Möglichkeit einer Amtslöschung ist hier also noch mehr geboten.

134   Eine Sonderstellung nimmt zunächst § 8 II Nr. 14 MarkenG (Eintragungsausschluss bei bösgläubiger Anmeldung) ein. Der Begriff der Bösgläubigkeit hat hier im Wesentlichen dieselbe Bedeutung wie die Unlauterkeit im Sinne von § 3 I UWG (Beispiel: Anmeldung einer Marke zum Zwecke der gezielten Behinderung eines Konkurrenten). Es handelt sich also um einen stark wettbewerbsrechtlich geprägten Tatbestand. Das spricht an sich für eine Nähe zur Gruppe des § 8 II Nr. 1–3 MarkenG. Dementsprechend war der Fall der bösgläubigen Anmeldung zunächst überhaupt nicht als Eintragungshindernis, sondern lediglich als (Antrags-)Löschungstatbestand ausgestaltet (§ 50 I Nr. 4 MarkenG a.F.). Hinter solchen Anmeldungen steht jedoch ein mitunter beträchtliches Unrechtspotential (Beispiel: Anmeldung der Namen von lebenden oder verstorbenen Prominenten durch unberechtigte Dritte). Daher hat der Gesetzgeber die bösgläubige Anmeldung im Zuge des GeschmacksmusterreformG vom 12. März 2004[187] zu Recht als schon im Eintragungsverfahren zu beachtendes Schutzhindernis geregelt (damals eingefügt als § 8 II Nr. 10 MarkenG) und zugleich der zweiten Gruppe von Hindernissen zugeordnet, bei denen auch eine Löschung von Amts wegen möglich ist.

135   Ebenfalls Sonderfälle stellen die durch das MaMoG nach den Vorgaben des Art. 4 I lit. i-l MarkenRL neu eingefügten Schutzhindernisse nach § 8 II Nr. 9–12 MarkenG dar. Sie betreffen Markenanmeldungen, die mit einer geschützten geographischen Angabe (Nr. 9), mit einer geschützten traditionellen Weinbezeichnung (Nr. 10), mit der geschützten Bezeichnung einer traditionellen Spezialität (Nr. 11) oder mit der geschützten Bezeichnung einer Pflanzensorte (Nr. 12) kollidieren. Da es in allen diesen Fällen um das Zusammentreffen mit einer bereits anderweitig geschützten Bezeichnung geht, handelt es sich der Sache nach um *relative* Schutzhindernisse (vgl. § 13 II Nr. 4 und 5 MarkenG, wo insbesondere Sortenbezeichnungen und geographische Herkunftsangaben explizit als relative Schutzhindernisse benannt sind), die aber im öffentlichen Interesse zugleich wie absolute Schutzhindernisse schon im Eintragungsverfahren berücksichtigt werden.[188]

---

187   BlPMZ 2004, 207 ff.
188   Ausf. zu diesen im Einzelnen sehr komplizierten Vorschriften Hacker GRUR 2019, 113, 115 ff. mit Nachtrag S. 235.

b) Allgemeine Prüfungsgrundsätze

aa) Bezug zu den Waren/DL

Für alle absoluten Schutzhindernisse gilt, dass die Prüfung auf die mit der Anmeldung **136** gemäß § 32 II Nr. 4 MarkenG beanspruchten Waren/DL bezogen sein muss.[189] Denn anders als bei der Frage der Markenfähigkeit geht es bei den absoluten Schutzhindernissen nicht darum, ob ein *Zeichen* seiner Art nach eine (Register-)Marke sein kann, sondern ob *die Marke* so wie sie angemeldet ist, eingetragen werden kann oder ob dem die in § 8 II Nr. 1–14 MarkenG näher spezifizierten Allgemeininteressen entgegenstehen.

Demzufolge steht es einer Eintragung nicht entgegen, wenn ein Schutzhindernis **137** lediglich für andere als die beanspruchten Waren/DL bestehen würde. Das gilt auch dann, wenn diese anderen Waren/DL den konkret beanspruchten ähnlich sind.[190]

▶ Beispiele:

Die Bezeichnung »DEEP RED« vermag zwar bestimmte Waren der dekorativen Kosmetik wie Lippenstifte oder auch Haarfärbemittel zu beschreiben und ist daher für solche Waren nach § 8 II Nr. 2 MarkenG vom Schutz ausgeschlossen. Das gilt aber nicht auch für Parfümeriewaren (Duftwässer) oder Hautpflegecremes. Für diese Waren ist daher eine Eintragung möglich, obwohl sie der dekorativen Kosmetik ohne weiteres ähnlich (im markenrechtlichen Sinne) sind.[191]

Oder: Das Wort »ARANCINI«, auch hierzulande spätestens seit Verbreitung der »Montalbano«-Krimis in Buch und Film bekannt als Bezeichnung eines sizilianischen Reisgerichts aus frittierten und gefüllten Reisbällchen, ist zwar für »Lebensmittel, nämlich gefüllte Reisbällchen« ebenso beschreibend wie für DL zur Verpflegung von Gästen, nicht aber für die »Beherbergung von Gästen«, obwohl Verpflegungs- und BeherbergungsDL wiederum ähnlich (im markenrechtlichen Sinne) sind.[192]

Nicht selten kommt es daher im Eintragungsverfahren zu *gespaltenen Entscheidungen*, so dass eine Anmeldung für einen Teil der beanspruchten Waren/DL zurückgewiesen, für einen anderen Teil dagegen eingetragen wird (§ 37 V MarkenG).

---

189 Vgl. z.B. EuGH GRUR 2004, 674, 675 (Nr. 33) *Postkantoor*; EuGH GRUR Int. 2006, 842, 844 (Nr. 23) *Form eines Bonbons II*; EuGH GRUR 2010, 534 (Nr. 22 ff.) *PRANAHAUS*; BGH GRUR 2013, 731, 732 (Nr. 11) *Kaleido*; GRUR 2014, 483, 484 (Nr. 11) *test*; GRUR 2014, 565, 567 (Nr. 13) *smartbook*; GRUR 2014, 569, 570 (Nr. 11) *HOT*.

190 Vgl. z.B. EuGH GRUR 2004, 674, 677 (Nr. 77–78) *Postkantoor*; BGH GRUR 1977, 717 *Cokies*; GRUR 1997, 634, 636 *Turbo II*; GRUR 1999, 989 *HOUSE OF BLUES*; GRUR 2001, 1046, 1047 *GENESCAN*.

191 Vgl. BPatG, Beschl. v. 06.05.2003, 24 W(pat) 160/02.

192 BPatG, Beschl. v. 08.01.2018, 29 W(pat) 539/16.

138 Die *rechtlich* strikte Bindung der Schutzfähigkeitsprüfung an die konkret beanspruchten Waren/DL schließt es allerdings nicht aus, auf der *tatsächlichen* Ebene auch die Marktpraxis auf verwandten Waren/DL-Gebieten zu berücksichtigen.

▶ **Beispiel:**

> Ist zu beurteilen, ob eine bestimmte Verpackungsform für Fruchtsäfte einen unterscheidungskräftigen Herkunftshinweis darstellt, so kann hierfür auch die Verpackungspraxis bei flüssigen Lebensmitteln anderer Art eine Rolle spielen. Ergibt sich nämlich, dass die angemeldete Verpackungsform bei anderen flüssigen Lebensmitteln bereits von verschiedenen Herstellern verwendet wird, dort also ersichtlich keinen Herkunftshinweis darstellt, so rechtfertigt dies den Schluss, dass die Verpackungsform auch im Bereich der Fruchtsäfte nicht als Herkunftshinweis angesehen werden kann, selbst wenn sie dort noch nicht etabliert sein sollte.[193]

139 In vielen Warenverzeichnissen werden die beanspruchten Waren/DL nicht im Einzelnen konkretisiert, sondern mithilfe oft sehr allgemeiner *Oberbegriffe* umschrieben, z.B. »chemische Erzeugnisse für gewerbliche Zwecke« (Klasse 1), »Mittel zur Körper- und Schönheitspflege« (Klasse 3), »Arzneimittel« (Klasse 5), »Telekommunikation« (Klasse 38), »medizinische Dienstleistungen« (Klasse 44). Das ist grundsätzlich sinnvoll, um der Marke in ihrer wirtschaftlich oft labilen Anfangsphase einen weiten Schutzbereich zu verschaffen. Die Kehrseite ist, dass die Marke einem Schutzhindernis schon dann unterliegt, wenn lediglich ein Teil des von einem solchen weiten Oberbegriff umfassten Warenbereichs betroffen ist.

▶ **Beispiel:**

> Ist die Bezeichnung »DEEP RED« für »Mittel zur Körper- und Schönheitspflege« angemeldet, so umfasst dieser Oberbegriff sowohl Waren, für die ein Schutz wegen des beschreibenden Charakters nicht in Betracht kommt (z.B. Lippenstifte), als auch Waren, für die eine Eintragung möglich wäre (z.B. Hautpflegecreme).

In einem solchen Fall ist die Marke für den gesamten Oberbegriff von der Eintragung ausgeschlossen.[194] Insbesondere ist das Patentamt nicht gehalten oder auch nur befugt, den vom Anmelder gewählten einheitlichen Oberbegriff in einen schutzfähigen und einen schutzunfähigen Teil aufzuspalten.[195] Der Anmelder kann der Zurückweisung nur dadurch entgehen, dass er selbst den Oberbegriff im Wege einer teilweisen Zurücknahme der Anmeldung (§ 39 I MarkenG) auf den schutzfähigen Teil beschränkt (in

---

193 Vgl. EuGH GRUR 2006, 233, 234 (Nr. 32–34) *Standbeutel;*s. auch BGH GRUR 2017, 1262, 1264 (Nr. 24) *Schokoladenstäbchen III* und BGH GRUR 2018, 404, 409 (Nr. 53) *Quadratische Tafelschokoladenverpackung* (zu § 3 II Nr. 1 MarkenG).

194 BGH GRUR 2002, 261, 262 *AC*; GRUR 2005, 578, 580 f. *LOKMAUS*; GRUR 2006, 850, 856 (Nr. 36) *FUSSBALL WM 2006*; GRUR 2011, 65, 68 (Nr. 26) *Buchstabe T mit Strich*; GRUR 2012, 1044, 1046 (Nr. 17) *Neuschwanstein*; GRUR 2015, 1012, 1016 (Nr. 44) *Nivea-Blau*; GRUR 2016, 1167, 1174 (Nr. 63) *Sparkassen-Rot*; EuG GRUR 2006, 498, 502 (Nr. 101–107) *Weisse Seiten*.

195 Vgl. BGH GRUR 2005, 326, 327 *il Padrone/Il Portone*.

dem gegebenen Beispiel also etwa: »Mittel zur Körper- und Schönheitspflege, nämlich Hautpflegecremes«).

bb) Beschränkung auf das angemeldete Zeichen

Auch auf der Zeichenseite muss sich die Prüfung auf die Marke beschränken, so wie **140** sie angemeldet ist. Prüfungsgegenstand ist daher immer nur *die Marke (das Zeichen) in seiner Gesamtheit.* Daher ist es z.b. vom BGH zutreffend beanstandet worden, das u.a. für TelefonDL angemeldete Wortzeichen

T-

allein wegen der beschreibenden Bedeutung des Buchstabens T als schutzunfähig einzustufen und den nachgestellten Bindestrich außer Betracht zu lassen.[196]

Ebenso durfte das u.a. für Spielzeug angemeldete Wortzeichen

Kaleido

nicht ohne weiteres mit der beschreibenden Angabe »Kaleidoskop« gleichgesetzt werden. Hierzu hätte es der konkreten Feststellung bedurft, dass »Kaleido« im Verkehr als Verkürzung von »Kaleidoskop« benutzt wird. Dass der Verkehr die beschreibende Angabe unschwer aus »Kaleido« »herauslesen« kann, reicht hingegen nicht aus.[197]

Schon ein einziges schutzfähiges Element, etwa die besondere graphische Ausgestaltung eines im Übrigen beschreibenden Zeichens oder eine unübliche und insoweit individuell wirkende Wortbildung, kann daher ausreichen, um der Marke zur Eintragung zu verhelfen. Die bloße Aneinanderreihung schutzunfähiger Elemente führt dagegen häufig nicht zur Schutzfähigkeit.[198] Im Einzelfall kann es aber auch anders liegen.[199] Letztlich ausschlaggebend ist immer die *Gesamtwürdigung* des Zeichens.[200] **141**

▶ Beispiele:

    Die Wortbezeichnung »FERROBRAUSE«, angemeldet für pharmazeutische Produkte, ist für schutzfähig erachtet worden, weil es auf dem betreffenden Warengebiet ungewöhnlich sei, einen dem Lateinischen entnommenen Hinweis auf die in

---

196 BGH GRUR 2011, 65, 66 (Nr. 9 ff.) *Buchstabe T mit Strich.*
197 BGH GRUR 2013, 731 *Kaleido*; ähnlich etwa BPatG, Beschl. v. 07.11.2018, 29 W(pat) 509/16 *pkrück* (»-rück« keine als Sachbeschreibung gängige Abkürzung von »Rückversicherung«); anders aber BPatG, Beschl. v. 12.12.2018, 26 W(pat) 33/16 *HERZO* (als geographische Angabe beschreibend für Lederwaren, Bekleidungsstücke, Sportartikel u.a., weil jedenfalls ortsübliche Abkürzung für »Herzogenaurach«).
198 EuGH GRUR 2004, 674, 678 (Nr. 98, 100) *Postkantoor*; GRUR 2004, 680, 681 (Nr. 39) *BIOMILD.*
199 Vgl. EuGH GRUR 2004, 943, 945 (Nr. 35 ff.) *SAT.2*; grdl. in diesem Sinne bereits BPatG GRUR 1992, 607, 608 f. *FLEUR charme*; s. auch BPatG Mitt. 2007, 285 *IDEAL REVOLUTION.*
200 Vgl. EuGH GRUR 2006, 229, 230 (Nr. 29–37) *BioID.*

dem Produkt enthaltene Substanz (»Ferro«) mit einer schlichten deutschsprachigen Angabe zur Darreichungsform (»Brause«) zu einem Wort zu verschmelzen.[201] Ähnlich gelagert waren: »derma fit« (schutzfähig für Hautpflegecremes)[202]; »lipoweg« (schutzfähig u.a. für Ernährungsberatung)[203]; »apo-grün« (schutzfähig für ApothekenDL)[204]; »Natura Balance« (schutzfähig u.a. für Kosmetika und Nahrungsergänzungsmittel)[205]; »CURA GOLD« (schutzfähig u.a. für nicht-medizinische PflegeDL)[206]. Dagegen wurde das Zeichen »ASTHMA-BRAUSE« (für Arzneimittel) als sprachübliche Wortzusammenstellung mit rein beschreibendem Charakter eingestuft.[207]

Bei dem Zeichen

(angemeldet für Entkalkungsmittel) war die graphische Ausgestaltung nicht prägnant genug, um den deutlich beschreibenden Gesamteindruck zu überwinden[208] (weitere Beispiele s. Rdn. 177).

Dagegen wurde die Darstellung

NEW
MƎN

(bestimmt u.a. für Sonnenbrillen) wegen ihres besonderen graphischen Effekts (die Marke lässt sich auch auf den Kopf gestellt als »New Man« lesen) als schutzfähig angesehen.[209]

cc) Strenge und vollständige Prüfung

142   In den genannten Grenzen (Beschränkung auf die konkret beanspruchten Waren/DL und auf das Zeichen in seiner konkret angemeldeten Form) hat die Prüfung nach der

---

201 BPatG GRUR 1997, 639, 640 *FERROBRAUSE*.
202 BPatG, Beschl. v. 07.04.2009, 24 W(pat) 124/06.
203 BPatG, Beschl. v. 10.05.2012, 30 W(pat) 79/10.
204 BPatG, Beschl. v. 27.09.2018, 30 W(pat) 539/16.
205 BPatG, Beschl. v. 01.03.2018, 30 W(pat) 543/16.
206 BPatG, Beschl. v. 28.02.2019, 30 W(pat) 504/18.
207 BPatG GRUR 1997, 640, 641 *ASTHMA-BRAUSE*.
208 BGH GRUR 2001, 1153 *antiKALK*; vgl. auch BPatG GRUR 1996, 410 *Color COLLECTION*; GRUR 1998, 401 *Jean's etc.*; GRUR 2007, 324, 326 *Kinder (schwarz-rot)*, bestätigt durch BGH GRUR 2009, 954, 955 (Nr. 15–17) *Kinder III*.
209 BGH GRUR 1991, 136, 137 *NEW MAN*.

Rechtsprechung des EuGH streng und vollständig zu sein.[210] Denn Ziel des Prüfungs-verfahrens ist es, Marken, die dem oben Rdn. 131 – 135 beschriebenen Allgemein-interesse zuwiderlaufen, von vornherein vom Register fernzuhalten. Solche Marken können nämlich, wenn sie fehlerhaft zur Eintragung gelangen, ein erhebliches Stör- und Behinderungspotential im Wettbewerb entfalten.[211] Der – jedenfalls zeitweise – vom BGH und Teilen der Literatur vertretene Ansatz, im Zweifel die Eintragung vorzunehmen und etwaige Unzuträglichkeiten, sprich die Behinderung redlicher Kon-kurrenten, später, insbesondere im Markenverletzungsprozess, bei der Bemessung des Schutzumfangs der Marke zu beheben[212], führt demgegenüber nicht weiter. Er wider-spricht nicht nur der Institution des Prüfungsverfahrens selbst.[213] Vor allem kommt die nachträgliche Kontrolle oft zu spät oder sie greift gar nicht, weil sich Dritte durch die zu Unrecht eingetragene Marke von vornherein von an sich rechtmäßigen Hand-lungen abhalten lassen oder sich auf eine Abmahnung hin unterwerfen, um einen teuren und risikobehafteten Prozess zu vermeiden.[214]

Auf der anderen Seite bedeutet der Grundsatz der strengen und vollständigen Prüfung   **143** aber nicht, dass die absoluten Schutzhindernisse extensiv auszulegen sind. Der BGH jedenfalls versteht diesen Grundsatz nicht materiell-rechtlich, sondern allein verfah-rensrechtlich als Absage an ein bloß summarisches Prüfungsverfahren und als Gebot, schon im Eintragungsverfahren alle für die Beurteilung maßgeblichen Gesichtspunkte umfassend zu würdigen.[215]

dd) Bedeutung und Ermittlung der Verkehrsauffassung

Ob ein Zeichen im Hinblick auf die in der Anmeldung benannten Waren/DL einem   **144** absoluten Schutzhindernis unterliegt, ob es z.B. unterscheidungskräftig, beschrei-bend, täuschend, sittenwidrig ist, hängt sehr häufig davon ab, wie das Zeichen in dem durch die Anmeldung vorgegebenen Produktzusammenhang von den ange-sprochenen Verkehrskreisen aufgefasst wird.[216] Welche Verkehrskreise angesprochen

---

210 EuGH GRUR 2003, 604, 607 f (Nr. 59) *Libertel*; GRUR 2004, 674, 680 *Postkantoor*; GRUR 2004, 1027, 1030 (Nr. 45) *DAS PRINZIP DER BEQUEMLICHKEIT*; GRUR 2010, 1096, 1097 (Nr. 45) *HABM/BORCO*; GRUR 2011, 1035, 1038 (Nr. 77) *1000*.
211 BGH GRUR 2000, 882, 883 *Bücher für eine bessere Welt*.
212 Vgl. hierzu BGH GRUR 1989, 264, 265 *REYNOLDS R1/EREINTZ*; GRUR 1989, 349, 350 *ROTH-HÄNDLE-KENTUCKY/Cenduggy*; aus jüngerer Zeit ebenso BGH GRUR 1998, 465, 467 *BONUS*; GRUR 1998, 813, 814 *CHANGE*; GRUR 1999, 1096, 1097 *ABSOLUT*; GRUR 2001, 1154, 1156 *Farbmarke violettfarben*; GRUR 2002, 427, 428 *Farbmarke gelb/grün*; s. auch Kraßer GRUR 1977, 421, 426; Heil GRUR 1981, 699, 702; Teplitzky, FS von Gamm, S. 303 ff.; Erdmann GRUR 2001, 609, 612; Ernst-Moll Mar-kenR 2001, 271 ff.
213 Lange, Rn. 573.
214 Ebenso Sosnitza, § 3 Rn. 14 und § 5 Rn. 5.
215 BGH GRUR 2009, 949 (Nr. 10–11) *My World*; GRUR 2017, 1262, 1263 (Nr. 17) *Schokoladenstäbchen III*.
216 Vgl. z.B. BGH GRUR 2010, 637, 639 (Nr. 16) *Farbe gelb*.

sind, ergibt sich wiederum aus den beanspruchten Waren/DL. Richtet sich die Marke, wie meist, neben dem Fachverkehr auch an Endverbraucher, kommt es insoweit auf die Sicht eines *normal informierten und angemessen aufmerksamen und verständigen Durchschnittsverbrauchers* an.[217] Bei diesem Durchschnittsverbraucher handelt es sich um eine *normative Kunstfigur*, vergleichbar etwa dem Durchschnittsfachmann im Sinne von § 4 S. 1 PatG[218] oder dem informierten Benutzer nach § 2 III DesignG[219]. In methodischer Hinsicht ergibt sich daraus zwangsläufig, dass die maßgebliche Verkehrsauffassung grundsätzlich nicht durch demoskopische Erhebungen ermittelt werden kann[220] (anders nur bei der Verkehrsdurchsetzung, s. unten Rdn. 193 – 195). Erforderlich ist vielmehr eine normativ-wertende Betrachtung. Anders gesagt: Die Beurteilung der absoluten Schutzfähigkeit einer Marke ist eine *Rechts-, keine Tatsachenfrage.*[221] Das bedeutet freilich nicht, dass die Beurteilung der Verkehrsauffassung von jeder empirischen Grundlage gelöst ist. Denn wie der Verkehr ein Zeichen versteht, hängt maßgeblich von den Sprach- und einschlägigen Kennzeichnungsgewohnheiten ab. Aus diesem Grund führen das Patentamt und auch das Patentgericht oft mehr oder weniger umfangreiche Ermittlungen zu dem als Marke beanspruchten Zeichen und seinem Umfeld durch, um vor diesem Hintergrund seine Wirkung auf den angesprochenen Verkehr aus der Sicht des Durchschnittsverbrauchers beurteilen zu können.

ee) Maßgeblicher Zeitpunkt

145 Wenn auch die Verkehrsauffassung in dem genannten Sinne objektiviert ist, so kann sie sich doch in ihren tatsächlichen Grundlagen im Laufe der Zeit, auch sehr kurzfristig, wandeln.[222] So kommt es immer wieder vor, dass neu gebildete Begriffe oder Slogans, denen zunächst Witz und Originalität anhaften, die also durchaus individualisierendes Potenzial haben und insoweit als Marken in Betracht kommen, binnen kurzem von anderen aufgegriffen werden und jeden herkunftshinweisenden Gehalt verlieren. Daher kann es im Einzelfall für den Erfolg einer Markenanmeldung entscheidend sein, ob es für die Schutzfähigkeitsprüfung auf den Zeitpunkt der

---

217 Vgl. z.B. EuGH GRUR 2006, 411, 412 (Nr. 24) *Matratzen Concord/Hukla*; GRUR 2004, 943, 944 (Nr. 24) *SAT.2*; EuGH GRUR Int. 2006, 842, 844 (Nr. 23) *Form eines Bonbons II*; EuGH GRUR 2013, 519, 521 (Nr. 50) *Deichmann*; GRUR 2015, 1198, 1201 (Nr. 61) *Nestlé/Cadbury (Kit Kat)*; mit etwas anderer Formulierung früher auch schon z.B. EuGH GRUR 2004, 674, 675 (Nr. 34) *Postkantoor*; GRUR 2002, 804, 808 (Nr. 63) *Philips*; GRUR 1999, 723, 726 (Nr. 29) *Chiemsee*; ebenso z.B. BGH GRUR 2014, 872, 873 (Nr. 13) *Gute Laune Drops*.
218 S. dazu Asendorf/Schmidt in: Benkard, PatG § 4 Rn. 18.
219 Zu diesem etwa Eichmann in: Eichmann/von Falckenstein/Kühne, DesignG, § 2 Rn. 27–29.
220 Vgl. BPatG GRUR 1996, 489, 490 *Hautactiv*; GRUR 2013, 72, 74 *smartbook*.
221 BGH GRUR 2013, 731, 733 (Nr. 22) *Kaleido*; BPatG GRUR 2007, 333, 335 *Papaya* m.w.N.; Ströbele/Hacker/Thiering, § 8 Rn. 75.
222 Vgl. BGH GRUR 2010, 1100, 1101 (Nr. 16) *TOOOR!* (dort im Einzelfall verneint).

Anmeldung bzw. den Prioritätstag oder den mitunter sehr viel später liegenden Zeitpunkt der Entscheidung über die Eintragung ankommt.

Die Frage ist lange Zeit nicht einheitlich beurteilt worden. Nach früherer deutscher Praxis kam es auf den Zeitpunkt der Entscheidung über die Eintragung an, so dass ein Wandel der Verkehrsauffassung während des Anmeldeverfahrens zu Lasten des Anmelders (selten zu seinen Gunsten) ging.[223] Praktisch hatte das zur Folge, dass sich das Patentamt oder -gericht im Falle einer Zurückweisung der Anmeldung auf eine tagesaktuelle Feststellung der tatsächlichen Grundlagen für die Beurteilung der Verkehrsauffassung beschränken konnte, was regelmäßig weniger Probleme bereitet als eine vergangenheitsbezogene Feststellung. Für das Unionsmarkenrecht hat der EuGH dagegen auf den Zeitpunkt der Anmeldung abgestellt.[224] Der BGH hat sich dem ohne weiteren Begründungsaufwand angeschlossen.[225]

ff) Bedeutung von Voreintragungen

Im Hinblick auf die große Zahl in Kraft stehender Registermarken (s. Rdn. 79) kommt   146
es immer wieder vor, dass eine Marke, die der zu prüfenden Anmeldemarke mehr oder weniger ähnlich oder (selten!) mit dieser sogar identisch ist, bereits Eingang in das Register gefunden hat. Meint nun das Patentamt, dass der aktuell zu prüfenden Marke ein absolutes Schutzhindernis entgegensteht, trifft dies häufig auf Unverständnis. In rechtlicher Hinsicht stellt sich insoweit die Frage, ob eine vorbestehende Eintragung Auswirkungen auf den aktuellen Fall haben kann. Dies wurde zunächst einhellig und in ständiger Rechtsprechung verneint, weil es sich bei der Beurteilung der Schutzfähigkeit einer Marke um eine gebundene Entscheidung handelt (§ 33 II MarkenG), die den damit befassten Stellen keinen Beurteilungs- oder Ermessensspielraum belässt. Insoweit kann durch Voreintragungen auch keine irgendwie geartete Selbstbindung der öffentlichen Hand entstehen.[226] In jüngerer Zeit hatte jedoch der 29. Senat des BPatG diese Auffassung in Zweifel gezogen und die Frage dem EuGH zur Vorabentscheidung vorgelegt.[227] Der darauf ergangene Beschluss des EuGH[228] war zunächst

---

223 BGH GRUR 2009, 411, 412 (Nr. 14) *STREETBALL*; zum WZG schon BGH GRUR 1993, 744, 745 *MICRO CHANNEL*.

224 EuGH MarkenR 2010, 439, 442 (Nr. 39 ff.) *Flugbörse*.

225 BGH GRUR 2013, 1143, 1144 (Nr. 15) *Aus Akten werden Fakten*, vorausgehend BPatG GRUR 2013, 383 *Aus Akten werden Fakten*; bestätigt in BGH GRUR 2014, 483, 485 (Nr. 22) *test*; GRUR 2014, 565, 566 f. (Nr. 10) *smartbook*; GRUR 2015, 173, 174 (Nr. 13) *for you*;GRUR 2016, 1167, 1170 (Nr. 22) *Sparkassen-Rot*; GRUR 2017, 520, 524 (Nr. 47) *MICRO COTTON*.

226 EuGH GRUR 2006, 233, 235 (Nr. 41 ff., 48 ff.) *Standbeutel*; GRUR 2006, 229, 231 (Nr. 46 ff.) *BioID*; GRUR 2004, 428, 431 (Nr. 59 ff.) *Henkel*; BGH GRUR 2006, 850, 855 *FUSSBALL WM 2006*; GRUR 2005, 578, 580 *LOKMAUS*; BGH BlPMZ 1998, 248, 249 *Today*; GRUR 1997, 527, 529 *Autofelge*; GRUR 1995, 410, 411 *TURBO*; GRUR 1989, 420, 421 *KSÜD*; zusammenfassend BPatG GRUR 2007, 333, 334 ff. *Papaya*.

227 BPatG GRUR 2007, 329 *SCHWABENPOST*.

228 EuGH GRUR 2009, 667 *Bild.T-Online.de u. ZVS*.

unterschiedlich interpretiert worden. Der 29. Senat hat ihm das verfahrensrechtliche Gebot entnommen hat, sich mit vergleichbaren Voreintragungen auseinanderzusetzen.[229] Der BGH ist dem jedoch in Übereinstimmung mit den übrigen Senaten des BPatG nicht gefolgt.[230]

c) Einzelne Schutzhindernisse

147 Die einzelnen Schutzhindernisse des § 8 II Nr. 1–14 MarkenG sind in der Praxis von sehr unterschiedlichem Gewicht. Zurückweisungen von Markenanmeldungen erfolgen fast ausschließlich wegen fehlender Unterscheidungskraft (§ 8 II Nr. 1 MarkenG) oder aufgrund des § 8 II Nr. 2 MarkenG. Die Ausschlussgründe des § 8 II Nr. 3–13 MarkenG kommen dagegen nur sehr selten vor. Das Schutzhindernis der bösgläubigen Anmeldung (§ 8 II Nr. 14 MarkenG) hat größere Bedeutung, jedoch weniger im Eintragungs- als im Löschungsverfahren. Die nachfolgende Darstellung beschränkt sich daher auf die beschreibenden Angaben (§ 8 II Nr. 2 MarkenG) und auf das Schutzhindernis der fehlenden Unterscheidungskraft (§ 8 II Nr. 1 MarkenG). Diese vom Gesetz abweichende Reihenfolge ist bewusst gewählt, weil es sich bei dem Eintragungsausschluss für beschreibende Angaben weitgehend um einen Spezialfall mangelnder Unterscheidungskraft handelt.[231] Anschließend ist noch auf den Fall der bösgläubigen Anmeldung (§ 8 II Nr. 14 MarkenG) einzugehen.

aa) Beschreibende Angaben (§ 8 II Nr. 2 MarkenG)

(1) Schutzzweck und Freihaltebedürfnis

148 Nach § 8 II Nr. 2 MarkenG sind von der Eintragung ausgeschlossen Marken, die ausschließlich aus Zeichen oder Angaben bestehen, die im Verkehr zur Bezeichnung der Art, der Beschaffenheit, der Menge, der Bestimmung, des Wertes, der geographischen Herkunft, der Zeit der Herstellung der Waren oder der Erbringung der Dienstleistungen oder zur Bezeichnung sonstiger Merkmale der Waren oder Dienstleistungen dienen können (vgl. dazu die Vorgabe in Art. 4 I lit. c MarkenRL). Der hinter diesem Schutzhindernis stehende Gedanke ist nicht schwer zu erfassen. Zum einen: Wer eine Ware/DL nur nach ihren Merkmalen beschreibt, individualisiert diese in aller Regel nicht. Zum andern: Es ist Grundvoraussetzung eines funktionierenden Wettbewerbs, dass jeder Mitbewerber sein Leistungsangebot beschreiben kann, ohne damit

229 BPatG GRUR 2009, 683 *SCHWABENPOST*.
230 BGH GRUR 2011, 230 *SUPERgirl*; BGH MarkenR 2011, 66 *FREIZEIT Rätsel Woche*; BGH GRUR 2012, 276, 277 (Nr. 18) *Institut der Norddeutschen Wirtschaft e.V.*; GRUR 2013, 522, 524 (Nr. 20) *Deutschlands schönste Seiten*; GRUR 2014, 376, 377 (Nr. 19) *grill meister*; GRUR 2014, 569, 572 (Nr. 30) *HOT*; BPatG GRUR 2009, 1175, 1179 f. *Burg Lissingen*; GRUR 2010, 423, 424 f. *amazing discoveries*; GRUR 2010, 425, 428 ff. *Volksflat*; im gleichen Sinne EuGH GRUR 2011, 1035, 1037 (Nr. 73–80) *1000*.
231 Vgl. EuGH GRUR 2004, 674, 678 (Nr. 86) *Postkantoor*; GRUR 2011, 1035, 1036 (Nr. 45–47) *1000*; GRUR 2012, 616, 617 (Nr. 20–21) *Alfred Strigl/DPMA*.

in Konflikt mit Rechten Dritter zu geraten.[232] Insoweit wird oft davon gesprochen, dass beschreibende Angaben einem *Freihaltebedürfnis* unterliegen.[233] Der Begriff des Freihaltebedürfnisses ist jedoch mit Vorsicht zu gebrauchen, da ihm nicht weniger als drei verschiedene Bedeutungen zukommen:

So hat man das Freihaltebedürfnis bisweilen als ein *zusätzliches einschränkendes Tat-*   **149**
bestandsmerkmal des Ausschlussgrundes der beschreibenden Angabe verstanden.

▶ Beispiel:

> Im Fall »Capri-Sonne« ging es u.a. um die Frage, ob der Zeichenbestandteil »Capri«
> im Hinblick auf Fruchtsäfte schutzunfähig ist. Das wurde verneint. Zwar handle es
> sich bei »Capri« um eine geographische Angabe. Da jedoch auf Capri, einem zwar
> landschaftlich schönen, aber kargen Felseneiland weder Südfrüchte noch Frucht-
> säfte in nennenswertem Umfang produziert würden und dies auch für die Zukunft
> nicht zu erwarten sei, bestehe kein ernsthaftes Freihaltebedürfnis an dieser Bezeich-
> nung für die genannten Waren.[234]

Der EuGH hat diese Sichtweise vom Freihaltebedürfnis als einem einschränkenden Tatbestandsmerkmal jedoch ausdrücklich verworfen. Soweit danach eine Angabe zur Bezeichnung der geographischen Herkunft der beanspruchten Produkte dienen kann, kommt eine Eintragung nicht in Betracht. Auf ein ernsthaftes (aktuelles, konkretes) Freihaltebedürfnis darf nicht abgestellt werden.[235]

Der Begriff des Freihaltebedürfnisses ist aber auch in einem *tatbestandserweiternden*   **150**
Sinne verstanden worden. So sollten auch solche Angaben einem Freihaltebedürfnis unterliegen, die, ohne die Waren/DL direkt zu beschreiben, doch auf Umstände hinweisen, die in Bezug auf die Waren/DL für den Verkehr wichtig und für die umworbenen Abnehmerkreise irgendwie bedeutsam sind.

▶ Beispiel:

> Das Wort »Premiere« wurde als nicht schutzfähig für Farben und Lacke angesehen,
> da es, obwohl nicht unmittelbar warenbeschreibend, auf eine erstmalige Waren-
> präsentation, also auf die Vorstellung einer Warenneuheit hinweise und insoweit
> einem Freihaltebedürfnis unterliege.[236]

---

232 Vgl. EuGH GRUR 2011, 1035 (Nr. 37) *1000*; GRUR 2012, 616, 617 (Nr. 31) *Alfred Strigl/DPMA*; BGH GRUR 2012, 272, 274 (Nr. 9) *Rheinpark-Center Neuss*.
233 So die ständige deutsche Praxis; s. aber auch EuGH GRUR 2008, 503, 504 (Nr. 23) *adidas/Marca Mode*.
234 BGH GRUR 1983, 768, 769 *Capri-Sonne*; ähnlich etwa auch BGH GRUR 1997, 627 *à la Carte*.
235 EuGH GRUR 1999, 723, 726 (Nr. 35) *Chiemsee*; GRUR 2011, 1035, 1036 (Nr. 39) *1000*.
236 BGH GRUR 1993, 746 *Premiere*.

Auch diese Auffassung vom Freihaltebedürfnis ist aber ausdrücklich aufgegeben worden.[237] Heute sind solche Fälle daher unter dem Gesichtspunkt fehlender Unterscheidungskraft zu erörtern (s. unten Rdn. 165).

151 So verbleibt für den Begriff des Freihaltebedürfnisses nur noch die dritte Bedeutung als eine *Kurzbezeichnung für den Ausschlussgrund des § 8 II Nr. 2 MarkenG.* In diesem, sozusagen von Altlasten befreiten Sinne ist seine Verwendung unbedenklich.

(2) Zur Auslegung des § 8 II Nr. 2 MarkenG

152 Der Ausschlusstatbestand des § 8 II Nr. 2 MarkenG ist zunächst insofern relativ eng gefasst, als er nur eingreift, wenn das Zeichen (also insbesondere ein Wort oder eine Wortfolge) ein *Merkmal* der beanspruchten Waren/DL beschreibt. Merkmale in diesem Sinne sind nur verifizierbare Eigenschaften der Produkte selbst. Bloße werbliche Anpreisungen etwa fallen daher nicht unter § 8 II Nr. 2 MarkenG.

▶ Beispiele:

> Die Wortfolge »Test it.« – angemeldet für Zigaretten – stellt eine Aufforderung dar, die so gekennzeichneten Zigaretten zu testen; sie beschreibt aber kein Merkmal dieser Zigaretten.[238] Ebenso will die Bezeichnung »CHANGE« nur dazu ermuntern, die Zigarettenmarke zu wechseln, ohne eine Aussage über das gekennzeichnete Produkt zu machen.[239] Auch das Wort »BONUS« beschreibt keine Eigenschaften von z.B. Schädlingsbekämpfungsmitteln, sondern lediglich eine Vertriebsmodalität.[240]

153 Unerheblich ist jedoch, ob die realen Waren/DL, die der Anmelder unter der Marke vertreibt oder vertreiben will, die betreffenden, durch die Marke beschriebenen Eigenschaften tatsächlich aufweisen.[241] Es kommt nur darauf an, ob die Produkte diese Eigenschaft nach der Fassung des Verzeichnisses der Waren/DL aufweisen können. Nach der Rechtsprechung des EuGH ist es insoweit auch nicht möglich, das Schutzhindernis des § 8 II Nr. 2 MarkenG dadurch auszuräumen, dass Waren/DL mit der durch die Marke beschriebenen Eigenschaft vom Verzeichnis mit Hilfe eines sog. Disclaimers ausgenommen werden.[242]

▶ Beispiel:

> Die Bezeichnung »DEEP RED« – angemeldet für Haarfärbemittel – beschreibt eine Eigenschaft, nämlich die Farbe von Haarfärbemitteln und würde für diese Waren daher einem Ausschluss nach § 8 II Nr. 2 MarkenG unterliegen. Es ist nicht

---

237 Vgl. BGH BlPMZ 1999, 256, 257 *PREMIERE I*; tendenziell anders aber wieder BGH GRUR 2012, 272, 274 (Nr. 14) *Rheinpark-Center Neuss*; s. hierzu auch BPatG, Beschl. v. 12.10.2017, 25 W(pat) 508/16.
238 Vgl. BGH GRUR 2001, 735 *Test it.*; vgl. auch BGH GRUR 1999, 1093, 1094 *FOR YOU*.
239 BGH GRUR 1998, 813, 814 *CHANGE*.
240 Vgl. BGH GRUR 1998, 465, 467 *BONUS*.
241 Vgl. BGH GRUR 2007, 1066, 1068 (Nr. 31) *Kinderzeit*.
242 EuGH GRUR 2004, 674, 679 (Nr. 114–115) *Postkantoor*.

zulässig, diesen Mangel dadurch zu beheben, dass das Verzeichnis der Waren auf »Haarfärbemittel mit Ausnahme solcher, die eine tief-rote Färbung bewirken« beschränkt wird.[243]

Unerheblich ist schließlich auch, ob es sich bei dem beschriebenen Merkmal um ein **154** wesentliches oder weniger wichtiges Merkmal der beanspruchten Produkte handelt.[244] Das bezeichnete Merkmal muss allerdings leicht als solches zu erkennen sein.[245]

Wie sich aus dem Wortlaut des § 8 II Nr. 2 MarkenG ohne weiteres ergibt, greift der **155** Ausschlusstatbestand der beschreibenden Angabe schon dann ein, wenn die Marke zur Merkmalsbeschreibung *dienen kann*. Damit wird – entgegen einer zumindest zeitweise verbreiteten Lesart[246] – nicht nur der (praktisch bedeutungslose) Fall eines zukünftigen Freihaltebedürfnisses[247] angesprochen. Ansonsten hätte nämlich der in der Praxis allein relevante Fall eines gegenwärtigen Freihaltebedürfnisses gar keine Regelung im Gesetz gefunden. Vielmehr wird damit zum Ausdruck gebracht, dass bereits die bloße *Eignung* einer Bezeichnung zur beschreibenden Verwendung ein Eintragungshindernis begründet. Es sind also nicht nur solche Zeichen betroffen, die von den Mitbewerbern des Anmelders bereits tatsächlich beschreibend verwendet werden.[248] Das Patentamt ist daher auch nicht gehalten, in Erfüllung der Amtsermittlungspflicht (§ 59 I S. 1 MarkenG) einen Nachweis für eine tatsächliche beschreibende Verwendung der angemeldeten Bezeichnung zu erbringen. So können z.B. auch neue Wortbildungen als beschreibende Angaben eingestuft werden, wenn ihr Sinngehalt dies ergibt. Dessen ungeachtet sind solche Nachweise natürlich in besonderem Maße geeignet, eine Eignung zur beschreibenden Verwendung zu belegen.[249] Das gilt vor allem in Zweifelsfällen, etwa bei Wortzeichen, die einer wenig gängigen Fremdsprache entnommen sind.

Die Beschreibungseignung ist in der früheren Rechtsprechung vielfach solchen Zei- **156** chen abgesprochen worden, deren *Sinngehalt mehrdeutig* ist.[250] So wird noch heute von Anmelderseite im Eintragungsverfahren häufig argumentiert (besonders bei fremd-

---

243 Im Übrigen würde ein solcher Disclaimer auch dem Verbot der ersichtlichen Täuschung nach § 8 II Nr. 4, § 37 III MarkenG widersprechen und wäre daher auch aus diesem Grund unzulässig.
244 EuGH GRUR 2004, 674, 679 (Nr. 102) *Postkantoor*; BPatG GRUR 2007, 333, 334 *Papaya*.
245 EuGH GRUR 2011, 1035, 1036 (Nr. 50) *1000*.
246 Vgl. BGH GRUR 1995, 408, 409 *PROTECH*; GRUR 1998, 813, 814 *CHANGE*; GRUR 1999, 1093, 1094 *FOR YOU*; GRUR 2001, 1046 *GENESCAN*.
247 Interessant hierzu BGH GRUR 2014, 565, 569 (Nr. 30–33) *smartbook*.
248 EuGH GRUR 2004, 146, 147 (Nr. 32) *DOUBLEMINT*; GRUR 2010, 534, 535 (Nr. 52) *PRANAHAUS*; GRUR 2011, 1035, 1036 (Nr. 38) *1000*; BGH GRUR 2012, 276 (Nr. 8) *Institut der Norddeutschen Wirtschaft e.V.*; zutr. in diesem Sinne schon BGH GRUR 1996, 770 *MEGA*; GRUR 1997, 634, 635 *Turbo II*.
249 BGH GRUR 2014, 565, 568 (Nr. 19) *smartbook*.
250 Vgl. BGH GRUR 1995, 269, 270 *U-KEY*; GRUR 1997, 627, 628 *à la Carte*; GRUR 2001, 162, 163 *RATIONAL SOFTWARE CORPORATION*; GRUR 2002, 64, 65 *INDIVIDUELLE*.

sprachigen Wortzeichen), dass die angemeldete Marke mehrere oder gar eine Vielzahl von Bedeutungen aufweise. Der EuGH entnimmt jedoch dem Tatbestandsmerkmal »dienen können«, dass das Schutzhindernis der beschreibenden Angabe schon dann eingreift, wenn das Zeichen jedenfalls in einer seiner Bedeutungen ein Merkmal der angemeldeten Waren/DL beschreiben kann.[251]

157 Nach alledem scheint § 8 II Nr. 2 MarkenG ein scharfes Schwert zu sein. Wenn dieses Schutzhindernis in der Praxis dennoch nicht allzu häufig zum Zuge kommt, dann deswegen, weil danach nur Marken ausgeschlossen sind, die *ausschließlich* aus beschreibenden Angaben oder Zeichen bestehen. Nicht erfasst werden danach insbesondere *Abwandlungen beschreibender Angaben*. Solche Markenbildungen sind bei Unternehmen beliebt, weil sie einerseits individuell wirken (können), andererseits dem Publikum eine erste Information über das gekennzeichnete Produkt liefern (sog. »sprechende Marke«). Besonders häufig finden sich derartige Marken im Arzneimittelsektor, wo schon die Marke meist etwas über den verwendeten Wirkstoff oder die Indikation aussagt.

▶ **Beispiel:**

Marke »Omeprazok« als Anlehnung an die Wirkstoffbezeichnung »Omeprazol«.[252] Oder: Marke »SIMVA« als Verkürzung der Wirkstoffangabe »Simvastatin«.[253]

Die Abwandlung muss jedoch als solche noch hinreichend erkennbar sein. Verneint wurde dies z.B. für die Bezeichnung »Lichtenstein« im Verhältnis zu der geographischen Angabe »Liechtenstein«.[254] Auch der Bezeichnung »SCHLÜSEL« (angemeldet u.a. für Schlüssel) wurde die Schutzfähigkeit abgesprochen[255], ebenso der Bezeichnung »BLUCHROME« (für chemische Erzeugnisse für die Galvanotechnik)[256] und der Bezeichnung »MAGNETOBOARD« (anstatt »Magnetboard«, für Magnetplatten mit Bildmotiven)[257].

158 Ebenfalls nicht unter § 8 II Nr. 2 MarkenG fallen Marken, in denen eine beschreibende Angabe mit nichtbeschreibenden Zusätzen versehen ist. Das können z.B. auch graphische Zusätze sein. Allerdings führt es aus dem Schutzhindernis nicht heraus, wenn einer beschreibenden Angabe eine – isoliert betrachtet – nicht beschreibende Buchstabenkombination hinzugefügt wird, die der Verkehr als Abkürzung der beschreibenden Angabe erkennt. Daher waren z.B. die Zeichen »Multi Markets Fund MMF« und »NAI – Der Natur-Aktien-Index« insgesamt als beschreibend für

---

251 EuGH GRUR 2004, 146, 147 (Nr. 32) *DOUBLEMINT*; EuG GRUR 2006, 498, 502 (Nr. 92) *Weisse Seiten*; in diesem Sinne auch BGH GRUR 2014, 569, 571 (Nr. 20) *HOT*.
252 BGH GRUR 2002, 540, 541 *OMEPRAZOK*.
253 BPatG, Beschl. v. 16.10.2007, 30 W(pat) 40/05.
254 BGH GRUR 2003, 882, 883 *Lichtenstein*; hinreichende Erkennbarkeit dagegen bejaht in BGH GRUR 2002, 540, 541 *OMEPRAZOK* (als Abwandlung von »Omeprazol«).
255 BPatG, Beschl. v. 28.05.2009, 30 W(pat) 25/09.
256 BPatG, Beschl. v. 03.03.2016, 30 W(pat) 36/14.
257 BPatG, Beschl. v. 06.03.2019, 29 W(pat) 501/18.

FinanzDL einzustufen, obwohl die Akronyme »MMF« und »NAI« für sich gesehen nichtssagend waren.[258]

Nach alledem ist es also für einen Markenanmelder nicht allzu schwer, das Eintra-   **159** gungshindernis des § 8 II Nr. 2 MarkenG zu umgehen. Allerdings weisen derartige Marken, soweit sie nicht schon am Schutzhindernis der fehlenden Unterscheidungskraft scheitern (s. dazu unten Rdn. 177), von Hause aus eine beträchtliche Schwäche auf. So kann aus derartigen Marken – was sich von selbst versteht, aber auch aus § 23 I Nr. 2 MarkenG hervorgeht – zum einen nicht gegen die Verwendung der beschreibenden Angabe selbst vorgegangen werden. Die Marke kann aber auch nicht gegen Abwandlungen derselben beschreibenden Angabe durchgesetzt werden, die gerade hinsichtlich der Abwandlung anders ausgestaltet sind als die Marke. Vielmehr genießen solche Marken immer nur Schutz nach Maßgabe der ihren Schutz begründenden Eigenprägung. Übereinstimmungen dritter Zeichen, die sich auf den beschreibenden Sinngehalt beschränken, können somit auch dann nicht wirksam bekämpft werden, wenn sie zu einer hochgradigen Zeichenähnlichkeit führen (s. dazu näher unten Rdn. 491 – 496).

(3) Beispiele beschreibender Marken

- »Polo« (für Betrieb von Hotels)[259];   **160**
- »SPRINGFIELD« (u.a. für Tabak; geographische Herkunftsangabe)[260];
- »PORTLAND« (u.a. für Gewürzmischungen; ebenfalls geographische Herkunftsangabe)[261];
- »MITO« (für diverse Lebensmittel; als Name einer japanischen Großstadt geeignet zur Beschreibung der geographischen Herkunft)[262];
- »Meerforellenküste« (für Veranstaltung von Angelreisen)[263];
- »Big Pack« (für Süßwaren)[264];
- »Bake Off« (u.a. für Brotteige)[265];
- »YOGHURTGUMS« (für Zuckerwaren, s. dazu auch Rdn. 177)[266];
- »Kinder« (für Schokolade; Beschreibung der Abnehmerkreise, d.h. der Bestimmung)[267];
- »easy-quick« (u.a. für Werkzeugmaschinen und landwirtschaftliche Geräte)[268];

---

258 EuGH GRUR 2012, 616 *Alfred Strigl/DPMA.*
259 BPatG, Beschl. v. 18.12.2006, 30 W(pat) 30/05.
260 BPatG, Beschl. v. 06.12.2006, 26 W(pat) 25/05.
261 BPatG GRUR 2006, 509 *PORTLAND.*
262 BPatG, Beschl. v. 30.06.2016, 25 W(pat) 98/14.
263 BPatG, Beschl. v. 13.12.2006, 26 W(pat) 21/06.
264 BPatG, Beschl. v. 22.11.2006, 32 W(pat) 39/05.
265 BPatG, Beschl. v. 05.07.2006, 32 W(pat) 149/04.
266 BPatG, Beschl. v. 14.12.2005, 32 W(pat) 320/03.
267 BGH GRUR 2007, 1066, 1068 (Nr. 31) *Kinderzeit.*
268 BPatG, Beschl. v. 23.05.2007, 28 W(pat) 43/06.

- »AUFS BROT« (u.a. für Diätmargarine)[269];
- »MammoTest« (u.a. für ärztliche Apparate)[270];
- »Markenreise« (für ReiseDL)[271];
- »MarkenManual« (für Aus- und Weiterbildung)[272];
- »MOBILE« (u.a. für medizinische DL)[273];
- »NATURELLE« (für Mineralwässer, Fruchtsäfte und andere Lebensmittel)[274];
- »EXPAT« (für Versicherungs- und Finanzwesen; eingeführte Abkürzung für »expatriate«, Beschreibung der Zielgruppe und damit der Bestimmung der DL)[275];
- »1000« (für Zeitschriften einschließlich Rätselhefte; Hinweis, dass in dem Heft 1000 Rätsel enthalten sind)[276];
- »Nero« (u.a. für Tee und Kaffee)[277];
- »Sibirien« (für Möbel u.a., geographische Herkunftsangabe[278]; gleiches gilt z.B. für »Viterbo«[279] oder »Vercelli«[280], nicht aber etwa für »Otranto«[281] oder »Albufeira«[282], weil an diesen Orten aktuell keine Möbel hergestellt werden und nach den örtlichen Verhältnissen eine solche Produktion auch völlig unwahrscheinlich ist);
- »ETHIKBANK« (für Bankgeschäfte)[283];
- »Erblühtee« (für Tee; bezeichnet eine besondere Art von Blütentee, in dessen Innerem sich eine Blüte befindet, die beim Aufguss freigegeben wird und sich öffnet)[284]; ähnlich »Papageienkuchen« (nicht schutzfähig für Backwaren, weil übliche Bezeichnung für einen Kuchen, dessen Teig so eingefärbt ist, dass er bunt wie das Gefieder eines Papageis wird[285];
- »Rosa Markgräfler« (für Weine, Farb- und geographische Herkunftsangabe)[286];
- »Rheinpark-Center Neuss« (sachliche und örtliche Beschreibung der Angebotsstätte der zahlreichen beanspruchten DL)[287];

---

269 BPatG, Beschl. v. 04.07.2007, 28 W(pat) 93/06.
270 BPatG, Beschl. v. 01.08.2007, 28 W(pat) 164/07.
271 BPatG, Beschl. v. 26.09.2007, 26 W(pat) 121/05.
272 BPatG, Beschl. v. 11.03.2008, 33 W(pat) 68/06.
273 BPatG, Beschl. v. 28.05.2009, 30 W(pat) 76/07.
274 BPatG, Beschl. v. 04.06.2009, 25 W(pat) 24/09.
275 BPatG, Beschl. v. 08.02.2011, 33 W(pat) 42/09.
276 EuGH GRUR 2011, 1035, 1037 (Nr. 55) *1000*.
277 BPatG, Beschl. v. 22.05.2012, 25 W(pat) 556/11.
278 BPatG, Beschl. v. 04.07.2012, 26 W(pat) 31/12.
279 BPatG, Beschl. v. 14.11.2012, 26 W(pat) 8/12.
280 BPatG, Beschl. v. 14.11.2012, 26 W(pat) 5/12.
281 BPatG, Beschl. v. 14.11.2012, 26 W(pat) 7/12.
282 BPatG, Beschl. v. 14.11.2012, 26 W(pat) 37/11.
283 BPatG, Beschl. v. 10.07.2012, 33 W(pat) 528/11.
284 BPatG, Beschl. v. 26.07.2012, 25 W(pat) 2/12.
285 BPatG, Beschl. v. 23.05.2018, 25 W(pat) 534/17.
286 BPatG, Beschl. v. 31.10.2012, 26 W(pat) 524/11.
287 BGH GRUR 2012, 272 *Rheinpark-Center Neuss*.

- »ТАЙГА« (lateinisch »TAIGA«, für Schnittholz; trotz kyrillischer Schreibweise auch im Inland beschreibend wegen erheblichen Handelsvolumens zwischen Russland und Deutschland auf dem betreffenden Warengebiet)[288];
- »Stern Reisen« (u.a. für ReiseDL, Fachbegriff für Reisen mit Unterbringung an einem zentralen Ort, von dem aus sternförmige Ausflüge und Besichtigungsfahrten durchgeführt werden; dass der Anmelder »Stern« hieß, ändert daran nichts)[289];
- »Hausmeister« (für Bekleidungsstücke)[290];
- »Street Tattoo« (für Farben und Straßenmarkierungsfolien)[291];
- »AID24« (für Rechtsberatung und Rechtsvertretung)[292];
- »Schanzer Autohaus« (für Autos und ReparaturDL als geographische Angabe beschreibend, weil »Schanzer« die umgangssprachliche Bezeichnung für »Ingolstädter« ist)[293]; ähnlich »HERZO« (als geographische Angabe beschreibend für Lederwaren, Bekleidungsstücke, Sportgeräte, weil »HERZO« eine jedenfalls ortsübliche Abkürzung für »Herzogenaurach« ist)[294];
- »Sallaki« (aus dem Sanskrit stammende und in der ayurvedischen Medizin – auch in Deutschland – verwendete Bezeichnung des indischen Weihrauchbaumes, daher beschreibend für Weihrauch, aber auch z.b. für Arzneimittel)[295];
- »Rock« (u.a. für Farben beschreibend, weil branchenübliche Bezeichnung für eine felsgraue Trendfarbe)[296].

bb) Fehlende Unterscheidungskraft (§ 8 II Nr. 1 MarkenG)

(1) Definition

§ 8 II Nr. 1 MarkenG schließt von der Eintragung Marken aus, denen für »die« Waren   **161** oder Dienstleistungen jegliche Unterscheidungskraft fehlt (vgl. Art. 4 I lit. b MarkenRL). Angesprochen ist damit die *konkrete*, d.h. auf die in der Anmeldung beanspruchten Waren/DL bezogene Beurteilung der Unterscheidungskraft im Gegensatz zu der abstrakten Unterscheidungseignung als Voraussetzung der Markenfähigkeit im Sinne von § 3 I MarkenG (s. dazu oben Rdn. 102 – 104).

Unterscheidungskraft in diesem Sinne ist nach der insoweit im Wesentlichen über-   **162** einstimmenden Rechtsprechung des EuGH und des BGH *die einem Zeichen zukommende Eignung, die von der Anmeldung erfassten Waren/DL als von einem bestimmten Unternehmen stammend zu kennzeichnen und so diese Waren/DL von denjenigen*

---

288 BPatG, Beschl. v. 07.11.2013, 26 W(pat) 103/12.
289 BPatG, Beschl. v. 29.05.2013, 26 W(pat) 57/12.
290 BPatG, Beschl. v. 19.03.2013, 27 W(pat) 520/12.
291 BPatG, Beschl. v. 22.06.2015, 25 W(pat) 513/13.
292 BPatG, Beschl. v. 17.03.2016, 30 W(pat) 541/13.
293 BPatG, Beschl. v. 20.03.2018, 29 W(pat) 521/16.
294 BPatG, Beschl. v. 12.12.2018, 26 W(pat) 33/16.
295 BPatG, Beschl. v. 18.10.2018, 25 W(pat) 10/16.
296 BPatG, Beschl. v. 18.10.2018, 30 W(pat) 37/17.

anderer Unternehmen zu unterscheiden.[297] Ob ein Zeichen dies leisten kann, ist aus der Sicht der angesprochenen Verkehrskreise zu entscheiden. Welche Verkehrskreise angesprochen sind, richtet sich nach den von der Marke beanspruchten Waren/DL. Dies können – praktisch seltener – spezialisierte Fachkreise sein (z.b. bei den »chemischen Erzeugnissen für gewerbliche Zwecke« der Klasse 1), meist aber sind es die allgemeinen Verkehrskreise, zu denen in erster Linie die Endverbraucher, daneben aber auch der Handel gehören.[298] Soweit Endverbraucher betroffen sind, ist auf die Sicht eines normal informierten und angemessen aufmerksamen und verständigen Durchschnittsverbrauchers abzustellen (s. oben Rdn. 144).

(2) Rechtsgrund und Reichweite des § 8 II Nr. 1 MarkenG[299]

163   Anerkannt ist, dass jedenfalls den beschreibenden Angaben und Zeichen im Sinne von § 8 II Nr. 2 MarkenG zugleich die nach § 8 II Nr. 1 MarkenG erforderliche Unterscheidungskraft fehlt.[300] Anerkannt ist aber auch, dass der Ausschlussgrund der mangelnden Unterscheidungskraft noch weitere Fälle erfasst[301], sich zu § 8 II Nr. 2 MarkenG also wie eine Art Generalklausel zum Spezialtatbestand verhält. Das Eintragungshindernis der fehlenden Unterscheidungskraft ist damit ersichtlich viel weniger griffig als das Schutzhindernis für beschreibende Angaben. Wie damit umzugehen ist, ist seit langem umstritten.

164   Kritiker sehen in dem Schutzhindernis der fehlenden Unterscheidungskraft nichts anderes als eine Ermächtigung zur patentamtlichen Kontrolle der wettbewerblichen Qualität eines Zeichens, somit ein Instrument obrigkeitsstaatlicher Gängelung des Anmelders, die auf letztlich spekulativen Erwägungen über eine vermeintliche

---

297 Vgl. z.B. EuGH GRUR Int. 2012, 914, 916 (Nr. 23) *WIR MACHEN DAS BESONDERE EINFACH*; EuGH GRUR 2012, 610 (Nr. 42) *Freixenet*; GRUR 2010, 1096 (Nr. 31) *HABM/BORCO*; GRUR 2010, 228, 229 (Nr. 33) *Vorsprung durch Technik*; GRUR 2008, 608, 611 (Nr. 66) *EUROHYPO*; GRUR 2006, 233, 235 (Nr. 45) *Standbeutel*; EuGH GRUR Int. 2005, 135, 137 (Nr. 29) *Maglite*; EuGH GRUR 2004, 428, 431 (Nr. 48) *Henkel*; BGH GRUR 2018, 932 (Nr. 7) *#darferdas?*; GRUR 2018, 301, 302 (Nr. 11) *Pippi-Langstrumpf-Marke*; GRUR 2017, 1262, 1263 (Nr. 17) *Schokoladenstäbchen III*; GRUR 2017, 186, 190 (Nr. 29) *Stadtwerke Bremen*; GRUR 2016, 1167, 1169 (Nr. 13) *Sparkassen-Rot*; GRUR 2016, 934, 935 (Nr. 9) *OUI*; GRUR 2015, 173, 174 (Nr. 15) *for you*; GRUR 2014, 569, 570 (Nr. 10) *HOT*; GRUR 2014, 565, 567 (Nr. 12) *smartbook*; GRUR 2014, 376, 377 (Nr. 11) *grill meister*; GRUR 2012, 1143 (Nr. 7) *Starsat*; GRUR 2012, 1044, 1045 (Nr. 9) *Neuschwanstein*; GRUR 2006, 850, 854 (Nr. 18) *FUSSBALL WM 2006*.

298 Vgl. EuGH GRUR 2006, 411, 412 (Nr. 24) *Matratzen Concord/Hukla*; GRUR 1999, 723, 726 (Nr. 29) *Chiemsee*; BGH GRUR 2009, 411, 412 (Nr. 12) *STREETBALL*.

299 Vgl. zum folgenden auch Hacker GRUR 2001, 630 ff.

300 Vgl. z.B. EuGH GRUR 2004, 674, 678 (Nr. 86) *Postkantoor*; GRUR 2012, 616, 617 (Nr. 21) *Alfred Strigl/DPMA*; BGH GRUR 2018, 932 (Nr. 8) *#darferdas?*; GRUR 2017, 186, 190 (Nr. 30) *Stadtwerke Bremen*; GRUR 2006, 850, 854 (Nr. 19) *FUSSBALL WM 2006*; GRUR 2004, 778, 779 *URLAUB DIREKT*; GRUR 2003, 1050 *Cityservice*.

301 EuGH GRUR 2004, 674, 678 (Nr. 86) *Postkantoor*.

Verkehrsauffassung beruhe.[302] Sie bauen darauf, dass es Sache des Anmelders und des Marktes sei, ob aus dem angemeldeten Zeichen eine brauchbare Marke wird.[303] Diese Kritik fiel insofern auf fruchtbaren Boden, als der BGH etwa seit Anfang der 90er Jahre – also noch unter der Geltung des WZG – die Bedeutung des Schutzhindernisses der fehlenden Unterscheidungskraft deutlich zurückstufte. Schon ein geringes Maß an Unterscheidungskraft sollte demnach zur Eintragbarkeit einer Marke führen.[304] Die Begründung zum Regierungsentwurf des MarkenG hat diese restriktive Auslegung aufgegriffen: Jede noch so geringe Unterscheidungskraft genüge, um das Schutzhindernis des § 8 II Nr. 1 MarkenG zu überwinden.[305]

Hiervon ausgehend hat der BGH in ständiger Rechtsprechung die Formel geprägt, dass bei der Prüfung der Unterscheidungskraft ein großzügiger Maßstab anzulegen sei, so dass jede noch so geringe Unterscheidungskraft genüge[306], und von fehlender Unterscheidungskraft nur ausgegangen werden dürfe, wenn die Marke entweder einen für die beanspruchten Waren/DL im Vordergrund stehenden beschreibenden Sinngehalt aufweise oder, soweit es um Wortmarken geht, wenn es sich um ein gebräuchliches Wort der deutschen oder einer bekannten Fremdsprache handle, das vom Verkehr stets nur in seinem unmittelbaren Wortsinn, aber nicht als Unterscheidungsmittel verstanden werde.[307]

165

---

302 S. schon Hagens, Warenzeichenrecht (1927), § 1 Rn. 27 a.E.; Wuesthoff GRUR 1955, 7, 14; Heil GRUR 1981, 699, 703 f.; weitere Nachw. bei Hacker GRUR 2001, 630, 631.

303 Vgl. zu der verwandten, vor allem von Fezer entwickelten und vertretenen Lehre von der latenten Unterscheidungskraft Ströbele/Hacker, § 8 Rn. 131.

304 Vgl. BGH GRUR 1991, 136, 137 *NEW MAN*; GRUR 1993, 832, 833 *Piesporter Goldtröpfchen*.

305 Amtl. Begr., S. 70.

306 BGH GRUR 1995, 408, 409 *PROTECH*; GRUR 1999, 728, 729 *PREMIERE II*; GRUR 1999, 1089, 1091 *YES*; GRUR 1999, 1093, 1094 *FOR YOU*; GRUR 1999, 1096, 1097 *ABSOLUT*; GRUR 2000, 722, 723 *LOGO*; GRUR 2001, 162, 163 *RATIONAL SOFTWARE CORPORATION*; GRUR 2001, 1150 *LOOK*; GRUR 2002, 64 f. *INDIVIDUELLE*; GRUR 2002, 816, 817 *Bonus II*; GRUR 2003, 1050 *Cityservice*; GRUR 2006, 850, 854 (Nr. 18) *FUSSBALL WM 2006*; GRUR 2009, 411 (Nr. 8) *STREETBALL*; GRUR 2009, 778, 779 (Nr. 11) *Willkommen im Leben*; GRUR 2009, 949 (Nr. 10) *My World*; GRUR 2009, 952 (Nr. 9) *DeutschlandCard*; GRUR 2010, 637, 638 (Nr. 12) *Farbe gelb*; GRUR 2010, 640 (Nr. 10) *hey!*; GRUR 2012, 270 (Nr. 8) *Link economy*; GRUR 2012, 1044, 1045 (Nr. 9) *Neuschwanstein*; GRUR 2012, 1143 (Nr. 7) *Starsat*; GRUR 2013, 522 (Nr. 8) *Deutschlands schönste Seiten*; GRUR 2014, 376, 377 (Nr. 11) *grill meister*; GRUR 2014, 565, 567 (Nr. 12) *smartbook*; GRUR 2014, 569, 570 (Nr. 10) *HOT*; GRUR 2014, 872, 873 (Nr. 12) *Gute Laune Drops*; GRUR 2015, 173, 174 (Nr. 15) *for you*; GRUR 2016, 934, 935 (Nr. 9) *OUI*; GRUR 2016, 1167, 1169 (Nr. 13) *Sparkassen-Rot*; GRUR 2017, 186, 190 (Nr. 29) *Stadtwerke Bremen*; GRUR 2017, 1262, 1263 (Nr. 17) *Schokoladenstäbchen III*; GRUR 2018, 301, 302 (Nr. 11) *Pippi-Langstrumpf-Marke*.

307 Vgl. z.B. BGH GRUR 1995, 408, 409 *PROTECH*; GRUR 1999, 728, 729 *PREMIERE II*; GRUR 1999, 1089, 1091 *YES*; GRUR 1999, 1093, 1094 *FOR YOU*; GRUR 1999, 1096, 1097 *ABSOLUT*; GRUR 2000, 722, 723 *LOGO*; GRUR 2001, 162, 163 *RATIONAL*

In jüngeren Entscheidungen wird allerdings ergänzend darauf hingewiesen, dass der eine hinreichende Unterscheidungskraft der Marke ausschließende beschreibende Bezug nicht nur das Produkt selbst betreffen kann (wie bei § 8 II Nr. 2 MarkenG), sondern auch sonstige Umstände, die mit den Waren/DL in engem Zusammenhang stehen.[308] Dies erinnert – wenn auch jetzt unter dem Vorzeichen der fehlenden Unterscheidungskraft – deutlich an die frühere Rechtsprechung zum Freihaltebedürfnis an Angaben, die, ohne die Waren/DL direkt zu beschreiben, doch auf Umstände hinweisen, die in Bezug auf die Waren/DL für den Verkehr wichtig und für die umworbenen Abnehmerkreise irgendwie bedeutsam sind[309] (s. dazu oben Rdn. 150). Ein solcher der Annahme hinreichender Unterscheidungskraft entgegenstehender *enger beschreibender Bezug* kann sich insbesondere daraus ergeben, dass eine Bezeichnung einen unmittelbar beschreibenden Inhalt für Waren oder DL hat, die mit den konkret zu prüfenden Waren/DL in einem engen sachlichen Zusammenhang stehen.[310]

▶ Beispiele:

Die Bezeichnung »DeutschlandCard« ist für »codierte Informations- und Servicekarten mit Magnetstreifen« unmittelbar beschreibend, weil damit lediglich das Einsatzgebiet so bezeichneter Karten angegeben wird. Damit aber fehlt zugleich die notwendige Unterscheidungskraft für die damit in engem Zusammenhang stehende DL »Entwicklung, Organisation und Durchführung von Kundenbindungssystemen zu Werbezwecken«.[311]

Oder: »Flinkster« ist ein unmittelbar beschreibender Superlativ für »Fahrzeuge« und BeförderungsDL; zu der DL »Steuerung von Verkehrsleitsystemen einer Schienenbahn-Infrastruktur« besteht ein enger beschreibender Bezug.[312]

166 Der Ausgangspunkt der geschilderten Auffassung erscheint jedoch nicht zutreffend gewählt. Bei dem Schutzhindernis der fehlenden Unterscheidungskraft geht es keineswegs darum, den Anmelder einer Qualitätskontrolle des von ihm gewählten Zeichens zu unterwerfen. Vielmehr soll an Zeichen, die der Herkunftsfunktion als der Hauptfunktion der Marke nicht gerecht werden, kein Rechtsmonopol entstehen. Was nicht individualisiert, kann nicht Gegenstand eines Individualrechts sein. Oder anders herum gesagt: Was nicht individualisiert, ist *Gemeingut* und soll auch von den

---

SOFTWARE CORPORATION; GRUR 2001, 1150 *LOOK*; GRUR 2002, 64 f. *INDIVIDUELLE*; GRUR 2002, 816, 817 *Bonus II*; GRUR 2003, 1050 *Cityservice*.

308 S. BGH GRUR 2005, 417, 419 *BerlinCard*; GRUR 2006, 850, 854 (Nr. 19) *FUSSBALL WM 2006*; GRUR 2009, 411 (Nr. 9) *STREETBALL*; GRUR 2009, 949, 950 (Nr. 20) *My World*; GRUR 2009, 952, 953 (Nr. 10) *DeutschlandCard*; GRUR 2012, 1143, 1144 (Nr. 9) *Starsat*; GRUR 2014, 872, 873 (Nr. 16) *Gute Laune Drops*; GRUR 2018, 301, 302 (Nr. 11) *Pippi-Langstrumpf-Marke*; GRUR 2018, 932, 933 (Nr. 8) *#darferdas?*.
309 BGH GRUR 1993, 746 *Premiere*.
310 BGH GRUR 2009, 949, 950 (Nr. 20) *My World*.
311 BGH GRUR 2009, 952, 953 F. (Nr. 12 ff., 16 ff.) *DeutschlandCard*.
312 BPatG, Beschl. v. 01.12.2010, 26 W(pat) 501/09.

Konkurrenten des Anmelders frei verwendet werden dürfen.[313] Das berechtigte Freihalteinteresse der Konkurrenten beschränkt sich nicht auf beschreibende Angaben, sondern bezieht sich auf alle Zeichen, denen die Herkunftsfunktion fehlt.[314] Noch einmal anders gewendet: Nur ein Zeichen, das die von der Anmeldung erfassten Waren/DL von Hause aus ihrer betrieblichen Herkunft nach zu individualisieren vermag, kann ohne weitere wettbewerbliche Leistung zugunsten eines Mitbewerbers der freien Verfügbarkeit entzogen werden. Herkunftsfunktion und Allgemeininteresse gehen insoweit – wie der EuGH zu Recht hervorhebt – ineinander über.[315]

Der Ausschlussgrund des § 8 II Nr. 1 MarkenG ist somit tendenziell weiter auszulegen als vom BGH angenommen. Davon scheint auch der EuGH auszugehen, der sich jedenfalls die Formel, dass jede noch so geringe Unterscheidungskraft zur Überwindung dieses Schutzhindernisses ausreiche, bisher so allgemein nicht zu Eigen gemacht hat.[316] Auch dürfte es im Hinblick auf die praktisch unendliche Vielfalt möglicher Zeichen und Zeichenformen nicht sachgerecht sein, das Eintragungshindernis der fehlenden Unterscheidungskraft auf einen abschließenden Katalog von Fallgruppen zu beschränken. Sinnvoll erscheint es dagegen, jedenfalls in Zweifelsfällen die Kontrollfrage zu stellen, ob ein anerkennenswertes Interesse der Konkurrenten besteht, gerade das angemeldete Zeichen frei benutzen zu können.[317] **167**

(3) Art der Anbringung des Zeichens

Noch nicht abschließend geklärt ist, ob und inwieweit sich die mögliche Art der Anbringung bzw. Verwendung des Zeichens auf der Ware bzw. im Zusammenhang mit der beanspruchten DL auf die Beurteilung der Unterscheidungskraft auswirkt. Bedeutung erlangt dies bei Zeichen, die je nach Art ihrer Verwendung als Marke oder auch in anderem Sinne, z.B. als bloßes Dekor, verstanden werden können. Der *BGH* geht insoweit davon aus, dass die Unterscheidungskraft eines Zeichens nicht verneint werden kann, wenn es *praktisch bedeutsame und nahe liegende Verwendungsmöglichkeiten* **168**

---

313 S. auch BGH GRUR 2006, 850, 854 (Nr. 20) *FUSSBALL WM 2006;* in der Tendenz anders aber wieder BGH GRUR 2012, 1044, 1047 (Nr. 28) *Neuschwanstein.*

314 Vgl. EuGH GRUR 2008, 503 f. (Nr. 22 f.) *adidas/Marca Mode.*

315 EuGH GRUR 2004, 943, 944 (Nr. 27) *SAT.2;* GRUR 2006, 229, 232 (Nr. 60) *BioID;* GRUR 2008, 608, 610 (Nr. 56) *EUROHYPO.*

316 Vgl. EuGH GRUR 2006, 233, 235 (Nr. 39 und Nr. 45–47) *Standbeutel;* s. auch EuGH GRUR 2004, 1027, 1030 (Nr. 45) *DAS PRINZIP DER BEQUEMLICHKEIT;* beiläufig anders allerdings EuGH GRUR 2010, 228, 230 (Nr. 39) *Vorsprung durch Technik* (»Minimum an Unterscheidungskraft«); demgegenüber von vollständiger Übereinstimmung ausgehend zwar BGH GRUR 2017, 1262, 1263 (Nr. 17) *Schokoladenstäbchen III,* immerhin auffallend dann aber, dass die so oft wiederholte Formal vom »großzügigen Maßstab« justament in dem Vorlagebeschluss BGH GRUR 2018, 932 *#darferdas?* nicht erwähnt wird.

317 Vgl. hierzu BPatG GRUR 2004, 333, 334 *ZEIG DER WELT DEIN SCHÖNSTES LÄCHELN;* GRUR 2006, 591, 592 *GEORG-SIMON-OHM.*

gibt, bei denen das Zeichen vom Verkehr als Herkunftshinweis verstanden wird[318]; insoweit ist es auch nicht erforderlich, dass diese Möglichkeiten die anderen, nicht markenmäßigen Verwendungen überwiegen.[319] Allerdings müssen die Alternativen, bei denen ein solches Zeichen als Marke verstanden wird, konkret festgestellt werden können[320], was unter Umständen entsprechenden Vortrag des Anmelders voraussetzt.

Demgegenüber hat es der *EuGH* in Kenntnis dieser Rechtsprechung für das Unionsmarkenrecht ausdrücklich gebilligt, die Beurteilung auf die *»wahrscheinlichste« Verwendungsform* des Zeichens zu beschränken.[321] In Anbetracht dieser Diskrepanz hat der BGH die Frage nunmehr dem EuGH zur Vorabentscheidung vorgelegt.[322]

(4) Einzelfälle fehlender Unterscheidungskraft

(4.1) Wortmarken

169 Wortmarken fehlt die erforderliche Unterscheidungskraft, wenn sie entweder die beanspruchten Waren/DL unmittelbar im Sinne von § 8 II Nr. 2 MarkenG beschreiben oder doch, ohne sie glatt zu beschreiben, einen so starken Sachbezug zu diesen Waren/ DL aufweisen, dass der Gedanke an ein individuelles Herkunftszeichen fernliegt (s. Rdn. 165). Unter diesem Gesichtspunkt sind etwa folgende, nicht ohne weiteres im strengen Sinne merkmalsbeschreibende Angaben für schutzunfähig gehalten worden:
- »URLAUB DIREKT« (für Reisedienstleistungen)[323];
- »Cityservice« (für zahlreiche DL)[324];
- »marktfrisch« (u.a. für Lebensmittel)[325];
- »Casino Bremen« (für Betrieb eines Spielkasinos)[326];
- »Christkindlesmarkt« (u.a. für aromatisierte weinhaltige Getränke)[327];
- »Choco'n'More« (für Schokoladenwaren)[328];
- »CREATIVE HOBBY« (u.a. für Modeschmuck, Nähzubehör)[329];

---

318 BGH GRUR 2008, 825, 827 (Nr. 21) *Marlene-Dietrich-Bildnis II*; GRUR 2010, 1100, 1102 (Nr. 25 ff.) *TOOOR!*; GRUR 2012, 1044, 1046 (Nr. 20) *Neuschwanstein*; krit. Sosnitza, § 5 Rn. 5.
319 BGH GRUR 2010, 1100, 1102 (Nr. 30) *TOOOR!*
320 BGH GRUR 2010, 1100, 1101, 1103 (Nr. 18, 32) *TOOOR!*; GRUR 2012, 1044, 1047 (Nr. 21) *Neuschwanstein.*
321 EuGH MarkenR 2012, 488, 492 (Nr. 53–55) *Deichmann*; instruktiv hierzu Ströbele MarkenR 2012, 455 ff. und ferner BPatG GRUR 2014, 79, 81 *Mark Twain.*
322 BGH GRUR 2018, 932 *#darferdas?.*
323 BGH GRUR 2004, 778, 779 *URLAUB DIREKT.*
324 BGH GRUR 2003, 1050 *Cityservice.*
325 BGH GRUR 2001, 1151 *marktfrisch.*
326 BGH GRUR 2006, 503 *Casino Bremen.*
327 BPatG GRUR 2007, 61 *Christkindlesmarkt.*
328 BPatG GRUR 2006, 766 *Choco'n'More.*
329 BPatG, Beschl. v. 14.03.2007, 28 W(pat) 3/06.

- »MULTI MIX« (für Zuckerwaren)[330];
- »Kalenderfabrik« (für Druckereierzeugnisse, insbesondere Kalender)[331];
- »POWER ENERGY« (für Zuckerwaren, insbesondere Traubenzucker)[332];
- »Aktiv-Kapseln« (für pharmazeutische Erzeugnisse)[333];
- »LUCKY KIDS« (für Bekleidungsstücke u.a.)[334];
- »Happy Girl« (u.a. für Schönheitspflegemittel)[335];
- »FLÄSCHLEPARTY« (für Unterhaltung)[336];
- »SPORT« (für verschiedene Lebensmittel und Getränke)[337];
- »Biofriends« (für Kräuter, Nüsse, Tee)[338];
- »MüesliFreund« (für diverse Lebensmittel)[339];
- »Max Mustermann« (für Versicherungswesen u.a.)[340];
- »cool edition« (für Parfümeriewaren, Kosmetik)[341];
- »Die Alten Hasen« (für Unternehmensberatung)[342];
- »kurz mal weg« (für ReiseDL)[343];
- »lifestyle« (für Bekleidungsstücke, Lebensmittel, kulturelle Veranstaltungen u.a.)[344];
- »JA« (für Personalmanagementberatung, Coaching, Durchführung von Seminaren)[345];
- »formreich« (für Schuhe)[346];
- »fashion4EVA« (für Lederwaren)[347];
- »Well aktiv« (für DLen eines Heil- und Kurbades)[348];
- »Schlank und Fit« (für Tee)[349];
- »Raffinesse« (für verschiedene Lebensmittel)[350];

---

330 BPatG, Beschl. v. 15.11.2006, 32 W(pat) 98/05.
331 BPatG, Beschl. v. 22.11.2006, 29 W(pat) 229/03.
332 BPatG, Beschl. v. 13.12.2006, 32 W(pat) 12/05.
333 BPatG, Beschl. v. 12.02.2007, 25 W(pat) 74/05.
334 BPatG, Beschl. v. 06.12.2006, 27 W(pat) 134/04.
335 BPatG, Beschl. v. 20.12.2005, 24 W(pat) 343/03.
336 BPatG, Beschl. v. 06.12.2006, 32 W(pat) 142/04.
337 BPatG, Beschl. v. 06.12.2006, 32 W(pat) 99/04.
338 BPatG, Beschl. v. 04.07.2007, 28 W(pat) 100/06.
339 BPatG, Beschl. v. 12.01.2017, 25 W(pat) 554/14.
340 BPatG, Beschl. v. 12.06.2007, 33 W(pat) 28/06.
341 BPatG, Beschl. v. 02.10.2007, 24 W(pat) 122/06.
342 BPatG, Beschl. v. 23.10.2007, 33 W(pat) 133/05.
343 BPatG, Beschl. v. 16.01.2008, 26 W(pat) 34/06.
344 BPatG, Beschl. v. 19.06.2008, 25 W(pat) 25/07.
345 BPatG, Beschl. v. 08.09.2008, 25 W(pat) 26/07; s. aber andererseits BGH GRUR 2016, 934 *OUI* (schutzfähig für Bekleidung).
346 BPatG, Beschl. v. 07.10.2008, 27 W(pat) 110/08.
347 BPatG, Beschl. v. 10.03.2009, 27 W(pat) 85/09.
348 BPatG, Beschl. v. 26.02.2009, 30 W(pat) 40/08.
349 BPatG, Beschl. v. 26.08.2009, 25 W(pat) 107/09.
350 BPatG, Beschl. v. 26.08.2009, 25 W(pat) 119/09.

- »Ambiente Trendlife« (für Möbel und andere Haushaltsgegenstände; s. dazu auch Rdn. 177)[351];
- »WORLD OF SWEETS« (für Einzelhandel mit Süßwaren)[352];
- »Saftoase« (für Säfte)[353];
- »Bodenarena« (u.a. für Bodenbeläge)[354];
- »Gute Laune« (für Tee und andere Getränke)[355];
- »kult« (für Bekleidung und Textilwaren)[356];
- »Carrystore« (für Möbel etc.; Beschreibung der Verkaufsstätte und insofern enger beschreibender Bezug zu den Waren selbst)[357];
- »Melodien der Herzen« (u.a. für Musikdarbietungen)[358];
- »Valentin« (für Gebäck, Pralinen etc.)[359];
- »MEISTERKOCH« (für Haushalts- und Küchengeräte)[360];
- »FairGasPlus« (für verschiedene DL im Zusammenhang mit Energie- und Trinkwasserversorgung)[361];
- »my bed« (für Vermietung von Gästezimmern)[362];
- »PAUSENSPASS« (für verschiedene Lebensmittel)[363];
- »Genuss Momente« (ebenfalls für Lebensmittel)[364];
- »Kinder Spaß« (ebenfalls für verschiedene Lebensmittel, aber auch Badezusätze für Babys und Kleinkinder)[365];
- »WohlFühlFarben« (u.a. für esoterische Beratung)[366];
- »Lottoinsel« (für Glücksspiele; weil »Insel« mittlerweile verbreitete Bezeichnung einer Verkaufsstätte)[367];
- »GOOD MORNING« (für kosmetische Waren)[368];
- »WAKE-UP« (für Kaffee)[369];

---

351 BPatG, Beschl. v. 03.02.2010, 26 W(pat) 56/09.
352 BPatG, Beschl. v. 03.03.2010, 29 W(pat) 117/10.
353 BPatG, Beschl. v. 28.11.2018, 26 W(pat) 537/18.
354 BPatG, Beschl. v. 12.11.2018, 29 Wpat) 28/16.
355 BPatG, Beschl. v. 24.11.2010, 25 W(pat) 527/10; s. hierzu aber auch die gegenteilige Einschätzung bei OLG Köln GRUR-RR 2013, 24, 26 *Gute Laune Drops*; wie das BPatG aber BGH GRUR 2014, 872 *Gute Laune Drops.*
356 BPatG, Beschl. v. 09.06.2011, 27 W(pat) 8/10.
357 BPatG, Beschl. v. 13.07.2011, 26 W(pat) 515/10.
358 BPatG, Beschl. v. 27.09.2011, 27 W(pat) 87/10.
359 BPatG, Beschl. v. 15.12.2011, 25 W(pat) 44/11.
360 BPatG, Beschl. v. 09.05.2012, 26 W(pat) 511/12.
361 BPatG, Beschl. v. 20.07.2012, 29 W(pat) 38/11.
362 BPatG, Beschl. v. 19.11.2012, 27 W(pat) 16/12.
363 BPatG, Beschl. v. 22.11.2012, 25 W(pat) 579/12.
364 BPatG, Beschl. v. 08.06.2016, 26 W(pat) 520/16.
365 BPatG, Beschl. v. 18.07.2013, 25 W(pat) 574/13.
366 BPatG, Beschl. v. 20.11.2014, 30 W(pat) 530/13.
367 BPatG, Beschl. v. 05.08.2014, 27 W(pat) 76/13.
368 BPatG, Beschl. v. 11.07.2013, 25 W(pat) 110/12.
369 BPatG, Beschl. v. 24.09.2015, 25 W(pat) 508/15.

– »@« (für eine große Zahl von Waren/DL)[370];
– »vital360°« (für Fitnesskurse u.a., weil die Bezeichnung »360°« als Synonym für »rundum« in der Werbesprache üblich geworden ist)[371];
– »Bäckerglück« (für Back- und Konditoreiwaren)[372];
– »DER SUPER SAMSTAG« (für Fernsehunterhaltung, Gewinnspiele u.a.)[373];
– »Urban Drinks« (für Bier und alkoholische Getränke; vor dem Hintergrund der werbeüblichen Sprache, z.b. »modernes, urbanes Bier«, »das urbane Szenegetränk«; »urbaner Wein«)[374];
– »TRAIN²« (u.a. für Aus- und Weiterbildung nicht unterscheidungskräftig, da eine hochgestellte Ziffer 2 = »hoch zwei« werbeüblich als Ausdruck für besondere Leistungsstärke)[375];
– »DER ETIKETTENKÖNNER« (für Etiketten)[376];
– »Wohlfühlfarbe« (für Farben)[377];
– »Bella Italia« (für Lebensmittel und Getränke)[378];
– »Nullkommanix« (für ReparaturDL)[379].

Mitunter können die beanspruchten Waren/DL neben ihrem Charakter als handelbare Güter auch einen einer Beschreibung zugänglichen gedanklichen Inhalt aufweisen. So liegt es etwa bei Druckereierzeugnissen, Datenträgern, Filmen, Fernsehsendungen, Rundfunkdienstleistungen usw. In diesem Fall ist die markenrechtliche Unterscheidungskraft (zum Werktitelschutz nach § 5 III MarkenG s. unten Rdn. 906 – 911) auch dann zu verneinen, wenn die angemeldete Marke zur Beschreibung dieses (möglichen) gedanklichen Inhalts in Betracht kommt. Insoweit ist die Unterscheidungskraft verneint worden für Bezeichnungen wie »Bücher für eine bessere Welt«[380], »REICH UND SCHOEN«[381]; »Gute Zeiten – Schlechte Zeiten«[382]; »Klassentreffen«[383]; »Zwillingstreffen«[384], »Meine Traumfigur«[385]; »Der Klassiker«[386];   170

370 BPatG, Beschl. v. 02.12.2015, 29 W(pat) 62/13.
371 BPatG, Beschl. v. 14.04.2016, 30 W(pat) 519/14.
372 BPatG, Beschl. v. 14.02.2017, 29 W(pat) 515/17.
373 BPatG, Beschl. v. 02.08.2016, 27 W(pat) 3/15.
374 BPatG, Beschl. v. 21.11.2016, 26 W(pat) 6/15.
375 BPatG, Beschl. v. 09.11.2016, 29 W(pat) 538/13.
376 BPatG, Beschl. v. 06.12.2016, 29 W(pat) 541/15.
377 BPatG, Beschl. v. 09.11.2017, 30 W(pat) 17/17.
378 BPatG, Beschl. v. 07.05.2018, 26 W(pat) 39/17.
379 BPatG, Beschl. v. 24.11.2016, 25 W(pat) 548/14.
380 BGH GRUR 2000, 882 *Bücher für eine bessere Welt.*
381 BGH GRUR 2001, 1042 *REICH UND SCHOEN.*
382 BGH GRUR 2001, 1043 *Gute Zeiten – Schlechte Zeiten.*
383 BPatGE 38, 138 *Klassentreffen.*
384 BPatG, Beschl. v. 20.03.2007, 33 W(pat) 273/04.
385 BPatG, Beschl. v. 14.12.2006, 25 W(pat) 8/05.
386 BPatG, Beschl. v. 13.07.2005, 32 W(pat) 120/03.

»GartenTräume«[387]; »Bauherr«[388]; »Unsere Welt«[389]; »Frau im Trend«[390]; »mittendrin im alter«[391]; »PHARMA TREND«[392]; »Lange Nacht der Museen«[393]; »Schwarzwaldhof 1902«[394]; »augenweide«[395]; »Das Jugendgericht«[396]; »amazing discoveries«[397]; »Handtuchkrieg auf Mallorca«[398]; »Anwaltswoche«[399]; »Willkommen im Leben«[400]; »My World«[401]; »Gruppenreisen«[402]; »TOOOR!«[403]; »Querdenker«[404]; »Deutschlands schönste Seiten«[405]; »test«[406]; »Die Wunderknaben«[407].

Phantasietitel sind dagegen einem Markenschutz zugänglich.[408] Gleiches gilt im Regelfall für die *Namen fiktiver Figuren.*[409]

171 Heftig umstritten war, ob die *wörtlichen Bezeichnungen von Großveranstaltungen* wie z.B. der Fußball-Weltmeisterschaft markenrechtlich für Waren und DL aller Art geschützt werden können, insbesondere zugunsten des Veranstalters. Die Frage ist von großer wirtschaftlicher Bedeutung. Bejaht man nämlich eine solche Schutzmöglichkeit, bedeutet dies, dass Dritte sich in ihrer Produkt- und Imagewerbung jedes Hinweises auf das betreffende Event enthalten müssen, es sei denn sie lassen sich den Gebrauch vom Veranstalter und Markeninhaber lizenzieren. Der BGH hat jedoch angenommen, dass derartige Eventbezeichnungen wie z.B. »FUSSBALL WM 2006« jeder markenrechtlichen Unterscheidungskraft entbehren, so dass sie von Dritten frei

---

387 BPatG, Beschl. v. 25.10.2006, 32 W(pat) 194/03.
388 BPatG, Beschl. v. 04.10.2006, 32 W(pat) 126/04.
389 BPatG, Beschl. v. 19.07.2006, 32 W(pat) 188/04.
390 BPatG, Beschl. v. 12.07.2006, 32 W(pat) 176/03.
391 BPatG, Beschl. v. 05.07.2006, 32 W(pat) 180/04.
392 BPatG, Beschl. v. 16.05.2006, 24 W(pat) 299/04.
393 BPatG, Beschl. v. 26.04.2006, 32 W(pat) 70/04.
394 BPatG, Beschl. v. 18.01.2006, 32 W(pat) 62/04.
395 BPatG, Beschl. v. 08.02.2006, 32 W(pat) 56/04.
396 BPatG, Beschl. v. 04.10.2006, 32 W(pat) 76/04.
397 BPatG GRUR 2010, 424 *amazing discoveries.*
398 BPatG, Beschl. v. 07.05.2008, 29 W(pat) 105/06.
399 BPatG, Beschl. v. 19.12.2007, 29 W(pat) 71/04.
400 BGH GRUR 2009, 778 *Willkommen im Leben.*
401 BGH GRUR 2009, 949, 950 (Nr. 16 ff.) *My World.*
402 BPatG, Beschl. v. 25.02.2010, 29 W(pat) 11/10.
403 BGH GRUR 2010, 1100, 1101 f. (Nr. 14, 22) *TOOOR!*
404 BPatG, Beschl. v. 09.02.2011, 29 W(pat) 208/10.
405 BGH GRUR 2013, 522 *Deutschlands schönste Seiten.*
406 BGH GRUR 2014, 483, 484 (Nr. 17 ff.) *test.*
407 BPatG, Beschl. v. 17.01.2019, 30 W(pat) 545/17.
408 BPatG GRUR 2006, 593 *Der kleine Eisbär*; vgl. auch BPatG, Beschl. v. 18.05.2004, 27 W(pat) 107/03 *Das Parfüm* (für Medienprodukte literarisch-fiktionalen Inhalts); s. aber BGH GRUR 2003, 342 *Winnetou.*
409 Vgl. etwa BPatG, Beschl. v. 23.03.2017, 30 W(pat) 33/14 *DIE SCHLÜMPFE.*

verwendet werden dürfen.[410] Für andere als rein sachbezogene Bezeichnungen sowie für Logos usw. gilt dies selbstverständlich nicht. Sie dürfen, bei entsprechendem Markenschutz, nur mit Zustimmung des Veranstalters benutzt werden.

Im Kern vergleichbar ist die Frage, ob die *Bezeichnungen berühmter Sehenswürdigkeiten* **172** (insbesondere zugunsten des – oft staatlichen – Eigentümers) einem markenrechtlichen Schutz zugänglich sind. Eine abschließende Klärung steht insoweit noch aus. So hat der BGH zwar den Gedanken eines »allgemeinen Freihaltebedürfnisses« an Bezeichnungen auch überragend bekannter Kulturgüter wie z.B. »Neuschwanstein« abgelehnt, jedoch angenommen, dass sie in Abhängigkeit von den beanspruchten Waren nur als Hinweis auf das Kulturgut wahrgenommen werden (z.B. bei typischen Reiseandenken) und nicht als betrieblicher Herkunftshinweis.[411] Der EuGH hat dies aber für die parallele Unionsmarke anders gesehen und die Beurteilung des EuG gebilligt, dass »Neuschwanstein« im Sinne von »der neue Stein des Schwans« (sic!) keinen beschreibenden Charakter aufweise.[412] Zu entsprechenden Bilddarstellungen s. Rdn. 180.

(4.2) Werbesprüche

Werbesprüche sind früher generell nicht als unterscheidungskräftig angesehen worden.[413] Heute herrscht demgegenüber eine differenzierte Beurteilung vor. So fehlt die erforderliche Unterscheidungskraft insbesondere solchen Slogans, die sich in einer Beschreibung der beanspruchten Waren/DL erschöpfen oder bei denen der werblichanpreisende Charakter im Vordergrund steht[414], z.B. **173**

- »LOCAL PRESENCE, GLOBAL POWER« (für Reisedienstleistungen, Hotelreservierung)[415];
- »Test it.« (für Zigaretten)[416];
- »Ein schönes Stück Natur« (für verschiedene Lebensmittel)[417];
- »Mehr für Ihr Geld« (für zahlreiche Waren des Alltagsbedarfs, insbesondere Lebensmittel)[418];
- »Das Beste für Ihren Erfolg« (u.a. für Unternehmensberatung, Ausbildung, Unterricht)[419];

---

410 BGH GRUR 2006, 850 *FUSSBALL WM 2006*; zu einem möglichen Werktitelschutz (der dann aber grundsätzlich nur Schutz gegenüber einer titelmäßigen Verwendung verschafft) s. BGH GRUR 2010, 642, 644 (Nr. 33, 37) *WM-Marken.*
411 BGH GRUR 2012, 1044 *Neuschwanstein.*
412 EuGH GRUR 2018, 1146, 1149 (Nr. 65) *NEUSCHWANSTEIN.*
413 Vgl. etwa BGH GRUR 1988, 211, 212 *Wie hammas denn?* (Verneinung bereits der abstrakten Unterscheidungseignung!).
414 EuGH GRUR 2004, 1027, 1029 (Nr. 35) *DAS PRINZIP DER BEQUEMLICHKEIT*; jedenfalls im Ergebnis weitgehend überholt insoweit BGH GRUR 2000, 321 *Radio von hier*; GRUR 2000, 323 *Partner with the Best.*
415 BGH GRUR 2001, 1047, 1049 *LOCAL PRESENCE, GLOBAL POWER.*
416 BGH GRUR 2001, 735, 736 *Test it.*
417 BPatG MarkenR 2000, 147 *Ein schönes Stück Natur.*
418 EuG GRUR Int. 2004, 944 *Mehr für Ihr Geld.*
419 BPatG, Beschl. v. 23.01.2007, 33 W(pat) 6/05.

- »Die Bank mit doppelt guten Zinsen« (für Bankgeschäfte)[420];
- »Zeit zum Handeln« (für Marketingberatung)[421];
- »Wir versichern Bayern« (für VersicherungsDL)[422];
- »Sauber-Zauber für Kids« (u.a. für Körperpflegemittel)[423];
- »Wärme ist unser Element« (u.a. für Heizungsanlagen)[424];
- »Hilft weniger zu essen« (für verschiedene Lebensmittel)[425];
- »Die Apotheke mit Herz und Versand« (u.a. für pharmazeutische Erzeugnisse und DL eines Apothekers)[426];
- »Für unsere Infrastruktur« (für Baumaterialien, BauDL, Transportwesen)[427];
- »GIB DIR DEN KICK« (für Süßwaren)[428];
- »Einfach Alles. Alles einfach« (u.a. für Werkzeuge)[429];
- »BE HAPPY« (für Kraftfahrzeuge, Möbel, Teppiche, Fußmatten)[430];
- »Hakuna Matata« (u.a. für ReiseDL; bedeutet in Suaheli »keine Sorgen, alles wird gut«, aus dem Film und Musical »König der Löwen« sowie kenianischen Tourismusangeboten auch im Inland bekannt)[431];
- »Der Durchschnitt befriedigt, das Außergewöhnliche begeistert.« (für Bekleidung und Getränke)[432];
- »BIS IN DIE PUPPEN« (für Betrieb einer Weinbar und Weine)[433];
- »Let´s create a better tomorrow« (für zahlreiche Waren/DL)[434];
- «Lösungen für Ihren Erfolg« (für Software und Computer)[435].

174 Eine völlig klare Richtschnur lässt sich der Judikatur indessen nicht entnehmen. Vor allem in der obergerichtlichen Rechtsprechung finden sich Fälle, in denen Slogans mit klar beschreibendem Produktbezug oder einfachen Anpreisungen die Schutzfähigkeit zugesprochen worden ist, z.B.
- »Radio von hier, Radio wie wir« (für Ausstrahlung von Rundfunkprogrammen u.a.)[436];

---

420 BPatG, Beschl. v. 13.02.2007, 33 W(pat) 264/04.
421 BPatG, Beschl. v. 27.01.2009, 33 W(pat) 65/07.
422 BPatG, Beschl. v. 23.09.2008, 33 W(pat) 8/07.
423 BPatG, Beschl. v. 09.10.2007, 24 W(pat) 45/06.
424 BPatG, Beschl. v. 14.08.2007, 24 W(pat) 80/06.
425 BPatG, Beschl. v. 14.05.2009, 25 W(pat) 74/08.
426 BPatG, Beschl. v. 18.01.2012, 29 W(pat) 546/10.
427 BPatG, Beschl. v. 16.02.2012, 25 W(pat) 505/12.
428 BPatG, Beschl. v. 24.05.2012, 25 W(pat) 544/11.
429 BPatG, Beschl. v. 13.06.2012, 29 W(pat) 160/10.
430 BPatG, Beschl. v. 06.05.2013, 26 W(pat) 26/13.
431 BPatG, Beschl. v. 28.10.2014, 27 W(pat) 536/14.
432 BPatG, Beschl. v. 10.08.2016, 26 W(pat) 515/16.
433 BPatG, Beschl. v. 24.10.2016, 26 W(pat) 510/16.
434 BPatG, Beschl. v. 16.10.2018, 25 W(pat) 516/18.
435 BPatG, Beschl. v. 18.01.2018, 30 W(pat) 509/16.
436 BGH GRUR 2000, 321 *Radio von hier*.

- »Partner with the Best« (für elektronische Geräte u.a.)[437];
- »Vorsprung durch Technik« (für eine Reihe von Waren und DL mit technischem Bezug)[438],
- »for you« (für pharmazeutische Erzeugnisse, Nahrungsergänzungsmittel, Lebensmittel)[439],

wogegen bei anderen Werbeaussagen mit deutlich diffuserem Sinngehalt die Unterscheidungskraft verneint wurde, z.b.

- »WIR MACHEN DAS BESONDERE EINFACH« (für näher spezifizierte Software).[440]

Jedenfalls kommt eine Eintragung in Betracht, wenn der Produktbezug nur schwach **175** ausgeprägt ist und die Werbebotschaft nur unterschwellig-suggestiv vermittelt wird, z.b.

- »Energie mit Esprit« (für Waren/DL im Energiebereich)[441];
- »ZEIG DER WELT DEIN SCHÖNSTES LÄCHELN« (schutzfähig u.a. für Zahnputzmittel der Klasse 3)[442];
- »THINK WHAT'S POSSIBLE« (für medizinische DL)[443];
- »Heimat ist eine Bank« (u.a. für FinanzDL)[444];
- »Uelzener Versicherungen Mensch.Tier.Wir.« (u.a. für VersicherungsDL, weil sich der Bestandteil »Wir.« nicht sinnfällig einfügt)[445].

Ob auch festgefügte *umgangssprachliche Redewendungen* zugunsten eines einzelnen **176** Mitbewerbers monopolisiert werden können, wie der BGH angenommen hat, erscheint dagegen auch bei schwachem Produktbezug fraglich.[446] Solche Wendungen werden vom Verkehr regelmäßig nur in ihrem Wortsinn verstanden. Darüber hinaus besteht ein erhebliches Allgemeininteresse daran, dass die gewachsene Sprache auch in der Produkt- und Imagewerbung zur freien Verfügung aller Marktbeteiligten steht.[447] Ähnlich liegt es bei den vor allem als Aufdruck auf Bekleidungsstücken wie

---

437 BGH GRUR 2000, 323 *Partner with the Best.*
438 EuGH GRUR 2010, 228 *Vorsprung durch Technik.*
439 BGH GRUR 2015, 173 *for you* gegen BPatG GRUR 2014, 293 *for you.*
440 EuGH GRUR Int. 2012, 914 *Wir machen das Besondere einfach.*
441 BPatG GRUR 2001, 511 *Energie mit Esprit.*
442 BPatG GRUR 2004, 333 *ZEIG DER WELT DEIN SCHÖNSTES LÄCHELN*; anders, aber wohl zu streng BPatG GRUR 1998, 715 *MIT UNS KOMMEN SIE WEITER* (nicht schutzfähig für Kraftfahrzeuge, Reparaturdienstleistungen).
443 BPatG, Beschl. v. 20.02.2014, 30 W(pat) 544/12.
444 BPatG, Beschl. v. 11.12.2018, 25 W(pat) 603/17.
445 BPatG, Beschl. v. 26.09.2018, 25 W(pat) 541/17.
446 Vgl. BGH GRUR 2000, 720 *Unter Uns*; s. auch BPatG, Beschl. v. 11.07.2012, 26 W(pat) 41/12 (»Hand aufs Herz« für eine große Zahl verschiedenster Waren/DL); ausdrücklich anders früher BGH GRUR 1988, 211, 212 *Wie hammas denn?*
447 S. dazu Hacker GRUR 2001, 630, 635; BPatG, Beschl. v. 05.06.2013, 29 W(pat) 159/10 (»WER WEISS WAS« für zahlreiche DL); BPatG, Beschl. v. 10.03.2016, 30 W(pat) 523/13 (»...ist mir Recht!« für Rechtsberatung u.a.).

T-Shirts beliebten sogenannten Fun-Sprüchen wie z.B. »MIR REICHT'S. ICH GEH SCHAUKELN«[448] oder »SCHEISS DRAUF!«[449].

(4.3) Graphisch gestaltete schutzunfähige Angaben

177 Bisweilen wird versucht, beschreibende Angaben dadurch in das Register zu bringen, dass das Zeichen mit graphischen Zusätzen oder einer besonderen Ausgestaltung versehen wird. Solche Maßnahmen können im Einzelfall geeignet sein, der Marke als ganzes die nötige Unterscheidungskraft zu verleihen.[450] Zu beachten ist aber, dass hier eine gewisse Wechselwirkung zwischen dem Grad des beschreibenden Charakters und dem Ausmaß der zusätzlichen Gestaltung besteht.[451] Je unmittelbarer die Marke daher ein Merkmal oder eine Eigenschaft der beanspruchten Waren/DL beschreibt, umso gewichtiger muss das »Beiwerk« sein, um die Marke insgesamt zum individuellen Herkunftszeichen zu erheben.

Als nicht schutzfähig (für kosmetische Waren) ist daher z.B. angesehen worden[452]:

In einem vergleichbaren Fall war die nicht unterscheidungskräftige Bezeichnung »Ambiente Trendlife« (für Möbel u.a., s. oben Rdn. 169) auch in der Gestaltung

nicht schutzfähig.[453]

---

448 BPatG, Beschl. v. 01.07.2014, 27 W(pat) 521/14.
449 BPatG, Beschl. v. 13.04.2015, 27 W(pat) 531/14.
450 Vgl. BGH GRUR 1991, 136 *NEW MAN.*
451 BGH GRUR 2001, 1153 *antiKALK*; GRUR 2009, 954, 955 (Nr. 17) *Kinder III*; GRUR 2014, 376, 377 (Nr. 18) *grill meister*; GRUR 2014, 483, 484 (Nr. 19) *test*; GRUR 2014, 569, 572 (Nr. 32) *HOT*; GRUR 2014, 872, 875 (Nr. 36) *Gute Laune Drops*; BPatG GRUR 1996, 410, 411 *Color COLLECTION*; vgl. auch EuGH GRUR 2006, 229, 233 (Nr. 73 f.) *BioID.*
452 BPatG GRUR 1996, 410 *Color COLLECTION.*
453 BPatG, Beschl. v. 03.02.2010, 26 W(pat) 57/09.

Ebenfalls nicht hinreichend unterscheidungskräftig war (für DL im Zusammenhang mit biometrischer Identifikation)[454]:

Die für Zuckerwaren glatt beschreibende Bezeichnung »YOGHURTGUMS« (s. oben Rdn. 160) war auch in der (farbigen, hellblauen) Gestaltung

nicht eintragbar.[455]

Ebenso wurde dem lediglich als Zuruf, Ausruf oder Grußformel verstandenen Ausdruck »hey« (für Bekleidungsstücke u.a.) trotz der graphischen Gestaltung

die erforderliche Unterscheidungskraft abgesprochen.[456]

Auch der im Bereich der Süßwaren nicht unterscheidungskräftigen Anpreisung »Gute Laune Drops« konnte die Gestaltung

nicht zur Eintragung verhelfen.[457]

---

454 EuGH GRUR 2006, 229 *BioID.*
455 BPatG GRUR-RR 2009, 426, 427 *Yoghurt-Gums*; ebenso EuG, Urt. v. 15.04.2014, T-366/12 *Yoghurt-Gums.*
456 BGH GRUR 2010, 640, 641 (Nr. 16–17) *hey!*
457 BGH GRUR 2014, 872, 875 (Nr. 36) *Gute Laune Drops.*

Für Schränke aus Metall konnte dem Zeichen

ebenfalls keine Unterscheidungskraft zuerkannt werden.[458]

Erst recht sind werbeübliche Stilmittel wie etwa die Binnengroßschreibung von Wortteilen nicht geeignet, eine beschreibende Angabe zum Herkunftszeichen zu machen.[459]

178 Dagegen ist in der Gestaltung

$$VE \backslash i C \equiv$$

eine hinreichende, die Unterscheidungskraft begründende Verfremdung der für sich gesehen schutzunfähigen geographischen Angabe »Venice« gesehen worden.[460]

Auch die Darstellung

$$[meso \, | \, L\acute{i}FT]$$

ist wegen der graphischen Ausgestaltung im Hinblick auf den damals maßgeblichen Zeitpunkt (16.01.2007) als unterscheidungskräftig eingestuft worden.[461]

Hinreichend unterscheidungskräftig war auch die Darstellung

weil die beschreibende Sachaussage des Wortbestandteils in charakteristischer Weise bildlich umgesetzt war.[462]

(4.4) Waren- und Verpackungsformen sowie entsprechende Abbildungen

179 Sehr häufig ist die Unterscheidungskraft auch bei Marken zu verneinen, die lediglich eine Waren- oder Verpackungsform repräsentieren, sei es als zweidimensionale

---

458 BPatG, Beschl. v. 13.02.2017, 26 W(pat) 511/14.
459 Vgl. BGH GRUR 2003, 963, 965 *AntiVir/AntiVirus*.
460 BPatG, Beschl. v. 05.03.2012, 27 W(pat) 128/10.
461 BPatG, Beschl. v. 28.06.2012, 30 W(pat) 48/10.
462 BPatG, Beschl. v. 14.06.2018, 30 W(pat) 533/17.

Bildmarke, sei es als dreidimensionale Marke.[463] Wie nämlich der EuGH immer wieder betont, schließt der Durchschnittsverbraucher aus der bloßen Form einer Ware (anders als bei einer Kennzeichnung mit traditionellen Wort- oder Bildmarken) gewöhnlich nicht auf deren Herkunft.[464] Auch der BGH hat verschiedentlich ausgeführt, dass der Verkehr die Formgestaltung einer Ware regelmäßig nicht in gleicher Weise wie Wort- und Bildmarken als Herkunftshinweis auffasse, weil es dabei zunächst um die funktionelle und ästhetische Ausgestaltung der Ware selbst gehe. Auch eine besondere Gestaltung der Ware selbst werde danach eher diesem Umstand zugeschrieben werden als der Absicht, auf die Herkunft der Ware hinzuweisen.[465] Vor diesem Hintergrund verlangt der EuGH in nunmehr ständiger Rechtsprechung, dass die Warenform eine *erhebliche Abweichung von der Norm oder der Branchenüblichkeit* aufweist, um eine hinreichende Unterscheidungskraft bejahen zu können.[466] Daran fehlt es meist[467], so dass eine Eintragung von Warenformen bzw. entsprechenden Abbildungen in der Regel nur im Wege der Verkehrsdurchsetzung (§ 8 III MarkenG) möglich ist.[468]

(4.5) Produktunabhängige Bild- und Formmarken

Demgegenüber bereitet die Eintragung produktunabhängiger Bild- oder Formmarken   180
in der Regel keine Probleme. Im Einzelfall kann freilich die Unterscheidungskraft trotzdem fehlen, so etwa, wenn die Abbildung eines weltbekannten Kunstwerkes werblich gänzlich verbraucht ist. Daher ist z.b. der Darstellung der »Mona Lisa«

---

463 Zur rechtlichen Gleichstellung dieser Markenformen s. EuGH GRUR Int. 2006, 846, 849 (Nr. 29) *Bonbonverpackung*.

464 EuGH GRUR 2012, 610, 611 (Nr. 46) *Freixenet*; GRUR 2008, 339, 342 (Nr. 80) *Develey/HABM*; EuGH GRUR Int. 2006, 842, 844 (Nr. 25) *Form eines Bonbons II*; GRUR Int. 2006, 846, 848 (Nr. 27) *Bonbonverpackung*; EuGH GRUR 2006, 233, 234 (Nr. 28) *Standbeutel*; EuGH GRUR Int. 2005, 135, 137 (Nr. 30) *Maglite*; GRUR Int. 2004, 631, 633 (Nr. 38) *Dreidimensionale Tablettenform I*.

465 BGH GRUR 2003, 332, 334 *Abschlussstück*; GRUR 2006, 679, 681 (Nr. 17) *Porsche Boxster*; GRUR 2008, 71, 73 (Nr. 24) *Fronthaube*; GRUR 2010, 138, 140 (Nr. 25) *ROCHER-Kugel*; vgl. auch BGH GRUR 2005, 414, 416 *Russisches Schaumgebäck*; GRUR 2007, 780, 783 (Nr. 26) *Pralinenform*; GRUR 2011, 148, 151 (Nr. 32) *Goldhase II*; GRUR 2016, 197, 199 (Nr. 27) *Bounty*; GRUR 2017, 1262, 1263 (Nr. 18) *Schokoladenstäbchen III*.

466 EuGH GRUR 2012, 925, 927 (Nr. 42) *Goldhase*; GRUR 2012, 610, 611 (Nr. 47) *Freixenet*; GRUR 2008, 339, 342 (Nr. 81) *Develey/HABM*; EuGH GRUR Int. 2006, 842, 844 (Nr. 26) *Form eines Bonbons II*; GRUR Int. 2006, 846, 849 (Nr. 28) *Bonbonverpackung*; EuGH GRUR 2006, 233, 234 (Nr. 31) *Standbeutel*; GRUR Int. 2005, 135, 137 (Nr. 31) *Maglite*; GRUR Int. 2004, 631, 634 (Nr. 39) *Dreidimensionale Tablettenform I*; GRUR 2004, 428, 431 (Nr. 49) *Henkel*.

467 Vgl. etwa BPatG GRUR 2006, 946, 948 *Taschenlampen II*.

468 Vgl. BGH GRUR 2010, 138, 140 (Nr. 24–28) *ROCHER-Kugel*; s. aber andererseits BGH GRUR 2007, 973 *Rado-Uhr III*.

die erforderliche Unterscheidungskraft für Weine abgesprochen worden.[469]

Als schutzfähig eingestuft wurde hingegen die nachstehend abgebildete, u.a. für »plastische Chirurgie« bestimmte Darstellung

Zwar war der Wortbestandteil »FACE CLINIC« schutzunfähig, nicht aber die Abbildungen des Kopfes der »David«-Skulptur Michelangelos und der »Venus« von Botticelli in ihrer konkreten Ausrichtung aufeinander.[470]

(4.6) Farben

181   Eine ähnliche Beurteilung ist bei bloßen (d.h. abstrakten) Farbmarken geboten. Auch insoweit ist nach der Rechtsprechung des EuGH davon auszugehen, dass der Verkehr eine bloße Farbe im Allgemeinen nicht als Herkunftszeichen auffasst.[471] Hinzu kommt, dass ein hohes Allgemeininteresse an der von Schutzrechten freien Verwendbarkeit von Farben im Wettbewerb besteht.[472] Die Eintragung einer Farbmarke wird daher in aller Regel nur im Wege der Verkehrsdurchsetzung vorgenommen werden können.

---

469 BPatG, Beschl. v. 09.12.2015, 26 W(pat) 508/15; s. auch BPatG GRUR 1998, 1021 *Mona Lisa*.

470 BPatG, Beschl. v. 09.01.2014, 30 W(pat) 13/12.

471 EuGH GRUR 2003, 604, 608 (Nr. 65–66) *Libertel*; ebenso jetzt BGH GRUR 2010, 637, 638 (Nr. 13) *Farbe gelb*; GRUR 2015, 581, 582 (Nr. 11) *Langenscheidt-Gelb*; GRUR 2015, 1012, 1013 (Nr. 12) *Nivea-Blau*; GRUR 2016, 1167, 1169 (Nr. 14) *Sparkassen-Rot*; überholt insoweit BGH GRUR 2001, 1154, 1155 *Farbmarke violettfarben*; GRUR 2002, 427, 429 *Farbmarke gelb/grün*.

472 EuGH GRUR 2003, 604, 607 (Nr. 54–57) *Libertel*.

cc) Bösgläubige Anmeldung (§ 8 II Nr. 14 MarkenG)

Wie oben Rdn. 23 dargelegt, stellt sich der formale Registermarkenschutz als eine Vor- **182**
leistung im Sinne einer Entwicklungsbegünstigung dar. Der Markeninhaber erhält ein
Ausschließlichkeitsrecht, noch bevor er irgendeine wettbewerbliche Leistung erbracht
haben muss. Vorleistungen verleiten mitunter zum Missbrauch. Daher ist seit langem
anerkannt, dass das Ausschließlichkeitsrecht des Markeninhabers unter dem Vorbehalt
wettbewerbskonformen, also lauteren Verhaltens steht.[473]

Unter dem WZG war die lauterkeitsrechtliche Kontrolle des Markeninhabers aus- **183**
schließlich dem UWG und den dort vorgesehenen Rechtsbehelfen überantwortet. Die
MarkenRL-1988 hat – darüber hinausgehend – den Mitgliedstaaten in Art. 3 II lit.
d die Möglichkeit eingeräumt, bösgläubig angemeldete Marken von der Eintragung
auszuschließen oder im Falle ihrer Eintragung für ungültig zu erklären. Von dieser
Option hatte der deutsche Gesetzgeber zunächst in der Form Gebrauch gemacht,
dass die bösgläubige Anmeldung einen besonderen Löschungsgrund darstellte (§ 50 I
Nr. 4 Marken a.F.). Dagegen bestand zunächst keine Handhabe, bösgläubige Anmeldungen schon im Eintragungsverfahren zurückzuweisen. Dies ist erst durch das im
Zuge des GeschmacksmusterreformG vom 12.03.2004[474] eingeführte Schutzhindernis der bösgläubigen Anmeldung (§ 8 II Nr. 10 MarkenG a.F.) möglich geworden.
Die geltende MarkenRL von 2015 schreibt die bösgläugibe Anmeldung als Nichtig-
keits- und Löschungsgrund zwingend vor; optional ist nur noch die Einführung
eines entsprechenden Schutzhindernisses schon im Eintragungsverfahren (Art. 4 II
MarkenRL). Für den deutschen Gesetzgeber bestand insoweit kein Handlungsbedarf.
Allerdings ist das Schutzhindernis der bösgläubigen Anmeldung im Zuge des MaMoG
von § 8 II Nr. 10 in § 8 II Nr. 14 MarkenG verschoben worden.

Der Begriff der Bösgläubigkeit ist nicht wie im bürgerlichen Recht (§§ 892, 932 BGB), **184**
sondern in einem spezifisch kennzeichenrechtlichen Sinne auszulegen. Erfasst werden
sollen damit Anmeldungen von Marken, die von vornherein nicht dazu bestimmt
sind, im Interesse eines lauteren Wettbewerbs Waren/DL als solche eines bestimmten
Unternehmens zu individualisieren, sondern Dritte im Wettbewerb zu behindern.[475]
Ob dies der Fall ist, kann vom Patentamt im Eintragungsverfahren freilich nur in Ausnahmefällen zuverlässig beurteilt werden. Eine Eintragungsversagung kommt daher
nach § 37 III MarkenG nur in Betracht, wenn die Bösgläubigkeit für das Patentamt
ersichtlich ist. Der praktische Schwerpunkt des Schutzhindernisses der bösgläubigen
Anmeldung liegt daher im kontradiktorischen Löschungsverfahren (§§ 50 I, 54
MarkenG, ab 01.05.2020 § 53 MarkenG), in welchem Dritte die Bösgläubigkeit des
Anmelders nachweisen können. Davon unberührt bleiben die vor den Zivilgerichten

---

473 Grdl. RGZ 66, 236 *Sansibar* (aus dem Jahr 1907) gegen die frühere stRspr, z.B. RGZ 18,
     93 *Kakaomarke*; RG BlPMZ 1899, 152, 153 *Türkenkopf für Cigaretten*; BlPMZ 1899, 180,
     183 *Flora-Parfümerie*; BlPMZ 1900, 292, 294 *Benediktiner-Likör*.
474 BGBl. 2004 I, S. 390 = BlPMZ 2004, 207.
475 BGH GRUR 2009, 780, 781 (Nr. 11) *Ivadal*; GRUR 2016, 380 (Nr. 16) *GLÜCKSPILZ*;
     vgl. auch EuGH GRUR 2009, 763, 765 (Nr. 44, 45) *Lindt & Sprüngli/Franz Hauswirth*.

durchzusetzenden Ansprüche auf Unterlassung eines wettbewerbswidrigen Markengebrauchs und – im Wege der Störungsbeseitigung – auf Löschung der Marke (§§ 3 I, 4 Nr. 4 i.V.m. § 8 I UWG).[476] Die markenrechtlichen und die lauterkeitsrechtlichen Abwehrmaßnahmen stehen daher konkurrierend zur Verfügung.[477]

185 In der Rechtsprechung des BGH sind bisher drei Fallgruppen bösgläubiger Anmeldung herausgearbeitet worden. Demnach ist es als unlauter und damit bösgläubig anzusehen:

186 1. wenn der Markeninhaber in Kenntnis eines *schutzwürdigen Besitzstandes* eines Vorbenutzers ohne zureichenden sachlichen Grund eine mit dem vorbenutzten Zeichen identische oder diesem verwechselbar ähnliche Marke für identische oder ähnliche Waren/DL mit dem Ziel hat eintragen lassen, den *Besitzstand des Vorbenutzers zu stören* oder den Gebrauch der Bezeichnung durch diesen zu sperren.[478]

▶ Beispiel:

A, ein mittelständiges Chemieunternehmen, vertreibt seit vielen Jahren und mit großem Erfolg unter der markenrechtlich nicht geschützten Bezeichnung »S 100« einen Motorradreiniger. B besorgt für A den Vertrieb in den USA. Nach einem Zerwürfnis mit A lässt sich B die Bezeichnung »S 100« in Deutschland als Marke eintragen, um damit einen Motoradreiniger aus dem Unternehmen des C zu kennzeichnen, der sowohl in den USA als auch in Deutschland vertrieben werden soll.[479]

187 2. wenn der Markeninhaber die mit der Eintragung der Marke entstehende und wettbewerbsrechtlich an sich unbedenkliche Sperrwirkung *zweckfremd als Mittel des Wettbewerbskampfes* einsetzt.[480]

▶ Beispiel:

A importiert wie eine Reihe konkurrierender Unternehmen Feuerzeuge zahlreicher Marken aus Japan. Die Marken sind zwar in Japan für die dortigen Hersteller, nicht aber in Deutschland geschützt. A lässt sich nun eine große Zahl der japanischen Feuerzeug-Marken in Deutschland schützen, um so das gesamte Importgeschäft an sich zu reißen und seine Konkurrenten auszustechen.[481]

---

476 Vgl. dazu etwa BGH GRUR 2014, 385, 386 (Nr. 22) *H 15*; GRUR 2008, 621, 623 (Nr. 20 ff.) *AKADEMIKS*.
477 Vgl. BGH GRUR 2000, 1032, 1034 *EQUI 2000*; GRUR 2008, 621, 623 (Nr. 20 ff.) *AKADEMIKS*; GRUR 2008, 917, 918 (Nr. 19 ff.) *EROS*; GRUR 2012, 180, 181 (Nr. 20) *Werbegeschenke*; GRUR 2014, 385, 386 (Nr. 22) *H 15*.
478 Vgl. z.B. BGH GRUR 2004, 510, 511 *S 100*; GRUR 2008, 621, 623 (Nr. 21) *AKADEMIKS*; GRUR 2008, 917, 918 (Nr. 20) *EROS*; GRUR 2009, 780, 781 (Nr. 13) *Ivadal*; GRUR 2016, 380, 381 (Nr. 17) *GLÜCKSPILZ*; vgl. auch EuGH GRUR 2009, 763, 765 (Nr. 46) *Lindt & Sprüngli/Franz Hauswirth*.
479 Vgl. BGH GRUR 2004, 510 *S 100* und dazu die vorinstanzliche Entscheidung BPatG GRUR 2001, 744 *S 100*.
480 Vgl. z.B. BGH GRUR 2005, 414, 417 *Russisches Schaumgebäck* und hierzu BPatG, Beschl. v. 15.02.2006, 32 W(pat) 308/03; BGH GRUR 1980, 110 *TORCH*.
481 Vgl. BGH GRUR 1980, 110 *TORCH*.

3. wenn der Markeninhaber a) eine *Vielzahl von Marken* für unterschiedliche Waren/ **188**
DL anmeldet, b) hinsichtlich der in Rede stehenden Marken *keinen ernsthaften Be-*
nutzungswillen hat – vor allem zur Benutzung in einem eigenen Geschäftsbetrieb
oder für dritte Unternehmen aufgrund eines bestehenden oder potentiellen konkreten Beratungskonzepts – und c) die Marken im Wesentlichen zu dem Zweck
gehortet werden, *Dritte,* die identische oder ähnliche Bezeichnungen verwenden,
mit Unterlassungs- und Schadensersatz- bzw. Geldforderungen zu überziehen.[482]

Als eine weitere Fallgruppe können die Anmeldungen angesehen werden, mit denen **189**
die (auch postmortalen) *Persönlichkeitsrechte Dritter* ausgeschlachtet werden sollen. So
wurden etwa nach dem spektakulären Unfalltod der berühmten englischen Prinzessin
Diana eine Vielzahl von Marken mit dem Namen der Prinzessin für alle möglichen
Waren/DL zur Eintragung gebracht, sei es, um an der Popularität der Prinzessin zum
eigenen Nutzen zu profitieren, sei es um – noch krasser – ihren Erben diese Marken
zum Kauf anzubieten.[483] Dass solche Machenschaften den Schutz des Markenrechts
nicht verdienen, ist selbstverständlich. Eine andere Beurteilung ist jedoch angebracht,
wenn der Schutz der vermögenswerten Bestandteile des postmortalen Persönlichkeits-
rechts bereits entfallen ist. Nach der Rechtsprechung des BGH soll dies in Anlehnung
an § 22 S. 3 KUG grundsätzlich nach Ablauf von zehn Jahren nach dem Tod der
Person der Fall sein.[484] Spätere Anmeldungen können im Einzelfall aber am Schutzhindernis der fehlenden Unterscheidungskraft scheitern, sofern sich der Name, das
Bildnis usw. der verstorbenen Person als beschreibende Angabe darstellt (z.B. »Johann
Sebastian Bach« für Tonträger) oder ein hohes Allgemeininteresse an der freien Verfügbarkeit der Marke besteht.[485]

d) Verkehrsdurchsetzung (§ 8 III MarkenG)

Nach Art. 4 IV S. 1 MarkenRL haben die Mitgliedstaaten vorzusehen, dass eine **190**
Marke nicht an den – § 8 II Nr. 1–3 MarkenG entsprechenden – Schutzhindernissen des Art. 4 I lit. b-d MarkenRL scheitert, wenn sie infolge ihrer Benutzung
Unterscheidungskraft erworben hat. Der Begriff der Unterscheidungskraft wird hier,
seinem eigentlichen Sinn entsprechend (s. oben Rdn. 163), als Oberbegriff für die
Ausschlussgründe des Art. 4 I lit. b-d MarkenRL/§ 8 II Nr. 1–3 MarkenG verwendet.
In Deutschland wird dieser Erwerb von Unterscheidungskraft durch Benutzung seit
jeher mit dem Begriff der Verkehrsdurchsetzung umschrieben. Das MarkenG hat
diese Terminologie in § 8 III beibehalten.

---

482 BGH GRUR 2001, 242, 244 ff *Classe E*; Vorinstanz OLG Frankfurt GRUR 1998, 704
    Classe E; vgl. auch BGH GRUR 2009, 780, 782 (Nr. 16 ff.) *Ivadal*.
483 Vgl. BPatG, Beschl. v. 02.03.2004, 24 W(pat) 36/02 *Lady Di*.
484 BGH GRUR 2007, 168, 169 (Nr. 16) *kinski.klaus.de*; BGH NJW 2000, 2195, 2199
    Marlene Dietrich.
485 Vgl. BGH GRUR 2008, 1093, 1094 (Nr. 12–15) *Marlene-Dietrich-Bildnis*; BPatG GRUR
    2006, 591, 592 *GEORG-SIMON-OHM*.

191 Nur die genannten Ausschlussgründe der fehlenden Unterscheidungskraft (§ 8 II Nr. 1 MarkenG), der beschreibenden Angabe (§ 8 II Nr. 2 MarkenG) und der üblich gewordenen Bezeichnung (§ 8 II Nr. 3 MarkenG) können durch Verkehrsdurchsetzung überwunden werden, also nicht auch die im öffentlichen Interesse gegebenen Schutzhindernisse des § 8 II Nr. 4–14 MarkenG, was noch einmal von anderer Warte die oben Rdn. 132 – 135 vorgenommene Einteilung der absoluten Schutzhindernisse bestätigt. Auch der Mangel der Markenfähigkeit im Sinne von § 3 I, II Nr. 1–3 MarkenG kann durch eine (tatsächlich durchaus denkbare) Verkehrsdurchsetzung nicht behoben werden.[486]

192 Mit § 8 III MarkenG wird dem Anmelder die Möglichkeit eröffnet, eine Marke zur Eintragung zu bringen, die von Hause aus für die beanspruchten Waren/DL nicht die erforderliche Unterscheidungskraft aufweist oder sich als beschreibende Angabe oder üblich gewordene Bezeichnung darstellt. Voraussetzung ist, dass die Marke infolge ihrer Benutzung gerade für diese Waren/DL ihren Gemeingutcharakter verloren hat und vom Verkehr nunmehr tatsächlich als individuelles Herkunftszeichen des Anmelders verstanden wird. Damit gelangt ein Element des sachlichen Markenschutzes in das System des formalen Registerschutzes (s. zur Unterscheidung von sachlichem und formalem Markenschutz oben Rdn. 15). Denn die Eintragung kraft Verkehrsdurchsetzung beruht der Sache nach auf einem bereits zuvor durch besondere wettbewerbliche Anstrengungen erworbenen sachlichen Markenrecht.

193 Dass die Umwandlung zum Individualzeichen tatsächlich eingetreten ist, ist im Wesentlichen vom Anmelder nachzuweisen. Denn zwar ermittelt das Patentamt den Sachverhalt von Amts wegen (§ 59 I MarkenG). Den Anmelder trifft insoweit aber eine Mitwirkungsobliegenheit, die gerade dann besonders stark ausgeprägt ist, wenn es – wie im Falle behaupteter Verkehrsdurchsetzung – um Umstände geht, die wesentlich auf Handlungen des Anmelders beruhen. Indikatoren für eine Verkehrsdurchsetzung sind nach der Rechtsprechung des EuGH insbesondere der von der Marke gehaltene Marktanteil, die Intensität, die geographische Verbreitung und die Dauer der Benutzung der Marke, der Werbeaufwand für die Marke, der Teil der beteiligten Verkehrskreise, der die Waren/DL aufgrund der Marke als von einem bestimmten Unternehmen stammend erkennt sowie entsprechende Erklärungen von Industrie- und Handelskammern oder von anderen Berufsverbänden.[487] Die deutsche Praxis verlangt darüber hinaus fast durchweg die Beibringung eines *demoskopischen Gutachtens* zur Verkehrsauffassung. Daran ist – trotz der insoweit etwas reservierten Haltung des EuGH[488] – festzuhalten, weil durchaus schon Fälle aufgetreten sind, in denen das angemeldete Zeichen unter hohem Werbeaufwand einen überragenden Marktanteil hielt, vom Verkehr aber nachweislich dennoch nicht als Individualmarke aufgefasst

---

486 Vgl. etwa BGH GRUR 2006, 589, 590 *Rasierer mit drei Scherköpfen.*
487 EuGH GRUR 1999, 723, 727 (Nr. 51) *Chiemsee*; GRUR 2005, 763, 764 (Nr. 31) *Nestlé/ Mars*; GRUR 2014, 776, 778 (Nr. 40–41) *Sparkassen-Rot.*
488 Vgl. EuGH GRUR 1999, 723, 727 (Nr. 53) *Chiemsee*; s. auch BGH GRUR 2008, 710, 712 (Nr. 27–29) *VISAGE.*

wurde. Das demoskopische Gutachten wird daher zu Recht als letztlich wichtigster Nachweis für das Vorliegen von Verkehrsdurchsetzung behandelt. Dies gilt im Besonderen, wenn das angemeldete Zeichen (z.b. eine Warenform oder Farbe) tatsächlich nur in Kombination mit ohne weiteres schutzfähigen Bestandteilen benutzt wird.[489]

Zu ermitteln ist insoweit zunächst, wer überhaupt zu den maßgeblichen *angesprochenen Verkehrskreisen* gehört. Das hängt wesentlich von den beanspruchten Waren/DL ab. Richten sich diese – wie meist – an den Endverbraucher, ist die Befragung auf die Gesamtbevölkerung zu richten.[490] In geographischer Hinsicht muss die Befragung das gesamte Bundesgebiet repräsentativ abbilden, da eine etwaige Eintragung bundesweiten Schutz vermittelt.[491] Lediglich solche Teile des Verkehrs, die an den betreffenden Waren/DL gänzlich desinteressiert sind, können vernachlässigt werden.[492]   **194**

Die weitere Befragung läuft nach einem dreistufigen Schema ab.[493] Zunächst wird der so genannte *Bekanntheitsgrad* abgefragt, es wird also gefragt, ob das angemeldete Zeichen im Zusammenhang mit den beanspruchten (*und benutzten!*) Waren/DL bekannt sei. In einem zweiten Schritt wird ermittelt, ob die Personen, die das Zeichen kennen, meinen, das Zeichen weise auf *ein bestimmtes Unternehmen* hin (sogenannter *Kennzeichnungsgrad*).[494] Mit einer weiteren (Kontroll-)Frage wird ermittelt, ob dieses Unternehmen namhaft gemacht werden kann, z.B. durch Nennung der Firma oder sonstwie, etwa über eine andere Marke dieses Unternehmens. Zwar fordert der Nachweis der Verkehrsdurchsetzung eine solche namentliche Individualisierung des Anmelders nicht. Daher gehen Antworten mit »nein« auch nicht zulasten des Anmelders. Zu seinen Lasten gehen aber namentliche Nennungen, die das Zeichen *einem anderen Unternehmen* zuordnen.[495] Nach Abzug solcher Fehlzuordnungen ergibt sich der für die Verkehrsdurchsetzung letztlich maßgebliche *Zuordnungsgrad*. Dieser muss, um von Verkehrsdurchsetzung ausgehen zu können, im Regelfall mindestens 50 % betragen.[496] Anders gewendet: eine Eintragung kommt nicht in Betracht, wenn die   **195**

---

489 Vgl. z.B. BGH GRUR 2008, 710, 712 (Nr. 29) *VISAGE*; GRUR 2015, 581, 584 (Nr. 31) *Langenscheidt-Gelb*; GRUR 2016, 1167, 1171 (Nr. 32) *Sparkassen-Rot*.
490 BGH GRUR 2006, 760, 762 (Nr. 22) *LOTTO*; GRUR 2010, 138, 142 (Nr. 46) *ROCHER-Kugel*.
491 Sehr bedenklich insoweit BGH GRUR 2004, 331, 332 *Westie-Kopf*.
492 Vgl. BGH GRUR 2006, 760, 762 (Nr. 22) *LOTTO*.
493 Lehrreich hierzu BPatG GRUR 2007, 324 *Kinder (schwarz-rot)*, bestätigt durch BGH GRUR 2009, 954 *Kinder III*, und BPatG GRUR 2008, 420 *ROCHER-Kugel*, aufgehoben durch BGH GRUR 2010, 138 *ROCHER-Kugel*; s. ferner BGH GRUR 2014, 483, 485 (Nr. 20 ff.) *test*; GRUR 2015, 581, 584 (Nr. 38 ff.) *Langenscheidt-Gelb*; GRUR 2016, 1167, 1173 (Nr. 45) *Sparkassen-Rot*.
494 S. hierzu BGH GRUR 2010, 138, 143 (Nr. 51) *ROCHER-Kugel*.
495 Vgl. BGH GRUR 2010, 138, 143 (Nr. 53) *ROCHER-Kugel*.
496 BGH GRUR 2015, 581, 584 (Nr. 38 ff.) *Langenscheidt-Gelb*; GRUR 2014, 483, 485 (Nr. 20 ff.) *test*; GRUR 2011, 65, 68 (Nr. 27) *Buchstabe T mit Strich*; GRUR 2010, 138, 142 (Nr. 41) *ROCHER-Kugel*; GRUR 2008, 710, 712 (Nr. 26) *VISAGE*; GRUR 2006, 760, 762 (Nr. 20) *LOTTO*; GRUR 2001, 1042, 1043 *REICH UND SCHOEN*; s. aber auch BPatG GRUR 2007, 593, 596 *Ristorante*.

angesprochenen Verkehrskreise die angemeldete Marke mehrheitlich entweder gar nicht als Individualmarke auffassen, oder dies zwar tun, die Marke aber einem anderen Unternehmen zuordnen. Bei Zeichen, bei denen ein hohes Allgemeininteresse an freier Verfügbarkeit besteht wie z.b. bei glatt beschreibenden Angaben, kann der erforderliche Zuordnungsgrad aber auch höher liegen.[497]

III. Entscheidung über die Markenanmeldung; Rechtsmittel

1. Zurückweisung der Anmeldung

196 Kommt die Markenstelle zu dem Ergebnis, dass das angemeldete Zeichen nicht markenfähig ist oder dass der Anmeldung ein absolutes Schutzhindernis entgegensteht, so gibt sie dem Anmelder in Form eines *Beanstandungsbescheides* Gelegenheit zur Stellungnahme. Werden die Bedenken nicht ausgeräumt, weist sie die Anmeldung ganz oder teilweise (falls Schutzhindernisse nur für einen Teil der beanspruchten Waren/DL bestehen, vgl. oben Rdn. 137) zurück (§ 37 I, V MarkenG). Die Entscheidung ergeht in Form eines *Beschlusses* (§ 61 MarkenG).

197 Welches Rechtsmittel gegen den Zurückweisungsbeschluss stattfindet, hängt von der Besetzung der Markenstelle und von der Wahl des Anmelders ab. Im Regelfall entscheidet die Markenstelle zunächst durch einen Beamten des gehobenen Dienstes oder einen vergleichbaren Angestellten. In diesem Fall ist gegen den Zurückweisungsbeschluss nach § 64 I MarkenG der Rechtsbehelf der *Erinnerung* gegeben. Die Erinnerung ist binnen eines Monats nach Zustellung des Beschlusses einzulegen (§ 64 II MarkenG). In derselben Frist ist die Erinnerungsgebühr zu entrichten, die derzeit 150,- € beträgt (§ 64a MarkenG i.V.m. GebVerz Nr. 333 000 zu § 2 I PatKostG). Die Erinnerung muss nicht begründet werden.

198 Über die Erinnerung entscheidet wiederum die Markenstelle, jedoch diesmal besetzt mit einem Mitglied des Patentamts (§ 64 IV MarkenG), d.h. im Regelfall durch einen Beamten mit der Befähigung zum Richteramt (vgl. § 26 I PatG).

199 Soweit die Erinnerung ohne Erfolg bleibt, findet gegen den Erinnerungsbeschluss die *Beschwerde zum Bundespatentgericht* statt (§ 66 I S. 1 MarkenG). Einzulegen ist die Beschwerde stets *beim Patentamt*, und zwar innerhalb eines Monats nach Zustellung des Erinnerungsbeschlusses (§ 66 II MarkenG). Innerhalb der Beschwerdefrist ist auch die Beschwerdegebühr von z.Zt. 200.- € zu zahlen (GebVerz Nr. 401 300). Eine Begründung der Beschwerde ist nicht erforderlich; auch muss kein bestimmter Antrag gestellt werden. Diese Erleichterungen kommen vor allem Anmeldern zugute, die sich vor dem BPatG nicht durch einen Rechts- oder Patentanwalt vertreten lassen, denn vor dem BPatG besteht kein Anwaltszwang.

---

497 BGH GRUR 2003, 1040, 1044 *Kinder*; vgl. auch BGH GRUR 2006, 760, 763 (Nr. 24) *LOTTO*; GRUR 2010, 138, 142 (Nr. 41) *ROCHER-Kugel*.

Durch das am 1. Oktober 2009 in Kraft getretene PatentrechtsmodernisierungsG vom   **200**
31. Juli 2009[498] ist daneben die Möglichkeit eröffnet worden, anstelle der Erinnerung
unmittelbar Beschwerde einzulegen (§ 64 VI S. 1 MarkenG).

War die Markenstelle von vornherein mit einem Mitglied des Patentamts im Sinne   **201**
von § 26 I PatG besetzt, findet gegen den Zurückweisungsbeschluss nicht die Erinnerung, sondern unmittelbar die Beschwerde nach § 66 I MarkenG statt.

Über die Beschwerde entscheidet ein Marken-Beschwerdesenat des BPatG, der mit   **202**
drei (juristischen) Richtern besetzt ist (vgl. § 66 I Nr. 1 PatG i.V.m. § 67 I MarkenG).
Das Verfahren vor dem Beschwerdesenat ist grundsätzlich ein schriftliches Verfahren.
Eine mündliche Verhandlung findet nur in den Fällen des § 69 MarkenG statt, insbesondere wenn ein Beteiligter, im Eintragungsverfahren also der Anmelder, sie beantragt hat, was meist hilfsweise für den Fall erfolgt, dass der Senat der Beschwerde nicht
im schriftlichen Verfahren stattgeben will. Das Patentamt ist an dem Beschwerdeverfahren im Regelfall nicht beteiligt (Ausnahme: § 68 II MarkenG). Man spricht daher
insoweit auch von einem einseitigen Verfahren.

Die Entscheidung über die Beschwerde ergeht durch Beschluss (§ 70 I MarkenG).   **203**

Der Beschluss des BPatG kann, soweit zum Nachteil des Anmelders entschieden   **204**
wurde, mit der *Rechtsbeschwerde zum BGH* angefochten werden (§§ 83 ff. MarkenG).
Statthaft ist die Rechtsbeschwerde (außer in den Fällen des § 83 III MarkenG) jedoch
nur, wenn das BPatG sie zugelassen hat (§ 83 I MarkenG), was nur bei Fragen von
grundsätzlicher Bedeutung sowie zur Fortbildung des Rechts oder zur Sicherung einer
einheitlichen Rechtsprechung geboten ist (§ 83 II MarkenG). Die Nichtzulassung ist
nicht angreifbar.

2. Eintragung

Kommt die Markenstelle dagegen zu der Auffassung, dass keine Eintragungshinder-   **205**
nisse vorliegen (oder wird eine zurückweisende Entscheidung im Rechtsmittelverfahren aufgehoben), so verfügt sie die Eintragung der Marke (§ 41 S. 1 MarkenG),
wodurch nach § 4 Nr. 1 MarkenG der Schutz entsteht.

Die Marke erhält eine Registernummer, die mit der Anmeldenummer übereinstimmt,   **206**
z.B. 304 26 788. Dabei steht die erste Ziffer »3« für die für Markensachen zuständige
Hauptabteilung 3 des Patentamts. »04« bedeutet, dass die Anmeldung im Jahr 2004
eingegangen ist. Die restlichen fünf Ziffern werden fortlaufend nach der Reihenfolge
der Anmeldungseingänge vergeben. Für Anmeldungen seit 1. Januar 2008 gilt ein
neues Aktenzeichenformat, z.B. »30 2008 069 477«. Die Ziffer »30« steht wie vordem
die »3« für »Marke«, gefolgt von der Angabe des Anmeldejahres und einer sechsstelli-
gen fortlaufenden Eingangsnummer.[499]

---

498 BGBl. 2009 I, S. 2521 = BlPMZ 2009, 301.
499 Vgl. MittPräsDPMA Nr. 6/07, BlPMZ 2007, 353.

207   Die Eintragung wird nach § 41 II MarkenG i.V.m. §§ 27, 28 MarkenV im Markenblatt veröffentlicht.

▶ **Beispiel:**

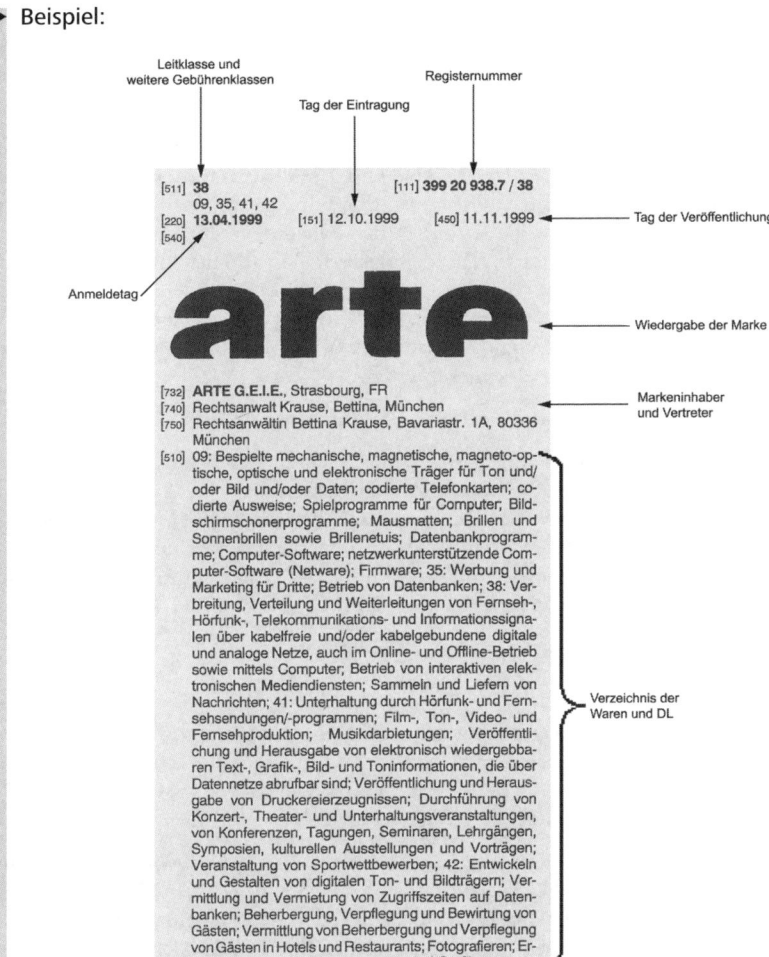

208   Die Eintragung wird somit *ohne Rücksicht auf entgegenstehende Rechte Dritter* vorgenommen. Dritte haben jedoch die Möglichkeit, die Markeneintragung binnen drei Monaten nach ihrer Veröffentlichung im Markenblatt im Wege des *Widerspruchs* nach § 42 I MarkenG beim Patentamt anzugreifen. Daneben besteht (ohne zeitliche Begrenzung) die Möglichkeit einer Löschungsklage vor den ordentlichen Gerichten (§§ 51, 55 MarkenG) sowie – ab dem 01.05.2020 – eines Nichtigkeitslöschungsverfahrens vor dem Patentamt (§§ 51, 53 MarkenG n.F.). S. dazu näher unten Rdn. 277 – 280, 682 – 710.

§ 10 Entstehung des formalen Markenschutzes II (internationale Registrierung)

Übersicht   Rdn.

I. Grundzüge des internationalen Markenrechts

1. Territorialitätsprinzip

Der Staat kann ausschließliche Rechte immer nur mit Wirkung für sein Staatsgebiet **209** einrichten. Das gilt auch für die gewerblichen Schutzrechte und so auch für die Marke. Voraussetzungen und Reichweite des Markenschutzes richten sich daher immer nach dem Recht des Schutzlandes. Dieses so genannte Territorialitätsprinzip ist international allgemein anerkannt.[500]

Für grenzüberschreitend tätige Unternehmen ist das Territorialitätsprinzip mit erheb- **210** lichen Problemen verbunden. Um ihren Marktauftritt grenzüberschreitend rechtlich abzusichern, sind sie gezwungen, die betreffende Marke in den verschiedenen Einsatzländern schützen zu lassen. Die Berührung mit ausländischen Rechtsordnungen bringt eine Reihe von Unwägbarkeiten mit sich. So können Schutzanforderungen und Schutzinhalt der Marke ganz anders als im Inland geregelt sein. Hinzu kommt, dass parallele Auslandsanmeldungen und -eintragungen jedenfalls bei größeren Markenbeständen eine beträchtliche Kostenlast auslösen. Außerdem sind Sprachbarrieren zu überwinden, wobei notwendige Übersetzungen im Rechtsverkehr mit ausländischen Behörden die Kosten weiter erhöhen.

---

500 Fezer, Einl. H Rn. 7 ff.; Drexl in: MünchKomm/BGB, Bd. 11, IntImmGR Rn. 6 ff.;
     Ingerl/Rohnke, Einl. Rn. 15; aus der Rechtsprechung s. z.B. BGH GRUR 2002, 972,
     973 *FROMMIA*; GRUR 2007, 884, 886 (Nr. 26) *Cambridge Institute*; GRUR 2009, 780,
     781 (Nr. 14) *Ivadal*; GRUR 2012, 621, 624 (Nr. 34) *OSCAR*; GRUR 2012, 1263, 1264
     (Nr. 17) *Clinique happy*; GRUR 2018, 417, 421 (Nr. 37) *Resistograph*.

211   Um diese Unzuträglichkeiten abzumildern, ist ein Netz von internationalen Verträgen geschaffen worden, die in vielfältiger Weise mit dem nationalen Recht verknüpft sind. Dies soll hier in den Grundzügen dargestellt werden.

2. Die Pariser Verbandsübereinkunft (PVÜ)

212   Der älteste internationale Vertrag dieser Art ist die im Jahre 1883 geschlossene Pariser Verbandsübereinkunft zum Schutze des gewerblichen Eigentums (PVÜ). Sie enthält Regeln über Erfindungspatente, Gebrauchsmuster, gewerbliche Muster und Modelle, Fabrik- und Handelsmarken, Dienstleistungsmarken, Handelsnamen, Herkunftsangaben und Ursprungsbezeichnungen sowie die Unterdrückung des unlauteren Wettbewerbs (Art. 1 II PVÜ). Die PVÜ wurde mehrfach revidiert, zuletzt 1967 in Stockholm. Sie gilt heute nahezu weltumspannend in 177 Staaten.[501] Deutschland ist der PVÜ im Jahre 1903 beigetreten

213   Inhaltlich wird die PVÜ von drei Grundprinzipien beherrscht. Art. 2 I PVÜ schreibt zunächst den *Grundsatz der Inländerbehandlung* fest. Danach genießen die Angehörigen eines jeden der Verbandsländer (zum Begriff des Verbandsangehörigen s. auch Art. 3 PVÜ) in allen übrigen Ländern des Verbandes in Bezug auf den Schutz des gewerblichen Eigentums die Vorteile, welche die betreffenden Gesetze den eigenen Staatsangehörigen gegenwärtig gewähren oder in Zukunft gewähren werden. Die PVÜ geht damit weit über das im allgemeinen Völkerrecht herrschende Gegenseitigkeitsprinzip hinaus, wonach Ausländern nur die Vorteile zugestanden werden, die der betreffende auswärtige Staat den eigenen Staatsangehörigen gewährt[502] (vgl. zum Gegenseitigkeitsprinzip im Markenrecht etwa § 34 II MarkenG).

214   Über die Inländergleichbehandlung hinaus garantiert die PVÜ unmittelbar geltende Konventionsrechte. Zu nennen ist hier zunächst das in Art. 4 PVÜ verankerte *Prioritätsrecht*. Danach kann, wer in irgendeinem Verbandsausland eine Marke vorschriftsmäßig in einer Weise hinterlegt hat, die zur Festlegung eines Anmeldetages ausreicht, für dieselbe Marke im Falle ihrer inländischen Nachanmeldung den Zeitrang der ausländischen Voranmeldung in Anspruch nehmen. Die inländische Nachanmeldung erhält also einen besseren Zeitrang als ihr nach dem Inlandsrecht zukäme, nämlich die Priorität der ausländischen Voranmeldung. Prioritätsberechtigt ist jeder Verbandsangehörige; er muss nicht Angehöriger des Landes der Voranmeldung sein. Jedoch muss sich die Nachanmeldung auf dieselbe Marke beziehen wie die verbandsausländische Voranmeldung, mithin dasselbe Zeichen für dieselben Waren betreffen.[503] Weist die inländische Nachanmeldung ein umfassenderes Warenverzeichnis auf, kann

---

501   Eine Übersicht über den Mitgliederstand wird jährlich in BlPMZ veröffentlicht, s. zuletzt BlPMZ 2019, 158.

502   Vgl. zum Gegenseitigkeitsprinzip etwa Verdross/Simma, Universelles Völkerrecht, 3. Aufl., § 1215.

503   Die PVÜ regelt das Prioritätsrecht nur für Waren-, nicht auch für Dienstleistungsmarken (vgl. Art. 6^{sexies} PVÜ); s. jedoch Rdn. 216.

die Priorität nur für die Waren der Voranmeldung in Anspruch genommen werden (Teilpriorität). Die nachangemeldete Marke hat dann einen gespaltenen Zeitrang.

Die Inanspruchnahme einer verbandsausländischen Priorität bringt einige Rechts- 215 unsicherheit für die inländische Konkurrenz mit sich. So kann sich ein inländischer Unternehmer, der eine Marke angemeldet hat, nicht sicher sein, ob nicht im Nachhinein von einem Dritten eine kollidierende Marke mit besserer ausländischer Priorität angemeldet wird. Daher beschränkt Art. 4 Abschnitt C I PVÜ die Ausübung des Prioritätsrechts bei Marken auf sechs Monate ab der ersten verbandsausländischen Hinterlegung. S. dazu das Beispiel oben Rdn. 90.

Ausführungsvorschriften zu Art. 4 PVÜ enthält § 34 MarkenG, der das Prioritätsrecht 216 zugleich auf Dienstleistungsmarken ausdehnt.

Als weiteres Konventionsrecht regelt Art. 6^quinquies PVÜ den so genannten *Telle-* 217 *quelle-Grundsatz.* Er besagt, dass eine im Verbandsausland geschützte Marke im Falle inländischer Nachanmeldung grundsätzlich so, wie sie ist (französisch »telle quelle«), auch im Inland geschützt werden soll und nur unter den in der PVÜ vorgesehenen Bedingungen vom Schutz ausgeschlossen werden kann. Anders als das Prioritätsrecht kommt der Telle-quelle-Schutz nur geschützten Auslandsmarken und auch nur Marken aus dem so genannten *Ursprungsland* zu. D.h., dass der inländische Nachanmelder eine besondere Beziehung zum Land der Voreintragung, z.B. dort eine gewerbliche Niederlassung haben muss (s. näher Art. 6^quinquies Abschnitt A II PVÜ). Ist dies der Fall, kann der im Inland nachangemeldeten Marke der Schutz nur unter den Voraussetzungen des Art. 6^quinquies Abschnitt B PVÜ verweigert werden. Soweit das inländische nationale Recht darüber hinausgehende Schutzanforderungen vorsieht, dürfen diese nur in den Grenzen der PVÜ angewendet werden.[504] In diesem Fall kann es somit zu einer Schlechterstellung von inländischen Anmeldern kommen (sog. Inländerdiskriminierung). Da eine solche Inländerdiskriminierung unerwünscht ist, erzeugt der Katalog der Schutzverweigerungsgründe des Art. 6^quinquies Abschnitt B PVÜ naturgemäß einen gewissen Harmonisierungsdruck auf die Verbandsstaaten. Es kann daher nicht verwundern, dass die MarkenRL mit ihren Vorgaben für die EU-Mitgliedstaaten ausdrücklich um PVÜ-Konformität bemüht ist (vgl. den 41. Erwägungsgrund zur MarkenRL). Dies führt wiederum dazu, dass insbesondere der Katalog der absoluten Schutzhindernisse nach § 8 II MarkenG an die Tatbestände des Art. 6^quinquies Abschnitt B S. 1 Nr. 2 PVÜ angeglichen ist.

Ob die Schutzanforderungen der MarkenRL bzw. des MarkenG mit der PVÜ tatsäch- 218 lich in Einklang stehen, ist jedoch teilweise umstritten. So finden sich sowohl das Erfordernis der klaren und eindeutigen Bestimmbarkeit einer Marke (Art. 3 lit. b MarkenRL/§ 8 I MarkenG; s. dazu oben Rdn. 105 – 110) als auch die besonderen Ausschlussgründe für dreidimensionale und andere produktbezogene Marken nach Art. 4 I lit. e MarkenRL/§ 3 II MarkenG (s. oben Rdn. 105 – 130) in der PVÜ so

---

504 Vgl. zu dem nicht unumstrittenen Verhältnis der Vorschriften des nationalen Rechts zu Art. 6^quinquies Abschnitt B PVÜ BPatG GRUR 1996, 408, 409 *COSA NOSTRA.*

nicht. Die überwiegende Meinung nimmt indessen an, dass es sich bei diesen Schutz-anforderungen um Ausprägungen des nach Art. 6^{quinquies} Abschnitt B S. 1 Nr. 3 PVÜ beachtlichen inländischen ordre public handelt.[505]

3. Das TRIPs-Übereinkommen

219 Die PVÜ räumt zwar gewisse Konventionsrechte ein, macht aber keine unmittelbaren Vorgaben für die Ausgestaltung des nationalen Rechts der Verbandsstaaten. Eine Fortentwicklung der PVÜ in diese Richtung ist nicht zustande gekommen. Dies ist offenbar darin begründet, dass in dem Pariser Verband weniger entwickelte Staaten seit Jahrzehnten die große Mehrheit bilden. Eine Stärkung des gewerblichen Rechts-schutzes aber ist in erster Linie ein Anliegen der Industrieländer. Entwicklungs- und Schwellenländer, die auf Innovationsimport angewiesen sind, haben demgegenüber eine andere Interessenlage. Fortschritte mussten daher auf anderer Ebene versucht werden.

220 Vor diesem Hintergrund erklärt es sich, dass die 1986 begonnene sog. Uruguay-Runde zur Reform des Allgemeinen Zoll- und Handelsabkommens (General Agreement on Tariffs and Trade – GATT), die schließlich in die Gründung der Welthandelsorgani-sation (WTO) mündete (WTO-Abkommen von Marrakesch vom 15.04.1994), dazu genutzt wurde, eine Stärkung des gewerblichen Rechtsschutzes auf völkerrechtlicher Ebene voranzutreiben (stärkere Schutzrechte gegen Handelserleichterungen, an denen vor allem die Entwicklungs- und Schwellenländer interessiert sind). So kam es zum Abschluss des Übereinkommens über handelsbezogene Aspekte des Rechts des geisti-gen Eigentums (Trade Related Aspects of Intellectual Property Rights – TRIPs-Über-einkommen).[506] Das TRIPs-Übereinkommen enthält in den Art. 16–21 Vorschriften über das materielle Markenrecht und macht in den Art. 41 ff. weit reichende Vorgaben zur Rechtsdurchsetzung, die maßgeblichen Einfluss vor allem auf die Bestimmungen der DurchsetzungsRL (s. dazu oben Rdn. 40) ausgeübt haben.

II. Internationale Markenregistrierung nach dem Madrider Markenabkommen (MMA)

221 Die PVÜ reduziert zwar die Rechtsunsicherheit bei Auslandsberührung, löst aber nicht die oben angesprochenen Sprach- und Kostenprobleme. Sie gestattet jedoch den Verbandsstaaten in Art. 19 ausdrücklich den Abschluss weitergehender Abkommen zum Schutz des gewerblichen Eigentums. Das wichtigste dieser Sonderabkommen ist das Madrider Abkommen über die internationale Registrierung von Marken vom 14.04.1891 (Madrider Markenabkommen – MMA), dem Deutschland seit 1922 angehört. Die nationalen Ausführungsvorschriften hierzu finden sich in den §§ 107 ff. MarkenG.

---

505 S. näher Ströbele/Hacker/Thiering, § 3 Rn. 31 und Rn. 99–100 sowie BGH GRUR 2013, 929, 930 (Nr. 13–14) *Schokoladenstäbchen II.*
506 S. dazu Drexl in: MünchKomm/BGB, Bd. 11, IntImmGR Rn. 31.

1. Grundsätzliche Funktionsweise

Nach Art. 1 II MMA können sich die Angehörigen jedes Vertragslandes (und die 222 nach Art. 2 MMA gleichgestellten Personen) den Schutz ihrer im Ursprungsland (zum Begriff s. Art. 1 III MMA) für Waren oder DL eingetragenen Marken in allen übrigen Vertragsländern des MMA dadurch sichern, dass sie diese Marken durch Vermittlung der Behörden des Ursprungslandes (in Deutschland durch Vermittlung des DPMA) bei dem Internationalen Büro für geistiges Eigentum hinterlegen. Träger des Internationalen Büros ist die Weltorganisation für geistiges Eigentum (World Intellectual Property Organization – WIPO) in Genf (vgl. Art. 9 I, 10 I WIPO-Übereinkommen)[507].

Der Inhaber einer deutschen Marke z.B. kann also, sofern Deutschland Ursprungs- 223 land im Sinne von Art. 1 III MMA ist, beim DPMA einen Antrag auf internationale Registrierung dieser Marke beim Internationalen Büro in Genf stellen (§ 108 MarkenG). Das DPMA übermittelt diesen Antrag an das Internationale Büro. Dieses trägt dann die Marke »sogleich«, d.h. *ohne eigene materielle Schutzfähigkeitsprüfung*, in das internationale Register ein (Art. 3 IV S. 1 MMA) und veröffentlicht sie in dem von ihm herausgegebenen Blatt »Les Marques Internationales« (Art. 3 IV S. 5 MMA).

---

507 Abgedruckt in Tabu, Bd. III Nr. 601.

▶ Beispiel einer internationalen Registrierung:

22 septembre 2000   743 135

Laboratoires IREX, société anonyme
22, Avenue Galilée,
F-92350 LE PLESSIS ROBINSON
(France).

Forme juridique du titulaire (personne morale) et lieu de constitution: société anonyme, FRANCE.

Adresse pour la correspondance: Laboratoires IREX, société anonyme, 82, Avenue Raspail, F-94255 GENTILLY (France).

IREX

Liste des produits et services:

5   Produits pharmaceutiques.
10 Appareils et instruments chirurgicaux, médicaux, dentaires et vétérinaires, membres, yeux et dents artificiels, articles orthopédiques, matériel de suture.
41 Organisation de séminaires, de groupes de travail et de congrès dans le domaine médical; édition de revues, de livres, de guides dans le domaine médical.
42 Services de recherches médicales et scientifiques rendus par des laboratoires pharmaceutiques, aide aux chercheurs; mise à disposition de matériels de laboratoires, de documentation médicale, de locaux temporaires; organisation de groupes de recherche dans le domaine médical.

Enregistrement de base: France, 20.04.2000, 00 3023060.

Données relatives à la priorité selon la Convention de Paris: France, 20.04.2000, 003023060.

Désignations selon l'Arrangement de Madrid: Allemagne, Autriche, Benelux, Espagne, Italie, Maroc, Portugal, République tchèque, Suisse.

Désignations selon le Protocole de Madrid: Danemark, Finlande, Norvège, Royaume-Uni, Suède.

Déclaration d'intention d'utiliser la marque: Royaume-Uni.

Date de notification: 09.11.2000

Langue de la demande internationale: Français

224   Mit dieser Registrierung ist die Marke in jedem der beteiligten Vertragsstaaten ebenso geschützt, wie wenn sie dort unmittelbar hinterlegt worden wäre (Art. 4 I S. 1 MMA). Allerdings haben sämtliche Vertragsstaaten von der in Art. 3bis MMA vorgesehenen

Option Gebrauch gemacht und erklärt, dass sich der Schutz aus der internationalen Registrierung nur dann auf ihr Land erstreckt, wenn der Markeninhaber es ausdrücklich beantragt. Dieser muss daher mit dem Antrag auf internationale Registrierung gemäß Art. 3ter I MMA angeben, auf welche MMA-Vertragsländer der Schutz erstreckt werden soll. Auch eine nachträgliche Schutzerstreckung ist möglich (Art. 3ter II MMA).

Für den umgekehrten Fall einer Schutzerstreckung nach Deutschland fingiert § 112 I MarkenG noch einmal ausdrücklich, dass die internationale Registrierung einer Marke mit Benennung Deutschlands dieselbe Wirkung hat, wie wenn die Marke am Tage der internationalen Registrierung (Art. 3 IV MMA) oder am Tag der nachträglichen Schutzerstreckung nach Art. 3ter II MMA zur Eintragung in das deutsche Markenregister angemeldet und eingetragen worden wäre.

Die Vorteile dieses Verfahrens sind evident. Der Markeninhaber hat es nur mit seiner **225** Heimatbehörde (Ursprungsbehörde) zu tun. Diese wickelt den Rechtsverkehr mit dem Internationalen Büro ab – und zwar (in Deutschland) in französischer oder englischer Sprache (Regel 6 I GAusfOMMA/PMMA i.V.m. § 107 II MarkenG). Damit entfallen – von Übersetzungen in das Französische oder Englische abgesehen – alle Sprachprobleme.

Das internationale Registrierungsverfahren ist auch kostengünstig. Nach Art. 8 **226** I MMA kann kann die Ursprungsbehörde für ihre Vermittlungsbemühungen eine Gebühr erheben. In Deutschland sind dies zur Zeit 180 € (vgl. GebVerz Nr. 334 100 zu § 2 I PatKostG i.V.m. § 109 MarkenG). Darüber hinaus ist nur eine internationale Gebühr an das Internationale Büro zu zahlen (Art. 8 II MMA), die derzeit 653 SFR beträgt (Regel 10 I i.V.m. GebVerz Nr. 1 GAusfOMMA/PMMA). In den benannten Schutzstaaten fallen keine Gebühren an.

2. Rechtsnatur der internationalen Registrierung

Wie oben Rdn. 224 dargelegt, ist die Marke mit ihrer internationalen Registrierung **227** nach Art. 4 I S. 1 MMA in jedem der vom Markeninhaber benannten MMA-Vertragsländer so geschützt, wie wenn sie dort unmittelbar hinterlegt worden wäre. Anders als bei der europäischen Unionsmarke entsteht durch die internationale Registrierung also *kein einheitliches supranationales Schutzrecht*, sondern lediglich ein *Bündel nationaler Markenrechte*, die fortan dem jeweiligen nationalen Recht unterliegen. Internationalisiert ist nur der Akt der Schutzentstehung.

Darüber hinaus weist der aus einer internationalen Registrierung hervorgehende **228** Schutz gegenüber einer eigenständigen nationalen Registrierung insofern eine Schwäche auf, als die internationale Registrierung noch *fünf Jahre lang vom Schutz der Ursprungsmarke abhängig* bleibt (s. im einzelnen Art. 6 II-IV MMA). Innerhalb dieser Frist können somit durch einen Zentralangriff auf die Ursprungsmarke alle Wirkungen der internationalen Registrierung zunichte gemacht werden.

3. Nachträgliche Schutzfähigkeitsprüfung

229   Von den Wirkungen des Art. 4 I MMA unberührt bleibt auch das Recht der Verbandsländer, die erstreckte Marke einer nachträglichen materiellen Schutzfähigkeitsprüfung nach Maßgabe des nationalen Rechts zu unterziehen und ihr gegebenenfalls den Schutz zu verweigern (Art. 5 I S. 1 MMA; §§ 113, 114 MarkenG). Eine Schutzverweigerung kann jedoch nach Art. 5 I S. 2 MMA nur auf Gründe gestützt werden, die auch dem Telle-quelle-Schutz gemäß Art. 6^{quinquies} PVÜ entgegengehalten werden können. Außerdem müssen sämtliche in Betracht gezogenen Schutzverweigerungsgründe dem Internationalen Büro innerhalb eines Jahres nach der internationalen Registrierung bzw. nach der nachträglichen Schutzausdehnung mitgeteilt sein (Art. 5 II MMA; zum Fristbeginn s. die Fiktion der Regel 18 I lit. a Nr. iii, 2. Halbsatz GAusfOMMA/PMMA).

230   Dies geschieht zunächst in Form einer *vorläufigen Schutzverweigerung* (Regel 17 GAusfOMMA/PMMA). Beruht die vorläufige Schutzverweigerung auf absoluten Schutzhindernissen (§ 113 I MarkenG), entspricht sie der Sache nach dem im nationalen Bereich üblichen Beanstandungsbescheid (vgl. Rdn. 196). Eine vorläufige Schutzverweigerung ist aber auch dann auszusprechen, wenn gegen die Erstreckung der IR-Marke auf Deutschland von dritter Seite ein Widerspruch eingelegt worden ist (§§ 107, 114 i.V.m. § 42 MarkenG).

231   Bleibt das DPMA bei seiner Auffassung oder hat der Widerspruch Erfolg, so kommt es zur *endgültigen Schutzverweigerung* (§§ 113 II, 114 III MarkenG), gegen die die üblichen Rechtsmittel stattfinden (Rdn. 197 ff., zum Widerspruch s. unten Rdn. 700 ff.; zur Mitteilung an das Internationale Büro s. Regel 18ter III GAusfOMMA/PMMA).

232   Wird dagegen die Beanstandung aus absoluten Gründen fallengelassen bzw. der Widerspruch zurückgewiesen, ist dem Internationalen Büro eine Mitteilung über die *Schutzbewilligung* zu machen (Regel 18ter II GAusfOMMA/PMMA). Letzteres gilt seit der Neufassung der GAusfOMMA/PMMA vom 24. September/3. Oktober 2007[508] auch, wenn es zu einer vorläufigen Schutzverweigerung nicht kommt (Regel 18ter I GAusfOMMA/PMMA).

233   Kommt es nach den genannten Bestimmungen zu einer Beanstandung der Marke in den Vertragsländern, gehen die Vorteile des MMA-Systems teilweise verloren. Denn nun ist der Markeninhaber gezwungen, sich selbst mit den nationalen Behörden auseinanderzusetzen.

III. Internationale Registrierung nach dem Protokoll zum Madrider Markenabkommen (PMMA)

234   Die großen Vorteile des MMA-Systems konnten nicht alle wichtigen Industriestaaten zu einem Beitritt bewegen. Länder wie die USA und Großbritannien fehlten. Ursächlich hierfür waren u.a. die Sprachenregelung (mittlerweile überholt) und

---

508 S. BlPMZ 2009, 402 ff.

Gebührenfragen. Deshalb wurde unter der Ägide der WIPO ein gegenüber dem MMA abgeschwächter Parallelvertrag ausgehandelt, das »Protokoll zum Madrider Abkommen über die internationale Registrierung von Marken« vom 27.06.1989 (PMMA), das entgegen seiner Bezeichnung eigentlich kein »Protokoll« zum MMA ist, sondern – wie gesagt – einen eigenständigen Parallelvertrag darstellt. Deutschland ist seit 1996 Mitglied des Protokolls. Die nationalen Ausführungsbestimmungen finden sich in §§ 119 ff. MarkenG.

Das PMMA folgt in seiner Struktur dem MMA, sieht aber z.b. das Recht der Vertrags- 235
staaten vor, nationale Gebühren zu erheben (Art. 8 VII lit. a PMMA).

Ein wichtiger materiell-rechtlicher Vorzug des PMMA besteht darin, dass auch schon 236
eine bloße Marken*anmeldung* im Ursprungsland Grundlage für eine internationale Registrierung sein kann (Art. 2 I PMMA). Demgegenüber kann ein Antrag auf internationale Registrierung nach dem MMA immer nur auf eine bereits eingetragene Marke gestützt werden.

IV. Verhältnis von MMA und PMMA

Mittlerweile sind alle Mitglieder des MMA auch dem PMMA beigetreten.[509] Insoweit 237
stellt sich die Frage, welches der beiden Abkommen gelten soll, wenn die an einer Schutzerstreckung beteiligten Staaten, also das Ursprungsland und das betreffende Schutzland, beiden Abkommen angehören. Für diesen Fall hatte Art. 9[sexies] PMMA zunächst eine Sicherungsklausel zugunsten des MMA vorgesehen; dieses genoss somit den Vorrang. Mit Wirkung zum 1. September 2008 ist indessen Art. 9[sexies] PMMA dahingehend geändert worden, dass das PMMA das MMA verdrängt, jedoch haben bestimmte Vorbehalte, die das PMMA seinen Mitgliedern in Abweichung vom MMA gestattet, z.B. der Vorbehalt nationaler Gebühren gemäß Art. 8 VII PMMA, in dieser Konstellation keine Wirkung.[510]

§ 11 Entstehung des formalen Markenschutzes III (Unionsmarke)

---

509 Vgl. die Übersicht in BlPMZ 2019, 172.
510 Zur Neufassung des Art. 9[sexies] PMMA s. BlPMZ 2008, 350.

I. Allgemeine Charakteristik

238   Der dritte Weg – neben der nationalen Registrierung beim DPMA und der internationalen Registrierung durch das Internationale Büro in Genf –, einen in Deutschland gültigen formalen Markenschutz zu erlangen, ist die Eintragung der Marke in das vom Europäischen Amt für geistiges Eigentum (EUIPO, s. Rdn. 44) geführte Unionsmarkenregister. Anders als die internationale Registrierung nach Maßgabe des MMA/PMMA entsteht mit der Eintragung in das Unionsmarkenregister nicht lediglich ein Bündel nationaler Markenrechte, die als solche dem jeweiligen nationalen Recht unterliegen, sondern ein echtes supranationales Schutzrecht. Das Gebiet der EU-Mitgliedstaaten wird insoweit also grundsätzlich wie ein einheitliches Staatsgebiet behandelt (vgl. Art. 1 II UMV).

239   Dementsprechend sind die Rechtsverhältnisse der Unionsmarke grundsätzlich unionsrechtlich geregelt, nämlich in der Unionsmarkenverordnung (UMV), die in jedem Mitgliedstaat unmittelbar geltendes Recht darstellt (Art. 288 II AEUV i.V.m. Art. 212 UMV).

240   Von diesem Grundsatz bestehen allerdings mehrere wichtige Ausnahmen:
   (1.) Soweit die Unionsmarke als bürgerlich-rechtlicher Gegenstand des Vermögens in Betracht kommt, enthält die UMV in den Art. 20–27 lediglich eine Teilregelung. Im Übrigen richtet sich die vermögensrechtliche Behandlung der Unionsmarke nach nationalem Recht. Welches Recht dabei zur Anwendung kommt, bestimmt sich nach der international-privatrechtlichen Kollisionsregel des Art. 19 UMV (s. dazu unten Rdn. 832 – 837).
   (2.) Auf Unionsebene nur rudimentär geregelt sind auch die Rechtsfolgen der Verletzung einer Unionsmarke (Art. 130 I UMV); auch insoweit wird ergänzend auf das nationale Recht verwiesen (Art. 17 I S. 2, Art. 130 II UMV), das jedoch aufgrund der DurchsetzungsRL 2004/48/EG nunmehr weitgehend harmonisiert ist (s. zur DurchsetzungsRL oben Rdn. 40 und unten Rdn. 642).
   (3.) Die prozessuale Durchsetzung der Rechte aus einer Unionsmarke schließlich findet nicht vor den europäischen Gerichten, sondern vor den nationalen Gerichten statt, die insoweit als *Unionsmarkengerichte* tätig werden (§ 125e MarkenG). Wie auch sonst kann aber der EuGH im Wege des Vorlageverfahrens nach Art. 267 AEUV mit Auslegungsfragen des Unionsmarkenrechts befasst werden. Die UMV enthält in den Art. 122 ff. nur wenige unionsrechtliche Regeln für das Verfahren vor den Unionsmarkengerichten, vor allem zur Bestimmung der Zuständigkeit. Im Übrigen wenden die Unionsmarkengerichte ihr jeweiliges nationales Prozessrecht an (Art. 129 III UMV).

II. Eintragungsverfahren

241   Das Eintragungsverfahren vor dem EUIPO ist in manchem ähnlich strukturiert wie das nationale Verfahren vor dem DPMA.

1. Anmeldung

Das Eintragungsverfahren beginnt mit der Anmeldung der Unionsmarke, die unmittelbar beim EUIPO zu erfolgen hat (Art. 30 I UMV). 242

Die essentiellen Anmeldungserfordernisse nach Art. 31 I UMV (Angaben zur Identität des Anmelders, Verzeichnis der Waren/DL, Wiedergabe der Marke) entsprechen denen des deutschen Rechts (§ 32 II MarkenG). Wie nach nationalem Recht wird mit der Erfüllung dieser Mindesterfordernisse ein Anmeldetag für die Marke begründet (Art. 32 UMV). Die Zuerkennung eines Anmeldetags steht jedoch – insofern abweichend vom deutschen Recht – unter dem Vorbehalt der Zahlung der Anmeldegebühr binnen eines Monats nach Einreichung der den Anmeldetag begründenden Unterlagen (Art. 32, 2. Halbsatz UMV). 243

Da die EU selbst nicht Mitglied der PVÜ ist, sind die dortigen Vorschriften über das Prioritätsrecht (Art. 4 PVÜ) auf Unionsmarken nicht anwendbar. Die UMV enthält daher in Art. 34 eine eigenständige Regelung, die inhaltlich mit Art. 4 PVÜ übereinstimmt. 244

2. Sachliches Prüfungsverfahren

Das Eintragungsverfahren vor dem EUIPO ist kein bloßes Registrierungs-, sondern wie das deutsche Eintragungsverfahren ein sachliches Prüfungsverfahren. Bestehen keine formellen Mängel, tritt das EUIPO daher in eine Prüfung der materiellen absoluten Schutzfähigkeit der Marke ein (Art. 42 I UMV). Intern zuständig ist – wie schon für die Formalprüfung – ein *Prüfer* (Art. 160 UMV). 245

Die Prüfung erstreckt sich ähnlich wie nach deutschem Recht darauf, ob die Marke als solche markenfähig ist (Art. 4 UMV) und ob absolute Schutzhindernisse einer Eintragung entgegenstehen (Art. 7 I UMV). Inhaltlich entsprechen diese Kriterien weitgehend dem durch die MarkenRL harmonisierten nationalen Recht der §§ 3, 8 MarkenG. In territorialer Hinsicht besteht jedoch insoweit ein Unterschied, als sich die Prüfung auf absolute Schutzhindernisse auf das gesamte Unionsgebiet erstreckt (Art. 7 II UMV). Daher kann eine Unionsmarkenanmeldung z.B. schon dann scheitern, wenn sich die Marke nur in einem Teilgebiet der Union als beschreibende Angabe darstellt.[511] Für den Anmelder ist in diesem Fall aber noch nicht alles verloren. Vielmehr kann er die zurückgewiesene Anmeldung in den Mitgliedstaaten, für die vom EUIPO ein Schutzhindernis nicht festgestellt ist, als nationale Anmeldung weiterverfolgen (zu Einzelheiten s. Art. 139 ff. UMV, § 125d MarkenG). 246

Ergibt sich, dass absolute Schutzhindernisse nicht bestehen, so wird *nicht* (wie im deutschen Recht) die Marke in das Register eingetragen, vielmehr wird lediglich die *Anmeldung veröffentlicht* (Art. 44 I UMV). Dritte haben nunmehr die Möglichkeit, auf ihrer Auffassung nach bestehende absolute Schutzhindernisse hinzuweisen (Art. 45 UMV) oder aufgrund entgegenstehender älterer Rechte binnen drei Monaten 247

---

511 Vgl. EuGH GRUR 2018, 1141, 1144 (Nr. 67) *Nestlé (KitKat 4 Finger).*

Widerspruch einzulegen (Art. 46 i.V.m. Art. 8 UMV). Anders als nach deutschem Recht ist das Widerspruchsverfahren der Eintragung also nicht nach-, sondern vorgeschaltet. Insoweit entspricht das europäische Eintragungsverfahren der früher unter dem WZG geltenden Rechtslage.

248   Über den Widerspruch entscheidet nicht der Prüfer, sondern eine *Widerspruchsabteilung* (Art. 161 UMV). Erweist sich der Widerspruch als begründet, wird die Anmeldung zurückgewiesen (Art. 47 V S. 1 UMV). Wie im Falle einer Zurückweisung der Anmeldung aus absoluten Gründen besteht für den Anmelder die Möglichkeit der Umwandlung in eine nationale Anmeldung, soweit ein Schutzhindernis nicht festgestellt ist (Art. 139 ff. UMV, § 125d MarkenG).

Liegt ein relatives Schutzhindernis nicht vor, wird der Widerspruch zurückgewiesen (Art. 47 V S. 2 UMV) und die Unionsmarke – nach Rechtskraft der Zurückweisung – in das Unionsmarkenregister eingetragen (Art. 51 UMV). Mit der Eintragung entsteht das Recht (Art. 6 UMV).

3. Rechtsmittel

249   Die Entscheidungen der Prüfer und der Widerspruchsabteilungen sind nach Art. 66 ff. UMV mit der *Beschwerde* anfechtbar, über die eine der beim EUIPO eingerichteten *Beschwerdekammern* entscheidet (Art. 71 i.V.m. Art. 165 UMV). Diese Spruchkörper sind zwar organisatorisch in das EUIPO als Verwaltungsbehörde eingegliedert (vgl. Art. 159 UMV), aber sachlich unabhängig (Art. 166 VII UMV). Insofern genießen sie richterlichen Status.

250   Gegen die Entscheidungen der Beschwerdekammern ist nach Art. 72 UMV *Klage* zum *Gericht der Europäischen Union* gegeben (früher »Europäisches Gericht erster Instanz«, EuG). Dessen Urteile wiederum sind mit einem *revisionsähnlichen Rechtsmittel* zum *EuGH* angreifbar.[512]

III. Verknüpfung der Unionsmarke mit dem System der internationalen Registrierung

251   Anders als das MMA sieht das PMMA in Art. 14 I lit. b vor, dass auch zwischenstaatliche Organisationen mit einer regionalen Markenbehörde Vertragspartner des Protokolls werden können. Von dieser auf die EU zugeschnittenen Regelung hat diese Gebrauch gemacht. Daher kann auch eine Unionsmarke bzw. eine Unionsmarkenanmeldung Basis für eine internationale Registrierung nach dem PMMA (nicht nach dem MMA!) sein. Umgekehrt kann auch die EU als Schutzland einer internationalen Registrierung benannt werden (vgl. Art. 182 UMV). Für den letzteren Fall ist jedoch folgendes zu beachten: Während der Inhaber einer auf Deutschland erstreckten IR-Marke nach der ausdrücklichen Bestimmung des § 112 I MarkenG mit der internationalen Registrierung die Rechtsstellung eines eingetragenen Markeninhabers erlangt

---

512 Zu den Rechtsgrundlagen s. näher Eisenführ/Schennen, Art. 65 Rn. 1 ff.

(§ 4 Nr. 1 MarkenG), die lediglich unter dem Vorbehalt einer nachträglichen Schutzverweigerung steht (§§ 112 II, 113 ff. MarkenG, s. oben Rdn. 224, 229), wird der IR-Markeninhaber im Falle einer Erstreckung auf die EU lediglich dem *Anmelder einer Unionsmarke* gleichgestellt (Art. 189 I UMV). Diese (fingierte) Anmeldung wird wie eine reguläre Anmeldung auf absolute und relative Schutzhindernisse geprüft (Art. 193, 196 UMV). Zur Schutzentstehung s. Art. 189 II UMV.

§ 12 Entstehung des sachlichen Markenschutzes

Während Unionsmarken ausschließlich durch Registrierung erworben werden können 252 (Art. 6 UMV), sieht das deutsche Recht neben dem formalen Markenschutz nach § 4 Nr. 1 MarkenG auch sachliche Markenrechte vor (§ 4 Nr. 2 MarkenG), bei denen der Schutz außerhalb des Registers entsteht (sogenannte Benutzungsmarken, s. Rdn. 15, 80).

I. Markenfähigkeit

Dafür müssen zunächst die Voraussetzungen der Markenfähigkeit nach § 3 I, II 253 Nr. 1–3 MarkenG erfüllt sein, die für den sachlichen Markenschutz dieselben sind wie für die Registermarke (einheitlicher Markenbegriff). Insoweit kann auf die Darstellung oben Rdn. 99 – 130 verwiesen werden. Nicht erforderlich ist indessen, dass sich das Zeichen im Register klar und eindeutig darstellen lässt, denn § 8 I MarkenG gilt nur für die Registermarke. Bei einem sachlichen Markenrecht ist dieses Erfordernis überflüssig.[513] Gegenstand einer Benutzungsmarke können daher im Prinzip auch Gerüche, Geschmacksempfindungen, haptische oder andere nicht registerfähige Zeichen sein. Das aus § 3 I MarkenG folgende allgemeine Bestimmtheitsgebot (s. Rdn. 101) gilt allerdings auch für sachliche Markenrechte.[514] Nur ist dies eben nicht im Sinne einer registermäßigen Bestimmtheit (genauer: Bestimmbarkeit) zu verstehen, die sich im Wesentlichen nach den technologischen Gegebenheiten bei der registerführenden Behörde bemisst.

II. Spezifische Schutzvoraussetzungen

Spezifische Schutzvoraussetzung einer Benutzungsmarke ist, dass das betreffende 254 Zeichen *durch Benutzung* im geschäftlichen Verkehr (gemeint ist nur der inländische Geschäftsverkehr) *Verkehrsgeltung als Marke* erworben hat. »Als Marke« heißt, dass

---

513 BGH GRUR 2009, 783, 785 f. (Nr. 26, 30) *UHU* gegen Vorinstanz OLG Köln GRUR-RR 2007, 100, 101 *Sekundenkleber.*
514 Vgl. BGH GRUR 2009, 783, 786 (Nr. 31) *UHU.*

es nicht ausreicht, dass das Zeichen als solches oder irgendwie im Verkehr bekannt ist, sondern dass das Zeichen im Verkehr *als Herkunftszeichen eines Unternehmens für bestimmte Waren/DL* gilt. Und da die Verkehrsgeltung in diesem Sinne auf einer entsprechenden Benutzung im Verkehr beruhen muss, muss auch schon die Benutzung selbst eine markenmäßige sein. Schwierigkeiten kann diese Feststellung vor allem bei produktbeschreibenden Angaben bereiten,[515] aber auch etwa bei Waren- oder Verpackungsformen, bei bloßen Farben oder bei Werbeslogans, da diese Zeichen vom Verkehr häufig nicht als Herkunftskennzeichen, sondern als bloße Warenbeschaffenheit, als bloße Warenausstattung oder als bloßes Werbemittel aufgefasst werden.[516]

III. Insbesondere: die Verkehrsgeltung

255   Der Begriff der Verkehrsgeltung ist streng zu unterscheiden von der Verkehrsdurchsetzung (§ 8 III MarkenG), von der notorischen Bekanntheit (§§ 4 Nr. 3, 10 MarkenG) und vom Begriff der im Inland bekannten Marke (§§ 9 I Nr. 3, 14 II S. 1 Nr. 3 MarkenG). Insbesondere von der Verkehrsdurchsetzung *in den beteiligten Verkehrskreisen* (§ 8 III MarkenG; s. dazu oben Rdn. 190 – 195) unterscheidet sich die in § 4 Nr. 2 MarkenG geforderte Verkehrsgeltung *innerhalb beteiligter Verkehrskreise* dadurch, dass – wie durch die *unterschiedliche Formulierung* zum Ausdruck gebracht werden soll – (1.) die Verkehrsgeltung *nicht in allen* angesprochenen Verkehrskreisen vorliegen muss, sondern nur in einem Teil, der für den wirtschaftlichen Verkehr mit den betreffenden Waren/ DL nicht unerheblich ist[517] und dass (2.) schon ein *geringerer Zuordnungsgrad* genügen kann, sofern das Zeichen von Hause aus unterscheidungskräftig ist und keinem Freihaltebedürfnis unterliegt[518]. Schließlich muss (3.) die Verkehrsgeltung – auch insoweit

---

515   Vgl. BGH GRUR 1960, 83 *Nährbier.*

516   Vgl. zur Warenform etwa EuGH GRUR 2006, 233, 234 (Nr. 28) *Standbeutel*; EuGH GRUR Int. 2004, 631, 633 (Nr. 38) *Dreidimensionale Tablettenform I*; EuGH GRUR 2003, 514, 517 (Nr. 48 i.V.m. Nr. 32–35) *Linde, Winward u. Rado*; BGH GRUR 2003, 332, 334 *Abschlussstück*; GRUR 2003, 712, 714 *Goldbarren*; GRUR 2005, 414, 416 *Russisches Schaumgebäck*; GRUR 2007, 780, 783 (Nr. 26) *Pralinenform*; GRUR 2011, 148, 151 (Nr. 32) *Goldhase II*; GRUR 2016, 197, 199 (Nr. 27) *Bounty*; zur Verpackungsform EuGH GRUR 2012, 610, 611 (Nr. 46) *Freixenet*; GRUR 2008, 339, 342 (Nr. 80) *Develey/ HABM*; GRUR 2006, 1022, 1023 (Nr. 27) *Wicklerform*; GRUR 2004, 428, 431 (Nr. 52) *Henkel*; zur Farbe EuGH GRUR Int. 2005, 227, 231 (Nr. 78, 79) *Farbe Orange*; EuGH GRUR 2004, 858, 859 (Nr. 37–39) *Heidelberger Bauchemie GmbH*; GRUR 2003, 604, 608 (Nr. 65) *Libertel*; BGH GRUR 2004, 151, 154 *Farbmarkenverletzung I*; GRUR 2005, 427, 428 *Lila-Schokolade*; GRUR 2014, 1101, 1102 (Nr. 23) *Gelbe Wörterbücher*; GRUR 2015, 1012, 1013 (Nr. 11) *Nivea-Blau*; GRUR 2015, 1201, 1212 (Nr. 93) *Sparkassen-Rot/ Santander-Rot*; GRUR 2016, 1167, 1170 (Nr. 25) *Sparkassen-Rot*; zu Werbeslogans EuGH GRUR 2004, 1027, 1029 (Nr. 34, 35) *DAS PRINZIP DER BEQUEMLICHKEIT.*

517   BGH GRUR 1969, 681, 682 *Kochendwassergerät.*

518   Vgl. BGH GRUR 1960, 83, 86 f. *Nährbier.*

abweichend von der Verkehrsdurchsetzung – nicht notwendig im gesamten Bundesgebiet vorliegen; eine *örtliche Verkehrsgeltung* kann genügen.[519]

Beteiligte Verkehrskreise sind in erster Linie die Abnehmer der betroffenen Waren/DL,   **256** also die *Händler* und die *Endverbraucher*, nicht dagegen die konkurrierenden Hersteller.[520] Außer Betracht zu bleiben haben aber die Teile des Verkehrs, die zu den betreffenden Waren/DL überhaupt keinen Bezug haben, z.b. passionierte Nichtraucher, wenn es um Zigaretten geht.[521]

Der erforderliche *Grad der Verkehrsgeltung* wird im allgemeinen mit 20–25 % ange-   **257** nommen (einfache Verkehrsgeltung), d.h. ca. 20–25 % der beteiligten Verkehrskreise müssen das Zeichen im Zusammenhang mit den fraglichen Waren/DL als Herkunftszeichen eines bestimmten, wenn auch nicht notwendig namentlich bekannten Unternehmens ansehen.[522] Dies ist in der Regel durch eine demoskopische Umfrage festzustellen. Die maßgeblichen Fragestellungen sind dieselben wie bei der Ermittlung der Verkehrsdurchsetzung (s. dazu oben Rdn. 195).

Ein höherer, im allgemeinen nicht unter 50 % anzusetzender Verkehrsgeltungsgrad   **258** (qualifizierte Verkehrsgeltung) ist dagegen zu fordern, wenn die Marke als Registermarke nur im Wege der Verkehrsdurchsetzung nach § 8 III MarkenG zur Eintragung zugelassen werden könnte, also nach § 8 II Nr. 1–3 MarkenG vom Schutz ausgeschlossen wäre.[523] Denn andernfalls könnten über § 4 Nr. 2 MarkenG die strengen Anforderungen des § 8 III MarkenG umgangen werden. Auf diese Weise erlangen die an sich nur für Registermarken geltenden absoluten Schutzhindernisse des § 8 II Nr. 1–3 MarkenG mittelbar auch für die Benutzungsmarke nach § 4 Nr. 2 MarkenG Bedeutung.

Die Verkehrsgeltung muss – wie erwähnt – nicht bundesweit vorliegen, sondern kann   **259** örtlich beschränkt sein. Bei dem örtlich begrenzten Verkehrsgeltungsgebiet muss es sich jedoch um einen *einheitlichen Wirtschaftsraum* handeln, der nach Umfang und wirtschaftlicher Bedeutung eine Sperrung gegenüber verwechslungsfähigen Kennzeichnungen rechtfertigt.[524] Hierfür kommt z.B. das Gebiet einer Großstadt, in der Regel aber nicht das einzelner Stadtteile in Betracht. Wurde die Verkehrsgeltung für das geschlossene Gebiet erworben, schadet es nicht, wenn an einzelnen kleineren Orten eine Verkehrsgeltung nicht besteht.[525]

---

519 BGH GRUR 1957, 88, 93 *Ihr Funkberater*; GRUR 1979, 470, 471 *RBB/RBT*; GRUR 1992, 865 *Volksbank*.
520 Fezer, § 4 Rn. 124.
521 Vgl. BGH GRUR 2006, 760, 762 (Nr. 23) *LOTTO* (zur Verkehrsdurchsetzung); die Frage offen lassend aber BGH GRUR 2010, 138, 142 (Nr. 46) *ROCHER-Kugel*.
522 Vgl. m.w.N. Ströbele/Hacker/Thiering, § 4 Rn. 48.
523 Vgl. OLG Hamburg GRUR-RR 2002, 356 *Marzipanherzen*; OLG Hamburg WRP 2001, 720, 721 *Farben einer Autovermietung*; s. auch BGH GRUR 2016, 939, 943 (Nr. 41) *wetter.de* (zu § 5 III MarkenG).
524 BGH GRUR 1979, 470, 471 *RBB/RBT*.
525 BGH GRUR 1967, 482, 485 *WKS-Möbel II*.

Eine örtlich beschränkte Verkehrsgeltung kann freilich auch nur zu einem territorial beschränkten Ausschlussrecht führen. Insoweit ist es möglich, dass an derselben Marke, aber in verschiedenen Gebieten, Ausschließlichkeitsrechte verschiedener Unternehmen bestehen.

C. Erlöschen des Markenschutzes

§ 13 Erlöschen eingetragener Marken

I. Übersicht

Actus contrarius zur Eintragung der Marke als Entstehungstatbestand (§ 4 Nr. 1 MarkenG, Art. 6 UMV) ist die *Löschung der Marke.* Von der tatsächlichen Vornahme der Löschung ist der Zeitpunkt zu unterscheiden, mit Wirkung für den die Löschung vorgenommen wird, zu dem also die Marke ihre rechtlichen Wirkungen verliert. Dieser variiert bei den verschiedenen Löschungsgründen. **260**

Löschungsgrund ist zunächst der *Verzicht* des Inhabers auf die Marke, der nach § 48 I MarkenG/Art. 57 I UMV jederzeit mit Wirkung für alle oder für einen Teil der eingetragenen Waren/DL (Teilverzicht) erklärt werden kann. Der Verzicht bringt die Marke nach h.M. unmittelbar, d.h. mit dem Eingang der Verzichtserklärung beim DPMA, zum Erlöschen. Der Vollzug der Löschung im Register hat nur deklaratorische Wirkung[526] (anders im Unionsmarkenrecht, s. Art. 57 II S. 2 UMV). Der Verzicht wirkt jedoch *nur ex nunc.* Für die Vergangenheit begründete Rechtspositionen bleiben daher unberührt. **261**

Weiterer Löschungsgrund ist die *Nichtverlängerung des Markenschutzes.* Nach § 47 I MarkenG/Art. 52 S. 1 UMV ist der formale Markenschutz auf eine Dauer von *zehn Jahren* begrenzt, wobei diese zehnjährige Schutzdauer bereits mit der Anmeldung (*nicht* mit der Eintragung!) beginnt. Die Schutzdauer kann jedoch gemäß § 47 II MarkenG/Art. 52 S. 2 UMV beliebig oft um weitere zehn Jahre verlängert werden, so dass der Markenschutz potentiell zeitlich unbegrenzt ist. Die Verlängerung setzt jedoch die Zahlung einer *Verlängerungsgebühr* voraus (s. dazu § 47 II-IV MarkenG i.V.m. **262**

---

526 Miosga in Ströbele/Hacker/Thiering, § 48 Rn. 3 m.w.N.

§§ 3 III, 7 III PatKostG; Art. 53 UMV). Sie beträgt derzeit bei deutschen Marken 750 €, jeweils zuzüglich etwaiger Klassengebühren, soweit die Marke für mehr als drei Klassen eingetragen ist und verlängert werden soll. Unterbleibt eine Verlängerung, wird die Eintragung *mit Wirkung ab dem Ablauf der Schutzdauer* gelöscht (§ 47 VIII MarkenG; für die Unionsmarke im wesentlichen ähnlich Art. 52 VIII UMV).

263   Im übrigen wird unterschieden zwischen der Löschung der Marke wegen *Nichtigkeit*, die die Wirkungen der Marke *ex tunc*, d.h. von Anfang an beseitigt (§§ 50, 51 i.V.m. § 52 II MarkenG; Art. 59, 60 i.V.m. Art. 62 II UMV), und der Löschung wegen *Verfalls*, der lediglich eine (prozessual modifizierte) *ex-nunc-Wirkung* zukommt (§ 49 i.V.m. § 52 I MarkenG; Art. 58 i.V.m. Art. 62 I UMV). Die Löschungsgründe der Nichtigkeit und des Verfalls sind nun näher zu betrachten.

II. Nichtigkeit der Marke

1. Nichtigkeit wegen absoluter Schutzhindernisse

a) Deutsche Marken

aa) Materiell-rechtliche Voraussetzungen der Nichtigerklärung

264   Wie im vorigen Kapitel im einzelnen dargestellt, werden angemeldete Marken vor ihrer Eintragung von der zuständigen Markenstelle des DPMA daraufhin überprüft, ob sie ihrer Art nach eine Marke sein können (Markenfähigkeit, § 3 MarkenG) und ob einer Eintragung absolute Schutzhindernisse entgegenstehen, insbesondere, ob die angemeldete Marke als beschreibende Angabe einem Freihaltebedürfnis im Sinne des § 8 II Nr. 2 MarkenG unterliegt und ob sie die erforderliche konkrete Unterscheidungskraft (§ 8 II Nr. 1 MarkenG) aufweist. Dabei handelt es sich jedoch um ein Massengeschäft. Durchschnittlich gehen jedes Jahr etwa 70.000 Anmeldungen ein. Außerdem ist oft nur ein Teil der beanspruchten Waren/DL von einem absoluten Schutzhindernis betroffen (vgl. oben Rdn. 137), wobei die Verzeichnisse der Waren und DL mitunter sehr umfangreich sind und Dutzende, ja Hunderte von Waren und DL umfassen können. Dadurch kommt es immer wieder zu Fehleintragungen. Darüber hinaus gibt es auch Fälle, in denen ein absolutes Schutzhindernis für die Markenstelle zunächst nicht erkennbar ist. Eine bösgläubige Behinderungsabsicht etwa (§ 8 II Nr. 14 MarkenG) bleibt dem Amt im Eintragungsverfahren oft verborgen. Aber auch z.B. die fehlende Unterscheidungskraft einer Marke, etwa einer Warenform, kann auf spezifischen Marktverhältnissen beruhen, die das Amt nicht kennt. Das alles zeigt, dass es trotz des Prüfungsverfahrens eines Korrektivs bedarf. Ein solches Instrument der Fehlerkorrektur stellt das Gesetz in den § 50 i.V.m. § 54 bzw. § 53 MarkenG n.F. zur Verfügung.

265   Nach § 50 I MarkenG kann eine entgegen den §§ 3, 8 MarkenG eingetragene Marke auf Antrag (in bestimmten, aber eng begrenzten Ausnahmefällen auch von Amts wegen, s. § 50 III MarkenG) wegen Nichtigkeit, also mit Wirkung ex tunc (§ 52 II MarkenG), gelöscht werden. Für Verstöße gegen § 8 II Nr. 1–3 MarkenG gilt

dies jedoch nur, wenn der Antrag binnen zehn Jahren nach dem Tag der Eintragung gestellt wird (§ 50 II S. 3 MarkenG!). Grund hierfür ist, dass diese in besonderem Maße von der Verkehrsauffassung abhängigen Schutzhindernisse umso schwerer feststellbar sind, je weiter die Entscheidung über die Eintragung der Marke zurückliegt.[527] Davon abgesehen muss das Schutzhindernis nicht nur zum Zeitpunkt der Anmeldung der Marke vorgelegen haben, sondern auch noch im Zeitpunkt der Entscheidung über den Löschungsantrag fortbestehen (§ 50 II S. 1 MarkenG). Auch das ist eine Konsequenz der Erkenntnis, dass die meisten absoluten Schutzhindernisse einem zeitlichen Wandel unterliegen können.

Besondere praktische Bedeutung erlangt dies, wenn eine wegen eines Schutzhindernisses nach § 8 II Nr. 1–3 MarkenG zu Unrecht eingetragene Marke sich im Nachhinein zugunsten des Markeninhabers nach § 8 III MarkenG im Verkehr durchgesetzt hat (sog. nachträgliche Verkehrsdurchsetzung).[528] Gerade für diesen Fall allerdings wird die Regel des § 50 II S. 1 MarkenG eingeschränkt. Denn nach der durch das MaMoG in Umsetzung von Art. 4 IV S. 2 MarkenRL eingefügten Vorschrift des § 50 II S. 2 MarkenG ist eine Nichtigerklärung wegen nachträglicher Verkehrsdurchsetzung nur dann ausgeschlossen, wenn die Verkehrsdurchsetzung bereits vor Stellung des Nichtigkeitsantrags erlangt wurde. Spätere Entwicklungen bis zur Entscheidung über den Nichtigkeitsantrag bleiben also abweichend von § 50 II S. 1 MarkenG unberücksichtigt.[529]
266

Im umgekehrten Fall einer *zu Recht* im Wege der Verkehrsdurchsetzung eingetragenen Marke, die später ihre Durchsetzung wieder verloren hat, kommt eine Nichtigerklärung nicht in Betracht, da schon die Voraussetzungen des § 50 I MarkenG nicht vorliegen.[530]
267

Besondere Probleme entstehen, wenn eine Marke *zu Unrecht* infolge Verkehrsdurchsetzung eingetragen worden ist, insbesondere wenn das zum Beleg der Verkehrsdurchsetzung beigebrachte demoskopische Gutachten (s. Rdn. 193 ff.) fehlerhaft war, z.B. auf einer suggestiven oder sonst inkorrekten Fragestellung beruhte. Muss dann der Nichtigkeitsantragsteller nachweisen, dass die Marke tatsächlich nicht durchgesetzt war, oder muss der für das fehlerhafte Gutachten verantwortliche Markeninhaber nachweisen, dass die Marke trotzdem zu Recht eingetragen worden ist? Die Frage ist sehr umstritten, aber in der Regel von streitentscheidender Bedeutung, weil vergangenheitsbezogene demoskopische Erhebungen sehr schwierig bis unmöglich sind.[531]
268

---

527 S. dazu ausf. BPatG GRUR 2013, 72 *smartbook*.

528 Vgl. hierzu den instruktiven Fall BPatG GRUR 2007, 324, 327 ff. *Kinder (schwarz-rot)*, bestätigt durch BGH GRUR 2009, 954 *Kinder III*.

529 Nach § 158 VIII S. 2 MarkenG gilt dies für Nichtigkeitsanträge, die ab dem 14.01.2019 gestellt worden sind. Für Altverfahren bleibt es somit bei der bisher geltenden Rechtslage.

530 Vgl. hierzu BGH GRUR 2003, 1040, 1042 *Kinder* (unter dem Gesichtspunkt des Verfalls nach § 49 II Nr. 1 MarkenG) und Ströbele/Hacker/Thiering, § 49 Rn. 39.

531 Vgl. Ströbele/Hacker/Thiering, § 8 Rn. 705 ff.

Das BPatG hat die Beweislast in solchen Fällen beim Markeninhaber gesehen,[532] der BGH dagegen beim Antragsteller.[533] Nachdem sich der EuGH zwischenzeitlich im Sinne der Auffassung des BPatG geäußert hat,[534] hat der BGH zu erkennen gegeben, die Frage bei Bedarf erneut dem EuGH vorzulegen.[535]

bb) Nichtigkeitsverfahren

269 Der Nichtigkeitsantrag wegen absoluter Schutzhindernisse ist beim DPMA anzubringen und kann von jedermann gestellt werden (§ 54 I S. 2 MarkenG bzw. § 53 I S. 1 und II MarkenG n.F.). Es handelt sich also um einen *Popularantrag*. Tatsächlich interessant ist der Nichtigkeitsantrag freilich in der Regel nur für betroffene Konkurrenten, etwa weil sie aus der zu Unrecht eingetragenen Marke in Anspruch genommen werden.

270 § 53 I S. 2 MarkenG n.F. stellt klar, dass in dem Nichtigkeitsantrag die zur Begründung dienenden Tatsachen und Beweismittel anzugeben sind; andernfalls ist der Nichtigkeitsantrag unzulässig. Der Antrag muss mithin so konkret begründet sein, dass sich der Streitgegenstand des Nichtigkeitsverfahrens bestimmen lässt, also erkennbar ist, welches absolute Schutzhindernis aufgrund welcher Tatsachenlage zur Überprüfung gestellt wird. Das entspricht der Rechtslage, wie sie der BGH für das alte Löschungsverfahren festgestellt hat.[536] Bedeutung hat dies vor allem für die Frage, ob und inwieweit vorgängige rechtskräftige Entscheidungen, mit denen ein Nichtigkeitsantrag zurückgewiesen worden ist, einem erneuten Nichtigkeitsverfahren entgegenstehen. Insoweit bestimmt § 53 I S. 4 MarkenG n.F. nunmehr ausdrücklich, dass der Antrag unzulässig ist, soweit über denselben Streitgegenstand zwischen den Parteien durch unanfechtbaren Beschluss entschieden wurde; nach den Ausführungen in der Gesetzesbegründung gilt insoweit der zivilprozessuale Streitgegenstandsbegriff.[537] Auch damit wird (nur) die schon zum bisherigen Recht geltende Lage kodifiziert.[538]

271 Nach Eingang eines Antrags unterrichtet das Amt den Markeninhaber. Dieser hat sodann zwei Monate ab Zustellung der Mitteilung Zeit, dem Antrag zu *widersprechen*. Geht kein Widerspruch ein, wird die Marke ohne weitere Prüfung gelöscht,

---

532 Grdl. BPatG GRUR 2007, 324, 327 *Kinder (schwarz-rot)*; GRUR 2008, 420, 425 *ROCHER-Kugel* sowie BPatG GRUR 2015, 796, 802 ff. *Farbmarke Rot – HKS 13 (Sparkassen-Rot II)*.

533 BGH GRUR 2009, 669, 672 (Nr. 31) *Post II*; GRUR 2010, 138, 142 (Nr. 47–48) ROCHER-Kugel.

534 EuGH GRUR 2014, 776, 780 (Nr. 68 ff.) *Oberbank ua/DSGV (Sparkassen-Rot)*.

535 BGH GRUR 2015, 1012, 1016 (Nr. 40) *Nivea-Blau*; s. auch BGH GRUR 2016, 1167, 1173 (Nr. 55) *Sparkassen-Rot*.

536 BGH GRUR 2016, 500, 501 (Nr. 12 ff.) – *Fünf-Streifen-Schuh*, näher zum Streitgegenstand im Nichtigkeitsverfahren BGH GRUR 2018, 404, 406 (Nr. 11 ff.) – *Quadratische Tafelschokoladenverpackung*; krit. hierzu die Folgeentscheidung BPatG, Beschl. v. 13.12.2018, 25 W(pat) 79/14.

537 BT-Drs. 19/2898, S. 81.

538 Vgl. Miosga in Ströbele/Hacker/Thiering, § 54 Rn. 11.

andernfalls das Verfahren durchgeführt (§ 54 II MarkenG; § 53 IV und V S. 1 und 2 MarkenG n.F.).

Für die Durchführung des Löschungsverfahrens ist das DPMA *ausschließlich* zustän-   272
dig (§ 54 I S. 1 MarkenG[539]), wobei nicht die Markenstellen, sondern die *Marken-abteilung* tätig wird (§ 56 III MarkenG). Diese entscheidet in der Besetzung mit drei rechtskundigen Mitgliedern. Der Beschluss der Markenabteilung (§ 61 MarkenG) lautet entweder auf vollständige oder teilweise Nichtigerklärung und Löschung der angegriffenen Marke oder auf Zurückweisung des Antrags. Gegen den Beschluss fin-det die Beschwerde zum BPatG (§ 66 MarkenG) und – falls vom BPatG zugelassen – die Rechtsbeschwerde zum BGH statt.

Die ausschließliche Zuständigkeit des DPMA bedeutet insbesondere, dass die zur Ent-   273
scheidung über Klagen wegen einer Markenverletzung zuständigen Zivilgerichte (s. § 140 MarkenG und unten Rdn. 405) die Nichtigkeit der Klagemarke wegen abso-luter Schutzhindernisse grundsätzlich nicht (auch nicht inzident) prüfen können und dürfen. Wer also wegen einer Markenverletzung in Anspruch genommen ist, kann den Einwand der Nichtigkeit wegen absoluter Schutzhindernisse nur geltend machen, indem er einen gegenläufigen Nichtigkeitsantrag beim DPMA stellt (s. Rdn. 415). Das Verletzungsgericht kann dann den Verletzungsprozess nach § 148 ZPO aussetzen, um eine widersprüchliche Entscheidung zu vermeiden (s. dazu auch unten Rdn. 415).

b) IR-Marken mit Wirkung für Deutschland

Bei IR-Marken, die nach dem MMA oder dem PMMA mit Wirkung für Deutsch-   274
land registriert sind, kommt eine Löschung nach § 50 i.V.m. § 54 MarkenG bzw. § 53 MarkenG n.F. nicht in Betracht, da es an einer Registrierung in Deutschland fehlt. Die genannten Vorschriften sind jedoch über § 107 MarkenG mit der Maßgabe anwendbar, dass an die Stelle der Nichtigerklärung und Löschung die (vollständige oder teilweise) *Schutzentziehung* tritt (§§ 115 I, 124 MarkenG), wobei die Schutz-entziehung wegen des Territorialitätsprinzips (s. oben Rdn. 209) selbstverständlich nicht die ganze IR-Marke erfassen kann, sondern *auf das Gebiet der Bundesrepublik Deutschland (also den deutschen Anteil der IR-Marke) beschränkt* ist. Die Schutzent-ziehung wirkt ebenso wie die Löschung ex tunc (§§ 112 II, 124 MarkenG). Inhaltlich entspricht das Schutzentziehungsverfahren dem Nichtigkeitsverfahren bei deutschen Marken.

c) Unionsmarken

Die Regelung für Unionsmarken ist im wesentlichen ähnlich wie das deutsche   275
Nichtigkeitsverfahren ausgestaltet, vgl. Art. 59, 63 I lit. a UMV. Zuständig für die Durchführung des Nichtigkeitsverfahrens sind die beim EUIPO eingerichteten *Nich-tigkeitsabteilungen* (Art. 163 UMV). Gegen deren Entscheidungen findet der oben

---

539 Nach dem ab 01.05.2020 geltenden Recht ergibt sich dies nur noch indirekt aus § 55 I MarkenG.

Rdn. 249, 250 beschriebene Rechtszug zu den Beschwerdekammern, dann weiter zum EuG und von dort zum EuGH statt.

276 Eine wichtige Abweichung zum deutschen Recht besteht jedoch darin, dass die Zuständigkeit des EUIPO, anders als die des DPMA, keine ausschließliche ist. Ist nämlich bei einem Unionsmarkengericht (s. zu den Unionsmarkengerichten oben Rdn. 240 und unten Rdn. 411) ein Verletzungsprozess anhängig, so kann die Unionsmarke, auf die die Verletzungsklage gestützt ist, auf eine entsprechende Widerklage des beklagten Verletzers hin auch durch das Unionsmarkengericht aus absoluten Gründen für nichtig erklärt werden (Art. 59 I lit. a, Art. 128 UMV, s. aber auch Art. 128 IV, VII UMV).[540]

2. Nichtigkeit wegen relativer Schutzhindernisse

a) Deutsche Marken

277 Wie schon oben Rdn. 208 angesprochen, erfolgt die Eintragung einer Marke nach deutschem Recht ohne Rücksicht auf etwa entgegenstehende Rechte Dritter (prioritätsältere Marken nach §§ 9–12 MarkenG oder sonstige Rechte im Sinne von § 13 MarkenG). Sofern jedoch die Marke mit solchen besseren Rechten Dritter kollidiert, unterliegt sie nach § 51 I MarkenG der Löschung wegen Nichtigkeit, mithin wiederum mit Wirkung ex tunc (§ 52 II MarkenG).

278 Die Nichtigkeit wegen älterer Rechte war nach der noch bis zum 30.04.2020 geltenden Konzeption des Gesetzes grundsätzlich *vor den Zivilgerichten im Wege der Klage* geltend zu machen (§ 51 I MarkenG). Sachlich zuständig sind in erster Instanz die Landgerichte (§ 140 I MarkenG), von denen der Rechtszug zu den Oberlandesgerichten als Berufungsgerichten und zum BGH als Revisionsgericht verläuft. Geltend gemacht werden können ältere Rechte aller Art (s. § 51 I MarkenG). Neben älteren Marken und geschäftlichen Bezeichnungen (§§ 9, 12 MarkenG) können dies auch Namensrechte, Urheberrechte, geographische Herkunftsangaben usw. sein (§ 13 MarkenG). Einzelheiten der Löschungsklage regeln die §§ 51 II-V, 55 MarkenG.

279 Daneben besteht die Möglichkeit, ältere Rechte *beim DPMA* (mit Rechtszug zum BPatG, gegebenenfalls zum BGH) durch *Widerspruch* nach § 42 I MarkenG geltend zu machen, der binnen drei Monaten ab Veröffentlichung einer neu eingetragenen Marke im Markenblatt zu erheben ist (s. dazu schon oben Rdn. 208). Der Widerspruch kann zum einen auf ältere Registermarken gestützt werden (§ 42 II Nr. 1 i.V.m. § 9 MarkenG). Das ältere Recht kann insoweit eine deutsche Marke, eine international mit Wirkung für Deutschland registrierte Marke (vgl. § 116 MarkenG), aber auch eine Unionsmarke sein (vgl. § 125b Nr. 1 MarkenG, der die Unionsmarken für die Anwendung des § 9 MarkenG den deutschen Marken gleichstellt). Als Widerspruchsgründe kommen darüber hinaus auch Benutzungsmarken und geschäftliche

---

540 Beispiele: BGH GRUR 2017, 520, 524 (Nr. 44 ff.) *MICRO COTTON*; GRUR 2008, 254, 258 (Nr. 47 ff.) *THE HOME STORE*.

Bezeichnungen (§ 12 MarkenG) in Betracht (§ 42 II Nr. 4 MarkenG), seit dem 14.01.2019 auch Ursprungsbezeichnungen und geografische Angaben (§ 42 II Nr. 5 MarkenG). Die weiteren in § 13 MarkenG aufgeführten Rechte können dagegen im Widerspruchsverfahren nicht geltend gemacht werden.

Die beiden Wege – Löschungsklage und Widerspruch – stehen in keinem Aus-   **280** schlussverhältnis. Sie können also (soweit die Parallelen reichen) unabhängig voneinander und auch gleichzeitig beschritten werden. In der Praxis freilich werden die meisten Kollisionsfälle – anders als es die gesetzliche Regelung vermuten lässt – im Widerspruchsverfahren entschieden. Das liegt vor allem daran, dass das Widerspruchsverfahren wesentlich kostengünstiger ist als das Klageverfahren vor den Zivilgerichten. Die Amts- und Gerichtsgebühren sind (außer beim BGH) geringe Pauschalgebühren und unabhängig vom Streitwert. Auch etwaige (streitwertabhängige) Anwaltsgebühren liegen in aller Regel deutlich niedriger als bei den Zivilgerichten. Hinzu kommt, dass es im Regelfall keine Kostenerstattung gibt (vgl. §§ 63 I, 71 I MarkenG), so dass jede Partei auch im Falle des Unterliegens grundsätzlich nur mit ihren eigenen Kosten belastet ist (was freilich auch für den Fall des Obsiegens gilt).

Nach Vorgabe des Art. 45 MarkenRL wird zum 01.05.2020 darüber hinaus nach   **281** dem Vorbild des Unionsmarkenrechts (s. Rdn. 288) neben dem Widerspruchsverfahren ein *patentamtliches Nichtigkeitsverfahren* wegen älterer Rechte eingeführt (§ 53 MarkenG n.F., Art. 5 III MaMoG). Das Amtsverfahren wird insoweit zu einer echten Alternative zum Nichtigkeitsklageverfahren aufgewertet.

Eine ausführliche Darstellung der erwähnten prozessualen Instrumente erfolgt unten   **282** im Zusammenhang mit der Behandlung des Löschungsanspruchs (Rdn. 682–728).

b) IR-Marken

Bei IR-Marken, die nach dem MMA oder dem PMMA mit Wirkung für Deutsch-   **283** land registriert sind, tritt an die Stelle der Nichtigerklärung und Löschung wie bei der Nichtigkeit wegen absoluter Schutzhindernisse die *Schutzentziehung* mit Wirkung ex tunc (§§ 112 II, 115 I, 124 MarkenG), die wiederum territorial auf das Gebiet der Bundesrepublik Deutschland beschränkt ist. Wie bei deutschen Marken kann die Schutzentziehung sowohl im Wege der Klage vor den Zivilgerichten als auch durch Widerspruch und ab dem 01.05.2020 im patentamtlichen Nichtigkeitsverfahren verfolgt werden, wobei das Gesetz im Falle des erfolgreichen Widerspruchs nicht von Schutzentziehung, sondern (nicht ganz korrekt) von *Schutzverweigerung* spricht (§ 114 III MarkenG).

Was die Schutzentziehungsklage angeht, gelten über die §§ 107, 119 MarkenG die   **284** Vorschriften der §§ 51, 55 MarkenG entsprechend, wobei § 115 I MarkenG die notwendigen Modifikationen (Schutzentziehung statt Nichtigerklärung und Löschung) regelt. Auf Marken, die nach dem PMMA international registriert sind, findet § 115 I über § 124 MarkenG Anwendung. Gleiches gilt ab dem 01.05.2020 für das patentamtliche Nichtigkeitsverfahren (vgl. § 115 I i.V.m. § 51 und § 53 MarkenG n.F.).

285 Die Vorschriften über das Widerspruchsverfahren (§§ 42, 43 MarkenG) sind auf IR-Marken ebenfalls über die Verweisungen der §§ 107, 119 MarkenG anzuwenden. Sie werden durch § 114 MarkenG (gegebenenfalls über § 124 MarkenG) modifiziert. Insbesondere kann für die Berechnung der dreimonatigen Widerspruchsfrist nicht an die Veröffentlichung der angegriffenen Marke nach § 41 II angeknüpft werden, da eine Veröffentlichung der IR-Marken im Markenblatt nicht erfolgt. Maßgeblich ist stattdessen die Veröffentlichung in dem vom Internationalen Büro herausgegebenen Veröffentlichungsblatt (»Les Marques Internationales«, s. das Beispiel oben bei Rdn. 223), wobei die Frist erst mit dem ersten Tag des Monats beginnt, der dem Ausgabemonat folgt (§ 114 II MarkenG).

c) Unionsmarken

286 Ebenso wie deutsche und IR-Marken unterliegen auch Unionsmarken der Nichtigerklärung mit Wirkung ex tunc, soweit sie in bessere Rechte Dritter eingreifen (Art. 60, 62 II UMV). Bei diesen Rechten kann es sich um ältere Unionsmarken, aber auch um nationale oder mit Wirkung für einen Mitgliedstaat der EU international registrierte Marken sowie um sonstige unionsrechtliche oder nationale Rechte handeln (s. im einzelnen Art. 60 I i.V.m. Art. 8 sowie Art. 62 II UMV). Ähnlich wie im deutschen Recht können ältere Rechte auf drei verfahrensrechtlichen Wegen geltend gemacht werden, wobei jedoch einige wichtige Unterschiede im Detail bestehen.

287 Möglich ist zunächst ein *Widerspruch*, der innerhalb von drei Monaten nach Veröffentlichung der Unionsmarkenanmeldung zu erheben ist (Art. 46 I UMV; vorgeschaltetes Widerspruchsverfahren, s. oben Rdn. 247). Er kann jedoch nur auf ältere *Kennzeichenrechte* im Sinne des Art. 8 UMV, nicht auch auf andere Rechte gestützt werden. Diese Beschränkung des Widerspruchs entspricht im Wesentlichen dem deutschen Recht.

Da die angegriffene Unionsmarke in diesem Stadium noch nicht eingetragen ist, erfolgt bei erfolgreichem Widerspruch keine Löschung, vielmehr wird die Anmeldung zurückgewiesen (Art. 47 V S. 1 UMV).

288 Außerhalb des Widerspruchsverfahrens ist für die Nichtigerklärung wegen relativer Schutzhindernisse primär die Nichtigkeitsabteilung des EUIPO zuständig (Art. 63, 64, 163 UMV). Im *Nichtigkeitsverfahren* können alle älteren Rechte, also neben älteren Kennzeichenrechten auch die in Art. 60 II UMV genannten Namensrechte, Urheberrechte usw. geltend gemacht werden.

289 Als dritte Möglichkeit kommt eine *Nichtigkeitsklage vor den Unionsmarkengerichten* in Betracht. Diese kann jedoch *nur als Widerklage* im Unionsmarken-Verletzungsprozess erhoben werden (Art. 60 I, Art. 128 UMV). Eine isolierte Nichtigkeitsklage gibt es somit – anders als nach deutschem Recht (§§ 51, 55 MarkenG) – nicht!

III. Verfall der Marke

290 Während es sich bei den Nichtigkeitsgründen um Mängel handelt, die der Marke von Anfang an anhaften und daher zur Nichtigerklärung und Löschung ex tunc führen, geht es beim Verfall der Marke um nachträglich eintretende Umstände, die lediglich einem

fortdauernden Schutz der Marke entgegenstehen. Die Löschung wegen Verfalls ist daher nur mit ex-nunc-Wirkung ausgestattet (§§ 52 I, 107, 119 MarkenG; Art. 62 I UMV).

Als Verfallsgründe nennt § 49 II MarkenG – von dem bedeutungslosen § 49 II Nr. 3 **291** MarkenG abgesehen – die Umwandlung einer Marke zur Gattungsbezeichnung der Waren/DL, für die die Marke eingetragen ist (§ 49 II Nr. 1 MarkenG; ebenso Art. 58 I lit. b UMV) und die täuschende bzw. irreführende Markenbenutzung (§ 49 II Nr. 2 MarkenG; Art. 58 I lit. c UMV). Näher zu betrachten ist hier nur die Umwandlung zur Gattungsbezeichnung:

Die Umwandlung zur Gattungsbezeichnung ist für den Markeninhaber besonders **292** gefährlich. Gerade sehr bekannte und daher besonders wertvolle Marken werden vom Verkehr gerne als Sachbezeichnung für die Ware oder DL benutzt, für die die Marke bekannt ist. So spricht man »im Volke« z.B. oft von »Tempo-Taschentüchern« als Synonym für Papiertaschentücher oder von »Aspirin« für Kopfschmerztabletten, meint also gar nicht unbedingt Taschentücher der Marke »Tempo«, Tabletten der Marke »Aspirin«. Hinter dem außerordentlichen geschäftlichen Erfolg solcher Marken lauert jedoch das Schreckgespenst des drohenden Verfalls. Gesetz und Rechtsprechung haben insoweit zu Recht hohe Hürden errichtet.[541]

Voraussetzung eines Verfalls ist zunächst, dass nur noch ein völlig unerheblicher **293** Teil der beteiligten Verkehrskreise mit der Marke eine Herkunftsvorstellung verbindet.[542] Zu den beteiligten Verkehrskreisen zählten nach bisher h.M. neben den Endverbrauchern maßgeblich auch die Händler und konkurrierenden Hersteller, weil Endverbraucher leicht dazu neigen, insbesondere bekannte Marken wie Gattungsbezeichnungen zu verwenden. Der EuGH hat dieser Sichtweise zwar eine eindeutige Absage erteilt. Ausschlaggebend soll demnach allein die Auffassung der Endabnehmer sein.[543] Der betreffende Fall betraf allerdings eine sehr spezielle Konstellation, weil die betreffenden Produkte (Brötchen) im konkreten Fall nicht Gegenstand des Handels im eigentlichen Sinne waren, sondern auf der »Handelsstufe« (d.h. von den Bäckereien) aus vom Markeninhaber gelieferten Rohmaterialien (Teigmischungen) erst hergestellt wurden. Für den Normalfall *gehandelter* Produkte (z.B. Papiertaschentücher) könnte es daher weiterhin *auch* auf die Sicht der Händler ankommen.[544] Das muss aber letztlich der EuGH klären.

Darüber hinaus muss die Umwandlung zur Gattungsbezeichnung auf dem Ver- **294** halten oder der Untätigkeit des Markeninhabers beruhen,[545] z.B. auf mangelnder

---

541 Vgl. BGH GRUR 2011, 1043, 1046 (Nr. 52) *TÜV II*.
542 BGH GRUR 1964, 458, 460 *Düssel*; GRUR 1964, 82, 85 *Lesering*; RG GRUR 1939, 801, 803 *Kaffee Hag*; GRUR 1924, 85, 86 f. *Saccharin*; BPatG MarkenR 2011, 129, 132 *TEFLON/TEFLEXAN*; OLG Düsseldorf GRUR-RR 2012, 470 *Flip Flop*.
543 EuGH GRUR 2014, 373, 375 (Nr. 29) *KORNSPITZ*.
544 So zutr. Thiering in Ströbele/Hacker/Thiering, § 49 Rn. 37.
545 Vgl. EuGH GRUR 2014, 373, 375 (Nr. 34) *KORNSPITZ*; in Österreich bejaht bezüglich der Marke »Walkman«, s. ÖOGH WRP 2002, 841 *SONY WALKMAN II* (jedoch zweifelhaft).

Rechtsverfolgung. Der Markeninhaber kann dem Verfall also entgegenwirken, indem er konsequent gegen eine generische Verwendung seiner Marke vorgeht, was allerdings nur im Geschäftsverkehr und nicht gegenüber Verbrauchern möglich ist (s. Rdn. 426).

295   Der Umwandlung einer Marke zur Gattungsbezeichnung kann vor allem dadurch Vorschub geleistet werden, dass die Marke in Lexika und anderen Nachschlagewerken als bloße Sachbezeichnung aufgeführt ist, da diesen Medien eine besonders starke meinungsbildende Kraft zukommt. Der Markeninhaber ist insoweit gehalten, dagegen mit dem Hinweisanspruch nach § 16 MarkenG vorzugehen (vgl. auch Art. 12 UMV). Nach dieser Vorschrift kann der Inhaber einer eingetragenen (!) Marke vom Verleger des Werkes verlangen, dass der Wiedergabe der Marke ein Hinweis beigefügt wird, dass es sich um eine eingetragene Marke handelt, wenn die Wiedergabe in dem Wörterbuch, Lexikon oder Nachschlagewerk (zu elektronischen Werken s. § 16 III MarkenG) den Eindruck erweckt, dass es sich bei der Marke um eine Gattungsbezeichnung für die Waren/DL handelt, für die die Marke eingetragen ist. Die in Nachschlagewerken vor allem früher verwendete allgemeine Freizeichnungsklausel (z.B. »In diesem Buch werden, wie in allgemeinen Nachschlagewerken üblich, etwa bestehende Patente, Gebrauchsmuster oder Warenzeichen nicht erwähnt. Wenn ein solcher Hinweis fehlt, heißt das also nicht, dass eine Ware oder ein Warenname frei ist.«) genügt insoweit nicht. Bei bereits erschienenen Werken beschränkt sich der Hinweisanspruch jedoch auf die Neuauflage des Werkes (§ 16 II MarkenG).

296   Der praktisch bei weitem wichtigste Verfallsgrund ist der Fall der mangelnden Benutzung (§ 49 I MarkenG; Art. 58 I lit. a UMV). Dies ist im folgenden Abschnitt näher darzustellen.

§ 14 Der Benutzungszwang

I. Zweck und Wesen

Im ersten Kapitel (Rdn. 23) wurde der formale Markenschutz in seinem Verhältnis   **297**
zur Wettbewerbsfreiheit im Anschluss an *Eugen Ulmer* als eine von Staats wegen ein-
geräumte *Entwicklungsbegünstigung* charakterisiert, als Vorschuss auf eine künftig zu
erbringende und mit Hilfe der Marke individualisierbare wettbewerbliche Leistung
(Angebot von Waren und DL). Da eine solche Vorleistung notwendig zu Lasten der
Wettbewerbsfreiheit, hier der freien Zeichenwahl durch die Konkurrenten, geht, erhellt
ohne weiteres, dass es bei dem zeitlich potentiell unbegrenzten Formalschutz nicht sein
Bewenden haben kann, dass es über den Formalakt der gebührenpflichtigen Schutz-
dauerverlängerung (§ 47 MarkenG; Art. 53 UMV) hinaus auch eines materiell-rechtlichen Korrektivs bedarf. Dieses Korrektiv ist der Benutzungszwang. So hat schon *Eugen
Ulmer* völlig zutreffend gesehen, dass es der Bestimmung einer Frist bedürfe, innerhalb
derer die ernstliche Ingebrauchnahme der eingetragenen Marke bei Meidung einer
Löschungsklage stattzufinden habe, was aber Sache des Gesetzgebers sei.[546]

Der Gesetzgeber ist diesem Ruf erst spät gefolgt. In Deutschland ist der Benutzungs-   **298**
zwang erst mit dem Gesetz vom 4. September 1967[547] eingeführt worden. Seither
unterliegt die eingetragene Marke der Löschung bzw. können aus ihr keine Rechte

---

546 Ulmer, S. 66; vgl. auch BGH GRUR 2007, 321, 323 *COHIBA*; GRUR 2010, 729, 730
    (Nr. 15) *MIXI*.
547 Mit den Materialien in BlPMZ 1967, 234 ff.

geltend gemacht werden, wenn sie binnen fünf Jahren nicht benutzt worden ist. Diese Form des Benutzungszwangs ist nichts anderes als die dem Charakter der eingetragenen Marke als Formalrecht entsprechende markenrechtliche Formalisierung des wettbewerbsrechtlichen Gedankens der Entwicklungsbegünstigung. Die Markenrechtsreform von 1994/95 hat hieran nichts geändert. Der Benutzungszwang ist auch unter der europäischen Harmonisierung eine tragende Institution des Markenrechts geblieben.

II. Übersicht über die gesetzliche Regelung

299   Vom Verfall der Marke wegen Nichtbenutzung ist im Gesetz an verschiedenen Stellen die Rede, nämlich in den §§ 25, 26, 43 I, 49 I, 51 IV S. 1 Nr. 1, 53 und 55 I und III. Das Zusammenspiel dieser teils materiell-rechtlichen, teils verfahrensrechtlichen Regeln ist nicht leicht zu verstehen. Hinzu kommt, dass das MaMoG gerade im Bereich des Benutzungszwangs eine Reihe von Änderungen gebracht hat. Diese neuen Vorschriften sind grundsätzlich am 14.01.2019 in Kraft getreten (Art. 5 I MaMoG). Allerdings ordnen die Übergangsvorschriften des § 158 V und VI MarkenG für Verfahren, die vor dem 14.01.2019 eingeleitet worden sind, die Weitergeltung der alten Regeln an; diese bleiben also noch für längere Zeit praktisch relevant. Noch komplizierter wird die Rechtslage dadurch, dass die wichtige verfahrensrechtliche Vorschrift des § 53 MarkenG in der Fassung des Art. 1 Nr. 33 MaMoG erst am 01.05.2020 in Kraft tritt (Art. 5 III MaMoG). Dem Leser wird hier also viel Aufmerksamkeit abverlangt! Zum besseren Verständnis sind im Anhang die einschlägigen Vorschriften zum Benutzungszwang in alter und neuer Fassung synoptisch abgedruckt; dort findet sich auch die Neufassung des § 53 MarkenG.

1. Materiell-rechtlicher Ausgangspunkt

300   Ausgangspunkt ist § 49 I S. 1 MarkenG. Danach wird die Eintragung einer Marke wegen Verfalls gelöscht, wenn die Marke nach dem Tag, *ab dem kein Widerspruch mehr gegen sie möglich ist* (mithin seit dem Ablauf der dreimonatigen Widerspruchsfrist des § 42 I S. 1 MarkenG), innerhalb eines ununterbrochenen Zeitraums von fünf Jahren nicht gemäß § 26 MarkenG benutzt worden ist.[548] § 26 I MarkenG bestimmt sodann (u.a.), dass die Marke, soweit die Aufrechterhaltung ihrer Eintragung davon abhängig ist, dass sie benutzt worden ist (was nach Maßgabe des § 49 I S. 1 MarkenG der Fall ist), von ihrem Inhaber für die Waren/DL, für die die Marke eingetragen ist, im Inland ernsthaft benutzt worden sein muss. Somit regelt § 49 I S. 1 MarkenG den *materiell-rechtlichen Verfallsgrund der Nichtbenutzung,* während § 26 MarkenG die *materiell-rechtlichen Anforderungen an die rechtserhaltende Benutzung* festlegt, also die Anforderungen, denen der Markeninhaber genügen muss, um den Verfall der Marke wegen Nichtbenutzung zu vermeiden.

---

548   Nach altem Recht kam es dagegen auf einen fünfjährigen Zeitraum nach dem *Tag der Eintragung* (§ 41 I MarkenG) an!

2. Verfahrensrechtliche Ausgestaltung

In verfahrensrechtlicher Hinsicht setzt die Löschung wegen Verfalls, wie sich eben- **301** falls aus § 49 I S. 1 MarkenG ergibt, stets einen entsprechenden Antrag voraus. Eine Amtslöschung ist nicht vorgesehen. Das Antragserfordernis wird in den §§ 53, 55 MarkenG näher konkretisiert.

a) Patentamtliches Verfallslöschungsverfahren nach dem bis zum 30.04.2020 geltenden Recht

Nach § 53 I MarkenG kann der Antrag im Sinne des § 49 I S. 1 MarkenG zunächst **302** beim DPMA gestellt werden. Für den Antrag ist nach GebVerz Nr. 333 400 zum Pat-KostG eine Gebühr von 100 € zu zahlen. Antragsbefugt ist jedermann; es handelt sich also um einen Popularantrag, für den kein besonderes Rechtsschutzinteresse gegeben sein muss (vgl. § 55 II Nr. 1 MarkenG). Denn die Löschung verfallener Marken, die nur noch formal im Register stehen und so einen falschen Rechtsschein verbreiten, liegt im öffentlichen Interesse.

Der Markeninhaber wird sodann vom Amt (zuständig ist gemäß § 56 III MarkenG die Markenabteilung) von dem Antrag unterrichtet (§ 53 II MarkenG). Er hat nunmehr zwei Monate Zeit, dem Antrag zu widersprechen. Widerspricht er nicht, wird die Marke ohne Sachprüfung gelöscht (§ 53 III MarkenG). Widerspricht der Markeninhaber dagegen der Löschung, kann das Patentamt den Antragsteller gemäß § 53 IV MarkenG nur noch auf den Klageweg verweisen. Zu einem streitigen Löschungsverfahren vor dem Amt kommt es somit hier – anders als in den Fällen der Antragslöschung wegen absoluter Schutzhindernisse (§ 54 II S. 3 MarkenG) – nicht! Damit ist der zweite Weg angesprochen, auf dem der Verfall wegen Nichtbenutzung geltend gemacht werden kann, nämlich die

b) Gerichtliche Verfallslöschungsklage

»Antrag« im Sinne des § 49 I S. 1 MarkenG kann nämlich auch die Erhebung einer **303** Klage *vor dem Zivilgericht* (Landgericht gemäß § 140 MarkenG) sein, wie sich aus §§ 53 I, 55 I MarkenG ergibt.

Die Löschungsklage nach § 55 I MarkenG ist, wie ebenfalls aus § 53 I MarkenG zu ersehen ist, unabhängig von einem Antrag an das DPMA. Sie ist also nicht erst nach einer Verweisung auf den Klageweg nach § 53 IV MarkenG zulässig. Aus Kostengründen empfiehlt es sich aber oft, vor einer relativ teuren Löschungsklage einen Antrag nach § 53 MarkenG zu stellen.

Im Übrigen ist die Löschungsklage wegen Verfalls ebenso wie der Antrag nach § 53 MarkenG als Popularklage ausgestaltet (§ 55 II Nr. 1 MarkenG).

c) Patentamtliches Verfallslöschungsverfahren nach dem ab dem 01.05.2020 geltenden Recht

aa) Allgemeines

304 Art. 45 i.V.m. Art 54 I S. 2 MarkenRL verpflichtet die Mitgliedstaaten, spätestens bis zum 14.01.2023 patentamtliche Verfahren für die Erklärung des Verfalls oder der Nichtigkeit einer Marke aus absoluten Gründen (Art. 4 MarkenRL) oder wegen bestimmter älterer Rechte (Art. 5 I-III MarkenRL) einzurichten. Obwohl die drei Verfahrensarten eine Reihe von Eigenheiten aufweisen, hat sich der Gesetzgeber dazu entschlossen, die entsprechenden Vorschriften in den §§ 53 und 54 MarkenG n.F. zusammenzufassen; nach Art. 5 III MaMoG treten die neuen Bestimmungen am 01.05.2020 in Kraft. Für den äußeren Regelungsrahmen haben dabei offensichtlich die zum 01.01.2014 eingeführten Bestimmungen über das patentamtliche Nichtig-keitsverfahren in Designsachen (§§ 34a, 34c DesignG) als Vorbild gedient. Zu gleichlaufenden Vorschriften kann daher auf die Auslegung der designrechtlichen Bestimmungen zurückgegriffen werden.

305 Wie bisher entscheidet im Verfallslöschungsverfahren erstinstanzlich, also auf Amts-ebene, nicht die Markenstelle, sondern die *Markenabteilung*, jedoch nunmehr – wie sich aus § 56 III S. 3 MarkenG ergibt – stets in der Besetzung mit (mindestens) drei Mitgliedern des Patentamts (im Sinne von § 26 II PatG), in der Regel also mit drei Beamten des höheren Dienstes. Des Weiteren ist nach § 60 II S. 4 MarkenG im Verfallslöschungsverfahren stets eine Anhörung durchzuführen, wenn ein Beteiligter dies beantragt oder das Patentamt es für sachdienlich hält. Anders als sonst im patent-amtlichen Verfahren (§ 60 II S. 2 MarkenG) kann ein Antrag auf Anhörung somit nicht mangels Sachdienlichkeit zurückgewiesen werden. Das entspricht den Regeln für das patentgerichtliche Verfahren (§ 69 Nr. 1 MarkenG) und zeigt, dass das neue Verfallslöschungsverfahren deutlich einem *gerichtlichen Verfahren* angenähert ist.

bb) Struktur des Verfahrens

306 In Fortschreibung der bisher geltenden Regelung ist das neue Verfallslöschungsver-fahren zweistufig ausgestaltet. Mit der Antragstellung hat der Antragsteller zunächst wie bisher eine Gebühr von 100 € zu zahlen (GebVerz Nr. 333 400). Widerspricht der Antragsgegner nicht innerhalb von zwei Monaten ab Zustellung der Mitteilung über den Antrag, so wird die Marke gelöscht (§ 53 IV und V S. 1 MarkenG n.F.). Wider-spricht er, so stellt das DPMA dem Antragsteller den Widerspruch zu (§ 53 V S. 3 MarkenG n.F.). In diesem Fall wird das Verfahren fortgesetzt, wenn der Antragsteller innerhalb eines Monats nach Zustellung eine zusätzliche Gebühr von 300 € gemäß GebVerz Nr. 333 450 zahlt. Andernfalls gilt das Verfallsverfahren als abgeschlossen (§ 53 V S. 4 und 5 MarkenG n.F.). Bei Widerspruch des Markeninhabers und voll-ständiger Gebührenzahlung seitens des Antragstellers findet also eine vollständige Sachprüfung durch das DPMA statt. Eine Verweisung auf den Klageweg gibt es nicht mehr.

cc) Verhältnis zur Verfallslöschungsklage

Nachdem ab dem 01.05.2020 zwei sachlich gleichwertige Verfallsverfahren eröffnet   307
sind, ein amtliches und ein gerichtliches, stellt sich die Frage, wie sich beide zueinander verhalten. Nach § 53 I S. 4 und 5 MarkenG n.F. ist ein Verfallslöschungsantrag unzulässig, soweit über denselben Streitgegenstand zwischen den Parteien durch rechtskräftiges Urteil entschieden wurde oder eine Klage nach § 55 MarkenG rechtshängig ist. Spiegelbildlich hierzu sieht § 55 I S. 2 MarkenG vor, dass eine Verfallslöschungsklage nicht zulässig ist, wenn über denselben Streitgegenstand zwischen den Parteien bereits gemäß § 53 MarkenG[549] entschieden oder ein Antrag beim DPMA gestellt wurde. Die beiden Verfahren schließen sich also gegenseitig aus.

3. Nichtbenutzungseinrede

Isolierte Verfallslöschungsbegehren sind allerdings selten. Meist wird die rechtserhal-   308
tende Benutzung einer Marke von solchen Dritten zur Überprüfung gestellt, die ihrerseits vom Markeninhaber aus der Marke in Anspruch genommen werden. Für diese Fälle eröffnet das Gesetz die Möglichkeit, den Verfall wegen Nichtbenutzung außer durch Antrag oder Klage (gegebenenfalls auch Widerklage) auch im Wege einer *Einrede* geltend zu machen (sog. *Nichtbenutzungseinrede*). Da die Inanspruchnahme aus einer Marke in verschiedenen Konstellationen vorkommen kann, ist auch die Nichtbenutzungseinrede an verschiedenen Stellen im Gesetz geregelt:

Wer als Verletzer im Markenverletzungsprozess vor den Zivilgerichten belangt wird,   309
kann die Nichtbenutzungseinrede nach Maßgabe des § 25 II MarkenG erheben. Wer auf Nichtigerklärung und Löschung seiner eigenen Marke wegen Kollision mit einer prioritätsälteren Registermarke im Klagewege (vgl. oben Rdn. 278) oder – ab dem 01.05.2020 – in einem patentamtlichen Nichtigkeitsverfahren aufgrund einer älteren Registermarke (s. Rdn. 711–728) in Anspruch genommen wird, kann gegen die ältere Marke Nichtbenutzungseinrede nach § 55 III MarkenG bzw. nach § 53 VI MarkenG n.F. erheben. Und wer sich nach Eintragung seiner eigenen Marke mit einem Widerspruch aus einer älteren Marke nach § 42 MarkenG konfrontiert sieht, kann Nichtbenutzungseinrede gegen die Widerspruchsmarke nach § 43 I MarkenG erheben. In allen diesen Fällen ist der Markeninhaber dann gehalten, die rechtserhaltende Benutzung seiner Marke im Sinne des § 26 MarkenG darzutun, was durch die jeweiligen Verweisungen auf diese Vorschrift klargestellt wird.

Mit der Möglichkeit der Nichtbenutzungseinrede stellt das Gesetz somit einen ein-   310
fachen Weg zur Verfügung, den Verfall wegen Nichtbenutzung geltend zu machen. Allerdings weist die Nichtbenutzungseinrede auch Schwächen auf. Zum einen kann sie, wie noch zu zeigen sein wird, nicht verhindern, dass der Markeninhaber seine Marke gerade auf die Einrede hin in Benutzung nimmt und damit unter Umständen

---

[549] Gemeint ist insoweit natürlich § 53 Marken n.F., obwohl die Vorschrift schon seit dem 14.01.2019 gilt; für § 53 MarkenG in der bisherigen Fassung passt die Vorschrift ersichtlich nicht!

die Einrede zu Fall bringt (sog. Nachbenutzung). Zum andern führt die Einrede im Erfolgsfall nur zur Abweisung der aus der Marke erhobenen Klage oder zur Zurückweisung des Widerspruchs bzw. des Nichtigkeitsantrags. Die Marke selbst bleibt jedoch erhalten. Insoweit kann es geboten sein, neben der Erhebung der Nichtbenutzungseinrede auch die Löschung der Marke wegen Nichtbenutzung zu betreiben.

III. Die maßgeblichen Benutzungszeiträume

311   Nicht unerhebliche Schwierigkeiten bereitet beim Benutzungszwang das Verständnis der maßgeblichen Benutzungszeiträume, also der Zeiträume, für die eine rechtserhaltende Benutzung oder das Fehlen einer solchen festzustellen ist.

1. Benutzungsschonfrist

a) Grundsatz

312   Ausgangspunkt ist wiederum § 49 I S. 1 MarkenG. Danach wird die Marke wegen Verfalls gelöscht, wenn sie innerhalb eines ununterbrochenen Zeitraums von fünf Jahren nicht gemäß § 26 MarkenG benutzt worden ist. Anknüpfungspunkt für die Berechnung des Fünfjahreszeitraums der Nichtbenutzung war nach der bis zum 13.01.2019 geltenden Fassung des § 49 I S. 1 MarkenG der Tag der Eintragung der Marke im Register (§ 41 I MarkenG). Allerdings ist für den Markeninhaber bei der Eintragung nicht absehbar, ob nicht von dritter Seite gegen seine Marke ein Widerspruch erhoben wird, er seine Marke also womöglich wieder verliert. Das jetzt geltende Recht sieht daher in Umsetzung von Art. 16 II MarkenRL vor, dass der Fünfjahreszeitraum der Nichtbenutzung (auch wenn kein Widerspruch erhoben wird) erst ab dem Tag berechnet wird, ab dem ein Widerspruch nicht mehr möglich ist, also ab dem Tag des Ablaufs der Widerspruchsfrist. Diese wiederum beträgt gemäß § 42 I S. 1 MarkenG drei Monate und beginnt ab der *Veröffentlichung* der Marke gemäß § 41 II MarkenG zu laufen (also nicht schon mit der Eintragung!).

Beispiel nach altem Recht:

Eintragung der Marke am 15.10.2013. Maßgeblicher Zeitraum der Nichtbenutzung 16.10.2013 bis 15.10.2018.

Nach neuem Recht gilt dagegen:

Eintragung der Marke am 15.10.2013, veröffentlicht am 04.12.2013. Ablauf der Widerspruchsfrist gemäß § 42 I S. 1 MarkenG am 04.03.2014. Maßgeblicher Zeitraum der Nichtbenutzung 05.03.2014 bis 04.03.2019.

313   Zu beachten ist, dass die neuen Regeln grundsätzlich auch für Marken gelten, die vor dem 14.01.2019 eingetragen und/oder veröffentlicht worden sind. Nach § 158 VI MarkenG ist das alte Recht zwar noch, aber eben auch nur noch insoweit anzuwenden, als bereits vor dem 14.01.2019 ein Verfallslöschungsantrag nach § 53 MarkenG gestellt bzw. eine Verfallslöschungsklage nach § 55 MarkenG erhoben worden ist (und dann auch nur in diesen Verfahren!).

Doch zurück zu § 49 I S. 1 MarkenG. Wir lesen noch einmal, dass danach eine Marke   **314** wegen Verfalls gelöscht wird, wenn sie nach dem Tag, ab dem kein Widerspruch mehr gegen sie möglich ist, innerhalb eines ununterbrochenen Zeitraums von fünf Jahren nicht gemäß § 26 MarkenG benutzt worden ist. Damit ist zunächst ein *erster Fünf-jahreszeitraum* angesprochen, der grundsätzlich mit dem Ablauf der Widerspruchs-frist (§ 42 I S. 1 MarkenG) beginnt. Dieser erste Fünfjahreszeitraum wird meist als *Benutzungsschonfrist* bezeichnet. Dieser Ausdruck ist allerdings insoweit irreführend, als er zu der Annahme verleitet, dass der Benutzungszwang erst fünf Jahre nach dem Ablauf der Widerspruchsfrist greift. Das trifft jedoch nicht zu. Vielmehr tritt schon am ersten Tag nach Ablauf dieser ersten Fünfjahresfrist der Verfall ein, wenn die Marke ununterbrochen nicht benutzt worden ist. Um den Verfall zu verhindern, muss die Marke somit sehr wohl schon in der Benutzungsschonfrist benutzt werden. Richtig ist lediglich, dass vor Ablauf des ersten Fünfjahreszeitraums die Voraussetzungen des Verfalls wegen Nichtbenutzung nicht festgestellt werden können, weil eine Benut-zungsaufnahme ja immer noch möglich ist und eine fünfjährige Nichtbenutzung dann nicht vorliegt. Während der Benutzungsschonfrist kann also gegen den Marken-inhaber weder nach §§ 53, 55 MarkenG vorgegangen werden noch kann eine Nicht-benutzungseinrede nach §§ 25 II, 43 I, 53 VI n.F. oder 55 III MarkenG erhoben werden. Trotz dieser Ungenauigkeit wird der Ausdruck »Benutzungsschonfrist« auch hier weiter verwendet, weil er sich allgemein eingebürgert hat.[550]

Die Benutzungsschonfrist beginnt, wie sich aus § 49 I S. 1 MarkenG ergibt, grund-   **315** sätzlich mit der dem Ablauf der Widerspruchsfrist. Zu dieser Regel gibt es jedoch Modifikationen. Zu Unionsmarken s. Rdn. 390 – 391.

b) Modifikationen

aa) § 26 V MarkenG

Eine erste, praktisch sehr wichtige, aber leicht zu übersehende Modifikation folgt aus   **316** der in § 49 I S. 1 MarkenG enthaltenen Verweisung auf § 26 MarkenG. § 26 V Marken bestimmt nämlich nach Vorgabe des Art. 16 II MarkenRL, dass in den Fällen, in denen gegen die Eintragung von dritter Seite ein Widerspruch erhoben worden ist, an die Stelle des Ablaufs der Widerspruchsfrist der Zeitpunkt tritt, ab dem die das Widerspruchsverfahren beendende Entscheidung Rechtskraft erlangt hat oder der Widerspruch zurückgenommen worden ist. Das bedeutet eine (echte) Aussetzung des Benutzungszwangs für die mit einem Widerspruch angegriffene Marke. Hintergrund ist, dass der Markeninhaber nicht gezwungen sein soll, eine Marke zu benutzen, deren Eintragung noch nicht endgültig ist. Der Beginn der Benutzungsschonfrist kann inso-weit Jahre nach der Eintragung liegen. Das maßgebliche Datum kann dem Marken-register entnommen werden (§ 25 Nr. 22 lit. d MarkenV). Zu beachten ist freilich, dass

---

550   Sogar in § 25 Nr. 20a MarkenV wird er jetzt verwendet.

die Sonderregel des § 26 V MarkenG nur für den Fall des Widerspruchs gilt. Ist von dem Dritten kein Widerspruch eingelegt worden, sondern hat er, was ja auch möglich ist (s. oben Rdn. 278), sogleich eine Nichtigkeitslöschungsklage wegen eines relativen Schutzhindernisses erhoben (§§ 51, 55 MarkenG) oder hat er (ab dem 01.05.2020) einen Nichtigkeitsantrag nach § 53 MarkenG n.F. gestellt, bleibt es bei dem Grundsatz des § 49 I S. 1 MarkenG, dass die Benutzungsschonfrist mit dem Ablauf der Widerspruchsfrist beginnt.

bb) IR-Marken mit Schutzerstreckung auf Deutschland

317 Zwar enthält § 112 I MarkenG für Marken, die nach dem MMA oder dem PMMA international mit Wirkung für Deutschland registriert worden sind, eine Eintragungsfiktion. Im Hinblick auf die noch ausstehende Schutzfähigkeitsprüfung (s. oben Rdn. 229 ff.) bedarf es jedoch besonderer Regeln für die Bestimmung des Zeitpunkts, ab dem die fünfjährige Benutzungsschonfrist zu laufen beginnt. Daher enthält § 115 II i.V.m. § 124 MarkenG insoweit weitere Modifikationen, die zugleich die einschlägigen Vorgaben des Art. 16 III MarkenRL umsetzen sollen.

318 Nach § 115 II Nr. 1 MarkenG in der Neufassung des MaMoG beginnt die Benutzungsschonfrist grundsätzlich mit dem Tag, an dem das Schutzerstreckungsverfahren abgeschlossen wurde. Was das bedeutet, ergibt sich einerseits aus den Modalitäten des Schutzerstreckungsverfahrens, andererseits ist aber auch die Vorgabe des Art. 16 III MarkenRL im Auge zu behalten. Wie bei Rdn. 229 ff. dargestellt, kommen insoweit zwei Szenarien in Betracht:

319 Relativ klar ist die Lage, wenn die schutzsuchende IR-Marke vom DPMA aus absoluten Gründen beanstandet oder ein Widerspruch eingelegt wird. In diesen Fällen hat das DPMA innerhalb der Jahresfrist des Art. 5 II MMA/Art. 5 II lit. a PMMA gegenüber dem Internationalen Büro eine *vorläufige Schutzverweigerung* auszusprechen (Regel 17 GAusfOMMA/PMMA, s. Rdn. 230). »Überlebt« die IR-Marke das Verfahren nicht, stellt sich die Frage nach dem Beginn der Benutzungsschonfrist logischerweise ebenfalls nicht. Überlebt sie dagegen aus welchen Gründen auch immer (Aufgabe der Bedenken gegen die absolute Schutzfähigkeit, Aufhebung eines Schutzverweigerungsbeschlusses im Rechtsmittelverfahren, Erfolglosigkeit des Widerspruchs usw.), so übersendet das DPMA dem Internationalen Büro eine Mitteilung über die Schutzbewilligung (Regel 18ter II GAusfOMMA/PMMA, s. Rdn. 232). Obwohl sich § 115 II Nr. 1 MarkenG so liest, ist aber nicht das Datum der Schutzbewilligung für den Beginn der Benutzungsschonfrist maßgeblich. Vielmehr kommt es nach der verbindlichen Vorgabe des Art. 16 III S. 2 MarkenRL darauf an, wann eine Entscheidung über den Widerspruch oder die absoluten Ablehnungsgründe Rechtskraft erlangt hat oder der Widerspruch zurückgenommen wurde.

320 Schwieriger stellt sich die Rechtslage dar, wenn weder eine Beanstandung aus absoluten Gründen erfolgt noch ein Widerspruch eingelegt wird. In diesem Fall hat das DPMA dem Internationalen Büro nach Regel 18ter I GAusfOMMA/PMMA ebenfalls eine Mitteilung über die Schutzbewilligung zu machen (s. Rdn. 232). Nun läge es

nahe, dieses Datum der Schutzbewilligung als Beendigung des Schutzerstreckungs-verfahrens im Sinne von § 115 II Nr. 1 MarkenG zu verstehen; dafür spräche auch der Rückschluss aus der Auffangregel des § 115 II Nr. 2 MarkenG (s. dazu sogleich Rdn. 321). Das wäre auch sachgerecht, passt aber nicht zu der Vorgabe des Art. 16 III S. 1 MarkenRL, der insoweit auf den Zeitpunkt abstellt, ab dem die IR-Marke nicht mehr zurückgewiesen werden kann oder kein Widerspruch mehr möglich ist. Das liest sich so, als ob es – ungeachtet einer früheren Schutzbewilligung – auf den Ablauf der Jahresfrist des Art. 5 II MMA/Art. 5 II lit. a PMMA ankommen soll, also einen in der Regel deutlich späteren Zeitpunkt.

Nach der Vorstellung des deutschen Gesetzgebers kommt es hingegen nur für den   **321** Fall, dass – aus welchen Gründen auch immer – dem Internationalen Büro an dem Tag, an dem die Jahresfrist nach Art. 5 II MMA/Art. 5 II lit. a PMMA abgelaufen ist, weder eine Mitteilung über die Schutzbewilligung noch eine solche über eine vor-läufige Schutzverweigerung zugegangen ist, nach §§ 115 II Nr. 2, 124 MarkenG für den Beginn der Benutzungsschonfrist auf den Tag an, an dem die genannte Jahresfrist abgelaufen ist. Mittelbar wird damit auch der Zeitpunkt relevant, zu dem eben diese Jahresfrist des Art. 5 II MMA/Art. 5 II lit. a PMMA beginnt. Insoweit ist zu unter-scheiden: Das *MMA* bestimmt hierfür den Zeitpunkt der internationalen Registrie-rung bzw. des nachträglichen Schutzausdehnungsgesuchs. Damit ist jedoch nicht das Datum gemeint, das die internationale Registrierung gemäß Art. 3 IV MMA erhält und das in dem oben bei Rdn. 223 abgedruckten Veröffentlichungsbeispiel links oben erscheint. Gemeint ist vielmehr das Datum der *tatsächlichen* Registrierung. Für den unbefangenen Leser recht verwirrend ist allerdings, dass dieses Datum der *tatsächlichen* Registrierung seinerseits nur *fingiert wird*. Als Datum der tatsächlichen Registrierung *gilt* nämlich gemäß Regel 18 I lit. a Nr. iii, 2. Halbsatz GAusfOMMA/PMMA das *Datum der Versendung* der Mitteilung über die internationale Registrierung bzw. die nachträgliche Schutzausdehnung. In der Veröffentlichung (oben Rdn. 223) erscheint dieses Datum unter »date de notification«.[551] Im Anwendungsbereich des *PMMA* ergibt sich dasselbe unmittelbar aus Art. 5 II lit. a PMMA.

2. Andere Zeiträume fünfjähriger Nichtbenutzung

§ 49 I S. 1 MarkenG bestimmt – es muss ein drittes Mal wiederholt werden -, dass   **322** der Verfall eintritt, wenn die Marke »nach dem Tag, ab dem kein Widerspruch mehr gegen sie möglich ist,« innerhalb eines ununterbrochenen Zeitraums von fünf Jahren nicht gemäß § 26 MarkenG benutzt worden ist. Damit ist nicht nur der erste Fünf-jahreszeitraum, der nach dem Tag des Ablaufs der Widerspruchsfrist beginnt, ange-sprochen, sondern darüber hinaus *jeder beliebige Fünfjahreszeitraum*, dessen Beginn nach dem Tag des Ablaufs der Widerspruchsfrist bzw. nach dem diesem Tag gemäß §§ 26 V, 115 II MarkenG gleichgestellten Tag liegt. Der Verfall tritt somit immer ein, wenn die Marke in irgendeinem Zeitraum von fünf Jahren ununterbrochen unbenutzt geblieben ist (deutlicher insoweit Art. 16 I MarkenRL).

---

551 Vgl. RKGE sic! 2006, 31, 32 *Käfer*; BPatG GRUR 2006, 868, 870 *go seven*.

3. Heilung und Heilungsausschluss

323   Ein Verfall der Marke wegen Nichtbenutzung, sei es nach dem ersten, sei es nach einem beliebigen anderen Fünfjahreszeitraum, muss jedoch nicht zwingend und endgültig zum Verlust der Marke führen. Denn § 49 I S. 2 MarkenG eröffnet die Möglichkeit einer Heilung des einmal eingetretenen Verfalls. Nach dieser Vorschrift kann der Verfall nicht geltend gemacht werden, wenn nach dem Ende »dieses Zeitraums« (d.h. eines beliebigen Zeitraums fünfjähriger Nichtbenutzung) eine Benutzung der Marke gemäß § 26 MarkenG *begonnen oder wieder aufgenommen* worden ist. Durch eine solche Aufnahme oder Wiederaufnahme der Benutzung erstarkt die schon verfallene Marke grundsätzlich ex tunc, d.h. mit ihrem ursprünglichen Zeitrang, zum wieder voll gültigen Recht.[552]

324   Allerdings unterliegt diese Möglichkeit der Heilung bestimmten Einschränkungen. Aus § 49 I S. 2 MarkenG selbst ergibt sich, dass eine Heilung nur in Betracht kommt, wenn die Aufnahme oder Wiederaufnahme der Benutzung *vor Stellung des Verfalls-löschungsantrags* (im Sinne der §§ 53, 55 MarkenG) erfolgt (einige die Heilung weiter einschränkende, hier nicht näher darzustellende Modifikationen hierzu regelt § 49 I S. 3 und 4 MarkenG). Anders gesagt: die Stellung eines Verfallslöschungsantrags (und *nur* die Stellung des Antrags!) *blockiert die Heilung.*

325   Eine weitere Einschränkung betrifft nicht die Heilung als solche, sondern ihre Wirkung. Grundsätzlich lässt die Heilung, wie gesagt, die verfallene Marke mit ihrem ursprünglichen Zeitrang wieder aufleben. Dies gilt nun allerdings nicht gegenüber solchen *Rechten Dritter* (Registermarken und andere Marken, geschäftliche Bezeichnungen usw.), die *in der Zeit der Löschungsreife der Marke wirksam entstanden* sind (sog. *Zwischenrechte*, vgl. für jüngere Registermarken § 51 IV S. 1 Nr. 1 MarkenG; für andere Rechte gilt entsprechendes).

4. Benutzungszeiträume bei Erhebung der Nichtbenutzungseinrede

326   Vor dem Hintergrund dieser Regeln über den Verfall und die Heilung des Verfalls wird nun auch die scheinbar ganz abweichende Bestimmung der maßgeblichen Benutzungszeiträume bei den Nichtbenutzungseinreden nach §§ 25 II, 43 I, 53 VI n.F., 55 III MarkenG verständlich:

327   Für die Markenverletzungsklage bestimmt § 25 II S. 1 MarkenG in Übereinstimmung mit Art. 17 S. 2 MarkenRL zum einen, dass der Verletzungskläger auf Nichtbenutzungseinrede des Beklagten nachzuweisen hat, dass er die Marke innerhalb der letzten *fünf Jahre vor Erhebung der Klage* rechtserhaltend benutzt hat, sofern gegen die Marke zu diesem Zeitpunkt (d.h. dem Zeitpunkt der Klageerhebung) schon mindestens fünf Jahre kein Widerspruch mehr möglich, also die Widerspruchsfrist seit mindestens fünf Jahren abgelaufen war (Modifikationen der §§ 26 V, 115 II MarkenG beachten!). Mit dieser Regelung soll – allerdings nur auf entsprechende

---

552   BGH GRUR 2002, 967, 969 *Hotel Adlon*; GRUR 1983, 764, 766 *Haller II.*

Einrede hin – verhindert werden, dass eine Markenverletzungsklage auf eine nur
noch formal bestehende, in Wirklichkeit aber verfallene und deswegen löschungsreife
Registermarke gestützt wird. Davon kann jedoch von vornherein nicht ausgegangen
werden, wenn sich die Marke bei Klageerhebung noch in der sog. »Benutzungsschonfrist« befand, innerhalb derer ein Verfall noch nicht in Betracht kommt und deshalb
auch nicht geltend gemacht werden kann (Rdn. 314). Daher die Einschränkung des
2. Halbsatzes: »sofern zum Zeitpunkt der Klageerhebung seit mindestens fünf Jahren
kein Widerspruch mehr gegen die Marke möglich war«. War die Widerspruchsfrist
dagegen schon länger als fünf Jahre abgelaufen, kommt es trotz eines vielleicht schon
seit Jahrzehnten bestehenden Registereintrags, innerhalb dessen womöglich schon einmal, u.U. sogar mehrmals ein Verfall eingetreten war, dennoch nur auf die letzten fünf
Jahre vor der Klageerhebung an, weil ein früherer Verfall bei Benutzung in diesem
Zeitraum ex tunc geheilt wäre (§ 49 I S. 2 MarkenG). Daher kann sich § 25 II S. 1
MarkenG auf einen Benutzungsnachweis für die Zeit von fünf Jahren vor der Klageerhebung beschränken. Ist die Marke während dieses Zeitraums gemäß § 26 MarkenG
benutzt worden, besser gesagt: nicht ununterbrochen nicht benutzt worden, so war
sie bei Klageerhebung zumindest infolge Heilung nach § 49 I S. 2 MarkenG nicht
löschungsreif. Und allein darauf kommt es an (sofern nicht schon früher ein heilungs-
hindernder Verfallslöschungsantrag beim Patentamt nach § 53 MarkenG gestellt oder
eine Löschungsklage nach § 55 MarkenG erhoben worden ist[553]).

Eine analoge Regelung enthält § 55 III S. 1 MarkenG für die Nichtigkeitsklage auf-   328
grund einer älteren Registermarke und ebenso § 53 VI S. 1 MarkenG n.F. für das
ab 01.05.2020 mögliche patentamtliche Nichtigkeitsverfahren (s. hierzu Art. 46 I
MarkenRL).

Eine abweichende Bestimmung des maßgeblichen Fünfjahreszeitraums trifft dagegen   329
§ 43 I S. 1 MarkenG nach Vorgabe des Art. 44 I MarkenRL für den Fall, dass im
Widerspruchsverfahren eine Nichtbenutzungseinrede gegen die ältere Registermarke,
auf die der Widerspruch gestützt ist (vgl. § 42 II Nr. 1 MarkenG), erhoben wird.
Hier kommt es nicht – was der Klageerhebung entspräche – auf den Zeitpunkt der
Erhebung des Widerspruchs an, sondern auf den Anmelde- oder Prioritätstag der mit
dem Widerspruch angegriffenen jüngeren Registermarke. Der Hintergrund ist folgender: Während mit der Verletzungsklage immer (nur) gegen eine rechtsverletzende Zeichenbenutzung vorgegangen wird, richtet sich der Widerspruch gegen den Bestand
eines jüngeren Registerrechts als solchen, das durch die Löschung beseitigt werden
soll (§ 43 II S. 1 MarkenG). Welchen Rang dieses Recht im Verhältnis zu Rechten
Dritter genießt, bestimmt sich, wie oben bei Rdn. 83–90 dargelegt, nach seinem

---

553 Wobei der Antrag nach h.M. gerade vom Beklagten gestellt worden sein muss, vgl. Ingerl/
    Rohnke, § 49 Rn. 24; HK-MarkenR/Bous, § 49 Rn. 14; von Mühlendahl, FS Vieregge,
    S. 641, 651.

Anmelde- oder gegebenenfalls Prioritätstag. War nun die ältere Marke (Widerspruchs-marke) in diesem Zeitpunkt wegen fünfjähriger Nichtbenutzung löschungsreif, so hat der jüngere Markeninhaber in jedem Falle eine aus der in diesem Zeitpunkt löschungs-reifen Widerspruchsmarke nicht mehr anfechtbare Rechtsposition, ein Zwischenrecht (s. Rdn. 325), erlangt, so dass eine Löschung nicht mehr in Betracht kommt.

330   Dasselbe gilt auch im Nichtigkeitsprozess und (ab dem 01.05.2020) im patent-amtlichen Nichtigkeitsverfahren, die sich ja wie der Widerspruch auch immer gegen ein jüngeres Registerrecht richten. Daher enthält insoweit § 51 IV S. 1 Nr. 1 i.V.m. § 53 VI S. 4 MarkenG n.F. sowie § 55 III S. 3 MarkenG eine dem § 43 I S. 1 Mar-kenG entsprechende Regelung (vgl. Art. 46 II MarkenRL).

Allerdings ist § 55 III S. 3 MarkenG in der Fassung des MaMoG:

> »War die Marke mit älterem Zeitrang am Anmelde- oder Prioritätstag der jüngeren Marke bereits seit mindestens fünf Jahren eingetragen, so hat der Kläger auf Einrede des Beklagten ferner nachzuweisen, dass die Eintragung der Marke mit älterem Zeitrang an diesem Tag nicht nach § 49 Absatz 1 hätte für nichtig erklärt und gelöscht werden können.«

gleich an zwei Stellen falsch formuliert. Zum einen kommt es nicht auf den Tag der Eintragung der älteren Marke an, sondern auf den Tag, an dem kein Widerspruch mehr möglich war bzw. die alternativen Zeitpunkte nach § 26 V MarkenG.[554] Zum andern muss am Ende statt »für nichtig erklärt« gelesen werden: »für verfallen erklärt«.

331   Doch jetzt noch einmal zurück zu § 25 II MarkenG: Neben dem Nachweis, dass die Klagemarke im Zeitpunkt der Klageerhebung nicht mangels Benutzung verfallen war, hat der Kläger im Verletzungsprozess nach § 25 II S. 2 MarkenG auf eine ent-sprechende Einrede des Beklagten hin auch nachzuweisen, dass die Klagemarke fünf Jahre vor dem Schluss der mündlichen Verhandlung rechtserhaltend im Sinne des § 26 MarkenG benutzt worden ist. Damit soll verhindert werden, dass der Beklagte aufgrund einer Marke verurteilt wird, die in dem für den Erlass des Urteils maß-geblichen Zeitpunkt (Schluss der mündlichen Verhandlung) löschungsreif, also nur noch ein bloßes Scheinrecht war.

332   Diese weitere Nichtbenutzungseinrede ist in zwei Fällen von Interesse: Zum einen, wenn die Klagemarke bei Klageerhebung noch in der sog. Benutzungsschonfrist war (§§ 26 V, 115 II MarkenG beachten!), so dass § 25 II S. 1 MarkenG von vornherein nicht anwendbar ist; zum andern für den Fall, dass die Klagemarke zwar schon außer-halb der Benutzungsschonfrist, aber zum Zeitpunkt der Klageerhebung noch nicht fünf Jahre ununterbrochen unbenutzt war, so dass § 25 II S. 1 MarkenG zwar grund-sätzlich anwendbar ist, aber nicht durchgreift.

333   Eine analoge Regelung findet sich für den Nichtigkeitsprozess in § 55 III S. 2 MarkenG und für das neue patentamtliche Nichtigkeitsverfahren in § 53 VI S. 3 MarkenG n.F. Hingegen ist die korrespondierende Vorschrift für das Widerspruchsverfahren in § 43 I S. 2 MarkenG a.F. durch das MaMoG aufgehoben worden, und zwar mit der

---

554 Von Mühlendahl GRUR 2019, 25, 30.

Begründung, dass die Vorgabe des Art. 44 MarkenRL eine solche Einrede nicht vorsehe.[555] Das überrascht, weil sich in der MarkenRL auch zu den §§ 25 II S. 2, 53 VI S. 3 n.F. und § 55 III S. 2 MarkenG keine Vorgaben finden.

Die weitere Nichtbenutzungseinrede nach §§ 25 II S. 2, 53 VI S. 3 n.F., 55 III S. 2 **334** MarkenG ist für beide Parteien mit einigen praktischen Schwierigkeiten verbunden. So hat es der Beklagte/Antragsgegner, der die Einrede erhebt, zunächst einmal hinzunehmen, dass der Kläger/Antragsteller erst auf die Einrede hin bis zum maßgeblichen Zeitpunkt (Schluss der mündlichen Verhandlung; Entscheidung über den Nichtigkeitsantrag) eine rechtserhaltende Benutzung nach § 26 MarkenG aufnimmt und so die Einrede durch Heilung zu Fall bringt (sog. Nachbenutzung). Er kann dies nur verhindern, indem er über die Einrede hinaus einen nach § 49 I S. 2 MarkenG heilungshindernden Verfallslöschungsantrag nach §§ 53, 55 MarkenG stellt (s. oben Rdn. 324). Von daher ist die zweite Nichtbenutzungseinrede stark entwertet.

Für den Kläger/Antragsteller besteht die Schwierigkeit, dass der für die Berechnung **335** der Fünfjahresfrist maßgebliche Bezugspunkt (Schluss der mündlichen Verhandlung; Entscheidung über den Nichtigkeitsantrag) zunächst nicht feststeht. Hier wandert der maßgebliche Fünfjahreszeitraum mit dem Verfahrensfortgang mit. Der Kläger/ Antragsteller muss daher stets darauf achten, dass sein Nachweis einer rechtserhaltenden Benutzung den richtigen Zeitraum betrifft bzw. dass ein schon geführter Nachweis nicht infolge des Verfahrensfortgangs unbrauchbar wird (s. dazu auch unten Rdn. 384).

Zu beachten ist zudem noch, dass beide Einreden (§ 25 II S. 1 und S. 2 MarkenG) **336** bzw. alle drei Einreden (§ 53 VI S. 1, 3 und 4 n.F., § 55 III S. 1–3 MarkenG) versagen können, obwohl die Marke zwischenzeitlich löschungsreif war.

▶ Beispiel:

Gegen die Marke, auf die sich der Kläger in einem Verletzungsprozess stützt, ist bei Klageerhebung im Jahre 2015 seit mehr als fünf Jahren kein Widerspruch mehr möglich gewesen. Die Benutzung wurde Anfang 2013 eingestellt. § 25 II S. 1 MarkenG greift hier nicht durch, weil die Klagemarke vor Klageerhebung nicht fünf Jahre ununterbrochen unbenutzt war. Ab Ende 2018 hat der Kläger die Benutzung wieder aufgenommen. Schluss der mündlichen Verhandlung im Verletzungsstreit sei Mitte 2019. Auch § 25 II S. 2 MarkenG ist nicht erfüllt, da die Marke im Zeitraum von fünf Jahren vor Schluss der mündlichen Verhandlung (Mitte 2014 bis Mitte 2019) ebenfalls nicht ununterbrochen unbenutzt war. Damit hat die Klage Erfolg, obwohl die Marke zwischenzeitlich mehr als fünf Jahre, nämlich von Anfang 2013 bis Ende 2018 unbenutzt und somit löschungsreif war. Grund ist die Heilung des eingetretenen Verfalls ex tunc durch Wiederaufnahme der Benutzung (§ 49 I S. 2 MarkenG). Der Beklagte kann dieses missliche Ergebnis nur verhindern, indem er ungeachtet seiner wirkungslosen Nichtbenutzungseinreden alsbald

---

555 BT-Drs. 19/2898, S. 76.

nach Eintritt des Verfalls (d.h. Anfang 2018) einen Verfallslöschungsantrag nach §§ 53, 55 MarkenG stellt und so den Eintritt der Heilung verhindert (vgl. § 49 I S. 2 MarkenG: »vor Stellung des Löschungsantrags«).

Im Prinzip dasselbe gilt in den Fällen des § 53 VI n.F. sowie § 55 III S. 1–3 MarkenG.

IV. Voraussetzungen der rechtserhaltenden Benutzung (§ 26 MarkenG)

337 Nach der Zentralnorm des § 26 I MarkenG, die durch die Abs. II-IV noch nähere Erläuterungen erfährt, erfordert die rechtserhaltende Benutzung, dass (im maßgeblichen Benutzungszeitraum)
(1.) die Marke
(2.) von ihrem Inhaber
(3.) für die Waren/DL, für die sie eingetragen ist
(4.) im Inland
(5.) ernsthaft
benutzt worden ist.

338 Dem aufmerksamen Leser dieser Vorschrift wird nicht entgehen, dass die Anforderungen zu 1–3 der recht*serhaltenden* Benutzung den essentiell recht*sbegründenden* Anforderungen korrespondieren, wie sie in § 32 II Nr. 2–4 MarkenG aufgezählt sind: (1.) Identität des Markeninhabers, (2.) Identität der Marke, d.h. des als Marke geschützten Zeichens für (3.) bestimmte Waren/DL. Das Inlandserfordernis entspricht dem Territorialitätsprinzip (s. dazu Rdn. 209).

Im Einzelnen:

1. Benutzung durch den Inhaber

339 Wenn § 26 I MarkenG eine Benutzung der Marke durch den Inhaber verlangt, so ist damit der *materiell-rechtliche Inhaber* gemeint, der nicht notwendig mit der Person übereinstimmen muss, die als Inhaber im Register angegeben ist (s. zu möglichen Divergenzen zwischen materieller Rechtslage und Registerstand unten Rdn. 828).

340 Jedoch erweitert § 26 II MarkenG diese Regel und stellt Benutzungshandlungen Dritter, die mit Zustimmung des Markeninhabers vorgenommen worden sind, einer Benutzung durch den Inhaber gleich. Der Begriff der Zustimmung hat dabei aber nicht die weite Bedeutung im Sinne der §§ 182–184 BGB, wonach Zustimmung sowohl die vorherige Einwilligung als auch die nachträgliche Genehmigung ist. Erforderlich ist vielmehr eine vorherige Zustimmung (Einwilligung im Sinne des § 183 BGB). Es ist dem Markeninhaber somit nicht möglich, die *rechtsverletzende* Benutzung der Marke durch einen Dritten nachträglich in eine *rechtserhaltende* Benutzung »umzudeuten«.[556]

---

556 BGH GRUR 2013, 925, 929 (Nr. 53 f.) *VOODOO.*

Dem Markeninhaber zuzurechnen ist damit insbesondere die Benutzung der Marke durch einen Lizenznehmer (vgl. § 30 MarkenG). Soweit allerdings der Lizenznehmer die gegenständlichen Grenzen seines Benutzungsrechts überschreitet (vgl. § 30 II MarkenG und dazu unten Rdn. 852 – 856), handelt er nicht (mehr) mit Zustimmung des Markeninhabers, so dass auch eine Zurechnung nach § 26 II MarkenG insoweit nicht in Betracht kommt.[557]   341

2. Benutzung der Marke

»Sie«, d.h. die Marke muss benutzt worden sein. Das meint das als Marke eingetragene *Zeichen*, und zwar grundsätzlich das Zeichen, wie es in der Anmeldung gemäß § 32 II Nr. 3 MarkenG identifiziert und im Register eingetragen worden ist.   342

Mit einer strikten Festlegung auf die eingetragene Form wäre der Markeninhaber indessen in seiner wirtschaftlichen Betätigung stark behindert. Eine in Maschinenschrift eingetragene Wortmarke z.B. ist in dieser Form in der Regel werblich völlig unattraktiv. Auch kann die Anbringung der Marke auf dem konkreten Produkt Abweichungen erforderlich machen. Darüber hinaus gibt es Marken, die in der eingetragenen Form von vornherein nicht benutzbar sind. So liegt es etwa bei abstrakten Farbmarken, also Marken, die eine Farbe oder Farbkombination als solche zum Gegenstand haben (s. oben Rdn. 100). Solche Farben oder Farbzusammenstellungen erscheinen im konkreten Gebrauch notwendig in einer figürlich begrenzten Form, werden also denknotwendig anders benutzt als sie eingetragen sind, nämlich als Farbe eines Produkts, einer Verpackung oder ähnlich und nicht als bloße Farbe/Farbzusammenstellung als solche.   343

Daher wird auch diese Regel des § 26 I MarkenG erweitert. Nach § 26 III MarkenG gilt als Benutzung einer eingetragenen Marke auch die Benutzung in einer von der Eintragung abweichenden Form, soweit die *Abweichung den kennzeichnenden Charakter der Marke nicht verändert.* Diese Voraussetzung eines rechtserhaltenden Gebrauchs ist nach ständiger Rechtsprechung nur erfüllt, wenn der angesprochene Verkehr unter Berücksichtigung der branchenüblichen Form der Verwendung von Marken die eingetragene und die benutzte Form trotz und gerade bei Wahrnehmung der Unterschiede dem Gesamteindruck nach als *dieselbe Marke* ansieht.[558] Das ist oft nicht einfach zu beurteilen, zumal die an sich maßgebliche Verkehrsauffassung zum   344

---

557 So auch Ingerl/Rohnke, § 26 Rn. 118.
558 Vgl. BGH GRUR 1986, 892, 893 *Gaucho*; GRUR 2000, 1038, 1039 *Kornkammer*; GRUR 2001, 54, 56 *SUBWAY/Subwear*; GRUR 2002, 167, 168 *Bit/Bud*; GRUR 2003, 1047, 1048 *Kellogg's/Kelly's*; GRUR 2005, 515 *FERROSIL*; GRUR 2007, 592, 593 (Nr. 12) *bodo Blue Night*; GRUR 2009, 766, 771 (Nr. 50) *Stofffähnchen*; GRUR 2009, 772, 775 (Nr. 39) *Augsburger Puppenkiste*; GRUR 2010, 729, 730 (Nr. 17) *MIXI*; GRUR 2012, 832, 835 (Nr. 33) *ZAPPA*; GRUR 2013, 68, 69 (Nr. 14) *Castell/VIN CASTEL*; GRUR 2013, 725, 726 (Nr. 13) *Duff Beer*; GRUR 2013, 840, 842 (Nr. 20) *PROTI II*; GRUR 2014, 662, 665 (Nr. 18) *Probiotik*; GRUR 2015, 587, 588 (Nr. 12) *PINAR*; GRUR 2017, 1043, 1045 (Nr. 23) *Dorzo*.

Teil durch rechtliche Erwägungen überlagert wird, die mit der Verkehrsauffassung nicht ohne weiteres übereinstimmen müssen. Im Wesentlichen kann man folgende Konstellationen unterscheiden:

a) Hinzufügungen zur Marke

345 Es kommt nur selten vor, dass eine Marke völlig isoliert auf einem Produkt angebracht ist. Vielmehr findet sich z.B. auf einer Warenverpackung regelmäßig eine Fülle von anderen Zeichen, Bildern und Angaben. Unter dem Gesichtspunkt der rechtserhaltenden Benutzung ist insoweit vorab zu klären, ob es sich bei den Hinzufügungen überhaupt um Hinzufügungen *zu der Marke* handelt oder nicht vielmehr um bloße Ausstattungselemente, die mit der Marke als solcher gar nichts zu tun haben.[559] In vielen Fällen wird letzteres vorliegen.

346 ▶ Beispiel:

Eingetragen ist

„Karolus-Magnus"
der rheinische Riesling-Sekt

(für »Schaumweine aus Trauben«). Benutzt ist das folgende Etikett:

Hier spricht vieles dafür, die Angaben zum Hersteller und das Kaiser-Bildnis als bloße Ausstattungselemente, nicht aber als Hinzufügungen zu der eingetragenen Marke anzusehen.[560]

---

559 BGH GRUR 2017, 1043, 1044 (Nr. 19) *Dorzo.*
560 Vgl. BGH GRUR 1999, 167, 168 *Karolus-Magnus;* GRUR 2014, 662, 665 (Nr. 18) *Probiotik;* GRUR 2015, 587, 588 (Nr. 12) *PINAR.*

Um echte Hinzufügungen handelt es sich dagegen in folgenden Fällen: **347**

Eingetragen ist das Wort »IDEE« als Wortmarke für »Kaffee«. Benutzt ist:[561]

Eingetragen ist die Wortfolge »Korn Kammer« als Wortmarke für »Vollwert-Dauer-backwaren«. Benutzt ist:[562]

In beiden Fällen wird sowohl durch die räumliche Nähe als auch durch die Einbindung in ein emblemartiges Gebilde der Eindruck vermittelt, das Wort »Kaffee« bzw. das Bild des Kornspeichers gehörten mit zu der Marke.[563]

Solche Zusätze sind zunächst dann in der Regel unschädlich, wenn es sich um schutz- **348** unfähige, insbesondere glatt beschreibende Angaben handelt (z.B. der Zusatz »Kaffee« bei der Kennzeichnung von Kaffee). Denn Elemente, die nach § 8 II MarkenG vom Schutz ausgeschlossen wären, sind im Allgemeinen schon aus Rechtsgründen nicht

---

561 Vgl. BGH GRUR 1985, 46 *IDEE-Kaffee*.
562 Vgl. BGH GRUR 2000, 1038 *Kornkammer*.
563 Vgl. auch BGH GRUR 2017, 1043, 1044 (Nr. 19) *Dorzo*.

geeignet, im Sinne von § 26 III MarkenG den kennzeichnenden Charakter der Marke zu verändern.[564]

Das kann auch bei ausländischen, für das deutsche Publikum nicht verständlichen beschreibenden Angaben der Fall sein, wenn die betreffenden Waren/DL nur oder im Wesentlichen sprachkundigen Verkehrskreisen angeboten werden. Daher ist z.B. die Marke

PINAR

durch die Bezeichnung

PINAR SOSiS

rechtserhaltend benutzt worden, weil das hinzugefügte Wort »SOSiS« im Türkischen »Würstchen« bedeutet und die so gekennzeichneten Dosen mit Würstchen nur in türkischen Lebensmittelläden vertrieben worden sind.[565]

349 Im Einzelfall kann es freilich auch einmal anders liegen. So wurde die Verwendung der Wortkombination

Augsburger Puppenkiste

nicht als rechtserhaltende Benutzung der Marke

Puppenkiste

angesehen, obwohl der Zusatz »Augsburger« als geographische Herkunftsangabe im Sinne von § 8 II Nr. 2 MarkenG selbständig nicht schutzfähig wäre.[566]

Nicht rechtserhaltend war auch die Benutzungsform

ZAPPA Records

für die Marke

ZAPPA

weil durch den für sich genommen beschreibenden Zusatz »Records« der durch den Namen des Musikers (Frank) ZAPPA vermittelte Sinngehalt zu einer Unternehmenskennzeichnung (Labelbezeichnung) umgebildet wurde.[567]

---

564 Vgl. BGH GRUR 1985, 46, 47 *IDEE-Kaffee*; ferner BGH GRUR 1999, 54, 55 *Holtkamp*; GRUR 2006, 152, 154 *GALLUP*; GRUR 2010, 729, 730 (Nr. 18) *MIXI*; GRUR 2012, 832, 835 (Nr. 35) *ZAPPA*; GRUR 2013, 840, 842 (Nr. 25) *PROTI II*; GRUR 2015, 587, 589 (Nr. 19) *PINAR*; BPatG MarkenR 2006, 460, 463 *EVIAN/REVEAN*.
565 BGH GRUR 2015, 587, 589 (Nr. 24 ff.) *PINAR*.
566 BGH GRUR 2009, 772, 775 (Nr. 44–45) *Augsburger Puppenkiste*.
567 BGH GRUR 2012, 832, 835 (Nr. 31 ff.) *ZAPPA*; vgl. auch BGH GRUR 2013, 925, 928 (Nr. 47) *VOODOO*: Benutzung der *Firmenbezeichnung* »Voodoo Flyfishing Ltd.« nicht rechtserhaltend für die *Marke* »VOODOO«.

Regelmäßig unschädlich ist die Hinzufügung von Bildbestandteilen, die lediglich das   **350**
als Marke geschützte Wort versinnbildlichen, wie in dem geschilderten »Kornkammer«-Fall.[568]

Umgekehrt (d.h. für den Fall der Hinzufügung eines kennzeichnungskräftigen Wort-   **351**
bestandteils zu einer Bildmarke, auch wenn das Wort nur das Bild beschreibt), gilt
dies allerdings nicht, da sich der Verkehr bei einem kombinierten Wort-Bild-Zeichen
meist an dem Wortbestandteil orientiert, weil er die einfachere Benennung und Wie-
dererkennung der Marke erlaubt. Eine rechtserhaltende Benutzung ist daher etwa in
folgendem Fall verneint worden:[569]

Eingetragen:

Benutzt:

Auch sonst ist die Hinzufügung selbständig kennzeichnungskräftiger Wortzeichen   **352**
problematisch.[570] Das gilt vor allem, wenn durch die Hinzufügung ein neues, im

---

568 Vgl. BGH GRUR 2000, 1038, 1039 *Kornkammer*; vgl. auch BPatG MarkenR 2006, 460,
     463 *EVIAN/REVEAN*.
569 BGH GRUR 1986, 892 *Gaucho*.
570 Vgl. BPatG GRUR 2006, 768, 769 *ARTIST(E)*.

Gesamteindruck abweichendes Gesamtzeichen entsteht. Daher ist z.B. die Benutzung der Wortfolge

Kleiner Feigling

nicht als Benutzung der Wortmarke

Feigling

anerkannt worden.[571]

353   Im Einzelfall kann es allerdings so liegen, dass der Verkehr in der Anbringung eines zweiten kennzeichnungskräftigen Wortzeichens neben einer geschützten (Wort-) Marke kein neues, im kennzeichnenden Charakter von der Eintragung abweichendes Gesamtzeichen, sondern eine bloße *Zweitkennzeichnung* sieht, so dass es – wie in den eingangs (Rdn. 345 f.) genannten Fällen – an einer echten Hinzufügung fehlt.

▶ Beispiel:

Die Benutzung der Marke

in der Form

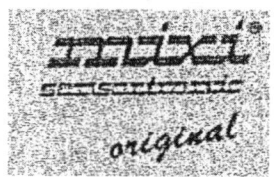

ist als rechtserhaltend eingestuft worden. Das unter der Bezeichnung »mixi« angeordnete (schlecht lesbare) Wort »sensotronic« (richtig wohl: »sensortronic«) wurde nicht als Hinzufügung zur Marke, sondern – wegen der kleiner gehaltenen Schrift – als Zweitkennzeichnung gewertet[572] (das schräg gestellte Wort »original« war wegen seines beschreibenden Charakters unschädlich, vgl. oben Rdn. 348; zur Änderung der graphischen Gestaltung s. Rdn. 360).

354   Die Abgrenzung zwischen schädlicher Hinzufügung und unschädlicher Mehrfach-kennzeichnung kann jedoch erhebliche Probleme bereiten.

---

571 BGH GRUR 2004, 598, 599 *Kleiner Feigling.*
572 BGH GRUR 2010, 729, 730 (Nr. 18) *MIXI*; vgl. auch bei unterschiedlicher Anordnung von Markenwörtern BGH GRUR 2007, 592, 593 (Nr. 13 ff.) *bodo Blue Night.*

▶ Beispiel:

Eingetragen ist das Wortzeichen

FERROSIL

(u.a. für chemische Produkte für industrielle Zwecke), benutzt wird es in der Verbindung

P3-ferrosil

Dabei handelt es sich bei »P3« um ein Zeichen, das von der Markeninhaberin für eine Vielzahl von Reinigungsmitteln für industrielle Zwecke verwendet wird, jedoch nicht isoliert, sondern mit Zusätzen (wie z.b. »ferrosil«), die dann erst das jeweilige konkrete Produkt kennzeichnen sollen.

Das BPatG hatte in diesem Fall eine rechtserhaltende Benutzung verneint, weil es in der Bezeichnung »P3-ferrosil« ein neues Gesamtzeichen gesehen hatte, das aus dem in einer Vielzahl von Zeichen gleichbleibend verwendeten Zeichenstamm »P3« und dem weiteren Bestandteil »ferrosil« gebildet sei. Dadurch sei der kennzeichnende Charakter der Marke »FERROSIL« verändert worden.[573] Der BGH hielt es dagegen unter den gegebenen Umständen für naheliegend, »P3« als eine von »ferrosil« unabhängige Zweitkennzeichnung einzustufen.[574]

Aber wie verhält es sich dann in folgendem Fall: Die Widersprechende ist Inhaberin der u.a. für pharmazeutische Erzeugnisse eingetragenen Marke

Dorzo

Die Lizenznehmerin »OmniVision GmbH« benutzte die Marke in folgender Form

---

573 BPatG GRUR 2004, 340, 341 *FERROSOL/Ferisol.*
574 BGH GRUR 2005, 515, 516 *FERROSIL*; vgl. auch BGH GRUR 2009, 766, 771 (Nr. 51–52) *Stofffähnchen.*

wobei der Zeichenteil »-Vision« als gleichbleibender Zeichenstamm für eine größere Zahl von pharmazeutischen Mitteln benutzt wird.

Würde man hier im Anschluss an die »FERROSIL«-Entscheidung des BGH in »Dorzo-Vision®« zwei Kennzeichen sehen wollen, dann befänden sich insgesamt drei Marken auf der Verpackung, nämlich die graphisch ausgestaltete Firmenmarke »OmniVision®« und die beiden Produktmarken »Dorzo« und »Vision®«. Augenscheinlich sind aber doch nur zwei Marken aufgebracht, wie vom BPatG angenommen[575] und vom BGH bestätigt.[576] Die Benutzung von »Dorzo-Vision®« war also nicht rechtserhaltend für »Dorzo«.

355 Wiederum anders lag es in folgendem Fall:[577]

Für pharmazeutische Erzeugnisse war eingetragen

Eliza

Benutzt wurde

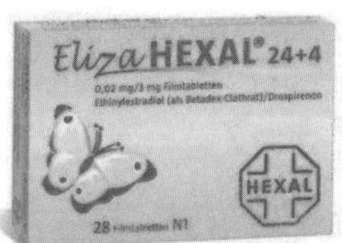

Hier wurde die Benutzung als rechtserhaltend anerkannt, weil der Verkehr die Bezeichnung »ElizaHEXAL®« nicht als einheitliches Zeichen, sondern als Mehrfachkennzeichnung aus »Eliza« und »HEXAL®« auffasse; Grund: unterschiedliche Schreibweise, Bekanntheit von »HEXAL« als Unternehmenskennzeichen, das auch noch einmal gesondert auf der Verpackung herausgestellt ist.[578]

---

575 BPatG GRUR 2016, 503, 504 ff. *Dorzo plus T STADA/Dorzo.*
576 BGH GRUR 2017, 1043 *Dorzo.*
577 BPatG GRUR 2019, 407 *Elysia AL/Eliza.*
578 BPatG GRUR 2019, 407, 410 (Nr. 59) *Elysia AL/Eliza.*

b) Weglassungen

Grundsätzlich bedenklicher als Hinzufügungen ist die Weglassung von Bestandteilen **356** einer eingetragenen Marke, da in diesem Fall immer das Markenzeichen als solches verändert wird.

Im allgemeinen unschädlich ist aber auch hier die Weglassung von für sich gesehen **357** schutzunfähigen, insbesondere glatt beschreibenden Bestandteilen. Denn was zum kennzeichnenden Charakter aus Rechtsgründen nichts beiträgt, kann im Falle der Weglassung den kennzeichnenden Charakter in der Regel auch nicht verändern.

Unter diesem Gesichtspunkt ist z.B. in folgendem Fall eine rechtserhaltende Benutzung anerkannt worden:

Eingetragen für Bekleidungsstücke:

Bei der benutzten Form

fehlte die Angabe »MILANO«. Das war unschädlich, weil es sich insoweit um eine schutzunfähige geographische Herkunftsangabe nach § 8 II Nr. 2 MarkenG handelte.[579]

Eine generelle Regel gibt es aber auch hier nicht.[580]

---

579 BGH GRUR 1997, 744, 746 *ECCO*.
580 Vgl. BGH GRUR 2002, 1077, 1078 *BWC*; GRUR 2013, 68, 70 (Nr. 20 a.E.) *Castell/ VIN CASTEL*.

358 Umgekehrt scheidet eine rechtserhaltende Benutzung aus Rechtsgründen aus, wenn bei einer aus mehreren Elementen zusammengesetzten Marke gerade die schutzbegründenden Bestandteile weggelassen und nur die schutzunfähigen Elemente benutzt werden.

▶ Beispiel:

In der für die Dienstleistungen »Beherbergung und Verpflegung von Gästen« eingetragenen Marke

war das bloße Wort »Achterdiek« als beschreibende Angabe vom Schutz ausgeschlossen, denn »Achterdiek« (= niederdeutsch »hinter dem Deich«) gab lediglich die Lage des Hotels an, in dem die Dienstleistungen erbracht wurden. Schutzbegründend war somit allein die graphische Ausgestaltung der Marke. Demzufolge konnte die Benutzung in den Formen

bei der gerade die graphische Gestaltung fortgelassen bzw. verändert war, nicht als rechtserhaltend anerkannt werden.[581]

c) Sonstige Veränderungen des Markenzeichens selbst

359 Zu einer dritten Gruppe kann man schließlich die Fälle zusammenfassen, in denen nicht ein Bestandteil fortgelassen, sondern das Markenzeichen in anderer Weise, sozusagen in sich verändert wird. Die Rechtsprechung ist hier tendenziell streng. So

---

581 BGH GRUR 1999, 498, 499 *Achterdiek*; vgl. auch BPatG GRUR 2006, 768, 770 *ARTIST(E)*.

war etwa »Kelly« keine rechtserhaltende Benutzung von »Kelly's«,[582] »YSATE« nicht rechtserhaltend gegenüber »Ysat«,[583] »SUBWAY« keine Benutzung von »Subwear«.[584]

Eine rechtserhaltende Benutzung kann daher nur bei solchen Abwandlungen bejaht werden, die entweder von vornherein nicht bewusst wahrgenommen werden (Beispiel: »Jeannette« anstatt »Jeanette«[585]), als bloße Modernisierungen der Marke bewertet werden oder völlig untergeordnete Zeichenteile betreffen. So ist etwa in dem oben Rdn. 353 dargestellten »MIXI«-Fall die Änderung der lediglich verzierend wirkenden graphischen Gestaltung als unschädlich angesehen worden.[586] **360**

Auch die Kennzeichnung

ist als rechtserhaltende Benutzung des für die Ware »Pils« geschützten Zeichens

582 BGH GRUR 2003, 1047, 1048 *Kellogg's/Kelly's*.
583 BPatG GRUR 2005, 592, 593 f. *Lisat/Ysat*.
584 BGH GRUR 2001, 54, 56 *SUBWAY/Subwear*.
585 Vgl. BPatG GRUR 1995, 588, 589 *Jeannette/Annette*.
586 BGH GRUR 2010, 729, 730 f. (Nr. 20 f.) *MIXI*.

anerkannt worden, obwohl sie in einer Reihe kleinerer Einzelheiten voneinander abweichen und insbesondere die Herstellerbezeichnung (»Waldschloß Brauerei«) ersetzt worden war (durch »LINDEN-BRAUEREI«).[587]

In einem ähnlich gelagerten Fall hat der BGH allerdings eine rechtserhaltende Benutzung verneint.[588] Hier war der deutsche Anteil der u.a. für »vins« eingetragenen IR-Marke

in folgender Form benutzt worden:

Als schädlich ist neben der Abänderung verschiedener Einzelheiten vor allem die Weglassung der Unternehmensbezeichnung »CASTEL FRERES NEGOCIANTS A BORDEAUX (GIRONDE)« angesehen worden.[589] Das erscheint nicht unproblematisch, weil dadurch ein Namenswechsel und auch eine Veräußerung der Marke erheblich erschwert werden. Vor diesem Hintergrund sollte jedenfalls bei der Gestaltung einer Marke auf firmenmäßige Angaben zum Hersteller grundsätzlich verzichtet werden.

d) Schutz der abgewandelten Form

361 Wird die tatsächliche Benutzungsform einer eingetragenen Marke geändert, z.B. modernisiert, so lassen sich viele Unternehmen auch die neue Form schützen, freilich ohne den Schutz der alten aufzugeben. § 26 III MarkenG bestimmt hierfür in Einklang mit Art. 16 V lit. a MarkenRL, dass die neue Benutzungsform, sofern der

---

587 BPatG GRUR 2003, 530, 533 *Waldschlößchen*.
588 BGH GRUR 2013, 68 *Castell/VIN CASTEL*.
589 BGH GRUR 2013, 68, 69 f. (Nr. 16 ff.) *Castell/VIN CASTEL*.

kennzeichnende Charakter der alten eingetragenen Form nicht berührt wird, auch dann für die alte Marke rechtserhaltend ist, wenn die abgewandelte neue Form ebenfalls als Marke eingetragen ist (und umgekehrt). Demnach können durch ein und dieselbe Benutzungsform mehrere Marken rechtserhaltend benutzt werden.

3. Benutzung für die eingetragenen Waren/DL

Da ein Zeichen nie als solches, sondern – als Marke – immer nur für die im Register eingetragenen Waren/DL markenrechtlichen Schutz genießt, verlangt § 26 I MarkenG des Weiteren eine Benutzung der Marke für eben diese eingetragenen Waren/DL. 362

a) Subsumtion

Dazu muss sich zunächst die konkrete benutzte Ware/DL unter einen der im Verzeichnis der Waren/DL aufgeführten abstrakten Waren/DL-Begriffe subsumieren lassen. Das ist oft unproblematisch (z.B. Eintragung für »Mittel zur Körper- und Schönheitspflege«, Benutzung für Lippenstifte; oder: Eintragung für »Arzneimittel«, Benutzung für ein Magen-Darm-Mittel; eine Subsumtion ist in diesen Fällen ohne weiteres möglich). 363

Im Einzelfall kann die Subsumtion aber auch Schwierigkeiten bereiten. 364

▶ Beispiel:

Die Marke »Rondo« ist in der Klasse 30 für »Zuckerwaren« im Register eingetragen. Benutzt wird sie für – als solche bezeichnete – »Multivitamin-Ringe«, nämlich Gummibonbons, die zwar einerseits zu 74 % aus Zucker bestehen, andererseits aber einen relativ hohen Zusatz von neun Vitaminen aufweisen, wobei durch den Verzehr einer 50g-Packung der Tagesbedarf an den betreffenden Vitaminen gedeckt wird. Sind diese Produkte Zuckerwaren oder handelt es sich um Vitaminpräparate der Klasse 5?[590]

Ist eine Subsumtion nicht möglich, können die Benutzungshandlungen nicht als rechtserhaltend anerkannt werden. 365

b) Beziehung zwischen Zeichen und Ware/DL

Das Gesetz verlangt eine Benutzung der Marke *für* die eingetragenen Waren/DL. Damit ist eine *qualifizierte Zeichen-Ware/DL-Beziehung* gefordert, die insbesondere der *Herkunftsfunktion* der Marke als ihrer Hauptfunktion (s. oben Rdn. 68) gerecht wird.[591] 366

---

590 Beispiel nach BPatG, Beschl. v. 15.03.2006, 32 W(pat) 249/03: Es handelte sich um Zuckerwaren; vgl. dazu auch BPatG GRUR 2007, 156 *Anhörungsrüge*.
591 BGH GRUR 2008, 617 (Nr. 10) *AKZENTA*; GRUR 2009, 60, 62 (Nr. 22) *LOTTO-CARD*; GRUR 2013, 925, 927 (Nr. 36) *VOODOO*; vgl. auch EuGH GRUR 2012, 1257, 1259 (Nr. 19) *Rintisch [PROTI]*.

367   Weitgehend anerkannt ist, dass insoweit nicht auf den Begriff der rechtsverletzenden Benutzung zurückgegriffen werden kann, wie er in § 14 II MarkenG verwendet und in § 14 III und IV MarkenG näher erläutert wird.[592] Wenn also etwa in § 14 II Nr. 6 MarkenG die Verwendung eines rechtsverletzenden Zeichens in der Werbung als rechtsverletzende Benutzung eingestuft wird, kann daraus nicht gefolgert werden, dass eine entsprechende Verwendung der Marke durch den Markeninhaber als rechtserhaltend anzuerkennen wäre.

368   Entscheidend ist vielmehr, ob die angesprochenen Verkehrskreise in dem jeweiligen Gebrauch der Marke einen Hinweis auf die Herkunft der Ware oder DL aus einem bestimmten Unternehmen sehen können.[593] Die Verkehrsauffassung wird dabei maßgeblich durch die – im Einzelfall festzustellenden – *Kennzeichnungsgepflogenheiten der jeweiligen Branche* beeinflusst.

369   Soweit es um die rechtserhaltende Benutzung einer für *Waren* eingetragenen Marke geht, ist daher regelmäßig die Verwendung der Marke *auf der Ware oder ihrer Verpackung oder Umhüllung* erforderlich. Die Benutzung auf Geschäftspapieren (Rechnungen, Briefköpfen, Firmenschriften etc.), auf Preisetiketten, Transportbehältnissen (z.B. Tragetaschen, Versandkartons), in Katalogen oder am Geschäftslokal reicht daher im allgemeinen nicht aus. Solche Kennzeichnungen gelten nämlich im Verkehr lediglich als *Hinweis auf das Unternehmen als solches*, also als bloße *firmenmäßige Benutzung*.[594]

370   Als besonders problematisch erweist sich damit vor allem die Benutzung von Marken, die zugunsten von *Handelsunternehmen* für die von diesen gehandelten Waren eingetragen sind. Die rechtserhaltende Benutzung muss hier oft verneint werden. Dies gilt insbesondere, wenn – wie meist – die gehandelten Waren selbst mit anderen Marken (sei es des Handelsunternehmens selbst [sog. Handelsmarken], sei es dritter [Hersteller-]Unternehmen) gekennzeichnet sind. Die nicht selten für sämtliche Warenklassen eingetragenen Marken großer Handelsunternehmen erweisen sich daher mitunter als insgesamt löschungsreif.[595]

Diese Problematik ist zwar dadurch etwas entschärft worden, dass Handelsunternehmen auch für die von ihnen erbrachten *Handelsdienstleistungen* markenrechtlichen

---

592 BGH GRUR 2000, 1038, 1039 *Kornkammer*; GRUR 2015, 685, 688 (Nr. 29) *STAYER*; Lange, Rn. 1179 m.w.N.

593 Vgl. EuGH GRUR 2003, 425, 427 (Nr. 36) *Ansul/Ajax*; BGH GRUR 2008, 617 (Nr. 10) *AKZENTA*; GRUR 2009, 60, 62 (Nr. 22) *LOTTOCARD*.

594 Vgl. BGH GRUR 2009, 772, 776 (Nr. 53) *Augsburger Puppenkiste*; GRUR 2008, 617 (Nr. 11) *AKZENTA*; GRUR 2005, 1047, 1049 *OTTO*; GRUR 2003, 428, 430 *BIG BERTHA*.

595 S. dazu BGH GRUR 2006, 150 *NORMA*; GRUR 2005, 1047 *OTTO*; vgl. auch BGH GRUR 2009, 772, 776 (Nr. 53) *Augsburger Puppenkiste*.

Schutz erlangen können.[596] Der Schutzbereich einer solchen Handels-*Dienstleistungsmarke* bleibt aber hinter dem einer entsprechenden *Warenmarke* zurück.[597]

Bei *Dienstleistungsmarken* kommt eine unmittelbare Verbindung wegen der Unkörperlichkeit von Dienstleistungen naturgemäß nicht in Betracht. Eine rechtserhaltende Benutzung kann aber z.b. auf Angebotsschriften oder auf Hilfsmitteln wie Geschäftswagen usw. erfolgen, die bei der Erbringung der Dienstleistungen eingesetzt werden.[598] Insoweit gehen dann freilich firmen- und markenmäßige Benutzung ineinander über. Diese zwingende objektive Sachlage rechtfertigt aber keine Reduzierung der Anforderungen an die rechtserhaltende Benutzung von Warenmarken, da die Verhältnisse hier nun einmal anders liegen. **371**

4. Benutzung im Inland

Entsprechend dem Territorialitätsprinzip (s. dazu oben Rdn. 209) müssen deutsche Registermarken im Inland benutzt werden, um dem Benutzungszwang zu genügen. Dasselbe gilt für IR-Marken, soweit sie mit Wirkung für Deutschland in das internationale Register beim Internationalen Büro in Genf eingetragen sind.[599] Eine Benutzung solcher Marken in anderen Ländern reicht also nicht aus! **372**

Auch diese Regel erfährt eine Erweiterung. Für *Exportmarken* bestimmt § 26 IV MarkenG nach Vorgabe des Art. 16 V lit. b MarkenRL, dass als Benutzung im Inland auch das bloße Anbringen der Marke auf Waren oder deren Aufmachung oder Verpackung im Inland gilt. Es ist somit nicht erforderlich, dass die markierte Ware noch im Inland in den Verkehr gelangt.[600] **373**

Umgekehrt reicht es bei bloßen *Importmarken* aus, wenn die markierten Waren vom Markeninhaber oder mit seiner Zustimmung erstmalig im Inland in den Verkehr gebracht werden; das Anbringen der Marke auf der Ware kann dagegen auch im Ausland erfolgt sein. Dabei setzt ein inländisches Inverkehrbringen nicht zwingend voraus, dass die Ware im Inland in den Handel kommt oder gar an den Endabnehmer gelangt. Liefert z.B. ein ausländischer Hersteller und Markeninhaber die im Ausland markierte Ware an einen inländischen Händler, der die Ware seinerseits nicht im Inland, sondern in Drittländern absetzt, so ist dem Inlandserfordernis Genüge getan.[601] Voraussetzung ist freilich, dass der Händler rechtlich und wirtschaftlich eigenständig ist. **374**

Problematisch ist, inwieweit dem inländischen Benutzungszwang durch einen inländischen Warenvertrieb Genüge getan ist, wenn sich die Ware im Ausland bereits im Geschäftsverkehr befunden hat. Es ist wohl wie folgt zu unterscheiden: Hat der **375**

---

596 EuGH GRUR 2005, 764 *Praktiker*; BPatG GRUR 2006, 63 *Einzelhandelsdienstleistungen II.*
597 S. dazu Ströbele/Hacker/Thiering, § 9 Rn. 126–133.
598 BGH GRUR 2008, 617 (Nr. 13) *AKZENTA*.
599 Beispiel: BGH GRUR 2003, 428, 430 *BIG BERTHA*.
600 BGH GRUR 2015, 685, 688 (Nr. 33) *STAYER*.
601 BGH GRUR 2012, 1261, 1262 (Nr. 19–20) *Orion*.

Markeninhaber die im Ausland markierte Ware erstmals in einem anderen Mitgliedstaat der Europäischen Union oder in einem Vertragsstaat des Abkommens über den Europäischen Wirtschaftsraum in Verkehr gebracht, so ist insoweit – wie unten bei Rdn. 617 – 621 näher darzulegen sein wird – gemäß § 24 I MarkenG eine Erschöpfung des Markenrechts eingetreten, d.h. die betreffende Ware unterliegt nicht mehr der markenrechtlichen Kontrolle des Markeninhabers. Wird daher die Ware anschließend durch Dritte (z.B. auf einer nachfolgenden Handelsstufe) in den inländischen Geschäftsverkehr verbracht, so liegt darin keine Inlandsbenutzung, jedenfalls keine Inlandsbenutzung *durch den Markeninhaber*. Das inländische Inverkehrbringen kann in diesem Fall dem Markeninhaber auch nicht nach § 26 II MarkenG zugerechnet werden, weil es insoweit wegen § 24 I MarkenG auf seine Zustimmung nicht mehr ankommt.

Ist dagegen das Inverkehrbringen der Ware durch den Markeninhaber in einem Drittstaat (z.B. in den USA) erfolgt, bedarf der Import nach Deutschland (sofern es sich dabei um das erste Inverkehrbringen in dem in § 24 I MarkenG bezeichneten Gebiet handelt) der Zustimmung des Markeninhabers. Erteilt er diese, so ist ihm der Import durch den Dritten nach § 26 II MarkenG zurechenbar, so dass auch eine Inlandsbenutzung durch den Markeninhaber anzuerkennen ist.

376   Eine Durchbrechung erfährt das Territorialitätsprinzip beim Benutzungszwang durch Art. 5 I des Übereinkommens zwischen dem Deutschen Reich und der Schweiz betreffend den gegenseitigen Patent-, Muster- und Markenschutz vom 13. April 1892. Nach diesem Abkommen kann eine deutsche (oder auch eine mit Wirkung für Deutschland international registrierte) Marke auch in der Schweiz mit rechtserhaltender Wirkung für Deutschland benutzt werden (und umgekehrt). Dabei richtet sich die Beurteilung, ob die Benutzung in der Schweiz für Deutschland rechtserhaltend ist, nach deutschem Recht, also nach § 26 MarkenG.[602] Durch das Übereinkommen wird somit (nur) das maßgebliche Benutzungsgebiet erweitert.

Zu beachten ist, dass die Vorzüge des deutsch-schweizerischen Übereinkommens wegen des in Art. 2 I PVÜ verankerten Prinzips der Inländergleichbehandlung (s. dazu oben Rdn. 213) auch den Angehörigen anderer PVÜ-Vertragsstaaten zugutekommen, die Inhaber einer deutschen (oder einer mit Wirkung für Deutschland international registrierten) Marke sind.[603] Im Hinblick auf Art. 2 I und Art. 3 I TRIPs-Übereinkommen gilt das gleiche für die Angehörigen anderer WTO-Vertragsstaaten.

5. Ernsthafte Benutzung

377   Die Marke muss nach § 26 I MarkenG ernsthaft benutzt worden sein. Angesprochen sind damit der *Umfang* und die *Dauer der Benutzung*.

---

602 BGH GRUR 2000, 1035, 1037 f. *PLAYBOY*.
603 BGH GRUR 2000, 1035, 1037 *PLAYBOY*; krit. Hildebrandt, § 8 Rn. 33.

Insoweit ist zunächst zu beachten, dass sich die Benutzung *nicht über den gesamten* **378** *maßgeblichen Fünfjahreszeitraum* (s. dazu oben Rdn. 311 – 336) erstrecken muss.[604] Das ergibt sich aus § 49 I S. 1 MarkenG, wonach der Verfall nur bei *ununterbrochener* fünfjähriger Nichtbenutzung eintritt. Daher genügt es, wenn irgendwann in dem maßgeblichen Fünfjahreszeitraum eine Benutzung stattgefunden hat, die als ernsthaft anzuerkennen ist.

Im Übrigen stehen die genannten Faktoren – Umfang und Dauer der Benutzung – in **379** einem gewissen Wechselwirkungsverhältnis, so dass ein geringerer Benutzungsumfang durch eine längere Benutzungsdauer ausgeglichen werden kann und umgekehrt. Insgesamt dürfen die Anforderungen an eine ernsthafte Benutzung nicht zu hoch angesetzt werden. Es geht bei diesem Tatbestandsmerkmal nur darum, bloße *Schein-benutzungen* auszuschließen, also Handlungen, die wirtschaftlich nicht sinnvoll sind und letztlich nur dazu dienen sollen, die Marke um ihrer selbst willen zu erhalten.[605] Insoweit spricht selbst eine fehlende Gewinnerzielung(sabsicht) noch nicht gegen eine ernsthafte Benutzung.[606] So können etwa wenige Umsatzgeschäfte ausreichen, wenn es sich um sehr exklusive Produkte handelt[607] oder wenn es um ein Produkt geht, das nur zur Vervollständigung des Sortiments angeboten wird. Allgemeine Regeln lassen sich kaum aufstellen. Die Ernsthaftigkeit einer Benutzung kann immer nur im Einzel-fall unter Berücksichtigung aller Umstände wie Dauer und Intensität der Benutzung, Art der Waren/DL, wirtschaftliches Umfeld, Art und Zuschnitt des Unternehmens des Markeninhabers usw. beurteilt werden.[608] So ist etwa die einmalige Lieferung von 2.316 Fernsehgeräten durch ein kleineres ausländisches Elektronikunternehmen als ernsthaft eingestuft worden.[609]

V. Verfahrensrechtliche Probleme des Benutzungsnachweises

Im Markenverletzungsprozess hat der Markeninhaber nach § 25 II S. 1 und 2 Mar- **380** kenG auf eine Nichtbenutzungseinrede hin *nachzuweisen*, dass er die Klagemarke in den jeweils relevanten Zeiträumen nach Maßgabe des § 26 MarkenG benutzt hat. Gleiches gilt für den Löschungskläger im Nichtigkeits-Löschungsprozess (§ 55 III MarkenG). Der Nachweis kann mit allen Mitteln des zivilprozessualen Strengbeweises geführt werden, insbesondere durch Zeugen, Urkunden und Augenschein.

---

604 BGH GRUR 2008, 617, 618 (Nr. 23) *AKZENTA*.
605 EuGH GRUR 2003, 425, 427 (Nr. 36) *Ansul/Ajax*; GRUR 2006, 582, 584 (Nr. 70–72) *VITAFRUIT*; BGH GRUR 2006, 152, 154 *GALLUP*; GRUR 2009, 60, 63 (Nr. 37) *LOTTOCARD*.
606 BGH GRUR 2009, 60, 63 (Nr. 38) *LOTTOCARD*.
607 Vgl. BPatG GRUR 2001, 58 *COBRA CROSS*.
608 BGH GRUR 2006, 152, 154 *GALLUP*; GRUR 2009, 766, 771 (Nr. 58) *Stofffähnchen*; GRUR 2012, 1261, 1262 (Nr. 16) *Orion*; Hildebrandt, § 8 Rn. 21 ff.
609 BGH GRUR 2012, 1261, 1262 (Nr. 15–17) *Orion*; zu weiteren Einzelfällen s. Ströbele/ Hacker/Thiering, § 26 Rn. 112–114.

381   Inhaltlich hat sich der Nachweis auf Art, Ort, Umfang und Dauer der Benutzung in den jeweils relevanten Zeiträumen zu beziehen. Es ist somit darzulegen und zu beweisen, in welcher Form und für welche Waren/DL die Marke verwendet und welche Umsätze dabei in welchen Zeiträumen erzielt wurden. Soweit die Offenlegung von Umsatzzahlen unerwünscht ist, kann sich der Markeninhaber auch damit begnügen, Mindestumsätze anzugeben, sofern schon diese die Annahme einer ernsthaften Benutzung stützen.

382   Im Widerspruchsverfahren und in dem ab 01.05.2020 eröffneten patentamtlichen Nichtigkeitsverfahren wegen älterer Rechte gilt seit der Reform durch das MaMoG grundsätzlich dasselbe Beweismaß wie im Verletzungs- und Nichtigkeitsprozess; abweichend hiervon ist jedoch in beiden Verfahren die *eidesstattliche Versicherung* als Beweismittel zugelassen (§ 43 I S. 2 MarkenG, § 53 VI S. 6 MarkenG n.F.). Damit sollen die DPMA-Verfahren entlastet werden.

383   Allerdings ist die eidesstattliche Versicherung auch fehleranfällig. Anders als bei einer Zeugeneinvernahme kommen Nachfragen und Korrekturen nicht in Betracht. Die Formulierung einer eidesstattlichen Versicherung sollte daher mit besonderer Sorgfalt vorgenommen werden.[610] So muss zweifelsfrei erkennbar sein,
   – wer die eidesstattliche Versicherung abgibt, welche Stellung er im Unternehmen des Markeninhabers bekleidet und, falls dies nicht ohne weiteres ersichtlich ist, woher er sein Wissen bezieht;
   – wer die Marke benutzt hat, ob der Markeninhaber oder ein Lizenznehmer, wobei in letzterem Falle die eidesstattliche Versicherung des Bestehens des Lizenzvertrages erforderlich, aber auch ausreichend ist;
   – in welcher konkreten Form die Marke in den relevanten Zeiträumen benutzt worden ist, was in der Regel die Bezugnahme auf Anlagen wie Produktabbildungen, Verpackungsmuster oder ähnliches erforderlich macht. Die erforderliche Datierung dieser Unterlagen muss sich entweder aus den Anlagen selbst oder aus der eidesstattlichen Versicherung ergeben;
   – für welche konkreten Waren/DL die Benutzung erfolgte. Die Nennung allgemeiner Waren- und DL-Begriffe aus dem Waren- und DL-Verzeichnis ist insoweit unbehelflich, weil die Subsumtion nicht Sache des Markeninhabers, sondern des DPMA oder des Gerichts ist;
   – innerhalb welcher Zeiträume welche Umsätze (gegebenenfalls Mindestumsätze) mit welchem konkreten Produkt erzielt wurden. Beziehen sich Umsatzzahlen auf mehrere unterschiedliche Produkte (von denen sich womöglich nicht alle unter die Begriffe des Waren- und DL-Verzeichnisses subsumieren lassen) oder gar auf eine nicht abschließende Aufzählung von Produkten, ist die eidesstattliche Versicherung wertlos. Es kann dann nicht ausgeschlossen werden, dass der Großteil der Benutzung auf irrelevante Produkte entfällt;
   – dass sich die betreffenden Angaben auf inländische Vorgänge beziehen.

---

610 Abschreckende Beispiele: BPatG, Beschl. v. 17.01.2013, 30 W(pat) 508/11; BPatG, Beschl. v. 22.09.2016, 30 W(pat) 44/14.

Alle Angaben in der eidesstattlichen Versicherung müssen sich auf die nach § 43 I **384** MarkenG und § 53 VI MarkenG n.F. maßgeblichen Benutzungszeiträume beziehen. Auch dies wird leider häufig nicht beachtet!

VI. Rechtsfolgen: Löschung, Rechtserhaltung, Integration

Ist der Verfall eingetreten, so ist der Markeninhaber *im Klageverfahren* nach § 55 **385** MarkenG zu verurteilen, gegenüber dem Deutschen Patent- und Markenamt in die Löschung (bei IR-Marken: in die Schutzentziehung, § 115 I MarkenG) der (mithilfe der Registernummer genau zu bezeichnenden) Marke *einzuwilligen*.[611] Mit der Rechtskraft des Urteils gilt diese Einwilligung gemäß § 894 ZPO als abgegeben. Der Kläger kann sodann unter Vorlage einer vollstreckbaren Ausfertigung des Urteils beim DPMA die Löschung vollziehen lassen.[612] Zur Teillöschung s. Rdn. 388. Zum Wirkungszeitpunkt s. § 52 I MarkenG.

Die Nichtbenutzungseinreden nach §§ 25 II, 43 I, 55 III MarkenG führen natur- **386** gemäß nicht zur Löschung, sondern dazu, dass die nichtbenutzten Waren/DL des Verzeichnisses der Waren und DL bei der Entscheidung unberücksichtigt bleiben (§§ 25 II S. 3, 43 I S. 3, 53 VI S. 5 n.F., 55 III S. 4 MarkenG). Bei vollständiger Nichtbenutzung hat dies die Abweisung der Klage bzw. die Zurückweisung des Widerspruchs zur Folge.

Häufig ergibt sich, dass eine Registermarke weder vollständig unbenutzt noch im **387** vollen Umfang der eingetragenen Waren/DL benutzt ist. In diesem Fall ist grundsätzlich von einem Schutz der Marke (nur noch) für die konkret benutzten Waren/DL auszugehen (§§ 25 II S. 3, 43 I S. 3, 53 VI S. 5 n.F., 55 III S. 4 MarkenG; sog. Minimallösung).[613] Um jedoch eine zu starke Beschränkung der wirtschaftlichen Betätigungsfreiheit des Markeninhabers zu vermeiden, ist anerkannt, dass die Marke über die konkret benutzte Ware hinaus auch für einen verallgemeinernden, die Spezialware umfassenden Warenoberbegriff verteidigt werden kann (sog. Integration). Dies geht jedoch nicht so weit, dass mit der Benutzung für eine einzelne Spezialware (z.B. für ein Präparat zur nachsorgenden Bekämpfung des Mammakarzinoms) die zum Teil sehr breit formulierten eingetragenen Warenbegriffe (z.B. »Arzneimittel«) ausgefüllt werden könnten (sog. Maximallösung). Bei einer starken Divergenz von Spezialware und registriertem Oberbegriff ist vielmehr im Einzelfall eine geeignete Untergruppe zu bilden, für welche eine rechtserhaltende Benutzung anerkannt wird (im Beispiel: »Zytostatika« entsprechend der einschlägigen Hauptgruppe 86 der Roten Liste; sog. erweiterte Minimallösung).[614]

---

611 So jedenfalls die bisher h.M., vgl. BGH GRUR 2003, 428, 430 *BIG BERTHA*.

612 Ob dies auch nach der MaMoG-Reform noch gilt, ist allerdings zweifelhaft, vgl. Ströbele/ Hacker/Thiering, § 55 Rn. 91, wo die Verfallslöschungsklage nunmehr als Gestaltungsklage eingestuft wird.

613 Vgl. BGH GRUR 2006, 937, 939 *Ichthyol II*; GRUR 2013, 925, 927 (Nr. 34) *VOODOO*.

614 Grdl. BPatG GRUR 1980, 54 *MAST REDIPAC*; s. auch BGH GRUR 2012, 64, 65 (Nr. 11) *Maalox/Melox-GRY*; BPatG GRUR 2004, 954, 955 *CYNARETTEN/Circanetten*.

388   Die gleichen Grundsätze (d.h. die erweiterte Minimallösung) gelten auch im Ver-
       fallslöschungsverfahren. In dem genannten Beispiel wäre daher die Eintragung für
       »Arzneimittel« im Wege der Teillöschung (§ 49 III MarkenG) auf »Zytostatika« zu
       beschränken.[615]

VII. Benutzungszwang im Unionsmarkenrecht

1. Entsprechungen zum nationalen Recht

389   Die Regelung des Benutzungszwangs im Unionsmarkenrecht folgt im Wesentlichen
       denselben Prinzipien wie das harmonisierte nationale Recht. Dabei findet sein Pendant
       –   § 26 MarkenG in Art. 18 UMV,
       –   § 49 I MarkenG in Art. 58 I lit. a UMV,
       –   § 25 II S. 1 MarkenG in Art. 127 III UMV,
       –   § 43 I S. 1 MarkenG in Art. 47 II, III UMV,
       –   § 55 III S. 1 MarkenG in Art. 64 II S. 1 UMV und
       –   § 55 III S. 3 MarkenG in Art. 64 II S. 2 UMV.

2. Materiell-rechtliche Besonderheiten

390   In materiell-rechtlicher Hinsicht bedarf hier nur die *Grundregel des Art. 18 UMV*
       näherer Betrachtung. Als *Beginn der Benutzungsschonfrist* ist abweichend vom natio-
       nalen Recht (§ 49 I S. 1 MarkenG) der Eintragungstag der Marke festgelegt. Auch
       eine dem § 26 V MarkenG entsprechende Modifikation im Falle eines Widerspruchs
       (s. Rdn. 316) enthält die UMV nicht, weil das Widerspruchsverfahren im Unions-
       markenrecht der Eintragung vorgeschaltet ist (s. Rdn. 247).

391   Vergleichbar dem nationalen Recht (§ 115 II MarkenG; s. Rdn. 317 – 294) bedarf es
       jedoch einer Modifikation des Beginns der Benutzungsschonfrist für den Fall, dass die
       Unionsmarke aus der Erstreckung einer IR-Marke auf die EU entstanden ist (s. dazu
       Rdn. 251). Derartige Marken werden nicht in das Unionsmarkenregister eingetragen.
       Für diesen Fall sieht daher Art. 203 UMV vor, dass an die Stelle des gemäß Art. 18
       I UMV maßgeblichen Datums der Eintragung im Unionsmarkenregister das Datum
       der Veröffentlichung gemäß Art. 190 II UMV tritt. Nach dieser Bestimmung ver-
       öffentlicht das EUIPO die Tatsache, dass eine (vorläufige) Schutzverweigerung nicht
       ausgesprochen oder später widerrufen worden ist.[616]

392   Ein weiterer bedeutender Unterschied zum nationalen Recht besteht darin, dass als
       maßgebliches *Benutzungsgebiet* an die Stelle des Inlands das *Gebiet der Union* tritt.
       Dabei ist nicht erforderlich, dass die Unionsmarke im Gesamtgebiet der Union
       benutzt worden ist. Lange umstritten war dagegen, ob die Benutzung in nur einem

---

615 Vgl. BGH GRUR 2009, 60, 62, 64 (Nr. 30–33, 52) *LOTTOCARD* und zu Einzelheiten
     Ströbele/Hacker/Thiering, § 49 Rn. 62–78.
616 Vgl. BPatG BlPMZ 2012, 419, 420 *Trigon/TRIGION*.

Mitgliedstaat ausreicht.[617] Wie jedoch der EuGH zutreffend klargestellt hat, ist in Anbetracht des supranationalen Charakters der Unionsmarke eine an mitgliedstaatlichen Grenzen orientierte Betrachtungsweise zu vermeiden. Es kommt vielmehr darauf an, ob die Benutzung in der Union insgesamt als ernsthaft einzustufen ist.[618] Insoweit ist nach Auffassung des EuGH zwar »die Erwartung berechtigt, dass eine Gemeinschaftsmarke [jetzt Unionsmarke], da sie einen umfassenderen Gebietsschutz als eine nationale Marke genießt, in einem größeren Gebiet als dem eines einzigen Mitgliedstaats benutzt wird«.[619] Eine strikte Anforderung in diesem Sinne lässt sich der UMV jedoch nicht entnehmen.

3. Verfahrensrechtliche Besonderheiten

Größere Abweichungen zum nationalen Recht sind in verfahrensrechtlicher Hinsicht festzustellen: **393**

So fällt zunächst auf, dass es die in den §§ 25 II S. 2, 53 VI S. 3 n.F., 55 III S. 2 MarkenG vorgesehene zweite Nichtbenutzungseinrede (s. oben Rdn. 331 – 335) im Unionsmarkenrecht nicht gibt! Zur zweifelhaften Richtlinienkonformität dieser Einreden s. oben Rdn. 333.

Des weiteren kennt das Unionsmarkenrecht auch nicht die isolierte Verfallslöschungsklage. An deren Stelle tritt vielmehr – abweichend von § 55 MarkenG – das gegebenenfalls streitige Verfalls-Löschungsverfahren vor dem EUIPO nach Art. 58 UMV. Zuständig sind gemäß Art. 163 UMV die Nichtigkeitsabteilungen.   **394**

§ 15 Erlöschen des sachlichen Markenschutzes

Wie oben bei Rdn. 254 – 259 dargelegt, entsteht der sachliche Markenschutz durch Verkehrsgeltung des Zeichens als Marke (§ 4 Nr. 2 MarkenG). Dem entsprechend erlischt das Recht mit dem *Verlust der Verkehrsgeltung*, z.B. weil der Inhaber seine Marke nicht mehr oder nur noch in zu geringen Umfang benutzt oder es unterlässt, gegen zahlreiche Drittbenutzer vorzugehen, die bei den beteiligten Verkehrskreisen die Kennzeichnungsfunktion der Benutzungsmarke zugunsten *eines* Unternehmens beseitigen.[620] Wenn die Verkehrsgeltung nur für ein bestimmtes Wirtschaftsgebiet verlorengeht, bleibt sie örtlich beschränkt im andern erhalten.   **395**

---

617 Bejahend OLG Hamburg GRUR-RR 2005, 312, 314 *NEWS*; Ingerl/Rohnke, § 125b Rn. 20

618 EuGH GRUR 2013, 182, 184 (Nr. 41–44) *Leno Merken [ONEL/OMEL]*; ähnlich vorher schon BPatG GRUR 2011, 1147, 1148 *TOLTEC/TOMTEC*.

619 EuGH GRUR 2013, 182, 185 (Nr. 50) *Leno Merken [ONEL/OMEL]*.

620 BGH GRUR 1957, 369, 371 *Rosa-Weiß-Packung*; GRUR 1961, 347, 352 *Almglocke*; OLG Köln MarkenR 2003, 158, 159 *Weinbrandpraline*.

396 Nicht jede Unterbrechung einer Benutzung führt aber schon zum Verlust des Rechts. Wenn die beteiligten Verkehrskreise trotz Einstellung einer Benutzung immer noch die Kennzeichnung als Benutzungsmarke eines Inhabers auffassen, kann daran bei Wiederaufnahme der Benutzung ohne Prioritätsverlust angeknüpft werden.[621]

397 Auch eine gewisse *Abwandlung einer Benutzungsmarke* im Zusammenhang mit farblichen Komponenten, eine Modernisierung usw. führt noch nicht zum Verlust der Marke, wenn der Kern der Kennzeichnung unverändert erhalten bleibt.[622] Insoweit kann auf die zu § 26 III MarkenG entwickelte Rechtsprechung zurückgegriffen werden (s. dazu oben Rdn. 342 – 360).

---

621 RGZ 120, 402, 409 *Bärenstiefel*; BGH GRUR 1957, 25, 27 *Hausbücherei.*
622 BGH GRUR 1963, 423, 427 *coffeinfrei*; s. auch BGH GRUR 1968, 371, 374 *Maggi*;
      GRUR 1982, 672, 674 *Aufmachung von Qualitätsseifen.*

D. Inhalt und Schranken des Markenschutzes

§ 16 Übersicht

I. Deutsche Marken

Nach § 14 I MarkenG (vgl. Art. 10 I MarkenRL) gewährt der Erwerb des Marken- **398**
schutzes gemäß § 4 MarkenG dem Inhaber der Marke ein ausschließliches Recht,
nämlich das Recht,
a) die Marke (d.h. das als Marke geschützte Zeichen)
b) für bestimmte Waren/DL ausschließlich zu benutzen, und zwar
   - im Falle des § 4 Nr. 1 MarkenG für die Waren/DL, für welche die Marke im
     Register eingetragen ist,
   - im Falle des § 4 Nr. 2 MarkenG für die Waren/DL, für die das Zeichen als
     Marke Verkehrsgeltung erlangt hat.

§ 14 II MarkenG regelt sodann den *Schutzbereich der Marke* und stellt damit sozu- **399**
sagen das Herzstück des Markenrechts dar. Nach § 14 II S. 1 Nr. 1 und 2 MarkenG,
mit denen die verbindlichen Vorgaben des Art. 10 II lit. a und b MarkenRL umgesetzt werden, genießt die Marke Schutz gegen identische Benutzungen und gegen
solche, die eine Verwechslungsgefahr mit der geschützten Marke hervorrufen. Der
zusätzliche und weiterreichende Schutz bekannter Marken in § 14 II S. 1 Nr. 3 MarkenG entspricht der – seit 2015 verpflichtenden, vorher nur optionalen – Vorgabe des
Art. 10 II lit. c MarkenRL.

In § 14 III MarkenG werden – nicht abschließend – einige der Dritten verbotenen **400**
Benutzungshandlungen aufgezählt (vgl. Art. 10 III MarkenRL). Darüber hinaus verbietet § 14 IV MarkenG bestimmte Vorbereitungshandlungen, bei denen die Verbindung von Zeichen und Ware durch den Dritten noch nicht vollendet ist, aber die
Gefahr besteht, dass es zu einer solchen Verbindung kommt. In der MarkenRL ist eine
solche Bestimmung nunmehr in Art. 11 enthalten.

Im Zusammenhang mit den Verbotstatbeständen des § 14 II bis IV MarkenG sind die **401**
durch Art. 14 und 15 MarkenRL vorgegebenen Regeln der §§ 23, 24 MarkenG zu
sehen, die bestimmte Benutzungshandlungen vom Verbotsbereich ausnehmen (Verbotsschranken).

§ 14 V MarkenG sanktioniert die Verbote der Abs. II-IV, soweit nicht die Freistel- **402**
lungen nach §§ 23, 24 MarkenG eingreifen, durch einen Unterlassungsanspruch des
Markeninhabers. § 14 VI MarkenG sieht unter der zusätzlichen Voraussetzung des

Verschuldens einen Schadensersatzanspruch vor. Weitere Sanktionen einer Markenverletzung finden sich in § 18 (Vernichtungsanspruch) und § 19 MarkenG (Auskunftsanspruch). Durch das Gesetz zur Verbesserung der Durchsetzung von Rechten
des geistigen Eigentums vom 7. Juli 2008 (s. Rdn. 41) hinzugekommen sind Regelungen über den Rückruf und das endgültige Entfernen rechtsverletzender Waren aus
den Vertriebswegen (§ 18 II MarkenG), über Vorlage- und Besichtigungsansprüche
(§ 19a MarkenG), über Ansprüche zur Sicherung von Schadensersatzansprüchen
(§ 19b MarkenG) sowie über die Bekanntmachung von Urteilen (§ 19c MarkenG).

403 Als Anspruchsschranken sind in den §§ 20, 21 MarkenG die Verjährung und die Verwirkung markenrechtlicher Ansprüche geregelt.

404 Zu den zivilrechtlichen Sanktionen kommen strafrechtliche Maßnahmen (§ 143
MarkenG) und Eingriffsbefugnisse der Zollbehörden im Rahmen der Grenzbeschlagnahme markenverletzender Waren (§§ 146 ff. MarkenG; VO [EU] Nr. 608/2013
i.V.m. § 150 MarkenG).

405 Die im Verletzungsfall ausgelösten zivilrechtlichen Abwehr- und Schadensersatz-
ansprüche sind *nicht* vor dem DPMA und dem BPatG, sondern wie andere privat-
rechtliche Ansprüche vor den *ordentlichen Gerichten, d.h. vor den Zivilgerichten*
durchzusetzen. In erster Instanz sachlich zuständig sind die *Landgerichte* ohne Rücksicht auf den Streitwert (§ 140 I MarkenG). Der weitere Rechtszug verläuft zu den
Oberlandesgerichten als Berufungsgerichten und zum BGH als Revisionsgericht.

406 Zu beachten ist allerdings, dass unter denselben Voraussetzungen, unter denen es
Dritten nach § 14 II S. 1 Nr. 1–3 MarkenG untersagt ist, ein bestimmtes Zeichen zu
benutzen (Identität, Verwechslungsgefahr, Eingriff in den erweiterten Schutzbereich
bekannter Marken), nach § 9 I Nr. 1–3 MarkenG auch die *Löschung* einer prioritätsjüngeren Registermarke verlangt werden kann (vgl. insoweit die Vorgaben in Art. 5 I
lit. a und b, III lit. a MarkenRL). Zur Entscheidung hierüber sind neben den Zivilgerichten (im Nichtigkeitsprozess nach §§ 51, 55 MarkenG) auch das DPMA und
das BPatG sowie in letzter Instanz wiederum der BGH berufen, nämlich im Widerspruchsverfahren nach § 42 MarkenG (s. oben Rdn. 260 – 280 und unten Rdn. 682 –
710) und ab dem 01.05.2020 auch im Nichtigkeitsverfahren wegen älterer Rechte
(§§ 51, 53 MarkenG n.F.). Insbesondere zu dem zentralen Schutztatbestand der Verwechslungsgefahr existiert daher neben der Judikatur der Verletzungsgerichte (zu § 14
II S. 1 Nr. 2 MarkenG) eine sehr umfangreiche Spruchpraxis des BPatG (zu § 9 I Nr. 2
MarkenG). Auch die einschlägigen Entscheidungen des BGH betreffen gleichermaßen
beide Vorschriften, je nachdem, ob dieser als Revisionsgericht im Verletzungsprozess
oder als Rechtsbeschwerdegericht im Widerspruchsverfahren (oder künftig auch im
Nichtigkeitsverfahren) entschieden hat. Aus diesem Grund wird nachfolgend bei der
Erörterung des § 14 II MarkenG (Rdn. 434 – 579) auch immer wieder auf die zu § 9
I MarkenG ergangenen Entscheidungen zurückgegriffen.

407 Gegenstand des vorliegenden Kapitels ist nur der Verletzungstatbestand (§ 14 II-IV
MarkenG) mit den in den §§ 23, 24 MarkenG vorgesehenen Verbotsschranken. Die aus
der Verletzung folgenden markenrechtlichen Ansprüche werden in Kapitel E dargestellt.

II. IR-Marken

Auf IR-Marken, genauer: auf den deutschen Teil solcher Marken, finden gemäß   **408**
§§ 107, 119 MarkenG die genannten Vorschriften entsprechende Anwendung. Die
§§ 108 ff., 120 ff. MarkenG enthalten keine hiervon abweichenden Regeln.

III. Unionsmarken

Für Unionsmarken enthält Art. 9 I-III UMV eine dem § 14 I-III MarkenG entspre-   **409**
chende Regelung des Verletzungstatbestandes. Eine dem § 14 IV MarkenG korrespondierende Vorschrift findet sich nunmehr in Art. 10 UMV.

Die Rechtsfolgen einer Unionsmarkenverletzung sind in der UMV nur rudimentär   **410**
geregelt. Es ist lediglich in Art. 130 I S. 1 UMV ein prozessual formulierter Unterlassungsanspruch vorgesehen. Alles Weitere ist nach Art. 17, 130 II UMV dem nationalen Recht überlassen. Insoweit gilt grundsätzlich die lex fori. § 125b Nr. 2 MarkenG
ordnet hierzu die entsprechende Anwendung der §§ 14 VI,[623] 18–19c MarkenG an,
was jedoch schon unmittelbar nach Art. 17, 130 II UMV geboten ist.

Auch für die Durchsetzung der Rechte aus einer Unionsmarke gilt, dass dafür *nicht*   **411**
die Erteilungsbehörden, also das Europäische Amt für geistiges Eigentum (EUIPO)
und die diesem übergeordneten europäischen Gerichte (EuG, EuGH), sondern die
ordentlichen Gerichte, d.h. (da es ein europäisches Zivilgericht nicht gibt) *die Zivil-*
gerichte der Mitgliedstaaten zuständig sind. Diese handeln insoweit aber nicht als
nationale Gerichte, sondern als *Unionsmarkengerichte mit unionsweiter Zuständigkeit.*
Welches mitgliedstaatliche Gericht in einer Unionsmarkenangelegenheit als Unionsmarkengericht zuständig ist, regeln die Art. 122 ff. UMV. Unionsmarkengerichte
erster Instanz sind in Deutschland bestimmte, von den Landesregierungen benannte
Landgerichte (§ 125e I MarkenG). Auch hier führt der Rechtszug weiter über die
Oberlandesgerichte als Unionsmarkengerichte zweiter Instanz (Art. 133 I, II UMV
i.V.m. § 125e II MarkenG) zum BGH als Unionsmarkengericht dritter Instanz (vgl.
Art. 133 III UMV).[624]

Jedoch ist auch hier zu beachten, dass ähnlich wie im harmonisierten deutschen Recht   **412**
auch im Unionsmarkenrecht die Gründe für eine Eintragungsversagung oder Nichtigerklärung einer prioritätsjüngeren Unionsmarke wegen einer entgegenstehenden
älteren Marke genauso ausgestaltet sind wie die Verletzungstatbestände, vgl. Art. 8 I
lit. a und b, Art. 8 V UMV. Über diese relativen Schutzhindernisse haben neben den
Unionsmarkengerichten im Widerklageverfahren (Art. 128 UMV) auch und sogar
in erster Linie die europäischen Instanzen (EUIPO, EuG, EuGH) im Widerspruchs-
und Nichtigkeitsverfahren zu befinden (s. oben Rdn. 287 – 289). Dazu, insbesondere
zur Verwechslungsgefahr im Sinne von Art. 8 I lit. b UMV, existiert eine umfangreiche

---

623   § 125b Nr. 2 MarkenG enthält leider seit dem MaMoG einen Redaktionsfehler und ver-
     weist auf § 14 VII und VIII (den es gar nicht gibt) anstatt auf § 14 VI und VII.
624   Vgl. die Auflistung der Unionsmarkengerichte in ABl-HABM 2005, 622; zu Deutschland
     s. Ströbele/Hacker/Thiering, § 125e Rn. 10-11.

Spruchpraxis. Auch darauf kann und muss bei der Auslegung der parallel konstruierten Verletzungstatbestände des § 14 II MarkenG/Art. 9 II UMV zurückgegriffen werden.

§ 17 Allgemeine Voraussetzungen der Markenverletzung

I. Gültige Marke

413 Der Tatbestand der Markenverletzung setzt zunächst ein gültiges Markenrecht voraus. Die Marke muss also durch Registrierung (§ 4 Nr. 1 MarkenG) oder Verkehrsgeltung (§ 4 Nr. 2 MarkenG) entstanden sein und noch bestehen.[625] Aus einer bloßen Marken*anmeldung* kann somit nicht gegen Dritte vorgegangen werden. Anders als das Unionsmarkenrecht (vgl. Art. 11 II UMV) sieht das deutsche Recht auch keinen Entschädigungsanspruch für Benutzungshandlungen Dritter für die Zeit zwischen der Veröffentlichung der Anmeldung (§ 33 III MarkenG, § 23 MarkenV) und der späteren Eintragung der Marke vor. Auch die erst im Werden begriffene Verkehrsgeltung (sog. Verkehrsgeltungsanwartschaft) vermittelt noch keinen markenrechtlichen Schutz.

II. Löschungsreife der Marke

414 Besondere Probleme wirft der Fall auf, dass eine als verletzt in Betracht kommende Registermarke zwar formal besteht, jedoch wegen Nichtigkeit oder Verfalls löschungsreif ist. Insoweit sind verschiedene Konstellationen zu unterscheiden:

1. Nichtigkeit der Marke wegen absoluter Schutzhindernisse

a) Bindungsgrundsatz

415 Die Beurteilung, ob eine Marke aus absoluten Gründen (§§ 3, 8 MarkenG) schutzunfähig ist, obliegt ausschließlich dem DPMA und den übergeordneten Instanzen im

---

625 Vgl. z.B. BGH GRUR 2008, 621, 625 (Nr. 41) *AKADEMIKS.*

Eintragungs- (§§ 32 ff. MarkenG) und im Nichtigkeitslöschungsverfahren (§§ 50, 54 MarkenG bzw. § 53 MarkenG n.F.). Das bedeutet umgekehrt, dass die Verletzungsgerichte (s. Rdn. 405) insoweit *an die Eintragung gebunden* sind.[626] Will der Verletzungsbeklagte die absolute Schutzfähigkeit der Klagemarke, aus der er in Anspruch genommen wird, in Frage stellen, hat er daher nur die Möglichkeit, beim DPMA einen Löschungsantrag nach §§ 50, 54 MarkenG (§ 53 MarkenG n.F.) zu stellen. Das Verletzungsgericht kann dann nach seinem Ermessen den Verletzungsprozess gemäß § 148 ZPO aussetzen, wenn es dem Löschungsantrag hinreichende Aussicht auf Erfolg einräumt.[627] Wird nicht ausgesetzt und der Verletzungsbeklagte rechtskräftig verurteilt, die Klagemarke aber später doch noch gelöscht, kommt nur noch eine Vollstreckungsabwehrklage nach § 767 ZPO in Betracht, soweit die Vollstreckung noch nicht beendet ist (vgl. auch § 52 III Nr. 1 MarkenG).

b) Grenzen des Bindungsgrundsatzes

Eine immanente Schranke des Bindungsgrundsatzes ergibt sich zunächst daraus, dass   **416** sich die Bindungswirkung immer nur auf die eingetragene Marke in ihrer Gesamtheit bezieht. Denn nur die Marke in ihrer Gesamtheit war Gegenstand der Prüfung im Eintragungsverfahren (s. oben Rdn. 140–141). Gleiches gilt für das Nichtigkeitslöschungsverfahren: Auch hier geht es immer nur um die Marke, so wie sie eingetragen ist. Das Verletzungsgericht ist daher nicht gehindert, *einzelne Bestandteile der Marke,* auf die es für die Feststellung einer Markenverletzung ankommt, auf ihre Schutzfähigkeit hin zu prüfen. Relevant wird dies vor allem, wenn sich die Übereinstimmung von Klagemarke und angegriffenem Zeichen auf für sich gesehen schutzunfähige Bestandteile beschränkt (s. dazu unten Rdn. 491–496).

Eine echte Einschränkung erfährt der Bindungsgrundsatz darüber hinaus, soweit die   **417** Klagemarke bösgläubig angemeldet worden ist, so dass sie nach § 8 II Nr. 14 MarkenG nicht hätte eingetragen werden dürfen. Zwar bleibt es dem Beklagten im Verletzungsprozess auch in diesem Fall unbenommen, einen Löschungsantrag nach §§ 50, 54 MarkenG (Nichtigkeitsantrag nach § 53 MarkenG n.F.) zu stellen. Da aber in Fällen der Bösgläubigkeit der Bestand der Marke regelmäßig auch außerhalb des MarkenG angefochten werden kann (außermarkenrechtliche Löschungsklage insbesondere aufgrund eines wettbewerbsrechtlichen Beseitigungsanspruchs wegen unlauterer Behinderung, vgl. § 8 I S. 1 i.V.m. §§ 3 I, 4 Nr. 4 UWG), lässt es die Rechtsprechung zu

---

626 St. Rspr., vgl. z.B. BGH GRUR 2014, 1101, 1102 (Nr. 20) *Gelbe Wörterbücher;* GRUR 2010, 642, 644 (Nr. 28) *WM-Marken;* GRUR 2009, 678, 679 (Nr. 15) *POST/Regio-Post;* GRUR 2007, 780, 782 (Nr. 19) *Pralinenform;* GRUR 2005, 1044, 1045 *Dentale Abformmasse;* GRUR 2005, 414, 416 *Russisches Schaumgebäck;* krit. Rohnke, FS Hertin, S. 643 ff.; Sosnitza, § 8 Rn. 31.
627 Instruktiv hierzu BGH GRUR 2016, 197, 198 (Nr. 16–21) *Bounty;* GRUR 2015, 1201, 1204 (Nr. 16–23) *Sparkassen-Rot/Santander-Rot;* GRUR 2014, 1101, 1102 (Nr. 17 ff.) *Gelbe Wörterbücher.*

Recht zu, die Bösgläubigkeit unter dem Gesichtspunkt des Rechtsmissbrauchs auch schon im Verletzungsprozess einredeweise geltend zu machen.[628]

418   Keine echte Einschränkung des Bindungsgrundsatzes stellt demgegenüber die Vorschrift des § 22 I Nr. 2, 2. Alt. MarkenG dar. Zwar kann nach dieser Vorschrift der Markeninhaber die Benutzung einer zeitrangjüngeren Registermarke nicht untersagen, wenn seine Marke im Zeitpunkt der Veröffentlichung der jüngeren Marke[629] wegen absoluter Schutzhindernisse hätte gelöscht werden können (Verweisung auf § 51 IV S. 1 Nr. 2, von dort auf § 50 I und weiter auf §§ 3, 8 MarkenG). Die Vorschrift wird von der Rechtsprechung aber gerade wegen des Bindungsgrundsatzes einschränkend ausgelegt.[630] Demnach ist § 22 I Nr. 2, 2. Alt. MarkenG nur anzuwenden, wenn das betreffende absolute Schutzhindernis im Nichtigkeitslöschungsverfahren nach §§ 50, 54 MarkenG bzw. § 53 MarkenG n.F. nicht (mehr) geltend gemacht werden kann, z.B. weil die Zehnjahresfrist des § 50 II S. 3 MarkenG bereits verstrichen ist.

c) Unionsmarkenrecht

419   Auch im Unionsmarkenrecht ist grundsätzlich von einer Bindung an die Eintragung auszugehen.[631] Jedoch hat hier das Unionsmarken-Verletzungsgericht (§ 125e MarkenG; s. oben Rdn. 411) die Befugnis, auf eine entsprechende *Widerklage* des Beklagten hin auch die absolute Schutzfähigkeit der Unionsklagemarke zu prüfen und diese gegebenenfalls für nichtig zu erklären (s. oben Rdn. 276; zu den recht komplizierten wechselseitigen Aussetzungsmöglichkeiten im Hinblick auf das ebenfalls in Betracht kommende Nichtigkeitsverfahren vor dem EUIPO s. Art. 128, 132 UMV).

2. Nichtigkeit der Marke wegen relativer Schutzhindernisse

420   Anders als bei den absoluten Schutzhindernissen besteht hinsichtlich relativer Schutzhindernisse keine ausschließliche Beurteilungskompetenz des DPMA und der ihm übergeordneten Instanzen. Vielmehr stehen hier das patentamtliche Widerspruchsverfahren nach § 42 MarkenG sowie ab 01.05.2020 das Nichtigkeitsverfahren wegen älterer Rechte (§§ 51, 53 MarkenG n.F.) und der Nichtigkeitsprozess vor den ordentlichen Gerichten (§§ 51, 55 MarkenG) nebeneinander (s. oben Rdn. 280). Daher bestehen keine Bedenken, im Verletzungsprozess relative Nichtigkeitsgründe gegen die Klagemarke auch einredeweise zuzulassen.

---

628   Instruktiv z.B. BGH GRUR 2005, 414, 416 *Russisches Schaumgebäck* und zum parallelen Löschungsverfahren BPatG, Beschl. v. 15.02.2006, 32 W(pat) 308/03; BGH GRUR 2015, 1214, 1220 (Nr. 54 ff.) *Goldbären.*

629   Richtigerweise kommt es auf den Anmelde- oder Prioritätstag der jüngeren Marke an, vgl. Art. 18 I i.V.m. Art. 8 MarkenRL und hierzu von Mühlendahl GRUR 2019, 25, 33; Hacker GRUR 2019, 235, 243.

630   BGH GRUR 2003, 1040, 1042 *Kinder.*

631   Vgl. BGH GRUR 2012, 618, 619 (Nr. 15) *Medusa*; EuG GRUR Int. 2004, 518, 521 (Nr. 55) *CONFORFLEX*; GRUR Int. 2004, 854, 857 (Nr. 71) *DIESELIT*; GRUR Int. 2007, 142, 145 (Nr. 105) *Aire Limpio.*

Inwieweit danach der Bestand der Klagemarke vom Verletzungsbeklagten wegen entgegenstehender älterer Rechte in Frage gestellt werden kann, hängt davon ab, wem diese älteren Rechte zustehen. Eigene ältere Rechte kann der in Anspruch genommene Verletzer stets entgegenhalten, was in Art. 10 II MarkenRL[632] und auch in Art. 9 II UMV ausdrücklich geregelt ist. Die Verletzungsklage kann daher keinen Erfolg haben, wenn der Beklagte eigene, bessere Rechte erworben hat, mit denen er die Klagemarke zu Fall bringen könnte, seien dies Kennzeichenrechte im Sinne von §§ 9–12 MarkenG, seien es sonstige Rechte nach § 13 MarkenG.[633]   **421**

Auf *fremde Drittrechte* kann sich der Verletzungsbeklagte dagegen grundsätzlich nicht berufen. Dies wäre eine unzulässige exceptio ex iure tertii.[634] Eine Ausnahme lässt die Rechtsprechung jedoch für den Fall zu, dass dem Beklagten die Benutzung von einem Dritten gestattet worden ist, der seinerseits an der angegriffenen Bezeichnung Rechte innehat, die der Klagemarke vorgehen. Der Beklagte wird insoweit in einer vielleicht etwas gewagten *Analogie zu § 986 I S. 1 BGB* wie ein unmittelbarer Besitzer behandelt, der sich gegenüber dem Eigentümer (klagender Markeninhaber) auf das bessere Besitzrecht des mittelbaren Besitzers (Inhaber des Drittrechts) berufen kann.[635]   **422**

3. Löschungsreife der Klagemarke wegen Verfalls

Soweit es um einen Verfall wegen mangelnder Benutzung geht (§ 49 I MarkenG), kann der Beklagte nach der ausdrücklichen Bestimmung des § 25 II MarkenG Nichtbenutzungseinrede erheben (s. dazu oben Rdn. 308, 309). Aber auch die anderen Verfallsgründe des § 49 II MarkenG kann der Beklagte einredeweise geltend machen.[636]   **423**

III. Handeln im geschäftlichen Verkehr

1. Abgrenzung zu außergeschäftlichen Handlungen

Alle Verletzungstatbestände nach § 14 II MarkenG/Art. 9 II UMV setzen ein Handeln im geschäftlichen Verkehr voraus. Der Begriff ist *weit auszulegen*.[637] Er umfasst *jede wirtschaftliche Betätigung, mit der in Wahrnehmung oder Förderung eigener oder*   **424**

---

632 Das MaMoG hat diese Vorgabe – wohl versehentlich – nicht umgesetzt, vgl. Hacker GRUR 2019, 235.
633 Vgl. z.B. BGH GRUR 2018, 516, 519 (Nr. 34) *form-strip II*; GRUR 2009, 1055, 1058 (Nr. 52) *airdsl*; GRUR 2009, 484, 488 (Nr. 43) *Metrobus*; GRUR 2004, 512, 513 *Leysieffer*; GRUR 2002, 967, 969 *Hotel Adlon*.
634 BGH GRUR 1969, 690, 692 *Faber*; GRUR 1954, 271, 274 *DUN*.
635 Grdl. BGH GRUR 1993, 574, 576 *Decker*; s. auch BGH GRUR 2002, 967, 970 *Hotel Adlon*; GRUR 2009, 515, 517 (Nr. 25) *Motorradreiniger*; GRUR 2009, 1055, 1058 (Nr. 52) *airdsl*; GRUR 2012, 534, 535 (Nr. 18) *Landgut Borsig*; GRUR 2016, 201, 206 (Nr. 66) *Ecosoil*.
636 Vgl. BGH GRUR 2011, 1043, 1046 (Nr. 52) *TÜV II*.
637 BGH GRUR 1987, 438, 440 *Handtuchspender*; s. auch BGH GRUR 2004, 860, 863 *Internet-Versteigerung*; OLG Frankfurt GRUR 2004, 1042 *Cartierschmuck*.

fremder Geschäftsinteressen am Erwerbsleben teilgenommen wird.[638] Es ist weder eine Gewinnerzielungsabsicht noch Entgeltlichkeit[639] noch das Bestehen eines Wettbewerbsverhältnisses zum Markeninhaber[640] erforderlich. Auch auf das Vorliegen einer geschäftlichen Handlung im Sinne von § 2 I Nr. 1, § 3 UWG kommt es im Rahmen des § 14 II MarkenG nicht an.

425 Bei Gewerbetreibenden wird ein Handeln im geschäftlichen Verkehr *vermutet*, sofern es sich um Tätigkeiten handelt, die sich äußerlich nicht von der kaufmännisch-beruflichen Tätigkeit unterscheiden.[641]

426 Nicht dem geschäftlichen Verkehr zuzurechnen sind dagegen insbesondere *rein private Handlungen*. Wegen Handlungen, die ausschließlich der Privatsphäre zuzurechnen sind, kann man somit markenrechtlich nicht zur Verantwortung gezogen werden.[642] Entscheidend für die Abgrenzung von Privat- und Geschäftsverkehr ist die *erkennbar nach außen tretende Zielrichtung* des Handelnden.[643]

427 Im einzelnen kann die Beurteilung erhebliche Probleme bereiten, so etwa beim *Import von gefälschten Markenprodukten* aus Urlaubsländern (z.B. T-Shirts, Schuhe, Fußballkleidung, Uhren) oder beim Import von Originalwaren von außerhalb des EU- bzw. EWR-Bereichs. Werden solche Waren im Wege des *Internethandels* von einem im Ausland ansässigen Händler über den Postweg bezogen, ist zu beachten, dass zwar nicht der private Endverbraucher (Käufer), wohl aber der Händler insoweit im inländischen Geschäftsverkehr handelt. Dies bedeutet vor allem, dass die Waren (sofern sie aus einem Drittstaat stammen) gegebenenfalls der *Zollbeschlagnahme* unterliegen[644] (s. dazu auch unten Rdn. 792 ff.).

Der *Verkauf von Privateigentum* (im Gegensatz zu Betriebsvermögen) findet grundsätzlich nicht im geschäftlichen Verkehr statt.[645] Anders kann es aber liegen, wenn der

---

638 Vgl. EuGH GRUR 2003, 55, 57 (Nr. 40) *Arsenal FC*; GRUR 2007, 318, 319 (Nr. 18) *Adam Opel/Autec*; GRUR 2009, 1156, 1157 (Nr. 44) *UDV/Brandtraders*; GRUR 2010, 445, 447 (Nr. 50) *Google und Google France*; BGH GRUR 2004, 241, 242 *GeDIOS*; GRUR 2008, 702, 705 (Nr. 43) *Internet-Versteigerung III*; GRUR 2010, 1103, 1104 (Nr. 20) *Pralinenform II* (zur werblichen Darbietung auf einer Messe); BGH GRUR 2013, 290, 292 (Nr. 16) *MOST-Pralinen*; GRUR 2016, 810, 812 (Nr. 20) *profitbricks.es*.
639 BGH GRUR 1987, 438, 440 *Handtuchspender*; vgl. auch BGH GRUR 2006, 763 *Seifenspender*; OLG Frankfurt GRUR 2004, 1042 *Cartierschmuck*.
640 Vgl. BGH GRUR 1960, 550, 551 *Promonta* (zu § 16 UWG a.F.).
641 Harte/Henning/Keller, § 2 Rn. 48; BGH GRUR 1993, 761, 762 *Makler-Privatangebot*; vgl. auch BGH GRUR 2009, 871, 872 (Nr. 23) *Ohrclips*.
642 Vgl. z.B. BGH GRUR 1998, 696 *Rolex-Uhr mit Diamanten*.
643 BGH GRUR 2002, 622, 624 *shell.de*; GRUR 2016, 810, 812 (Nr. 21) *profitbricks.es*; OLG Frankfurt GRUR 2004, 1042 *Cartierschmuck*.
644 EuGH GRUR 2014, 283, 285 (Nr. 33 ff.) *Blomqvist/Rolex*.
645 Vgl. BGH GRUR 1993, 761, 762 *Makler-Privatangebot*; OLG Karlsruhe GRUR 1995, 417, 419 *Rolex-Uhren*.

Verkauf nach Art, Umfang und Dauer gewerbliche Ausmaße annimmt,[646] wobei insoweit keine hohen Anforderungen zu stellen sind.[647] Auch der *Erwerb von Waren*, um sie mit Gewinn zu veräußern, ist als geschäftliche Tätigkeit zu werten.[648]

Nicht dem geschäftlichen Verkehr zuzurechnen sind auch rein *betriebsinterne Handlungen*, zu denen auch *konzerninterne Vorgänge* gehören. Die in § 14 III Nr. 1–7, IV Nr. 1–3 MarkenG bzw. Art. 9 III, 10 UMV aufgeführten Handlungen wie z.B. die Anbringung eines verletzenden Zeichens auf der Ware oder ihrer Verpackung sind jedoch nicht als betriebsinterne Handlungen von der markenrechtlichen Haftung freigestellt.[649]   **428**

Außerhalb des Geschäftsverkehrs stehen schließlich auch die Betätigungen der *öffentlichen Hand im hoheitlichen Bereich*[650] (anders bei erwerbswirtschaftlicher Tätigkeit der öffentlichen Hand) sowie *politische Aktivitäten*.   **429**

▶ **Beispiel:**

> Benutzung einer Marke durch politische Partei im Wahlkampf;[651] Verwendung einer Marke durch eine Umweltschutzorganisation zum Zwecke der politischen Auseinandersetzung.[652]

In diesen Fällen können aber Ansprüche des Markeninhabers nach §§ 823 I, 1004 BGB bestehen.[653]

2. Notwendiger Inlandsbezug

Als Markenverletzungen erfassbar sind nur Handlungen im inländischen Geschäftsverkehr. Besondere Bedeutung erlangt dies bei *Kennzeichenverletzungen im Internet*. International-privatrechtlicher Ausgangspunkt ist das aus dem Territorialitätsprinzip   **430**

---

646 Vgl. BGH GRUR 2004, 860, 863 *Internet-Versteigerung*; OLG Frankfurt GRUR 2004, 1043, 1044 *Cartier-Stil*; OLG Frankfurt GRUR-RR 2005, 317, 318 *Cartierschmuck II* (Handeln im geschäftlichen Verkehr verneint); eingehend hierzu Rohnke, FS von Mühlendahl (2005), S. 117 ff.

647 Vgl. BGH GRUR 2004, 860, 863 *Internet-Versteigerung*; GRUR 2009, 871, 872 (Nr. 23) *Ohrclips*; zu weitgehend aber OLG Köln GRUR-RR 2006, 50, 51 *Rolex-Internetversteigerung* (= Folgeentscheidung zu BGH GRUR 2004, 860 *Internet-Versteigerung*), wonach *jedes* Angebot an einen unbestimmten Personenkreis, wie z.B. im Rahmen einer Internet-Auktion, dem geschäftlichen Verkehr zuzurechnen sein soll (aufgehoben durch BGH GRUR 2008, 702 *Internet-Versteigerung III*, vgl. S. 705 [Nr. 41]).

648 Vgl. BGH GRUR 2004, 860, 863 *Internet-Versteigerung*.

649 Str.; vgl. näher Ströbele/Hacker/Thiering, § 14 Rn. 62 ff.; Ingerl/Rohnke, § 14 Rn. 87; Goldmann, § 12 Rn. 16; Lange, Rn. 2846; a.A. Fezer, § 14 Rn. 846.

650 Vgl. BGH GRUR 2019, 189, 195 (Nr. 55) *Crailsheimer Stadtblatt II*; GRUR 2018, 196, 197 (Nr. 23) *Eigenbetrieb Friedhöfe* (jeweils zum UWG); Köhler/Bornkamm/Feddersen, UWG § 2 Rn. 19 und § 3a Rn. 2.19 ff.

651 Vgl. OLG Hamburg NJW-RR 1998, 552 *Pack den Tiger in die Bürgerschaft*.

652 Vgl. KG Mitt. 2003, 521 *oil-of-elf.de*; LG Essen Mitt. 2003, 323, 324 *Castor*.

653 Vgl. OLG Hamburg NJW-RR 1998, 552 *Pack den Tiger in die Bürgerschaft*.

(s. Rdn. 209–211) folgende *Schutzlandprinzip*, wonach sich die Frage, ob eine Kennzeichenverletzung vorliegt, nach dem Recht des Staates beurteilt, in dem die Marke Schutz genießt (Art. 8 I VO [EG] Nr. 864/2007, sog. »Rom II-VO«). Insoweit besteht das Problem, ob allein schon die Verwendung eines Zeichens im Internet mit der Möglichkeit der Abrufbarkeit im Inland eine Handlung im inländischen Geschäftsverkehr darstellt oder ob hierfür weitere Anknüpfungspunkte erforderlich sind.

431   Hierzu hat die WIPO Empfehlungen herausgegeben,[654] die in der Rechtsprechung des BGH zustimmend aufgenommen worden sind.[655] Danach liegt eine inländische Zeichenbenutzung nur vor, wenn die Benutzung einen »*commercial effect*« im Inland entfaltet, was anhand eines umfangreichen, aber nicht abschließenden Kriterienkataloges näher konkretisiert wird. Die bloße Abrufbarkeit eines Internet-Angebots im Inland genügt somit nicht.[656] Es müssen also zusätzliche Anhaltspunkte dafür vorliegen, dass das betreffende Angebot (zumindest auch) für den deutschen Markt bestimmt ist. Das kann sich z.B. daraus ergeben, dass das Angebot in deutscher Sprache gehalten ist.[657]

432   Auch ein sog. *Disclaimer* (z.B. der ausdrückliche Hinweis, dass sich ein Angebot nicht an Abnehmer in Deutschland richtet), kann der Annahme eines Inlandsbezuges entgegenstehen, sofern nicht Anhaltspunkte dafür bestehen, dass der Disclaimer nur vorgeschoben ist. Davon ist insbesondere auszugehen, wenn der Anbieter den eigenen Disclaimer tatsächlich nicht beachtet, also trotzdem markenverletzende Waren nach Deutschland liefert.[658]

433   Sofern es tatsächlich zu einer Lieferung in das Inland kommt, handelt der im Ausland ansässige Händler auch dann im inländischen Geschäftsverkehr, wenn der Empfänger (Käufer) ein privater Endverbraucher ist (s. Rdn. 427).

§ 18 Die Verletzungstatbestände

---

654   Abgedruckt in WRP 2001, 833 ff. und bei Bettinger, Domainrecht, Anhang 10.
655   Vgl. BGH GRUR 2005, 431, 433 *HOTEL MARITIME*; GRUR 2012, 621, 624 (Nr. 36) *OSCAR*.
656   EuGH GRUR 2011, 1025, 1028 (Nr. 64) *L'Oréal/eBay*; GRUR 2014, 283, 285 (Nr. 31) *Blomqvist/Rolex*; BGH GRUR 2012, 621, 624 (Nr. 36) *OSCAR*; GRUR 2018, 417, 421 (Nr. 37) *Resistograph*.
657   Vgl. etwa OLG München PharmR 2010, 528, 531 *VIAGRA/Viaguara*.
658   Vgl. BGH GRUR 2006, 513, 515 (Nr. 22) *Arzneimittelwerbung im Internet*.

I. Gemeinsame Grundlagen

434 Korrespondierend zu der für den Rechtsbegriff der Marke konstitutiven Zeichen-Ware/ DL-Beziehung (s. oben Rdn. 2) setzen die Verletzungstatbestände des § 14 II MarkenG/ Art. 9 II UMV im Kern immer einen Zeichen- und einen Waren/DL-Vergleich voraus. So ist es Dritten nach § 14 II S. 1 Nr. 1 MarkenG/Art. 9 II lit. a UMV untersagt, ein mit der Marke identisches *Zeichen* für *Waren/DL* zu benutzen, die mit denen identisch sind, für welche die Marke Schutz genießt. § 14 II S. 1 Nr. 2 MarkenG/Art. 9 II lit. b UMV erweitert diesen Schutz gegen die Benutzung identischer oder ähnlicher *Zeichen* für identische oder ähnliche *Waren/DL*, sofern Verwechslungsgefahr besteht. Nur bei dem noch weiter gehenden Schutz bekannter Marken nach § 14 II S. 1 Nr. 3 MarkenG/ Art. 9 II lit. c UMV sind die Gewichte zugunsten anderer Parameter wie Ausnutzung oder Beeinträchtigung der Wertschätzung oder Unterscheidungskraft verlagert, die eine im Wesentlichen lauterkeitsrechtliche Prägung aufweisen.

435 Soweit es danach im Verletzungsfall auf einen Zeichen- und auf einen Waren/DL-Vergleich ankommt, ist zunächst zu bestimmen, was überhaupt miteinander zu vergleichen ist.

1. Zeichenvergleich

a) Klagemarke

436 Für den Zeichenvergleich kommt es auf Seiten der Klagemarke stets auf das Zeichen in seiner geschützten Form, bei einer *Registermarke* also auf die *eingetragene Form* an. Unerheblich ist demgegenüber bei einer Registermarke, wie und unter welchen Umständen die Marke tatsächlich benutzt wird.[659] Daran ändert sich auch dann nichts, wenn die Klagemarke der Nichtbenutzungseinrede unterliegt und in einer von der Registrierung abweichenden Form benutzt worden ist. Die abweichende Benutzungsform ist insoweit nur für die Frage relevant, ob der kennzeichnende Charakter der Marke verändert worden oder eine rechtserhaltende Benutzung gemäß § 26 III MarkenG/Art. 18 I UAbs. 2 lit. a UMV anzuerkennen ist (s. dazu oben Rdn. 342 – 360). Ist sie anzuerkennen, richtet sich der Zeichenvergleich nicht nach der abweichenden Benutzungsform, sondern *ausschließlich nach der eingetragenen Form*. Denn durch eine hiervon abweichende, wenngleich rechtserhaltende Benutzungsform kann und darf der Schutzumfang einer Marke weder vergrößert noch verringert werden.[660]

---

659 BGH GRUR 2003, 332, 334 *Abschlussstück*; GRUR 2004, 598, 599 *Kleiner Feigling*; GRUR 2004, 779, 782 *Zwilling/Zweibrüder*; GRUR 2009, 766, 769 (Nr. 36) *Stofffähnchen*; GRUR 2015, 1009, 1010 (Nr. 14) *BMW-Emblem*; GRUR 2015, 1114, 1116 (Nr. 20) *Springender Pudel*; vgl. auch EuG GRUR Int. 2004, 647, 652 (Nr. 105) *MUNDICOR*; GRUR Int. 2008, 494, 500 (Nr. 90–91) *AMS Advanced Medical Services*.

660 BPatG BlPMZ 2004, 499, 501 *BONSAL/Bonfal*; BPatG GRUR 2005, 343, 344 *LAZARUS/Malteser-Kreuz*; GRUR 2000, 897, 900 *CC 1000/Cec*; FA-GewRS/Schulz, Kap. 5 Rn. 513; Ingerl/Rohnke, § 14 Rn. 522 ff.; vgl. auch BGH GRUR 1996, 775, 777 *Sali Toft*; unrichtig insoweit HABM-BK GRUR-RR 2003, 74, 76 (Nr. 48) *Lindenhof/LINDERHOF*

Allerdings hat der EuGH angenommen, dass bei einer in schwarz/weiß eingetragenen   **437**
Bildmarke auch die Farbe zu berücksichtigen sei, in der die Marke benutzt und dem
Publikum bekannt geworden ist; bediene sich der Verletzer derselben Farbe, könne
dies die Verwechslungsgefahr erhöhen.[661] Das ist jedoch mit wesentlichen Grundsätzen des Registerrechts nicht zu vereinbaren. Denn das Register und nichts sonst dient
dazu, das Publikum über den Gegenstand in Kraft stehender Marken zu unterrichten.
Der BGH hat die Auffassung des EuGH daher zutreffend nicht aufgegriffen.[662]

Bei der *Benutzungsmarke* (§ 4 Nr. 2 MarkenG) ist die Form zugrunde zu legen, in der   **438**
das Zeichen benutzt worden ist und als Marke Verkehrsgeltung erlangt hat.[663]

b) Angegriffenes Zeichen

Schwieriger ist die Beurteilung bei dem angegriffenen Zeichen. Der Vorwurf der   **439**
Markenverletzung stützt sich in der Regel auf *konkrete Benutzungshandlungen.*
Insoweit steht der mögliche Angriffsgegenstand nicht von vornherein fest, sondern
es ist der Benutzungshandlung zu entnehmen, was das als solches angreifbare Zeichen ausmacht. Andererseits ist alles, was *außerhalb des Zeichens* liegt, für den Zeichenvergleich als Teil der Feststellung des Verletzungstatbestandes *unerheblich.*[664]
Was zum Zeichen gehört und was nicht, kann immer nur im Einzelfall anhand
der Verkehrsauffassung, also aus der Sicht der angesprochenen Verkehrskreise festgestellt werden.

Nicht zum Zeichen gehören insbesondere die Umstände der konkreten Verkaufssitua-   **440**
tion. Wer z.B. im geschäftlichen Verkehr eine gefälschte »Rolex«-Uhr anbietet, kann
dem Vorwurf der Markenverletzung nicht dadurch entgehen, dass er die Fälschung
offenlegt oder sonst, etwa aufgrund der Preisgestaltung, klar ist, dass es sich nicht um
eine echte »Rolex«-Uhr handeln kann.[665]

In dieser Ausblendung aller Umstände, die außerhalb des Zeichens liegen, zeigt   **441**
sich zugleich der Ausschließlichkeitscharakter des Markenrechts als eines Immaterialgüterrechts im Vergleich zur lauterkeitsrechtlichen Herkunftstäuschung oder
Irreführung.[666] Denn während auf wettbewerbsrechtlicher Ebene eine Herkunftstäuschung unter Berücksichtigung aller Umstände des Einzelfalles festzustellen ist, also

---

TROCKEN; offen gelassen von EuG GRUR Int. 2005, 493, 496 (Nr. 60, 61) *LINDEN-
HOF*; richtig aber dann EuG GRUR Int. 2006, 319, 322 (Nr. 65 ff.) *Quantum.*
661 EuGH GRUR 2013, 922, 924 (Nr. 37–38) *Specsavers-Gruppe/Asda.*
662 Vgl. zu einer in schwarz/weiß eingetragenen und in Farbe benutzten Bildmarke BGH
      GRUR 2015, 1009, 1110 (Nr. 14 ff.) *BMW-Emblem.*
663 Lange, Rn. 3121.
664 BGH GRUR 2007, 780, 784 (Nr. 38) *Pralinenform*; BGH GRUR-RR 2010, 205, 207
      (Nr. 37) *Haus & Grund IV*; GRUR 2015, 1214, 1219 (Nr. 44) *Goldbären*; Tilmann,
      GRUR 2007, 99, 100; Ingerl/Rohnke, § 14 Rn. 827 und Rn. 837.
665 Vgl. BGH GRUR 2004, 860, 863 *Internet-Versteigerung.*
666 Ebenso Tilmann, GRUR 2007, 99, 102.

z.B. durch klarstellende Zusätze oder die Preisgestaltung vermieden werden kann[667], richtet sich der markenrechtliche Schutz gegen jede Zeichenbenutzung, mit der in den Schutzbereich des ausschließlich dem Markeninhaber vorbehaltenen Rechts am Markenzeichen eingegriffen wird.

442 Demgegenüber lassen sich insbesondere in der Rechtsprechung des EuGH deutliche Tendenzen beobachten, insbesondere bei der Feststellung der Verwechslungsgefahr auch außerhalb des Zeichens selbst liegende Umstände in die Beurteilung miteinzubeziehen, womit jedoch der Markenschutz in bedenklicher Weise lauterkeitsrechtlich verwässert wird.[668]

443 Die Verkehrsauffassung entscheidet auch darüber, ob mehrere Zeichenelemente ein *einheitliches Gesamtzeichen* bilden, das dann auch nur insgesamt als solches angegriffen werden kann, oder ob es sich um mehrere gesonderte Kennzeichnungen handelt (*Mehrfachkennzeichnung*), von denen jede isoliert angreifbar ist. Die Frage, ob eine einheitliche Zeichenkombination oder eine Mehrfachkennzeichnung vorliegt[669], ist oft von entscheidender Bedeutung.

▶ Beispiel:

Die Klägerin ist Inhaberin der Wort-Bild-Marke

Die Beklagte kennzeichnete die von ihr betriebenen Baumärkte wie folgt:

---

667 Vgl. z.B. BGH GRUR 1985, 876 *Tchibo/Rolex.*
668 S. dazu m.w.N. Ströbele/Hacker/Thiering, § 14 Rn. 314–317 und ausführlich Hacker, FS Fezer (2016), S. 587 ff.; krit. auch BGH GRUR 2015, 1214, 1219 (Nr. 44) *Goldbären*; dem EuGH folgend aber Sack WRP 2013, 8 ff. und GRUR 2013, 4 ff.
669 Eingehend hierzu Kochendörfer, GRUR 2010, 195 ff.

Würde es sich bei dieser Kennzeichnung um ein nur als solches angreifbares einheitliches Gesamtzeichen handeln, wäre die Zeichenähnlichkeit nur sehr gering. Das ändert sich entscheidend, wenn der graphisch gestaltete Schriftzug »THE HOME STORE« als Zweitkennzeichen isoliert angegriffen werden kann. Dies hat der BGH u.a. mit Blick auf die räumliche Trennung, die verschiedene graphische Gestaltung und die Verwendung unterschiedlicher Sprachen bejaht.[670]

Außer auf reale Benutzungshandlungen kann sich der Vorwurf der Markenverletzung aber auch auf die Eintragung einer jüngeren Marke stützen (vgl. dazu auch unten Rdn. 651). In diesem Fall ist in den Zeichenvergleich (auch) auf Seiten des angegriffenen Zeichens die registrierte Form einzustellen.[671]   **444**

Nicht selten ist es schließlich so, dass bestimmten angegriffenen Benutzungshandlungen eine eigene (zeitrangjüngere) Marke des Beklagten zugrunde liegt.[672] Weicht hier die benutzte von der eingetragenen Zeichenform ab, muss zwischen den beiden Formen getrennt werden. Es liegen dann verschiedene Angriffsziele vor[673], deren rechtliche Beurteilung verschieden ausfallen kann.   **445**

2. Waren/DL-Vergleich

a) Klagemarke

Was den Waren/DL-Vergleich angeht, sind auf Seiten der Klagemarke, sofern es sich um eine *Registermarke* (§ 4 Nr. 1) handelt, grundsätzlich die Waren/DL in den Vergleich einzustellen, für welche die Marke im Register eingetragen ist. Auf die tatsächlichen Benutzungsverhältnisse kommt es insoweit nicht an.[674]   **446**

Ist dagegen die *Benutzung* der Klagemarke in zulässiger Weise *bestritten* (§ 25 II S. 1 und 2 MarkenG, Art. 127 III UMV), so werden nach § 25 II S. 3 MarkenG/Art. 58 II UMV nur diejenigen Waren/DL berücksichtigt, für die eine rechtserhaltende Benutzung im Sinne von § 26 MarkenG/Art. 18 UMV im relevanten Benutzungszeitraum, gegebenenfalls in den beiden Benutzungszeiträumen des § 25 II S. 1 und 2 MarkenG, nachgewiesen worden ist. Auch in diesem reduzierten Umfang bleibt aber die Markenregistrierung maßgeblich.[675] Wurde daher z.B. eine für die Waren der Klasse 25 eingetragene Marke lediglich für Herrenschuhe benutzt, ist dies die für den Vergleich   **447**

---

670 BGH GRUR 2008, 254, 256 (Nr. 33) *THE HOME STORE*; s. ferner BGH GRUR 2014, 1101, 1105 (Nr. 54) *Gelbe Wörterbücher*.

671 Vgl. z.B. BGH GRUR 2007, 1071 *Kinder II*.

672 Vgl. z.B. BGH GRUR 2004, 598 *Kleiner Feigling*.

673 Vgl. OLG Hamburg GRUR-RR 2006, 219, 220 *EVIAN/REVIAN's*; s. auch BPatG GRUR 2010, 441, 444 pn *printnet/PRINECT*.

674 Vgl. BGH GRUR 2003, 428, 432 *BIG BERTHA*; GRUR 2007, 1066, 1068 (Nr. 26) *Kinderzeit*; GRUR 2015, 1214, 1217 (Nr. 28) *Goldbären*; GRUR 2016, 1300, 1304 (Nr. 46) *Kinderstube*; nicht richtig dagegen OLG Köln WRP 2014, 973, 976 (Nr. 24) *Aztekenofen*.

675 Vgl. BGH GRUR 2015, 1214, 1217 (Nr. 28) *Goldbären*.

heranzuziehende Ware. Unerheblich ist dagegen, ob es sich um Lederschuhe oder um solche aus textilem Material handelt, ob um hochpreisige oder um billige Ware usw.

448 Etwaige andere Waren/DL, die der Inhaber der Klagemarke unter dieser tatsächlich herstellt oder vertreibt, ohne dass sich der Markenschutz darauf erstreckt, haben außer Betracht zu bleiben.[676]

449 Handelt es sich bei der Klagemarke um eine *Benutzungsmarke* im Sinne von § 4 Nr. 2 MarkenG, so kommt es (allein) auf die Waren/DL an, für welche das Klagezeichen als Marke Verkehrsgeltung erlangt hat.[677]

b) Angegriffenes Zeichen

450 Auf Seiten des angegriffenen Zeichens sind, soweit sich der Vorwurf der Markenverletzung auf *reale Benutzungshandlungen* richtet, die konkreten Waren/DL zu berücksichtigen, für welche das angegriffene Zeichen benutzt worden ist.[678] Stützt sich der Angriff dagegen auf die Eintragung einer (zeitrangjüngeren) *Registermarke*, so sind die eingetragenen Waren/DL maßgeblich.

II. Doppelidentität

451 Nach § 14 II S. 1 Nr. 1 MarkenG/Art. 9 II lit. a UMV begeht eine Markenverletzung, wer ein mit der Marke identisches Zeichen für Waren/DL benutzt, die mit denjenigen identisch sind, für die die Marke Schutz genießt (Doppelidentität, vgl. auch das entsprechende relative Schutzhindernis in § 9 I Nr. 1 MarkenG/Art. 8 I lit. a UMV). In diesen Fällen der Doppelidentität kommt der Marke ein absoluter Schutz zu; *auf eine Verwechslungsgefahr kommt es nicht an.*[679] Diese wird vielmehr unwiderleglich vermutet (vgl. Art. 16 I S. 2 TRIPs-Übk).

1. Zeichenvergleich

452 Was den Zeichenvergleich betrifft, ist das Tatbestandsmerkmal der Identität von Marke und Zeichen restriktiv auszulegen, um eine ungerechtfertigte Ausdehnung des Tatbestandes der Doppelidentität zulasten der von § 14 II S. 1 Nr. 2 MarkenG/Art. 9 II lit. b UMV erfassten Sachverhalte, wo es der Feststellung einer Verwechslungsgefahr bedarf, zu vermeiden.[680] Die *identische Benutzung nur eines Bestandteils der geschützten Marke* fällt daher nicht unter § 14 II S. 1 Nr. 1 MarkenG/Art. 9 II lit. a UMV. Auch die vollständige Benutzung der gesamten Marke wird von diesem Tatbestand nicht erfasst, wenn das angegriffene Zeichen darüber hinaus weitere Bestandteile aufweist.

---

676 BGH GRUR 2003, 428, 432 *BIG BERTHA*; GRUR 2004, 779, 782 *Zwilling/Zweibrüder*.
677 Vgl. BGH GRUR 2003, 973, 974 *Tupperwareparty*.
678 BGH GRUR 2015, 1214, 1217 (Nr. 28) *Goldbären*.
679 EuGH GRUR 2003, 422, 425 (Nr. 49) *Arthur/Arthur et Félicie*.
680 EuGH GRUR 2003, 422, 425 (Nr. 50) *Arthur/Arthur et Félicie*; BGH GRUR 2015, 1201, 1208 (Nr. 63) *Sparkassen-Rot/Santander-Rot*.

▶ Beispiele:

»Arthur et Félicie« nicht identisch mit »Arthur«[681]; »Pro-Cura … AG« nicht identisch mit »Cura«[682]; ist ein Bildzeichen im Register in schwarz/weiß eingetragen
und wird das angegriffene Zeichen in einer deutlich wahrnehmbaren Farbgestal-
tung benutzt, so liegt auch dann keine Identität vor, wenn die figürlichen Elemente
als solche identisch sind.[683]

Das angegriffene Zeichen muss somit ohne Änderung oder Hinzufügung alle Elemente wiedergeben, die die Marke bilden.[684] Daher schließt auch schon die Hinzufügung beschreibender Zeichenbestandteile die Zeichenidentität aus.[685] Im Falle
von Hinzufügungen ist jedoch stets kritisch zu prüfen, ob diese wirklich zum angegriffenen Zeichen gehören und nicht lediglich Teil der Warenausstattung im Übrigen
sind bzw. ob es sich um eine Zweitkennzeichnung handelt (vgl. zur entsprechenden
Problematik beim Benutzungszwang oben Rdn. 345, 353).

Gänzlich unbedeutende Unterschiede bleiben allerdings außer Betracht. So ändert   453
z.B. der Wechsel von Groß- und Kleinschreibung an der Zeichenidentität jedenfalls in
der Regel nichts, so dass das Zeichen »Rolex« mit der registrierten Marke »ROLEX«
als identisch angesehen worden ist.[686]

2. Produktvergleich

Was die zum Vergleich stehenden Waren/DL angeht, wird sich nicht selten die   454
erforderliche Identität feststellen lassen, wenn aus einer Registermarke vorgegangen
wird, die sich noch in der Benutzungsschonfrist befindet oder deren rechtserhaltende
Benutzung nicht gemäß § 25 II MarkenG bestritten ist. Identität liegt insoweit vor,
wenn sich die Waren/DL, für die das angegriffene Zeichen benutzt worden ist, unter
die regelmäßig recht breit formulierten Waren- und DL-Begriffe im Verzeichnis der
Waren/DL der Klagemarke subsumieren lassen.

681 Vgl. EuGH GRUR 2003, 422 *Arthur/Arthur et Félicie*.
682 Vgl. OLG Düsseldorf GRUR-RR 2003, 108 *Cura*.
683 Vgl. BGH GRUR 2015, 1009, 1010 (Nr. 11–17) *BMW-Emblem*.
684 EuGH GRUR 2003, 422, 425 (Nr. 51) *Arthur/Arthur et Félicie*; nicht mehr ganz so streng
     aber EuGH GRUR 2010, 841, 843 (Nr. 48 i.V.m. Nr. 25 und 46) *Portakabin/Primakabin*:
     danach soll zwischen der Klagemarke »PORTAKABIN« und – u.a. – dem Zeichen »Porto-
     cabin« Identität nicht ausgeschlossen sein.
685 OLG Frankfurt GRUR-RR 2003, 143, 144 *viagratip.de*.
686 BGH GRUR 2015, 607, 608 (Nr. 21 f.) *Uhrenankauf im Internet*; GRUR 2016, 705,
     707 (Nr. 29-30) *ConText* (»Context« identisch mit »ConText«); anders noch BGH GRUR
     2010, 835, 837 (Nr. 32) *POWER BALL* (keine Identität mit »power ball«).

▶ **Beispiel:**

Ist die Klagemarke für »Mittel zur Körper- und Schönheitspflege« registriert und wird das angegriffene Zeichen für Lippenstifte benutzt, so liegt Warenidentität vor, da Lippenstifte zu den »Mitteln zur Körper- und Schönheitspflege« gehören.

455   Ist dagegen eine zulässige Nichtbenutzungseinrede erhoben worden, so könnte Warenidentität nur angenommen werden, wenn in dem genannten Beispiel die Klagemarke ebenfalls für Lippenstifte benutzt worden wäre (unerheblich wäre dagegen z.b. die Farbe der einander gegenüberstehenden Lippenstifte). Hätte der Markeninhaber dagegen eine Benutzung nur für Deodorants nachgewiesen, läge keine Warenidentität vor, so dass der Verletzungstatbestand der Doppelidentität schon aus diesem Grund nicht erfüllt wäre.

456   Soweit sich zwei Registermarken gegenüberstehen (vgl. Rdn. 444, 450), ist von Waren/DL-Identität nicht nur auszugehen, wenn sich die jeweils eingetragenen Waren/DL-Begriffe vollständig decken. Identität liegt vielmehr auch dann vor, wenn und soweit sich die Waren/DL der jüngeren Marke unter einen breiteren Oberbegriff der älteren Marke subsumieren lassen oder wenn und soweit – umgekehrt – ein im VerzWDL der jüngeren Marke enthaltener Oberbegriff auch speziellere Waren/DL der älteren Marke umfasst.[687]

3. Praktische Bedeutung

457   Fälle der Doppelidentität kamen früher nicht sehr häufig vor. Hauptsächliches Anwendungsgebiet des § 14 II S. 1 Nr. 1 MarkenG/Art. 9 II lit. a UMV waren die Fälle der *Markenpiraterie*. Auch die *offene Markenkopie* (als solche ausgegebene Repliken der Originalware) wird meist unter § 14 II S. 1 Nr. 1 MarkenG/Art. 9 II lit. a UMV fallen.[688] Von der Vorschrift wird aber auch der *Weitervertrieb von Originalware* erfasst, die vom Markeninhaber selbst gekennzeichnet und in Verkehr gebracht worden ist (s. näher unten Rdn. 614). Einen größeren Anwendungsbereich hat der Verletzungstatbestand der Doppelidentität aber im Rahmen des e-commerce (Domainnamen, Metatags, Keywords) und der vergleichenden Werbung (s. Rdn. 812) erhalten.

III. Schutz gegen Verwechslungsgefahr

458   Da grundsätzlich schon geringe Abweichungen aus der Zeichenidentität herausführen, wäre ein auf Identitätsfälle beschränkter Markenschutz nur wenig wert. Wenn etwa auf den auch bei Touristen beliebten fliegenden Märkten in Italien billige Parfüms unter Bezeichnungen wie »DIORO«, »187« oder »Trussardo« angeboten werden,

---

687 BGH GRUR 2008, 909, 910 (Nr. 14) *Pantogast*; GRUR 2008, 905, 906 (Nr. 13) *Pantohexal*; GRUR 2008, 903 (Nr. 11) *SIERRA ANTIGUO*; GRUR 2009, 484, 488 (Nr. 45) *Metrobus*; EuG GRUR Int. 2007, 412, 414 (Nr. 29) *PAM-PIM'S BABY-PROP*; GRUR Int. 2009, 149, 150 (Nr. 22) *MAGIC SEAT*.
688 Vgl. BGH GRUR 2004, 860, 863 *Internet-Versteigerung*.

könnte dagegen nicht eingeschritten werden. Ebenso unbefriedigend wäre es, wenn z.B. der Mercedes-Stern sanktionslos auf Motorrädern angebracht werden könnte. Daher erweitert § 14 II S. 1 Nr. 2 MarkenG/Art. 9 II lit. b UMV den Markenschutz auf Fälle, in denen bei Identität *oder Ähnlichkeit* des Zeichens mit der Marke *und* Identität *oder Ähnlichkeit* der durch die Marke und das Zeichen erfassten Waren/DL für das Publikum die Gefahr von Verwechslungen besteht (ebenso § 9 I Nr. 2 MarkenG/ Art. 8 I lit. b UMV). Die praktische Bedeutung dieses Verletzungstatbestandes ist sehr groß. Dementsprechend hat der Begriff der Verwechslungsgefahr eine minutiöse Ausdifferenzierung in der Rechtsprechung erfahren. Diese kann hier nicht vollständig wiedergegeben werden, sie soll aber wenigstens in ihren Grundzügen nachgezeichnet werden. Im Vordergrund steht dabei – im Einklang mit der praktischen Bedeutung – die Verwechslungsgefahr bei Wortmarken.

1. Zum Wortlaut des § 14 II S. 1 Nr. 2 MarkenG

Mit dem MaMoG hat der Wortlaut des § 14 II S. 1 Nr. 2 MarkenG nach Vorgabe des   459
Art. 10 II lit. b MarkenRL (gleichlaufend mit Art. 9 II lit. b UMV) eine Änderung erfahren. Kam es bisher darauf an, dass »*wegen* der Identität oder Ähnlichkeit des Zeichens mit der Marke und der Identität oder Ähnlichkeit der durch die Marke und das Zeichen erfassten Waren oder Dienstleistungen für das Publikum die Gefahr von Verwechslungen besteht«, so ist jetzt formuliert: »wenn das Zeichen mit einer Marke[689] identisch oder ihr ähnlich ist und für Waren oder Dienstleistungen benutzt wird, die mit denjenigen identisch oder ihnen ähnlich sind, die von der Marke erfasst werden, und für das Publikum die Gefahr einer Verwechslung besteht«. Eine sachliche Änderung war damit aber offenbar nicht gewollt. So fällt zunächst auf, dass das parallele relative Schutzhindernis (Art. 5 I lit. b MarkenRL/§ 9 I Nr. 2 MarkenG und auch Art. 8 I lit. b UMV) im Wortlaut (»wegen«) unverändert geblieben ist. Ebenso stimmt der zugehörige 16. Erwägungsgrund zur MarkenRL identisch mit dem früheren 10. bzw. 11. Erwägungsgrund der MarkenRL-1988/2008 überein. Auch die Gesetzgebungsmaterialien zur MarkenRL enthalten keinen Anhaltspunkt für eine inhaltliche Änderung.

2. Definition der Verwechslungsgefahr

Nach ständiger Rechtsprechung des EuGH liegt Verwechslungsgefahr vor, wenn das   460
Publikum glauben könnte, dass die von den Vergleichszeichen erfassten Waren/DL aus demselben Unternehmen oder gegebenenfalls aus wirtschaftlich miteinander verbundenen Unternehmen stammen.[690] Es geht also nicht um eine Produktverwechslung. Vielmehr ist der markenrechtliche Begriff der Verwechslungsgefahr auf

---

689   Insoweit liegt ein Redaktionsfehler vor. Nach Art. 10 II lit. b MarkenRL muss es heißen: »mit *der* Marke«.

690   EuGH GRUR 1998, 922, 924 (Nr. 29) *Canon*; EuGH GRUR Int. 1999, 734, 736 (Nr. 17) *Lloyd*; GRUR Int. 2007, 718, 720 (Nr. 55) *TRAVATAN II*; EuGH GRUR 2010, 841, 844 (Nr. 51) *Portakabin/Primakabin*; GRUR 2011, 915, 917 (Nr. 53) *UNI*.

die Hauptfunktion der Marke bezogen, die Herkunft von Produkten als solche eines bestimmten Unternehmens in Konkurrenz und Abgrenzung von Produkten anderer Unternehmen anzuzeigen (s. oben Rdn. 68).

3. Verwechslungsgefahr »für das Publikum«

461 Obwohl § 14 II S. 1 Nr. 2 MarkenG/Art. 9 II lit. b UMV (wie auch § 9 I S. 2 MarkenG/Art. 8 I lit. b UMV) von der Gefahr von Verwechslungen »für das Publikum« sprechen, darf dies nicht zu der Annahme verleiten, dass es sich bei der Beurteilung der Verwechslungsgefahr um ein im wesentlichen empirisches Problem handelt, das entsprechenden empirischen Ermittlungen und Beweiserhebungen, etwa durch demoskopische Gutachten, zugänglich wäre. Es geht dabei vielmehr um die Frage, welcher *Schutzumfang* einer Marke zukommt, also welchen *Abstand* die Marke von konkurrierenden Zeichen fordern kann.[691] Ein Schutz des Publikums vor realen Verwechslungsgefahren ergibt sich insoweit allenfalls reflexhaft.[692] Die Rechtsprechung[693] und die ganz überwiegende Literaturmeinung[694] stufen die Beurteilung der Verwechslungsgefahr daher ebenso wie die Begründung zum MarkenG[695] zutreffend von jeher als *Rechtsfrage* ein, die als solche einer Beweisaufnahme nicht zugänglich ist.[696]

---

691 BPatG GRUR-RR 2009, 96, 100 *FlowParty/flow*; Hacker GRUR 2004, 537, 545; ebenso Berneke WRP 2007, 1417, 1419; Goldmann GRUR 2012, 857, 862; krit. Ingerl/Rohnke, § 14 Rn. 406.

692 Seibt GRUR 2002, 465, 471; Hacker GRUR 2004, 537, 545; Bornkamm, FS von Mühlendahl (2005), S. 9; ders., GRUR 2011, 1, 6; a.A. Risthaus, Erfahrungssätze Rn. 63, 67 und 1219.

693 Vgl. BGH GRUR 1960, 130, 131 *Sunpearl II*; GRUR 1990, 450, 452 *St. Petersquelle*; GRUR 1991, 609, 611 *SL*; GRUR 1992, 48, 52 *frei öl*; GRUR 1992, 110, 111 *dipa/dib*; GRUR 1995, 808, 810 *P3-plastoclin*; GRUR 1997, 661, 663 *B.Z./Berliner Zeitung*; GRUR 1998, 830, 834 f. *Les-Paul-Gitarren*; GRUR 2000, 506, 509 *ATTACHÉ/TISSERAND*; GRUR 2005, 61, 62 *CompuNet/ComNet II*; GRUR 2009, 1055, 1059 (Nr. 62) *airdsl*; GRUR 2012, 1040, 1044 (Nr. 47) *pjur/pure*; GRUR 2013, 631, 637 (Nr. 64) *AMARULA/Marulablu*; GRUR 2013, 833, 839 (Nr. 67) *Culinaria/Villa Culinaria*; GRUR 2015, 1004, 1009 (Nr. 58) *IPS/ISP*; GRUR 2016, 197, 200 (Nr. 40) *Bounty*; GRUR 2017, 914, 917 (Nr. 43) *Medicon-Apotheke/MediCo Apotheke*; GRUR 2018, 516, 519 (Nr. 23) *form-strip II*; GRUR 2019, 173, 175 (Nr. 17) *combit/Commit*.

694 Vgl. Ingerl/Rohnke, § 14 Rn. 405; Fezer, § 14 Rn. 230; HK-MarkenR/Ekey, § 14 Rn. 182; Beier GRUR 1974, 514, 517 ff.; Völp GRUR 1974, 754 ff.; Kur GRUR 1989, 240, 245; Pander, Gewerblicher Rechtsschutz – Urheberrecht – Wirtschaftsrecht, Mitarbeiterfestschrift für Eugen Ulmer, 1973, S. 247, 248 ff.; Ströbele, FS. 100 Jahre GRUR, S. 821, 823; Sack WRP 1998, 1127, 1130 f (anders aber jetzt ders., WRP 2013, 8, 13 Rn. 29 und WRP 2014, 1130, 1133 Rn. 21); Starck MarkenR 2000, 233, 234; Scherer GRUR 2000, 273 ff; Hacker GRUR 2004, 537, 545; Lange, Rn. 3053 ff.; krit. dagegen Osterloh, FS Piper, S. 595 ff.; vgl. auch Eichmann GRUR 1999, 939, 947 f.; Schweizer GRUR 2000, 923; Pflüger GRUR 2004, 652, 653.

695 Vgl. Amtl. Begr., S. 63.

696 Vgl. BGH GRUR 1992, 48, 51 f. *frei öl*; GRUR 1993, 118, 120 *Corvaton/Corvasal*; Beier GRUR 1974, 514, 518; Völp GRUR 1974, 754 ff.; Eichmann GRUR 1998, 202, 213.

Die Formulierung »für das Publikum« bringt daher lediglich zum Ausdruck, dass es **462** bei der Feststellung der Verwechslungsgefahr im Wesentlichen auf die *Verkehrsauffassung* ankommt. Diese wird jedoch – wie gesagt – nicht empirisch, sondern anhand typisierender *Erfahrungssätze* ermittelt.[697] Auch diese Erfahrungssätze werden nicht einer konkreten Erfahrung entnommen, die einem Beweis oder Gegenbeweis zugänglich wäre. Es handelt sich dabei vielmehr um *Rechtsanwendungshilfen*, die in der (abstrakten) allgemeinen Lebenserfahrung verankert sind (»das weiß man eben«).[698] Demzufolge nimmt es der BGH als Revisionsgericht für sich in Anspruch, nicht nur die richtige Anwendung von bestehenden, d.h. in der Rechtsprechung anerkannten Erfahrungssätzen zu kontrollieren[699] und ihre Reichweite zu bestimmen[700], sondern ebenso, das Vorliegen eines vom Tatrichter angenommenen Erfahrungssatzes zu verneinen[701] oder gar neue Erfahrungssätze zu formulieren.[702]

Der praktisch wichtigste dieser typisierenden Standards ist das so genannte *Verbrau-* **463** *cherleitbild*. Insoweit sind in den letzten Jahren erhebliche Veränderungen eingetreten. Im deutschen Recht ging man über Jahrzehnte davon aus, dass die Verwechslungsgefahr aus der Sicht eines *flüchtigen Verkehrs* zu beurteilen sei, der Marken gedankenlos betrachtet.[703] Da ein flüchtiger Verbraucher leicht irrt, führt dieser Maßstab zwangsläufig zu einer Ausdehnung von Verbotsrechten. Das Leitbild des flüchtigen Verbrauchers ist daher von europäischer Seite zunehmend in die Kritik geraten. Denn eine starke Ausdehnung von nationalen Verbotsrechten wirkt sich in der Sache wie ein Handelshemmnis im Sinne von Art. 34 AEUV (früher Art. 28 EG, noch früher Art. 30 EGV) aus (s. Rdn. 33). So ist der frühere Generalanwalt beim EuGH *Francis Jacobs* in einem berühmt gewordenen Schlussantrag aus dem Jahre 1990 auf eine Entscheidung des BPatG zu sprechen gekommen, in der die Zeichen »LUCKY WHIP« und »Schöller-Nucki« für verwechselbar angesehen worden waren.[704] *Jacobs* meinte hierzu sarkastisch, dass diese Entscheidung einen Verbraucherstamm voraussetze, der unter einer akuten Form von Legasthenie leide.[705] In der Folge hat auch der EuGH selbst das deutsche Verbraucherleitbild einer Korrektur unterzogen und an dessen

---

697 Vgl. BGH GRUR 2007, 1079, 1082 (Nr. 36) *Bundesdruckerei*.
698 Hacker GRUR 2004, 537, 545; sehr lesenswert zur neurowissenschaftlichen Überprüfung markenrechtlicher Erfahrungssätze Scheier/Lubberger MarkenR 2014, 453 ff., mit farbigen Abbildungen auch in BPatG, Tagungsband Symposium 2014, 13 ff.
699 Vgl. z.B. BGH GRUR 2002, 167, 169 *Bit/Bud*; GRUR 1998, 930, 931 *Fläminger*.
700 Vgl. etwa BGH GRUR 2002, 171, 174 *Marlboro-Dach*.
701 Vgl. etwa BGH GRUR 2001, 56, 58 *Likörflasche*; GRUR 2000, 233, 234 *RAUSCH/ELFI RAUCH*; GRUR 2015, 603, 605 (Nr. 21, 24) *Keksstangen* gegen OLG Köln GRUR-RR 2013, 472, 476 *Mikado*; BGH GRUR 2015, 1214, 1218 (Nr. 37) *Goldbären*; zur Feststellung des Nichtbestehens von Erfahrungssätzen s. auch BGH GRUR 2005, 513, 514 *MEY/Ella May*; GRUR 2000, 1031, 1032 *Carl Link*; GRUR 1999, 241, 244 *Lions*; BPatG GRUR 2002, 70, 71 *Noelle Claris/CLARIS*.
702 Vgl. BGH GRUR 2002, 167, 170 *Bit/Bud*.
703 Baumbach/Hefermehl, WZG § 31 Rn. 28.
704 BPatGE 15, 101 ff.
705 GRUR Int. 1990, 968.

Stelle das neue Leitbild eines *normal informierten und angemessen aufmerksamen und verständigen Durchschnittsverbrauchers* gesetzt.[706] Dieser neue Standard wirkt sich ohne Zweifel in der Tendenz *verwechslungshemmend* und somit *schutzrechtsbeschränkend* aus.

464   Dessen unbeschadet ist zu berücksichtigen, dass der *Grad der Aufmerksamkeit* des Durchschnittsverbrauchers je nach Art der betroffenen Waren/DL *unterschiedlich hoch* sein kann.[707] Beim unkritischen Erwerb billiger Verbrauchsgüter oder der Inanspruchnahme einfacher Dienstleistungen widmet der durchschnittliche Verbraucher in der Regel den jeweiligen Kennzeichen der Waren/DL weniger Aufmerksamkeit als bei hochwertigen und teureren Waren/DL.[708] Insoweit schließen sich die Begriffe »flüchtig« und »verständig« nicht zwangsläufig aus; vielmehr kann auch der vernünftig handelnde, aufmerksame Verbraucher situationsbedingt flüchtiger oder aufmerksamer vorgehen.[709]

4. Struktur des Verwechslungstatbestandes

465   Seinem natürlichen Wortsinn nach tendiert der Begriff der Verwechslungsgefahr dazu, allein auf die Vergleichszeichen als solche bezogen zu werden. Gerade so ist der Begriff auch im früheren Warenzeichenrecht verwendet worden (§ 31 WZG), während das Verhältnis der zu vergleichenden Waren/DL gesondert unter dem Begriff der Gleichartigkeit zu prüfen war. Demgegenüber stellt das geltende Recht die Verwechslungsgefahr zu Recht in eine engere Beziehung zum Rechtsbegriff der Marke als einer herkunftsindividualisierenden Verknüpfung eines Zeichens mit einer Ware/DL. § 14 II S. 1 Nr. 2 MarkenG/Art. 9 II lit. b UMV (und ebenso § 9 I Nr. 2 MarkenG/Art. 8 I lit. b UMV) stellen deshalb darauf ab, ob im Hinblick auf die Identität oder Ähnlichkeit des Zeichens mit der Marke *und* die Identität oder Ähnlichkeit der betreffenden Waren/DL eine Verwechslungsgefahr besteht.

466   Auch damit ist indessen der Rechtsbegriff der Verwechslungsgefahr noch nicht abschließend umschrieben. Wie sich aus dem für die Auslegung verbindlichen 16. Erwägungsgrund zur MarkenRL ergibt, hängt das Vorliegen der Verwechslungsgefahr

---

706 Grdl. EuGH GRUR Int. 1995, 804, 805 (Nr. 24) *Verein gegen Unwesen in Handel und Gewerbe Köln/Mars GmbH* (zum Lauterkeitsrecht) und sodann EuGH GRUR Int. 1998, 795, 797 (Nr. 31) *Gut Springenheide*; zum Markenrecht EuGH GRUR Int. 1999, 734, 736 (Nr. 26) *Lloyd*; EuGH GRUR Int. 2002, 804, 808 (Nr. 63) *Philips*; mit leichter sprachlicher Korrektur EuGH GRUR 2004, 943, 944 (Nr. 24) *SAT.2* und seither ständig.

707 EuGH GRUR Int. 1999, 737, 736 (Nr. 26) *Lloyd*; EuGH GRUR 2006, 237, 239 (Nr. 38) *PICASSO*; EuGH GRUR Int. 2010, 129, 132 (Nr. 74) *Carbonell/La Espanola*; EuG GRUR Int. 2007, 593, 595 (Nr. 42) *RESPICUR*; GRUR Int. 2005, 594 (Nr. 19) *RIGHT GUARD XTREME sport*; GRUR Int. 2005, 144, 147 (Nr. 43) *NL*; GRUR Int. 2005, 140, 142 (Nr. 40) *CHUFAFIT*; BGH GRUR 2015, 1114, 1116 (Nr. 20) *Springender Pudel*; GRUR 2000, 506, 508 *ATTACHÉ/TISSERAND*; GRUR 2001, 158, 160 *Drei-Streifen-Kennzeichnung*.

708 Vgl. BGH GRUR 2015, 1121, 1125 (Nr. 37) *Tuning*.

709 Vgl. BGH GRUR 2000, 619, 621 *Orient-Teppichmuster*; GRUR 2001, 158, 160 *Drei-Streifen-Kennzeichnung*; GRUR 2002, 81, 83 *Anwalts- und Steuerkanzlei*.

von einer *Vielzahl von Umständen* ab, von denen u.a. der *Grad der Ähnlichkeit der Vergleichszeichen*, der *Grad der Ähnlichkeit der Vergleichsprodukte* und der *Bekanntheitsgrad der Marke* im Markt (allgemeiner: die *Kennzeichnungskraft der Marke*) genannt werden. Weitere entscheidungserhebliche Umstände können sich aus der Zusammensetzung des nach der Art der Waren/DL angesprochenen Publikums (Fachkreise oder allgemeine Verkehrskreise) und aus der situationsadäquaten Aufmerksamkeit des Publikums ergeben, die wiederum von den betreffenden Waren/DL beeinflusst sein kann (billige Alltagsware oder teure Produkte, s. oben Rdn. 464).

Unverzichtbar für die Beurteilung der Verwechslungsgefahr ist es somit, jeweils den *Grad* festzustellen, in dem die maßgeblichen Parameter im Einzelfall erfüllt sind;[710] s. dazu näher Rdn. 477 – 478 (zur Waren/DL-Ähnlichkeit), Rdn. 485 (zur Kennzeichnungskraft), Rdn. 497 (zur Zeichenähnlichkeit).

Noch komplizierter wird das Ganze dadurch, dass nach der Rechtsprechung sämtliche **467** relevanten Parameter zueinander in einem *Wechselwirkungsverhältnis* stehen. Daher kann ein verwechslungshemmendes Weniger bei dem einen Parameter (z.B. des Grades der Ähnlichkeit der Vergleichs-Waren/DL) durch ein verwechslungsförderndes Mehr bei einem anderen Parameter (z.B. des Grades der Ähnlichkeit der Vergleichszeichen) ausgeglichen werden – und umgekehrt.[711] So kann z.B. bei identischen Zeichen und erhöhter Kennzeichnungskraft der Klagemarke trotz einer nur entfernten Waren/DL-Ähnlichkeit eine Verwechslungsgefahr festzustellen sein. Umgekehrt reicht bei Produktidentität unter Umständen bereits eine geringe Zeichenähnlichkeit zur Annahme einer Verwechslungsgefahr aus. Andererseits kann die Verwechslungsgefahr entfallen, obwohl die Zeichen und die Waren/DL noch als ähnlich einzustufen sind, der Ähnlichkeitsgrad jedoch gering und auch die Kennzeichnungskraft der älteren Marke nur unterdurchschnittlich ist. Ebenso kann selbst bei identischen Waren/DL und durchschnittlicher Kennzeichnungskraft der Klagemarke eine Verwechslungsgefahr an zwar

---

710   Vgl. etwa zum Grad der Zeichenähnlichkeit EuGH GRUR 2007, 700, 701 (Nr. 36) *HABM/Shaker*; BGH GRUR 2003, 519, 521 *Knabberbärchen*; GRUR 2004, 235, 238 *Davidoff II*; GRUR 2008, 1002, 1004 (Nr. 31) *Schuhpark*; GRUR 2010, 729, 731 (Nr. 30) *MIXI*; GRUR 2012, 635, 637 (Nr. 33) *METRO/ROLLER'S Metro*; zum Grad der Waren/DL-Ähnlichkeit BGH GRUR 2003, 1047, 1049 *Kellogg's/Kelly's*; zum Grad der Kennzeichnungskraft s. die Nachweise bei Ströbele/Hacker/Thiering, § 9 Rn. 139.

711   St.Rspr., vgl. z.B. EuGH GRUR 1998, 387, 389 (Nr. 22) *Sabèl/Puma*; GRUR 1998, 922, 923 (Nr. 17) *Canon*; GRUR Int. 1999, 734, 736 (Nr. 19) *Lloyd*; GRUR Int. 2000, 899, 901 (Nr. 40) *Marca/Adidas*; EuGH GRUR 2008, 343, 345 (Nr. 48) *Il Ponte Finanziaria/HABM*; BGH GRUR 2019, 173, 175 (Nr. 17) *combit/Commit*; GRUR 2018, 516, 518 (Nr. 23) *form-strip II*; GRUR 2018, 79, 80 (Nr. 9) *OXFORD/Oxford Club*; GRUR 2017, 914, 915 (Nr. 13) *Medicon-Apotheke/MediCo Apotheke*; GRUR 2016, 382, 384 (Nr. 19) *BioGourmet*; GRUR 2016, 283, 284 (Nr. 7) *BSA/DSA DEUTSCHE SPORT-MANAGEMENTAKADEMIE*; GRUR 2016, 197, 200 (Nr. 42) *Bounty*; GRUR 2016, 83, 86 (Nr. 45) *Amplidect/Ampliteq*; GRUR 2015, 1127, 1128 (Nr. 8) *ISET/ISETsolar*; GRUR 2015, 1004, 1005 (Nr. 18) *IPS/ISP*; GRUR 2014, 1101, 1104 (Nr. 37) *Gelbe Wörterbücher*; GRUR 2012, 1040, 1042 (Nr. 25) *pjur/pure*; GRUR 2011, 824 (Nr. 18) *Kappa*.

noch gegebener, aber im Wechselverhältnis aller Faktoren zu gering ausgeprägter Zeichenähnlichkeit scheitern.[712] Die Bejahung einer Zeichenähnlichkeit und der Waren/DL-Ähnlichkeit führt insoweit nicht zwangsläufig auch zur Bejahung der Verwechslungsgefahr.[713]

468 Damit scheint ausgerechnet bei der Beurteilung der Verwechslungsgefahr als dem zentralen markenrechtlichen Schutzbereichskriterium nichts sicher und alles vertretbar zu sein, so dass einem ein Wort von Carl Schmitt in den Sinn kommen könnte: »Dies allgemeine 'und umgekehrt' ist der Stein der Weisen in der großen Alchimie der Worte, die jeden Kot in Gold und jedes Gold in Kot verwandeln kann.«[714] Ganz so schlimm ist es dann freilich nach aller Erfahrung doch nicht. In den meisten Fällen lässt sich ein klares Ergebnis finden, sofern man sämtliche im Einzelfall für und gegen eine Verwechslungsgefahr sprechenden Umstände zusammenträgt und bewertet und in einem diskursiv-argumentatorischen Verfahren umfassend gegen- und untereinander abwägt.[715]

469 Man sieht leicht, dass dies wenig oder nichts mit der oberflächlichen Frage zu tun hat, ob ein reales Publikum irgendeiner realen Verwechslungsgefahr ausgesetzt ist, sondern dass es – um es noch einmal zu wiederholen – darum geht, welchen Schutzumfang eine Marke im Einzelfall gegenüber konkurrierenden Bezeichnungen beanspruchen kann, wie groß also der Bereich ist, den Wettbewerber als dem Konkurrenzkampf entzogenes Ausschließlichkeits-»Territorium« des Markeninhabers zu respektieren haben (s. oben Rdn. 20), bzw. – umgekehrt (!) – festzulegen, was der Markeninhaber im Einzelfall hinzunehmen hat.

470 Es ist nicht leicht, der komplexen rechtlichen Struktur des Verwechslungstatbestandes und dem korrespondierenden methodischen Ideal eines umfassenden diskursiven Argumentations- und Abwägungsverfahrens gerecht zu werden. Als für viele Fälle brauchbar und ausreichend hat sich jedoch folgendes Vorgehen erwiesen:[716]
(1.) Feststellung der Ähnlichkeit der Vergleichsprodukte und des Grades dieser Ähnlichkeit in einem ersten Schritt;
(2.) sodann Feststellung des Grades der Kennzeichnungskraft der Marke;
(3.) Zeichenvergleich mit Feststellung des Grades der Zeichenähnlichkeit;

---

712 Vgl. BGH GRUR 2018, 79, 80 (Nr. 35) *OXFORD/Oxford Club*.
713 Vgl. BGH GRUR 2009, 772, 777 (Nr. 67) *Augsburger Puppenkiste*; GRUR 2006, 937, 940 (Nr. 33, 34) *Ichthyol II*; GRUR 2005, 419, 423 *Räucherkate*; 2004, 778, 779 *URLAUB DIREKT*; GRUR 2003, 332, 335 *Abschlussstück*; GRUR 2000, 608, 610 *ARD-1*; BPatG GRUR 2002, 345, 346 *ASTRO BOY/Boy*; GRUR 1996, 204, 206 *Swing*; s. auch HABM-BK GRUR-RR 2003, 74, 77 (Nr. 55) *Lindenhof/LINDERHOF TROCKEN*; GRUR-RR 2005, 14, 16 (Nr. 33) *co.don/CODAN*.
714 Carl Schmitt, Politische Romantik, 2. Aufl. 1925, S. 113.
715 Ausf. zu den methodischen Grundlagen Hacker GRUR 2004, 537 ff.
716 Ebenso FA-GewRS/Schulz/Onken, Kap. 5 Rn. 519–524; vgl. auch BGH GRUR 2011, 826 *Enzymax/Enzymix*.

(4.) Gesamtabwägung unter Berücksichtigung des zu erwartenden Aufmerksamkeitsgrades des angesprochenen Publikums.

Daran ist auch die nachfolgende Darstellung orientiert.

5. Waren/DL-Ähnlichkeit

Nach den dargestellten Grundsätzen ist davon auszugehen, dass die Verwechslungsgefahr mit steigender Produktähnlichkeit zunimmt und – was diesen Parameter angeht – bei Identität (s. dazu oben Rdn. 454 – 456) ihren höchsten Punkt erreicht. Umgekehrt sinkt die Verwechslungsgefahr und damit die Abwehrmöglichkeit des Markeninhabers bei abnehmender Produktähnlichkeit. Fehlt diese gänzlich, sind also die Vergleichswaren/DL völlig unähnlich, scheidet eine Verwechslungsgefahr aus[717] und es kommt nur noch ein Schutz nach § 14 II S. 1 Nr. 3 MarkenG/Art. 9 II lit. c UMV unter den dortigen besonderen Voraussetzungen in Betracht.[718]   **471**

Wann aber sind nun nicht-identische Waren/DL als ähnlich einzustufen? Ausdrücklich geregelt ist insoweit nur, dass die registerrechtliche Klassifizierung der zu verglichenden Waren/DL nach Maßgabe der Nizzaer Klassifikation (s. Rdn. 94) insoweit grundsätzlich ohne Bedeutung ist. Waren/DL sind also nicht schon deswegen ähnlich, weil sie in derselben Klasse eingeordnet sind und nicht schon deswegen unähnlich, weil sie verschiedenen Klassen zugeordnet sind (so jetzt ausdrücklich § 14 II S. 2 und 3 sowie § 9 III MarkenG in Umsetzung von Art. 39 VII MarkenRL und ebenso Art. 33 VII UMV).   **472**

▶ Beispiel:

> Hautpflegende Kosmetika fallen in Klasse 3 (»Mittel zur Körper- und Schönheitspflege«), medizinische Hautsalben dagegen in Klasse 5 (»pharmazeutische Erzeugnisse«). Gleichwohl sind sie in markenrechtlichem Sinne (sogar hochgradig) ähnlich.[719] Andererseits sind medizinische DL einerseits, forstwirtschaftliche DL andererseits ganz offensichtlich nicht ähnlich, obwohl sie beide der Klasse 44 zugeordnet sind.

Aber wonach beurteilt sich die Ähnlichkeit dann? Dass es auch insoweit nicht auf eine unbefangene Sicht der angesprochenen Verkehrskreise ankommt, macht wiederum der 16. Erwägungsgrund zur MarkenRL deutlich, wonach es unbedingt erforderlich ist, den Begriff der Ähnlichkeit im Hinblick auf die Verwechslungsgefahr auszulegen, die ihrerseits in engem Zusammenhang mit der im selben Erwägungsgrund   **473**

---

717 EuGH GRUR Int. 2009, 911, 913 (Nr. 34) *WATERFORD/STELLENBOSCH*; BGH GRUR 2001, 507, 508 *EVIAN/REVIAN*; GRUR 2004, 241, 243 *GeDIOS*; GRUR 2014, 488 (Nr. 9) *DESPERADOS/DESPERADO*; GRUR 2015, 176 (Nr. 10) *ZOOM/ZOOM*.

718 Vgl. BGH GRUR 2006, 941, 943 (Nr. 15) *TOSCA BLU*.

719 Vgl. z.B. BPatG GRUR 1997, 840, 842 *Lindora/Linola*.

angesprochenen Herkunftsfunktion der Marke steht.[720] Für eine handhabbare Konkretisierung des Begriffs der Waren/DL-Ähnlichkeit ist damit freilich noch nicht viel gewonnen. Einen weiteren Fingerzeig geben jedoch die Vorschriften des § 14 II S. 1 Nr. 3 MarkenG/Art. 9 II lit. c UMV (§ 9 I Nr. 3 MarkenG/Art. 8 V UMV), die bekannten Marken unter besonderen Voraussetzungen einen Schutz gegen identische oder ähnliche Zeichen unabhängig von einer Waren/DL-Ähnlichkeit geben. Dieser besondere Schutz transzendiert die für die Marke konstitutive Zeichen-Ware/DL-Beziehung, stellt somit ersichtlich einen Ausnahmefall dar, der nur für eine geringe Zahl von Marken in Betracht kommt. Das legt es nahe, den Begriff der Waren/DL-Ähnlichkeit sehr weit auszulegen. So kann der Kernbereich des Markenschutzes, eben der Schutz gegen Verwechslungsgefahr, im Grundsatz weit offen gehalten und die nötige Reduktion im Einzelfall anhand des Grades der Waren/DL-Ähnlichkeit im Zusammenspiel mit den übrigen für die Verwechslungsgefahr maßgeblichen Parametern vorgenommen werden.[721] Diesem Anliegen eines grundsätzlich weit reichenden Schutzes gegen Verwechslungsgefahr wird die Rechtsprechung dadurch gerecht, dass sie (1.) alle Faktoren berücksichtigt, die für das Verhältnis der zum Vergleich stehenden Waren/DL Bedeutung erlangen können und (2.) für den Zweck der Bestimmung der Waren/DL-Ähnlichkeit *fingiert*, dass die übrigen für die Verwechslungsgefahr maßgeblichen Faktoren im Höchstmaß erfüllt sind.

474 Demnach ist eine Ähnlichkeit der zum Vergleich stehenden Waren/DL anzunehmen, wenn diese in Berücksichtigung aller erheblichen Faktoren, die ihr Verhältnis zueinander kennzeichnen – insbesondere ihrer *Beschaffenheit*, ihrer regelmäßigen *betrieblichen Herkunft*, ihrer regelmäßigen *Vertriebs- oder Erbringungsart*, ihres *Verwendungszwecks* und ihrer *Nutzung*, ihrer *wirtschaftlichen Bedeutung*, ihrer Eigenart als miteinander *konkurrierende* oder einander *ergänzende Produkte und Leistungen* oder anderer für die Frage der Verwechslungsgefahr wesentlicher Gründe – so enge Berührungspunkte aufweisen, dass die beteiligten Verkehrskreise der Meinung sein könnten, sie stammten *aus denselben oder gegebenenfalls wirtschaftlich verbundenen Unternehmen*, sofern sie – *was zu unterstellen ist* – *mit identischen Marken gekennzeichnet sind, wobei von einem großen Schutzumfang der Klagemarke auszugehen ist.*[722]

---

720 S. zur Maßgeblichkeit der Herkunftsfunktion im Rahmen der Verwechslungsgefahr (auch nach der erweiterten Funktionenlehre des EuGH, oben Rdn. 65 ff.) EuGH GRUR 2009, 756, 761 (Nr. 59) *L'Oréal/Bellure.*

721 Lehrreiches Beispiel: BPatG, Beschl. v. 09.02.2012, 25 W(pat) 45/10 *BONA/Dona.*

722 Vgl. EuGH GRUR 1998, 922, 923 f (Nr. 22–29) *Canon*; GRUR 2006, 582, 584 *VITA-FRUIT*; EuGH MarkenR 2009, 47, 53 (Nr. 65) *Edition Albert René*; EuGH GRUR 2017, 1257, 1259 (Nr. 48) *The Tea Board/EUIPO (Darjeeling)*; BGH GRUR 1999, 158, 159 *GARIBALDI*; GRUR 1999, 164, 166 *JOHN LOBB*; GRUR 1999, 496, 497 f. *TIFFANY*; GRUR 1999, 731, 732 *Canon II*; GRUR 2001, 507, 508 *EVIAN/REVIAN*; GRUR 2004, 241, 243 *GeDIOS*; GRUR 2004, 594, 596 *Ferrari-Pferd*; GRUR 2004, 600, 601 *d-c-fix/CD-FIX*; GRUR 2006, 941, 942 (Nr. 13) *TOSCA BLU*; GRUR 2007, 321, 322 (Nr. 20) *COHIBA*; GRUR 2007, 1066, 1068 (Nr. 23) *Kinderzeit*; GRUR 2009, 484, 486 (Nr. 25) *Metrobus*; GRUR 2014, 1101, 1104 (Nr. 40) *Gelbe Wörterbücher*; GRUR 2016, 382, 384

Umgekehrt kann von (absoluter) *Waren/DL-Unähnlichkeit* nur ausgegangen werden, **475** wenn trotz (unterstellter) Identität oder großer Ähnlichkeit der Marken und (ebenfalls zu unterstellender) hoher Kennzeichnungskraft der älteren Marke die Annahme einer Verwechslungsgefahr im Sinne einer Verwirrung über die Ursprungsidentität der Waren/DL wegen des Abstands der Waren/DL von vornherein ausgeschlossen ist.[723]

Es ist klar, dass dies mit dem landläufigen Verständnis von Ähnlichkeit nichts gemein **476** hat. So sind im markenrechtlichen Sinne viele Waren/DL ähnlich, bei denen man dies im gewöhnlichen Leben nie annehmen würde, z.B.

Arzneimittel und Desinfektionsmittel; Haarwasser und Desinfektionsmittel; Arzneimittel und Seifen; Bälle und Plüschtiere; Beleuchtungsgeräte und Badeanlagen; Benzin und Motorenöl; Blumenzwiebeln und Saatkartoffeln; Bonbons und Speiseeis; Brotaufstrich und Speiseeis; Briefumschläge und Schreibmappen; Bücher und bespielte Bild- und Tonträger; Butter und Käse; Dachziegel und Zement; Fernsehgeräte und Radioapparate; Haferflocken und Suppenwürfel; Ketchup und Oliven; Präservative und Gummihandschuhe; Rollstühle und Fahrräder; Bauklötze und Plüschtiere; Spielzeug und Christbaumschmuck; Stempelkissen und Stempel; Staubsauger und Backapparate; Tee und Verpflegung von Gästen; Uhren und Rechenmaschinen; Oberhemden und Unterwäsche; Wasserhähne und Duschkabinen;[724] Bekleidungsstücke und Schuhe[725]; Wein und Mineralwasser[726]; Schokolade und Milchdessert[727]; Lehrmittel (Ware) und Musikunterricht (DL)[728]; zweisprachige Wörterbücher und Sprachlernsoftware[729].

Andererseits wird aber auch verständlich, dass es bei der großen Breite der marken- **477** rechtlichen Produktähnlichkeit eine Vielzahl von Graden und Abstufungen gibt und es für die Beurteilung der Verwechslungsgefahr, d.h. des Abwehrbereichs der Marke, unerlässlich ist, diesen Grad im Einzelfall festzulegen. So vermag im Hinblick auf die

---

(Nr. 21) *BioGourmet*; GRUR 2016, 1300, 1304 (Nr. 46) *Kinderstube*; GRUR 2018, 79, 80 (Nr. 11) *OXFORD/Oxford Club*.

723 Vgl. BGH GRUR 2001, 507, 508 *EVIAN/REVIAN*; GRUR 2004, 594, 596 *Ferrari-Pferd*; GRUR 2004, 600, 601 *d-c-fix/CD-FIX*; GRUR 2006, 941, 942 (Nr. 13) *TOSCA BLU*; GRUR 2007, 321, 322 (Nr. 20) *COHIBA*; GRUR 2008, 714, 717 (Nr. 32) *idw*; GRUR 2009, 484, 486 (Nr. 24) *Metrobus*; GRUR 2012, 1145, 1148 (Nr. 34) *Pelikan*; GRUR 2014, 378, 381 (Nr. 38) *OTTO CAP*; GRUR 2014, 488 (Nr. 12) *DESPERADOS/DE-SPERADO*; GRUR 2016, 382, 384 (Nr. 21) *BioGourmet*; ebenso EuG GRUR Int. 2005, 493, 496 (Nr. 59) *Lindenhof*.

724 Sämtliche vorgenannten Beispiele aus Richter/Stoppel, Die Ähnlichkeit von Waren und Dienstleistungen, 18. Aufl. (2019).

725 Lange umstritten, s. aber jetzt etwa BGH GRUR 2006, 60, 61 (Nr. 13) *coccodrillo*; EuG GRUR Int. 2005, 254, 256 (Nr. 26) *Avex*.

726 BGH GRUR 2001, 507, 508 *EVIAN/REVIAN*; BPatG MarkenR 2006, 460, 464 *EVIAN/ REVEAN*.

727 BGH GRUR 2007, 1066, 1068 (Nr. 22) *Kinderzeit*.

728 BGH GRUR 2012, 1145, 1148 (Nr. 35) *Pelikan*.

729 BGH GRUR 2014, 1101, 1104 (Nr. 40) *Gelbe Wörterbücher*.

maßgebliche Herkunftsfunktion der Marke z.B. eine Übereinstimmung im Vertriebsweg oder der Umstand, dass es sich um ergänzende Waren handelt (z.B. Fotoapparat und Fototasche; Zigaretten und Aschenbecher oder Feuerzeuge; Wein und Pasta), sicher nur eine geringe Ähnlichkeit zu begründen, die dann im Einzelfall in Abwägung mit den anderen Parametern eben nicht ausreicht, um eine Verwechslungsgefahr im Rechtssinne zu begründen. Dagegen führt die Tatsache, dass die Vergleichswaren/DL häufig von denselben Unternehmen produziert bzw. erbracht werden (z.B. dermatologische Arzneimittel und hautpflegende Kosmetik; Schokoladen- und Zuckerwaren; Bier und Bewirtung von Gästen) in der Regel auch zu einem hohen, eine Verwechslungsgefahr begünstigenden Ähnlichkeitsgrad.

478   Vor diesem Hintergrund ist die Rechtsprechung des BGH zu sehen, wonach in fünf Kategorien zu unterscheiden sein soll zwischen sehr hoher (weit überdurchschnittlicher), hoher (überdurchschnittlicher), normaler (durchschnittlicher), geringer (unterdurchschnittlicher) und sehr geringer (weit unterdurchschnittlicher) Waren/ DL-Ähnlichkeit.[730] Diese Einteilung krankt allerdings daran, dass es eine »normale (durchschnittliche)« Waren/DL-Ähnlichkeit mangels Maßstabs logisch nicht geben kann. Insoweit kann es sich allenfalls um eine Wertungsgröße handeln.

479   Bei aller Weite des Begriffes der Waren/DL-Ähnlichkeit gibt es aber auch Grenzen. Als unähnlich sind z.B. eingestuft worden:

italienische Weine und italienische Teigwaren[731]; Zigarren und Verpflegungsdienstleistungen[732]; Kraftfahrzeuge und Modellfahrzeuge[733]; Reiscracker, Popcorn und dergleichen einerseits, Bier andererseits[734]; Kopierpapier und Druckerzeugnisse[735].

480   Auch durch eine branchenübergreifende Merchandising- und Lizenzpraxis kann eine markenrechtlich relevante Waren/DL-Ähnlichkeit regelmäßig nicht begründet werden, ebenso wenig durch branchenübergreifendes und -übliches Sponsoring. Daher sind z.B. als nicht ähnlich angesehen worden: Automobile und Computerprogramme/ Computerzubehör zur Simulation von Autorennen.[736] Auch eine Ähnlichkeit von Parfüm und Lederwaren lässt sich nicht mit einer entsprechenden Lizenzpraxis zwischen diesen Branchen begründen.[737] Ebenso unähnlich sind Hundefutter einerseits und die

---

730 BGH GRUR 2013, 833, 838 (Nr. 55) *Culinaria/Villa Culinaria.*
731 BGH GRUR 1999, 158 *GARIBALDI.*
732 BGH GRUR 2007, 321, 322 (Nr. 22 ff.) *COHIBA.*
733 EuGH GRUR 2007, 318, 320 (Nr. 34) *Adam Opel/Autec.*
734 Vgl. BGH GRUR 2014, 488, 489 (Nr. 17) *DESPERADOS/DESPERADO* und nachfolgend BPatG, Beschl. v. 08.10.2014, 28 W(pat) 580/10.
735 BGH GRUR 2015, 176 *ZOOM/ZOOM.*
736 BGH GRUR 2004, 594, 596 *Ferrari-Pferd.*
737 BGH GRUR 2006, 941, 942 (Nr. 14) *TOSCA BLU;* überholt insoweit die noch gegenteilige Auffassung der Vorinstanz OLG Köln GRUR-RR 2003, 243, 244 *Tosca/Tosca Blu.*

Veranstaltung von Hundeausstellungen andererseits, obwohl derartige Ausstellungen regelmäßig von Futtermittelherstellern finanziell gefördert werden.[738]

Noch nicht abschließend geklärt ist, ob zwischen HandelsDL und den gehandelten **481** Waren eine Ähnlichkeit besteht. Die Frage wird jedoch zunehmend bejaht. So hat zunächst das EuG diese Auffassung im Wesentlichen damit begründet, dass die HandelsDL und die Waren, die Gegenstand des Handels sind, in einem notwendigen Ergänzungsverhältnis stehen würden.[739] Einige Senate des BPatG sind dem jedenfalls im Ergebnis gefolgt[740] und auch der BGH scheint dem zuzuneigen.[741] Dagegen spricht jedoch, dass – was auch der allgemeine Verkehr weiß – Händler in der Regel Fremdware vertreiben. Es bedarf also besonderer Anhaltspunkte für die Annahme, der Durchschnittsverbraucher gehe von einer einheitlichen Produktverantwortung für Handel und Ware aus. So kann es z.B. in Branchen liegen, in denen die Hersteller in größerem Umfang auch den Einzelhandel betreiben (etwa über Outlets) oder organisieren wie z.B. im Bekleidungs-[742], im Kosmetik- oder auch im Automobilsektor.

Weitgehende Einigkeit besteht hingegen darüber, dass *zwischen verschiedenen Han-* **482** *delsDL* eine Ähnlichkeit auch dann bestehen kann, wenn die gehandelten Waren zwar selbst nicht ähnlich sind, aber regelmäßig über dieselben Vertriebswege abgesetzt werden. Unter diesem Gesichtspunkt ist der Einzelhandel mit Lebensmitteln als ähnlich mit dem Einzelhandel mit Drogerieartikeln und Haushaltswaren angesehen worden.[743]

Zur Ähnlichkeit von Waren und Dienstleistungen gibt es eine sehr umfangreiche **483** Spruchpraxis. Diese ist zusammengestellt und nach Waren/DL-Begriffen geordnet in dem Werk *Richter/Stoppel, Die Ähnlichkeit von Waren und Dienstleistungen*, das derzeit in 18. Auflage vorliegt.

---

738 BPatG, Beschl. v. 22.09.1999, 28 W(pat) 18/99 *CRUFT/CRUFTS*; vgl. auch BPatG, Beschl. v. 10.05.2007, 25 W(pat) 40/05 *MUSIK EXPRESS/MUSIK EXPRESS SOUNDS* (keine Ähnlichkeit zwischen sportlichen und kulturellen Aktivitäten einerseits und Zeitschriften andererseits trotz Sponsorings von kulturellen Veranstaltungen durch Zeitschriftenverlage).

739 EuG GRUR Int. 2009, 421, 424 f. (Nr. 52–58) *O Store*; EuG MarkenR 2011, 345, 349 (Nr. 36–40) *NORMA/YORMA'S*, bestätigt durch EuGH MarkenR 2012, 374 *NORMA/YORMA'S*, wo dieser Punkt aber nicht angegriffen war.

740 Vgl. etwa BPatG, Beschl. v. 23.03.2013, 29 W(pat) 119/11 *VIVA FRISEURE/VIVA*; BPatG GRUR-RR 2013, 430, 432 *Konzume/Konsum*; Ähnlichkeit bejahend auch Büscher in Büscher/Dittmer/Schiwy, MarkenG § 14 Rn. 234; Kochendörfer GRUR 2014, 35, 37.

741 Vgl. BGH GRUR 2014, 378, 381 (Nr. 39) *OTTO CAP*; s. auch BGH GRUR 2009, 484, 490 (Nr. 74) *Metrobus*; GRUR 2012, 635 (Nr. 15) *METRO/ROLLER'S Metro*.

742 Vgl. etwa OLG Hamburg WRP 2015, 477, 488 (Nr. 120) *Anson's/ASOS*; näher Ströbele/Hacker/Thiering, § 9 Rn. 128–130.

743 BGH GRUR 2016, 382, 385 (Nr. 25–28) *BioGourmet*.

6. Kennzeichnungskraft der Klagemarke

a) Grade der Kennzeichnungskraft

484 Für eine zutreffende Beurteilung der Verwechslungsgefahr ist es unabdingbar, den Grad der Kennzeichnungskraft der als verletzt behaupteten Marke festzustellen. Denn vom Grad der Kennzeichnungskraft der Marke hängt der ihr zukommende Schutzbereich ab. Je stärker die Kennzeichnungskraft einer Marke ist, umso größer ist ihr Schutzumfang und damit ihre Abwehrkraft gegenüber konkurrierenden Zeichen, während umgekehrt eine Schwächung der Kennzeichnungskraft zu einer Minderung des Schutzumfangs, also zu einer Schwächung der Abwehrkraft führt.

485 Dabei soll nach der Rechtsprechung des BGH – ähnlich wie bei der Beurteilung der Waren/DL-Ähnlichkeit (s. Rdn. 478) – zwischen fünf Graden zu unterscheiden sein, nämlich sehr hohe (weit überdurchschnittliche), hohe (überdurchschnittliche), normale (durchschnittliche), geringe (unterdurchschnittliche) und sehr geringe (weit unterdurchschnittliche) Kennzeichnungskraft.[744]

b) Durchschnittliche Kennzeichnungskraft

486 Den Regelfall bildet die *durchschnittliche Kennzeichnungskraft*. Durchschnittlich kennzeichnungskräftig sind Marken, die von Hause aus, also unabhängig von jeder Benutzung im Markt, normal unterscheidungskräftig und uneingeschränkt geeignet sind, die betreffenden Waren/DL ihrer betrieblichen Herkunft nach zu individualisieren.[745] Davon ist auszugehen, wenn keine konkreten Anhaltspunkte vorliegen, die für eine hohe (Rdn. 488 – 490) oder für eine geringe Kennzeichnungskraft (Rdn. 491 – 496) sprechen.[746]

487 Der Abwehrbereich solcher durchschnittlich kennzeichnungskräftigen Marken stimmt im Großen und Ganzen mit dem Bereich der realen Verwechselbarkeit überein. D.h. die durchschnittlich kennzeichnungskräftige Marke setzt sich gegen alle Zeichen durch, die bei einer Verwendung für Waren/DL, die mit den von der Marke beanspruchten identisch oder diesen sehr ähnlich sind, von den angesprochenen Verkehrskreisen bei situationsadäquater Aufmerksamkeit nicht hinreichend sicher von der Marke unterschieden werden können. Dabei ist kein zu engherziger Maßstab anzulegen. Der Markeninhaber kann unter den genannten Bedingungen vielmehr verlangen, dass konkurrierende Zeichen ein *deutliches Unterscheidungsmerkmal* aufweisen, das einer realen Verwechselbarkeit *sicher entgegenwirkt*.

---

744 BGH GRUR 2013, 833, 838 (Nr. 55) *Culinaria/Villa Culinaria*; zur Kritik hieran s. Ströbele/Hacker/Thiering, § 9 Rn. 144-145.
745 Ströbele/Hacker/Thiering, § 9 Rn. 142.
746 BGH GRUR 2012, 930, 932 (Nr. 27) *Bogner B/Barbie B*; GRUR 2015, 1127, 1128 (Nr. 10) *ISET/ISETsolar*; GRUR 2016, 283, 284 (Nr. 10) *BSA/DSA DEUTSCHE SPORT-MANAGEMENTAKADEMIE*; GRUR 2017, 75, 76 (Nr. 19) *Wunderbaum II*.

c) Starke Kennzeichnungskraft

Eine darüber hinausgehende *starke Kennzeichnungskraft* ist Marken zuzuerkennen, **488** die über längere Zeit *intensiv im Markt benutzt* werden und infolgedessen eine *gesteigerte Verkehrsbekanntheit* erlangt haben.[747] Dagegen rechtfertigt allein die besondere Eigenart und Einprägsamkeit, die eine Marke von Hause aus aufweist, noch nicht die Annahme einer starken Kennzeichnungskraft.[748] Richtig ist lediglich, dass eine schon von Hause aus einprägsame Marke durch entsprechende Benutzungshandlungen leichter zu einer starken Marke werden kann als eine Marke, die ihrer Art nach nur schwach kennzeichnungskräftig ist.[749]

Bei *Unionsmarken* ist zu beachten, dass eine gesteigerte Kennzeichnungskraft nur **489** berücksichtigt werden kann, wenn diese auch in Deutschland vorliegt; eine intensive Benutzung und erhöhte Bekanntheit nur im EU-Ausland genügt also nicht.[750]

Marken mit solchermaßen erhöhter Kennzeichnungskraft können einen erweiterten **490** Schutz gegen Verwechslungsgefahr beanspruchen, obwohl sie oft gerade wegen ihrer Bekanntheit von anderen Kennzeichen tatsächlich leichter zu unterscheiden sind.[751] Die Beurteilung der rechtlichen Verwechslungsgefahr kann sich hier also deutlich von der realen Verwechselbarkeit entfernen.

So sind z.B. als verwechselbar ähnlich angesehen worden: »NATALLA« (für Süßwaren) mit »nutella« (für Nuss-Nougat-Creme)[752]; »Bud« mit »bit« (beide für Bier)[753], »ASPITEC« mit »Aspirin« (beide für Arzneimittel)[754], »TEFLEXAN« mit »TEFLON« (beide für chemische Erzeugnisse für gewerbliche Zwecke)[755], obwohl diese

---

747 Vgl. BGH GRUR 2003, 1040, 1044 *Kinder*; BPatG GRUR 2004, 950, 952 *ACELAT/ Acesal*.
748 So aber EuG GRUR Int. 2005, 586, 589 (Nr. 61) *Hai*; GRUR Int. 2006, 144, 147 (Nr. 60) *ARTHUR ET FELICIE*; GRUR Int. 2007, 142, 143 (Nr. 72) *Aire Limpio* (aber gebilligt durch EuGH GRUR-RR 2008, 335, 337 [Nr. 65] *Aire Limpio*); s. auch EuGH MarkenR 2016, 202, 207 (Nr. 74) *Shoe Branding/adidas*; EuGH GRUR 2013, 922, 924 (Nr. 36) *Specsavers-Gruppe/Asda*.
749 Zustimmend Sosnitza, § 8 Rn. 70.
750 Vgl. BGH GRUR 2018, 79, 82 (Nr. 28) *OXFORD/Oxford Club*; GRUR 2013, 1239, 1241 (Nr. 29) *VOLKSWAGEN/Volks.Inspektion*.
751 St. Rspr.; vgl. etwa EuGH GRUR 1998, 387, 390 (Nr. 24) *Sabèl/Puma*; GRUR 1998, 922, 923 (Nr. 18) *Canon*; GRUR Int. 1999, 734, 736 (Nr. 20) *Lloyd*; GRUR Int 2000, 899, 901 (Nr. 39–41) *Marca/Adidas*; EuG GRUR Int. 2005, 586, 588 (Nr. 56) *Hai*; GRUR Int. 2004, 138, 140 (Nr. 42) *Starix*; BGH GRUR 1996, 198, 199 *Springende Raubkatze*; GRUR 2004, 779, 781 *Zwilling/Zweibrüder*; BPatG GRUR 2000, 807, 808 *LIOR/DIOR*; s. auch – sehr instruktiv! – SchweizBG GRUR Int. 1998, 69, 70 f *Kamillosan*.
752 BPatG GRUR 2005, 777, 778 *NATALLA/nutella*.
753 BGH GRUR 2002, 167, 169, 171 *Bit/Bud*; anders aber EuG GRUR-RR 2007, 5 *BUD/ BIT* in der parallelen unionsmarkenrechtlichen Auseinandersetzung der Parteien.
754 BPatG, Beschl. v. 12.11.2007, 30 W(pat) 49/05.
755 BPatG MarkenR 2011, 129 *TEFLON/TEFLEXAN*.

Marken für einen normal aufmerksamen Durchschnittsverbraucher nicht schwer auseinanderzuhalten sind.

d) Schwache Kennzeichnungskraft

491 *Schwache Marken* schließlich sind insbesondere solche, die einen deutlichen beschreibenden Anklang aufweisen oder sonst wenig unterscheidungskräftig sind, z.B. weil die zur Markenbildung verwendeten Wörter, Bilder etc. stark verbraucht und abgegriffen sind. Insoweit schlagen sich die Wertungen des § 8 II Nr. 1 und 2 MarkenG/Art. 7 I lit. b und c UMV auch bei der Beurteilung der Verwechslungsgefahr nieder.

492 Wer sich eine Marke wählt, die gerade noch die Hürde der Schutzunfähigkeit überwunden hat, kann nicht erwarten, mit einem breiten Schutzumfang belohnt zu werden. Dieser ist vielmehr eng nach Maßgabe der *schutzbegründenden Eigenprägung* der Marke zu bemessen.[756] Insbesondere erstreckt er sich nicht auf beschreibende oder sonst schutzunfähige Angaben.[757] *Insoweit kann dann auch eine tatsächliche (auch hochgradige) Verwechselbarkeit keine Verwechslungsgefahr im Rechtssinne begründen.*

▶ Beispiele:

»AntiVirus« im Rechtssinne nicht verwechselbar mit »AntiVir« (beide für Antivirenprogramme für Computer)[758]; angegriffenes Zeichen »pure« nicht verwechselbar ähnlich mit »pjur« (beide für Massageöle)[759]; »Dent-O-Care« im Rechtssinne nicht verwechselbar mit »DentCare« (beide für Zahnputzmittel)[760]; »FITAMIN« im Rechtssinne nicht verwechselbar mit »VIT-H-MIN« (beide für Nahrungsergänzungsmittel), da sich die Übereinstimmungen auf die klangliche Identität mit der für Nahrungsergänzungsmittel beschreibenden und somit schutzunfähigen Angabe »Vitamin« beschränken[761]; »Vitaminis« nicht verwechselbar mit »Vitaminos« (beide für Zuckerwaren)[762], da sich die Übereinstimmungen wiederum im Wesentlichen auf den beschreibenden Wortteil »Vitamin« beschränken und die beiderseitigen Abwandlungen »-is« und »-os« zwar nicht völlig unähnlich, aber wegen der deutlich verschiedenen Vokale im Gesamteindruck der Zeichenwörter hinreichend verschieden sind; »Panero« und »Panerie« (beide für Brot) nicht verwechselbar, da sie sich

---

756 St. Rspr., z.B. BGH GRUR 2017, 914, 915 (Nr. 19) *Medicon-Apotheke/MediCo Apotheke*; GRUR 2014, 382, 384 (Nr. 26) *REAL-Chips*; GRUR 2013, 833, 835 f. (Nr. 34) *Culinaria/Villa Culinaria*; GRUR 2013, 631, 636 (Nr. 59) *AMARULA/Marulablu*; GRUR 2012, 1040, 1043 (Nr. 29, 39) *pjur/pure*; GRUR 2011, 826, 827 (Nr. 13–16, 29) *Enzymax/Enzymix*; GRUR 2010, 729, 731 (Nr. 27) *MIXI*.

757 Vgl. z.B. BGH GRUR 2003, 963, 965 *AntiVir/AntiVirus*; BPatG GRUR 2000, 433, 434 *Netto 62*; GRUR 2002, 68, 69 *COMFORT HOTEL*; OLG München GRUR 2006, 686, 687 f. (Ziff. 3) *Österreich.de/österreich.de*.

758 BGH GRUR 2003, 963, 964 f. *AntiVir/AntiVirus*.

759 BGH GRUR 2012, 1040, 1043 (Nr. 38 ff.) *pjur/pure*.

760 BPatG, Beschl. v. 23.01.2001, 24 W(pat) 202/99.

761 BPatG, Beschl. v. 04.04.2006, 24 W(pat) 113/04.

762 BPatG, Beschl. v. 08.08.2007, 32 W(pat) 63/06.

nur in dem beschreibenden (italienischen, aber auch für deutsche Verkehrskreise verständlichen) Wortteil »pane« treffen[763]; »AMARULA« als Abwandlung der für Liköre beschreibenden Angabe »Marula« (afrikanische Baumart, deren Früchte bei der Zubereitung von Likör Verwendung finden können) nicht verwechselbar mit »MARULABLU«[764]; »K.FeeFee« nicht verwechselbar mit »K-fee« (beide für Kaffee)[765]; »GESUNDHEIT PLUS« nicht verwechselbar mit »Das gesunde Plus«[766]; »veggie« und »vegit« im Hinblick auf Lebensmittel nicht verwechselbar ähnlich[767]; und ebenso »INJEX« im Rechtssinne nicht verwechselbar ähnlich zu »INJEKT« (beide für medizinische Spritzen)[768].

Anders liegt es dagegen, wenn die Vergleichszeichen über ihren beschreibenden oder **493**
sonst schutzunfähigen Kern hinaus auch in den schutzbegründenden Abwandlungen (s. dazu Rdn. 157) hinreichende Ähnlichkeit aufweisen.

▶ Beispiele:

»HEITEC« und »HAITEC« im Schriftbild verwechselbar ähnlich, da gerade auch die jeweilige (schriftbildliche) Abwandlung der beschreibenden Angabe »High Tech« ähnlich war[769]; »Enzymax« und »Enzymix« verwechselbar ähnlich, da die für die Klagemarke »Enzymax« charakteristische doppelte Zuordnung des Konsonanten »m« zu »Enzym« und zu »-(m)ax« sich auch im angegriffenen Zeichen »Enzymix« findet.[770]

Die schwächste Kennzeichnungskraft kommt naturgemäß Marken zu, bei denen **494**
es sich im maßgeblichen Kollisionszeitpunkt[771] um beschreibende oder sonst nicht unterscheidungskräftige Angaben handelt. In solchen Fällen kann der Marke wegen des Bindungsgrundsatzes (Rdn. 415) zwar nicht jeder Schutz abgesprochen werden,[772] unter Umständen muss jedoch der Schutzbereich auf ein Minimum, im Extremfall also auf identische Kollisionszeichen, beschränkt werden, so dass schon geringe Abwandlungen oder Hinzufügungen beim angegriffenen Zeichen aus dem Schutzumfang der Marke herausführen und eine Verwechslungsgefahr verneint werden muss.

---

763 BPatG, Beschl. v. 25.03.2010, 25 W(pat) 46/09.
764 BGH GRUR 2013, 631, 637 (Nr. 66) *AMARULA/Marulablu.*
765 BPatG, Beschl. v. 15.09.2011, 25 W(pat) 509/10.
766 OLG Köln GRUR-RR 2012, 71 *Das gesunde Plus.*
767 BPatG, Beschl. v. 26.04.2018, 25 W(pat) 550/17.
768 BPatG MarkenR 2019, 225, 228 ff. *Injekt/Injex* (mit lesenswerter Zusammenfassung der Probleme!).
769 BGH GRUR 2008, 803, 804 f. (Nr. 22–24) *HEITEC.*
770 BGH GRUR 2011, 826, 827 f. (Nr. 29) *Enzymax/Enzymix.*
771 Auf welchen Zeitpunkt es insoweit ankommt, kann hier nicht erörtert werden, s. näher Ströbele/Hacker/Thiering, § 9 Rn. 219–224.
772 Vgl. BGH GRUR 2016, 382, 386 (Nr. 38 a.E.) *BioGourmet.*

▶ Beispiel:

Die Wortmarke

THERMARIUM

stellt für türkische Bäder und Saunen eine im Verkehr etablierte beschreibende Angabe im Sinne von »Warmluftbad« dar. Ihr Schutzumfang ist daher so eng bemessen worden, dass eine Verwechslungsgefahr mit der jüngeren Marke

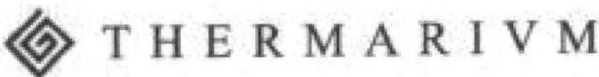

verneint werden musste.[773]

495 Demgegenüber hat es der EuGH für das Unionsmarkenrecht für nicht zulässig angesehen, einem mit einer älteren Marke identischen Element einer jüngeren Marke eine ausschließlich beschreibende Wirkung beizumessen; hierdurch würde die Gültigkeit der älteren Marke in Frage gestellt, was dem Nichtigkeits- (Löschungs-) Verfahren vorbehalten sei.[774] Eingetragenen Marken müsse ein gewisser Grad an Unterscheidungskraft zuerkannt werden.[775] Dem ist schon deswegen nicht zu folgen, weil die Eintragung, solange sie besteht, nur etwas über die Schutzfähigkeit im Zeitpunkt der Anmeldung aussagt; zum maßgeblichen Kollisionszeitpunkt können die Verhältnisse ganz anders liegen.[776]

496 Mitunter kommt es vor, dass in großem Umfang benutzte und daher stark kennzeichnungskräftige Marken einen schutzunfähigen Kern aufweisen; insoweit können bei ein und derselben Marke hohe und schwache Kennzeichnungskraft gleichzeitig vorliegen. Die starke Marke ist dann wie eine Nuss mit harter Schale, die sich aber beim Öffnen, d.h. im Kollisionsfall, als hohl erweist. Macht das angegriffene Konkurrenzzeichen nur von dem schutzunfähigen Kern Gebrauch, muss eine zur Verwechslungsgefahr führende Zeichenähnlichkeit trotz aller Kennzeichnungskraft verneint werden.

---

773 BPatG, Beschl. v. 31.03.2009, 24 W(pat) 79/07.

774 EuGH GRUR 2012, 825, 827 f. (Nr. 43 ff.) *F1-Live*; bestätigt durch EuGH MarkenR 2013, 439, 443 (Nr. 34) *medi GmbH.*

775 EuGH GRUR 2012, 825, 827 (Nr. 47) *F1-Live*; bestätigt durch EuGH MarkenR 2016, 592, 598 (Nr. 67) *BSH/EUIPO.*

776 Zutr. daher OLG Düsseldorf GRUR-RR 2015, 531, 532 (Nr. 23) *Shiva Auge.*

▶ Beispiel:

Die Marke

Kinder

ist in ihrer farbigen Ausgestaltung (schwarzes »k«, »-inder« in Rotschrift) im Wege der Verkehrsdurchsetzung für »Schokolade« eingetragen worden, stark benutzt und deshalb im Verkehr weithin bekannt.[777] Trotzdem kommt ihr die für »Zuckerwaren, Back- und Konditorwaren, Kaugummis« eingetragene jüngere Wort-Marke

Kinder Kram

nicht verwechselbar nahe, da diese Marke von der besonderen Graphik der älteren Marke keinen Gebrauch macht und sich die Übereinstimmung (wiederum) auf den schutzunfähigen Kern, nämlich das gleichermaßen für Schokolade wie für Zuckerwaren usw. beschreibende bloße Wort »Kinder« (Bestimmungsangabe im Sinne von § 8 II Nr. 2 MarkenG!) beschränkt.[778]

7. Zeichenvergleich und Grad der Zeichenähnlichkeit

a) Allgemeine Grundsätze

Der dritte für die Beurteilung der Verwechslungsgefahr maßgebliche Parameter ist der   **497** Grad der Ähnlichkeit der zum Vergleich stehenden Zeichen. Insoweit soll nach der Rechtsprechung des BGH – wie bei der Ermittlung des Grades der Waren/DL-Ähnlichkeit (s. Rdn. 478) – in fünf Kategorien zu unterscheiden sein zwischen sehr hoher (weit überdurchschnittlicher), hoher (überdurchschnittlicher), normaler (durchschnittlicher), geringer (unterdurchschnittlicher) und sehr geringer (weit unterdurchschnittlicher) Zeichenähnlichkeit.[779] Auch gegen diese Einteilung spricht freilich, dass es eine »normale (durchschnittliche)« Zeichenähnlichkeit mangels Maßstabs logisch nicht geben kann. Insoweit kann es sich wiederum allenfalls um eine Wertungsgröße handeln.

Maßgeblich für die Ermittlung des Ähnlichkeitsgrades ist der *Gesamteindruck*, den die   **498** Vergleichszeichen dem angesprochenen Verkehr, im Regelfall also dem normal informierten und angemessen aufmerksamen und verständigen Durchschnittsverbraucher, vermitteln.[780] Eine künstlich zergliedernde, analysierende Betrachtungsweise ist zu

---

777 Vgl. BGH GRUR 2009, 954 *Kinder III.*
778 BGH GRUR 2007, 1071 *Kinder II*; vgl. auch BGH GRUR 2007, 1066 *Kinderzeit.*
779 BGH GRUR 2013, 833, 838 (Nr. 55) *Culinaria/Villa Culinaria*; GRUR 2015, 1004, 1008 (Nr. 49) *IPS/ISP.*
780 St.Rspr., z.B. EuGH GRUR Int. 2004, 843, 845 (Nr. 29) *MATRATZEN*; EuGH GRUR 2007, 700, 701 (Nr. 35) *HABM/Shaker*; EuGH GRUR Int. 2010, 129, 132 (Nr. 60)

vermeiden.[781] Das Verbot der analysierenden Betrachtungsweise entbindet jedoch nicht von einer detaillierten Untersuchung der Vergleichszeichen. Es will nur daran erinnern, dass auch eine größere Anzahl von Übereinstimmungen im Einzelnen nicht notwendig zu einem übereinstimmenden Gesamteindruck führt, wenngleich dies vielfach der Fall sein wird.

499 Nach der in Deutschland seit vielen Jahrzehnten allgemein anerkannten Praxis ist der Gesamteindruck *getrennt* in *klanglicher, bildlicher* (bei reinen Wortmarken: *schriftbildlicher*) und *begrifflicher* Hinsicht zu beurteilen, *wobei hinreichende Ähnlichkeiten schon in einer Wahrnehmungsrichtung im allgemeinen genügen, um eine Verwechslungsgefahr begründen zu können.*[782] Dementsprechend unterscheidet man zwischen klanglicher, (schrift)bildlicher und begrifflicher Zeichenähnlichkeit.

Carbonell/La Espanola; EuGH GRUR 2010, 1098, 1099 (Nr. 45) *Calvin Klein/HABM*; GRUR 2013, 922, 924 (Nr. 35) *Specsavers-Gruppe/Asda*; GRUR 2016, 80, 82 (Nr. 35) *BGW/Scholz*; GRUR 2017, 1132, 1134 (Nr. 41) *Ornua/T&S (Kerrygold)*; BGH GRUR 2019, 173, 175 (Nr. 17) *combit/Commit*; GRUR 2016, 1300, 1305 (Nr. 59) *Kinderstube*; GRUR 2016, 382, 386 (Nr. 37) *BioGourmet*; GRUR 2015, 1004, 1006 (Nr. 23) *IPS/ISP*; GRUR 2014, 382, 383 (Nr. 14) *REAL-Chips*; GRUR 2013, 833, 835 (Nr. 30) *Culinaria/Villa Culinaria*; GRUR 2012, 1040, 1042 (Nr. 25) *pjur/pure*; GRUR 2012, 930, 932 (Nr. 22) *Bogner B/Barbie B*; GRUR 2012, 64 (Nr. 9) *Maalox/Melox-GRY*; GRUR 2011, 826 (Nr. 11) *Enzymax/Enzymix*.

781 Vgl. EuGH GRUR 1998, 387, 390 (Nr. 23) *Sabèl/Puma*; EuGH GRUR Int. 1999, 734, 736 (Nr. 25) *Lloyd*; GRUR Int. 2004, 843, 845 (Nr. 29) *MATRATZEN*; EuG GRUR Int. 2005, 140, 142 (Nr. 40) *CHUFAFIT*; GRUR Int. 2004, 138, 141 (Nr. 58) *Starix*; BGH GRUR 1996, 200, 201 *Innovadiclophlont*; GRUR 1998, 927, 929 *COMPO-SANA*; GRUR 1998, 932, 933 *MEISTERBRAND*; GRUR 1999, 735, 736 *MONOFLAM/POLYFLAM*; GRUR 2000, 608, 610 *ARD-1*; GRUR 2001, 1161, 1163 *CompuNet/ComNet*; GRUR 2004, 240, 241 *MIDAS/medAS*; GRUR 2004, 779, 782 *Zwilling/Zweibrüder*; GRUR 2004, 783, 784 *NEURO-VIBOLEX/NEURO-FIBRAFLEX*; GRUR 2008, 803, 805 (Nr. 23) *HEITEC*.

782 S. aus der älteren Rspr. etwa BGH GRUR 1959, 182, 185 *Quick*; GRUR 1979, 853, 854 *LILA*; GRUR 1990, 367, 368 *alpi/Alba Moda*; GRUR 1992, 110, 112 *dipa/dib*; GRUR 1992, 550, 551 *ac-pharma*; zum geltenden Recht EuGH GRUR 1998, 387, 390 (Nr. 23) *Sabèl/Puma*; GRUR Int 1999, 734, 736 (Nr. 27) *Lloyd*; BGH GRUR 1999, 241, 243 *Lions*; GRUR 1999, 733, 735 *LION DRIVER*; GRUR 1999, 990, 991 *Schlüssel*; GRUR 2003, 1044, 1046 *Kelly*; GRUR 2004, 779, 782 *Zwilling/Zweibrüder*; GRUR 2004, 783, 784 *NEURO-VIBOLEX/NEURO-FIBRAFLEX*; GRUR 2005, 326, 327 *il Padrone/Il Portone*; GRUR 2006, 60, 62 (Nr. 17) *coccodrillo*; GRUR 2006, 859, 860 (Nr. 17) *Malteserkreuz*; GRUR 2008, 714, 717 (Nr. 37) *idw*; GRUR 2008, 803, 804 (Nr. 21) *HEITEC*; GRUR 2008, 903, 904 (Nr. 17) *SIERRA ANTIGUO*; GRUR 2009, 1055, 1056 (Nr. 26) *airdsl*; GRUR 2010, 235 (Nr. 18) *AIDA/AIDU*; GRUR 2011, 824, 825 (Nr. 26) *Kappa*; GRUR 2011, 826, 827 (Nr. 21) *Enzymax/Enzymix*; GRUR 2014, 382, 384 (Nr. 25) *REAL-Chips*; GRUR 2015, 1004, 1006 (Nr. 22) *IPS/ISP*; GRUR 2016, 197, 200 (Nr. 37) *Bounty*; GRUR 2016, 283, 285 (Nr. 13) *BSA/DSA DEUTSCHE SPORTMANAGEMENTAKADEMIE*; GRUR 2016, 382, 386 (Nr. 37) *BioGourmet*; GRUR 2016, 1300, 1305 (Nr. 59) *Kinderstube*; GRUR 2017, 914, 916 (Nr. 27) *Medicon-Apotheke/MediCo Apotheke*.

Bei der Masse der Alltagsfälle steht die Begründung einer Verwechslungsgefahr infolge   **500**
klanglicher Zeichenähnlichkeit ganz im Vordergrund.[783] Sofern Wortzeichen zu vergleichen sind, geht die klangliche Zeichenähnlichkeit oft (wenn auch nicht immer)
mit einer schriftbildlichen Zeichenähnlichkeit einher. Dagegen kommt die isolierte
schriftbildliche Zeichenähnlichkeit verhältnismäßig selten vor. Noch seltener sind die
Fälle, in denen eine Verwechslungsgefahr allein aufgrund begrifflicher Ähnlichkeit der
Vergleichszeichen bejaht worden ist.

Der Ansatz der *europäischen Gerichte* geht demgegenüber in eine andere Richtung.   **501**
Zwar hat der EuGH mehrfach ausgesprochen, dass eine Ähnlichkeit der Zeichen in
einer der genannten Richtungen, insbesondere auch in klanglicher Hinsicht, ausreichen kann, um eine Verwechslungsgefahr zu begründen.[784] Davon geht auch das
EuG aus.[785] Ob allein z.B. die klangliche Zeichenähnlichkeit ausreicht, ist aber eine
Frage des Einzelfalls, keine generelle Regel.[786] Insoweit soll es maßgeblich auf die von
den Vergleichsmarken erfassten Waren/DL und deren Vertriebsmodalitäten ankommen.[787] Werden demnach die Vergleichsmarken vom angesprochenen Verkehr nicht
nur phonetisch, sondern vor allem auch visuell wahrgenommen, soll allein die klangliche Ähnlichkeit nicht ausreichen.

Hinzu kommt, dass nach ständiger Rechtsprechung des EuG die klanglichen, (schrift)
bildlichen und begrifflichen Aspekte der Zeichenähnlichkeit zusammen zu sehen sind
und sich infolgedessen gegenseitig *neutralisieren* können.[788] So soll es z.B. möglich
sein, dass eine hochgradige klangliche Zeichenähnlichkeit durch eine nur geringe
Ähnlichkeit oder gar Unähnlichkeit im bildlichen Eindruck neutralisiert wird mit der
Folge, dass die Zeichenähnlichkeit *insgesamt* als nur gering einzustufen ist, was dann
in der Gesamtabwägung mit den übrigen Parametern dazu führen kann, dass eine

---

783 Ströbele/Hacker/Thiering, § 9 Rn. 272.
784 EuGH GRUR Int. 1999, 734, 736 (Nr. 27) *Lloyd*; EuGH GRUR 2006, 413, 414 (Nr. 21)
     ZIRH/SIR; GRUR 2008, 343, 344 (Nr. 35) *Il Ponte Finanziaria Spa/HABM*; vgl. auch
     EuGH GRUR 2015, 794, 796 (Nr. 23) *Loutfi/Meatproducts ua*; GRUR 2016, 1166, 1167
     (Nr. 33) *combit Software/Commit Business Solutions*; GRUR 2017, 1132, 1133 (Nr. 36)
     Ornua/T&S (Kerrygold).
785 Vgl. EuG GRUR Int. 2007, 842, 844 (Nr. 51) *COR*; EuG GRUR Int. 2009, 157, 159
     (Nr. 43) *FVB*.
786 EuGH GRUR 2006, 413, 414 (Nr. 22) *ZIRH/SIR*; GRUR 2008, 343, 344 (Nr. 35) *Il
     Ponte Finanziaria Spa/HABM*.
787 Vgl. EuGH MarkenR 2016, 202, 206 (Nr. 41) *Shoe Branding/adidas*; EuGH GRUR 2007,
     700, 701 (Nr. 36) *HABM/Shaker*.
788 Vgl. etwa EuG MarkenR 2004, 162, 166 (Nr. 49) *ZIRH/SIR*; EuG GRUR Int. 2005, 586,
     589 (Nr. 64) *Hai*; GRUR Int. 2005, 938, 939 (Nr. 62) *Turkish Power*; GRUR Int. 2005,
     928, 931 (Nr. 66) *CM*; GRUR Int. 2006, 236, 238 (Nr. 54) *KINJI by SPA*; GRUR Int.
     2007, 137, 141 (Nr. 61) *VITACOAT*; GRUR Int. 2007, 593, 596 (Nr. 53) *RESPICUR*;
     EuG, Urt. v. 23.11.2010, T-35/08 (Nr. 60) *ARTESA/ARTESO*.

Verwechslungsgefahr zu verneinen ist.[789] Der EuGH hat diese Praxis explizit gebilligt.[790]

502   Diese Sichtweise dürfte damit zusammenhängen, dass es das Unionsmarkensystem mittlerweile mit nicht weniger als 24 offiziellen Sprachen zu tun hat. Mit der Zunahme der Sprachenvielfalt wird es immer häufiger vorkommen, dass kollidierende Wortzeichen gleich oder ähnlich klingen, obwohl sie ganz verschieden geschrieben werden und auch ganz unterschiedliche Bedeutungen haben.[791] Unter diesen Voraussetzungen mag es nicht von vornherein falsch sein, die Zahl der Kollisionen durch die beschriebene Gesamtschau zu verringern. Für den Bereich der nationalen, wenn auch in den rechtlichen Grundlagen harmonisierten Markenrechte passen solche Erwägungen jedoch nicht. Hier würde die mit der Neutralisierungsthese zweifellos verbundene Reduktion der Verwechslungsgefahr infolge klanglicher Zeichenähnlichkeit, die – wie gesagt – das Gros der Alltagsfälle ausmacht, zu einer massiven Einschränkung des Markenschutzes führen. Jedenfalls auf nationaler Ebene ist dies weder aus praktischen Gründen geboten noch rechtspolitisch wünschenswert.[792] Für den nationalen Bereich ist daher daran festzuhalten, dass die klangliche, (schrift)bildliche und begriffliche Zeichenähnlichkeit je für sich ausreichen können, im Zusammenwirken mit den übrigen Verwechslungsparametern eine relevante Verwechslungsgefahr zu begründen.[793]

b) Arten der Zeichenähnlichkeit

aa) Klangliche Zeichenähnlichkeit

503   Die Beurteilung der klanglichen Zeichenähnlichkeit hat von einer detaillierten Untersuchung der phonetischen Struktur der Vergleichszeichen auszugehen. Maßgebliche Anhaltspunkte liefern insoweit
- die Anzahl der Silben
- die Silbengliederung
- die klangtragende Vokalfolge
- die Konsonantenfolge
- die Klangverwandtschaft einzelner Laute (z.B. a/o, d/t, b/w usw.)
- die Betonung, die freilich gerade bei Phantasiewörtern variabel sein kann

---

789 Vgl. EuG MarkenR 2004, 162, 166 (Nr. 49) *ZIRH/SIR*; GRUR Int. 2006, 236, 238 (Nr. 54) *KINJI by SPA*; s. auch EuG GRUR Int. 2004, 1020, 1022 (Nr. 68) *M+M*; GRUR Int. 2005, 597, 598 (Nr. 36) *CALPICO*; GRUR Int. 2004, 1024, 1025 (Nr. 33) *Galáxia*; GRUR Int. 2005, 489, 493 (Nr. 68) *HOOLIGAN*.

790 EuGH GRUR 2006, 413, 415 (Nr. 35 f.) *ZIRH/SIR*; GRUR 2006, 237, 238 (Nr. 20) *PICASSO*; GRUR 2008, 343, 344 (Nr. 32, 34) *Il Ponte Finanziaria Spa/HABM*.

791 Vgl. EuGH GRUR 2004, 234, 235 (Nr. 25) *Gerolsteiner/Putsch*.

792 Ebenso Steinbeck WRP 2015, 404, 408 (Nr. 31).

793 Wie hier Büscher in Büscher/Dittmer/Schiwy, MarkenG § 14 Rn. 377; zustimmend auch Sosnitza, § 8 Rn. 55; für Rezeption der Neutralisierungslehre dagegen Ingerl/Rohnke, § 14 Rn. 851 ff.; Fezer GRUR 2013, 209, 218.

– die fremdsprachige Wiedergabe fremdsprachiger oder doch fremdsprachig anmutender Wörter.

Der phonetische Befund wird ergänzt durch eine Reihe von Erfahrungssätzen, z.b. **504** dass
– Wortanfänge im allgemeinen stärker beachtet werden als Wortenden oder Zwischensilben;
– bei kurzen Wörtern klangliche Abweichungen stärker auffallen als bei längeren Wortgebilden.

Nach diesen Grundsätzen sind z.b. als klanglich verwechselbar ähnlich angesehen **505** worden

Il Portone/il Padrone[794]; NEURO-VIBOLEX/NEURO-FIBRAFLEX[795]; Enzymax/Enzymix[796]; Chrisma/CHARISMA[797]; EVIAN/Revean[798]; HIPAC/HYDAC[799]; CEFINI/Cerrini[800]; YA NET/Jannet[801]; Sinuspecton/SINUFORTON[802]; Insulpor/Insulbar[803]; SUITI/SITI[804]; GENIO/GENO[805]; Mi amor/Milamor[806]; DOSHA/TOSCA[807]; Linatura/RINATURA[808]; KORTS/KORD[809]; Chocino/Chococino[810]; NEPACENIL/Nebacetin[811]; MEDICWELL/medivelle[812]; ODDSET/OFF SET[813]; WALAND/Vaillant[814]; Papolino/Pampolina[815]; cellnex/Xellex[816]; Felonex/LEPO-

---

794 BGH GRUR 2005, 326, 327 *il Padrone/Il Portone*.
795 BGH GRUR 2004, 783, 785 *NEURO-VIBOLEX/NEURO-FIBRAFLEX*.
796 BGH GRUR 2011, 826, 827 (Nr. 25 f.) *Enzymax/Enzymix*.
797 BPatG GRUR 2007, 154, 155 *Chrisma/Charisma*.
798 BPatG MarkenR 2006, 460, 463 *EVIAN/REVEAN*.
799 BPatG, Beschl. v. 12.03.2007, 30 W(pat) 165/04.
800 BPatG, Beschl. v. 12.10.2005, 32 W(pat) 208/03.
801 BPatG, Beschl. v. 18.10.2006, 33 W(pat) 237/04.
802 BPatG, Beschl. v. 28.03.2007, 25 W(pat) 62/05.
803 BPatG, Beschl. v. 27.03.2007, 24 W(pat) 195/04.
804 BPatG, Beschl. v. 07.12.2005, 32 W(pat) 197/03.
805 BPatG, Beschl. v. 07.03.2006, 24 W(pat) 266/04.
806 BPatG, Beschl. v. 10.05.2006, 32 W(pat) 88/04.
807 BPatG, Beschl. v. 07.11.2006, 24 W(pat) 203/04.
808 BPatG, Beschl. v. 31.05.2006, 32 W(pat) 130/04.
809 BPatG, Beschl. v. 27.03.2007, 33 W(pat) 250/04.
810 BPatG, Beschl. v. 13.12.2006, 32 W(pat) 100/05.
811 BPatG, Beschl. v. 26.03.2007, 30 W(pat) 227/04.
812 BPatG, Beschl. v. 21.02.2007, 32 W(pat) 25/05.
813 BPatG, Beschl. v. 13.12.2006, 32 W(pat) 376/02.
814 BPatG, Beschl. v. 19.04.2007, 25 W(pat) 73/05.
815 BPatG, Beschl. v. 03.07.2007, 27 W(pat) 20/07.
816 BPatG, Beschl. v. 11.02.2008, 30 W(pat) 79/05.

NEX[817]; Bellavé/BELLAWA[818]; Serringer/ZÄHRINGER[819]; MARK/MARS[820]; PROFITEXX/PROFITEC[821]; METAX/Meta[822]; CONPARTIS/Compertis[823]; Xarita/Xaprila[824]; Tysonor/THYMONOR[825]; Formodapp/FORMOTOP[826]; TAZZA D'ORO/PIAZZA D'ORO[827]; BONA/Dona[828]; SCANTAX/ANTAX[829]; AMAMIS/EMANIS[830]; ROSHEN/ROCHER[831]; Wafer Breax/HAVE A BREAK[832]; JIAMO/Tiamo[833]; Rivamed/RIAMET[834]; VebiTox/Vermitox[835]; IPS/ISP[836]; PEPEE/ TEE PEE[837]; wendestein/Wellensteyn[838]; Meilenstein/Wellensteyn[839]; Cosima/ KOSMICA[840]; Bella Vida/Bella la Vita[841]; Angry Band/ANGRY BIRDS[842]; Tasco/ Tabasco[843]; Silsta/skillstaff[844]; Wellcotec/Wellcomet[845]; Jooby/OBI[846]; Pilaten/PENA-TEN[847]; combit/Commit[848].

---

817 BPatG, Beschl. v. 13.03.2008, 25 W(pat) 122/06.
818 BPatG, Beschl. v. 29.04.2008, 24 W(pat) 64/06.
819 BPatG, Beschl. v. 18.06.2008, 26 W(pat) 120/06.
820 BPatG, Beschl. v. 30.07.2008, 29 W(pat) 12/06.
821 BPatG, Beschl. v. 23.06.2009, 33 W(pat) 116/07.
822 BPatG, Beschl. v. 28.07.2009, 33 W(pat) 129/07.
823 BPatG, Beschl. v. 29.09.2009, 33 W(pat) 11/08.
824 BPatG, Beschl. v. 02.03.2010, 25 W(pat) 116/09.
825 BPatG, Beschl. v. 30.03.2010, 25 W(pat) 104/09.
826 BPatG, Beschl. v. 30.09.2010, 25 W(pat) 503/10.
827 BPatG, Beschl. v. 17.02.2011, 25 W(pat) 199/09.
828 BPatG, Beschl. v. 09.02.2012, 25 W(pat) 45/10.
829 BPatG, Beschl. v. 07.03.2012, 29 W(pat) 184/10.
830 BPatG, Beschl. v. 16.10.2012, 33 W(pat) 546/11.
831 BPatG, Beschl. v. 24.10.2012, 25 W(pat) 532/11.
832 OLG Köln WRP 2014, 970, 973 (Nr. 26) *HAVE A BREAK*.
833 BPatG, Beschl. v. 08.08.2013, 25 W(pat) 35/12.
834 BPatG, Beschl. v. 11.04.2013, 25 W(pat) 64/12.
835 BPatG, Beschl. v. 23.01.2014, 30 W(pat) 1/13.
836 BGH GRUR 2015, 1004, 1007 (Nr. 41 ff.) *IPS/ISP*.
837 BPatG, Beschl. v. 04.05.2016, 29 W(pat) 32/14.
838 BPatG, Beschl. v. 28.07.2016, 26 W(pat) 563/12.
839 BPatG, Beschl. v. 18.09.2018, 27 W(pat) 58/16.
840 BPatG, Beschl. v. 05.10.2017, 30 W(pat) 23/15.
841 OLG Frankfurt WRP 2018, 1508 *Bella Vida*.
842 BPatG, Beschl. v. 09.08.2018, 27 W(pat) 79/14.
843 BPatG, Beschl. v. 22.03.2018, 25 W(pat) 17/17.
844 BPatG, Beschl. v. 01.02.2018, 30 W(pat) 522/15.
845 BPatG, Beschl. v. 11.10.2018, 30 W(pat) 518/16.
846 BPatG, Beschl. v. 08.11.2018, 30 W(pat) 502/17.
847 BPatG, Beschl. v. 05.12.2018, 27 W(pat) 15/17.
848 BGH GRUR 2019, 173, 175 (Nr. 21) *combit/Commit*.

Nicht hinreichend ähnlich waren dagegen

MITP/MIT[849]; OSSIVERTIL/Ossofortin[850]; KES/EKS[851]; MiDRAX/MIDAS[852]; Laletta/Lolita[853]; Bellinés/Belminis[854]; caffetto/CAFFIATO[855]; Profil/PREFILL[856]; apada/opodo[857]; VITASIA/VINOTASIA[858]; CEFA/MEPHA[859]; Maltinos/MALTE-SERS[860]; Francini/GRANINI[861]; ALLERNIL/ALLERGODIL[862]; Liwell/LIDL[863]; XOCAO/SCHO-KAO[864]; E.L.Z.A./ELKA[865]; KIKA/KIT KAT[866]; MOMO/MEMO[867]; Vivendi/VIVANDA[868]; Anson's/Asos[869]; Talo/tilo[870]; Fürstino/FAUS-TINO[871]; WollTerra/BonTerra[872]; Multisana/MULTI-SANOSTOL[873]; Yaa/YO[874]; mabanol/MANNOL[875]; Livlux/LEOLUX[876]; KIEFFER/KAEFER[877]; xFORCE/FOUR X[878].

bb) (Schrift)bildliche Zeichenähnlichkeit

Die Verwechslungsgefahr aufgrund (schrift)bildlicher Zeichenähnlichkeit tritt meist **506** zusammen mit einer schon für sich ausreichenden klanglichen Ähnlichkeit auf, so dass es einer eingehenderen Untersuchung oft nicht bedarf. Immerhin kommen aber

---

849 BPatG, Beschl. v. 10.05.2006, 32 W(pat) 97/04.
850 BPatG, Beschl. v. 12.02.2007, 30 W(pat) 63/05.
851 BPatG, Beschl. v. 31.05.2006, 32 W(pat) 128/04.
852 BPatG, Beschl. v. 10.01.2007, 29 W(pat) 272/03.
853 BPatG, Beschl. v. 26.03.2007, 30 W(pat) 41/05.
854 BPatG, Beschl. v. 18.10.2006, 32 W(pat) 19/04.
855 BPatG, Beschl. v. 25.10.2006, 32 W(pat) 205/04.
856 BPatG, Beschl. v. 22.08.2006, 24 W(pat) 69/05.
857 BPatG, Beschl. v. 16.05.2007, 26 W(pat) 55/05.
858 BPatG, Beschl. v. 11.07.2007, 26 W(pat) 20/05.
859 BPatG, Beschl. v. 18.12.2007, 25 W(pat) 159/05.
860 BPatG, Beschl. v. 03.12.2009, 25 W(pat) 98/09.
861 BPatG, Beschl. v. 21.07.2010, 26 W(pat) 161/09.
862 BPatG, Beschl. v. 04.11.2010, 25 W(pat) 27/10.
863 BPatG, Beschl. v. 17.11.2010, 29 W(pat) 100/10.
864 BPatG, Beschl. v. 18.11.2010, 25 W(pat) 502/10.
865 BPatG, Beschl. v. 12.07.2011, 25 W(pat) 510/10.
866 BPatG, Beschl. v. 15.11.2011, 26 W(pat) 140/09.
867 BPatG, Beschl. v. 14.12.2011, 26 W(pat) 577/10.
868 BPatG, Beschl. v. 14.11.2012, 26 W(pat) 503/11.
869 OLG Hamburg WRP 2015, 477, 485 (Nr. 83–84) *Anson's/ASOS*.
870 BPatG, Beschl. v. 30.07.2013, 25 W(pat) 104/12.
871 BPatG, Beschl. v. 12.12.2012, 26 W(pat) 38/12.
872 BPatG, Beschl. v. 09.10.2014, 25 W(pat) 16/13.
873 BPatG, Beschl. v. 27.11.2014, 30 W(pat) 550/13.
874 BPatG, Beschl. v. 16.07.2014, 26 W(pat) 523/13.
875 BPatG, Beschl. v. 23.06.2015, 29 W(pat) 121/12.
876 BPatG, Beschl. v. 31.10.2016, 26 W(pat) 504/14.
877 BPatG, Beschl. v. 04.12.2017, 25 W(pat) 2/17.
878 BPatG, Beschl. v. 18.07.2018, 29 W(pat) 501/17.

Fälle einer isolierten (schrift)bildlichen Zeichenähnlichkeit doch gelegentlich vor. So sind etwa die Zeichen

TAMING

und

TAMINO

(beide für »Mittel zur Körper- und Schönheitspflege«) bei einer klanglichen Wiedergabe nur sehr gering ähnlich (Übereinstimmung in der Lautfolge »TAMI-«, aber deutliche, nicht zu überhörende Abweichungen in der Silbenzahl und in der klangtragenden Vokalfolge »-A-I-« gegenüber »-A-I-O-«). Schriftbildlich liegt dagegen eine hochgradige Ähnlichkeit vor, da sich die Zeichen nur im letzten Buchstaben unterscheiden und »G« und »O« zudem recht ähnlich aussehen.[879]

Auch bei den jeweils für Spirituosen bestimmten Zeichen

Arktik

und

Arktika

ist die schriftbildliche Ähnlichkeit höher eingestuft worden als die klangliche.[880]

Ebenso lag es zwischen

Tengo

und

Tango

(beide für Möbel).[881]

507   Eine wesentlich größere Bedeutung kommt dem Gesichtspunkt der bildlichen Zeichenähnlichkeit naturgemäß zu, wenn sich die Vergleichszeichen in erster Linie an die visuelle Wahrnehmung richten, also bei Bildmarken, bei dreidimensionalen Marken und bei Farbmarken. So wollte der Bundesgerichtshof eine Verwechslungsgefahr zwischen der nachfolgend abgebildeten dreidimensionalen Marke

---

879 BPatG, Beschl. v. 14.02.1995, 24 W(pat) 90/94.
880 BPatG, Beschl. v. 26.04.2006, 32 W(pat) 174/04.
881 BPatG, Beschl. v. 09.12.2009, 26 W(pat) 39/09.

und dem angegriffenen Konkurrenzprodukt

in visueller Hinsicht nicht ohne weiteres verneinen, obwohl die für eine mündliche Benennung vorwiegend in Betracht kommenden Wortbestandteile »Lindt GOLD-HASE« und »RIEGELEIN CONFISERIE« völlig verschieden waren.[882]

In vergleichbarer Weise wurde zwischen den oben bei Rdn. 443 abgebildeten Wort-Bild-Zeichen »THE HOME DEPOT« und »THE HOME STORE« eine enge optische Ähnlichkeit und Verwechslungsgefahr angenommen.[883]

Bloße Ähnlichkeiten in einem Grundmotiv reichen aber nicht aus.[884] Daher wurde eine zur Verwechslungsgefahr führende Ähnlichkeit zwischen   **508**

---

882 BGH GRUR 2007, 235, 237 *Goldhase*; s. aber nachfolgend OLG Frankfurt GRUR-RR 2008, 191 *Goldhase II* (Verwechslungsgefahr verneint), jedoch wiederum aufgehoben durch BGH GRUR 2011, 148 *Goldhase II*, nachfolgend OLG Frankfurt GRUR-RR 2012, 255 *Goldhase III* (Verwechslungsgefahr abermals verneint).
883 BGH GRUR 2008, 254, 257 (Nr. 37) *THE HOME STORE*.
884 Ströbele/Hacker/Thiering, § 9 Rn. 318.

verneint[885] (s. aber unten Rdn. 554);

ebenfalls als nicht ähnlich wurden eingestuft[886]

cc) Begriffliche Zeichenähnlichkeit

509 Noch seltener sind die Fälle, in denen allein wegen einer Übereinstimmung im Sinngehalt eine Verwechslungsgefahr bejaht worden ist. Voraussetzung hierfür ist nämlich, dass der Begriffsinhalt der Vergleichszeichen vollständig oder doch im Wesentlichen übereinstimmt. Entferntere Begriffsähnlichkeiten oder –anklänge reichen dagegen nicht aus.

510 Als begrifflich verwechselbar ähnlich sind etwa angesehen worden:[887]

---

885 BPatG, Beschl. v. 10.12.2009, 30 W(pat) 77/09.
886 BPatG, Beschl. v. 06.12.2016, 27 W(pat) 67/16.
887 BGH GRUR 1999, 990 *Schlüssel.*

und

Aber gilt das auch in folgendem Fall: Die Klägerin ist Inhaberin der für Zuckerwaren   **511**
eingetragenen Wortmarken

Goldbären und Goldbär

Es handelt sich um bekannte Marken, unter denen sogenannte »Gummibärchen«
vertrieben werden. Die Beklagte befasst sich mit der Herstellung und dem Vertrieb
von Schokoladenwaren. Zu ihrem Sortiment gehört seit langem der bei Rdn. 507
abgebildete Schokoladenhase, der in Goldfolie eingewickelt ist (»Lindt Goldhase«).
Neben dem »Goldhasen« bietet sie jetzt auch eine ebenfalls in Goldfolie eingewickelte
Schokoladenfigur in Form eines sitzenden Bären an, die so aussieht:

Die Klägerin sieht darin eine Verletzung ihrer Wortmarken »Goldbären« bzw. »Goldbär«.

Zentrale Frage war, ob die Vergleichszeichen eine begriffliche Ähnlichkeit aufweisen.
Das LG hatte die Frage noch bejaht.[888] Das Berufungsgericht hat sie verneint[889] und
ist darin vom BGH bestätigt worden.[890] Eine bildliche Darstellung oder eine dreidimensionale Gestaltung kann nur dann Ähnlichkeit mit einem Wortzeichen aufweisen,
wenn das Wort die naheliegende, ungezwungene und erschöpfende Bezeichnung der
Darstellung bzw. Gestaltung darstellt.[891] Dass der Verkehr den Schokoladenbären der

---

888 LG Köln GRUR-RR 2013, 102 *Goldbären*.
889 OLG Köln MarkenR 2014, 215 *Goldbär (Haribo/Lindt)*.
890 BGH GRUR 2015, 1214 *Goldbären*.
891 BGH GRUR 2015, 1214, 1218 (Nr. 35) *Goldbären*.

Beklagten in Anlehnung an den »Goldhasen« als »Goldbären« benennt, schien dem BGH nicht naheliegend.[892] Und dass der angegriffene Schokoladenbär eine Anlehnung an die unter der Marke »Goldbären« vertriebenen »Gummibärchen« aufwies, musste beim *Zeichen*vergleich außer Betracht bleiben.[893]

c) Ähnlichkeit bei kombinierten Zeichen

512   Recht häufig tritt der Fall auf, dass zwei Zeichen zu vergleichen sind, von denen eines oder auch beide aus mehreren Bestandteilen zusammengesetzt sind (z.B. Wort- und Bildbestandteile, mehrere Wortbestandteile; sog. kombinierte Zeichen), jedoch eine zur Verwechslungsgefahr führende Ähnlichkeit nur im Hinblick auf einen der Bestandteile in Frage kommt.

▶ **Beispiele:**

»Sali Toft/SALMI«[894]; »LE RUN/falke-run«[895]; »TOGAL-SELTZER/ALKA-SELTZER«[896]; »Fischer ISOTHERM/Bisotherm-Stein«[897]; »P3-drano/DRANO«[898]; »Blendax Pep/PEP«[899].

513   Wie solche Konstellationen zu lösen sind, ist Gegenstand einer umfangreichen Judikatur, deren Richtung immer wieder gewechselt hat, und einer nicht weniger uneinheitlichen Auseinandersetzung im markenrechtlichen Schrifttum. Der derzeitige Stand kann im Wesentlichen wie folgt zusammengefasst werden:

aa) Einteiliges Zeichen, Kombinationszeichen oder Mehrfachkennzeichnung?

514   Bevor man in die leider ziemlich komplizierte Prüfung der Ähnlichkeit und Verwechslungsgefahr bei kombinierten Zeichen eintritt, muss vorab geklärt werden, ob es sich bei dem betreffenden Zeichen wirklich um ein kombiniertes Zeichen handelt.

515   Das erfordert zunächst eine Abgrenzung zu den einteiligen Zeichen, insbesondere Einwortmarken. Nun läge es an sich nahe, diese Abgrenzung nach äußerlich-formalen Kriterien vorzunehmen, also ein zusammengeschriebenes Zeichen grundsätzlich als nicht-kombiniertes, einteiliges Zeichen zu behandeln. Nach der Rechtsprechung des BGH kann aber auch ein formal einteiliges Zeichen als Kombinationszeichen zu behandeln sein, dies allerdings nur, wenn der Verkehr aufgrund besonderer Umstände

---

892   BGH GRUR 2015, 1214, 1219 (Nr. 42) *Goldbären.*
893   BGH GRUR 2015, 1214, 1219 (Nr. 44) *Goldbären.*
894   Vgl. BGH GRUR 1996, 775 *Sali Toft.*
895   Vgl. BGH GRUR 1996, 774 *falke-run/LE RUN.*
896   Vgl. BGH GRUR 1998, 942 *ALKA-SELTZER.*
897   Vgl. BGH GRUR 1998, 925 *Bisotherm-Stein.*
898   Vgl. BGH GRUR 1996, 977 *DRANO/P3-drano.*
899   Vgl. BGH GRUR 1996, 404 *Blendax Pep.*

Anlass hat, in einem formal einheitlichen Wort eine Kombination mehrerer Zeichenbestandteile zu sehen.[900]

Das wurde z.b. für das Wortzeichen

Pantohexal

(für Arzneimittel) bejaht, weil der Verkehr trotz der Zusammenschreibung die ihm bekannte Firmenbezeichnung »-hexal« erkennt, kombiniert mit der Produktkennzeichnung »Panto-«[901], dagegen für das Wortzeichen

KOHLERMIXI

(für Küchengeräte) verneint, da »KOHLER-« keine im Verkehr bekannte Herstellerkennzeichnung war.[902]

Auf der anderen Seite muss, was das angegriffene Zeichen angeht, geklärt werden, ob **516**
es sich wirklich um ein kombiniertes Gesamtzeichen oder nicht vielmehr um zwei (oder auch mehrere) selbständige Zeichen, also um eine Mehrfachkennzeichnung handelt. Soweit nämlich letzteres der Fall ist, erübrigt sich eine Diskussion der Kombinationszeichenproblematik. Es ist dann jedes Zeichen gesondert angreifbar (vgl. oben Rdn. 443).

Allerdings kommt eine solche »Aufspaltung« in mehrere selbständige Kennzeichnungen von vornherein nicht in Betracht, wenn es sich bei dem betreffenden Zeichen um eine registrierte Marke handelt. Denn die Registermarke ist durch ihre Eintragung unabänderlich als einheitliches Gesamtzeichen festgelegt.

Insoweit kann dann aber auch bei dem angegriffenen Zeichen nur mit Zurückhaltung angenommen werden, es handle sich gar nicht um ein Kombinationszeichen, sondern um eine Zusammenstellung selbständiger und daher je für sich angreifbarer Zeichen. Es ist nämlich nicht selten so, dass auch das angegriffene Zeichen durch einen (prioritätsjüngeren) Registereintrag geschützt ist (s. oben Rdn. 445), womit dann wieder der Grundsatz der Unteilbarkeit des Zeichens gilt. Es wäre nun sehr bedenklich, die Frage »Mehrfachkennzeichnung oder kombiniertes Gesamtzeichen?« in Abhängigkeit von dem eigentlich zufälligen Umstand zu beantworten, ob das angegriffene mehrteilige Zeichen lediglich tatsächlich benutzt ist (dann Aufspaltung in mehrere selbständige Kennzeichen möglich) oder ob ein registerrechtlicher Schutz besteht (dann kombiniertes Gesamtzeichen).[903] Im Zweifel sollte daher davon ausgegangen werden, dass es sich bei den verschiedenen Elementen einer Gesamtbezeichnung um ein kombiniertes Gesamtzeichen handelt.

---

900 BGH GRUR 2010, 729, 732 (Nr. 34) *MIXI*; GRUR 2008, 905, 907 (Nr. 26) *Pantohexal*;
     vgl. auch BGH GRUR 2013, 1239, 1242 (Nr. 35) *VOLKSWAGEN/Volks.Inspektion*.
901 BGH GRUR 2008, 905, 907 f. (Nr. 26, 38) *Pantohexal*.
902 BGH GRUR 2010, 729, 732 (Nr. 35) *MIXI*.
903 S. Ströbele/Hacker/Thiering, § 14 Rn. 322.

bb) Die Prägetheorie des Bundesgerichtshofes

(1) Grundsatz

517 Nach der ständigen Rechtsprechung des Bundesgerichtshofes[904] kann in solchen Fällen eine Zeichenähnlichkeit nur bejaht werden, wenn der übereinstimmend-ähnliche Bestandteil den maßgeblichen Gesamteindruck des betreffenden Zeichens derart *prägt*, dass die übrigen Bestandteile für den Gesamteindruck *vernachlässigt* werden können (sog. Prägetheorie).[905] Ob eine solche Prägung des Gesamteindrucks durch einen Bestandteil vorliegt, ist grundsätzlich vorab für jedes der Vergleichszeichen gesondert, mithin unabhängig von dem jeweils anderen Zeichen zu ermitteln. Ergibt sich, dass jedenfalls eines der Zeichen nicht allein durch den für eine Verwechslungsgefahr in Betracht kommenden Bestandteil geprägt wird, scheidet eine Verwechslungsgefahr insgesamt aus.

518 ▶ Beispiel:

Zum Vergleich standen die Bezeichnungen

TOGAL-SELTZER

(angegriffenes Zeichen)

und

ALKA-SELTZER

(Klagemarke).

Hier wird jedenfalls der Gesamteindruck von »ALKA-SELTZER« nicht allein durch »SELTZER«, sondern gleichermaßen durch »ALKA« geprägt. Da die Vergleichszeichen aber nur in dem Bestandteil »SELTZER« übereinstimmten, musste eine Verwechslungsgefahr verneint werden.[906]

(2) Was prägt?

519 Bei der somit vorrangigen (und oft schon entscheidenden) Frage »Was prägt?« sind viele Umstände zu berücksichtigen. Dies können *tatsächliche Umstände* sein, z.B. die größenmäßige Ausgestaltung der Bestandteile[907], oder die besondere Präsentation und Hervorhebung eines Zeichenbestandteils in der Werbung.[908] Häufig spielen aber auch *rechtliche Erwägungen* in die Beurteilung hinein. Insbesondere ist davon auszugehen,

---

904 Seit dem grundlegenden Urteil BGH GRUR 1976, 353 *COLORBOY.*

905 Vgl. BGH GRUR 2016, 283, 285 (Nr. 13) *BSA/DSA DEUTSCHE SPORTMANAGE-MENTAKADEMIE*; zahlreiche weitere Nachweise bei Ströbele/Hacker/Thiering, § 9 Rn. 387.

906 BGH GRUR 1998, 942, 943 *ALKA-SELTZER.*

907 Lehrreich insoweit etwa BPatG GRUR 2003, 530, 533 *Waldschlößchen*; s. auch BGH GRUR 2016, 283, 285 (Nr. 17) *BSA/DSA DEUTSCHE SPORTMANAGEMENTAKADEMIE.*

908 BGH GRUR 2009, 766, 770 (Nr. 37) *Stofffähnchen.*

dass der Gesamteindruck eines Zeichens nicht allein durch schutzunfähige Bestandteile, z.B. durch *beschreibende Angaben* geprägt sein kann (arg. § 8 II MarkenG). Das gilt – aus Rechtsgründen – auch dann, wenn – was gar nicht so selten vorkommt – gerade der schutzunfähige Bestandteil in der Marke besonders herausgestellt ist. Im Ergebnis führt dies dazu, dass *eine Verwechslungsgefahr niemals allein mit Übereinstimmungen in schutzunfähigen Bestandteilen begründet werden kann.* Vielmehr ist Schutzunfähiges – auch im Rahmen von Zeichenkombinationen – von jedermann frei benutzbar[909] (s. zum gleichen Rechtsgedanken oben Rdn. 491 ff.).

▶ **Beispiel:**   520

Der Inhaber der u.a. für Reisedienstleistungen geschützten Wort-Bild-Marke

wollte es der Beklagten untersagen lassen, die Bezeichnung »URLAUB DIREKT« in der Werbung für – ebenfalls – Reisedienstleistungen zu verwenden. Die Klage hatte keinen Erfolg, weil die Wortfolge »URLAUB DIREKT« im Zusammenhang mit Reisedienstleistungen jeder betrieblich-individualisierenden Unterscheidungskraft entbehrt (§ 8 II Nr. 1 MarkenG), so dass eine Prägung der Klagemarke durch diesen – für eine Verwechslungsgefahr allein in Betracht kommenden – Wortbestandteil zu verneinen war.[910]

Der aufgezeigte Gedankengang gilt jedoch nicht für den umgekehrten Fall, dass durch   521 die prägende Herausstellung eines schutzunfähigen Bestandteils in dem *angegriffenen Zeichen* bzw. in einer jüngeren Marke eine Ähnlichkeit zu einer *normal kennzeichnungskräftigen* älteren Marke hervorgerufen wird.

▶ **Beispiel:**

Aus der – normal kennzeichnungskräftigen – Wortmarke

PRINECT

(für spezielle EDV-Programme für die Druckindustrie) wird gegen die Bezeichnung

---

909 BGH GRUR 2016, 382, 386 (Nr. 37) *BioGourmet*; GRUR 2016, 283, 285 (Nr. 18) *BSA/ DSA DEUTSCHE SPORTMANAGEMENTAKADEMIE*; GRUR 2013, 68, 71 (Nr. 43) *Castell/VIN CASTEL*; GRUR 2007, 1071, 1073 (Nr. 36) *Kinder II*; GRUR 2007, 1066, 1069 (Nr. 41) *Kinderzeit*; GRUR 2004, 778, 779 *URLAUB DIREKT*; GRUR 2003, 1040, 1043 *Kinder*; GRUR 2003, 792, 793 *Festspielhaus II*; GRUR 1998, 927, 928 *COMPO-SANA*; OLG Düsseldorf GRUR-RR 2003, 342, 343 *Clever Reisen*; OLG Köln GRUR-RR 2005, 16, 17 *Kreuzfahrten*; EuG GRUR Int 2005, 940, 942 (Nr. 44) *Biker Miles*; verfehlt dagegen EuG GRUR Int. 2005, 943, 944 (Nr. 40) *SELENIUM-ACE*.
910 BGH GRUR 2004, 778, 779 *URLAUB DIREKT*.

vorgegangen. Der Bestandteil »printnet« ist (für derartige Programme) beschreibend. Gleichwohl wurde eine Verwechslungsgefahr bejaht, weil der Grundsatz, dass schutzunfähige Bestandteile nicht prägen können, nur für die ältere (Klage-) Marke passe, nicht aber für das angegriffene Zeichen in seinem Verhältnis zu einer normal kennzeichnungskräftigen älteren Marke.[911]

522 Nicht ausgeschlossen ist es allerdings, dass Übereinstimmungen in schutzunfähigen Bestandteilen eine schon anderweit gegebene Zeichenähnlichkeit *verstärken* und so eine Verwechslungsgefahr begünstigen.

▶ Beispiel:

»NEURO-FIBRAFLEX« verwechselbar mit »NEURO-VIBOLEX« (beide für Arzneimittel).[912] Die Übereinstimmung in dem für Arzneimittel beschreibenden Bestandteil »NEURO« könnte zwar für sich eine Verwechslungsgefahr nicht begründen, sie kann aber im Gesamtklangbild die vorhandenen Ähnlichkeiten verstärken.

(3) Prägung des phonetischen und des visuellen Gesamteindrucks

523 Die Antwort auf die Frage »Was prägt?« wird des Weiteren davon beeinflusst, in welcher Wahrnehmungsrichtung der Gesamteindruck eines Zeichens bestimmt werden soll, ob in klanglicher, in bildlicher oder in begrifflicher Hinsicht (s. dazu oben Rdn. 499). So wird bei den praktisch häufig vorkommenden, aus Wort und Bild zusammengesetzten Marken der *klangliche Gesamteindruck* in der Regel durch den *Wortbestandteil* bestimmt, weil er sich dem angesprochenen Verkehr zur mündlichen Benennung des Zeichens besonders anbietet[913] (Ausnahme: wenn der Wortbestandteil

---

911 BPatG GRUR 2010, 441, 444 f. *pn printnet/PRINECT* (Rechtsbeschwerde zugelassen und eingelegt, aber zurückgenommen); ebenso BPatG GRUR 2012, 527, 528 *SOFT LINE/ SOFTLAN* (Rechtsbeschwerde zugelassen, aber nicht eingelegt) und jetzt auch BGH GRUR 2016, 283, 285 f. (Nr. 18) *BSA/DSA DEUTSCHE SPORTMANAGEMENT-AKADEMIE* (allerdings beschränkt auf den Fall, dass in dem jüngeren Zeichen keine weiteren unterscheidungskräftigen Bestandteile vorhanden sind); a.A. Ingerl/Rohnke, § 14 Rn. 1084.

912 BGH GRUR 2004, 783 *NEURO-VIBOLEX/NEURO-FIBRAFLEX*.

913 Vgl. z.B. BGH GRUR 2015, 1114, 1116 (Nr. 25) *Springender Pudel*; GRUR 2014, 378, 380 (Nr. 30) *OTTO CAP*; GRUR 2010, 828, 832 (Nr. 46) *DiSC*; GRUR 2009, 1055, 1057 (Nr. 28) *airdsl*; GRUR 2009, 484, 487 (Nr. 33) *Metrobus*; GRUR 2008, 903, 905 (Nr. 25) *SIERRA ANTIGUO*; GRUR 2006, 859, 862 *Malteserkreuz*; GRUR 2006, 60, 62

als solcher schutzunfähig ist[914]; s. aber Rdn. 521). Anders gesagt: *Allein abweichende Bildbestandteile führen bei hinreichender klanglicher Ähnlichkeit der Wortbestandteile im allgemeinen nicht aus dem Schutzbereich einer Marke heraus.* Nicht zuletzt dieser Zusammenhang ist es, der zu der oben Rdn. 500 angesprochenen Dominanz der klanglichen Zeichenähnlichkeit und Verwechslungsgefahr führt.

Bei der Beurteilung des *optischen Gesamteindrucks* kann es aber ganz anders liegen. Es   **524** liegt auf der Hand, dass insoweit den *Bild-, Form- und Farbelementen* der Vergleichszeichen besonderes Gewicht zukommt. So ist es – wie der oben Rdn. 507 erwähnte »Goldhasen«-Fall zeigt – keineswegs ausgeschlossen, dass für sich gesehen ohne weiteres kennzeichnungskräftige Wortbestandteile in visueller Hinsicht gegenüber den Bild-, Form- und Farbelementen zurücktreten.[915]

(4) Einfluss der Klagemarke auf den Gesamteindruck des angegriffenen Zeichens

Von dem oben Rdn. 517 angesprochenen Grundsatz, dass der Gesamteindruck der   **525** Vergleichszeichen je für sich vorab zu ermitteln ist, macht die jüngere Rechtsprechung eine wichtige Ausnahme: Hat die schutzbeanspruchende Marke durch hinreichende Benutzung im Markt eine Steigerung ihrer Kennzeichnungskraft erfahren, so kann sich dies auch auf die Prägung eines angegriffenen Kombinationszeichens auswirken, das von der Marke in identischer oder einer sehr ähnlichen Form Gebrauch macht.[916]

▶ Beispiel: **526**

Der Inhaber der Marke »MEY« will gegen die Bezeichnung »Ella May« (für Bekleidungsstücke) vorgehen. »MEY« hat im Bereich der Damenoberbekleidung durch intensive Benutzung eine gestärkte Kennzeichnungskraft erlangt. Dies ist auch bei der Frage zu berücksichtigen, ob die Gesamtbezeichnung »Ella May« durch »May« geprägt wird. Das ist zu bejahen, weil davon auszugehen ist, dass der Verkehr das ihm bekannte Zeichen »MEY« in »Ella May« wiedererkennen wird. Da »MEY« und »May« klanglich identisch sind, ist von einer klanglichen Verwechslungsgefahr auszugehen.[917]

(Nr. 20) *coccodrillo*; GRUR 2004, 778, 779 *URLAUB DIREKT*; GRUR 2004, 775, 776 *EURO 2000*; GRUR 2003, 1040, 1043 *Kinder*; GRUR 2002, 167, 169 *Bit/Bud.*

914   BGH GRUR 2004, 778, 779 *URLAUB DIREKT*; GRUR 2004, 775, 776 *EURO 2000*; GRUR 2003, 1040, 1043 *Kinder*; OLG Hamm MarkenR 2015, 515, 519 *grillstar*; BPatG GRUR 2002, 68, 69 *COMFORT HOTEL*; lesenswert auch BPatG GRUR 2014, 998 *ENGEL APOTHEKE SEEHEIM/ENGEL APOTHEKE* zu einem Wortbestandteil, dem als Geschäftsbezeichnung nur lokale, nicht aber markenrechtliche Unterscheidungskraft zukommt.

915   Vgl. auch BGH GRUR 2006, 859, 862 *Malteserkreuz*.

916   Grdl. BGH GRUR 2003, 880, 881 *City Plus*; ferner BGH GRUR 2005, 513, 514 *MEY/ Ella May*; GRUR 2006, 60, 61 (Nr. 14) *coccodrillo*; GRUR 2006, 859, 862 *Malteserkreuz*; GRUR 2007, 888, 889 (Nr. 24) *Euro Telekom*; GRUR 2009, 484, 487 (Nr. 34) *Metrobus*; BPatG GRUR 2005, 772, 773 *Public Nation/PUBLIC*.

917   BGH GRUR 2005, 513, 514 *MEY/Ella May*.

(5) Sonderfall: Kombination von Firmen- und Produktkennzeichen

527   Im Rahmen der Prägetheorie gibt es einige Sonderfälle, für die die Rechtsprechung besondere Regeln aufgestellt hat.

528   Ein solcher praktisch besonders wichtiger Sonderfall betrifft die Situation, dass eines der Vergleichszeichen zusammengesetzt ist einerseits aus einem Firmenkennzeichen, zum anderen aus einem speziellen Produktkennzeichen.

▶ Beispiele:

»Wintergarten/ZDF-Wintergarten«[918]; »Blendax Pep/PEP«[919]; »Nitrangin Isis/ Nitrangin«[920]; »JUWEL von KLiNGEL/JUWEL«[921]; »IONOFIL/VOCO Ionofil«[922]; »MEMORY/EDUCA memory game«[923].

529   In solchen Fällen soll der Gesamteindruck des Zeichens regelmäßig durch das »eigentliche Produktkennzeichen« (in den Beispielsfällen also »Wintergarten«, »Pep«, »Nitrangin«, »Ionofil«, »memory game«) geprägt sein, wenn und soweit das hinzugefügte Firmenkennzeichen als solches im Verkehr bekannt oder aus anderen Gründen als solches erkennbar ist. Da nämlich der betreffende Hersteller in der Regel nicht nur ein Produkt anbietet, sondern eine größere Produktpalette, nimmt man an, dass sich der Verkehr bei der Individualisierung des Produkts anhand der Marke weniger an dem Bestandteil orientiert, der den Hersteller selbst namhaft macht, sondern an dem anderen, auf das Produkt bezogenen Bestandteil.[924]

Unter diesem Gesichtspunkt ist in den genannten Beispielsfällen eine Verwechslungsgefahr überwiegend bejaht worden.

530   Das soll allerdings dann nicht gelten, wenn die Marke einen Produktbereich betrifft, in dem der Verkehr gerade der Herstellerbezeichnung besonderes Gewicht zumisst. Das ist etwa angenommen worden für Bekleidungsstücke[925] und für Biere.[926]

---

918 Vgl. BGH GRUR 2001, 164 *Wintergarten*.
919 Vgl. BGH GRUR 1996, 404 *Blendax Pep*.
920 Vgl. BGH GRUR 1998, 815 *Nitrangin*.
921 Vgl. BGH GRUR 1996, 406 *JUWEL*.
922 Vgl. BGH GRUR 1997, 897 *IONOFIL*.
923 Vgl. OLG München GRUR-RR 2006, 84 *MEMORY/EDUCA memory game*.
924 Grdl. BGH GRUR 1996, 404, 405 *Blendax Pep*; s. ferner BGH GRUR 1997, 897, 898 *IONOFIL*; GRUR 1998, 815, 816 *Nitrangin*; GRUR 1998, 925, 927 *Bisotherm-Stein*; GRUR 1998, 942, 943 *ALKA-SELTZER*; GRUR 1999, 583, 585 *LORA DI RECOARO*; GRUR 1999, 995, 997 *HONKA*; GRUR 2001, 164, 166 *Wintergarten*; GRUR 2002, 342, 344 *ASTRA/ESTRA-PUREN*; GRUR 2003, 880, 882 *City Plus*; GRUR 2004, 865, 866 *Mustang*; GRUR 2012, 64, 65 (Nr. 17 ff.) *Maalox/Melox-GRY*; GRUR 2012, 635, 636 (Nr. 25) *METRO/ROLLER's Metro*.
925 Z.B. BGH GRUR 1996, 406, 407 *JUWEL*; GRUR 2004, 865, 866 *Mustang*.
926 BGH GRUR 2002, 167, 170 *Bit/Bud*; s. hierzu aber auch BPatG GRUR 2003, 530, 533 *Waldschlößchen*.

Ebenfalls anders liegt es, wenn *beide Vergleichszeichen* unterschiedliche firmenbezogene   **531**
Zusätze aufweisen.

▶ Beispiel:

Das angegriffene Zeichen

Elysia AL

(für pharmazeutische Erzeugnisse) war der älteren Marke

ELIZA HEXAL

(für orale Kontrazeptiva) trotz der ähnlichen Bestandteile »Elysia«/«ELIZA« im
Gesamteindruck nicht verwechselbar ähnlich, weil die beiderseits vorhandenen
firmenbezogenen Zusätze »AL« und »HEXAL« für einen ausreichenden Zeichen-
abstand sorgten.[927]

(6) Grad der Zeichenähnlichkeit bei Prägung

Stimmen die Vergleichszeichen nach den dargestellten Regeln in ihren (jeweils) für   **532**
den Gesamteindruck prägenden Elementen *identisch* überein, so ist im Regelfall von
einer insgesamt *hochgradigen Zeichenähnlichkeit* auszugehen.[928] Sind die prägenden
Elemente dagegen nur ähnlich, ist die Zeichenähnlichkeit insgesamt allenfalls als
durchschnittlich einzustufen.

cc) Selbständig kennzeichnende Stellung eines nicht prägenden Bestandteils

(1) Ausgangspunkt: Kritik der Prägetheorie

Die Prägetheorie des Bundesgerichtshofs hat im Schrifttum viel Kritik erfahren.   **533**
Zwar sei es richtig, dass der Inhaber einer kombinierten Marke nur unter besonderen
Voraussetzungen Schutz für einzelne Bestandteile der Marke erlangen könne. Jedoch
werde umgekehrt der Inhaber einer einteiligen Marke nur unzureichend dagegen
geschützt, dass ein Dritter die Marke im Rahmen einer Zeichenkombination ver-
wende, die Marke also quasi usurpiert werde.[929]

(2) Der »THOMSON LIFE«-Fall

Das Oberlandesgericht Düsseldorf hat – offenbar inspiriert durch diese Kritik – fol-   **534**
genden Fall dem Europäischen Gerichtshof zur Vorabentscheidung vorgelegt[930]:

Die Klägerin, Inhaberin der Marke »LIFE«, geschützt u.a. für Geräte der Unterhaltungselektronik, verlangte von der Beklagten, es zu unterlassen, ebenfalls Geräte der

---

927 BPatG GRUR 2019, 407, 414 (Nr. 99 ff.) *Elysia AL/ELIZA.*
928 Vgl. BGH GRUR 2018, 417, 420 (Nr. 35) *Resistograph.*
929 So insb. Ingerl/Rohnke, 2. Aufl., § 14 Rn. 709.
930 OLG Düsseldorf GRUR-RR 2004, 322 *THOMSON LIFE.*

Unterhaltungselektronik mit der Bezeichnung »THOMSON LIFE« zu versehen. Das Oberlandesgericht Düsseldorf meinte, nach den Grundsätzen der Prägetheorie könne die Klage keinen Erfolg haben. Da der Verkehr auf dem Gebiet der Unterhaltungselektronik den Herstellerbezeichnungen wie z.B. »THOMSON« besonderes Gewicht zumesse (vgl. Rdn. 530), werde die angegriffene Bezeichnung jedenfalls nicht allein durch den Bestandteil »LIFE« geprägt, so dass eine Verwechslungsgefahr nicht angenommen werden könne.

535 Der Europäische Gerichtshof hat in seinem Urteil vom 6. Oktober 2005 ausgeführt[931]:

>»29. Bei der Prüfung des Vorliegens von Verwechslungsgefahr bedeutet die Beurteilung der Ähnlichkeit zweier Marken nicht, dass nur ein Bestandteil einer komplexen Marke zu berücksichtigen und mit einer anderen Marke zu vergleichen wäre. Vielmehr sind die fraglichen Marken jeweils als Ganzes miteinander zu vergleichen, was nicht ausschließt, dass unter Umständen ein oder mehrere Bestandteile einer komplexen Marke für den durch die Marke im Gedächtnis der angesprochenen Verkehrskreise hervorgerufenen Gesamteindruck prägend sein könnten (...).
>
>30. Jenseits des Normalfalls, dass der Durchschnittsverbraucher eine Marke als Ganzes wahrnimmt, und ungeachtet dessen, dass der Gesamteindruck von einem oder mehreren Bestandteilen einer komplexen Marke dominiert werden kann, ist jedoch keineswegs ausgeschlossen, dass im Einzelfall eine ältere Marke, die von einem Dritten in einem zusammengesetzten Zeichen benutzt wird, das die Unternehmensbezeichnung eines Dritten enthält, eine selbständig kennzeichnende Stellung in dem zusammengesetzten Zeichen behält, ohne aber darin den dominierenden Bestandteil zu bilden.
>
>31. In einem solchen Fall kann der von dem zusammengesetzten Zeichen hervorgerufene Gesamteindruck das Publikum glauben machen, dass die fraglichen Waren oder Dienstleistungen zumindest aus wirtschaftlich miteinander verbundenen Unternehmen stammen, in welchem Fall das Vorliegen von Verwechslungsgefahr zu bejahen ist.
>
>32. Die Feststellung von Verwechslungsgefahr kann nicht von der Voraussetzung abhängig gemacht werden, dass der von dem zusammengesetzten Zeichen hervorgerufene Gesamteindruck von dem Teil des Zeichens, das die ältere Marke bildet, dominiert wird.
>
>33. Mit einer solchen Voraussetzung würde der Inhaber der älteren Marke des durch Art. 5 I der Richtlinie verliehenen ausschließlichen Rechts beraubt, obwohl diese Marke in dem zusammengesetzten Zeichen eine zwar nicht dominierende, aber selbständig kennzeichnende Stellung behielte.
>
>34. Das wäre z.B. der Fall, wenn der Inhaber einer bekannten Marke ein zusammengesetztes Zeichen benutzt, das diese Marke und eine ältere, selbst nicht bekannte Marke aneinanderreiht. Ebenso wäre das der Fall, wenn das zusammengesetzte Zeichen aus dieser älteren Marke und einem bekannten Handelsnamen bestünde. Der Gesamteindruck würde dann nämlich meistens von der bekannten Marke oder dem bekannten Handelsnamen als Bestandteil des zusammengesetzten Zeichens dominiert.
>
>35. Somit wäre entgegen der in der zehnten Begründungserwägung der Richtlinie zum Ausdruck gebrachten Absicht des Gemeinschaftsgesetzgebers der Schutz der Herkunftsfunktion der Marke nicht gewährleistet, obwohl diese Marke eine selbständig kennzeichnende Stellung in dem zusammengesetzten Zeichen behalten hat.

---

931 EuGH GRUR 2005, 1042, 1044 *THOMSON LIFE*.

36. Deshalb genügt für die Feststellung von Verwechslungsgefahr, dass das Publikum aufgrund der von der älteren Marke behaltenen selbständig kennzeichnenden Stellung auch den Inhaber dieser Marke mit der Herkunft der Waren oder Dienstleistungen in Verbindung bringt, die von dem zusammengesetzten Zeichen erfasst werden.

37. Daher ist auf die Vorlagefrage zu antworten, dass Art. 5 I lit. b der Richtlinie dahin auszulegen ist, dass bei identischen Waren oder Dienstleistungen eine Verwechslungsgefahr für das Publikum bestehen kann, wenn das streitige Zeichen durch die Aneinanderreihung der Unternehmensbezeichnung eines Dritten zum einen und einer normal kennzeichnungskräftigen eingetragenen Marke zum andern gebildet wird und letztere in dem zusammengesetzten Zeichen, ohne allein seinen Gesamteindruck zu prägen, eine selbständig kennzeichnende Stellung behält.«

(3) Verhältnis zur Prägetheorie

Obwohl die Rechtsfigur der selbständig kennzeichnenden Stellung offensichtlich **536** weniger strenge Anforderungen an die Zeichenähnlichkeit als Voraussetzung für die Annahme einer Verwechslungsgefahr stellt als die Prägetheorie, ist diese nicht obsolet geworden.[932] Davon geht auch der BGH aus.[933] Das gilt zunächst für den Fall, dass aus einer kombinierten Marke gegen ein Zeichen vorgegangen wird, das nur mit einem Bestandteil der Klagemarke Übereinstimmungen aufweist. In diesem Fall kann die Rechtsfigur der (nur) selbständig kennzeichnenden Stellung von vornherein keine Anwendung finden, weil dies auf einen unzulässigen Elementenschutz für die nur als Ganzes geschützte Klagemarke hinausliefe.[934] In dieser Konstellation ist es somit *immer* erforderlich, dass der betreffende Bestandteil die Klagemarke prägt (dominiert). Aber auch in der umgekehrten Konstellation ist zu beachten, dass es sich bei der selbständig kennzeichnenden Stellung um einen *Ausnahmefall* (»jenseits des Normalfalles«, EuGH, a.a.O. Nr. 30 – THOMSON LIFE) handelt, der an besondere Bedingungen geknüpft ist (s. Rdn. 537 ff.). Auch bei einem Vorgehen gegen ein kombiniertes Zeichen, das nur in einem Bestandteil mit der Klagemarke (oder mit einem zumindest prägenden Bestandteil der Klagemarke) übereinstimmt, sollte daher vorweg geprüft werden, ob der betreffende Bestandteil (auch) das angegriffene Zeichen bzw. die jüngere Marke prägt. Erst wenn dies nicht der Fall ist, besteht Anlass, auf die Rechtsfigur der selbständig kennzeichnenden Stellung zurückzugreifen.

---

932 Vgl. EuGH GRUR 2005, 1042, 1044 (Nr. 29) *THOMSON LIFE*; GRUR 2007, 700, 702 (Nr. 41) *HABM/Shaker*.
933 Vgl. BGH GRUR 2007, 888, 889 (Nr. 22) *Euro Telekom*; GRUR 2007, 1066, 1069 (Nr. 40) *Kinderzeit*; GRUR 2007, 1071, 1073 (Nr. 35) *Kinder II*; GRUR 2008, 258, 260 (Nr. 26) *INTERCONNECT/T-InterConnect*; GRUR 2008, 903, 904 (Nr. 18) *SIERRA ANTIGUO*; GRUR 2008, 905, 907 (Nr. 26) *Pantohexal*; GRUR 2008, 909, 910 (Nr. 27) *Pantogast*; GRUR 2008, 1002, 1004 (Nr. 33) *Schuhpark*; GRUR 2009, 484, 487 (Nr. 32) *Metrobus*; GRUR 2009, 772, 776 (Nr. 57) *Augsburger Puppenkiste*; GRUR 2009, 672, 676 (Nr. 33) *OSTSEE-POST*; GRUR 2009, 766, 769 (Nr. 34) *Stofffähnchen*; GRUR 2009, 1055, 1056 (Nr. 23) *airdsl*.
934 BGH GRUR 2008, 903, 905 (Nr. 34) *SIERRA ANTIGUO*; GRUR 2009, 1055, 1057 (Nr. 31) *airdsl*; Kochendörfer, GRUR 2010, 195, 196.

(4) Allgemeine Voraussetzungen für die Annahme einer selbständig kennzeichnenden Stellung

537 Der EuGH hat die Anwendung der Rechtsfigur der selbständig kennzeichnenden Stellung von drei allgemeinen Voraussetzungen abhängig gemacht:
- »die ältere Marke« muss eine selbständig kennzeichnende Stellung in der jüngeren Kombinationsmarke einnehmen, d.h. sie muss *identisch übernommen* worden sein[935];
- die ältere Marke muss *normal kennzeichnungskräftig* sein[936];
- die von den Vergleichszeichen erfassten *Waren/DL* müssen *identisch* sein.[937]

538 In seiner Rezeption der »THOMSON LIFE«-Doktrin hat der BGH indessen alle drei Voraussetzungen deutlich relativiert:

539 – so reicht nach ständiger Rechtsprechung die lediglich *ähnliche* Übereinstimmung des betreffenden Bestandteils des angegriffenen Zeichens mit der älteren Marke (bzw. mit deren prägendem Bestandteil) aus;[938]

▶ Beispiel:

Im Fall »Malteserkreuz«[939], einem Widerspruchsverfahren, standen sich gegenüber:

als ältere Marke

als jüngere Marke

---

935 Vgl. EuGH GRUR 2005, 1042, 1044 (Nr. 30 ff.) *THOMSON LIFE*.
936 EuGH GRUR 2005, 1042, 1044 (Nr. 37) *THOMSON LIFE*.
937 EuGH GRUR 2005, 1042, 1044 (Nr. 37) *THOMSON LIFE*.
938 BGH GRUR 2006, 859, 860 (Nr. 18) *Malteserkreuz*; GRUR 2007, 1066, 1069 (Nr. 40) *Kinderzeit*; GRUR 2007, 1071, 1073 (Nr. 35) *Kinder II*; GRUR 2008, 258, 261 (Nr. 33) *INTERCONNECT/T-InterConnect*; GRUR 2008, 903, 905 (Nr. 33) *SIERRA ANTIGUO*; GRUR 2008, 905, 908 (Nr. 37) *Pantohexal*; GRUR 2008, 909, 911 (Nr. 38) *Pantogast*; GRUR 2008, 1002, 1004 (Nr. 33) *Schuhpark*; GRUR 2009, 772, 776 (Nr. 57) *Augsburger Puppenkiste*; GRUR 2009, 672, 676 (Nr. 33) *OSTSEE-POST*; GRUR 2009, 766, 769 (Nr. 34) *Stofffähnchen*; GRUR 2010, 729, 731 (Nr. 31) *MIXI*; GRUR 2012, 64, 66 (Nr. 26) *Maalox/Melox-GRY*; GRUR 2013, 833, 837 (Nr. 45) *Culinaria/Villa Culinaria*; s. auch EuG GRUR-RR 2012, 458, 465 (Nr. 111) *Swift GTi*.
939 BGH GRUR 2006, 859 *Malteserkreuz*.

Eine selbständig kennzeichnende Stellung der Malteserkreuz-Darstellung in der jüngeren LAZARUS-Marke wurde für nahe liegend gehalten, obwohl insoweit keine Identität mit der älteren Marke vorlag;

– grundsätzlich können auch Marken mit nur schwacher Kennzeichnungskraft den Schutz gegen eine identische (oder ähnliche) Übernahme im Sinne einer selbständig kennzeichnenden Stellung im Rahmen einer jüngeren Zeichenkombination beanspruchen;[940]

▶ Beispiel[941]:

Der Klagemarke

kam (für Waren und DL aus dem EDV-Bereich) nur eine geringe Kennzeichnungskraft zu. Trotzdem wurde ihr in der angegriffenen Bezeichnung

ᴛ · ·InterConnect·

eine selbständig kennzeichnende Stellung zuerkannt;

---

940 BGH 2008, 258, 261 (Nr. 35) *INTERCONNECT/T-InterConnect*; bestätigt durch BGH GRUR 2018, 79, 83 (Nr. 37) *OXFORD/Oxford Club*; ebenso schon BGH GRUR 2006, 859, 861 (Nr. 21 a.E.) *Malteserkreuz* und auch BGH GRUR 2008, 905, 908 (Nr. 38) *Pantohexal*; vgl. auch BGH GRUR 2008, 1002 (Nr. 29 f., 36) *Schuhpark*; GRUR 2013, 833, 837 (Nr. 50) *Culinaria/Villa Culinaria*; zustimmend Kochendörfer, GRUR 2010, 195, 199.
941 Nach BGH 2008, 258 *INTERCONNECT/T-InterConnect*.

   – schließlich wird auch eine Waren/DL-Identität nicht zwingend für erforderlich gehalten.[942]

540   Ob diese Weiterungen mit den Vorgaben des EuGH in Einklang stehen, erscheint zweifelhaft und kann wohl nur durch den EuGH selbst geklärt werden, wozu ihm auch Gelegenheit gegeben werden sollte.[943]

(5) Einzelkriterien

541   Liegen die unter Rdn. 537 – 540 behandelten allgemeinen Voraussetzungen vor, darf eine Zeichenähnlichkeit unter dem Gesichtspunkt der selbständig kennzeichnenden Stellung *nicht schematisch bejaht* werden. Es bedarf vielmehr *besonderer Umstände* für eine solche Annahme.[944]

542   Für die Annahme einer selbständig kennzeichnenden Stellung spricht es zunächst, wenn der *andere Bestandteil* des jüngeren Zeichens durch das bekannte oder sonst als solches erkennbare Unternehmenskennzeichen des Angegriffenen gebildet wird.[945] Gleiches gilt, wenn es sich bei dem anderen Bestandteil um eine *bekannte Marke*[946] bzw. um den *bekannten Stammbestandteil eines Serienzeichens*[947] (s. dazu auch unten Rdn. 550 – 552) des Jüngeren handelt. Auch durch die *äußere Gestaltung* des angegriffenen Zeichens, z.B. die deutlich abgesetzte Darstellung des betreffenden Bestandteils kann dem Verkehr eine selbstständig kennzeichnende Stellung nahegebracht werden.[948]

543   Von einer selbstständig kennzeichnenden Stellung kann dagegen *nicht* ausgegangen werden, wenn der betreffende Bestandteil vollständig in das jüngere Kombinationszeichen integriert ist. So verhält es sich insbesondere, wenn die verschiedenen Bestandteile zu einer *gesamtbegrifflichen Einheit* oder zu einem *einheitlich wirkenden Phantasiezeichen* verschmolzen sind.[949] Ähnlich liegt es, wenn eine kennzeichnungsschwache

---

942   Vgl. BGH GRUR 2008, 905, 908 f. (Nr. 39–40) *Pantohexal.*

943   S. aber beiläufig EuGH GRUR 2016, 80, 82 (Nr. 40) *BGW/Scholz:* selbständig kennzeichnende Stellung auch eines kennzeichnungsschwachen Bestandteils möglich, sofern dieser besonders herausgestellt ist.

944   BGH GRUR 2013, 833, 837 (Nr. 50) *Culinaria/Villa Culinaria;* GRUR 2018, 79, 83 (Nr. 37) *OXFORD/Oxford Club;* vgl. auch EuGH GRUR 2010, 933, 934 (Nr. 38, 40) *BARBARA BECKER/BECKER.*

945   EuGH GRUR 2005, 1042, 1044 (Nr. 30, 34) *THOMSON LIFE;* BGH GRUR 2006, 859, 861 (Nr. 21) *Malteserkreuz;* GRUR 2008, 258, 261 (Nr. 33) *INTERCONNECT/T-InterConnect;* GRUR 2008, 905, 908 (Nr. 38) *Pantohexal;* GRUR 2013, 833, 837 (Nr. 51) *Culinaria/Villa Culinaria.*

946   EuGH GRUR 2005, 1042, 1044 (Nr. 34) *THOMSON LIFE.*

947   BGH GRUR 2008, 258, 261 (Nr. 33) *INTERCONNECT/T-InterConnect;* GRUR 2012, 64, 66 (Nr. 26) *Maalox/Melox-GRY.*

948   Vgl. BGH GRUR 2006, 859, 861 (Nr. 22) *Malteserkreuz;* s. auch zur Voranstellung eines Bestandteils EuG GRUR Int. 2009, 738 (Nr. 30) *SPA THERAPY* sowie EuGH GRUR 2016, 80, 82 (Nr. 40) *BGW/Scholz.*

949   Vgl. BGH GRUR 2009, 484, 491 (Nr. 80) *Metrobus.*

ältere Marke mit einem weiteren Bestandteil zu einer *Einwortmarke* zusammengefügt wird.[950]

Ebenfalls gegen die Annahme einer selbstständig kennzeichnenden Stellung spricht es, wenn die ältere Marke in der jüngeren Zeichenkombination auf einen bloß beschreibenden Sinngehalt zurückgeführt wird.

▶ Beispiel:

In der Bezeichnung »Getränke Quelle«, benutzt für einen Getränkehandel, wird kein Hinweis auf die (damals als solche bekannte) Marke »Quelle« gesehen.[951]

(6) Art der Verwechslungsgefahr

Mit der Bejahung einer selbständig kennzeichnenden Stellung ist noch nichts darüber gesagt, was für eine Art von Verwechslungsgefahr dies (im Zusammenwirken mit den anderen hierfür maßgeblichen Faktoren) gegebenenfalls zur Folge hat. Auch der EuGH hat sich insoweit nicht festgelegt.[952] Die Frage lässt sich wohl nicht einheitlich beantworten. Handelt es sich bei dem hinzugefügten Bestandteil um ein Unternehmenskennzeichen oder den bekannten Stammbestandteil einer Zeichenserie, ist eine *Verwechslungsgefahr im weiteren Sinne* als Form des gedanklichen Inverbindungbringens im Sinne von §§ 14 II S. 1 Nr. 2, 2. Halbsatz/§ 9 I Nr. 2, 2. Halbsatz MarkenG angenommen worden[953] (s dazu Rdn. 559). Das schließt aber an sich nicht aus, dass in anderen Konstellationen eine *unmittelbare Verwechslungsgefahr* im Sinne von §§ 14 II S. 1 Nr. 2, 1. Halbsatz/§ 9 I Nr. 2, 1. Halbsatz MarkenG vorliegen kann.[954] Die neuere Rechtsprechung des BGH geht allerdings durchweg von einer Verwechslungsgefahr im weiteren Sinne aus.[955]

544

8. Gesamtabwägung

Nach der Untersuchung der für die Beurteilung der Verwechslungsgefahr maßgeblichen Einzelfaktoren ist das zwischen diesen bestehende Wechselwirkungsverhältnis in einer Gesamtabwägung zum Ausgleich zu bringen. Das soll an drei Beispielen aus der Rechtsprechung demonstriert werden:

545

---

950 Vgl. BGH GRUR 2008, 909, 911 (Nr. 39) *Pantogast*; GRUR 2010, 729, 732 (Nr. 34, 35) *MIXI*.

951 Vgl. BGH GRUR 1990, 37, 39 *Quelle*; s. auch BGH GRUR 2009, 672, 676 (Nr. 36) *OSTSEE-POST*; GRUR 2018, 79, 84 (Nr. 45) *OXFORD/Oxford Club*.

952 Vgl. EuGH GRUR 2005, 1042, 1044 (Nr. 31) *THOMSON LIFE*.

953 Vgl. BGH GRUR 2008, 258, 261 (Nr. 32. ff) *INTERCONNECT/T-InterConnect*; GRUR 2008, 905, 908 (Nr. 36 ff) *Pantohexal*; GRUR 2010, 833, 835 (Nr. 20) *Malteserkreuz II*.

954 Vgl. BGH GRUR 2008, 1002, 1005 (Nr. 38) *Schuhpark*; Rohnke/Thiering GRUR 2011, 8, 18.

955 Vgl. BGH GRUR 2013, 833, 839 (Nr. 69) *Culinaria/Villa Culinaria*; GRUR 2015, 1201, 1213 (Nr. 102) *Sparkassen-Rot/Santander-Rot*; GRUR 2018, 79, 84 (Nr. 43) *OXFORD/ Oxford Club*.

546 ▶ Beispiel 1:

Im Fall »Bit/Bud«[956] ging es u.a. um die Frage, ob der Bitburger Brauerei aus der für »Bier« geschützten Wortmarke

Bit

Abwehransprüche gegen die US-amerikanische Großbrauerei Anheuser-Busch zustehen, falls diese unter der Wort-Bild-Marke

Bier in Deutschland vertreiben sollte. Es standen sich identische Waren gegenüber. Des Weiteren war von einer infolge intensiver Benutzung überdurchschnittlichen Kennzeichnungskraft der Marke »Bit« auszugehen. Was die Vergleichszeichen anging, konnten im Hinblick auf die klangliche Zeichenähnlichkeit die Bildbestandteile der »American Bud«-Marke vernachlässigt werden (vgl. oben Rdn. 523). Der Wortbestandteil »American« trug als schutzunfähige beschreibende Angabe über die geographische Herkunft des Bieres (§ 8 II Nr. 2 MarkenG) ebenfalls nichts Maßgebliches zum Gesamteindruck der Marke bei (vgl. oben Rdn. 519). Es standen sich also letztlich die Bezeichnungen »Bud« und »Bit« gegenüber. Diese unterschieden sich sowohl bei einer buchstabengetreuen als auch bei englischer Aussprache von »Bud« durch den abweichenden einzigen Mittelvokal recht deutlich voneinander, wiesen aber auch Ähnlichkeiten in der Konsonantenstruktur auf. Diese Ähnlichkeiten waren nach Auffassung des BGH ausreichend, im Zusammenwirken mit den übrigen, hochgradig verwechslungsfördernden Faktoren eine Verwechslungsgefahr zu begründen.[957]

---

956 BGH GRUR 2002, 167 *Bit/Bud.*
957 BGH GRUR 2002, 167, 171 *Bit/Bud.*

▶ **Beispiel 2**[958]:   **547**

Die Klägerin war Inhaberin der für Nahrungsergänzungsmittel eingetragenen und benutzten Wortmarke »Enzymax«; die Beklagte bot unter der Bezeichnung »Enzymix« ebenfalls Nahrungsergänzungsmittel an. Somit bestand Warenidentität. Die Kennzeichnungskraft der Klagemarke hat der BGH als unterdurchschnittlich (schwach) eingestuft, da die Marke den Inhaltsstoff der Waren (Enzyme) beschreibt und die Endung »-(m)ax« als ebenfalls warenbeschreibender Hinweis auf »Maximum« verstanden werden könne. Die klangliche Zeichenähnlichkeit wurde als hoch angesehen, da sich die Zeichen in nur einem Vokal an eher untergeordneter Stelle unterschieden. Die Gesamtabwägung von Warenidentität, schwacher Kennzeichnungskraft und hoher Zeichenähnlichkeit führte zur Bejahung der Verwechslungsgefahr.

▶ **Beispiel 3**[959]:   **548**

Die Klägerin, ein Pharmaunternehmen, brachte seit langer Zeit unter der Marke »Ichthyol« Arzneimittel auf den Markt, nämlich Analgetika, Antirheumatika, Balneotherapeutika, Dermatologika, Gynäkologika und Urologika. Die Beklagte, ebenfalls ein Pharmaunternehmen, bringt unter der Bezeichnung »ETHYOL« ein Arzneimittel auf den Markt, das die hohen körperlichen Belastungen durch krebsbekämpfende Chemo- und Strahlentherapien lindern soll. Hier war nach der Auffassung des BGH[960] wegen der unterschiedlichen Indikationsgebiete der zum Vergleich stehenden Arzneimittel von einer nur verhältnismäßig geringen Warenähnlichkeit auszugehen. Die Kennzeichnungskraft der Klagemarke »Ichthyol« wurde als durchschnittlich eingestuft. Die Zeichen »Ichthyol« und »ETHYOL« wiesen eine zwar nicht unerhebliche, aber auch nicht sehr ausgeprägte Ähnlichkeit auf. Bei dieser Sachlage hat der BGH keinen Rechtsfehler des Berufungsgerichts gesehen, das in der Gesamtabwägung eine Verwechslungsgefahr verneint hatte.

Dieser Fall zeigt im Übrigen noch einmal, dass das Vorliegen eines gewissen Maßes von Warenähnlichkeit und eines gewissen Maßes an Zeichenähnlichkeit nicht schematisch und zwingend zur Annahme einer Verwechslungsgefahr führt (s. dazu oben Rdn. 467).

9. Verwechslungsgefahr durch gedankliches Inverbindungbringen

§ 14 II S. 1 Nr. 2 MarkenG/Art. 9 II lit. b UMV (§ 9 I Nr. 2 MarkenG/Art. 8 I lit. **549**
b UMV) schützen den Markeninhaber gegen die Gefahr von Verwechslungen »einschließlich der Gefahr, dass das Zeichen mit der Marke gedanklich in Verbindung gebracht wird« (jeweils 2. Halbsatz der genannten Vorschriften). Wie der Europäische

---

958 BGH GRUR 2011, 826 *Enzymax/Enzymix.*
959 Vgl. BGH GRUR 2006, 937 *Ichthyol II.*
960 Gegen die freilich ganz erhebliche Bedenken bestehen, was aber hier nicht vertieft werden soll.

Gerichtshof mehrfach klargestellt hat, wird der Markenschutz insoweit nicht auf jegliche wie auch immer geartete Assoziation ausgedehnt, die ein angegriffenes Zeichen im Hinblick auf die Marke auslösen kann. Vielmehr handelt es sich bei der Gefahr des gedanklichen Inverbindungbringens um einen Unterfall der Verwechslungsgefahr, also der herkunftsmäßigen Fehlzuordnung.[961] Angesprochen sind damit vor allem die Fälle, die in der früheren deutschen Rechtsprechung unter den Begriffen der mittelbaren Verwechslungsgefahr und der Verwechslungsgefahr im weiteren Sinne behandelt worden sind.[962]

a) Mittelbare Verwechslungsgefahr

550   Unter dem Gesichtspunkt der mittelbaren Verwechslungsgefahr sollen Fälle erfasst werden, in denen der Verkehr zwar die Vergleichszeichen als solche ohne besondere Schwierigkeiten auseinanderhalten kann, aber aufgrund von bestimmten charakteristischen Gemeinsamkeiten dennoch davon ausgeht, die mit dem angegriffenen Zeichen gekennzeichneten Produkte seien solche des Markeninhabers. Dies ist vor allem dann zu befürchten, wenn das angegriffene Zeichen den Eindruck einer *Serienabwandlung* der Marke erweckt.

551   ▶ Beispiel[963]:

   Die Firma Grundig vertrieb unter der Marke »Boy« seit Jahrzehnten kleine, tragbare Rundfunkempfänger. Für verschiedene Typen dieser Rundfunkgeräte verwendete sie daneben Bezeichnungen wie »Concert-Boy«, »Music-Boy«, »City-Boy«, »Ocean-Boy«, »Prima-Boy« oder »Yacht-Boy«. Schickt sich nun ein Konkurrent an, unter einer Bezeichnung »ASTRO BOY« ebenfalls tragbare Radiogeräte zu vertreiben, so liegt es sehr nahe, dass der Verkehr ein so gekennzeichnetes Gerät der »Boy«-Serie von Grundig zuordnet, obwohl »ASTRO BOY« mit keiner der Bezeichnungen von Grundig unmittelbar verwechslungsfähig ist.

552   Charakteristisch ist insoweit, dass das angegriffene Zeichen von einem kennzeichnungskräftigen, herkunftshinweisenden *Zeichenstamm* des Markeninhabers (im Beispiel: »Boy«) Gebrauch macht und auch die *Art der Abwandlung* (»ASTRO«) den Eindruck erweckt, es handle sich um ein weiteres Zeichen des Markeninhabers.

553   Nach früher h.M. war es dabei nicht ausgeschlossen, dass sich schon auf der Basis einer einzigen Marke im Verkehr die Fehlvorstellung einer Markenserie bilden kann. Diese Rechtsprechung ist vom BGH aber explizit aufgegeben worden.[964] Demnach kommt eine mittelbare Verwechslungsgefahr unter dem Gesichtspunkt des Serienzeichens nur

---

961 EuGH GRUR 1998, 387, 389 (Nr. 18–21) *Sabèl/Puma*; EuGH GRUR Int. 1999, 734, 736 (Nr. 17) *Lloyd*; GRUR Int. 2000, 899, 901 (Nr. 34) *Marca/Adidas*.
962 Amtl. Begr., S. 65.
963 Nach BPatG GRUR 2002, 345 *ASTRO BOY/Boy.*
964 BGH GRUR 2013, 840, 842 (Nr. 23) *PROTI II*; bestätigt in BGH GRUR 2013, 1239, 1242 (Nr. 40) *VOLKSWAGEN/Volks.Inspektion.*

in Betracht, wenn der Markeninhaber bereits *mit einer Markenserie am Markt präsent* ist.[965] Dadurch hat diese Fallgruppe stark an Bedeutung verloren.

Mit der Gruppe der Serienzeichen ist der Tatbestand der mittelbaren Verwechslungs- **554** gefahr aber nicht erschöpft. So ist etwa auch zwischen den folgenden, jeweils für EDV-Geräte bestimmten Bildzeichen eine Verwechslungsgefahr bejaht worden[966]:

(ältere Marke)   **(jüngeres Zeichen)**

Wie man sieht, können markenrechtlich – wieder einmal entgegen dem Volksmund – auch Äpfel und Birnen verwechslungsfähig sein, freilich nur, wenn sie beide angebissen sind.

Generell jedoch ist von der Fallgruppe der mittelbaren Verwechslungsgefahr *nur* **555** *zurückhaltend* Gebrauch zu machen. Zu berücksichtigen ist zum einen, dass diese Art der Verwechslungsgefahr Überlegungen voraussetzt, die der Verkehr nicht ohne weiteres anstellt. Es kann also nur um Fälle gehen, in denen eine Herkunftsverwirrung deutlich auf der Hand liegt. So kommt insbesondere eine mittelbare Verwechslungsgefahr unter dem Gesichtspunkt der Serienzeichenbildung nur in Betracht, wenn der Zeichenstamm des Markeninhabers in identischer oder zumindest wesensgleicher Form übernommen wird. Bloße Verwechselbarkeit reicht insoweit nicht aus.[967]

---

965 So zum Unionsmarkenrecht schon EuGH GRUR 2008, 343, 346 (Nr. 64) *Il Ponte Finanziaria Spa/HABM (BAINBRIDGE)*.
966 BPatG, Beschl. v. 28.09.1999, 24 W(pat) 236/98.
967 Vgl. hierzu etwa BPatG GRUR 2006, 868, 871 *go seven*.

556 Zum anderen muss darauf geachtet werden, dass über die Rechtsfigur der mittelbaren Verwechslungsgefahr *nicht* auch *bloße Zeichenbildungsprinzipien* geschützt werden können. *Es ist daher unbedingt zu vermeiden, den konkreten Schutzgegenstand der Marke zu verlassen, auf ein davon abstrahiertes Zeichenbildungsprinzip zu rekurrieren und dieses Zeichenbildungsprinzip auch in dem angegriffenen Zeichen aufzusuchen.*[968]

557 Im übrigen ist auch im vorliegenden Zusammenhang zu beachten, dass Übereinstimmungen allein in schutzunfähigen oder kennzeichnungsschwachen Bestandteilen eine Zeichenähnlichkeit nicht begründen können. Daher ist z.B. eine mittelbare Verwechslungsgefahr zwischen den Weinmarken »Rebenstern«, »Rebenkrone« und »REBENDANK« einerseits und der ebenfalls für Weine bestimmten Bezeichnung »Rebenstolz« andererseits zu Recht verneint worden.[969] Denn der übereinstimmende Zeichenteil »Reben-« hat auf dem betreffenden Warengebiet wegen seines beschreibenden Charakters und seiner häufigen Verwendung durch zahlreiche Unternehmen keinen herkunftsindividualisierenden Gehalt.

b) Verwechslungsgefahr im weiteren Sinne

558 Mit der Verwechslungsgefahr im weiteren Sinne sollen Fälle erfasst werden, in denen zwar die Vergleichskennzeichnungen als unterschiedlich und – insoweit abweichend von der mittelbaren Verwechslungsgefahr – als solche *verschiedener Unternehmen* aufgefasst werden, jedoch gleichwohl aufgrund besonderer Umstände darauf geschlossen wird, dass zwischen diesen Unternehmen *Beziehungen geschäftlicher, wirtschaftlicher oder organisatorischer Art* bestehen. Entwickelt worden ist diese Rechtsfigur im Recht der Unternehmenskennzeichen (s. unten Rdn. 888). Im Markenrecht hat sie lange Zeit keine große Bedeutung erlangt. Das hing vor allem damit zusammen, dass die Rechtsprechung insoweit verlangt hatte, dass die betreffende *Marke* sich zu einem *bekannten Unternehmenskennzeichen* entwickelt hat.[970] Das lässt sich nur selten feststellen.

559 Einen größeren Anwendungsbereich hat die Verwechslungsgefahr im weiteren Sinne indessen durch die Rechtsfigur der selbständig kennzeichnenden Stellung gewonnen. Wie im Einzelnen bei Rdn. 536 – 543 ausgeführt, kann es zur Verwechslungsgefahr führen, wenn eine ältere Marke in identischer oder ähnlicher Form in ein jüngeres Kombinationszeichen aufgenommen wird und dort zwar nicht dessen Gesamteindruck (alleine) prägt, aber gleichwohl eine selbständig kennzeichnende Stellung einnimmt. Nach der Rechtsprechung des BGH ist insoweit von einer Verwechslungsgefahr im weiteren Sinne jedenfalls dann auszugehen, wenn es sich bei dem in dem jüngeren Zeichen hinzugefügten Bestandteil um eine Firmenmarke, ein Firmenschlagwort

968 BPatG, Beschl. v. 21.02.1995, 24 W(pat) 143/93 *Hübadent/blend-a-dent*; OLG Köln GRUR-RR 2007, 388, 389 *Ohne Dich ist alles doof*; Ingerl WRP 2004, 809, 814; Sosnitza, § 8 Rn. 83; deutlich auch BGH GRUR 2015, 1114, 1117 (Nr. 33) *Springender Pudel.*
969 BPatGE 35, 36, 39 *Rebenstolz.*
970 BGH GRUR 2004, 865, 867 *Mustang*; GRUR 2004, 598, 599 *Kleiner Feigling.*

oder sonst um einen unternehmensbezogenen Hinweis handelt, z.B. um den Stammbestandteil einer Zeichenserie des Jüngeren.[971]

IV. Sonderschutz bekannter Marken

Das klassische Konzept des Markenschutzes beschränkt sich auf einen Schutz gegen   **560**
identische Verwendung und gegen Verwechslungsgefahr im Sinne einer Herkunftsverwirrung. Dieser Schutz endet naturgemäß dort, wo wegen fehlender Ähnlichkeit
der Waren/DL, für welche die Marke Schutz genießt, mit den Waren/DL, für die
das Konkurrenzzeichen benutzt wird, eine Verwechslungsgefahr ausscheidet. Dieser
klassische Markenschutz erweist sich bei wachsender Bekanntheit der Marke als unzureichend, denn mit zunehmender Bekanntheit löst sich die Marke gewissermaßen
von den Waren/DL, für die sie ursprünglich Schutz genießt. Das *Zeichen selbst* wird,
zunehmend unabhängig von den ursprünglich geschützten Waren/DL, zu einem wert-
vollen, einer selbständigen wirtschaftlichen Verwertung zugänglichen Besitzstand.[972]
Es ist dies derselbe Vorgang, den *Stefan Zweig* – fernab juristischer Überlegungen – im
Hinblick auf den Namen der natürlichen Person zutreffend so beschrieben hat: »Im
normalen Zustande ist der Name, den ein Mensch trägt, nicht mehr als das Deckblatt
für die Zigarre: eine Erkennungsmarke ... Im Falle eines Erfolges schwillt nun dieser
Name gleichsam an. Er löst sich los von dem Menschen, der ihn trägt, und wird selbst
eine Macht, eine Kraft, ein Ding an sich, ein Handelsartikel, ein Kapital ...«.[973] In
dem Maße, wie dies geschieht, bedarf die Marke (genauer: das als Marke geschützte
Zeichen als solches) des rechtlichen Schutzes gegenüber einer ungerechtfertigten
Schmälerung oder Ausbeutung des mit ihr verbundenen wirtschaftlichen Wertes.

Folgende Beispiele mögen dies illustrieren: **561**

Der Beklagte bewirbt einen amerikanischen Whiskey, indem er auf einem Plakat zwei
in texanischem Stil gekleidete Männer auf den Kotflügeln eines Rolls-Royce-Fahr-
zeuges posieren lässt, das u.a. durch das markenrechtlich geschützte »RR«-Emblem
deutlich identifiziert wird.[974]

Oder: Der Beklagte meldet das mit der Whiskey-Marke »DIMPLE« identische Zeichen »DIMPLE« als Marke für Waren der Klasse 3 (u.a. für Putzmittel und für Kosmetika) an und möchte es für eine Herrenkosmetik-Serie benutzen.[975]

Oder: Der Beklagte bietet Hunde- und Katzenfutter unter den Bezeichnungen »MAC
Dog« und »MAC Cat« an, wodurch McDonald's sich empfindlich gestört fühlt.[976]

---

971 Vgl. BGH GRUR 2008, 258, 261 (Nr. 32. ff) *INTERCONNECT/T-InterConnect*; GRUR
     2008, 905, 908 (Nr. 36 ff) *Pantohexal*.
972 Ebenso EuG GRUR Int. 2007, 730, 732 (Nr. 35) *TDK*.
973 Stefan Zweig, Die Welt von Gestern (dtv, 32. Aufl.), S. 366 f.
974 Vgl. BGH GRUR 1983, 247 *Rolls-Royce*.
975 Vgl. BGH GRUR 1985, 550 *DIMPLE*.
976 Vgl. BGH GRUR 1999, 161 *MAC Dog*.

562   In solchen und ähnlichen Fällen konnte dem Markeninhaber unter der Geltung des WZG allenfalls auf wettbewerbsrechtlichem Wege geholfen werden, weil es an der zeichenrechtlich seinerzeit zwingend erforderlichen Gleichartigkeit der Waren fehlte. Ebenso scheitert die Annahme einer Verwechslungsgefahr im Sinne von § 14 II S. 1 Nr. 2 MarkenG/Art. 9 I S. 2 lit. b UMV an der offensichtlich fehlenden Ähnlichkeit der Vergleichswaren. Denn auch bei der gebotenen weiten Auslegung dieses Begriffs (s. oben Rdn. 473) weisen Kraftfahrzeuge und Whiskey oder Whiskey und Putz- bzw. kosmetische Mittel keine Übereinstimmungen auf, die den Verkehr, auch bei identischer Kennzeichnung, auf die Idee bringen könnten, dahinter stehe das Unternehmen ein und desselben Markeninhabers. Und auch bei Fast-food-Produkten im Verhältnis zu Hunde- und Katzenfutter hofft der Verkehr, dass eine Ähnlichkeit nur in parodistischem Sinne besteht.

563   Schon mit dem MarkenG von 1994/95 hatte sich der deutsche Gesetzgeber – in Übereinstimmung mit der UMV (Art. 9 II lit. c; Art. 8 V) – dazu entschlossen, in § 14 II Nr. 3 (ebenso in § 9 I Nr. 3) von der damals noch optionalen Vorgabe des Art. 5 II MarkenRL-1988 (bzw. Art. 4 IV lit. a MarkenRL-1988) Gebrauch zu machen und das mitunter zu enge Korsett der Warengleichartigkeit bzw. -ähnlichkeit abzulegen, sofern

   – eine bekannte Marke

   – durch ein identisches oder ähnliches Zeichen

   – in ihrer Unterscheidungskraft oder Wertschätzung ohne rechtfertigenden Grund in unlauterer Weise ausgenutzt oder beeinträchtigt wird.

In der geltenden MarkenRL-2015 ist der Bekanntheitsschutz nunmehr zwingend vorgesehen, vgl. Art. 10 II lit. c und Art. 5 III lit. a.

564   Wie unschwer zu erkennen ist, ist der Verletzungstatbestand des § 14 II S. 1 Nr. 3 MarkenG/Art. 9 II lit. c UMV weitgehend *lauterkeitsrechtlich geprägt*. Es handelt sich quasi um einen wettbewerbsrechtlichen Schutz in markenrechtlichem Gewande. Für den Markeninhaber bringt dies zwei Vorteile mit sich: Zum einen ist er der Notwendigkeit enthoben, ein konkretes Wettbewerbsverhältnis zu dem Verletzer nachweisen zu müssen, weil das MarkenG anders als § 8 III Nr. 1 i.V.m. § 2 I Nr. 3 UWG ein solches Erfordernis nicht aufstellt (s. oben Rdn. 424); zum andern steht ihm das volle markenrechtliche Sanktionspotential zu Gebote (s. dazu nachfolgend Rdn. 639 – 814), das – insbesondere im Hinblick auf die mögliche Vernichtung markenverletzender Waren – deutlich über die Rechtsfolgen eines bloßen Wettbewerbsverstoßes hinausgeht.

1. Bekanntheit der Marke

565   Mit dem Bekanntheitserfordernis macht das Gesetz deutlich, dass der besondere Schutz des § 14 II S. 1 Nr. 3 MarkenG/Art. 9 II lit. c UMV nur solchen Marken zugutekommen soll, die über die Erfüllung der allgemeinen Schutzvoraussetzungen hinaus durch erfolgreiche wirtschaftliche Anstrengungen ihres Inhabers einen wirtschaftlichen Wert erlangt haben, der – auch branchenübergreifend – einer unlauteren

Ausbeutung oder Beeinträchtigung durch Dritte zugänglich ist. Es ist dies einer der oben Rdn. 22 angesprochenen Fälle, in denen ein wirtschaftlicher Besitzstand zum Ausschließlichkeitsrecht verdichtet ist – freilich nur so lange, wie es dem Markeninhaber gelingt, die Bekanntheit der Marke im Verkehr aufrecht zu erhalten.

Vor diesem Hintergrund erklärt es sich, dass der Begriff der Bekanntheit von der Rechtsprechung nicht – jedenfalls nicht allein – in einem demoskopischen Sinne verstanden wird und sich auch keine Mindestsätze an demoskopischer Bekanntheit angeben lassen.[977] Als maßgebliche Bekanntheitsfaktoren sind vielmehr neben der Bekanntheit im demoskopischen Sinne zu berücksichtigen: der Marktanteil der Marke, die Intensität ihrer Benutzung (Umsatzstärke), die geographische Ausdehnung und die Dauer der Benutzung sowie der Umfang der Investitionen, die das Unternehmen zur Förderung der Marke getätigt hat.[978] Dazu gehört neben den Werbeaufwendungen im engeren Sinne[979] z.B. auch das Bemühen, die Marke im Wege des *Sponsorings* bekannt zu machen.[980] Von Bedeutung kann des Weiteren sein, ob und in welchem Umfang die Marke zum Gegenstand von (insbesondere branchenübergreifenden) *Lizenzverträgen* gemacht worden ist.[981] Eine Rolle kann auch spielen, welche identischen oder ähnlichen *Drittzeichen* auf dem Markt sind und auf welchen Waren/DL-Gebieten dies der Fall ist.[982]

566

Wer sich auf den Bekanntheitsschutz beruft, muss somit in der Regel spezifiziert vortragen. Bloße Behauptungen genügen nicht! Andererseits dürfen die Anforderungen aber auch nicht überspannt werden. In eindeutigen Fällen können die Tatsachen, aus denen sich die Bekanntheit der Marke ergibt, allgemein geläufig und deshalb offenkundig im Sinne von § 291 ZPO sein; es bedarf dann keiner weiteren Feststellungen bzw. Beweiserhebungen über Detailtatsachen.[983]

567

---

977 Vgl. m.w.N. BGH GRUR 2015, 1114, 1115 (Nr. 10) *Springender Pudel*; GRUR 2015, 1214, 1216 (Nr. 20) *Goldbären*; GRUR 2017, 75, 78 (Nr. 37) *Wunderbaum II*; dessen ungeachtet kann bei einer demoskopischen Bekanntheit von 79,7% von einer bekannten Marke im Rechtssinne ausgegangen werden, vgl. BGH GRUR 2015, 1136, 1137 (Nr. 15) *Staubsaugerbeutel im Internet*.

978 EuGH GRUR Int. 2000, 73, 75 Chevy; EuGH GRUR 2009, 1158, 1159 (Nr. 25) *PAGO/ Tirolmilch*; GRUR 2015, 1002, 1003 (Nr. 18) *Iron&Smith/Unilever*; BGH GRUR 2011, 1043, 1045 (Nr. 42) *TÜV II*; GRUR 2015, 1114, 1115 (Nr. 10) *Springender Pudel*; GRUR 2015, 1214, 1216 (Nr. 20) *Goldbären*; GRUR 2017, 75, 78 (Nr. 37) *Wunderbaum II*.

979 Vgl. BGH GRUR 2002, 544, 547 *BANK 24* (zu § 14 II Nr. 2).

980 Vgl. (in anderem Zusammenhang) OLG Köln WRP 1998, 1104, 1007 *BOSS*.

981 Vgl. OLG Köln WRP 1998, 1104, 1107 *BOSS*.

982 Ähnlich Fezer, § 14 Rn. 765; vgl. BGH GRUR 1991, 863, 866 *Avon*; GRUR 1966, 623, 624 *Kupferberg*.

983 BGH GRUR 2014, 378, 380 (Nr. 27 f.) *OTTO CAP*; GRUR 2015, 1114, 1115 (Nr. 10) *Springender Pudel*; GRUR 2015, 1214, 1216 (Nr. 22) *Goldbären*.

568   Die Bekanntheit muss *im Inland* vorliegen, wobei es genügt, wenn ein wesentlicher Teil dieses Gebiets abgedeckt wird.[984]

569   Handelt es sich bei der Klagemarke um eine *Unionsmarke*, verlangt Art. 9 II lit. c UMV Bekanntheit *in der Union*. Hierfür reicht es nach Auffassung des EuGH aus, wenn die Marke im gesamten Gebiet eines (auch kleineren) Mitgliedstaats (z.B. Österreich) bekannt ist.[985] Allerdings können die spezifischen Beeinträchtigungen, gegen die die bekannte Marke geschützt ist (Ausnutzung oder Beeinträchtigung der Unterscheidungskraft oder der Wertschätzung, s. Rdn. 572 – 576) jedenfalls in der Regel nur in Gebieten auftreten, in denen die Marke tatsächlich bekannt ist. Dies kann zu einer territorialen Beschränkung des Bekanntheitsschutzes führen.[986]

2. Zeichenähnlichkeit

570   Der Bekanntheitsschutz greift nur gegenüber (zumindest) ähnlichen Zeichen ein. Geklärt ist insoweit, dass diese Ähnlichkeit ebenso wie im Rahmen des § 14 II S. 1 Nr. 2 MarkenG/Art. 9 II lit. b UMV in klanglicher, (schrift)bildlicher oder begrifflicher Beziehung vorliegen kann. Im Übrigen ist der Bereich der relevanten Zeichenähnlichkeit im Sinne von § 14 II S. 1 Nr. 3 MarkenG/Art. 9 II lit. c UMV aber weiter zu fassen als bei der Beurteilung der Verwechslungsgefahr. Denn nach der Rechtsprechung des Europäischen Gerichtshofes reicht insoweit jede Ähnlichkeit aus, die dem Verkehr Anlass gibt, das Zeichen mit der Marke *gedanklich zu verknüpfen*, ohne sie jedoch – auch nicht im Sinne eines gedanklichen Inverbindungbringens nach § 14 II S. 1 Nr. 2, 2. Halbs. MarkenG/Art. 9 II lit. b, 2. Halbs. UMV – zu verwechseln.[987] Damit werden auch bloße *Zeichenassoziationen* erfasst, die die bekannte Marke *in Erinnerung rufen*,[988] sofern sie geeignet sind, die in § 14 II S. 1 Nr. 3 MarkenG/Art. 9 II lit. c UMV beschriebenen Beeinträchtigungen auszulösen.

571   Demgegenüber hat der BGH lange Zeit den Begriff der Zeichenähnlichkeit in § 14 II S. 1 Nr. 2 und Nr. 3 MarkenG/Art. 9 II lit. b und lit. c UMV gleichgesetzt[989] und

---

984 Vgl. EuGH GRUR Int. 2000, 73, 75 (Nr. 28) *Chevy*; EuGH GRUR 2009, 1158, 1159 (Nr. 29) *PAGO/Tirolmilch*.

985 EuGH GRUR 2009, 1158, 1159 (Nr. 27) *PAGO/Tirolmilch*.

986 BGH GRUR 2013, 1239, 1244 (Nr. 67) *VOLKSWAGEN/Volks.Inspektion*; OLG Frankfurt GRUR-RR 2014, 245, 247 *Beate Uhse II*; im Grundsatz so auch EuGH GRUR Int. 2015, 1129, 1131 (Nr. 28–29) *Iron & Smith/Unilever*.

987 So jetzt klar EuGH, Urt. v. 20.11.2014, C-581/13 (Nr. 72 ff.) *GOLDEN BALLS/BALLON D'OR*; EuGH GRUR-RR 2016, 147, 149 (Nr. 40–42) *El Corte Inglés/The English Cut* und früher EuGH GRUR 2004, 58, 60 (Nr. 29) *Adidas/Fitnessworld*; GRUR 2008, 503, 505 (Nr. 41) *adidas/Marca Mode u.a.*; GRUR 2009, 56, 57 (Nr. 30) *Intel Corporation/CPM United Kingdom*; GRUR 2009, 756, 759 (Nr. 36) *L'Oréal/Bellure*; EuGH MarkenR 2011, 170, 173 (Nr. 53) *TiMi KiNDERJOGHURT*.

988 EuGH GRUR 2009, 56, 59 (Nr. 60) *Intel Corporation/CPM United Kingdom*.

989 A.A. Büscher in: Büscher/Dittmer/Schiwy, MarkenG § 14 Rn. 537; wie hier dagegen Sosnitza, § 8 Rn. 91.

damit bloße Assoziationen explizit nicht ausreichen lassen.[990] In seiner jüngsten Rechtsprechung hat er jedoch eine Kurskorrektur vorgenommen und begnügt sich für den Bekanntheitsschutz mit einem geringeren Maß an Zeichenähnlichkeit als bei der Verwechslungsgefahr.[991]

3. Unlautere Beeinträchtigung

Das Gesetz nennt vier Arten des unlauteren Gebrauchmachens von einer bekannten Marke: 572

a) die Ausnutzung der Unterscheidungskraft der Marke, womit im vorliegenden Zusammenhang die besondere Kennzeichnungs- und Werbekraft gemeint ist, die der Marke kraft ihrer Bekanntheit zukommt. 573

▶ Beispiel:

Verwendung einer bekannten Schokoladen-Marke (»Mars macht mobil bei Arbeit, Sport und Spiel«) in verballhornter Form (»Mars macht mobil bei Sex-Sport und Spiel«) für Kondome.[992]

b) die Beeinträchtigung der Unterscheidungskraft der Marke (sog. Verwässerung). 574

▶ Beispiel:

Beeinträchtigung der branchenübergreifenden Alleinstellung einer Weltmarke (etwa »Coca-Cola«) durch Verwendung in branchenfernen Gebieten (z.B. für Autos).

c) die Ausnutzung der Wertschätzung der Marke. 575

Hierzu gehören vor allem die Fälle des *Imagetransfers*, bei denen der gute Ruf (z.B. ein besonderes Luxus-Image) der bekannten Marke auf das Verletzerprodukt umgeleitet werden soll. So liegt es etwa in den eingangs geschilderten Fällen »Rolls-Royce« und »DIMPLE«, soweit unter diesem Zeichen eine Herrenkosmetik-Serie angeboten werden sollte. Weiter gehören hierher die Fälle, in denen bekannte Marken wie »Rolex« als dekorative Aufdrucke für T-Shirts benutzt werden (mit Überschneidung zu der Gruppe »Ausnutzung der Unterscheidungskraft«).

---

990 BGH GRUR 2004, 779, 783 *Zwilling/Zweibrüder*; GRUR 2009, 772, 777 f. (Nr. 71) *Augsburger Puppenkiste*; GRUR 2004, 594, 596 *Ferrari-Pferd*; GRUR 2004, 598, 599 *Kleiner Feigling*; vgl. auch OLG Hamburg GRUR-RR 2006, 408, 413 *OBELIX*.

991 BGH GRUR 2015, 1114, 1116 f. (Nr. 21 a.E., 29) *Springender Pudel*; GRUR 2015, 1214, 1217 (Nr. 32) *Goldbären*.

992 Vgl. noch zum alten Recht BGH GRUR 1994, 808, 811 *Markenverunglimpfung I (Mars)*; GRUR 1995, 57, 59 *Markenverunglimpfung II (Nivea)*; zu einer »positiven« Markenparodie s. BGH GRUR 2005, 583 *Lila-Postkarte*; GRUR 2015, 1114, 1118 (Nr. 37–39) *Springender Pudel*.

576 d) die Beeinträchtigung der Wertschätzung.

Mit dieser Gruppe sind insbesondere die Fälle eines sog. *inkompatiblen Zweitgebrauchs* angesprochen.

▶ Beispiele:

Benutzung der Whiskey-Marke »DIMPLE« für Putzmittel; Verwendung einer bekannten Parfüm-Marke (»4711«) für ein Fäkalien-Abfuhrunternehmen[993]; s. auch den eingangs referierten »MAC Dog«-Fall.

4. Bekanntheitsschutz im Waren/DL-Ähnlichkeitsbereich

577 Es leuchtet ohne weiteres ein, dass die genannten Beeinträchtigungen einer bekannten Marke nicht nur im Bereich unähnlicher Produkte, sondern gleichermaßen bei identischen oder ähnlichen Waren/DL auftreten können, ohne dass es zu einer Verwechslungsgefahr im Sinne von § 14 II S. 1 Nr. 2 MarkenG/Art. 9 II lit. b UMV kommt.

▶ Beispiele:

Verwendung einer bekannten Bekleidungsmarke (oder auch mehrerer Marken verschiedener Hersteller) als Dekor auf Bekleidungsstücken[994] (Ausnutzung der Unterscheidungskraft und der Wertschätzung); Benutzung einer bekannten Marke für Papiertaschentücher (etwa »Tempo«) als Gattungsbezeichnung für irgendwelche Papiertaschentücher der Marke XY (Beeinträchtigung der Unterscheidungskraft, u.U. sogar drohender Verfall nach § 49 II Nr. 1 MarkenG!).

578 Nach der Rechtsprechung des Europäischen Gerichtshofes waren die Mitgliedstaaten insoweit verpflichtet, einen angemessenen Schutz bereitzustellen[995], der nach der ständigen Rechtsprechung des Bundesgerichtshofes durch eine analoge Anwendung des § 14 II Nr. 3 MarkenG zu gewähren war.[996] Einer solchen Analogie bedarf es nach geltendem Recht nicht mehr. § 14 II S. 1 Nr. 3 MarkenG und Art. 9 II lit. c UMV sind jetzt so formuliert, dass der Sonderschutz der bekannten Marke auch bei gegebener Waren/DL-Ähnlichkeit greift.

---

993 BGH, Urt.v. 08.07.1958, I ZR 68/57, unveröffentlicht, zit. bei Sack GRUR 1995, 81, 95.
994 Vgl. BGH GRUR 1994, 635 *Pulloverbeschriftung*.
995 EuGH GRUR 2004, 58, 59 (Nr. 18–22) *Adidas/Fitnessworld*; GRUR 2008, 503, 505 (Nr. 37) *adidas/Marca Mode u.a.*; GRUR 2010, 445, 446 (Nr. 48) *Google und Google France*; GRUR 2011, 1124, 1129 (Nr. 68) *Interflora/M&S*; vgl. auch EuGH GRUR 2003, 240, 242 (Nr. 30) *Davidoff/Gofkid*.
996 BGH GRUR 2015, 1114, 1115 (Nr. 14) *Springender Pudel*; GRUR 2015, 1214, 1216 (Nr. 24) *Goldbären*; GRUR 2011, 1043, 1047 (Nr. 61) *TÜV II*; GRUR 2005, 163, 165 *Aluminiumräder*; GRUR 2004, 779, 783 *Zwilling/Zweibrüder*; GRUR 2004, 598, 599 *Kleiner Feigling*; zu Art. 8 V GMV ebenso EuG GRUR Int. 2007, 730, 731 f. (Nr. 32–33) *VIPS*; s. auch EuGH GRUR 2009, 1158, 1159 (Nr. 18–19) *PAGO/Tirolmilch*.

5. Rechtfertigung der unlauteren Beeinträchtigung

Der Schutz der bekannten Marke nach § 14 II S. 1 Nr. 3 MarkenG/Art. 9 II lit. c UMV   579
steht unter dem Vorbehalt besonderer Rechtfertigungsgründe des Verletzers. In Betracht
kommen insoweit vor allem die Wertungen des Grundgesetzes, insbesondere der Schutz
der Meinungs-, Presse- und Kunstfreiheit (Art. 5 GG). Bedeutung hat dieser Gesichtspunkt
bisher vor allem in Fällen der *Markenparodie* erlangt, wobei der Umstand, dass der Verletzer
mit der Parodie einer bekannten Marke zugleich den Absatz der eigenen Ware/DL fördern
will, einer Rechtfertigung nicht ohne weiteres entgegensteht. Denn Art. 5 GG schützt nach
der Rechtsprechung des Bundesverfassungsgerichts die Meinungs- und Kunstfreiheit auch
im Rahmen der Wirtschaftswerbung.[997] So hat es der Bundesgerichtshof als durch Art. 5
III GG gedeckt angesehen, die bekannten Marken eines Schokoladenherstellers (»Milka«
und Farbmarke »lila«) in positiv-verballhornender Form auf Postkarten zu benutzen.[998] Die
Kunstfreiheit des Parodisten soll das durch Art. 14 GG geschützte Markenrecht nach der
Rechtsprechung des Bundesgerichtshofes aber nur überwiegen, soweit es um die *Benutzung*
des parodierenden Zeichens geht; eine *Registrierung* des Zeichens als Marke ist davon nicht
gedeckt.[999] – Anders kann die Wertung auch dann ausfallen, wenn mit der Parodie eine
nicht nur unerhebliche Image-Schädigung einhergeht und diese auch nicht zwangsläufig
auf einer inhaltlich-kritischen Auseinandersetzung mit der bekannten Marke beruht.[1000]

§ 19 Rechtsverletzende Benutzung

Übersicht   Rdn.

I. Die gesetzlichen Benutzungstatbestände

Alle Verletzungstatbestände des § 14 II Nr. 1–3 MarkenG/Art. 9 II lit. a-c UMV setzen   580
eine *Benutzung* des angegriffenen Zeichens *in Bezug auf Waren oder Dienstleistungen*

---

997   Grdl. BVerfG GRUR 2001, 170, 172 *Schockwerbung*; s. ferner BVerfG GRUR 2003,
     442 *Benetton-Werbung II*; BVerfG WRP 2002, 430, 431 *Tierfreundliche Mode*; BVerfG
     GRUR 2008, 81 *Pharmakartell*; BGH GRUR 2012, 74, 77 (Nr. 27) *Coaching-News-
     letter*; noch offen gelassen in BVerfG NJW 1994, 3342 *Mars-Kondom*; zu pauschal a.A.
     EuG GRUR-RR 2018, 146, 148 (Nr. 29) *Fack Ju Göthe*, wonach der Schutz der freien
     Meinungsäußerung »im Bereich des Markenrechts nicht besteht« (zu Art. 7 I lit. f UMV).

998   BGH GRUR 2005, 583, 584 *Lila-Postkarte*; vgl. auch BGH GRUR 1984, 684, 685 *Mor-
     doro* (betreffend die Verfremdung der bekannten Zigarettenmarke »Marlboro« in einem
     Nichtraucher-Kalender).

999   BGH GRUR 2015, 1114, 1119 (Nr. 48 ff.) *Springender Pudel*; krit. hierzu Schmeding, FS
     Büscher (2018), S. 147, 155.

1000   Vgl. BVerfG NJW 1994, 3342 *Mars-Kondom*.

voraus. Was darunter zu verstehen ist, wird zunächst durch den – nicht abschließenden (»insbesondere«!) – Beispielskatalog des § 14 III MarkenG/Art. 9 III UMV (vgl. auch Art. 10 III MarkenRL) näher erläutert.

581 Demnach ist es unter den Voraussetzungen des § 14 II MarkenG/Art. 9 II UMV (insbesondere also: Handeln im geschäftlichen Verkehr) zunächst untersagt, das rechtsverletzende Zeichen auf Waren oder ihrer Aufmachung oder Verpackung *anzubringen* (§ 14 III Nr. 1 MarkenG/Art. 9 III lit. a UMV). Dieses Anbringen kann nicht nur durch unmittelbares Tun, sondern auch *indirekt* begangen werden, z.B. durch Umgestaltung einer vom Markeninhaber stammenden Originalware zu einer neuen Ware unter Beibehaltung des ursprünglichen Kennzeichens[1001] oder durch die Wiederverwendung von gekennzeichneten Aufmachungen und Verpackungen, und zwar sowohl bei der Benutzung für fremde als auch für Originalware, soweit nicht nach den Umständen anzunehmen ist, dass die Verwendung für Originalware gestattet ist. Gleiches gilt für das *Umpacken* originalverpackter Ware. Ebenso stellt das Abfüllen nicht oder anderweitig gekennzeichneter Originalware in eine mit dem Zeichen versehene Flasche oder Dose[1002] oder einer – insbesondere nicht gekennzeichneten (neutralen) – eigenen oder Drittware in ein vom Markeninhaber mit der Marke gekennzeichnetes Behältnis eine rechtsverletzende Benutzung dar.[1003]

582 § 14 III Nr. 2 und Nr. 3 MarkenG/Art. 9 III lit. b UMV verbieten es, unter dem rechtsverletzenden Zeichen Waren anzubieten, in den Verkehr zu bringen oder zu den genannten Zwecken zu besitzen bzw. unter dem rechtsverletzenden Zeichen Dienstleistungen anzubieten oder zu erbringen. Besonders weit geht hierbei das Verbot schon des Besitzes rechtsverletzend gekennzeichneter Ware. Ob diesen Tatbestand z.B. auch sonst an der Verletzungshandlung nicht beteiligte Spediteure, Lagerhalter, Kommissionäre usw. verwirklichen können, ist umstritten. Bei diesen Personen wird regelmäßig keine Absicht des Anbietens oder Inverkehrbringens vorliegen. Ob es insoweit genügt, wenn diese subjektiven Qualifikationsmerkmale, die den Besitz zur Verletzungshandlung machen, in der Person des mittelbaren Besitzers vorliegen,[1004] ist zweifelhaft. Der BGH hat die Frage daher dem EuGH zur Vorabentscheidung vorgelegt.[1005]

583 Nach § 14 III Nr. 5 MarkenG kann auch die Benutzung eines Zeichens als Handelsname oder geschäftliche Bezeichnung, d.h. als Unternehmenskennzeichen oder

---

1001 Vgl. OLG Hamburg GRUR 2001, 749 *based on STEINWAY*.
1002 Vgl. RGZ 124, 273, 276 *Stellin*; zur Verantwortlichkeit eines bloßen Abfülldienstleisters einschränkend EuGH GRUR 2012, 268 *Winters/Red Bull*.
1003 BGH GRUR 2019, 79, 81 (Nr. 30, 33) *Tork* gegen OLG München WRP 2017, 1524 *TORK*; s. aber andererseits BGH GRUR 2006, 763, 764 *Seifenspender*: keine Rechtsverletzung, wenn Softflaschen mit Drittkennzeichnung bestimmungsgemäß so in einen markierten Spender eingesetzt werden, dass die Drittkennzeichnung sichtbar bleibt.
1004 So Ingerl/Rohnke, § 14 Rn. 236; vgl. auch OLG Köln WRP 2005, 1294, 1296 *Lagerkosten nach markenrechtlicher Grenzbeschlagnahme*.
1005 BGH GRUR 2018, 1059 *Davidoff Hot Water III*.

Werktitel (§ 5 I MarkenG),[1006] eine markenverletzende Handlung darstellen. Allerdings setzt dies nach § 14 II S. 1 MarkenG/Art. 9 II UMV wie auch sonst voraus, dass das betreffende Zeichen in Bezug auf Waren/DL benutzt wird. Gerade das aber ist bei diesen das Markenrecht im engeren Sinne übergreifenden Begehungsformen nicht ohne weiteres der Fall. Eine allgemein unternehmensbezogene Imagewerbung z.B. erfüllt diese Voraussetzung nicht. Wegen der Einzelheiten muss auf die Spezialliteratur verwiesen werden.[1007]

§ 14 III Nr. 6 MarkenG/Art. 9 III lit. e UMV verbieten die Verwendung der rechtsver- **584**
letzenden Kennzeichnung in Geschäftspapieren und in der *Werbung*. Als lex specialis hierzu lassen sich § 14 III Nr. 7 MarkenG und Art. 9 III lit. f UMV verstehen, die einen Teilaspekt des Verhältnisses von Markenrecht und *vergleichender Werbung* regeln (s. dazu unten Rdn. 811-812).

Über § 14 III MarkenG hinaus erfasst *§ 14 IV MarkenG* bestimmte *Vorbereitungs-* **585**
handlungen, bei denen die für die Verletzungshandlung ebenso wie für die Marke selbst konstitutive Verknüpfung des Zeichens mit der Ware noch nicht vollendet ist, aber doch nach den Umständen die Gefahr einer solchen rechtsverletzenden Verknüpfung besteht. Getroffen werden damit insbesondere Fälscherwerkstätten, die selbst nur einen Teilakt der Verletzungshandlung begehen, und zwar ohne dass ihnen eine Kenntnis der eigentlichen Verletzungshandlung nachgewiesen werden muss (in welchem Fall ohnehin die Gehilfenhaftung nach § 830 II BGB i.V.m. § 27 StGB eingreifen würde).

Die UMV enthält in Art. 10 eine vergleichbare Vorschrift.

II. Einfuhr, Ausfuhr, Transit

Eine Verletzungshandlung stellt nach § 14 III Nr. 4 MarkenG/Art. 9 III lit. c UMV **586**
auch schon die Einfuhr oder Ausfuhr rechtsverletzend gekennzeichneter Waren dar. Nach der Rechtsprechung des EuGH soll die Einfuhr jedoch nur dann als Verletzungshandlung eingestuft werden können, wenn sie in der Absicht erfolgt, die Waren anschließend im Inland in Verkehr zu bringen.[1008] Ob dies der Fall ist, hat der Markeninhaber nachzuweisen.[1009] Entschieden worden ist dies aber nur für den Fall, dass die Ware aus einem Nicht-EU-Staat zwar körperlich in das EU-Gebiet gelangt, hier aber in ein Zolllager gebracht wird oder sonst unter Zollverschluss steht. § 14 III Nr. 4 MarkenG/Art. 9 III lit. c UMV gelten aber auch für innergemeinschaftliche Einfuhren, bei denen ein Zollverschluss nicht in Betracht kommt. Insoweit muss dann

---

1006 Die parallele Vorschrift des Art. 9 III lit. d UMV bezieht sich demgegenüber nur auf Handelsnamen und Unternehmensbezeichnungen, was jedoch in Anbetracht des ohnehin nicht abschließenden Charakters der Norm erst einmal keinen gravierenden Unterschied macht.
1007 Vgl. etwa Ströbele/Hacker/Thiering, § 14 Rn. 214 ff., 240 ff.; Hacker GRUR 2019, 235, 236.
1008 EuGH GRUR 2006, 146, 148 (Nr. 34) *Class International/Colgate-Palmolive.*
1009 EuGH GRUR 2006, 146, 150 (Nr. 74) *Class International/Colgate-Palmolive.*

auch schon die bloße Verbringung der Ware über die Grenze als Verletzungshandlung angesehen werden.[1010]

587 Besonders umstritten war in diesem Zusammenhang, ob auch der *Warentransit (Durchfuhr)*, also der bloße Transport rechtsverletzender Waren durch das Schutzgebiet der Marke (bei deutschen Marken also durch das Bundesgebiet, bei Unionsmarken durch das Unionsgebiet) als Verletzungshandlung qualifiziert und vom Markeninhaber unterbunden werden kann. Die Frage ist von großer rechtspolitischer Bedeutung. Denn einerseits ist die von territorialen Schutzrechten unberührte Warendurchfuhr eine wichtige Voraussetzung für das Funktionieren der weltweiten Handelsströme. Andererseits hat der Markeninhaber großes Interesse daran, dass er bzw. in seinem Auftrag und Interesse die Zollbehörden (s. dazu Rdn. 792 – 794) auf rechtsverletzende Waren (insbesondere Piraterieware) zugreifen können, die sich jedenfalls körperlich im Schutzgebiet befinden.[1011] Trotzdem hatten weder die alte GMV und die MarkenRL-1988 noch der nationale Gesetzgeber die Frage geregelt. Dementsprechend umstritten waren alle vorgeschlagenen Lösungen, bis der EuGH die Frage, ob der Transit als Verletzungshandlung zu qualifizieren ist, auf eine entsprechende Vorlage des BGH hin[1012] klar verneint hat.[1013] Auch in diesem Fall ging es jedoch um Waren, die aus einem (damals noch) Nicht-EU-Staat (Polen) stammten und unter Zollverschluss standen. Gerade deswegen hat der EuGH keine relevante Beeinträchtigung der Interessen des Markeninhabers gesehen. Bei anderen Waren, d.h. bei innergemeinschaftlichen Durchfuhren, die ja keiner zollamtlichen Überwachung unterliegen, wird man die Sache anders beurteilen müssen.[1014] Im Ergebnis bedeutet dies, dass die Zollbehörden mangels Verletzungshandlung auf rechtsverletzend gekennzeichnete Waren gerade dann nicht zugreifen können, wenn diese als rollende Ware unter Zollverschluss stehen oder sich zum Warenumschlag in einem Zolllager befinden, die Waren also sozusagen zum Greifen nahe sind.

588 Nachdem auch diese Lösung vielfach als unbefriedigend empfunden worden ist, hat sich nunmehr der Unionsgesetzgeber der Frage angenommen. In Art. 10 IV MarkenRL-2015, umgesetzt in dem neuen § 14a MarkenG,[1015] und gleichlaufend in Art. 9 IV UMV[1016] ist eine Lösung vorgesehen, die eng mit dem Vorgehen der Zollbehörden gegen Piraterieware verzahnt ist. Nach § 14a I MarkenG/Art. 9 IV Unterabs. 1 UMV kann der Markeninhaber[1017] dem Transit entgegentreten, wenn die betreffende Ware (1.) unter das VerzWDL einer deutschen bzw. einer Unionsmarke

---

1010 S. Ströbele/Hacker/Thiering, § 14 Rn. 183; vgl. zur rechtserhaltenden Benutzung auch BGH GRUR 2012, 1261, 1262 (Nr. 19 ff.) *Orion*; a.A. Ingerl/Rohnke, § 14 Rn. 243.
1011 S. dazu Hacker, FS 200 Jahre Carl Heymanns Verlag (2015), S. 363, 364 ff.
1012 BGH GRUR 2005, 768 *Diesel.*
1013 EuGH GRUR 2007, 146, 147 (Nr. 23–25) *Diesel.*
1014 Sehr str.; s. näher Ströbele/Hacker/Thiering, § 14 Rn. 196.
1015 Die Vorschrift ist nach Art. 5 II MaMoG bereits am 15.12.2018 in Kraft getreten.
1016 Diese Vorschrift ist schon seit dem 23.03.2016 in Kraft.
1017 Zur besonderen Problematik bei geschäftlichen Bezeichnungen s. Hacker GRUR 2019, 235, 239.

fällt (also nicht nur einer geschützten Ware ähnlich ist) und (2.) ohne Zustimmung des Markeninhabers mit einem Zeichen versehen ist, das mit der Marke identisch oder in seinen wesentlichen Aspekten nicht von dieser zu unterscheiden ist, im wesentlichen also, wenn Doppelidentität im Sinne von § 14 II S. 1 Nr. 1 MarkenG/Art. 9 II lit. a UMV (s. Rdn. 452 – 453) gegeben ist, was typischerweise bei Piraterieewaren der Fall ist (s. Rdn. 457). Die genannten *materiellrechtlichen* Voraussetzungen entsprechen exakt den *verfahrensrechtlichen* Voraussetzungen, unter denen die Zollbehörden auf rechtsverletzende Waren zugreifen dürfen (vgl. Art. 1 I i.V.m. Art. 2 Nr. 1, Nr. 2 lit. a und Nr. 5 lit. a der Verordnung [EU] Nr. 608/2013 zur Durchsetzung der Rechte des geistigen Eigentums durch die Zollbehörden[1018]). Praktisch heißt das: Der Zoll kann solche Transitwaren auf Antrag des Markeninhabers oder auch von Amts wegen aufgreifen. Wehrt sich der Betroffene hiergegen nicht, werden die Waren auf dem Verwaltungswege vernichtet (s. näher Art. 23 I und II Verordnung [EU] Nr. 608/2013). Widerspricht er hingegen, so muss der Markeninhaber in einem gerichtlichen Verfahren (also in einem Verletzungsprozess) die Rechtsverletzung feststellen lassen (Art. 23 III Verordnung [EU] Nr. 608/2013). An dieser Schnittstelle setzen § 14a II MarkenG/Art. 9 IV Unterabs. 2 UMV an: Weist der Betroffene in diesem Verfahren nach, dass der Markeninhaber nicht berechtigt ist, das Inverkehrbringen der Transitwaren *im endgültigen Bestimmungsland* zu untersagen, so erlischt der Anspruch des Markeninhabers. Damit wird nun also die Rechtslage in dem Bestimmungsland der Ware relevant![1019] Genießt der Markeninhaber auch dort Markenschutz (oder auch ein anderes Recht, mit dem er das Inverkehrbringen der Ware untersagen kann), so bleibt es bei dem Aufgriff; die Ware wird vernichtet. Besteht hingegen kein Schutz, dann erlischt – wie gesagt – der Anspruch des Markeninhabers. Das bedeutet: Die Ware wird freigegeben und kann »weiterreisen«. Aber weil der Anspruch lediglich *erlischt*, also *ex nunc* untergeht, war der Aufgriff der Ware nach wie vor rechtmäßig. Das wiederum bedeutet: Den Markeninhaber trifft keine Schadensersatzpflicht wegen der infolge des Aufgriffs etwa eingetretenen Schäden (vgl. dazu Art. 28 Verordnung [EU] Nr. 608/2013 i.V.m. §§ 150, 149 MarkenG). Insgesamt also eine für den Markeninhaber sehr komfortable Lösung.

III. Markenmäßige Benutzung und funktionsverletzender Gebrauch

Lange Zeit umstritten war, ob die in § 14 III MarkenG/Art. 9 III UMV ausdrücklich aufgeführten sowie alle dort nicht genannten sonstigen Benutzungshandlungen schlechthin als Markenverletzungen zu qualifizieren sind, ob also jedwede Benutzung eines mit der Marke identischen oder ihr ähnlichen Zeichens im geschäftlichen Verkehr unter den weiteren Voraussetzungen des § 14 II Nr. 1–3 MarkenG/Art. 9 II lit. a-c UMV als Rechtsverletzung einzustufen, oder ob der Benutzungsbegriff einzuschränkend auszulegen ist.   589

1018 Abgedruckt bei Ströbele/Hacker/Thiering, Anhang 13.
1019 Anders nach bisheriger Rechtslage, vgl. BGH GRUR 2012, 1263, 1264 (Nr. 17) *Clinique happy.*

590 Einige Beispiele mögen das Problem verdeutlichen:

(1)[1020] Der Kläger war Inhaber der für Edelsteine geschützten Marken »SPIRIT SUN«
und »CONTEXT CUT«, die er für Edelsteine mit einem bestimmten Schliff verwendete. Der Beklagte bot im Rahmen eines Verkaufsgesprächs eigene Edelsteine im
»SPIRIT SUN«- und »CONTEXT CUT«-Schliff an. Dabei war unmissverständlich
zum Ausdruck gekommen, dass es sich um Steine aus der Produktion des Beklagten
und nicht um solche des Klägers handelte.

(2)[1021] Der Beklagte vertreibt Spielzeugmodellfahrzeuge unter der Bezeichnung »car-
tronic®«. U.a. bietet er ein Modell an, das einen Opel Astra V8 Coupé darstellt. Am
Kühlergrill ist wie bei dem Originalfahrzeug das für die Firma Opel als Bildmarke
(auch für Spielwaren) geschützte Emblem

angebracht.

(3)[1022] Die Klägerin ist Inhaberin einer u.a. für »Süßwaren« eingetragenen dreidimensionalen Marke, die folgende Gestaltung zum Gegenstand hat:

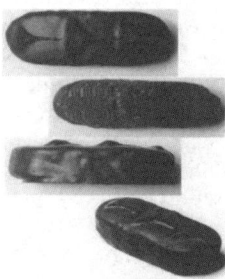

Die Beklagte präsentierte auf der Internationalen Süßwarenmesse in Köln einen mit
Kokos gefüllten Schokoladenriegel mit folgendem Aussehen:

1020   Nach OLG Düsseldorf WRP 2000, 316 *SPIRIT SUN* (Vorlage zu EuGH GRUR 2002,
        692 *Hölterhoff*).
1021   Nach BGH GRUR 2010, 726 *Opel-Blitz II*; vorausgehend EuGH GRUR 2007, 318
        Adam Opel/Autec; LG Nürnberg-Fürth WRP 2007, 840; OLG Nürnberg WRP 2008,
        1257.
1022   Nach BGH GRUR 2016, 197 *Bounty*.

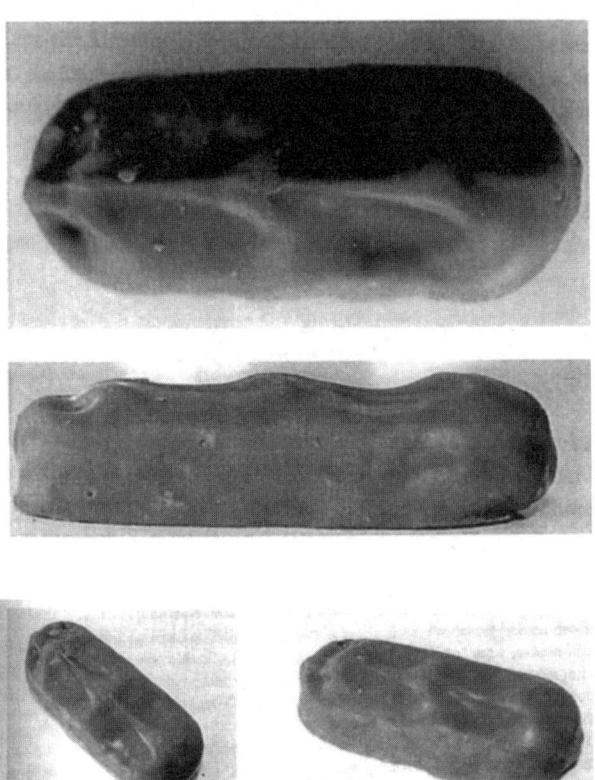

(4)[1023] Die klagende Gianni Versace S.p.A. aus Italien hat sich folgende Darstellung des Medusenkopfes des antiken Bildhauers Phidias als Bildmarke für »Baumaterialien« schützen lassen:

1023 Nach BGH GRUR 2012, 618 *Medusa*.

Die Beklagte verkauft Marmormosaiken u.a. in folgender Gestaltung:

In allen Fällen lag dem Wortlaut nach eine Markenverletzung im Sinne von § 14 II S. 1 Nr. 1 MarkenG (Fall 1 und 2) bzw. § 14 II S. 1 Nr. 2 MarkenG (Fall 3 und 4) vor. Zweifelhaft aber war, ob der Verkehr das angegriffene Zeichen im konkreten Sachverhaltszusammenhang überhaupt als Marke versteht oder nicht vielmehr – Fall 1 – als beschreibende Angabe bzw. – Fall 2 – als notwendigen Teil der Nachbildung oder – Fall 3 und 4 – als Warenausstattung bzw. Dekor, und, falls jeweils letzteres der Fall sein sollte, ob dies der Annahme einer Markenverletzung entgegensteht.

591   Unter dem alten WZG war insoweit einhellig anerkannt, dass eine Zeichenverletzung stets einen *markenmäßigen Gebrauch* des angegriffenen Zeichens voraussetzt, also nur solche Benutzungen verboten werden können, bei denen ein Zeichen dem angesprochenen Verkehr – zumindest auch – als Herkunftskennung nahegebracht wird.[1024] Abgeleitet wurde dies aus der rechtlich allein anerkannten Herkunftsfunktion des

---

1024   Z.B. BGH GRUR 1985, 41, 43 *REHAB*; GRUR 1981, 362, 364 *Aus der Kurfürst-Quelle*; GRUR 1961, 280, 281 *Tosca*; GRUR 1960, 126 *Sternbild*; GRUR 1955, 484, 485 *Luxor/ Luxus*; GRUR 1953, 175, 176 *Kabelkennstreifen*.

Warenzeichens (s. oben Rdn. 65 f.) Aber sollte dies auch unter dem harmonisierten Recht gelten?[1025]

Es bedurfte einer ganzen Reihe von Vorlagen an den EuGH, um hier Klarheit zu gewinnen. Dabei schien sich abzuzeichnen, dass der EuGH in der Sache der traditionellen deutschen Linie folgen würde. Denn mehrfach hob er hervor, dass eine Markenverletzung im Sinne von Art. 5 I S. 2 lit. a oder b MarkenRL-1988/§ 14 II Nr. 1 und 2 MarkenG nur vorliege, wenn die angegriffene Benutzung geeignet sei, die Funktionen der Marke und insbesondere deren Hauptfunktion, d.h. die Gewährleistung der Herkunft der Waren/DL gegenüber den Verbrauchern, zu beeinträchtigen.[1026] Demzufolge verlangte auch der BGH in ständiger Rechtsprechung (wieder) einen markenmäßigen Gebrauch als Voraussetzung einer Markenverletzung.[1027]   592

Eine weitere Frage war, ob dieses Erfordernis auch für den Sonderschutz bekannter Marken nach § 14 II S. 1 Nr. 3 MarkenG/Art. 9 II lit. c UMV gilt. Das mag zweifelhaft erscheinen. Denn bei dem Sonderschutz der bekannten Marke geht es ja – wie oben bei Rdn. 560 dargelegt – gerade nicht um den Schutz der Herkunftsfunktion, sondern der besonderen Kennzeichnungs- und Werbekraft gegenüber unlauterer Ausbeutung oder Schädigung. Dennoch verlangt die Rechtsprechung dem Wort nach auch insoweit einen markenmäßigen Gebrauch.[1028] Der Begriff des markenmäßigen Gebrauchs wird hier aber anders, nämlich weiter ausgelegt. Er soll nämlich schon dann vorliegen, wenn es zu einer *gedanklichen Verknüpfung* des Zeichens mit der Marke kommt, so dass die in § 14 II S. 1 Nr. 3 MarkenG/Art. 9 II lit. c UMV geschilderten Beeinträchtigungen auftreten.[1029] In diesem Sinne wurde ein markenmäßiger Gebrauch z.B. für den Fall bejaht, dass auf dem Gebiet der Süßwaren bekannte Marken (lila Farbe und »Milka«) als Gestaltungsmittel für eine (lilafarbene) Postkarte mit ironisierenden Textaufdrucken (»Über allen Wipfeln ist Ruh, irgendwo blökt eine Kuh. Muh! Rainer Maria Milka«) verwendet werden. Ein Scheitern des Sonderschutzes am Erfordernis des markenmäßigen Gebrauchs wird bei dieser weiten Auslegung nur in seltenen Ausnahmefällen eintreten können.   593

1025 S. zu dem ausführlich ausgetragenen Meinungsstreit die Übersicht bei Ströbele/Hacker/Thiering, § 14 Rn. 89–93.

1026 EuGH GRUR 2003, 55, 57 (Nr. 51) *Arsenal FC*; GRUR 2005, 153, 155 f. (Nr. 59, 71) *Anheuser-Busch/Budvar*; GRUR 2007, 318, 319 (Nr. 21) *Adam Opel/Autec*; GRUR 2007, 971, 972 (Nr. 16) *Céline*; GRUR 2008, 698, 700 (Nr. 57) *O2 und O2(UK)/H3G*.

1027 Zum neuen Recht erstmals BGH GRUR 2002, 809, 811 *FRÜHSTÜCKS-DRINK I*; s. ferner BGH GRUR 2009, 1162 (Nr. 26, 55) *DAX*; GRUR 2009, 1055, 1058 (Nr. 49) *airdsl*; GRUR 2009, 871 (Nr. 20) *Ohrclips*; GRUR 2009, 766, 770 (Nr. 45) *Stofffähnchen*; GRUR 2009, 484, 489 (Nr. 58 ff.) *Metrobus*; BGH GRUR 2010, 838, 839 (Nr. 19) *DDR-Logo*.

1028 BGH GRUR 2005, 583 *Lila-Postkarte*.

1029 BGH GRUR 2005, 583, 584 *Lila-Postkarte*; GRUR 2011, 1043, 1046 (Nr. 54) *TÜV II*; GRUR 2015, 1201, 1213 (Nr. 108) *Sparkassen-Rot/Santander-Rot*; GRUR 2019, 165, 167 (Nr. 18) *keine-vorwerk-vertretung*.

594 Eine neue Wendung hat die Diskussion über den Benutzungsbegriff schließlich durch die »L'Oréal«-Entscheidung des EuGH vom 18. Juni 2009[1030] genommen. Wie schon oben bei Rdn. 68 ff. ausgeführt, hat der EuGH in diesem Urteil erstmals zu anderen Funktionen der Marke neben der traditionellen Herkunftsfunktion als Hauptfunktion Stellung genommen und insoweit die Qualitäts-, Kommunikations-, Investitions- und Werbefunktion namhaft gemacht. Dies soll insoweit Auswirkungen haben, als nunmehr explizit zwischen den Verletzungstatbeständen der Doppelidentität und der Verwechslungsgefahr differenziert wird:

595 Der Schutz gegen *Verwechslungsgefahr*, also der praktische Hauptfall, setzt immer eine Beeinträchtigung der Herkunftsfunktion als Hauptfunktion der Marke, somit einen *markenmäßigen Gebrauch* der angegriffenen Kennzeichnung voraus.[1031] Dem entsprechend wurde die Klage im Fall (4) abgewiesen, weil der Verkehr den in den angegriffenen Marmormosaiken verkörperten Medusenkopf lediglich als dekorative Gestaltung der Ware selbst, nicht aber als Marke im Sinne eines Herkunftshinweises versteht.[1032] Fall (3) war insofern anders gelagert, als dort eine erhöhte Bekanntheit der Klagemarke nachgewiesen war. Der BGH ging daher davon aus, dass der Verkehr die der Klagemarke sehr ähnliche wellenförmige Produktgestaltung der Beklagten als Herkunftshinweis auffasst.[1033]

596 Demgegenüber geht der absolute Schutz in den Fällen der Doppelidentität weiter.[1034] Insoweit reicht es aus, dass irgendeine Funktion der Marke beeinträchtigt wird.[1035] Damit ist jedoch nicht gesagt, dass im Rahmen des Verletzungstatbestandes der Doppelidentität jede kommerzielle Benutzung untersagt werden kann. Wird überhaupt keine Markenfunktion beeinträchtigt, versagt auch Art. 5 I S. 2 lit. a MarkenRL-1988 bzw. jetzt Art. 10 II lit. a MarkenRL-2015/§ 14 II S. 1 Nr. 1 MarkenG.[1036] So soll es

---

1030 EuGH GRUR 2009, 756 *L'Oréal/Bellure.*

1031 BGH GRUR 2010, 835, 837 (Nr. 23) *POWER BALL*; GRUR 2010, 838, 840 (Nr. 19) *DDR-Logo*; GRUR 2012, 1040, 1041 (Nr. 15 f.) *pjur/pure*; GRUR 2013, 1239, 1240 (Nr. 20) *VOLKSWAGEN/Volks.Inspektion*; GRUR 2014, 1101, 1102 (Nr. 23) *Gelbe Wörterbücher*; GRUR 2015, 1201, 1208 (Nr. 68) *Sparkassen-Rot/Santander-Rot*; GRUR 2016, 197, 199 (Nr. 27) *Bounty*; GRUR 2016, 1300, 1303 (Nr. 34) *Kinderstube*; GRUR 2017, 730, 732 (Nr. 21) *Sierpinski-Dreieck.*

1032 BGH GRUR 2012, 618, 621 (Nr. 30) *Medusa*; ähnlich gelagert BGH GRUR 2017, 730, 733 (Nr. 26) *Sierpinski-Dreieck* (zu einem fortlaufenden geometrischen Muster auf Pullovern).

1033 BGH GRUR 2016, 197, 199 (Nr. 34 ff.) *Bounty.*

1034 EuGH GRUR 2009, 756, 761 (Nr. 59) *L'Oréal/Bellure*; ebenso EuGH GRUR 2010, 445, 448 (Nr. 78–79) *Google und Google France.*

1035 Vgl. EuGH GRUR 2009, 756, 761 (Nr. 63) *L'Oréal/Bellure*; bestätigt durch EuGH GRUR 2010, 445, 449 (Nr. 92) *Google und Google France*; GRUR 2011, 1124, 1126 (Nr. 34) *Interflora/M&S.*

1036 EuGH GRUR 2009, 756, 761 (Nr. 60) *L'Oréal/Bellure*; BGH GRUR 2019, 522 (Nr. 24) *SAM.*

in dem obigen Beispiel 1 gewesen sein, wo der Beklagte die Marken des Klägers zur Beschreibung der Eigenschaften seiner eigenen Waren benutzt hatte.[1037]

Auch sonst zeichnet sich eine eher enge Interpretation dieser weiteren Markenfunktionen und damit eine restriktive Handhabung des – im Rahmen des Verletzungstatbestandes der Doppelidentität – erweiterten Benutzungsbegriffs ab.[1038] So wurde in dem eingangs genannten »Opel«-Fall nicht nur eine Beeinträchtigung der Herkunftsfunktion, sondern auch eine Verletzung anderer Markenfunktionen verneint und die Klage gegen den Spielwarenhersteller abgewiesen.[1039]   **597**

Dessen ungeachtet ist man der Sache nach nunmehr bei einem *dreigeteilten Benutzungsbegriff* angekommen. Was eine rechtsverletzende Benutzung ist, stellt sich jeweils unterschiedlich dar, je nachdem ob es um die Durchsetzung des absoluten Schutzes nach Art. 10 II lit. a MarkenRL/§ 14 II S. 1 Nr. 1 MarkenG, um einen Fall der Verwechslungsgefahr (Art. 10 II lit. b MarkenRL/§ 14 II S. 1 Nr. 2 MarkenG) oder um den Sonderschutz einer bekannten Marke nach Art. 10 II lit. c MarkenRL/§ 14 II S. 1 Nr. 3 MarkenG geht.[1040] Bei Doppelidentität genügt jede Beeinträchtigung einer geschützten Markenfunktion, Verwechslungsgefahr setzt einen markenmäßigen Gebrauch im traditionellen Sinne als Voraussetzung für einen Eingriff in die Herkunftsfunktion voraus, und beim Bekanntheitsschutz kommt es darauf an, ob eine gedankliche Verknüpfung zur bekannten Marke hergestellt wird. Allenfalls zur sprachlichen Vereinfachung kann man tatbestandsübergreifend vom Erfordernis eines *funktionsverletzenden Gebrauchs* sprechen.   **598**

IV. Beseitigung fremder Marken als Verletzung?

Die Beseitigung einer auf einer Ware befindlichen Marke, also die Trennung von Zeichen und Ware durch einen Dritten, erfüllt nach dem Gesetzeswortlaut zweifellos keinen Verletzungstatbestand.[1041] Nach der Rechtsprechung des BGH konnte daher gegen die Entfernung von Marken allenfalls im Einzelfall wettbewerbsrechtlich vorgegangen werden, etwa unter dem Gesichtspunkt der Absatz- oder Werbebehinderung (§§ 3 I, 4 Nr. 4 UWG) oder auch der unlauteren Irreführung über die betriebliche Herkunft (§§ 3 I, 5 I S. 2 Nr. 1 UWG).[1042] An dieser Sichtweise kann so aber nicht   **599**

1037   EuGH GRUR 2002, 692 *Hölterhoff* und hierauf Bezug nehmend EuGH GRUR 2009, 756, 761 (Nr. 61 f.) *L'Oréal/Bellure*.
1038   Instruktiv hierzu Steinbeck WRP 2015, 1 (Nr. 4 ff., 10 ff.).
1039   BGH GRUR 2010, 726, 727 (Nr. 15 ff.) *Opel-Blitz II*; vgl. auch EuGH GRUR 2010, 445, 449 f. (Nr. 91–98) *Google und Google France* (keine Beeinträchtigung der Werbefunktion, wenn ein Dritter die Marke in Absprache mit einem Suchmaschinenbetreiber nutzt, um bei Eingabe der Marke durch den Nutzer neben der Trefferliste eine Werbung für eigene Waren/DL erscheinen zu lassen).
1040   Zur Kritik s. Hacker MarkenR 2009, 333, 337.
1041   BGH GRUR 2004, 1039, 1041 *SB-Beschriftung*; GRUR 2008, 160, 162 (Nr. 24) *CORDARONE*.
1042   BGH GRUR 2004, 1039, 1041 *SB-Beschriftung*.

festgehalten werden. Der EuGH nämlich hat jedenfalls die Beseitigung der Original-marke und deren Ersetzung durch ein anderes Zeichen als »Benutzung« angesehen, die sowohl die Herkunfts- als auch die Investitions- und Werbefunktion der Marke beeinträchtige.[1043] Welche Tragweite dem zukommt, ist noch nicht ganz zu übersehen. Festzuhalten ist aber, dass der betreffende Fall nicht eine schlichte Markenentfernung, sondern eine *Markenersetzung* betraf. Außerdem erfolgte diese Markenersetzung in einer sehr spezifischen Situation; darauf ist unten bei Rdn. 622 noch einmal zurück-zukommen.

§ 20 Freigestellte Benutzungshandlungen

I. Der Freistellungskatalog nach § 23 MarkenG/Art. 14 UMV

1. Allgemeines

600 Wie oben bei Rdn. 592 – 598 erörtert, erstreckt sich das Verbietungsrecht des Mar-keninhabers nach der Rechtsprechung des EuGH nur auf markenmäßige oder – je nach betroffenem Verletzungstatbestand – sonst funktionsverletzende Benutzungen des angegriffenen Zeichens. Bei Erlass der MarkenRL (1988) und der UMV (1993, damals noch GMV) bestand diese Klarheit jedoch noch nicht. In beide Rechtsakte wurde deshalb ein Katalog von Handlungen Dritter aufgenommen, die der Marken-inhaber grundsätzlich hinzunehmen hat (Art. 6 MarkenRL-1988; Art. 12 GMV). Die jetzt geltenden Regeln (Art. 14 MarkenRL-2015, Art. 14 UMV) haben es im Grund-satz dabei belassen und den Katalog der freigestellten Handlungen teils eingeschränkt, teils erweitert. Dazu zählt der Gebrauch von Namen und Anschrift natürlicher

---

1043 EuGH GRUR 2018, 917, 920 (Nr. 42 ff.) *Mitsubishi/Duma*; lesenswert hierzu Knaak/
      Kur GRUR 2018, 1120 ff.

Personen, die freie Verwendung beschreibender oder nicht unterscheidungskräftiger Angaben und die bloß referierende Benutzung fremder Marken, insbesondere als notwendige Bestimmungsangabe für eigene Waren/DL des Verletzers, insbesondere im Ersatzteil-, Zubehör- und Reparaturgeschäft. Das deutsche Recht hat diese Vorgabe in § 23 MarkenG umgesetzt. In den genannten Fällen wird es freilich häufig schon an einem funktionsverletzenden Gebrauch fehlen, so dass schon der Verletzungstatbestand des § 14 II MarkenG/Art. 9 II UMV nicht erfüllt ist und es einer gesonderten Freistellung nicht mehr bedarf. Das muss aber keineswegs immer so sein.[1044] Insoweit ist die Bedeutung des Freistellungskataloges durch das ungeschriebene Tatbestandsmerkmal des funktionsverletzenden Gebrauchs in § 14 II MarkenG/Art. 9 II UMV zwar reduziert, keinesfalls aber aufgehoben. Außerdem bietet § 23 MarkenG/Art. 14 UMV die Möglichkeit, die Frage des funktionsverletzenden Gebrauchs in schwierigen Zweifelsfällen offen zu lassen, wenn jedenfalls einer der Freistellungstatbestände eingreift.

2. Freier Namensgebrauch

§ 23 I Nr. 1 MarkenG und Art. 14 I lit. a UMV sichern den freien Gebrauch des   601
eigenen Namens und der Anschrift im Geschäftsverkehr. Privilegiert ist allerdings, wie die genannten Vorschriften nunmehr ausdrücklich klarstellen, nur die Benutzung des Namens natürlicher Personen. Damit hat der Unionsgesetzgeber der früheren Rechtsprechung des EuGH den Boden entzogen, wonach die Freistellung auch *allen Handelsnamen*, insbesondere also auch allen frei wählbaren Handelsnamen zugute kam.[1045]

Zweifelhaft ist mit der Neufassung dagegen geworden, ob das Privileg des § 23 I Nr. 1   602
MarkenG über den Wortlaut hinaus auch zugunsten von Handelsnamen eingreift, die in lauterkeitsrechtlich unbedenklicher Weise (vgl. § 23 II MarkenG) den Namen einer natürlichen Person enthalten, z.B. den Namen des aktuellen (oder auch eines früheren) Allein- oder Mehrheitsgesellschafters einer Personenhandelsgesellschaft, einer GmbH usw. Im Schrifttum wird die Frage bejaht. Eine Klärung wird nur der EuGH herbeiführen können.

3. Beschreibende und nicht unterscheidungskräftige Angaben

Die freie Verwendbarkeit beschreibender Angaben ist für einen funktionierenden   603
Wettbewerb unverzichtbar. Nur wer sein Leistungsangebot dem Publikum gegenüber ungehindert nach seinen sachlichen Merkmalen darstellen kann, hat im Wettbewerb eine faire Chance. Diesem Anliegen dient schon das absolute Schutzverbot des § 8 II Nr. 2 MarkenG/Art. 7 I lit. c UMV (s. dazu oben Rdn. 148). Das allein genügt aber nicht. Zum einen kann es trotz dieser Vorschriften zu Fehleintragungen kommen,

---

1044 Vgl. BGH GRUR 2011, 1135, 1136 f. (Nr. 13–15) *GROSSE INSPEKTION FÜR ALLE* (Eingriff in Werbefunktion bei doppelt-identischer Benutzung als Bestimmungsangabe).
1045 EuGH GRUR 2005, 153, 156, (Nr. 78–81) *Anheuser-Busch/Budvar*; bestätigt durch EuGH GRUR 2007, 971, 973 (Nr. 31) *Céline*.

zum anderen stehen diese Bestimmungen nicht einer Eintragung von Abwandlungen beschreibender Angaben entgegen (s. oben Rdn. 157), die dann womöglich gegen die Benutzung der – der Marke dann meist sehr ähnlichen – beschreibenden Angabe selbst eingesetzt werden. Deshalb beschränkt § 23 I Nr. 2 MarkenG/Art. 14 I lit. b UMV die Rechte des Markeninhabers in diesem wettbewerbspolitisch wichtigen Punkt noch einmal ausdrücklich.

604 Der Wortlaut des § 23 I Nr. 2 MarkenG geht – wie schon die Vorgängernorm, aber anders als Art. 14 I lit. b UMV! – über dieses Anliegen allerdings insofern hinaus, als er auch die Verwendung eines mit der Marke identischen oder dieser ähnlichen Zeichen »*als* Angabe« über Merkmale und Eigenschaften der betreffenden Waren/DL freistellt. Demnach wäre es nicht nur zulässig, eine beschreibende Angabe frei zu verwenden, es könnte auch eine schutzfähige Marke als solche als beschreibende Angabe eingesetzt werden, z.B. um mit Hilfe der fremden Marke eine sachliche Eigenschaft des eigenen Produkts namhaft zu machen, die der Verkehr mit der fremden Marke verbindet. Tatsächlich hat der BGH § 23 Nr. 2 MarkenG a.F. in diesem Sinne angewendet. So ist es als zulässig angesehen worden, auf einem umgebauten und mit neuer Marke versehenen Geldspielgerät darauf hinzuweisen, dass es sich um ein umgebautes Gerät der (ursprünglichen) Marke »VENUS MULTI« handle.[1046] Auch das Angebot eines getunten Porsche mit dem Hinweis »Porsche mit TECHART-Umbau« ist nach § 23 Nr. 2 MarkenG a.F. freigestellt worden.[1047] Das begegnet jedoch Bedenken, weil § 23 I Nr. 2 MarkenG mit der Formulierung »*als* Angabe« von der Vorgabe des Art. 14 I lit. b MarkenRL (und auch von Art. 14 I lit. b UMV) abweicht, die nur beschreibende Angaben selbst erfasst. Bei richtlinienkonformer Auslegung wird § 23 I Nr. 2 MarkenG in diesem engeren Sinne auszulegen sein. Eine Freistellung ist aber jetzt problemlos über § 23 I Nr. 3 MarkenG möglich (s. Rdn. 606).

605 Eine Freistellung von Zeichen, die zwar keine beschreibenden Angaben darstellen, die aber aus anderen Gründen keine Unterscheidungskraft aufweisen, war bisher nicht möglich.[1048] Diese Lücke schließt nunmehr Art. 14 I lit. b MarkenRL/§ 23 I Nr. 2 MarkenG n.F. und gleichlaufend Art. 14 I lit. b UMV. Bedauerlicherweise weicht jedoch der Wortlaut der neuen Vorschrift des § 23 I Nr. 2 MarkenG auch hier von der MarkenRL ab. So spricht die Richtlinie von »Zeichen oder Angaben ohne Unterscheidungskraft« und bringt damit deutlich zum Ausdruck, dass es darum geht, ob das angegriffene Zeichen in der konkreten Verwendung Unterscheidungskraft aufweist, wogegen der deutsche Gesetzestext (»Zeichen, dem jegliche Unterscheidungskraft fehlt«) auf den Wortlaut des § 8 II Nr. 1 MarkenG rekurriert und so den Eindruck

---

1046 BGH GRUR 1998, 697, 699 *VENUS MULTI*; offen gelassen dagegen in BGH GRUR 2004, 600, 602 *d-c-fix/CD-FIX*; wie vorher dann aber wieder BGH GRUR 2007, 705, 707 (Nr. 23) *Aufarbeitung von Fahrzeugkomponenten*; GRUR 2009, 1162, 1163 f. (Nr. 26–28) *DAX*; GRUR 2011, 134, 139 (Nr. 60) *Perlentaucher*; GRUR 2015, 1121, 1123 (Nr. 21 ff.) *Tuning*.
1047 BGH GRUR 2015, 1121, 1123 (Nr. 21 ff.) *Tuning*.
1048 Vgl. m.w.N. Ströbele/Hacker/Thiering, § 23 Rn. 72.

erweckt, dass es darauf ankommen könnte, ob das verwendete Zeichen für die betreffenden Waren/DL als Marke eingetragen werden könnte oder wegen Fehlens jeglicher Unterscheidungskraft zurückgewiesen werden müsste. Das wäre jedoch nicht richtig, da es ja vor dem Hintergrund des § 14 II MarkenG immer nur um die Freistellung einer *konkreten Verletzungshandlung* gehen kann.[1049]

4. Identifizierende Benutzung, Bestimmungsangaben

Seit der Neufassung durch das MaMoG stellt § 23 I Nr. 3 MarkenG in Einklang mit   **606** Art. 14 I lit. c MarkenRL und Art. 14 I lit. c UMV die Benutzung einer fremden Marke frei, wenn damit lediglich die Produkte des Markeninhabers als solche identifiziert, d.h. »beschrieben« werden sollen. Das betrifft z.B. die in Rdn. 604 erörterten Fälle umgearbeiteter Markenwaren. Ebenfalls hierher würden an sich die Fälle gehören, in denen eine fremde Marke im Rahmen einer vergleichenden Werbung benutzt wird; dieser Aspekt hat jedoch in der Richtlinie 2006/114/EG (umgesetzt in § 6 UWG) eine spezielle Regelung erfahren (s. dazu unten Rdn. 811 – 812).

Als wichtigsten Fall einer bloß identifizierenden Benutzung nennt § 23 I Nr. 3 Mar-   **607** kenG/Art. 14 I lit. c UMV die Verwendung einer fremden Marke als Bestimmungsangabe. In vielen Produktbereichen ist heute eine Neuanschaffung günstiger als die Beschaffung von Ersatzteilen bzw. die Durchführung einer Reparatur. Das gilt jedoch nicht für langlebige, meist hochpreisige Wirtschaftsgüter (z.B. Kraftfahrzeuge, größere Haushaltsgeräte, Luxuswaren). Dabei geht das Interesse der Hersteller solcher Waren, die in der Regel unter sehr bekannten und gut beleumundeten Marken vertrieben werden, naturgemäß dahin, auch die Folgemärkte für Ersatzteile, Zubehör und Reparaturdienstleistungen unter ihre Kontrolle zu bringen, während umgekehrt freie Drittanbieter in dieselben Folgemärkte drängen. Rechtspolitisch geht es insoweit darum, einerseits dem Bestreben der Originalhersteller unter dem Gesichtspunkt der Wettbewerbsfreiheit sinnvolle Grenzen zu ziehen und andererseits Drittanbieter davon abzuhalten, in ungerechtfertigter Weise an den von den Originalherstellern geschaffenen Besitzständen zu partizipieren.[1050]

Wettbewerbsrechtlich kann der Hersteller einer Ware oder Anbieter einer DL grund-   **608** sätzlich nicht dagegen vorgehen, dass Dritte ergänzende Waren (z.B. Ersatzteile, Zubehör, kompatible Waren[1051]) oder Dienstleistungen (z.B. Reparaturdienstleistungen) anbieten. Das folgt aus dem Grundsatz der Nachahmungsfreiheit.[1052] Diese wettbewerbsrechtliche Freistellung des Ersatzteil- und Zubehörgeschäfts ginge indessen weitgehend ins Leere, wenn der Original-Hersteller (-Anbieter) kennzeichenrechtliche

---

1049 Im Ergebnis auch Thiering in Ströbele/Hacker/Thiering (o. Fn. 103), § 23 Rn. 145.

1050 Vgl. BGH GRUR 2015, 1009, 1011 (Nr. 36) *BMW-Emblem*; GRUR 2019, 165, 170 (Nr. 50) *keine-vorwerk-vertretung*.

1051 Vgl. z.B. BGH GRUR 2000, 521 *Modulgerüst*.

1052 Vgl. Köhler/Bornkamm/Feddersen, § 4 Rn. 3.3; z.B. BGH GRUR 2007, 795, 799 (Nr. 51) *Handtaschen*; GRUR 2008, 1115, 1118 (Nr. 32) *ICON*; GRUR 2017, 79, 87 (Nr. 77) *Segmentstruktur*.

Ansprüche geltend machen könnte, denn Drittanbieter sind regelmäßig darauf ange-wiesen, sich zur prägnanten Beschreibung ihres ergänzenden Angebots im Interesse des Publikums der Marken des Originalherstellers zu bedienen. Wer z.B. einen Kot-flügel für einen »Audi A6« anbieten will, muss eben darauf hinweisen können, dass der Kotflügel für einen »Audi A6« bestimmt ist und passt; andernfalls ist die ganze Nach-ahmungsfreiheit wertlos. An dieser Schnittstelle sind § 23 I Nr. 3 MarkenG/Art. 14 I lit. c UMV angesiedelt. Die Vorschriften schützen einerseits das Bedürfnis der freien Drittanbieter, sich zur Darstellung ihres Angebots auf die Marken der Originalher-steller zu beziehen, und sichern damit die wettbewerbsrechtliche Freiheit des Ersatz-teil-, Zubehör- und Reparaturgeschäfts auch kennzeichenrechtlich ab. Andererseits begrenzen sie diese Freistellungen auf den insoweit *erforderlichen* Markengebrauch.

609 Die Freistellung greift daher nur ein, wenn die Benutzung der Marke praktisch das *einzige Mittel* ist, um die angesprochenen Verkehrskreise verständlich und vollständig über die Bestimmung der Ware zu informieren.[1053] Kann diese Information auch auf andere Weise gegeben werden, z.B. mit Hilfe technischer Standards oder Normen, so ist diese Möglichkeit zu wählen.[1054] So wäre es nicht von § 23 I Nr. 3 MarkenG/Art. 14 I lit. c UMV gedeckt, wenn ein handelsüblicher Autoreifen als Reifen für ein bestimmtes »Porsche«-Fabrikat angeboten würde. Insoweit genügt die Angabe der standardisierten Maße des Reifens.[1055] Ebenso wenig ist es erforderlich, die fremde Marke als einzig kennzeichnenden Bestandteil in eine Internet-Domain aufzuneh-men, um auf das eigene Angebot ergänzender Waren/DL aufmerksam zu machen.[1056]

610 Entgegen einer früher verbreitet vertretenen Auffassung verpflichtet nach der Recht-sprechung des BGH das Tatbestandsmerkmal der »Notwendigkeit« (jetzt: Erforder-lichkeit) den Drittbenutzer nicht dazu, den geringstmöglichen Eingriff in die Rechte des Markeninhabers zu wählen. Er soll sich vielmehr jeder Marke bedienen dürfen, derer sich auch der Markeninhaber bedient. So kann anstatt einer bloßen Wortmarke auch eine werbewirksamere Bildmarke benutzt werden.[1057] Beschränkt sich allerdings der Drittbenutzer nicht auf den geringstmöglichen Eingriff, kann er sich im Einzelfall den Vorwurf der Unlauterkeit zuziehen (§ 23 II MarkenG; s. Rdn. 612).

1053 EuGH GRUR 2005, 509, 512 (Nr. 35) *Gillette Company/LA-Laboratories.*

1054 EuGH GRUR 2005, 509, 512 (Nr. 36) *Gillette Company/LA-Laboratories*; BGH GRUR 2011, 1135, 1137 (Nr. 20) *GROSSE INSPEKTION FÜR ALLE.*

1055 Vgl. BGH GRUR 2019, 165, 168 (Nr. 25) *keine-vorwerk-vertretung.*

1056 Vgl. OLG Düsseldorf GRUR-RR 2007, 102, 103 *Peugeot-Tuning*; s. auch BGH GRUR 2019, 165, 169 (Nr. 30) *keine-vorwerk-vertretung.*

1057 BGH GRUR 2011, 1135, 1137 (Nr. 21) *GROSSE INSPEKTION FÜR ALLE*; vgl. auch BGH GRUR 2005, 163, 164 *Aluminiumräder*; a.A. OLG Köln GRUR-RR 2001, 301, 303 *Anzeigenwerbung für EU-Neufahrzeuge (Audi)*, aber auch ÖsterrOGH ÖBl. 2009, 186, 189 *Mazda-Logo.*

5. Unlauterkeitsvorbehalt

Alle drei Freistellungstatbestände des § 23 MarkenG stehen unter dem Vorbehalt, dass die   **611**
freigestellten Benutzungshandlungen den anständigen Gepflogenheiten in Gewerbe und
Handel entsprechen müssen (§ 23 II MarkenG, Art. 14 II UMV). Gemeint ist damit,
dass die Zeichenbenutzung durch den Dritten nicht in einem wettbewerbsrechtlichen
Sinne *unlauter* sein darf (vgl. Art. 5 II lit. a i.V.m. Art. 2 lit. h UGP-RL). Der Zeichenbenutzer hat insoweit alles zu unterlassen, was den berechtigten Interessen des Markeninhabers zuwiderläuft.[1058] Ob das Verhalten des Zeichenbenutzers unlauter ist, ist unter
Berücksichtigung aller Umstände des Einzelfalles zu beurteilen. Allein der Umstand, dass
die fremde Marke markenmäßig oder sonst funktionsverletzend benutzt wird, reicht
indessen – wie der EuGH klargestellt hat – für die Annahme einer Unlauterkeit nicht
aus,[1059] da andernfalls schon kein Verletzungstatbestand erfüllt ist, so dass die Frage der
Freistellung sich gar nicht stellen würde.[1060] Aus demselben Grund kann die Unlauterkeit
auch nicht allein darauf gestützt werden, dass der Verletzungstatbestand der Doppelidentität (§ 14 II S. 1 Nr. 1 MarkenG/Art. 9 II lit. a UMV) gegeben ist oder Verwechslungsgefahr im Sinne von § 14 II S. 1 Nr. 2 MarkenG/Art. 9 II lit. b UMV besteht.[1061]

Dessen unbeschadet hat der Drittanbieter alles zu vermeiden, was zu einer zusätzlichen   **612**
Herkunftsverwirrung führt oder eine Geschäftsbeziehung zum Markeninhaber suggeriert,
die tatsächlich nicht besteht.[1062] So darf sich etwa der Zeichenbenutzer nicht als Vertragshändler des Markeninhabers gerieren. Als unlauter ist es auch eingestuft worden, wenn ein
auf Volkswagen-Fahrzeuge spezialisierter Kfz-Reparaturbetrieb anstatt einer auch zur Verfügung stehenden Wortmarke die Bildmarke des Originalherstellers ohne Not blickfang-
mäßig herausstellt.[1063] Des weiteren darf z.B. durch die Drittbenutzung die Marke nicht
herabgesetzt oder schlecht gemacht werden.[1064] Davon wäre etwa im Rahmen des § 23 I
Nr. 3 MarkenG/Art. 14 I lit. c UMV auszugehen, wenn die Ersatz- oder Zubehörteile von
minderer Qualität sind oder gar die Funktion des Originalprodukts gefährdet wird.[1065]

1058 EuGH GRUR 2005, 509, 512 (Nr. 41) *Gillette Company/LA-Laboratories*; GRUR 2004,
    234, 235 (Nr. 24) *Gerolsteiner/Putsch*; EuGH GRUR Int. 1999, 438, 442 (Nr. 61) *BMW/
    Deenik*; BGH GRUR 2019, 165, 168 (Nr. 26) *keine-vorwerk-vertretung*; GRUR 2011,
    1135, 1137 (Nr. 23) *GROSSE INSPEKTION FÜR ALLE*; GRUR 2005, 423, 425 *Staub-
    saugerfiltertüten*; GRUR 2005, 163, 164 *Aluminiumräder*.
1059 EuGH GRUR 2004, 234, 235 (Nr. 15) *Gerolsteiner/Putsch* auf Vorlage BGH GRUR
    2002, 613 *GERRI/KERRY Spring*; BGH GRUR 2015, 1121, 1123 (Nr. 24) *Tuning*.
1060 Vgl. BGH GRUR 2005, 423, 425 *Staubsaugerfiltertüten*.
1061 Vgl. EuGH GRUR 2004, 234, 235 (Nr. 25) *Gerolsteiner/Putsch*; BGH GRUR 2005, 423,
    425 *Staubsaugerfiltertüten*; GRUR 2008, 798, 800 (Nr. 22) *POST*; GRUR 2009, 678,
    680 (Nr. 18) *POST/RegioPost*.
1062 EuGH GRUR 2005, 509, 512 (Nr. 42) *Gillette Company/LA-Laboratories*; GRUR Int.
    1999, 438, 442 (Nr. 63 i.V.m. Nr. 51) *BMW/Deenik*; vgl. auch EuGH GRUR 2005, 153,
    157 (Nr. 83) *Anheuser-Busch/Budvar*; BGH GRUR 2008, 798, 800 (Nr. 23 a.E.) *POST*.
1063 BGH GRUR 2011, 1135, 1138 (Nr. 27) *GROSSE INSPEKTION FÜR ALLE*.
1064 EuGH GRUR 2005, 509, 512 (Nr. 44) *Gillette Company/LA-Laboratories*.
1065 Vgl. BGH GRUR 2000, 521, 526 *Modulgerüst* (zu § 1 UWG a.F.).

II. Markenrechtliche Erschöpfung

1. Einführung

613 Eine weitere fundamentale Schranke ist den Befugnissen des Markeninhabers mit dem Grundsatz der markenrechtlichen Erschöpfung gesetzt, wie er in § 24 MarkenG in Umsetzung von Art. 15 MarkenRL (früher Art. 7 MarkenRL-1988) und in Übereinstimmung mit Art. 15 UMV kodifiziert ist. Dem liegt folgender Gedanke zugrunde:

614 Wer im geschäftlichen Verkehr Waren, die vom Markeninhaber oder mit seiner Zustimmung gekennzeichnet und in Verkehr gesetzt worden sind, unter der Marke weitervertreibt, also anbietet, umsetzt, importiert, exportiert, Werbung dafür betreibt usw. (vgl. § 14 III MarkenG/Art. 9 III UMV), erfüllt an sich den Tatbestand der Markenverletzung, nach geltendem Recht in der Form des § 14 II S. 1 Nr. 1 MarkenG/ Art. 9 II lit. a UMV. Er benutzt die fremde Marke für identische Waren.[1066] Trotzdem wäre es verfehlt, wenn der Markeninhaber in solchen Fällen gegen den Weitervertrieb einschreiten könnte. Denn damit würde dem Markeninhaber ein Instrument an die Hand gegeben, den Vertriebsweg der Ware bis zum privaten Endverbraucher vollständig zu kontrollieren. Das ginge weit über den Zweck des durch die Marke vermittelten Ausschließlichkeitsrechts hinaus,[1067] der darin besteht, die Waren des Markeninhabers im Wettbewerb von denen der Konkurrenten unterscheidbar zu machen (vgl. § 3 I MarkenG) und sicherzustellen, dass die mit der Marke gekennzeichneten Waren unter der Kontrolle eines einzigen Unternehmens hergestellt worden sind, das für ihre Qualität verantwortlich gemacht werden kann.[1068] Deshalb ist seit langem anerkannt, dass sich die Ausschließlichkeitsrechte des Markeninhabers im Hinblick auf die konkreten Warenstücke, die von ihm oder mit seiner Zustimmung unter der Marke in Verkehr gebracht worden sind, mit diesem Inverkehrbringen grundsätzlich erschöpfen, so dass der Vertrieb auf den weiteren Handelsstufen markenrechtlich frei wird.[1069]

615 Aus ganz anderem Blickwinkel hatte sich schon früh auch der EuGH mit dem Problem der Erschöpfung zu befassen. Dabei ging es um die Frage, ob sich der Markeninhaber der Einfuhr einer Ware, die er selbst in einem Mitgliedstaat der Union in Verkehr gebracht hat, unter Berufung auf sein nationales Markenrecht widersetzen

---

1066 BGH GRUR 2019, 518, 521 (Nr. 33) *Curapor*; GRUR 2012, 626, 628 (Nr. 22) *CONVERSE I*; GRUR 2011, 820, 823 (Nr. 30) *RENNIE*; GRUR 2011, 817, 819 (Nr. 28) *Kuchenbesteck-Set*; GRUR 2006, 863, 864 (Nr. 12) *ex works*; GRUR 2005, 160, 161 *SIM-LOCK*; GRUR 2003, 336, 337 *Beloc*; GRUR 2003, 338, 339 *Bricanyl I*; GRUR 2002, 57, 58 *Adalat*; GRUR 2001, 422, 423 *ZOCOR*; ebenso ÖsterrOGH ÖBl. 2004, 124, 125 *CANON* mit insoweit abl. Anm. Gamerith; a.A. auch Gamerith, FS Koppensteiner, S. 365, 367 ff; Knaak, GRUR Int. 2008, 91, 92.

1067 OLG Düsseldorf GRUR-RR 2001, 299, 300 *Mercedes-Stern*.

1068 Vgl. z.B. EuGH GRUR 1998, 922, 924 *Canon*; s. zur dominierenden Stellung der Herkunftsfunktion in der Rspr. des EuGH oben Rdn. 68.

1069 Vgl. z.B. BGH GRUR 1964, 372, 373 f. *Maja*; GRUR 1973, 468, 470 *Cinzano*; RGZ 161, 29, 38 *Zählerersatzteile*; RGZ 51, 263, 268 *Mariani*; RGZ 50, 229, 231 f. *Kölnisch Wasser*.

kann. Von besonderem Interesse wäre diese Möglichkeit, wenn sich für die betreffende Ware auf den verschiedenen nationalen Teilmärkten in der Union unterschiedliche Preise erzielen lassen, was sowohl auf einer unterschiedlich entwickelten Kaufkraft als auch auf staatlichen Preisregelungen beruhen kann (z.B. im Arzneimittelsektor). Der Markeninhaber könnte insoweit die unterschiedlichen Preisniveaus in der Union optimal für sich nutzen.

▶ Beispiel:

Der Markeninhaber produziert Arzneimittel, die er sowohl in Deutschland – hier zu verhältnismäßig hohen Preisen – als auch in Griechenland – dort zu viel niedrigeren Preisen – auf den Markt bringt. Es liegt nahe, dass Dritte die billigen Arzneimittel in Griechenland aufkaufen, zurück nach Deutschland bringen und hier zu Preisen vertreiben, die unter den Inlandspreisen des Markeninhabers liegen. Ebenso nahe liegt es, dass der Markeninhaber dem unter Berufung auf sein deutsches Markenrecht entgegenzutreten versucht, um so ein Unterlaufen des höheren deutschen Preisniveaus zu verhindern.

Der EuGH hat darin jedoch einen Verstoß gegen den Grundsatz der Warenverkehrsfreiheit gesehen, wie er in Art. 34 AEUV (früher Art. 28 EG, noch früher Art. 30 EWGV/EGV) verankert ist. Demnach darf eine Ware, die einmal mit Zustimmung des Markeninhabers auf den Unionsmarkt gelangt ist, von Dritten unbehelligt weitervertrieben werden. Das Markenrecht des Markeninhabers ist europaweit erschöpft.[1070]

In Art. 15 MarkenRL/§ 24 MarkenG bzw. Art. 15 UMV sind diese beiden Ansätze **616** zusammengeführt worden.

2. Erschöpfungsgebiet

Nach früherer deutscher Lehre trat die Erschöpfung der markenrechtlichen Befugnisse **617** *unabhängig davon* ein, *wo* der Markeninhaber die Ware in Verkehr gebracht hatte. Die Erschöpfung trat also weltweit ein (*Grundsatz der internationalen Erschöpfung*).[1071] Der Markeninhaber konnte sich somit einem Reimport seiner Waren aus Billigländern wie z.B. Taiwan nicht widersetzen, was freilich angesichts des früher noch wenig ausgeprägten Welthandels nicht so große Bedeutung hatte.

Nach § 24 I MarkenG/Art. 15 I MarkenRL umfasst dagegen das Erschöpfungsgebiet **618** nur das Inland, die übrigen Mitgliedstaaten der EU sowie die weiteren Vertragsstaaten des Europäischen Wirtschaftsraums (EWR). Mit letzteren sind die Territorien Norwegens, Islands und Liechtensteins angesprochen, die zusammen mit den EU-Staaten den Europäischen Wirtschaftsraum nach Maßgabe des EWR-Abkommens vom

---

1070 Vgl. EuGH GRUR Int. 1974, 456 *Centrafarm/Wintrop*; GRUR Int. 1990, 960, 961 (Nr. 12) *HAG II*; GRUR Int. 1994, 614, 616 (Nr. 34) *Ideal Standard II*; instruktiv die zusammenfassende Darstellung in EuGH GRUR Int. 2000, 159, 160 (Nr. 13 ff.) *Upjohn/ Paranova*.
1071 Grdl. BGH GRUR 1964, 372, 374 *Maja*.

2. Mai 1992 bilden.[1072] Dieses Abkommen sieht in seinem Anhang XVII u.a. die Geltung der MarkenRL auch in diesen Staaten vor.

619 Insoweit ist die Streitfrage aufgeworfen worden, ob es sich bei der Vorgabe des Art. 15 I MarkenRL (früher Art. 7 I MarkenRL-1988) um eine abschließende Regelung handelt, ob also Erschöpfung *nur dann* eintritt, wenn der Markeninhaber die Ware im EWR in Verkehr gebracht hat, oder ob bloß eine Mindestregelung vorliegt, also unionsrechtlich nur verlangt wird, dass *jedenfalls* bei einem Inverkehrbringen im EWR Erschöpfung einzutreten hat, die Mitglied- bzw. Vertragsstaaten aber frei sind, *darüber hinaus* am Konzept der internationalen Erschöpfung festzuhalten.

620 Dazu hat sich zunächst der im Zuge des EWR-Abkommens gegründete *EFTA-Gerichtshof* in folgendem Fall geäußert:[1073]

Die amerikanische Klägerin vertrieb ihre »Maglite«-Taschenlampen sowohl in den USA als auch – über einen Generalimporteur – in Norwegen. Dabei wurden in Norwegen höhere Preise verlangt als in den USA. Ein norwegischer Händler machte sich dies zunutze, indem er auf dem US-amerikanischen Markt billige »Maglite«-Taschenlampen aufkaufte und in Norwegen zu Preisen vertrieb, die unter denen des Generalimporteurs lagen. Maglite versuchte nun, diesen Parallelimport und –vertrieb unter dem Gesichtspunkt der Markenverletzung untersagen zu lassen. Nach norwegischem Recht war dagegen jedoch nichts einzuwenden, weil dieses – wie früher Deutschland – dem Konzept der internationalen Erschöpfung folgte. Die von dem norwegischen Gericht an den EFTA-Gerichtshof herangetragene Frage war nur, ob dies mit der MarkenRL zu vereinbaren sei.

Der EFTA-Gerichtshof hat dies bejaht. Im Interesse niedriger Verbraucherpreise sei es sinnvoll, an der internationalen Erschöpfung festzuhalten und die europäische Vorgabe des Art. 7 MarkenRL-1988 lediglich als Mindest- und nicht als abschließende Regelung auszulegen.[1074]

621 Dieser Auffassung ist jedoch der EuGH schon kurz darauf in seinem »Silhouette«-Urteil entgegengetreten, in dem es um den Reimport billiger »Silhouette«-Brillenfassungen aus dem (damaligen) Drittland Bulgarien nach Österreich ging. Demnach stellt die Vorgabe der MarkenRL bezüglich des Erschöpfungsgebietes eine

---

1072 Der Hintergrund dieses Abkommens ist folgender: Ursprünglich hatte sich neben der Europäischen Gemeinschaft die sog. EFTA (European Free Trade Association) gebildet, der neben Österreich, der Schweiz, Großbritannien und Portugal die nordischen Staaten Dänemark, Norwegen, Schweden, Finnland und Island sowie Liechtenstein angehörten. Wie die EG war auch die EFTA bemüht, Schranken im Binnenhandel zu beseitigen, verzichtete aber auf eine gemeinsame Zollaußengrenze. Nach der ständigen Erweiterung der EG und schließlich dem Beitritt Finnlands und Schwedens war die EFTA nur noch bedingt lebensfähig, was zu einem binnenmarktähnlichen Anschluss der Rest-EFTA (ausgenommen die Schweiz) an die EG führte.

1073 EFTA-Gerichtshof GRUR Int. 1998, 309 *Maglite.*

1074 EFTA-Gerichtshof GRUR Int. 1998, 309, 310 (Nr. 19) *Maglite.*

abschließende Regelung dar, so dass Erschöpfung *nur* bei einem Inverkehrbringen der Waren *im EWR* eintritt.[1075] Der Markeninhaber kann also dem Import von Waren, die er *außerhalb des EWR* in Verkehr gebracht hat, unter Berufung auf sein Markenrecht entgegentreten und so die unterschiedlichen Preisniveaus auf den Weltmärkten ausnutzen.[1076] Ob dies signifikant höhere Verbraucherpreise in der EU bzw. im EWR zur Folge hat, ist politisch umstritten, liegt aber angesichts des ansonsten immer weiter liberalisierten Welthandels nahe. Die MarkenRL-2015 hat es trotzdem bei der EWR-weiten Erschöpfung belassen, ebenso Art. 15 UMV.

3. Umgehung der territorialen Beschränkung durch Entfernung fremder Marken?

Dem unautorisierten Import oder Parallelimport seiner Waren durch Dritte kann der Markeninhaber mithilfe seiner Marke jedoch logischerweise nur entgegentreten, wenn der Dritte die Marke des Markeninhabers beim Import und Weitervertrieb in der EU überhaupt »benutzt«, weil andernfalls schon keine Verletzung im Sinne von § 14 II S. 1 Nr. 1 MarkenG oder Art. 9 II lit. a UMV vorliegt. Wie also liegt es in folgendem Fall:[1077]   **622**

Die Klägerin (Mitsubishi) produziert u.a. Gabelstapler und vertreibt diese mit ihren Marken gekennzeichneten Fahrzeuge weltweit. Die Ersteinfuhr in die europäische Union besorgt ein in den Niederlanden ansässiger autorisierter Importeur. Die Beklagte mit Sitz in Belgien kauft außerhalb des EWR Mitsubishi-Gabelstapler und verbringt diese zum Zwecke der späteren Einfuhr in die EU zunächst in ein Zolllager. Während des Zolllagerverfahrens lässt sie die Mitsubishi-Marken von den Gabelstaplern komplett entfernen und ersetzt diese durch eigene Marken. In dieser Form werden die Gabelstapler dann in die EU eingeführt und vertrieben. Dagegen setzt sich Mitsubishi zur Wehr und macht eine Markenverletzung geltend. Aber ist die Beseitigung der Mitsubishi-Marken und deren Ersetzung durch andere Zeichen überhaupt eine Markenverletzung?

Der EuGH hat die Frage entgegen dem an sich klar dagegen sprechenden Gesetzeswortlaut bejaht[1078] (s. dazu oben Rdn. 599). Hinter dieser contra-legem-Auslegung

---

1075 EuGH GRUR 1998, 919, 920 f (Nr. 23, 26) *Silhouette*; bestätigt in EuGH GRUR Int. 1999, 870, 872 (Nr. 17) *Sebago*; EuGH GRUR 2003, 512, 513 (Nr. 25) *stüssy*; GRUR 2005, 507, 508 *Peak Holding/Axolin-Elinor*; GRUR 2009, 593, 595 (Nr. 40) *Copad/Dior*; GRUR 2009, 1159, 1161 (Nr. 20) *Makro u.a./Diesel*; GRUR 2010, 723, 724 (Nr. 27) *Coty Prestige/Simex Trading*; GRUR 2011, 147 (Nr. 22) *Canon/IPN Bulgaria*; EuGH GRUR Int. 2011, 827, 828 (Nr. 25) *Viking Gas*; ebenso dann auch EFTA-Gerichtshof GRUR Int. 2008, 1032 *REDKEN*.
1076 Vgl. z.B. OLG Frankfurt GRUR Int. 1998, 313 *Reimport aus Russland*.
1077 Beispiel nach EuGH GRUR 2018, 917 *Mitsubishi/Duma*.
1078 EuGH GRUR 2018, 917, 920 (Nr. 42 ff.) *Mitsubishi/Duma*.

stand ganz offensichtlich das Bestreben, eine Umgehung der territorialen Beschränkung der Erschöpfungswirkung zu verhindern.[1079]

4. Inverkehrbringen

623   Die Ware ist vom Markeninhaber in Verkehr gebracht, sobald er die rechtliche oder tatsächliche[1080] Verfügungsgewalt darüber (im EWR) willentlich verloren hat.[1081] So liegt es bei jeder Veräußerung oder Überlassung an unabhängige Dritte in der EU bzw. im EWR.[1082] Innerbetriebliche oder konzerninterne Warenbewegungen führen dagegen nicht zur Erschöpfung.[1083] Auch die bloße Einfuhr in den EWR durch den Markeninhaber oder das Anbieten der Ware reichen nach der Rechtsprechung des EuGH nicht aus.[1084]

624   Bei einer *Übergabe der Ware an eine Transportperson* kommt es darauf an, wer diese beauftragt hat. Daher tritt Erschöpfung ein, wenn der Markeninhaber die Ware im EWR an ein vom Käufer beauftragtes Transportunternehmen übergibt; wo der Käufer seinen Sitz hat, ist belanglos.[1085]

▶ **Beispiel:**

   Der Markeninhaber veräußert einen Posten Herrenhemden an einen Käufer in Mexiko zum dortigen Vertrieb. Zu diesem Zweck übergibt er die Hemden in Deutschland einem vom Käufer beauftragten Spediteur. Hier hat der Markeninhaber seine Verfügungsgewalt in Deutschland (willentlich) verloren und damit die Hemden in Deutschland in Verkehr gebracht. Seine Markenrechte sind erschöpft. Einem Vertrieb der Hemden in Deutschland kann er nicht erfolgreich entgegentreten.[1086]

625   Einem Inverkehrbringen des Markeninhabers stellt § 24 I MarkenG ein Inverkehrbringen durch einen Dritten mit Zustimmung des Markeninhabers gleich. So liegt es typischerweise, wenn Waren unter der Marke des Markeninhabers von einem Lizenznehmer in Verkehr gebracht werden (s. dazu auch unten Rdn. 854).[1087]

1079   Lesenswert hierzu Knaak/Kur GRUR 2018, 1120 ff.
1080   Insoweit str., vgl. Ströbele/Hacker/Thiering, § 24 Rn. 18.
1081   BGH GRUR 2006, 863, 864 (Nr. 15) *ex works*; GRUR 2011, 820, 823 (Nr. 28) *Kuchenbesteck-Set*.
1082   Vgl. EuGH GRUR 2005, 507, 509 (Nr. 40) *Peak Holding/Axolin-Elinor*.
1083   BGH GRUR 2006, 863, 864 (Nr. 15) *ex works*; GRUR 2011, 820, 822 (Nr. 17) *Kuchenbesteck-Set*; vgl. auch OLG Hamburg GRUR-RR 2003, 335, 336 *Markenhemden*; OLG Köln GRUR 1999, 337, 338 *Sculpture*; GRUR 1999, 346, 347 *Davidoff Cool Water*.
1084   EuGH GRUR 2005, 507, 509 (Nr. 41) *Peak Holding/Axolin-Elinor*.
1085   BGH GRUR 2006, 863, 864 (Nr. 17 ff.) *ex works*.
1086   Vgl. den Fall BGH GRUR 2006, 863 *ex works*.
1087   Vgl. EuGH GRUR Int. 1994, 614, 616 (Nr. 34) *Ideal Standard II*; EuGH GRUR 2009, 593, 596 (Nr. 43) *Copad/Dior*; GRUR 2009, 1159, 1161 (Nr. 24) *Makro u.a./Diesel*.

5. Wirkung der Erschöpfung

Die Wirkung der Erschöpfung tritt kraft Gesetzes zwingend ein.[1088] Sie kann nicht **626**
durch abweichende Vereinbarungen vermieden werden. Daher ist es z.b. unbehelflich, wenn der Markeninhaber seinem Abnehmer im EWR die Pflicht auferlegt, die
Ware nur außerhalb des EWR zu vertreiben.[1089] Ein Verstoß des Abnehmers gegen
eine solche Abrede stellt also zwar (sofern sie kartellrechtlich wirksam ist) einen Ver-
tragsbruch dar; markenrechtliche Ansprüche des Markeninhabers – auch gegen dritte
Abnehmer – sind aber wegen der Erschöpfung nicht gegeben.

Unbedingt zu beachten ist, dass die Erschöpfung der markenrechtlichen Befugnisse **627**
immer nur die ganz *konkreten einzelnen Warenstücke* betrifft, die der Markeninhaber
oder mit seiner Zustimmung ein Dritter, z.b. ein Lizenznehmer, in Verkehr gebracht
hat.[1090] In diesem Umfang aber tritt die Erschöpfung umfassend ein. Es sind also
sämtliche Benutzungshandlungen, insbesondere die in § 14 III MarkenG/Art. 9 III
UMV genannten, freigestellt.[1091] Dritte können somit die Waren weiterveräußern,
dafür Werbung treiben usw.[1092]

6. Ausnahmen

Nach der generalklauselartigen Ausnahme des § 24 II MarkenG/Art. 15 II UMV **628**
treten die Wirkungen der Erschöpfung nicht ein, wenn sich der Markeninhaber dem
Weitervertrieb durch Dritte aus berechtigten Gründen widersetzt, was beispielhaft für
den Fall konkretisiert wird, dass die Ware nach dem Inverkehrbringen durch den Markeninhaber eine Veränderung oder Verschlechterung erfahren hat. Die markenrechtlichen Befugnisse des Markeninhabers treten insoweit also wieder in Kraft. Auf diese
Weise soll er sich insbesondere davor schützen können, dass eine Ware, die infolge
der Veränderung nicht mehr die seine ist und für die er keine Qualitätsverantwortung
mehr übernehmen kann, unter seiner Marke im Verkehr zirkuliert.

Eine erschöpfungshindernde Veränderung oder Verschlechterung liegt vor, wenn die **629**
Eigenart der Ware verändert wurde, z.B. Neuaufbau eines Unfallwagens mit neuen

---

1088 EuGH GRUR 2005, 507, 509 (Nr. 52, 53) *Peak Holding/Axolin-Elinor*.
1089 EuGH GRUR 2005, 507, 509 (Nr. 54) *Peak Holding/Axolin-Elinor*; BGH GRUR 2006,
     863, 864 (Nr. 16) *ex works*.
1090 EuGH GRUR Int. 1999, 870, 872 (Nr. 19) *Sebago*; GRUR 2010, 723, 724 (Nr. 31) *Coty
     Prestige/Simex Trading*; GRUR 2018, 917, 919 (Nr. 32) *Mitsubishi/Duma*; BGH GRUR
     2003, 878, 879 *Vier Ringe über Audi*; GRUR 2007, 1075, 1077 (Nr. 27) *STILNOX*;
     GRUR 2008, 160, 164 (Nr. 33) *CORDARONE*.
1091 BGH GRUR 2019, 76, 77 (Nr. 13) *beauty for less*.
1092 EuGH GRUR Int. 1998, 140, 143 (Nr. 36 ff.) *Dior/Evora*; GRUR Int. 1999, 438, 441
     (Nr. 47 ff.) *BMW/Deenik*; BGH GRUR 2003, 340, 341 *Mitsubishi*; GRUR 2003, 878,
     879 *Vier Ringe über Audi*; GRUR 2007, 784, 786 *AIDOL*; GRUR 2011, 817 (Nr. 11)
     RENNIE; GRUR 2012, 928, 929 (Nr. 17) *Honda-Grauimport*; GRUR 2019, 76, 77
     (Nr. 13) *beauty for less*; GRUR 2019, 165, 169 (Nr. 32) *keine-vorwerk-vertretung*.

Teilen,[1093] Umbau eines Konzertflügels unter Verwendung eines fremden Resonanzbodens und fremder Stimmstöcke,[1094] Umfärben von Jeanshosen,[1095] Hinzufügung von Diamanten auf der Lünette einer Rolex-Uhr[1096] usw. Eine gewöhnliche Reparatur von Verschleißteilen beseitigt die Erschöpfungswirkung dagegen selbst dann nicht, wenn hierfür keine (verfügbaren) Original-, sondern Fremdersatzteile verwendet wurden.[1097] Das folgt auch aus der Wertung des § 23 I Nr. 3 MarkenG/Art. 14 I lit. c UMV. Die Vorschrift liefe nämlich faktisch leer, wenn die Verwendung von Fremdersatzteilen zum Erschöpfungsausschluss führen würde.

7. Unionsrechtliche Rückausnahme

630 Der Nichteintritt der Erschöpfung bzw. das Wiederaufleben der markenrechtlichen Befugnisse des Markeninhabers nach § 24 II MarkenG/Art. 15 II UMV stehen nach der Rechtsprechung des EuGH ihrerseits unter dem Vorbehalt der primärrechtlich gesicherten Warenverkehrsfreiheit (Art. 34, 36 AEUV, früher Art. 28, 30 S. 2 EG, noch früher Art. 30, 36 S. 2 EGV). *Daher müssen vom Markeninhaber solche Veränderungen der Ware hingenommen werden, die unbedingt erforderlich sind, um eine Ware, die vom Markeninhaber (oder mit seiner Zustimmung) in einem Mitgliedstaat der EU bzw. in einem Vertragsstaat des EWR in Verkehr gebracht worden ist, im Einfuhrmitgliedstaat verkehrsfähig zu machen.*

631 Eine große Rolle spielt dies insbesondere im *Parallelhandel mit Arzneimitteln.* So ist es im Hinblick auf die Warenverkehrsfreiheit grundsätzlich erwünscht, dass Parallelhändler z.B. deutsche Originalarzneimittel auf dem preisgünstigeren griechischen oder spanischen Markt aufkaufen und nach Deutschland reimportieren, um sie hier zu Preisen zu vertreiben, die unter den Inlandspreisen des Herstellers/Markeninhabers liegen. Allerdings erfordert dies regelmäßig eine Anpassung der Waren bzw. ihrer Verpackung. So müssen z.B. griechische Aufschriften und Beipackzettel durch deutsche ersetzt bzw. überklebt werden. Die Packungsgrößen sind gegebenenfalls an entsprechende Vorschriften der Krankenkassen anzupassen usw. Solche Veränderungen lassen an sich die Befugnisse des Markeninhabers nach § 24 II MarkenG/Art. 15 II UMV wieder aufleben.

632 Das gilt im Interesse der vorrangigen Warenverkehrsfreiheit im Binnenmarkt jedoch dann nicht, wenn *kumulativ* folgende *fünf Bedingungen* erfüllt sind:[1098]

1093 Vgl. BGH GRUR 1990, 678, 679 *Herstellerkennzeichen auf Unfallwagen.*
1094 OLG Hamburg GRUR 2001, 749, 751 *based on STEINWAY.*
1095 BGH GRUR 1996, 271, 274 f. *Gefärbte Jeans.*
1096 OLG Karlsruhe GRUR 1995, 417, 419 *Rolex-Uhren;* BGH GRUR 1998, 696 *Rolex-Uhr mit Diamanten.*
1097 Vgl. OLG Stuttgart WRP 1995, 248, 252 *Rolex;* RGZ 161, 29, 39 *Zählerersatzteile.*
1098 Grdl. EuGH GRUR Int. 1978, 291, 298 *Hoffmann-La Roche/Centrafarm;* GRUR Int. 1982, 187, 188 *Pfizer/Eurim-Pharm;* GRUR Int. 1996, 1144 *Bristol-Myers Squibb;* bestätigt in EuGH GRUR 2007, 586, 589 (Nr. 21) *Boehringer Ingelheim/Swingward II;*

(1.) Die Geltendmachung der Marke (d.h. die Anwendung des § 24 II MarkenG) **633**
führt zu einer *künstlichen Abschottung der Märkte.*[1099]
Das Kriterium der künstlichen Marktabschottung ist *objektiv zu verstehen.* Auf eine
Marktabschottungs*absicht* des Markeninhabers kommt es *nicht* an.[1100] Entscheidend
ist, ob das Arzneimittel oder die sonstige Ware so, wie es vom Markeninhaber im
EWR-Ausland in Verkehr gebracht wurde, im Einfuhrstaat vermarktet werden kann.
Ist dies zu bejahen, stellt sich die Ausübung des Markenrechts nicht als künstliche
Marktabschottung dar. Ist das Umpacken dagegen *objektiv notwendig*, um die Ware
im Einfuhrstaat verkehrsfähig zu machen, so verstößt die Geltendmachung der Rechte
aus der Marke gegen Art. 34, 36 S. 2 AEUV. Es muss insoweit eine objektive *Zwangs-
lage* bestehen. Will sich der Parallelimporteur dagegen durch das Umpacken lediglich einen wirtschaftlichen Vorteil verschaffen, z.B. durch Angleichung an eine vom
Originalhersteller im Einfuhrstaat (Deutschland) verwendete Packungsgestaltung an
dessen wirtschaftlichem Erfolg partizipieren, kann er sich nicht auf Art. 34, 36 S. 2
AEUV berufen.[1101]

(2.) Der *Originalzustand* der in der Verpackung enthaltenen Arzneimittel oder sons- **634**
tigen Waren darf durch das Umpacken *nicht beeinträchtigt* worden sein. Davon ist
im allgemeinen auszugehen, wenn eine vorhandene innere Verpackung (z.B. Blister-
streifen, Ampullen) unverändert geblieben ist.

(3.) Auf der neuen Verpackung muss klar angegeben sein, von wem die Ware umge- **635**
packt worden und wer der Hersteller ist.

(4.) Die umgepackte Ware darf nicht so aufgemacht sein, dass dadurch der Ruf der **636**
Marke und ihres Inhabers geschädigt werden kann. Die Verpackung darf insbesondere
nicht schadhaft oder von schlechter Qualität sein oder einen unordentlichen Eindruck
erwecken. Besonders umstritten ist in diesem Zusammenhang, ob und in welchem
Umfang der Parallelimporteur auf einer neu erstellten Außenverpackung eigene

---

GRUR 2009, 154, 155 (Nr. 23) *Wellcome/Paranova*; GRUR 2011, 814, 816 (Nr. 27)
Orifarm/Merck.
1099 Offenbar versehentlich unrichtig wiedergegeben in BGH GRUR 2001, 422, 423 *ZO-
COR*; GRUR 2002, 57, 58 *Adalat*; BGH GRUR 2002, 1059 *Zantac/Zantic*; GRUR
2002, 1063 *Aspirin*; GRUR 2003, 336, 337 *Beloc*; GRUR 2003, 338, 339 *Bricanyl I*, wo
jeweils ausgeführt ist, dass die Erschöpfung sei davon abhängig, dass die Geltendmachung der
Rechte aus der Marke *nicht* einer künstlichen Marktabschottung diene; richtig dann BGH
GRUR 2008, 156, 158 (Nr. 19) *Aspirin II*; GRUR 2019, 518, 521 (Nr. 39) *Curapor.*
1100 EuGH GRUR Int. 1996, 1144, 1149 (Nr. 57) *Bristol-Myers Squibb*; GRUR Int. 2000,
159, 162 (Nr. 39) *Upjohn/Paranova*; BGH GRUR 2003, 338, 339 *Bricanyl I*; GRUR
2008, 1089, 1091 (Nr. 30) *KLACID PRO*; BGH MarkenR 2014, 265, 266 (Nr. 15)
Micardis/Sifrol.
1101 Vgl. EuGH GRUR Int. 2000, 159, 163 (Nr. 42–44) *Upjohn/Paranova* (zur Markenersetzung).

Marken, Logos oder Ausstattungen anbringen darf; die Rechtsprechung ist insoweit recht großzügig.[1102]

637 (5.) Schließlich ist der Parallelimporteur verpflichtet, den Markeninhaber *vorab* vom Feilhalten der umgepackten Ware zu *informieren* und ihm *auf Verlangen ein Muster zu liefern.*

638 Sind die genannten Bedingungen (kumulativ) erfüllt, darf § 24 II MarkenG/ Art. 15 II UMV im Hinblick auf den Grundsatz der Warenverkehrsfreiheit (Art. 34, 36 S. 2 AEUV) nicht angewendet werden, d.h. es bleibt bei der Erschöpfung (§ 24 I MarkenG/Art. 15 I UMV), so dass der Reimport und Parallelvertrieb trotz der vorgenommenen Veränderungen durch den Markeninhaber hinzunehmen ist. Ist dagegen auch nur eine der Bedingungen nicht erfüllt, wird also z.B. gegen die Anzeige- und Bemusterungspflicht verstoßen, kann der Markeninhaber den Reimport und Parallelvertrieb nach § 14 II S. 1 Nr. 1, § 24 II MarkenG/Art. 9 II lit. a, Art. 15 II UMV unterbinden.

1102   S. im einzelnen Ströbele/Hacker/Thiering, § 24 Rn. 125–127.

E. Markenrechtliche Ansprüche und Sanktionen

§ 21 Überblick

Das markenrechtliche Anspruchs- und Sanktionensystem stand lange Zeit im Schatten der Fortentwicklung und Ausdifferenzierung des Verletzungstatbestandes. Das war so lange kein Manko, wie sich Verletzungen auf mehr oder weniger zufällige Kollisionen beschränkten. Der technische Fortschritt ermöglichte es jedoch zunehmend, fremde Schutzrechte ohne großen Aufwand in professionellem Stil und Umfang gezielt zu verletzen. So wurde seit den 80er Jahren des 20. Jahrhunderts eine dramatische Zunahme der Produkt- und Markenpiraterie beobachtet. Der Gesetzgeber reagierte darauf mit dem ProduktpiraterieG vom 7. März 1990.[1103] Durch dieses Artikelgesetz wurden die in den Gesetzen des gewerblichen Rechtsschutzes – u.a. im WZG – und des Urheberrechts enthaltenen Sanktionen – weitgehend einheitlich – erheblich verschärft. Neu formuliert bzw. eingeführt wurden insbesondere der Anspruch des Markeninhabers auf Vernichtung schutzrechtsverletzender Waren sowie von Vorrichtungen zur widerrechtlichen Kennzeichnung (§ 25a WZG) und der Anspruch auf die sog. Drittauskunft, d.h. die Auskunft über dritte Personen, nämlich über Herkunft und Vertriebsweg von Verletzerwaren (§ 25b WZG). **639**

Bei der Umsetzung der MarkenRL-1988 konnten diese Vorschriften zunächst im Wesentlichen unverändert in das MarkenG übernommen werden (§§ 18, 19 MarkenG), da die MarkenRL-1988 zu diesem Komplex keine Vorgaben enthielt. Es handelte sich somit um autonomes nationales Recht, zu dessen Auslegung ohne Bedenken die Materialien zum ProduktpiraterieG herangezogen werden konnten. **640**

Nächste Station der Rechtsentwicklung war das TRIPs-Übk, das für Deutschland am 1. Januar 1995 als Teil des WTO-Übk in Kraft getreten ist (s. oben Rdn. 219, 220). Das TRIPs-Übk enthält in den Art. 41–61 umfangreiche Vorschriften über die Sanktionen bei Schutzrechts- (u.a. also auch Markenrechts-) Verletzungen. Die Ratifizierung des WTO-Übk hatte allerdings zunächst keine unmittelbaren Auswirkungen, da die Bundesregierung – wenngleich nicht ganz zu Recht – der Auffassung war, dass das deutsche Recht den Erfordernissen des TRIPs-Übk ohne weiteres genüge. **641**

Obwohl alle EU-Mitgliedstaaten zugleich Vertragsstaaten des WTO/TRIPs-Übk sind, wichen die einschlägigen Vorschriften der EU-Staaten zum Teil erheblich voneinander ab. Besonders nachteilig ist dies nicht zuletzt deswegen, weil die unionsrechtlich verankerten Schutzrechte wie die Unionsmarke kein eigenes Sanktionenrecht aufweisen, sondern in diesem Punkt weitgehend auf das nationale Recht des Forumstaates verweisen (vgl. Art. 17 I S. 2, Art. 130 UMV, s. oben Rdn. 410). Aus diesem Grund hat die EU, die selbst Partei des WTO-Übk ist, auf der Basis des TRIPs-Übk, aber auch des insoweit seit dem ProduktpiraterieG besonders weit fortgeschrittenen deutschen **642**

1103 BGBl. 1990 I, S. 422 = BlPMZ 1990, 161.

Rechts die *Richtlinie 2004/48/EG vom 29. April 2004 zur Durchsetzung der Rechte des geistigen Eigentums*[1104] erlassen (*DurchsetzungsRL*, oft auch als EnforcementRL bezeichnet). Mit Bezug auf das Markenrecht wird damit die von der MarkenRL noch ausgesparte Rechtsfolgenseite einer Markenverletzung einer unionsweiten Harmonisierung unterzogen. Dabei handelt es sich jedoch nicht um eine Vollharmonisierung. Die DurchsetzungsRL stellt vielmehr lediglich einen *Mindeststandard* auf, der von den Mitgliedstaaten zugunsten des verletzten Rechtsinhabers überschritten werden darf (Art. 2 I DurchsetzungsRL). Der Mindeststandard der Richtlinie bewegt sich jedoch auf sehr hohem Niveau, so dass weitergehende Maßnahmen allenfalls in Randbereichen in Frage kommen.

643 Die Umsetzung der DurchsetzungsRL erfolgte in Deutschland durch das Gesetz zur Verbesserung der Durchsetzung von Rechten des geistigen Eigentums vom 7. Juli 2008[1105] (DurchsetzungsG), das am 1. September 2008 in Kraft getreten ist. Durch dieses Gesetz wurden u.a. die Vorschriften über den Unterlassungs- und den Schadensersatzanspruch (§ 14 V, VI MarkenG) sowie über den Vernichtungs- und den Drittauskunftsanspruch (§§ 18, 19 MarkenG) neu gefasst und die §§ 19a-19d MarkenG eingefügt.

644 Im Überblick stellt sich das markenrechtliche Sanktionensystem danach wie folgt dar:
(1.) Zivilrechtliche Verletzungsansprüche; dies sind
– der Unterlassungsanspruch (§ 14 V MarkenG, s. Rdn. 646 – 671);
– die ergänzenden Ansprüche auf Beseitigung und Löschung (s. Rdn. 672–729);
– der Schadensersatzanspruch (§ 14 VI MarkenG, s. Rdn. 730 – 747), flankiert durch Hilfsansprüche, nämlich zum einen durch einen gesetzlich nicht geregelten, aber gewohnheitsrechtlich anerkannten Anspruch des Markeninhabers auf Auskunft durch den Verletzer über das Ausmaß der Verletzung, um den Schaden zutreffend ermitteln zu können (s. Rdn. 748 – 753); zum andern durch einen Anspruch auf Vorlage von Bank-, Finanz- und Handelsunterlagen zur Sicherung des Schadensersatzanspruchs (§ 19b MarkenG, s. Rdn. 754);
– als schärfste zivilrechtliche Sanktion der Anspruch auf Vernichtung markenverletzender Waren sowie von Materialien und Geräten, die zur widerrechtlichen Kennzeichnung gedient haben (§ 18 I MarkenG, s. Rdn. 755 – 763);
– der Anspruch auf Rückruf rechtsverletzender Waren und deren endgültiges Entfernen aus den Vertriebswegen (§ 18 II MarkenG; s. Rdn. 764);
– der Anspruch auf Urteilsbekanntmachung (§ 19c MarkenG);
– schließlich vorbereitende Ansprüche, die der Aufdeckung weiterer Verletzungshandlungen dienen sollen (Drittauskunft über Herkunft und Vertriebsweg rechtsverletzender Waren gemäß § 19 MarkenG, s. Rdn. 766 – 774) oder – noch weiter vorgelagert – dem Markeninhaber in begründeten

---

1104 ABl-EG Nr. L 195 v. 02.06.2004, S. 16 = BlPMZ 2004, 408 = Ströbele/Hacker/Thiering, Anhang 12.
1105 BGBl. 2008 I, S. 1191; Materialien in BT-Drs. 16/5048, auch abgedruckt in BlPMZ 2008, 274 ff.

Verdachtsfällen erst einmal Gewissheit verschaffen sollen, ob überhaupt ein Verletzungsfall vorliegt (Besichtigungs- und Vorlageansprüche nach § 19a MarkenG, s. Rdn. 776 – 777).
Alle diese Vorschriften finden gemäß Art. 17 I S. 2, Art. 130 II UMV i.V.m. § 125b Nr. 2 MarkenG auch auf die Verletzung von Unionsmarken Anwendung.
(2.) strafrechtliche Sanktionen (§§ 143, 143a MarkenG, s. Rdn. 789 – 791);
(3.) Zugriffsbefugnisse der Zollbehörden beim Im- oder Export markenverletzender Waren, sog. Grenzbeschlagnahme (§§ 146 ff. MarkenG, s. Rdn. 792 – 794).

Trotz dieses ausgedehnten Sanktionensystems kann sich mitunter die Frage stellen, ob **645** und inwieweit ein ergänzender Markenschutz nach den Vorschriften des UWG oder sogar des allgemeinen Deliktsrechts des BGB in Betracht kommt, nämlich immer dann, wenn die markenrechtlichen Sanktionen mangels Markenverletzung im Sinne des § 14 II Nr. 1–3 MarkenG nicht zum Zuge kommen (s. dazu Rdn. 795 – 814).

§ 22 Unterlassungsanspruch

Die Dogmatik des Unterlassungsanspruchs ist vor allem im bürgerlichen und im **646** Wettbewerbsrecht entwickelt worden. Insoweit kann und muss an dieser Stelle auf das dortige Schrifttum verwiesen werden.[1106] Die nachfolgenden Ausführungen beschränken sich daher auf die wichtigsten Grundsätze und einige markenrechtliche Besonderheiten.

I. Inhalt und Zukunftsorientierung des Unterlassungsanspruchs

Der Markeninhaber kann (wie der Inhaber eines jeden ausschließlichen Rechts) von **647** jedermann und zu jeder Zeit verlangen, dass die Grenzen seines Rechts respektiert werden. Das bedeutet aber nicht, dass damit jedermann eo ipso und in jeder durch den Inhalt des Markenrechts vorgegebenen Hinsicht Unterlassungsschuldner des Markeninhabers ist. Zur Begründung eines Unterlassungs*schuldverhältnisses* (im Sinne

---

1106 Neben den gängigen Kommentaren zu § 8 UWG s. vor allem Teplitzky, Wettbewerbs-rechtliche Ansprüche und Verfahren, 12. Aufl. 2019; Ahrens, Der Wettbewerbsprozess, 8. Aufl. 2016.

von § 241 I S. 2 BGB) bedarf es vielmehr besonderer Umstände, durch die sich das allgemeine Respektierungsgebot zu einem *gegen eine bestimmte Person* und auf ein *bestimmtes rechtswidriges Verhalten* gerichteten Unterlassungs*anspruch* konkretisiert.

648 Der wichtigste Umstand, durch den sich das allgemeine Respektierungsgebot in diesem Sinne konkretisiert, ist eine *vorgekommene Verletzungshandlung*. Daher formuliert § 14 V S. 1 MarkenG: »Wer ein Zeichen entgegen den Absätzen 2 bis 4 benutzt [= Verletzungshandlung], kann vom Inhaber der Marke … auf Unterlassung in Anspruch genommen werden.« *Dabei legt die Verletzungshandlung fest, was genau künftig zu unterlassen geschuldet ist.* Eben das, was passiert ist, soll nicht wieder vorkommen.

649 Es leuchtet jedoch schnell ein, dass dies nicht in einem zu engen Sinne verstanden werden darf. Hat etwa der Beklagte in der Süddeutschen Zeitung vom 15. September 2018 ein markenverletzendes Produkt beworben, so wäre es selbstverständlich sinnlos, ihm zu verbieten, künftig in der Süddeutschen Zeitung vom 15. September 2018 dieses Produkt zu bewerben. Daher ist anerkannt, dass sich der Unterlassungsanspruch über die konkret vorgekommene Verletzungshandlung hinaus auch auf solche *Verallgemeinerungen* erstreckt, *in denen das Charakteristische der konkreten Verletzungshandlung zum Ausdruck kommt*.[1107] Wie weit verallgemeinert werden darf, lässt sich nicht generell angeben. Die äußerste Grenze bildet aber immer der Schutzbereich der Marke.

650 Die Anbindung des Unterlassungsanspruchs allein an eine bestimmte in der Vergangenheit vorgekommene Verletzungshandlung würde jedoch dem Wesen dieses Anspruchs als eines zukunftsorientierten Anspruchs nicht gerecht werden. Hinzu kommen muss daher, dass weitere Beeinträchtigungen der vorgekommenen Art zu besorgen sind (vgl. § 1004 I S. 2 BGB), es muss also eine *Wiederholungsgefahr* bestehen (s. Rdn. 653 – 656). Für den wettbewerbsrechtlichen Unterlassungsanspruch ist dies seit der UWG-Novelle 2004 ausdrücklich geregelt (vgl. § 8 I S. 1 UWG). Auch in § 14 V S. 1 MarkenG ist eine entsprechende Klarstellung enthalten.

651 Ohne eine vorangegangene Verletzungshandlung lässt sich eine Konkretisierung des allgemeinen Respektierungsgebots zu einer konkreten und individuellen Unterlassungsschuld nur ausnahmsweise dann annehmen, wenn anderweitig hinreichende *Anhaltspunkte für eine bestimmte und unmittelbar drohende Verletzung* bestehen (*Erstbegehungsgefahr*; s. Rdn. 657 – 660). In diesem Fall besteht ein *vorbeugender Unterlassungsanspruch* (vgl. § 14 V S. 2 MarkenG).

Eine solche Erstbegehungsgefahr wird z.B. durch die *Anmeldung einer jüngeren Marke* begründet, deren Benutzung in den Schutzbereich der älteren Marke eingreifen würde.

1107 Vgl. BGH GRUR 2009, 772, 779 (Nr. 29) *Augsburger Puppenkiste*; GRUR 2008, 702, 706 (Nr. 55) *Internet-Versteigerung III*; GRUR 2006, 504, 506 (Nr. 36) *Parfümtestkäufe*; instruktive Beispiele bei BGH GRUR 2016, 395, 398 (Nr. 37-39) *Smartphone-Werbung* (zum UWG) und OLG Hamburg GRUR-RR 2015, 282, 283 (Nr. 51) *partnership*.

In seinen beiden Formen als Verletzungsunterlassungs- und als vorbeugender Unter- 652
lassungsanspruch zielt der Unterlassungsanspruch auf die Unterbindung eines künftigen *objektiv rechtswidrigen Verhaltens*. Er setzt daher *kein Verschulden* voraus.

II. Wiederholungsgefahr

Wird der Unterlassungsanspruch – wie meist – auf eine vorangegangene Verletzungs- 653
handlung gestützt, so spricht nach ständiger Rechtsprechung eine *tatsächliche Vermutung* für das Vorliegen auch der erforderlichen Wiederholungsgefahr.[1108] Denn wer
eine fremde Marke verletzt hat, begründet erfahrungsgemäß die ernsthafte und greif-
bare Besorgnis, dass er in gleicher Weise weiter- oder wieder handelt.

Die Wiederholungsvermutung wird sehr streng gehandhabt. Allein durch die Beendi- 654
gung der Markenverletzung wird sie nicht beseitigt, auch nicht durch Betriebsaufgabe
und ähnliche Vorgänge wie z.B. die Abberufung des Geschäftsführers, der die Markenverletzung begangen oder veranlasst hat.[1109] Auch die Zahlung von Schadensersatz
räumt die Wiederholungsgefahr nicht aus. Vielmehr ist in aller Regel die *Abgabe einer
strafbewehrten Unterlassungserklärung* erforderlich, um die Wiederholungsvermutung
und -gefahr zu beseitigen.

Diese Erklärung umfasst zum einen ein Unterlassungsversprechen, das den Unterlas- 655
sungsanspruch voll abdecken muss, sich also über die vorgekommene Verletzungshandlung hinaus auch auf im Kern gleichgelagerte Verletzungen beziehen muss, in
denen das Charakteristische der vorangegangenen Verletzung zum Ausdruck kommt.
Darüber hinaus muss die Erklärung durch eine *angemessene Vertragsstrafe* abgesichert
sein. Der Betrag muss geeignet sein, Zweifel an der Ernstlichkeit des Unterlassungsver-
sprechens auszuräumen, wofür aber objektive Maßstäbe und nicht die Vorstellungen
des verletzten Markeninhabers maßgebend sind.[1110]

Zu beachten ist, dass eine in jeder Hinsicht ausreichende Unterlassungserklärung die 656
Wiederholungsgefahr grundsätzlich auch dann beseitigt, wenn sie einseitig bleibt, vom
Markeninhaber also nicht angenommen wird.[1111] Eine Verwirkung der versprochenen
Vertragsstrafe im Falle erneuter Rechtsverletzung kommt dagegen nur in Betracht,
wenn durch Annahme der Erklärung seitens des Markeninhabers ein *Unterlassungsver-
trag* im Sinne von §§ 339 ff. BGB zustandegekommen ist.

1108 Vgl. BGH GRUR 2009, 1162, 1166 (Nr. 64) *DAX*; GRUR 2008, 1108, 1110 (Nr. 23)
      Haus & Grund III; GRUR 2014, 363, 365 (Nr. 25) *Peter Fechter*; zur Unionsrechtskon-
      formität dieser Vermutung vgl. EuGH GRUR 2007, 228 (Nr. 32, 36) *Nokia*.
1109 Vgl. BGH GRUR 2009, 1162, 1166 (Nr. 64) *DAX*; GRUR 2000, 605, 607 f. *comtes/Com-
      Tel*; GRUR 1998, 1045 *Brennwertkessel*; OLG Köln GRUR 1998, 54, 57 *Mercedes-Stern*.
1110 Vgl. BGH GRUR 1983, 127, 128 *Vertragsstrafeversprechen*; GRUR 1994, 146, 147
      Vertragsstrafebemessung.
1111 S. näher Köhler/Bornkamm/Feddersen, § 12 Rn. 1.172 ff.; zur Situation bei ausdrück-
      licher Ablehnung einer ausreichenden Unterlassungserklärung s. a.a.O. Rn. 1.177.

III. Erstbegehungsgefahr

657 Eine Erstbegehungsgefahr als Voraussetzung für einen vorbeugenden Unterlassungsanspruch (s. Rdn. 651) darf nicht vorschnell angenommen werden. Vielmehr muss sich die drohende Verletzungshandlung in tatsächlicher Hinsicht so greifbar und konkret abzeichnen, dass eine zuverlässige Beurteilung unter rechtlichen Gesichtspunkten möglich ist.[1112]

658 Ein praktisch wichtiger Fall der Erstbegehungsgefahr liegt – wie schon erwähnt – vor, wenn eine *jüngere Marke zum Register angemeldet* wird, die in den Schutzbereich der älteren Marke eingreift.[1113]

659 Darüber hinaus kann sich eine Erstbegehungsgefahr daraus ergeben, dass sich der potentielle Verletzer des Rechts zur Vornahme bestimmter Handlungen *berühmt*. Besonders gefahrenträchtig ist insoweit, dass die Berühmung auch in einem entsprechenden *Verhalten im Markenverletzungsprozess* liegen kann, sofern sich daraus die Bereitschaft ergibt, sich unmittelbar oder in naher Zukunft in der betreffenden Weise zu verhalten.[1114] Ob dies der Fall ist, kann nur im Einzelfall geklärt werden. Zur Klarstellung empfiehlt sich ein Hinweis, dass Ausführungen im Verletzungsprozess ausschließlich zum Zweck der Rechtsverteidigung erfolgen, auch wenn eine solche Erklärung nicht schematisch zur Voraussetzung für die Verneinung einer Erstbegehungsgefahr gemacht werden darf.[1115]

660 An eine *Beseitigung der Erstbegehungsgefahr* werden *geringere Anforderungen* gestellt als an eine Beseitigung der Wiederholungsgefahr. Regelmäßig genügt insoweit eine ernstliche Erklärung, dass die beanstandete Handlung in der Zukunft nicht vorgenommen werde.[1116] Einer Strafbewehrung bedarf es regelmäßig nicht. Gründet sich die Erstbegehungsgefahr auf die Anmeldung bzw. Eintragung einer rechtsverletzenden Marke, so genügt nach der Rechtsprechung des BGH im allgemeinen bereits die Rücknahme der Anmeldung bzw. ein Verzicht auf die Marke, um die Erstbegehungsgefahr entfallen zu lassen.[1117]

1112 BGH GRUR 1992, 612, 614 *Nicola*; GRUR 2008, 912, 913 (Nr. 17) *Metrosex*.
1113 BGH GRUR 2015, 1201, 1206 (Nr. 49) *Sparkassen-Rot/Santander-Rot*; GRUR 2014, 382, 384 (Nr. 30) *REAL-Chips*; GRUR 2010, 838, 840 (Nr. 24) *DDR-Logo*; GRUR 2009, 1055, 1056 (Nr. 18) *airdsl*; GRUR 2009, 484, 490 (Nr. 70) *Metrobus*; GRUR 2004, 600, 601 *d-c-fix/CD-FIX*; zum gleichliegenden Fall der *Schutzerstreckung einer IR-Marke* auf Deutschland s. BGH GRUR 1990, 361, 363 *Kronenthaler*; GRUR 2003, 428, 431 *BIG BERTHA*.
1114 Vgl. BGH GRUR 2001, 1174, 1175 *Berühmungsaufgabe*; BGH GRUR-RR 2009, 299, 300 (Nr. 14) *Underberg*.
1115 BGH GRUR 2001, 1174, 1175 *Berühmungsaufgabe*; OLG München GRUR-RR 2006, 84, 88 *MEMORY/EDUCA memory game*; vgl. auch BGH NJW-RR 2006, 1378, 1379 *Flüssiggastank*.
1116 Vgl. BGH GRUR 2001, 1174, 1176 *Berühmungsaufgabe*; OLG München GRUR-RR 2006, 84, 89 *MEMORY/EDUCA memory game*.
1117 BGH GRUR 2008, 912, 914 (Nr. 30) *Metrosex*; BGH GRUR-RR 2009, 299, 300 (Nr. 12) *Underberg*; BGH GRUR 2015, 1201, 1207 (Nr. 56) *Sparkassen-Rot/Santander-Rot*.

IV. Gläubiger und Schuldner

1. Gläubiger des Unterlassungsanspruchs

Gläubiger des Unterlasungsanspruchs ist, wie sich unmittelbar aus § 14 V S. 1 Mar-   **661**
kenG ergibt, der Inhaber der Marke. Gemeint ist damit nur der *materiell-rechtliche
Inhaber*, der nicht notwendig mit demjenigen identisch ist, der im Markenregister als
Inhaber vermerkt ist (s. dazu unten Rdn. 828).

Immerhin spricht aber zugunsten des formell durch das Register Legitimierten nach   **662**
§ 28 I MarkenG eine *tatsächliche Vermutung* auch der materiellen Inhaberschaft, so
dass es Sache des Beklagten ist, diese Vermutung in vollem Umfang zu widerlegen
(§ 292 ZPO!).[1118]

Dagegen hat der Lizenznehmer (auch der ausschließliche, s. dazu Rdn. 842) keinen   **663**
eigenen Unterlassungsanspruch. Vielmehr kann er nach § 30 III S. 1 MarkenG nur
mit Zustimmung des Markeninhabers gegen Verletzungen vorgehen. Dabei wird es
für zulässig erachtet, dass der Lizenznehmer nach § 30 III S. 1 MarkenG und der
Markeninhaber selbst *nebeneinander* Verletzungsansprüche geltend machen.[1119]

Hiervon abweichend sieht die durch das MaMoG neu aufgenommene Bestimmung   **664**
des § 30 III S. 2 MarkenG in Umsetzung von Art. 25 III S. 2 MarkenRL und gleichlaufend mit Art. 25 III S. 2 UMV vor, dass der Inhaber einer *ausschließlichen Lizenz*
Verletzungsklage erheben kann, wenn der Markeninhaber nach förmlicher Aufforderung durch den Lizenznehmer nicht selbst innerhalb einer angemessenen Frist Klage
erhoben hat. Von einem eigenen materiell-rechtlichen Anspruch des Lizenznehmers
ist allerdings auch in diesem Fall nicht auszugehen, da der Lizenznehmer insoweit nur
im Wege einer Art Ersatzvornahme für den Markeninhaber handelt; es entfällt also
nur das Erfordernis der Zustimmung des Markeninhabers.

2. Schuldner des Unterlassungsanspruchs

a) Täter

Schuldner des Unterlassungsanspruchs ist zunächst derjenige, der die Verletzung   **665**
begangen hat (Täter).

Wird die Verletzungshandlung in einem geschäftlichen Betrieb von einem Angestellten   **666**
oder Beauftragten begangen, so unterliegt *nach § 14 VII MarkenG auch der Betriebsinhaber* der Täterhaftung. Dabei sind sowohl der Begriff des geschäftlichen Betriebs
als auch der des Angestellten und des Beauftragten – wie in § 8 II UWG – weit

---

1118 Vgl. OLG Frankfurt GRUR-RR 2006, 48, 49 *Cartier als Suchbegriff*; OLG München
      GRUR-RR 2006, 89, 90 *DSI*.
1119 BGH GRUR 2005, 427, 429 *Lila-Schokolade*; GRUR 1999, 161, 163 *MAC Dog*.

auszulegen[1120] und erfasst jeden, der in irgendeiner Weise in den Betriebsorganismus eingegliedert ist und dessen Arbeitsergebnis – zumindest auch – dem Betriebsorganismus zugutekommt und auf dessen Gebaren die Betriebsleitung einen bestimmenden Einfluss hat, wobei der Begriff des Betriebsorganismus seinerseits weit auszulegen ist.[1121] Zum Betriebsorganismus gehört insbesondere auch die gesamte Vertriebsorganisation.[1122] Beauftragte in diesem Sinne können auch rechtlich selbständige Unternehmen sein,[1123] z.B. eine Vertriebs-Tochtergesellschaft,[1124] selbständige Handelsvertreter,[1125] Vertragshändler, Franchisenehmer.[1126]Auch eine Werbeagentur kann Beauftragter sein.[1127]

667   Eine *Exkulpation* ist – anders als bei § 831 BGB – *nicht vorgesehen*[1128] und wäre im Hinblick auf den Unterlassungsanspruch wegen dessen Verschuldensunabhängigkeit auch nicht sinnvoll. Gehaftet wird daher auch für Handlungen, die ohne Wissen des Betriebsinhabers und gegebenenfalls sogar gegen seinen Willen geschehen.[1129] Der Betriebsinhaber kann sich auch nicht darauf berufen, er habe dem Angestellten oder Beauftragten in dem fraglichen Bereich Entscheidungsfreiheit eingeräumt.[1130]

b) Störer

668   Neben Tätern und Teilnehmern haftet auch der sog. *(Mit-)Störer* entsprechend § 1004 BGB.[1131] Das Rechtsinstitut der Störerhaftung ist zunächst im UWG entwickelt worden, dort aber mittlerweile zugunsten einer täterschaftlichen Haftung kraft Verkehrspflichtverletzung aufgegeben worden.[1132] Für den Bereich des Immaterialgüterrechts

---

1120 BGH GRUR 2005, 864 *Meißner Dekor II*; GRUR 2009, 1167, 1170 (Nr. 21) *Partnerprogramm*.
1121 Grdl. RGZ 151, 287, 292 f. *Alpina-Uhren* (zu § 13 III UWG a.F.); ebenso die neuere Rspr., vgl. zusammenfassend BGH GRUR 1995, 605 *Franchise-Nehmer*; s. auch BGH GRUR 2005, 864, 865 *Meißner Dekor II*; GRUR 2011, 617, 621 (Nr. 54) *Sedo*.
1122 Vgl. BGH GRUR 1964, 263, 267 *Unterkunde*.
1123 BGH GRUR 2009, 1167, 1170 (Nr. 21) *Partnerprogramm*; GRUR 2005, 864, 865 *Meißner Dekor II*; GRUR 1995, 605, 607 *Franchise-Nehmer*.
1124 BGH GRUR 2005, 864, 865 *Meißner Dekor II*.
1125 Vgl. BGH GRUR 1971, 119, 120 *Branchenverzeichnis*.
1126 Vgl. BGH GRUR 1995, 605, 607 *Franchise-Nehmer*.
1127 Vgl. BGH GRUR 2009, 1167, 1170 (Nr. 21) *Partnerprogramm*; GRUR 1991, 772, 774 *Anzeigenrubrik I*; GRUR 1973, 208, 209 *Neues aus der Medizin*.
1128 Vgl. BGH GRUR 2005, 864 *Meißner Dekor II*; GRUR 1995, 605, 607 *Franchise-Nehmer*.
1129 BGH GRUR 1995, 605, 607 *Franchise-Nehmer*.
1130 Vgl. BGH WRP 2000, 1258, 1261 *Filialleiterfehler*.
1131 Zur Rechtsgrundlage der Störerhaftung s. zB BGH GRUR 2005, 171, 172 *Ausschreibung von Ingenieurleistungen*; GRUR 2004, 693, 695 *Schöner Wetten*.
1132 Vgl. BGH GRUR 2007, 890 *Jugendgefährdende Medien bei eBay* und nachfolgend BGH GRUR 2011, 152, 156 (Nr. 48) *Kinderhochstühle im Internet*; zu Einzelheiten s. Ströbele/Hacker/Thiering, § 14 Rn. 449 ff.

und so auch des Markenrechts hält der BGH an dem (nicht unumstrittenen) Rechtsinstitut aber explizit fest.[1133]

Als Störer kann *jeder* in Anspruch genommen werden, *der* – auch ohne Verschul- **669** den – *willentlich und adäquat-kausal an der Herbeiführung oder Aufrechterhaltung einer rechtswidrigen Beeinträchtigung mitgewirkt hat.* Dabei kann als Mitwirkung auch die Unterstützung oder Ausnutzung der Handlung eines eigenverantwortlich handelnden Dritten genügen, soweit der Inanspruchgenommene die rechtliche Möglichkeit zur Verhinderung der Handlung hatte.[1134]

Diese sehr starke Ausdehnung des Kreises möglicher Schuldner hat jedoch in der jüngeren, noch zum UWG ergangenen Rechtsprechung in Anlehnung an die zur wettbewerbsrechtlichen (Verletzer-)Haftung der Presse im Anzeigengeschäft entwickelten Grundsätze[1135] eine Einschränkung unter dem Gesichtspunkt erfahren, dass die Bejahung einer Störerhaftung notwendig *Prüfungspflichten* voraussetzt, deren Einhaltung zur Vermeidung einer Inanspruchnahme geboten ist.[1136] Von einer solchen uneingeschränkten Prüfungspflicht kann nicht stets und ohne weiteres bei jedem ausgegangen werden, der die sehr weit gefassten allgemeinen Voraussetzungen der Störerhaftung erfüllt. Das Ob und der Umfang solcher Prüfungspflichten ergeben sich vielmehr im Einzelfall unter Berücksichtigung der Funktion des als Störer in Anspruch Genommenen sowie im Blick auf die Eigenverantwortung des unmittelbar handelnden Dritten (Verletzers).[1137]

Praktisch wichtige Fälle der Störerhaftung sind die Mithaftung der gesetzlichen Ver- **670** treter von juristischen Personen und Personenhandelsgesellschaften,[1138] die allerdings in der jüngeren Rechtsprechung[1139] nicht mehr wie vordem pauschal bejaht, sondern sehr differenziert beurteilt wird,[1140] sowie die Haftung von Presse- und Medienunter-

---

1133 Grdl. BGH GRUR 2004, 860, 864 *Internet-Versteigerung* und etwa BGH GRUR 2012, 304, 307 (Nr. 49) *Basler Haar-Kosmetik.*

1134 BGH GRUR 2004, 860, 864 *Internet-Versteigerung;* GRUR 2001, 1038, 1039 *ambiente. de*; vgl. auch BGH GRUR 1997, 313, 315 *Architektenwettbewerb;* GRUR 2003, 969, 870 *Ausschreibung von Vermessungsleistungen* (noch zum UWG).

1135 Vgl. BGH GRUR 1990, 1012, 1014 *Pressehaftung I;* GRUR 1992, 618, 619 *Pressehaftung II;* GRUR 2002, 360, 366 *H.I.V. POSITIVE II;* GRUR 2006, 429, 430 (Nr. 13) *Schlank-Kapseln.*

1136 Grdl. BGH GRUR 1997, 313, 316 *Architektenwettbewerb;* s. ferner z.B. BGH GRUR 2004, 693, 695 *Schöner Wetten.*

1137 Vgl. BGH GRUR 2001, 1038, 1040 *ambiente.de;* GRUR 2012, 304, 307 (Nr. 51) *Basler Haar-Kosmetik.*

1138 Z.B. BGH GRUR 2013, 1161, 1164 (Nr. 42) *Hard Rock Cafe;* GRUR 2012, 1145, 1148 (Nr. 36) *Pelikan;* GRUR 2011, 1043, 1047 (Nr. 70) *TÜV II;* GRUR 2009, 685, 688 (Nr. 33) *ahd.de.*

1139 Seit BGH GRUR 2014, 883 *Geschäftsführerhaftung.*

1140 Zu Einzelheiten s. Ströbele/Hacker/Thiering, § 14 Rn. 468 ff.

nehmen für grobe und unschwer zu erkennende Rechtsverletzungen in den von ihnen verbreiteten Anzeigen Dritter.[1141]

671 Besonders diskutiert wird in jüngerer Zeit, inwieweit Institutionen und Unternehmen, die am Betrieb des Internet beteiligt sind, insbesondere die *Betreiber von Handelsplattformen*, als Störer für Markenverletzungen der Nutzer (sofern diese im geschäftlichen Verkehr handeln!) in Anspruch genommen werden können. Die Frage ist von großer Bedeutung, weil die Rechteinhaber ein starkes Interesse daran haben, die Internetunternehmen unter dem Druck der Mithaftung als Störer in die Bekämpfung von Schutzrechtsverletzungen einzubeziehen anstatt selbst gegen die einzelnen Verletzer vorgehen zu müssen. Andererseits genießen die Internetunternehmen nach dem *Telemediengesetz (TMG)*[1142] gewisse Haftungserleichterungen im Hinblick auf von Dritten ins Netz gestellte Inhalte, um im Interesse der Allgemeinheit einen kostengünstigen Zugang zur Nutzung des Internets zu gewährleisten. Wegen der Einzelheiten der sehr komplexen Rechtslage muss auf die Spezialliteratur verwiesen werden.[1143]

§ 23 Beseitigungs- und Löschungsanspruch

1141 Vgl. BGH GRUR 1990, 1012, 1014 *Pressehaftung I*; GRUR 1992, 618, 619 Pressehaftung II; GRUR 2002, 360, 366 *H.I.V. POSITIVE II*; s. auch zum Urheberrecht BGH GRUR 1999, 418, 420 *Möbelklassiker* sowie zum Namensrecht BGH GRUR 2006, 957 (Nr. 14) *Stadt Geldern.*

1142 Abgedruckt bei Ströbele/Hacker/Thiering, Anhang 9.

1143 S. etwa mit zahlreichen Nachweisen Ströbele/Hacker/Thiering, § 14 Rn. 484 – 507.

I. Beseitigungsansprüche

Mitunter wird durch die Verletzungshandlung ein dauerhafter rechtswidriger Störungszustand geschaffen. In diesem Fall impliziert der Unterlassungsanspruch einen – ebenfalls verschuldensunabhängigen – Anspruch auf Beseitigung dieser rechtswidrigen Störung und insofern auf ein positives Tun (vgl. § 1004 I S. 1 BGB, § 8 I S. 1 UWG).   **672**

▶ **Beispiel:**

Entfernung eines markenverletzenden Werbeplakats oder Firmenschildes.[1144]

Neben dem allgemeinen Störungsbeseitigungsanspruch sieht das Gesetz eine Reihe besonderer Beseitigungsansprüche vor, so den Vernichtungs- und Rückrufanspruch nach § 18 MarkenG (s. dazu unten Rdn. 755 – 764), den Anspruch auf Urteilsveröffentlichung (§ 19c MarkenG; z.B. um einer durch die Verletzung eingetretenen Marktverwirrung oder Rufschädigung entgegenzuwirken), sowie den praktisch besonders bedeutsamen Löschungsanspruch.   **673**

II. Löschungsanspruch

Sehr häufig werden Marken angemeldet und in das Register eingetragen, die in den Schutzbereich einer älteren Marke eingreifen. Gleiches gilt für nach dem MMA oder dem PMMA international registrierte Marken, für die eine Schutzausdehnung nach Deutschland vorgenommen wird. *Gegen die Benutzung* solcher Marken bietet, wie gegen die Benutzung jedes anderen rechtsverletzenden Zeichens, der *Unterlassungsanspruch* nach § 14 V i.V.m. Abs. II-IV MarkenG, gegebenenfalls in Gestalt des vorbeugenden Unterlassungsanspruchs (vgl. oben Rdn. 651, 658), den nötigen Schutz. Das Benutzungsverbot lässt jedoch den *Bestand* der rechtsverletzenden Marke unberührt. Der Bestand einer rechtsverletzenden Marke schafft indessen einen objektiv rechtswidrigen Störungszustand. Ihn zu beseitigen, dient der *Löschungsanspruch* (im Falle von IR-Marken: *Anspruch auf Schutzentziehung* für Deutschland, § 115 I MarkenG).   **674**

Die gesetzliche Regelung ist insofern eigenartig, als sich keine als solche ausformulierte Anspruchsgrundlage findet, wie z.B. in § 14 V MarkenG für den Unterlassungsanspruch. Stattdessen enthält das Gesetz mehrere teils materiell-rechtliche, teils prozessuale Vorschriften, aus denen sich in der Zusammenschau der Löschungsanspruch ergibt.   **675**

1144 Vgl. OLG Stuttgart GRUR-RR 2004, 8, 14 *BOSS*.

1. Löschungsvoraussetzungen

676   Die *materiell-rechtlichen Löschungsvoraussetzungen* sind in den §§ 9 ff. MarkenG bei den relativen Schutzhindernissen geregelt, also bei den Schutzhindernissen, hinter denen im Gegensatz zu den absoluten Schutzhindernissen des § 8 MarkenG die subjektive Rechtsposition eines Dritten steht.

677   Soweit durch die Eintragung einer Marke bzw. durch die Schutzausdehnung einer IR-Marke in den Schutzbereich einer zeitrangälteren *nationalen Registermarke* eingegriffen wird, ergeben sich die Löschungsvoraussetzungen aus *§ 9 MarkenG* (gegebenenfalls i.V.m. §§ 107, 119 MarkenG). Dabei entsprechen die drei Löschungstatbestände des § 9 I Nr. 1–3 MarkenG den drei Verletzungstatbeständen des § 14 II S. 1 Nr. 1–3 MarkenG. Insoweit kann auf die obige Darstellung der Doppelidentität (§ 14 II S. 1 Nr. 1/§ 9 I Nr. 1 MarkenG), der Verwechslungsgefahr (§ 14 II S. 1 Nr. 2/§ 9 I Nr. 2 MarkenG) und des Sonderschutzes der bekannten Marke (§ 14 II S. 1 Nr. 3/§ 9 I Nr. 3 MarkenG) verwiesen werden (Rdn. 451 – 579). Einziger Unterschied ist insoweit, dass es bei § 9 MarkenG auf eine Benutzung der rechtsverletzenden jüngeren Marke nicht ankommt. Ob Doppelidentität oder Verwechslungsgefahr vorliegt oder ob durch die jüngere Marke die Unterscheidungskraft oder Wertschätzung einer älteren bekannten Marke in unlauterer Weise ausgenutzt oder beeinträchtigt wird, beurteilt sich vielmehr allein *nach der Registerlage.*

678   Handelt es sich bei der älteren Marke nicht um eine nationale, sondern um eine nach dem MMA oder dem PMMA international mit Wirkung für Deutschland registrierte Marke, finden die genannten Vorschriften über die Verweisungen der §§ 107, 119 MarkenG entsprechende Anwendung. Wird durch eine jüngere Registrierung in den Schutzbereich einer *Unionsmarke* eingegriffen, gelten die Vorschriften des § 9 MarkenG über die Verweisung in *§ 125b Nr. 1 MarkenG.*

679   Etwas anders ist die Regelung ausgestaltet, soweit das ältere Recht eine *Benutzungsmarke* im Sinne von § 4 Nr. 2 MarkenG ist. Hierfür finden sich die materiell-rechtlichen Löschungsvoraussetzungen in *§ 12 MarkenG.* Demnach kann die Löschung einer Registermarke verlangt werden, wenn der Inhaber der älteren Benutzungsmarke berechtigt ist, die Benutzung der jüngeren Registermarke im gesamten Gebiet der Bundesrepublik Deutschland zu untersagen. Damit ist jedoch nicht gemeint, dass der Löschungsanspruch eine Benutzung der jüngeren rechtsverletzenden Registermarke voraussetzt. Es genügt die *Berechtigung* des Inhabers der älteren Benutzungmarke, die Benutzung der jüngeren Registermarke zu untersagen. Es ist somit fiktiv zu prüfen, ob eine Benutzung der jüngeren Marke, so wie sie im Register eingetragen ist, untersagt werden könnte. Insoweit wird hinsichtlich der Löschungsvoraussetzungen auf die Voraussetzungen des Unterlassungsanspruchs nach § 14 V i.V.m. Abs. II MarkenG verwiesen.

Der Grund für diese etwas gewundene Regelung liegt in der zusätzlichen Voraussetzung, dass der fiktive Unterlassungsanspruch *bundesweit* gegeben sein muss. Das Gesetz nimmt insoweit darauf Rücksicht, dass eine Benutzungsmarke auch als *örtlich beschränktes Recht* vorkommen kann (s. oben Rdn. 259). Es wäre indessen nicht

gerechtfertigt, einen ja immer bundesweit wirkenden Löschungsanspruch aufgrund eines nur örtlich beschränkten Rechts zu gewähren. Bei dieser Konstellation kommt es vielmehr zur Koexistenz der beiden Rechte (freilich mit räumlich getrennter Nutzung). Diese besonderen Kollisionslagen hätten mit einer bloßen Verweisung auf § 9 MarkenG regelungstechnisch nicht bewältigt werden können. Daher der Umweg über § 14 V, II S. 1 Nr. 1–3 MarkenG.

Ein Verschulden ist in keinem Falle erforderlich, da es allein um die Beseitigung eines   **680** objektiv rechtswidrigen Störungszustandes geht.

2. Gläubiger und Schuldner

Die weiteren notwendigen Bestandteile der Anspruchsgrundlage für den Löschungs-   **681** anspruch – nämlich eine Regel, wem der Anspruch zusteht und gegen wen er sich richtet – können nur den prozessualen Bestimmungen der §§ 53 n.F. 55 MarkenG entnommen werden. Nach §§ 53 III n.F., 55 II Nr. 2 MarkenG ist *Gläubiger* der Inhaber der älteren Marke. Gemeint ist der *materiell-rechtliche Inhaber*, wobei – wie beim Unterlassungsanspruch (s. Rdn. 662) – im Falle eines Vorgehens aus einem älteren Registerrecht zugunsten des im Register (nationales Register des DPMA, internationales Register der WIPO/Genf, Unionsmarkenregister des EUIPO/Alicante) als Inhaber Eingetragenen eine widerlegliche Vermutung der materiellen Inhaberschaft streitet (§ 28 I MarkenG). *Schuldner* ist nach § 55 I MarkenG, wer im Register als Inhaber der jüngeren Marke eingetragen ist, also stets der *formelle Inhaber* ohne Rücksicht darauf, ob er auch materieller Inhaber ist![1145]

III. Nichtigkeitsklage, Widerspruchsverfahren, Eintragungsbewilligungsklage, amtliches Nichtigkeitsverfahren

1. Nichtigkeitsklage

Wie jeder zivilrechtliche Anspruch kann auch der Löschungsanspruch durch Klage   **682** (§ 51 I MarkenG) vor den Zivilgerichten geltend gemacht werden, nämlich durch Klage auf Erklärung der Nichtigkeit gemäß § 55 MarkenG. Sachlich ausschließlich zuständig sind gemäß § 140 I MarkenG in erster Instanz die Landgerichte mit Rechtszug zu den Oberlandesgerichten und zum BGH.

Die zivilgerichtliche Klage ist nach bisher ganz allgemeiner Meinung keine Gestal-   **683** tungsklage (was theoretisch denkbar wäre, weil es ja um die Vernichtung eines Rechts, also um eine Umgestaltung des Rechtszustandes geht), sondern eine *Leistungsklage*. Ist die störende jüngere Marke eine im Register des DPMA eingetragene Marke, so richtet sich die Klage darauf, dass der Beklagte gegenüber dem DPMA *in die Löschung der störenden Marke einwilligt.*[1146] Handelt es sich dagegen bei der jüngeren Marke um eine auf Deutschland erstreckte international registrierte Marke, so tritt an die Stelle

---

1145 BGH GRUR 2005, 871 *Seicom.*
1146 Vgl. BGH GRUR 2012, 180, 181 (Nr. 16 f.) *Werbegeschenke.*

der Einwilligung in die Löschung die *Einwilligung in die Schutzentziehung für das Gebiet der Bundesrepublik Deutschland* (§§ 115 I, 119 MarkenG).[1147] Mit Rechtskraft des stattgebenden Urteils gilt gemäß § 894 ZPO die Löschungs- bzw. die Schutzentziehungsbewilligungserklärung als abgegeben. Der siegreiche Kläger kann dann unter Vorlage einer vollstreckbaren Ausfertigung des Urteils beim DPMA die Löschung bzw. Schutzentziehung betreiben.

684 Ob an dieser Sichtweise festgehalten werden kann, ist allerdings zweifelhaft. Die Neuformulierung des § 55 I MarkenG durch das MaMoG (»Die Klage auf Erklärung … der Nichtigkeit …«) legt jedenfalls eine Einordnung als Gestaltungsklage nahe.[1148] Die Rechtsgestaltung (Vernichtung der Marke) träte dann unmittelbar mit der Rechtskraft des Gestaltungsurteils ein, ohne dass es einer Vollstreckung bedürfte. Die Löschung im Register hätte nur deklaratorisch-berichtigenden Charakter.

685 Alles weitere richtet sich nach den Regeln der ZPO. Eine besondere Bestimmung enthält das Gesetz lediglich für die *Einrede der Nichtbenutzung* gegenüber der älteren Nichtigkeitsklagemarke (§ 55 III MarkenG). Insoweit wird auf die Darstellung oben Rdn. 326 ff., 328, 330, 306 verwiesen.

686 Falls die Nichtigerklärung aufgrund einer älteren Unionsmarke betrieben wird, stellte § 125b Nr. 5 lit. b MarkenG in der bis zum 13.01.2019 geltenden Fassung klar, dass § 55 III MarkenG (Nachweis der Benutzung) mit der Maßgabe entsprechend anzuwenden ist, dass an die Stelle der Benutzung der Klagemarke gemäß § 26 MarkenG die Benutzung der Gemeinschaftsmarke (jetzt Unionsmarke) nach Art. 15 GMV (jetzt Art. 18 UMV) tritt. Die Neufassung des § 125b Nr. 5 lit. b MarkenG durch das MaMoG ist leider gänzlich verunglückt. Zum einen verweist die Vorschrift schon jetzt (seit dem 14.01.2019) auf § 53 VI MarkenG n.F., der aber nach Art. 5 III MaMoG erst am 01.05.2020 in Kraft tritt. Zum zweiten verweist sie *nur* auf diese Vorschrift zur Nichtbenutzungseinrede im neuen patentamtlichen Nichtigkeitsverfahren, nicht aber – wie es geboten wäre – auch auf die Vorschriften zur Nichtbenutzungseinrede im Nichtigkeitsklageverfahren, also auf § 55 III MarkenG.[1149] Hier hilft nur eine von gutem Willen getragene »fehlerberichtigende Auslegung«.

2. Widerspruchsverfahren

a) Allgemeine Charakteristik

687 Ein großer Teil der Markenkollisionen spielt sich zunächst auf rein registerrechtlicher Ebene ab, ohne dass dahinter ein ernster wirtschaftlicher Konflikt stehen muss. Das liegt daran, dass viele Anmelder ihre Marken für ein umfangreiches Waren- und Dienstleistungsverzeichnis anmelden (wobei schon ein einziger Waren- oder

---

1147 Vgl. BGH GRUR 2003, 428, 430 *BIG BERTHA.*
1148 Ströbele/Hacker/Thiering, § 55 Rn. 91.
1149 S. dazu auch Hacker GRUR 2019, 235, 242.

Dienstleistungsbegriff – z.B. »Arzneimittel«, »chemische Erzeugnisse für gewerbliche Zwecke«, »Telekommunikation« – eine Vielzahl denkbarer konkreter Waren oder DL umfassen kann). Das ist grundsätzlich sinnvoll. Zum einen verschafft man damit der Marke gerade in der wirtschaftlich oft labilen Anfangsphase einen breiten Schutz. Zum anderen hält man sich einen späteren Einsatz der Marke auf Gebieten offen, die zunächst nicht aktuell sind. Aber ebenso, wie durch ein breites Waren- oder Dienstleistungsgebiet die Gefahr absoluter Schutzhindernisse steigt (s. dazu oben Rdn. 139), nimmt auch die Gefahr zu, mit älteren Marken zu kollidieren. Damit nun nicht in jedem allein durch die Registerlage verursachten Kollisionsfall ein verhältnismäßig aufwändiges und teures Klageverfahren vor den Zivilgerichten eingeleitet werden muss, hat der Gesetzgeber das Widerspruchsverfahren vor dem Deutschen Patent- und Markenamt eingerichtet. Es ist ein verhältnismäßig einfaches und vor allem sehr kostengünstiges Verfahren, das sich unmittelbar an die Eintragung einer Marke (oder – im Falle von IR-Marken – ihre Schutzerstreckung auf Deutschland) anschließt und mit dem ein Großteil der Markenkollisionen erledigt werden kann. Rahmenregelungen hierfür enthalten die Art. 43 und 44 MarkenRL.

b) Einlegung des Widerspruchs

Nach § 42 I S. 1 MarkenG muss der Widerspruch innerhalb von drei Monaten nach der Veröffentlichung der jüngeren Marke (§ 41 II MarkenG, § 27 MarkenV) beim Deutschen Patent und Markenamt erhoben werden. Bei einem Widerspruch gegen die Schutzerstreckung einer IR-Marke auf Deutschland sind die Modifikationen in § 114 I und II MarkenG zu beachten. **688**

Innerhalb der Widerspruchsfrist ist die Widerspruchsgebühr von 250 € an das Amt zu zahlen (§ 6 I S. 1 PatKostG; GebVerz Nr. 331 600); stützt sich der Widerspruch auf mehr als ein Zeichen, ist für jedes weitere Widerspruchszeichen eine zusätzliche Gebühr von 50 € zu zahlen (GebVerz Nr. 331 610). **689**

§ 91 I S. 2 MarkenG schließt eine Wiedereinsetzung in den vorigen Stand bei Versäumung der Widerspruchs- und der Zahlungsfrist aus; das dient der Vereinfachung und ist insofern unschädlich, als dem Inhaber der älteren Marke immer noch die Möglichkeit einer Nichtigkeitsklage nach §§ 51 I, 55 MarkenG und ab dem 01.05.2020 die Option eines patentamtlichen Nichtigkeitsverfahrens (§ 53 MarkenG n.F.) verbleibt, für die es keine Fristen gibt. **690**

Der Widerspruch bedarf der Schriftform, wobei zweckmäßigerweise das vom DPMA herausgegebene Formblatt verwendet wird (§ 29 II MarkenV). Zwingend erforderlich ist, dass die Identität der angegriffenen Marke, der Widerspruchsmarke und des Widersprechenden feststehen (§ 30 I MarkenV). **691**

Widerspruchsberechtigt ist der (materiell-rechtliche) Inhaber der älteren Marke (Widerspruchsmarke), § 42 I S. 1 MarkenG. Zugunsten des formellen Inhabers besteht die Vermutung des § 28 I MarkenG. Auch ein noch nicht im Register eingetragener Erwerber der Widerspruchsmarke kann Widerspruch erheben, sofern ein **692**

Antrag auf Eintragung des Rechtsübergangs (sog. Umschreibungsantrag; s. § 27 III MarkenG und hierzu unten Rdn. 827) gestellt ist (§ 28 II MarkenG).

c) Widerspruchsgründe

693 Nach § 42 II Nr. 1 MarkenG kann der Widerspruch darauf gestützt werden, dass die angegriffene jüngere Marke wegen einer angemeldeten oder eingetragenen Marke mit älterem Zeitrang nach § 9 gelöscht werden kann. Bis 2009 war dieser in der Praxis ganz im Vordergrund stehende Widerspruchsgrund auf die Schutzhindernisse der Doppelidentität (§ 9 I Nr. 1 MarkenG) und der Verwechslungsgefahr (§ 9 I Nr. 2 MarkenG) beschränkt, was vor allem der Entlastung des Widerspruchsverfahrens diente. Mit dem PatentrechtsmodernisierungsG vom 31. Juli 2009[1150] wurde diese Beschränkung aufgegeben, so dass nunmehr auch der Sonderschutz bekannter Marken (§ 9 I Nr. 3 MarkenG) im Widerspruchsverfahren geltend gemacht werden kann.

Im gleichen Umfang findet der Widerspruch auch aufgrund einer international mit Wirkung für Deutschland registrierten Marke (§§ 107, 116 I, 119, 124 MarkenG) sowie aufgrund von Unionsmarken oder auch des Unionsanteils von IR-Marken (s. Rdn. 251) statt (vgl. § 125b Nr. 1 MarkenG).

694 Darüber hinaus kann der Widerspruch – ebenfalls seit dem PatentrechtsmodernisierungsG – unter den Voraussetzungen des § 12 MarkenG (s. Rdn. 679) auch auf eine Benutzungsmarke (§ 4 Nr. 2 MarkenG) sowie auf eine geschäftliche Bezeichnung im Sinne von § 5 MarkenG (Unternehmenskennzeichen und Werktitel, s. dazu Kapitel G) gestützt werden (§ 42 II Nr. 4 MarkenG). Die weiteren Widerspruchsgründe des § 42 II Nr. 2 und 3 MarkenG haben nur marginale Bedeutung und bleiben hier außer Betracht.

695 Mit dem MaMoG wurde der Kreis der möglichen Widerspruchsgründe noch einmal erweitert. In Umsetzung von Art. 43 II S. 1 i.V.m. Art. 5 III lit. c MarkenRL sieht § 42 II Nr. 5 MarkenG vor, dass der Widerspruch auch auf eine prioritätsältere Ursprungsbezeichnung oder geografische Angabe gestützt werden kann;[1151] zum zeitlichen Anwendungsbereich dieser Neuregelung s. § 158 III MarkenG.

d) Verfahrensablauf und Entscheidung

696 Die Zuständigkeit für die Durchführung des Widerspruchsverfahrens innerhalb des DPMA liegt bei den *Markenstellen* (§ 56 II MarkenG). Es handelt sich um ein ausschließlich schriftliches Verfahren; mündliche Anhörungen und förmliche Beweisaufnahmen (vgl. § 60 MarkenG) kommen praktisch nicht vor.

1150 BGBl. 2009 I, S. 2521 = BlPMZ 2009, 301 ff., in Kraft seit 01.10.2009; s. dazu auch die Übergangsregelung in § 158 II MarkenG.
1151 Ausf. hierzu Hacker GRUR 2019, 113, 119 und Hacker, FS Ströbele (2019), S. 119, 121 ff.

Da es sich um ein registerrechtliches Verfahren handelt, werden nur unmittelbar mar- **697** kenrechtliche Umstände berücksichtigt, also z.b. nicht vertragliche Abreden der Beteiligten.[1152] Das trägt zu einer starken Vereinfachung bei.

Komplizierter wird es, wenn der Inhaber der angegriffenen jüngeren Marke nach § 43 **698** I S. 1 MarkenG eine *Nichtbenutzungseinrede* gegen die Widerspruchsmarke erhebt. Der Widersprechende hat dann die rechtserhaltende Benutzung der Widerspruchsmarke nach Maßgabe des § 26 MarkenG darzutun. Seit der Novellierung durch das MaMoG wird hierzu anstatt einer bloßen Glaubhaftmachung der *Nachweis der Benutzung* verlangt. Allerdings stellt § 43 I S. 2 MarkenG im Einklang mit Art. 97 I lit. f UMV klar, dass der Nachweis auch durch die Abgabe einer eidesstattlichen Versicherung erbracht werden kann. Das entspricht einerseits dem schriftlichen Charakter des Widerspruchsverfahrens und dient wiederum der Verfahrensvereinfachung. Misslingt der Nachweis oder unterbleibt er ganz (was gar nicht so selten vorkommt), so bleibt der Widerspruch im Hinblick auf die nunmehr zu unterstellende Löschungsreife der Widerspruchsmarke wegen Verfalls ohne Erfolg (s. ausführlich zur Nichtbenutzungseinrede und zum Nachweis der Benutzung oben Rdn. 329, 333 – 336, 382 – 384). Andernfalls werden bei der Beurteilung der Löschungsgründe (nur) die Waren/DL berücksichtigt, für die eine rechtserhaltende Benutzung glaubhaft gemacht worden ist (§ 43 I S. 3 MarkenG; s. hierzu auch oben Rdn. 447 zu der parallelen Vorschrift des § 25 II S. 3 MarkenG).

Die Markenstelle entscheidet über den Widerspruch durch Beschluss (§ 61 Mar- **699** kenG). Der erfolgreiche Widerspruch führt – anders als das Löschungsurteil eines Zivilgerichts – unmittelbar zur Anordnung der (vollständigen oder auch nur teilweisen) Löschung der jüngeren Marke (§ 43 II S. 1 MarkenG), die nach Rechtskraft des Beschlusses vom Amt vollzogen wird. Andernfalls wird der Widerspruch (ganz oder teilweise) zurückgewiesen (§ 43 II S. 2 MarkenG).

e) Rechtsbehelfe und Rechtsmittel

In der Regel entscheidet über den Widerspruch zunächst ein Beamter des gehobenen **700** Dienstes. In diesem Fall findet gegen den Beschluss der Markenstelle die Erinnerung statt (§ 64 I S. 1 MarkenG). Die Erinnerungsfrist beträgt einen Monat ab Zustellung des Beschlusses (§ 64 II MarkenG). Binnen gleicher Frist ist die Erinnerungsgebühr von 150 € zu zahlen (§ 6 I S. 1 PatKostG; GebVerz Nr. 333 000). Über die Erinnerung entscheidet abermals die Markenstelle, jedoch in der Besetzung mit einem Mitglied des Patentamts, d.h. praktisch durch einen Juristen mit der Befähigung zum Richteramt (§ 64 IV MarkenG, § 26 I PatG).

Gegen die Entscheidung des Erinnerungsprüfers findet nach § 66 I MarkenG die **701** Beschwerde zum BPatG statt. Gleiches gilt, wenn schon die Erstentscheidung nicht von einem Beamten des gehobenen Dienstes, sondern von einem Mitglied des Patentamts getroffen worden ist; die Erinnerung entfällt dann.

1152 Vgl. z.B. BPatG BlPMZ 2019, 145, 150 *KAP-LAN/KAP.LAN*.

702 Daneben besteht die Möglichkeit, anstelle der Erinnerung unmittelbar Beschwerde einzulegen (§ 64 VI S. 1 MarkenG). Zu dem Fall, dass bei teilweisem Erfolg des Widerspruchs (bei Entscheidung durch einen Beamten des gehobenen Dienstes) ein Beteiligter (z.b. der Inhaber der angegriffenen Marke) Erinnerung, der andere (z.b. der Widersprechende) dagegen unmittelbar Beschwerde einlegt, s. § 64 VI S. 2 und 3 MarkenG.

703 Die Beschwerde ist innerhalb eines Monats ab Zustellung des angefochtenen Beschlusses einzulegen (Ausnahme: § 64 VI S. 3 MarkenG), und zwar *beim Patentamt* (§ 66 II MarkenG!). Innerhalb der Beschwerdefrist ist auch die Beschwerdegebühr zu bezahlen, die derzeit 200 € beträgt (§ 6 I S. 1 PatKostG; GebVerz Nr. 401 300). Über die Beschwerde entscheidet ein Marken-Beschwerdesenat in der Besetzung von drei rechtskundigen Mitgliedern (§ 67 I MarkenG) durch Beschluss (§ 70 I MarkenG).

704 Gegen die Entscheidung des BPatG kann Rechtsbeschwerde zum BGH eingelegt werden, jedoch nur, wenn das BPatG sie zugelassen hat (§ 83 I S. 1 MarkenG) oder ein Fall der zulassungsfreien Rechtsbeschwerde nach § 83 III Nr. 1–6 MarkenG vorliegt.

705 Sämtliche Rechtsbehelfe und Rechtsmittel haben aufschiebende Wirkung (§ 64 I S. 2, § 66 I S. 3, § 83 I S. 2 MarkenG), so dass eine etwa angeordnete Löschung zunächst einmal nicht vollzogen werden kann, sondern die Rechtskraft des Löschungsbeschlusses abzuwarten ist.

3. Eintragungsbewilligungsklage

706 Die beschriebenen Vereinfachungen (zu denen noch weitere hinzukommen), die es den Parteien erlauben sollen, den Konflikt auf registerrechtlicher Ebene kostengünstig zu klären, und das Patentamt in die Lage versetzen sollen, eine größere Anzahl von Verfahren zeitnah zu erledigen, bergen natürlich eine gewisse Gefahr, dass die Entscheidung über den Widerspruch sachlich falsch ausfällt. Das ist nicht besonders schädlich, soweit der Widerspruch fälschlich zurückgewiesen wird. Denn der Inhaber der älteren Marke kann dann immer noch eine Nichtigkeitsklage vor dem Landgericht erheben oder – ab dem 01.05.2020 – ein Nichtigkeitsverfahren nach § 53 MarkenG n.F. vor dem DPMA betreiben, zumal es hierfür – wie erwähnt – keine Fristen gibt. Dagegen ist die Löschung der angegriffenen jüngeren Marke erst einmal ein Faktum. Das Gesetz sieht daher ein Korrektiv in Gestalt der sog. Eintragungsbewilligungsklage vor (§ 44 MarkenG).

707 Danach kann der Inhaber der gelöschten Marke gegen den Widersprechenden binnen sechs Monaten nach Rechtskraft der patentamtlichen oder –gerichtlichen Löschungsanordnung eine Klage vor den Zivilgerichten (Landgericht gemäß § 140 I MarkenG) erheben mit dem Ziel, dass der Widersprechende in die (Wieder-)Eintragung der gelöschten jüngeren Marke einwilligt.

708 Mit dem Instrument der Eintragungsbewilligungsklage sollen jedoch nur *strukturelle Mängel* des Widerspruchsverfahrens ausgeglichen werden, z.B. der Umstand, dass eine rechtserhaltende Benutzung der Widerspruchsmarke nur anhand einer eidesstattlichen

Versicherung geprüft wird. Es geht nicht darum, eine zivilgerichtliche Überprüfung der patentamtlichen oder –gerichtlichen Löschungsentscheidung zu eröffnen. Daher besteht eine *Bindungswirkung des Zivilgerichts* an die Löschungsentscheidung hinsichtlich aller Umstände, die mit den (bewussten und vom Gesetzgeber in Kauf genommenen) strukturellen Mängeln des Widerspruchsverfahrens nichts zu tun haben. Das betrifft insbesondere die Beurteilung der Zeichen- und der Waren/DL-identität oder –ähnlichkeit.

Mit der Rechtskraft des Urteils gilt die Einwilligung als erteilt (§ 894 ZPO). Die 709 gelöschte Marke wird dann vom Patentamt mit ihrem alten Zeitrang wieder eingetragen (§ 44 III MarkenG).

Die praktische Bedeutung der Eintragungsbewilligungsklage ist im brigen# sehr 710 gering. Insofern ist die Rechnung des Gesetzgebers, die große Masse der Registerkollisionen im Widerspruchsverfahren erledigen zu lassen, voll aufgegangen.

4. Patentamtliches Nichtigkeitsverfahren nach § 53 MarkenG n.F.

a) Allgemeine Charakteristik; keine Eintragungsbewilligungsklage

Art. 45 i.V.m. Art 54 I S. 2 MarkenRL verpflichtet die Mitgliedstaaten, spätestens 711 bis zum 14.01.2023 patentamtliche Verfahren für die Erklärung des Verfalls oder der Nichtigkeit einer Marke aus absoluten Gründen (Art. 4 MarkenRL) oder wegen bestimmter älterer Rechte (Art. 5 I-III MarkenRL) einzurichten. Obwohl die drei Verfahrensarten eine Reihe von Eigenheiten aufweisen, hat sich der Gesetzgeber dazu entschlossen, die entsprechenden Vorschriften in den §§ 53 und 54 MarkenG n.F. zusammenzufassen; nach Art. 5 III MaMoG treten die neuen Bestimmungen am 01.05.2020 in Kraft. Für den äußeren Regelungsrahmen haben dabei offensichtlich die zum 01.01.2014 eingeführten Bestimmungen über das patentamtliche Nichtigkeitsverfahren in Designsachen (§§ 34a, 34c DesignG) als Vorbild gedient. Zu gleichlaufenden Vorschriften kann daher auf die Auslegung der designrechtlichen Bestimmungen zurückgegriffen werden.

Anders als im Widerspruchsverfahren entscheidet im Nichtigkeitsverfahren erst- 712 instanzlich, also auf Amtsebene, nicht die Markenstelle, sondern die *Markenabteilung*, und zwar – wie sich aus § 56 III S. 3 MarkenG ergibt – stets in der Besetzung mit (mindestens) drei Mitgliedern des Patentamts (im Sinne von § 26 II PatG), in der Regel also mit drei Beamten des höheren Dienstes. Des Weiteren ist nach § 60 II S. 4 MarkenG im Nichtigkeitsverfahren stets eine Anhörung durchzuführen, wenn ein Beteiligter dies beantragt oder das Patentamt es für sachdienlich hält. Anders als sonst im patentamtlichen Verfahren (§ 60 II S. 2 MarkenG) kann ein Antrag auf Anhörung somit nicht mangels Sachdienlichkeit zurückgewiesen werden. Das entspricht den Regeln für das patentgerichtliche Verfahren (§ 69 Nr. 1 MarkenG) und zeigt, dass die neuen patentamtlichen Verfahren deutlich einem *gerichtlichen Verfahren* angenähert sind.

713   Die Gleichstellung des patentamtlichen Nichtigkeitsverfahrens mit einem zivilprozessualen Nichtigkeitsklageverfahren kommt auch darin zum Ausdruck, dass es anders als beim Widerspruchsverfahren *kein Korrektiv in Gestalt der Eintragungsbewilligungsklage* gibt!

b) Kreis der älteren Rechte und Antragsberechtigung

714   Welche Rechte im amtlichen Nichtigkeitsverfahren geltend gemacht werden können, ergibt sich aus § 53 I n.F. i.V.m. § 51 I S. 1 und §§ 9–13 MarkenG. Danach können neben älteren Marken und geschäftlichen Bezeichnungen alle älteren Rechte geltend gemacht werden, wegen derer eine Benutzung der angegriffenen Marke im gesamten Bundesgebiet untersagt werden könnte, also über die Widerspruchsgründe des § 42 II MarkenG hinaus auch Namensrechte, das Recht an der eigenen Abbildung, Urheberrechte, Sortenbezeichnungen, geografische Herkunftsangaben aller Art und sonstige gewerbliche Schutzrechte wie etwa Designs (§ 13 II MarkenG). Unionsrechtlich gedeckt ist dies durch die in Art. 5 IV lit. a und b MarkenRL eröffneten Optionen. Das patentamtliche Nichtigkeitsverfahren steht dem zivilprozessualen Nichtigkeitsklageverfahren auch insoweit vollständig gleich.

715   Antragsberechtigt ist nach § 53 III MarkenG n.F. jeweils der Inhaber des Rechts.

c) Antragstellung und Gebühr

716   § 53 I S. 2 MarkenG n.F. regelt (auch) für das Nichtigkeitsverfahren wegen älterer Rechte, dass in dem Nichtigkeitsantrag die zur Begründung dienenden Tatsachen und Beweismittel anzugeben sind; andernfalls ist der Nichtigkeitsantrag unzulässig. Der Antrag muss mithin so konkret begründet sein, dass sich der Streitgegenstand des Nichtigkeitsverfahrens (s. dazu unten Rdn. 728) bestimmen lässt, also erkennbar ist, welches relative Schutzhindernis aufgrund welcher Tatsachenlage zur Überprüfung gestellt wird.

717   Mit der Antragstellung wird eine Gebühr von 400 € fällig (§ 3 I S. 1 PatKostG i.V.m. GebVerz Nr. 333 300), die nach allgemeinen Regeln innerhalb von drei Monaten ab Antragstellung zu zahlen ist (§ 6 I S. 2 PatKostG). Wird der Antrag auf mehr als ein Recht gestützt (s. § 51 I S. 2 MarkenG), so erhöht sich die Gebühr für jedes weitere Recht um 100 € (GebVerz Nr. 333 350).

d) Verfahrensablauf; Nichtbenutzungseinrede

718   Das DPMA stellt den Nichtigkeitsantrag an den eingetragenen Markeninhaber zu und fordert ihn zugleich auf, sich innerhalb von zwei Monaten zu dem Antrag zu erklären (§ 53 IV MarkenG n.F.). Das bedeutet, dass der Markeninhaber zunächst erklären muss, ob er dem Antrag widerspricht oder nicht. Widerspricht er nicht, so wird die Marke ohne weiteres für nichtig erklärt und gelöscht (§ 53 V S. 1 MarkenG n.F.). Das gilt allerdings nur, wenn der Nichtigkeitsantrag zulässig ist, also den oben Rdn. 716 beschriebenen Anforderungen genügt; ist dies nicht der Fall, muss der Antrag auch bei fehlendem Widerspruch zurückgewiesen werden.

Ist der Antrag zulässig und hat der Markeninhaber rechtzeitig widersprochen, so wird **719** das Nichtigkeitsverfahren durchgeführt. Da es im Falle eines Nichtigkeitsverfahrens, wie erwähnt (Rdn. 713), kein Korrektiv in Form einer Eintragungsbewilligungsklage gibt, muss davon ausgegangen werden, dass der Markeninhaber anders als im Widerspruchsverfahren (Rdn. 697) alle Einwendungen geltend machen kann, die ihm auch im zivilprozessualen Klageverfahren zu Gebote stünden. Für einen Teil dieser Einwendungen ergibt sich dies unmittelbar aus dem Gesetz (vgl. § 51 II-IV MarkenG); es gilt aber auch darüber hinaus, z.B. bei vertraglich begründeten Einwendungen wie Nichtangriffsabreden oder ähnlichem.

Besonderer Betrachtung bedarf die Nichtbenutzungseinrede. Art. 46 MarkenRL **720** sieht für das amtliche Nichtigkeitsverfahren wegen einer eingetragenen älteren Marke zwei Nichtbenutzungseinreden vor. Nach Art. 46 I MarkenRL hat der Inhaber der älteren Marke gegebenenfalls nachzuweisen, dass die ältere Marke in den letzten fünf Jahren vor der Antragstellung benutzt worden ist. Dem entspricht § 53 VI S. 1 MarkenG n.F. Art. 46 II MarkenRL eröffnet eine weitere Nichtbenutzungseinrede für den Fall, dass die Benutzungsschonfrist der älteren Marke am Anmelde- oder Prioritätstag der angegriffenen Marke bereits abgelaufen war. Dies ist in § 53 VI S. 4 MarkenG n.F. umgesetzt. Darüber hinaus jedoch sieht § 53 VI S. 3 MarkenG n.F. offenbar in Anlehnung an § 55 III S. 2 MarkenG eine weitere Nichtbenutzungseinrede für den Fall vor, dass der Zeitraum fünfjähriger Nichtbenutzung nach der Antragstellung endet. Warum dies mit der MarkenRL vereinbar sein soll, erklärt die Gesetzesbegründung[1153] nicht. Die Bestimmung dürfte vielmehr richtlinienwidrig sein.[1154]

Ebenso wie im Widerspruchsverfahren wird auch im Nichtigkeitsverfahren der **721** *Nachweis* einer rechtserhaltenden Benutzung gefordert. Jedoch stellt § 53 VI S. 6 MarkenG n.F. in Übereinstimmung mit § 43 I S. 2 MarkenG n.F. für das Widerspruchsverfahren klar, dass der Nachweis auch durch eine *eidesstattliche Versicherung* erbracht werden kann. Die Gesetzesbegründung weist darauf hin, dass der in Art. 44 und 46 MarkenRL jeweils verwendete Begriff »Nachweis« entsprechend der Regelung in Art. 97 I lit. f UMV auch die eidesstattliche Versicherung als Beweismittel umfasse.[1155] Das trifft zu und ist für das Widerspruchsverfahren auch sachgerecht. Denn insoweit steht für den Fall, dass eine Marke aufgrund einer falschen eidesstattlichen Versicherung zu Unrecht gelöscht worden ist, die Eintragungsbewilligungsklage (§ 44 MarkenG) als Korrektiv zur Verfügung (s. Rdn. 708). Anders liegt es dagegen bei einer Löschung im Nichtigkeitsverfahren; hier gibt es kein Korrektiv (s. Rdn. 713). Dementsprechend sollten jedenfalls in der Sache bei dem Nachweis der rechtserhaltenden Benutzung der Antragsmarke keine geringeren Anforderungen als im Klageverfahren gestellt werden.

1153　BT-Drs. 19/2898, S. 82.
1154　So zu der parallelen Vorschrift des § 25 II S. 2 MarkenG dezidiert Thiering in Ströbele/Hacker/Thiering, § 25 Rn. 48.
1155　BT-Drs. 19/2898, S. 76 (zu § 43), S. 82 (zu § 53).

e) Entscheidung und Rechtsmittel

722   Über den Nichtigkeitsantrag entscheidet die Markenabteilung nach allgemeinen Regeln (§ 61 MarkenG) durch Beschluss. Da eine Erinnerung (§ 64 MarkenG) wegen der obligatorischen Besetzung der Markenabteilung mit drei Mitgliedern des Patentamts (Rdn. 712) nicht in Betracht kommt, kann der Beschluss nur mit der Beschwerde zum Patentgericht angefochten werden (§ 66 MarkenG). Die Beschwerdegebühr beträgt in diesem Fall nicht 200 €, sondern 500 € (GebVerz Nr. 401 100 Ziff. 3).

723   Gegen die Entscheidung des BPatG kann Rechtsbeschwerde zum BGH eingelegt werden, nach derzeitigem Gesetzesstand jedoch nur, wenn das BPatG sie zugelassen hat (§ 83 I S. 1 MarkenG) oder ein Fall der zulassungsfreien Rechtsbeschwerde nach § 83 III Nr. 1–6 MarkenG vorliegt. Allerdings ist in der Prüfung, ob im Hinblick auf die Gleichstellung des patentamtlichen Nichtigkeitsverfahrens mit dem zivilprozessualen Nichtigkeitsklageverfahren die Möglichkeit einer Nichtzulassungsbeschwerde nach zivilprozessualem Vorbild eingeführt werden sollte.[1156]

f) Verhältnis zum Widerspruchs- und zum Nichtigkeitsklageverfahren

724   Als umfassend ausgestaltetes Amtsverfahren steht das Nichtigkeitsverfahren wegen älterer Rechte systematisch zwischen dem eher kursorisch konzipierten Widerspruchsverfahren (§ 42 MarkenG) und der zivilprozessualen Nichtigkeitsklage nach § 55 MarkenG. Das wirft die Frage nach der Abgrenzung dieser Verfahren auf, die ja alle auf dasselbe Ziel, nämlich die Löschung einer Marke wegen eines relativen Schutzhindernisses, gerichtet sind.

aa) Abgrenzung zum Widerspruchsverfahren

725   Widerspruchsverfahren und amtliches Nichtigkeitsverfahren wegen relativer Schutzhindernisse sind nebeneinander eröffnet. Die Frage, ob dies bei einem – wie in Deutschland, anders als beim EUIPO – nachgeschalteten Widerspruchsverfahren sinnvoll ist, stellt sich nicht, weil die Vorgaben der MarkenRL (Art. 43 und 45) insoweit keinen Spielraum lassen.

726   Vor diesem Hintergrund ist fraglich, ob die rechtskräftige Zurückweisung eines Widerspruchs einem Nichtigkeitsantrag, der auf dasselbe ältere Recht gestützt ist, nach § 53 I S. 4 MarkenG n.F. entgegensteht. Obwohl der Wortlaut der Vorschrift (»Der Antrag ist unzulässig, soweit über denselben Streitgegenstand zwischen den Parteien durch unanfechtbaren Beschluss … entschieden wurde.«) das an sich decken würde, ist die Frage zu verneinen. Dafür spricht zum einen, dass es sich bei dem Widerspruchs- und dem Nichtigkeitsverfahren trotz des gleichen Verfahrensziels und gegebenenfalls auch gleichen Streitgegenstands um zwei grundsätzlich verschiedene Verfahrensarten handelt. So entscheidet, wie ausgeführt, über den Widerspruch als Teil des Eintragungsverfahrens die Markenstelle, über den Nichtigkeitsantrag dagegen

---

1156   Vgl. Figge/Hörster MarkenR 2018, 509, 514.

die Markenabteilung in der Besetzung mit mindestens drei Mitgliedern des DPMA. Das zeigt, dass das Nichtigkeitsverfahren auf eine deutlich umfänglichere Prüfung gerichtet und mehr als das Widerspruchsverfahren einem gerichtlichen Verfahren angenähert ist. Dies schlägt sich – sehr maßvoll – auch bei den Gebühren nieder. Hinzu kommt, dass, soweit das ältere Recht dieselbe eingetragene Marke ist, die Benutzungslage auf eine entsprechende Einrede hin einer unterschiedlichen Prüfung unterliegt (vgl. § 43 I MarkenG einerseits, § 53 VI MarkenG n.F. andererseits).

Dasselbe gilt an sich auch umgekehrt, d.h. die rechtskräftige Zurückweisung eines **727** Nichtigkeitsantrags hindert eine gegenläufige Entscheidung in einem parallelen, noch anhängigen Widerspruchsverfahren grundsätzlich nicht. Allerdings sollte ein parallel laufendes Widerspruchsverfahren nach Möglichkeit vor dem Nichtigkeitsverfahren erledigt sein.

bb) Abgrenzung zur Nichtigkeitsklage

Die Konkurrenz zur Nichtigkeitsklage wegen älterer Rechte regeln § 53 I S. 4 **728** und 5 n.F. und § 55 I S. 2 MarkenG. Nach § 53 I S. 4 und 5 MarkenG n.F. ist ein Nichtigkeitsantrag unzulässig, soweit über denselben Streitgegenstand zwischen den Parteien durch rechtskräftiges Urteil entschieden wurde oder eine Klage nach § 55 MarkenG rechtshängig ist. Spiegelbildlich hierzu sieht § 55 I S. 2 MarkenG schon jetzt vor, dass eine Nichtigkeitsklage wegen älterer Rechte nicht zulässig ist, wenn über denselben Streitgegenstand zwischen den Parteien bereits gemäß § 53 MarkenG (gemeint ist hier natürlich § 53 MarkenG in der ab 01.05.2020 geltenden neuen Fassung) entschieden wurde oder ein Nichtigkeitsantrag beim DPMA gestellt wurde. Was im Sinne dieser Vorschriften »derselbe Streitgegenstand« ist, kann unter Rückgriff auf die Regeln zum Markenverletzungsprozess entschieden werden. So bilden verschiedene ältere Rechte jeweils einen eigenen Streitgegenstand. Dagegen bilden die Löschungsgründe des § 9 I Nr. 1 bis 3 MarkenG, soweit es um dieselbe ältere Marke geht, einen einheitlichen Streitgegenstand.[1157]

IV. Vorgehen gegen störende jüngere Unionsmarken

Bisher wurde der Fall betrachtet, dass *aus* einer nationalen oder international für **729** Deutschland registrierten oder aus einer Unionsmarke *gegen* eine national oder international für Deutschland registrierte jüngere Marke vorgegangen wird. Der Fall, dass *aus* einer nationalen oder international für Deutschland registrierten oder aus einer Unionsmarke *gegen* eine jüngere Unionsmarke vorgegangen wird, ist nicht im MarkenG, sondern naturgemäß *in der UMV* geregelt. S. dazu die kurze Darstellung oben Rdn. 286 – 289.

1157 S. näher Thiering in Ströbele/Hacker/Thiering, Markengesetz, § 14 Rn. 617 ff.

§ 24 Schadensersatzanspruch

730 Nach § 14 VI S. 1 MarkenG kann der Markeninhaber vom Verletzer Ersatz des ihm durch die Verletzungshandlung entstandenen Schadens verlangen.

I. Verschulden

731 Während die Ansprüche auf Unterlassung, Beseitigung und Löschung auf die Unterbindung einer objektiv rechtswidrigen Störung gerichtet und daher verschuldensunabhängig gegeben sind, setzt der Anspruch auf Schadensersatz wie im allgemeinen Deliktsrecht der §§ 823 ff. BGB Verschulden voraus. Dabei wird der Verschuldensmaßstab im Markenrecht wie im gesamten gewerblichen Rechtsschutz seit jeher sehr streng gehandhabt. So hat z.B., wer ein Zeichen in Benutzung nimmt, sich vorher zu vergewissern, ob der Zeichengebrauch gegen Markenrechte Dritter verstößt, wobei er sich nicht auf eine Recherche in den verschiedenen Markenregistern beschränken darf.[1158] Ist, wie so häufig, zweifelhaft, ob ein Zeichen in den Schutzbereich einer Marke fällt, trifft den Benutzer das *Fahrlässigkeitsrisiko*.[1159] Das geht so weit, dass sogar eine Abweisung der Verletzungsklage durch ein Untergericht den Verletzer nicht vor einer Bejahung des Verschuldens in einer höheren Instanz bewahren kann.[1160]

1158 Vgl. BGH GRUR 2008, 1104, 1107 (Nr. 35) *Haus & Grund II*; OLG Köln GRUR-RR 2009, 335, 337 *Power Moon*.
1159 BGH GRUR 2004, 865, 867 *Mustang*; GRUR 2009, 515, 518 (Nr. 34) *Motorradreiniger*; GRUR 2009, 685, 688 (Nr. 34) *ahd.de*; GRUR 2010, 738, 743 (Nr. 40) *Peek & Cloppenburg*.
1160 Z.B. BGH GRUR 1997, 749 *L'Orange*: Verurteilung (u.a.) zum Schadensersatz durch das LG, Klageabweisung durch Berufungsgericht, Wiederherstellung des landgerichtlichen Urteils durch den BGH; vgl. auch OLG München GRUR-RR 2006, 84, 88 *MEMORY/EDUCA memory game*.

II. Gläubiger und Schuldner

Der Schadensersatzanspruch steht in erster Linie dem (materiell-rechtlichen) Marken-   **732**
inhaber zu, wie sich unmittelbar aus § 14 VI S. 1 MarkenG ergibt. Ob auch der
Lizenznehmer einen eigenen Schadensersatzanspruch hat, war umstritten. Der BGH
hat die Frage verneint.[1161] Ob hieran weiter festgehalten werden kann, ist jedoch nicht
ganz sicher.[1162]

Schuldner ist der Verletzer. Zu beachten ist, dass § 14 VII MarkenG die Verletzungs-   **733**
haftung des Betriebsinhabers für Handlungen seiner Angestellten und Beauftragten
(s. dazu oben Rdn. 666) auch auf den Schadensersatzanspruch ausdehnt. Das geht
über die parallele Regelung in § 8 II UWG hinaus! Gleichwohl ist auch insoweit eine
Exkulpation – anders als bei § 831 BGB – nicht vorgesehen.[1163]

Dagegen haftet der Störer (s. oben Rdn. 668 – 671) stets nur auf Unterlassung und   **734**
Beseitigung, niemals auch auf Schadensersatz.[1164]

III. Schadensberechnung

1. Dreifache Schadensberechnung

Wegen des immateriellen Charakters des verletzten Rechtsgutes bereitet die Berech-   **735**
nung des entstandenen Schadens im Markenrecht wie bei den anderen Rechtsgütern
des gewerblichen Rechtsschutzes erhebliche Schwierigkeiten. Was bedeutet es in Mark
und Pfennig, in Euro und Cent, wenn ein Dritter seine Waren/DL mit einem verwechselbar ähnlichen Zeichen versehen und vertrieben hat? Um dem Markeninhaber
in dieser misslichen Situation entgegenzukommen, ist in der Rechtsprechung seit
längerem anerkannt, dass der Markeninhaber seinen Schaden auf eine dreifache Weise
berechnen kann: Er kann zunächst wie jeder Geschädigte Ersatz des ihm konkret
entstandenen Schadens verlangen. Stattdessen kann er aber auch die Herausgabe des
Gewinns fordern, den der Verletzer aus der Verletzungshandlung gezogen hat. Und
schließlich kann er – wiederum alternativ – das als Schadensersatz verlangen, was ein
Dritter für die Benutzung der Marke als Lizenzgebühr hätte bezahlen müssen (sog.
Lizenzanalogie).[1165] Die Möglichkeit der dreifachen Art der Schadensberechnung ist
durch die Neufassung des § 14 VI MarkenG im Zuge des DurchsetzungsG auch im
Gesetz zum Ausdruck gebracht (§ 14 VI S. 2 und 3 MarkenG; vgl. dazu auch Art. 13
DurchsetzungsRL). Im Einzelnen:

1161 BGH GRUR 2007, 877, 879 (Nr. 27–32) *Windsor Estate*; GRUR 2008, 614, 615
     (Nr. 14) *ACERBON*; anders noch Amtl. Begr., S. 80.

1162 Vgl. Ströbele/Hacker/Thiering, § 30 Rn. 101.

1163 Vgl. dazu BGH GRUR 2005, 864 *Meißner Dekor II*; GRUR 2012, 630, 634 (Nr. 49)
     CONVERSE II; GRUR 2013, 925, 929 (Nr. 57) *VOODOO*.

1164 BGH GRUR 2002, 618, 619 *Meißner Dekor*; GRUR 2004, 860, 864 *Internet-Versteige-*
     rung; für das Patentrecht eine andere Sichtweise andeutend BGH (Xa-Zivilsenat) GRUR
     2009, 1142, 1145 (Nr. 38) *MP3-Player-Import*.

1165 Vgl. BGH GRUR 2006, 419, 420 *Noblesse* m.w.N.

2. Ersatz des konkreten Schadens

736 Wie jeder Inhaber eines verletzten absoluten Rechts kann der Markeninhaber nach §§ 249 ff. BGB den Ersatz des ihm tatsächlich entstandenen Schadens einschließlich des entgangenen Gewinns (§ 252 BGB) fordern. Es bereitet jedoch regelmäßig Probleme, einen auf die Markenverletzung zurückzuführenden Schaden konkret nachzuweisen. Außerdem muss für den Gewinnersatz die eigene Kalkulation offengelegt werden, was dem Verletzer, der ja regelmäßig ein Konkurrent des Markeninhabers ist, Einblick in sensible betriebsinterne Daten verschafft. Die praktische Bedeutung dieser Art der Schadensberechnung ist daher gering.

3. Herausgabe des Verletzergewinns

737 Die genannten Probleme werden bei der zweiten Art der Schadensberechnung vermieden. Danach kann – wie für das Markenrecht erstmals in der »Vitasulfal«-Entscheidung aus dem Jahr 1961 anerkannt worden ist[1166] – der Markeninhaber als eigenen Schaden das herausverlangen, was der Verletzer durch die Markenverletzung gewonnen hat (§ 14 VI S. 2 MarkenG).

738 Damit wird einerseits fingiert, dass der Markeninhaber ohne die Verletzung (jedenfalls) den Gewinn gezogen hätte, den der Verletzer tatsächlich gezogen hat, andererseits wird der Markeninhaber (auch bei bloß fahrlässigem Handeln des Verletzers) wie der Geschäftsherr bei der angemaßten Geschäftsführung ohne Auftrag gestellt, der nach §§ 687 II, 681 S. 2, 667 BGB Gewinnherausgabe verlangen kann.[1167]

739 Auch diese Art der Schadensberechnung hat jedoch ihre Tücken. Denn anerkannt ist, dass der Markeninhaber nicht den vollen Gewinn abschöpfen kann, den der Verletzer aus der Vermarktung der rechtsverletzend gekennzeichneten Waren/DL gezogen hat, sondern nur den *Anteil*, der gerade *auf die Markenverletzung zurückzuführen* ist, während der Anteil, der auf den Wert und die Qualität der Ware, die Art der Erwerbstätigkeit des Verletzers oder die Intensität der Werbung usw. entfällt, dem Verletzer verbleibt.[1168] Aber welcher Anteil des Gewinns entfällt auf die Markenverletzung? Nach der Rechtsprechung des BGH geht es insoweit nicht um Kausalitätsfragen, sondern um eine wertende Zurechnung.[1169] Der entsprechende Anteil lässt sich daher

---

1166 BGH GRUR 1961, 354, 355 *Vitasulfal*; anders früher z.B. RGZ 47, 100, 101; 108, 1, 6.
1167 Vgl. BGH GRUR 2001, 329, 331 *Gemeinkostenanteil*; BGH NJW 2002, 3248, 3251 *Unikatrahmen*; BGH GRUR 2007, 431, 433 (Nr. 21) *Steckverbindergehäuse*; GRUR 2010, 237, 238 (Nr. 18) *Zoladex*.
1168 BGH GRUR 2006, 419, 420 *Noblesse*; GRUR 1961, 354, 355 *Vitasulfal*; GRUR 1973, 375, 378 *Miss petite*; vgl. auch BGH GRUR 1993, 55, 59 *Tchibo/Rolex II*; GRUR 2007, 431, 434 (Nr. 37) *Steckverbindergehäuse*; GRUR 2009, 856, 860 (Nr. 41) *Tripp-Trapp-Stuhl*; GRUR 2010, 239, 242 (Nr. 38) *BTK*; OLG Köln WRP 2014, 206, 209 (Nr. 31) *Fair Play*.
1169 BGH GRUR 2009, 856, 860 (Nr. 41) *Tripp-Trapp-Stuhl* (zum Urheberrecht); BGH GRUR 2012, 1226, 1228 (Nr. 20) *Flaschenträger*.

nur im Wege einer mehr oder weniger groben *Schätzung* (§ 287 ZPO) ermitteln.[1170] Eine vollständige Herausgabe des Verletzergewinns kann nur in Ausnahmefällen dann verlangt werden, wenn die Ware ohne die rechtsverletzende Kennzeichnung praktisch unverkäuflich gewesen wäre[1171] (Beispiel: nahezu wertlose Billiguhren, die nur verkauft werden, weil die Marke »Rolex« darauf angebracht ist; aber auch bei einem rechtswidrigen Parallelimport von Arzneimitteln, s. oben Rdn. 631 – 638, da solche Arzneimittel ohne die Marke nicht verkehrsfähig wären[1172]). Umgekehrt wird sich bei einer unbenutzten oder unbekannten Marke allenfalls ein geringer Teil des Verletzergewinns auf die Markenverletzung zurückführen lassen; unter Umständen ist eine Gewinnabschöpfung sogar gänzlich ausgeschlossen.[1173]

Da der herauszugebende anteilige Verletzergewinn ohnehin auf einer Schätzung beruht, soll es nach der Rechtsprechung des BGH im allgemeinen nicht erforderlich sein, den Gesamtgewinn, den der Verletzer mit den rechtsverletzend gekennzeichneten Waren/DL erzielt hat, im Einzelnen zu ermitteln. Mehr oder weniger pauschale Berechnungen sollen ausreichen.[1174] Einer exakten Gewinnberechnung soll es nur bedürfen, wenn entweder ausnahmsweise der volle Gewinn herauszugeben ist oder wenn der beklagte Verletzer darlegen möchte, dass sein Gewinn tatsächlich niedriger war als geschätzt.[1175] **740**

Soweit es danach überhaupt auf eine exakte Gewinnberechnung ankommt, gilt folgendes: Herauszugebender Gewinn des Verletzers ist der von diesem erzielte Erlös abzüglich der Gestehungskosten. Jedoch ist seit dem zum Designschutz ergangenen Urteil »Gemeinkostenanteil«[1176] anerkannt, dass anteilige *fixe Gemeinkosten nicht abgezogen werden dürfen.* Dem liegt die Erwägung zugrunde, dass Erlöse aus der Schutzrechtsverletzung, die zur Deckung der fixen Gemeinkosten des Verletzers beitragen, nicht bei diesem verbleiben dürfen, weil umgekehrt der Rechtsinhaber (der ja so zu stellen ist, als hätte er [jedenfalls] das erzielt, was der Verletzer tatsächlich erzielt hat) ohne die Schutzrechtsverletzung seinerseits einen Beitrag zu seinen eigenen Gemeinkosten hätte erwirtschaften können.[1177] Eine Ausnahme vom Abzugsverbot ist lediglich für solche Gemeinkosten zu machen, die sich ausnahmsweise den schutzrechtsverletzenden **741**

1170 BGH GRUR 2006, 419, 420 *Noblesse*; GRUR 1973, 375, 378 *Miss petite*; GRUR 2007, 431, 434 (Nr. 38) *Steckverbindergehäuse*; GRUR 2009, 856, 860 (Nr. 42) *Tripp-Trapp-Stuhl*; GRUR 1993, 55, 59 *Tchibo/Rolex II*.
1171 Vgl. OLG Karlsruhe Mitt. 2001, 447, 450 *Mittelbare Markenverletzung*.
1172 BGH GRUR 2010, 237, 238 [Nr. 16, 17, 20] *Zoladex*.
1173 OLG Stuttgart Mitt. 1968, 235; Beuthien/Wasmann GRUR 1997, 255, 259; Körner GRUR 1980, 204, 205.
1174 BGH GRUR 2006, 419, 420 *Noblesse*.
1175 BGH GRUR 2006, 419, 420 *Noblesse*.
1176 BGH GRUR 2001, 329 *Gemeinkostenanteil*.
1177 BGH GRUR 2001, 329, 331 *Gemeinkostenanteil*.

Gegenständen *unmittelbar zuordnen lassen,* wofür der Verletzer darlegungs- und beweispflichtig ist.[1178]

742 *Nicht abzugsfähig* sind demnach z.B. Geschäftsmieten, zeitabhängige Abschreibungen auf das Anlagevermögen,[1179] Werbeaufwendungen, soweit sie nicht ausnahmsweise ausschließlich den rechtsverletzenden Produkten zuzurechnen sind,[1180] Verwaltungskosten,[1181] Geschäftsführergehälter,[1182] Anlauf- und Entwicklungskosten[1183] sowie die Kosten für die infolge eines Unterlassungsurteils oder einer vertraglichen Unterlassungsverpflichtung nicht mehr absetzbaren Produkte.[1184]

743 *Abzugsfähig* sind dagegen die Kosten des Materials sowie der Energie für die Produktion der verletzenden Gegenstände, Kosten für Verpackung und Vertrieb sowie anteilige Lohnkosten.[1185]

744 Der oben Rdn. 740 dargelegte Ausgangspunkt des BGH ist allerdings an sich nicht ganz schlüssig. Der Umstand, dass der auf die Markenverletzung entfallende Anteil des Verletzergewinns nur im Wege einer Schätzung ermittelt werden kann, kann es eigentlich nicht rechtfertigen, auch die Bemessungsgrundlage der Schätzung, eben den vollen Verletzergewinn, im Regelfall lediglich grob zu schätzen. Vielmehr läge es näher, den vollen Verletzergewinn erst einmal nach den Grundsätzen der »Gemeinkostenanteil«-Entscheidung exakt zu bestimmen, um eine verlässliche Grundlage zu haben, und sodann daraus durch Schätzung eine Quote zu bilden. Der BGH will diesen Weg jedoch deswegen nicht gehen, weil die exakte Ermittlung des Verletzergewinns eine weitgehende Offenlegungspflicht des Verletzers über seine interne Kalkulation impliziert (s. dazu auch unten Rdn. 748 – 753). Das sei *unverhältnismäßig,* wenn am Ende ohnehin nur ein geringer Teil des Gewinns herausverlangt werden könne.[1186]

1178 BGH GRUR 2001, 329, 331 *Gemeinkostenanteil;* GRUR 2009, 856, 860 (Nr. 36) *Tripp-Trapp-Stuhl.*
1179 BGH GRUR 2001, 329, 331 *Gemeinkostenanteil;* GRUR 2007, 431, 434 (Nr. 32) *Steckverbindergehäuse.*
1180 BGH GRUR 2007, 431, 434 (Nr. 32) *Steckverbindergehäuse* (»allgemeine Marketingkosten«); Fähndrich VPP-Rundbrief 2003, 13, 16.
1181 BGH GRUR 2007, 431, 434 (Nr. 32) *Steckverbindergehäuse;* Fähndrich VPP-Rundbrief 2003, 13, 16.
1182 BGH GRUR 2007, 431, 434 (Nr. 32) *Steckverbindergehäuse;* Fähndrich VPP-Rundbrief 2003, 13, 16; zum Geschäftsführergehalt s. auch LG München I InstGE 3, 48, 53 (Nr. 35) *Rasenwabe.*
1183 BGH GRUR 2007, 431, 434 (Nr. 32) *Steckverbindergehäuse.*
1184 BGH GRUR 2007, 431, 434 (Nr. 32) *Steckverbindergehäuse.*
1185 BGH GRUR 2007, 431, 434 (Nr. 31) *Steckverbindergehäuse.*
1186 Vgl. BGH GRUR 2006, 419, 420 *Noblesse;* anders aber zum ergänzenden wettbewerbsrechtlichen Leistungsschutz BGH GRUR 2007, 431, 434 (Nr. 33 ff., 36 ff.) *Steckverbindergehäuse.*

4. Lizenzanalogie

Vor der erwähnten »Gemeinkostenanteil«-Entscheidung des BGH aus dem Jahr 2001 **745**
war die Herausgabe des Verletzergewinns für den Schutzrechtsinhaber oft unattraktiv,
weil sich die Verletzer regelrecht »arm rechneten«. Nicht selten ergab sich, dass überhaupt kein Gewinn, ja nur Verluste erwirtschaftet worden waren. Das hat sich bei
den produktbezogenen Schutzrechten wie dem Patent, dem Gebrauchsmuster und
dem Design durch die weit reichenden Abzugsverbote teilweise geändert. Im Markenrecht kommt der »Gemeinkostenanteil«-Entscheidung des BGH jedoch – wie dargelegt – nur eingeschränkte Bedeutung zu. Insoweit kann es hier (nach wie vor) für den
Markeninhaber von Vorteil sein, sich für die dritte Art der Schadensberechnung zu
entscheiden: die Lizenzanalogie.

Danach kann der Markeninhaber vom Verletzer für die unberechtigte Nutzung seiner **746**
Marke eine *Schadenslizenz* verlangen, die dem entspricht, was vernünftige Dritte unter
vergleichbaren Verhältnissen als Nutzungsentgelt vereinbart hätten[1187] (§ 14 VI S. 3
MarkenG). Die konkrete Höhe richtet sich in erster Linie nach dem *Bekanntheitsgrad
und dem Ruf der Marke*, es kommt aber auch auf das *Maß der Verwechslungsgefahr*,
insbesondere die *Warennähe* an.[1188] Darüber hinaus ist auch die *Dauer der Verletzungshandlungen* zu berücksichtigen.[1189] Üblicherweise werden etwa zwischen 1% und 5%
vom Nettoverkaufserlös zugesprochen, bei Verletzung einer sehr bekannten Marke
unter Umständen aber auch deutlich mehr.[1190]

5. Marktverwirrungsschaden

Neben dem – auf die genannten Arten zu berechnenden – eigentlichen Vermögens- **747**
schaden kann auch Ersatz eines Marktverwirrungs- und Diskreditierungsschadens verlangt werden,[1191] z.B. wegen schlechter Qualität der Verletzerware, Entwertung der
Marke, Erwecken der – falschen – Vorstellung über die Warenherkunft oder fälschli-
cherweise bestehende wirtschaftliche oder persönliche Beziehungen beider Zeichenbenutzer. Anspruchsgrundlage ist (auch hierfür) § 14 VI MarkenG.[1192] Zu ersetzen sind

---

1187 Für das Markenrecht erstmals anerkannt in BGH GRUR 1966, 375, 376 ff. *Meßmer-Tee
 II*; s. ferner BGH GRUR 1972, 189, 190 *Wandsteckdose II*; GRUR 1973, 375, 377 *Miss
 petite*; GRUR 2006, 419, 420 *Noblesse*; GRUR 2010, 239, 240 (Nr. 20) *BTK*.
1188 BGH GRUR 1966, 375, 378 *Meßmer-Tee II*; GRUR 1975, 85, 87 *Clarissa*; OLG Karlsruhe GRUR 1971, 221, 222 *Pudelzeichen II*; LG Düsseldorf Mitt 2002, 89, 90 *Angemessene Lizenz*; vgl. auch BGH GRUR 2010, 239, 241 (Nr. 25) *BTK*.
1189 OLG Düsseldorf GRUR-RR 2003, 209, 210 *Meißner Dekor*.
1190 Beispiele bei Ströbele/Hacker/Thiering, § 14 Rn. 708; für eine deutliche Anhebung dieser Sätze Thiering, a.a.O. Rn. 713.
1191 BGH GRUR 1954, 457, 459 *Irus/Urus*; GRUR 1966, 375, 378 *Meßmer-Tee II*; GRUR
 1973, 375, 378 *Miss petite*; GRUR 1975, 434, 438 *BOUCHET*; GRUR 1988, 776, 779
 PPC; GRUR 2010, 239, 241 (Nr. 29) *BTK*.
1192 Für das Urheberrecht anders BGH GRUR 2000, 226, 227 *Planungsmappe*, da der Markt-
 verwirrungsschaden außerhalb des Schutzzwecks des Urheberrechts und damit des § 97
 UrhG liege, so dass Schadensersatz insoweit nur nach §§ 1, 3 UWG a.F. (nunmehr § 9

insbesondere notwendige Aufwendungen wie zusätzliche Werbe- und Aufklärungs-
kosten zur Beseitigung der Marktverwirrung.[1193]

IV. Hilfsansprüche

1. Auskunft

748 Um sich für eine der drei Berechnungsmethoden entscheiden und seinen Schadensersatzanspruch der Höhe nach berechnen zu können, benötigt der Markeninhaber
Auskunft über Art und Ausmaß der Verletzungshandlungen. Insoweit steht ihm *kraft
Gewohnheitsrechts*[1194] nach § 242 BGB ein entsprechender Auskunftsanspruch als
Hilfsanspruch[1195] zu (vgl. auch § 19d MarkenG). Wie der Schadensersatzanspruch
selbst setzt auch dieser Hilfsanspruch ein Verschulden des Verletzers voraus. Außerdem muss ein *Schadenseintritt zumindest wahrscheinlich* im Sinne einer nicht zu ent-
fernt liegenden Möglichkeit sein. Diese Voraussetzung ist jedoch regelmäßig schon
deswegen erfüllt, weil der Markeninhaber einen unentgeltlichen Eingriff in sein Recht
nicht hinzunehmen braucht, also jedenfalls Schadensersatz nach der Lizenzanalogie
verlangen kann.[1196]

749 In *sachlicher* Hinsicht hat die Rechtsprechung den Auskunftsanspruch im Wesentlichen auf die vom Verletzer getätigten *Umsätze*[1197] mit einer *groben Gewinnberechnung* beschränkt.[1198] Eine detaillierte Gewinnauskunft unter Offenlegung sämtlicher
Gestehungskosten sowie der genauen Gewinnspanne konnte nur ausnahmsweise dann
verlangt werden, wenn praktisch der gesamte Verletzergewinn abgeschöpft werden
konnte oder sich der Verletzer darauf berief, sein Gewinn sei tatsächlich geringer als es
eine grobe Schätzung auf der Basis der Umsätze ergebe[1199] (zur Kritik hieran s. oben
Rdn. 744). In neuerer Zeit zieht der BGH aber den Umfang der Auskunftspflicht

UWG) unter den dortigen Voraussetzungen verlangt werden könne. Auf das Markenrecht lässt sich dieser Gedanke nicht anwenden, da es im Markenrecht insgesamt gerade
um die Vermeidung einer Marktverwirrung geht. Der Ersatz des Marktverwirrungsschadens ist hier also vom Schutzzweck des MarkenG gedeckt.
1193 BGH GRUR 1954, 457, 459 *Irus/Urus*.
1194 BGH GRUR 2010, 738, 744 (Nr. 41) *Peek & Cloppenburg*; GRUR 1995, 50, 53 *Indo-
rektal/Indohexal*; GRUR 1988, 307, 308 *Gaby*.
1195 Vgl. z.B. BGH GRUR 1977, 491, 494 *ALLSTAR*; GRUR 2006, 504, 508 (Nr. 45) *Parfümtestkäufe*; GRUR 2013, 638, 643 (Nr. 53) *Völkl*.
1196 BGH GRUR 2006, 421, 424 (Nr. 45) *Markenparfümverkäufe*; GRUR 2007, 877, 878
(Nr. 22) *Windsor Estate*; GRUR 2009, 515, 517 (Nr. 29) *Motorradreiniger*; GRUR 2010,
239, 240 (Nr. 23) *BTK*.
1197 BGH GRUR 2006, 419, 420 *Noblesse*; GRUR 2008, 254, 258 (Nr. 45) *THE HOME
STORE*; GRUR 1995, 50, 54 *Indorektal/Indohexal*; GRUR 1991, 153, 155 *Pizza & Pasta*; GRUR 1982, 420, 423 *BBC/DDC*; GRUR 1981, 592, 594 *Championne du Monde*;
GRUR 1977, 491, 494 *ALLSTAR*; GRUR 1973, 375, 377 *Miss petite*.
1198 BGH GRUR 2006, 419, 420 *Noblesse*.
1199 Vgl. BGH GRUR 2006, 419, 420 *Noblesse*; weitergehend z.T. die Instanzrechtspre-
chung, etwa OLG Karlsruhe Mitt. 2001, 447, 449 f. *Mittelbare Markenverletzung*;

erheblich weiter. Demnach besteht ein umfassender Auskunftsanspruch, der im Allgemeinen die Einkaufspreise und Gestehungskosten sowie die Liefermengen, Liefer-
zeiten und Lieferpreise widerrechtlich gekennzeichneter Waren umfasst.[1200]

In *zeitlicher* Hinsicht hat der für das Markenrecht zuständige I. Zivilsenat des BGH **750**
die Auskunftspflicht zunächst auf die Zeit ab der ersten nachgewiesenen Verletzungshandlung beschränkt.[1201] Der für die technischen Schutzrechte zuständige X. Zivilsenat hatte sich dem allerdings nicht angeschlossen.[1202] Mittlerweile ist dieser einstmals
berühmte Konflikt (Stichwort: »Gaby« gegen »Nicola«) jedoch dadurch bereinigt
worden, dass der I. Zivilsenat auf die Linie des X. Senats eingeschwenkt ist.[1203] Es
kann also zeitlich unbegrenzt Auskunft verlangt werden. Davon unberührt bleiben
selbstverständlich die allgemeinen zeitlichen Grenzen (Geltung des verletzten Rechts,
Verjährung, Verwirkung).

Im Hinblick auf die Ersatzfähigkeit eines Marktverwirrungsschadens kann zusätzlich **751**
Auskunft über Art und Umfang der vom Verletzer getätigten Werbung (Auflagenhöhe
von Werbeträgern, Werbegebiet) gefordert werden, regelmäßig nicht aber über die
Kosten der Werbung.[1204]

Der Verletzer schuldet lediglich eine Auskunft, d.h. er hat eine *Wissenserklärung* abzu- **752**
geben.[1205] Dem genügt jede auf ein entsprechendes Auskunftsverlangen hin abge-
gebene, ernst gemeinte und nicht von vornherein unglaubhafte Erklärung.[1206] Der
Auskunftsschuldner darf sich insoweit nicht damit begnügen, sein präsentes Wissen
preiszugeben. Er hat vielmehr gegebenenfalls *Nachforschungen* in seinem eigenen
Bereich (z.B. anhand von Geschäftsunterlagen; Erkundigungen bei Vertragspartnern)
anzustellen und das Ergebnis dieser Bemühungen dem Anspruchsberechtigten mitzuteilen.[1207]

Ein *Rechnungslegungsanspruch* entsprechend §§ 259 I, 260 I BGB *besteht nicht*. Dessen **753**
ungeachtet kann neben der Auskunft als solcher auch die *Vorlage von Einkaufs- und*

OLG Hamburg GRUR-RR 2005, 109, 112 *Vorabinformationspflicht*; GRUR-RR 2005,
270, 274 *ZESTRIL II.*
1200 BGH GRUR 2013, 638, 643 (Nr. 53) *Völkl.*
1201 BGH GRUR 1988, 307, 308 *Gaby*; bestätigt u.a. in BGH GRUR 2003, 892, 893 *Alt
Luxemburg.*
1202 BGH GRUR 1992, 612, 616 *Nicola* (Sortenschutzsache).
1203 BGH GRUR 2007, 877, 879 (Nr. 24–25) *Windsor Estate.*
1204 BGH GRUR 1987, 364, 365 *Vier-Streifen-Schuh*; GRUR 1991, 153, 155 *Pizza & Pasta.*
1205 BGH GRUR 2003, 433, 434 *Cartier-Ring*; GRUR 1994, 630, 632 *Cartier-Armreif*; vgl.
auch BGH GRUR 2006, 504, 507 (Nr. 40) *Parfümtestverkäufe.*
1206 BGH GRUR 1994, 630, 631 f. *Cartier-Armreif*; GRUR 2001, 841, 844 *Entfernung der
Herstellungsnummer II.*
1207 BGH GRUR 2013, 638, 644 (Nr. 69) *Völkl*; GRUR 2003, 433, 434 *Cartier-Ring* vgl.
auch BGH GRUR 2006, 504, 507 (Nr. 40) *Parfümtestverkäufe.*

Verkaufsbelegen (Auftragsbestätigungen, Rechnungen, Lieferscheine) gefordert werden, die eine Überprüfung der Verlässlichkeit der Auskunft ermöglichen.[1208]

2. Sicherung des Schadensersatzes

754   In Umsetzung des Art. 9 II DurchsetzungsRL wurde mit dem DurchsetzungsG vom 7. Juli 2008 ein neuer § 19b in das MarkenG eingefügt. Danach hat der Markeninhaber gegen den Verletzer einen Anspruch auf *Vorlage von Bank-, Finanz- oder Handelsunterlagen bzw. auf Zugang zu den entsprechenden Unterlagen*, soweit sich diese in der Verfügungsgewalt des Verletzers befinden. Der Markeninhaber soll dadurch in die Lage versetzt werden, beschlagnahmefähiges Vermögen des Verletzers zur Sicherung seines Schadensersatzanspruchs aufzufinden. Der Anspruch besteht jedoch nur, soweit eine Verletzung »in gewerblichem Ausmaß« vorliegt,[1209] die Vorlage zur Durchsetzung des Schadensersatzanspruchs erforderlich ist, und wenn nicht die Inanspruchnahme im Einzelfall unverhältnismäßig ist (§ 19b II MarkenG), z.B. weil nur eine geringe Schadensersatzforderung zu erwarten ist.

§ 25 Ansprüche auf Vernichtung und Rückruf

755   Als einschneidendste Rechtsfolge einer Markenverletzung sieht § 18 I MarkenG einen Anspruch des Markeninhabers auf Vernichtung widerrechtlich gekennzeichneter Waren (S. 1) und zu der widerrechtlichen Kennzeichnung verwendeter Materialien und Geräte (S. 2) vor. Es handelt sich um eine Ausprägung des allgemeinen Beseitigungsanspruchs (s. oben Rdn. 672 f.),[1210] die aber in ihren Rechtsfolgen über diesen hinausreicht.[1211] Ein *Verschulden* des Verletzers ist – wie auch sonst beim Beseitigungsanspruch – *nicht erforderlich*.

1208 BGH GRUR 2003, 433, 434 *Cartier-Ring*; GRUR 2006, 504, 507 (Nr. 42) *Parfümtestkäufe.*

1209 Der Terminus »in gewerblichem Ausmaß« ist der DurchsetzungsRL entnommen. Seine Auslegung ist unsicher, vgl. Ströbele/Hacker/Thiering, § 19 Rn. 26.

1210 Vgl. BGH GRUR 2003, 228, 230 *P-Vermerk.*

1211 Vgl. Begr. zum ProduktpiraterieG, BlPMZ 1990, 173, 181; BGH GRUR 2019, 518, 520 (Nr. 26) *Curapor.*

I. Vernichtung von Waren

Nach § 18 I S. 1 MarkenG unterliegen der Vernichtung zunächst einmal die wider-   **756**
rechtlich gekennzeichneten *Waren*. Das entspricht der Vorgabe des Art.
10 I Durch-setzungsRL und auch dem Wortlaut des Art. 46 TRIPs-Übk. Allerdings bleibt dies
hinter dem früheren § 18 I MarkenG zurück, der nicht von Waren, sondern von
»Gegenständen« sprach. Damit waren außer den Waren auch Geschäftspapiere und
Werbemittel (§ 14 III Nr. 6 MarkenG) sowie Aufmachungen, Verpackungen und
Kennzeichnungsmittel im Sinne von § 14 IV MarkenG erfasst. Das war an sich sinnvoll und hätte auch beibehalten werden können, da die DurchsetzungsRL in Art. 2
I einen höheren Schutzstandard ausdrücklich zulässt. Ob unter dem jetzt geltenden
Recht eine analoge Anwendung des § 18 I S. 1 MarkenG auf die genannten Gegen-
stände in Betracht kommt, erscheint zweifelhaft. Sie lassen sich auch nicht ohne wei-
teres unter die »Materialien« im Sinne von S. 2 subsumieren.[1212]

Der Begriff der widerrechtlich gekennzeichneten Waren betrifft nicht nur typische   **757**
Piraterieware oder Verletzerprodukte. Auch *Originalwaren des Markeninhabers*
können darunter fallen, nämlich zum einen dann, wenn es um Waren geht, die der
Markeninhaber außerhalb der EU bzw. des EWR in Verkehr gebracht hat und die von
Dritten ohne Zustimmung des Inhabers reimportiert werden (vgl. § 24 I MarkenG).
Diese Originalwaren werden praktisch mit dem Grenzübertritt zu widerrechtlich
gekennzeichneten Waren (s. aber oben Rdn. 586!). Des Weiteren sind widerrechtlich
gekennzeichnet auch solche Originalwaren, die nach ihrem Inverkehrbringen durch
den Markeninhaber von dritter Seite verändert oder sonst verschlechtert worden sind
(vgl. § 24 II MarkenG).[1213]

Die Waren müssen im *Besitz oder Eigentum des Verletzers* stehen. Zweifelhaft ist freilich,   **758**
ob eine Vernichtung möglich ist, wenn es sich bei einem vom Verletzer verschiedenen
Dritteigentümer oder -besitzer um einen privaten Endverbraucher handelt.

▶ Beispiel:

Der private Eigentümer einer nachträglich veränderten Marken-Uhr übergibt diese
einem Juwelier, damit dieser sie in Kommission verkaufe. Die Uhr wird bei dem
Juwelier sichergestellt. Kann die Uhr vernichtet werden? Das OLG München hat
dies bejaht.[1214] Grundsätzlich ist dem zuzustimmen; jedoch wird die Vernichtung
in solchen Konstellationen häufig wegen Unverhältnismäßigkeit (s. Rdn. 761 f.)
ausscheiden (vgl. § 18 III S. 2 MarkenG).

1212 Wie hier FAGewRS/Schulz, Kap. 5 Rn. 1598; Büscher in Büscher/Dittmer/Schiwy,
      MarkenG § 18 Rn. 5; a.A. Thiering in Ströbele/Hacker/Thiering, § 18 Rn. 23; Fezer,
      § 18 Rn. 35.
1213 Vgl. BGH GRUR 1996, 271, 275 *Gefärbte Jeans* (zu § 25a WZG).
1214 OLG München InstGE 1, 201, 207 ff. *Fremde Lünette*.

II. Vernichtung von Materialien und Geräten

759   Nach § 18 I S. 2 MarkenG bezieht sich der Vernichtungsanspruch auch auf bestimmte rechtsverletzend verwendete Produktionsmittel. In Betracht kommen z.b. Siegel, Platten, Formen, Druckstöcke, Stempel, Negative und Matrizen (vgl. § 143 V S. 1 MarkenG i.V.m. § 74d I S. 2 StGB) sowie Werkzeuge und Maschinen.

760   Anders als bei den Waren kommt eine Vernichtung von Materialien und Geräten nur in Betracht, sofern diese im *Eigentum des Verletzers* stehen.[1215]

III. Unverhältnismäßigkeit

761   Nach früherem Recht konnte von der Vernichtung nur abgesehen werden, wenn ein milderes Mittel der Störungsbeseitigung zur Verfügung stand (z.b. Entfernung der rechtsverletzenden Kennzeichnung) und (!) die Vernichtung im Einzelfall unverhältnismäßig war. Beide Voraussetzungen mussten kumulativ vorliegen. War kein milderes Mittel gegeben, führte also nichts an der Vernichtung vorbei. Der jetzt geltende § 18 III MarkenG ist in diesem Punkt milder. Danach ist eine unverhältnismäßige Vernichtung stets unzulässig, auch wenn es kein milderes Mittel geben sollte.

762   Die Beurteilung der Unverhältnismäßigkeit erfordert eine Abwägung aller Interessen und Gesichtspunkte des Einzelfalles.[1216] Insbesondere sind auch die Interessen drittbetroffener Eigentümer und Besitzer zu berücksichtigen (so jetzt ausdrücklich § 18 III S. 2 MarkenG). Eine Unverhältnismäßigkeit sollte bei alledem nicht vorschnell bejaht werden. Denn Intention des Gesetzgebers war und ist es, dem Markeninhaber ein scharfes Schwert an die Hand zu geben. Unverhältnismäßig kann die Vernichtung aber z.b. sein, wenn es sich nicht um einen Pirateriefall handelt, sondern nur eine Verletzung am Rande des Schutzbereichs vorliegt, eine Entfernung der widerrechtlichen Kennzeichnung möglich ist und andererseits die Vernichtung einen großen wirtschaftlichen Schaden mit sich brächte. Andererseits kann etwa die mindere oder gar gemeingefährliche Qualität des Verletzerprodukts zwingend für die Vernichtung sprechen (z.b. leicht brennbare Spielzeugpuppen, funktionsuntüchtige Bremsbeläge, wirkungslose Arzneimittel usw.).

IV. Das »Wie« der Vernichtung

763   Der Gesetzgeber regelt lediglich das »Ob« der Vernichtung – in bejahendem Sinne –, nicht aber das »Wie«.[1217] Dieses »Wie« betrifft vor allem die Frage, *durch wen* die Vernichtung vorzunehmen ist. Insoweit kommen drei Möglichkeiten in Betracht:

1215 Anders noch der RefE 2006, nachdem bloßer Besitz des Verletzers ausreichend war; s. dazu auch Stellungnahme des Bundesrates, BT-Drs. 16/5048, S. 54, und Gegenäußerung der Bundesregierung, a.a.O., S. 62; krit. hierzu Thiering in Ströbele/Hacker/Thiering, § 18 Rn. 31.

1216 BGH GRUR 1997, 899, 901 *Vernichtungsanspruch*; GRUR 2019, 518, 519 (Nr. 21) *Curapor*.

1217 BGH GRUR 1997, 899, 902 *Vernichtungsanspruch*.

Vernichtung durch den Verletzer, Vernichtung durch den Kennzeicheninhaber oder Vernichtung durch einen unabhängigen Dritten, insbesondere den Gerichtsvollzieher. In rechtsdogmatischer Hinsicht stellt sich insoweit das Problem, ob der Vernichtungsanspruch einen Herausgabeanspruch impliziert, wie er nach h.M. zumindest für die Vernichtung durch den Kennzeicheninhaber als materiellrechtliche Grundlage benötigt wird. Die Frage war stark umstritten, wird aber mittlerweile überwiegend dahin beantwortet, dass der Markeninhaber *Herausgabe an einen Gerichtsvollzieher* zum Zwecke der Vernichtung durch diesen verlangen kann.[1218]

V. Rückrufanspruch

Nach § 18 II MarkenG kann der Markeninhaber vom Verletzer den Rückruf widerrechtlich gekennzeichneter Waren von seinen Abnehmern verlangen. Von Interesse ist dieser Anspruch vor allem, um die schon zirkulierenden Waren beim ersten Verletzer, der Quelle des Übels, zusammenzuziehen und in dessen Person die Anspruchsvoraussetzungen für den Vernichtungsanspruch nach § 18 I MarkenG zu schaffen.[1219] Ein Rückruf gegenüber privaten Endverbrauchern scheidet aber aus, weil die Waren mit dem Verlassen des Geschäftsverkehrs ihren rechtsverletzenden Charakter verlieren.[1220]

764

§ 26 Vorbereitende Ansprüche

Das traditionelle markenrechtliche Sanktionssystem ist darauf gerichtet, künftige weitere Verletzungshandlungen zu unterbinden (Unterlassungsanspruch) und die Folgen vorgekommener Verletzungen auszugleichen (Beseitigung, Löschung, Vernichtung, Schadensersatz). In Zeiten grassierender Produkt- und Markenpiraterie geht es aber zunehmend auch darum, Verletzungshandlungen erst einmal aufzuspüren. Dem dienen die Ansprüche auf Drittauskunft sowie auf Vorlage und Besichtigung.

765

1218 Vgl. BGH GRUR 2003, 228, 229 f. *P-Vermerk* (zu § 98 I UrhG); Benkard/Grabinski/
      Zülch, PatG § 140a Rn. 10; Ströbele/Hacker/Thiering, § 18 Rn. 45-46; Busse/Kaess,
      PatG, § 140a Rn. 20; Lange, Rn. 5753; a.A. Retzer, FS Piper, S. 421, 436.
1219 Jänich, MarkenR 2008, 413, 416; vgl. auch Ströbele/Hacker/Thiering, § 18 Rn. 65.
1220 Im Ergebnis ebenso Jänich, MarkenR 2008, 413, 416; Jestaedt, GRUR 2009, 102, 103;
      a.A. Thiering in Ströbele/Hacker/Thiering, § 18 Rn. 64.

I. Drittauskunft

766 Häufig werden markenverletzende Produkte vom Markeninhaber erst auf der Stufe des Einzelhandels, etwa durch einen Testkauf, entdeckt. Um das Übel an der Wurzel packen zu können, gilt es, die Quellen und Vertriebswege der Verletzung ausfindig zu machen. Dem dient der in § 19 MarkenG geregelte Anspruch auf so genannte Drittauskunft.

767 Die Vorschrift war in ähnlicher Form aufgrund des ProduktpiraterieG vom 7. März 1990 bereits im WZG enthalten (dort § 25b) und ist von dort zunächst unverändert in das MarkenG übernommen worden. Der europäische Gesetzgeber hat diesen Ansatz in Art. 8 DurchsetzungsRL aufgegriffen.[1221] In Umsetzung dieser Vorgabe ist § 19 MarkenG durch das Gesetz zur Verbesserung der Durchsetzung von Rechten des geistigen Eigentums umgestaltet worden. Das hat gegenüber dem früheren Recht teils zu einer erheblichen Ausdehnung des Drittauskunftsanspruchs, teils aber auch – entgegen der eigentlichen Intention des Gesetzgebers – zu empfindlichen Einschränkungen geführt.

1. Auskunft über Waren/DL

768 Nach § 19 I MarkenG kann der Markeninhaber vom Verletzer unverzügliche Auskunft über die *Herkunft* und den *Vertriebsweg* der widerrechtlich gekennzeichneten Waren/DL verlangen, also über dritte Personen (daher »Drittauskunft«).

769 Widerrechtlich gekennzeichnete *Waren* sind dabei wie bei § 18 I MarkenG (s. Rdn. 757) neben typischen Piraterie- und sonstigen Verletzerwaren *auch Original-waren des Markeninhabers*, hinsichtlich deren im Hinblick auf § 24 I oder II MarkenG eine Erschöpfung nicht eingetreten ist.[1222] Tauchen also Originalwaren auf, die vom Markeninhaber außerhalb des Europäischen Wirtschaftsraums in Verkehr gebracht und ohne seine Zustimmung reimportiert worden sind, kann der Markeninhaber vom Verletzer Auskunft über Herkunft und Vertriebsweg verlangen. Gleiches gilt für Origi-nalwaren, die eine nachträgliche Veränderung oder Verschlechterung erfahren haben.

770 Eine Einschränkung gegenüber dem früheren Recht liegt darin, dass nur noch Auskunft über widerrechtlich gekennzeichnete *Waren/DL* verlangt werden kann, während § 19 I MarkenG a.F. von »Gegenständen« sprach. Mit dem Begriff des Gegenstandes wurden – wie bei § 18 I MarkenG a.F. (s. dazu oben Rdn. 756) – neben den Waren auch Geschäfts-papiere und Werbemittel (§ 14 III Nr. 6 MarkenG) sowie Aufmachungen, Verpackungen und Kennzeichnungsmittel im Sinne von § 14 IV MarkenG erfasst. Wie bei § 18 wird auch bei § 19 MarkenG eine analoge Anwendung auf diese Gegenstände nicht ohne weiteres möglich sein. Werden also z.B. lediglich gefälschte Verpackungen oder Etiketten, aber keine rechtsverletzend gekennzeichneten Waren aufgefunden, so liegt zwar unter den Vorausset-zungen des § 14 IV MarkenG eine Markenverletzung vor, es besteht aber keine Auskunfts-pflicht des Verletzers über Herkunft und Vertriebsweg der Verpackungen oder Etiketten.[1223]

1221 Vgl. den 21. Erwägungsgrund zur DurchsetzungsRL.

1222 Vgl. BGH GRUR 2006, 504, 506 (Nr. 33) *Parfümtestverkäufe*; GRUR 2008, 796, 797 (Nr. 14) *Hollister*.

1223 A.A. Thiering in Ströbele/Hacker/Thiering, § 19 Rn. 36.

2. Umfang der Auskunft

§ 19 III MarkenG konkretisiert die Auskunftspflicht dahin, dass Angaben zu machen 771 sind über – Nr. 1 – Namen und Anschrift der Hersteller, Lieferanten und anderer Vorbesitzer der Waren/DL (z.B. auch Lagerhalter, Transportpersonen) sowie der *gewerblichen* Abnehmer (auch Endabnehmer) und Verkaufsstellen, für die die Waren/DL bestimmt waren, und – Nr. 2 – über die Menge der hergestellten, ausgelieferten, erhaltenen oder bestellten Waren sowie über die Preise, die für die betreffenden Waren/DL bezahlt wurden. Auskunft über *private Endabnehmer* kann wie schon früher *nicht* verlangt werden.

In dieser Aufzählung fehlt die früher in § 19 II MarkenG ausdrücklich erwähnte 772 Auskunftspflicht über den »Auftraggeber«. Dies hängt ersichtlich damit zusammen, dass sich die Auskunftspflicht nunmehr auf Herkunft und Vertriebsweg widerrechtlich gekennzeichneter Waren/DL beschränkt und sonstige Gegenstände wie Werbe- und Kennzeichnungsmittel, Verpackungen usw. nicht mehr erfasst werden. In dem genannten Beispielsfall der Auffindung gefälschter Verpackungen oder Etiketten (ohne die zugehörige Ware) kann somit keine Auskunft (mehr) darüber verlangt werden, wer die Herstellung der Etiketten gegebenenfalls in Auftrag gegeben hat. Das kann sich als schmerzliche Lücke bei der Bekämpfung der oft arbeitsteilig organisierten Markenpiraterie erweisen.

3. Schuldner der Auskunft

Eine erhebliche Ausdehnung hat der Drittauskunftsanspruch dagegen bei der Frage 773 der Passivlegitimation erfahren, also beim Kreis der *Auskunftsschuldner*. Nach § 19 I MarkenG (frühere und jetzige Fassung) ist dies in erster Linie der Verletzer, wozu auch der Störer (im Sinne von oben Rdn. 668 – 671) zählt.[1224]

Darüber hinaus werden in § 19 II MarkenG eine ganze Reihe von dritten Personen 774 erfasst, die weder Verletzer noch Störer sind, aber in irgendeiner Weise »in gewerblichem Ausmaß« (s. dazu oben Rdn. 754) mit den rechtsverletzenden Waren/DL zu tun gehabt haben. Voraussetzung für eine solche Inanspruchnahme unbeteiligter Dritter ist aber, dass die Rechtsverletzung offensichtlich ist oder bereits ein Verletzungsprozess anhängig ist.

Zu den Personen, die (in gewerblichem Ausmaß) für rechtsverletzende Tätigkeiten 775 genutzte Dienstleistungen erbracht haben, können insbesondere *Internet-Provider* gehören. Aber auch *Geldinstitute*, über deren Konten die Bezahlung rechtsverletzender Verkäufe (insbesondere im Internethandel!) abgewickelt werden, erbringen Dienstleistungen im Sinne von § 19 II Nr. 3 MarkenG. Wie der BGH in einer durch richtlinienkonforme Auslegung (s. dazu oben Rdn. 51) erzwungenen teleologischen Reduktion des Gesetzeswortlauts entschieden hat, können sich Geldinstitute der Auskunftspflicht

---

1224 Ströbele/Hacker/Thiering, § 19 Rn. 15; vgl. auch Regierungsbegr. zum Gesetz zur Verbesserung der Durchsetzung von Rechten des geistigen Eigentums, BT-Drs. 16/5048, S. 38.

auch nicht unter Berufung auf das Bankgeheimnis entziehen, obwohl § 19 II MarkenG i.V.m. § 383 Abs. 1 Nr. 6 ZPO dies eigentlich so vorsieht.[1225]

II. Vorlage und Besichtigung

776 § 19 MarkenG ermöglicht mit der Drittauskunft zwar die Aufdeckung weiterer Verletzer und Verletzungshandlungen, er setzt aber immerhin voraus, dass eine Verletzungshandlung bereits nachgewiesen ist. Demgegenüber noch weiter vorgelagert ist der in § 19a MarkenG vorgesehene Anspruch. Danach kann der Markeninhaber schon bei *hinreichender Wahrscheinlichkeit* einer Verletzung von dem vermeintlichen Verletzer die Vorlage von Urkunden oder die Besichtigung von Sachen verlangen, die sich in dessen Verfügungsgewalt befinden, sofern die Vorlage oder Besichtigung zur Begründung der Ansprüche des Markeninhabers erforderlich ist (§ 19a I S. 1 MarkenG). Besteht die hinreichende Wahrscheinlichkeit einer »in gewerblichem Ausmaß« begangenen Rechtsverletzung (s. dazu oben Rdn. 754), erstreckt sich der Anspruch nach § 19a I S. 2 MarkenG auch auf die Vorlage von Bank-, Finanz- oder Handelsunterlagen.

777 Die Vorschrift geht auf Art. 6 DurchsetzungsRL zurück, der seinerseits vor allem den Fall der Patentverletzung im Auge hat (vgl. insoweit § 140c PatG). Denn Patentverletzungen finden oft hinter den Mauern eines Betriebes statt, ohne als solche nach außen zu dringen (etwa bei der Verletzung eines Verfahrenspatents oder beim Nachbau einer geschützten Werkzeugmaschine). Der Patentinhaber steht insoweit vor großen Beweisproblemen, auch wenn hinreichende Verdachtsmomente für eine Patentverletzung vorliegen. Im Markenrecht ist dies anders, denn die markenverletzende Ware oder DL befindet sich ja immer als solche im Markt, so dass in der Regel ein Verletzer greifbar ist, über den dann über den Auskunftsanspruch nach § 19 MarkenG weitere Schritte unternommen werden können. Deswegen dürfte die Bedeutung des § 19a MarkenG deutlich geringer sein als die parallele Vorschrift des § 140c PatG. Vorkommen können solche Fälle aber schon, so etwa, wenn markenverletzende Ware bei einem Besitzer angetroffen wird, der weder als Verletzer noch als Störer in Anspruch genommen werden kann, z.B. weil es sich um einen privaten Endabnehmer handelt.

§ 27 Anspruchsschranken

778 Als allgemeine Anspruchsschranken regeln die §§ 20, 21 MarkenG die Verjährung und die Verwirkung. Für Ansprüche wegen der Verletzung einer Unionsmarke ordnet § 125b Nr. 3 MarkenG nur die entsprechende Anwendung des § 21 I MarkenG an.

1225 BGH GRUR 2016, 497, 498, 500 (Nr. 22, 33 ff.) *Davidoff Hot Water II* (sehr lesenswert!).

Jedoch gelten die übrigen Vorschriften der §§ 20, 21 MarkenG insoweit unmittelbar nach Art. 129 II UMV.

I. Verjährung

§ 20 MarkenG begnügt sich mit einer Verweisung auf die Verjährungsbestimmungen   779
der §§ 195 ff. BGB. Es gilt somit die dreijährige Regelverjährung (§ 195 BGB), die mit dem Schluss des Jahres beginnt, in dem (1.) der Anspruch entstanden ist und (2.) der Gläubiger von den den Anspruch begründenden Umständen und der Person des Schuldners Kenntnis erlangt oder ohne grobe Fahrlässigkeit erlangen müsste (§ 199 I Nr. 1 und Nr. 2 BGB).

Für die *Verjährung von Unterlassungsansprüchen* ist *§ 199 V BGB* zu beachten, wonach   780
an die Stelle der Entstehung des Anspruchs im Sinne von § 199 I Nr. 1 BGB die Zuwiderhandlung tritt. Dabei bildet grundsätzlich jede einzelne Verletzungshandlung (z.B. Anbringung des rechtsverletzenden Zeichens auf der Ware, Angebot, Vertrieb) einen eigenständigen Anknüpfungspunkt für die Verjährung.

Anders verhält es sich aber bei *Dauerhandlungen*, bei denen eine vollendete Verlet-   781
zungshandlung nicht vor Abschluss der Handlung vorliegt. Dauerhandlung in diesem Sinne ist eine Verletzungshandlung, von der eine fortwährende, vom Verletzer pflicht-widrig aufrechterhaltene Störung ausgeht.[1226] Die Abgrenzung zwischen einer Abfolge zeitlich nacheinander liegender einzelner Verletzungshandlungen und einer Dauer-handlung kann im Einzelfall schwierig sein. So wurde die Benutzung einer rechtsver-letzenden Firmenbezeichnung bei Umsatzgeschäften über einen längeren Zeitraum hinweg als eine Abfolge von Einzelhandlungen angesehen, dagegen die Eintragung einer rechtsverletzenden Firma im Handelsregister als einmalige Dauerhandlung.[1227]

Dieselbe Unterscheidung ist bei den Drittauskunfts- und Störungsbeseitigungsansprü-   782
chen zu treffen. Daher unterliegen z.B. auch *Vernichtungsansprüche* – ungeachtet der fort-währenden Störung – der Verjährung, da sie in aller Regel nicht auf einer Dauerhandlung, sondern auf einzelnen Benutzungshandlungen beruhen. Unverjährbar ist demgegenüber der Anspruch auf Löschung, da die rechtsverletzende Marke auf der rechtswidrigen Auf-rechterhaltung der Eintragung als einer Dauerhandlung beruht, die erst mit der Löschung beendet ist, die dann aber zugleich den Löschungsanspruch untergehen lässt.

Anders wird es dagegen bei *Schadensersatzansprüchen* gehandhabt. Zwar gilt auch hier   783
die einzelne Verletzungshandlung als Anknüpfungspunkt für die Verjährung. Dauer-handlungen werden dagegen in einzelne Teilakte aufgespalten. Es wird also fingiert, dass die schadenstiftende Dauerhandlung jeden Tag wie eine Einzelhandlung neu begangen wird.[1228]

1226 Köhler/Bornkamm/Feddersen, § 11 Rn. 1.21.
1227 BGH GRUR 1984, 820, 822 *Intermarkt II*.
1228 Vgl. BGH GRUR 2016, 780, 782 (Nr. 23) *Motorradteile*; GRUR 1978, 492, 495 *Fahr-radgepäckträger II*; Ingerl/Rohnke, § 20 Rn. 14; Köhler/Bornkamm/Feddersen, § 11 Rn. 1.21.

II. Verwirkung

784 Die deutsche Rechtsprechung hat über Jahrzehnte eine spezifisch kennzeichenrechtliche Verwirkungslehre entwickelt. Danach können kennzeichenrechtliche Ansprüche
nicht mehr durchgesetzt werden, wenn (1.) durch eine länger andauernde redliche
und ungestörte Benutzung einer Kennzeichnung (2.) ein Zustand geschaffen ist, der
für den Benutzer einen beachtlichen Wert hat (wertvoller Besitzstand), der ihm (3.)
nach Treu und Glauben erhalten bleiben muss und den auch der Verletzte ihm nicht
streitig machen kann, wenn er durch sein Verhalten diesen Zustand erst ermöglicht
hat.[1229] Die genannten Verwirkungskriterien stehen zueinander in einem *Wechselwirkungsverhältnis*.[1230] Ein Weniger im einen Bereich (z.B. beim Besitzstand) kann
daher durch ein anderweitiges Mehr (z.B. bei der Dauer der ungestörten Benutzung)
ausgeglichen werden und umgekehrt.

Diese Kriterien ermöglichen eine sehr differenzierte und einzelfallbezogene Entschei-
dungspraxis, was aber andererseits zu Lasten der Rechtssicherheit und Prognostizier-
barkeit geht.

785 § 21 MarkenG stellt *keine* Kodifikation dieser Grundsätze dar, sondern sieht in seinen
Abs. I und II einen eigenständigen, verhältnismäßig starren Verwirkungstatbestand
vor. Nach § 21 I MarkenG hat der Inhaber einer Marke zum einen nicht das Recht,
die Benutzung einer eingetragenen Marke mit jüngerem Zeitrang für die Waren/DL,
für die sie eingetragen ist, zu untersagen, soweit er die Benutzung der Marke während
eines Zeitraums von fünf aufeinanderfolgenden Jahren in Kenntnis dieser Benutzung
geduldet hat, es sei denn, dass die Anmeldung der Marke mit jüngerem Zeitrang
bösgläubig (im Sinne von § 8 II Nr. 14 MarkenG) vorgenommen worden ist. Diese
Bestimmung ist, soweit es um Rechte aus einer eingetragenen Marke geht, durch
Art. 18 I i.V.m. Art. 9 I MarkenRL vorgegeben, im Übrigen beruht sie auf der Option
des Art. 18 I i.V.m. Art. 9 II MarkenRL. Nach § 21 II MarkenG hat der Inhaber
einer Marke zudem nicht das Recht, die Benutzung einer Marke im Sinne des § 4
Nr. 2 oder 3, einer geschäftlichen Bezeichnung (§ 5 MarkenG) oder eines sonstigen
Rechts im Sinne des § 13 MarkenG mit jüngerem Zeitrang zu untersagen, soweit er

---

1229 BGH GRUR 2019, 165, 169 (Nr. 37) *keine-vorwerk-vertretung*; GRUR 2016, 705, 709
(Nr. 50) *ConText*; GRUR 2012, 534, 538 (Nr. 50) *Landgut Borsig*; GRUR 2008, 1104,
1107 (Nr. 33) *Haus & Grund II*; GRUR 2008, 1108, 1113 (Nr. 58) *Haus & Grund III*;
GRUR 2006, 56, 59 (Nr. 45) *BOSS-Club*; GRUR 2004, 783, 785 *NEURO-VIBOLEX/
NEURO-FIBRAFLEX*; GRUR 2001, 1161, 1163 *CompuNet/ComNet*; GRUR 1993,
913, 914 *KOWOG*; GRUR 1992, 329, 333 *AjS-Schriftenreihe*; GRUR 1990, 1042, 1046
Datacolor; GRUR 1989, 449, 452 *Maritim*; GRUR 1988, 776, 778 *PPC*; GRUR 1981,
66, 68 *MAN/G-man*; GRUR 1966, 427, 428 *Prince Albert*; ähnlich BGH GRUR 1993,
151, 153 *Universitätsemblem*; GRUR 1985, 389, 390 *Familienname*; GRUR 1981, 60,
61 *Sitex*; GRUR 1970, 308, 309 *Duraflex*; GRUR 1969, 694, 695 *Brillant*; GRUR 1966,
623, 626 *Kupferberg*; GRUR 1963, 478, 480 *Bleiarbeiter*.
1230 BGH GRUR 2019, 165, 169 (Nr. 37) *keine-vorwerk-vertretung*; GRUR 2016, 705, 709
(Nr. 50) *ConText*; GRUR 1993, 151, 154 *Universitätsemblem*; GRUR 1993, 913, 915
KOWOG; GRUR 1992, 45, 48 *Cranpool*; GRUR 1963, 478, 481 *Bleiarbeiter*.

die Benutzung dieses Rechts während eines Zeitraums von fünf aufeinanderfolgenden Jahren in Kenntnis dieser Benutzung geduldet hat, es sei denn, dass der Inhaber dieses Rechts im Zeitpunkt des Rechtserwerbs bösgläubig war. Diese Vorschrift stellt autonomes nationales Recht dar.

Mit diesen Bestimmungen werden somit nur Fälle erfasst, in denen der Verletzer an der verletzenden Kennzeichnung *eigene Rechte* erworben hat.

Der Hinweis in *§ 21 IV MarkenG*, dass die Anwendung allgemeiner Grundsätze für die Verwirkung von Ansprüchen (also die in Rdn. 784 genannten Grundsätze der deutschen Rechtsprechung) unberührt bleibt, betrifft somit in erster Linie Fälle, in denen der Verletzer *keine eigenen Rechte* innehat. Ob die allgemeinen Grundsätze auch im Anwendungsbereich des § 21 I und II MarkenG parallel zur Anwendung kommen, ist dagegen umstritten. Nachdem der EuGH erwartungsgemäß klargestellt hat, dass es sich bei Art. 9 MarkenRL-1988 um eine abschließende Harmonisierung ohne nationale Spielräume handelt,[1231] kommt eine parallele Heranziehung der hergebrachten Grundsätze jedenfalls im Bereich des § 21 I MarkenG aber nicht mehr in Betracht.[1232] Neben der rein nationalen Vorschrift des § 21 II MarkenG dagegen soll § 21 IV MarkenG nach der Rechtsprechung des BGH anwendbar sein.[1233] **786**

Die Frage hat allerdings dadurch weitgehend an Bedeutung verloren, dass der BGH **787** die Rechtsfolgen einer Verwirkung nach den allgemeinen Grundsätzen (§ 21 IV MarkenG), also wenn (und nur dann, wenn!) der Verletzer keine eigenen Rechte an der rechtsverletzenden Kennzeichnung erworben hat, im Hinblick auf den zentralen Unterlassungsanspruch in jüngster Zeit erheblich eingeschränkt hat. Während früher davon ausgegangen wurde, dass der Verletzer das der Verwirkung unterliegende Verhalten fortsetzen darf, also wie im Rahmen von § 21 I und II MarkenG eine Art Weiterbenutzungsrecht hat, ist nunmehr zu differenzieren: Grundsätzlich beschränkt sich demnach die Rechtsfolge der Verwirkung darauf, dass der Markeninhaber seine Rechte im Hinblick auf bestimmte konkrete, bereits begangene Rechtsverletzungen nicht mehr durchzusetzen vermag. Ein »Freibrief für künftige Schutzrechtsverletzungen« ist damit nicht verbunden.[1234] Anders liegt es nur bei Dauerhandlungen (s. Rdn. 781). Diese dürfen unter den genannten Bedingungen fortgesetzt werden.[1235]

1231 EuGH GRUR 2012, 519, 521 (Nr. 33) *Budvar/Anheuser-Busch*.
1232 Hacker WRP 2012, 266, 267; Kodek MarkenR 2011, 502, 505; Palzer/Preisendanz EuZW 2012, 134, 138; Koch GRUR 2012, 1092, 1095; Müller WRP 2013, 1301, 1305 (Nr. 39); offen gelassen von BGH GRUR 2016, 705, 709 (Nr. 48-49) *ConText*.
1233 BGH GRUR 2016, 705, 709 (Nr. 49) *ConText*.
1234 BGH GRUR 2012, 928, 930 (Nr. 23–24) *Honda-Grauimport*; bestätigt in BGH GRUR 2013, 1161, 1162 (Nr. 21) *Hard Rock Cafe*; GRUR 2014, 363, 364 (Nr. 15) *Peter Fechter*; GRUR 2016, 705, 709 (Nr. 50) *ConText*; krit. hierzu Thiering in Ströbele/Hacker/Thiering, § 21 Rn. 50.
1235 S. BGH GRUR 2013, 1161, 1163, 1167 (Nr. 29, 81) *Hard Rock Café* (Führung einer Gaststättenbezeichnung); BGH GRUR 2016, 705, 709 (Nr. 50) *ConText*.

788 Eine nähere Darstellung der – im Einzelnen sehr komplizierten – Verwirkungstatbestände würde den Rahmen dieses Grundrisses sprengen. Insoweit muss auf die Spezialliteratur verwiesen werden.

§ 28 Sonstige markenrechtliche Sanktionen

I. Strafbare Markenverletzungen

789 Nach § 143 I Nr. 1–3 MarkenG sind sämtliche Verletzungshandlungen im Sinne von § 14 II-IV MarkenG, sofern diese vorsätzlich begangen werden (§ 15 StGB), unter Strafe gestellt. Der Strafrahmen beträgt bis zu drei Jahren Freiheitsstrafe, bei gewerbsmäßiger Markenverletzung bis zu fünf Jahren (§ 143 II StGB). Der Gesetzgeber ist damit bewusst hinter den Strafandrohungen für vergleichbare Vermögensdelikte zurückgeblieben.[1236] So beträgt die Strafe für einfachen Diebstahl, Betrug oder Hehlerei jeweils bis zu fünf Jahren (§§ 242 I, 259 I, 263 I StGB) bzw. bei gewerbsmäßiger Begehung jeweils bis zu zehn Jahren (§§ 243 I Nr. 3, 260 I Nr. 1, 263 III Nr. 1 StGB). Hinsichtlich der gewerbsmäßigen Begehung verstößt dies allerdings gegen die Verpflichtung aus Art. 61 S. 1 und 2 TRIPs-Übk, wo insoweit gleiche Strafen gefordert werden.[1237]

790 Für die Verletzung von Unionsmarken enthält § 143a MarkenG eine ähnliche Regelung.

791 Die praktische Bedeutung des strafrechtlichen Markenschutzes ist gering.

II. Zollbehördliche Maßnahmen

792 Als effektives Mittel zur Bekämpfung von Markenverletzungen hat sich dagegen der Zugriff der Zollbehörden bei der Ein- oder Ausfuhr solcher Waren erwiesen. Die einschlägige Statistik des deutschen Zolls verzeichnet hierzu beachtliche Aufgriffszahlen.

793 Geregelt ist diese sog. Grenzbeschlagnahme vorrangig auf unionsrechtlicher Ebene in der Verordnung (EU) Nr. 608/2013;[1238] nationales Recht findet nur ergänzend Anwendung (§ 146 I MarkenG). Der Anwendungsbereich dieser Verordnung ist jedoch in mehrfacher Hinsicht eingeschränkt. So gilt sie nach ihrem Art. 2 Nr. 2 nur zum Schutz von eingetragenen Marken, also nationalen Registermarken, IR-Marken und Unionsmarken, nicht aber für Benutzungsmarken nach § 4 Nr. 2 MarkenG.

1236 Vgl. Begr. zum ProduktpiraterieG vom 07.03.1990, BlPMZ 1990, 173, 179.
1237 A.A. Büscher in Büscher/Dittmer/Schiwy, MarkenG § 143 Rn. 26.
1238 ABl-EU Nr. L 181 v. 29.06.2013, S. 15 = Ströbele/Hacker/Thiering, Anhang 13.

Wichtiger noch ist der in Art. 1 V, 1. Alternative VO (EU) Nr. 608/2013 vorgesehene Ausschluss von Waren, die mit Zustimmung des Markeninhabers mit der Marke versehen worden sind. Ein Vorgehen nach der VO (EU) Nr. 608/2013 ist daher nicht möglich, soweit es um Re- und Parallelimporte nicht-erschöpfter Originalwaren geht, also um Waren, die vom Markeninhaber außerhalb des EWR in Verkehr gebracht worden sind und von Dritten ohne dessen Zustimmung eingeführt werden. Auch in den Fällen des § 24 II MarkenG (insbesondere veränderte oder verschlechterte Waren) ist ein Zugriff nach der VO (EU) Nr. 608/2013 nicht möglich. In diesen Fällen kommen jedoch ergänzend die nationalen Bestimmungen der §§ 146–149 MarkenG zur Anwendung.[1239]

Nach der Beschlagnahme kommt es im Regelfall zur *Vernichtung der beschlagnahmten Waren* durch den Zoll (vgl. Art. 23 VO [EU] Nr. 608/2013). Zur Vernichtung von Kleinsendungen (insbesondere im Zusammenhang mit dem Internethandel mit gefälschten Markenwaren) s. Art. 26 VO (EU) Nr. 608/2013.   **794**

§ 29 Ergänzender wettbewerbsrechtlicher und bürgerlich-rechtlicher Markenschutz

Übersicht

I. Grundfragen

Seit der »Sonnengold«-Entscheidung des Reichsgerichts[1240] war es allgemeine Meinung, dass das Zeichenrecht nur einen Ausschnitt des allgemeinen Wettbewerbsrechts bilde.[1241] Die Rechtsprechung hatte daher keine Schwierigkeiten, die spärlichen   **795**

1239   Str.; s. aber BFH GRUR Int. 2000, 780, 781 f. *Jockey*; ebenso die Regierungsbegr. zu dem Gesetz zur Verbesserung der Durchsetzung von Rechten des geistigen Eigentums, BT-Drs. 16/5048, S. 34.

1240   RGZ 120, 325, 328 *Sonnengold*.

1241   Z.B. Hagens, Warenzeichenrecht (1927), Einleitung Anm. 3; Reimer, Wettbewerbs- und Warenzeichenrecht, 3. Aufl. (1954), S. 14 Rn. 6; Baumbach/Hefermehl, WZG, 11. Aufl., Einl. Anm. 22; Bußmann/Pietzker/Kleine, Gewerblicher Rechtsschutz und

Vorschriften des WZG dort, wo es nötig schien, unter Rückgriff auf das UWG, gegebenenfalls auch auf das allgemeine Deliktsrecht der §§ 823 ff. BGB, zu ergänzen.[1242]

796 Auch nach der europäischen Harmonisierung des Markenrechts schien sich daran nichts ändern zu müssen, hieß es doch im 7. Erwägungsgrund zur MarkenRL-1988 ausdrücklich:

> »Diese Richtlinie schließt nicht aus, dass auf die Marken andere Rechtsvorschriften der Mitgliedstaaten als die des Markenrechts, wie die Vorschriften gegen den unlauteren Wettbewerb, über die zivilrechtliche Haftung oder den Verbraucherschutz, Anwendung finden.«

Nahezu gleichlautend ist der 40. Erwägungsgrund der geltenden MarkenRL formuliert.

So bestimmt auch § 2 MarkenG, dass der Schutz von Marken (sowie geschäftlichen Bezeichnungen und geographischen Herkunftsangaben) nach diesem Gesetz die Anwendung anderer Vorschriften zum Schutz dieser Kennzeichen nicht ausschließt (ähnlich Art. 17 II UMV).

797 Dennoch hatte die Rechtsprechung des BGH alsbald eine andere Richtung genommen. Danach stellt das MarkenG eine umfassende und in sich geschlossene Regelung bereit, die einer konkurrierenden Heranziehung der wettbewerbsrechtlichen Vorschriften grundsätzlich entgegensteht.[1243] Auf die Bestimmungen des UWG sollte daher nur ergänzend für solche Sachverhalte zurückgegriffen werden können, die *vom Anwendungsbereich des MarkenG nicht erfasst* sind.[1244]

Urheberrecht, 3. Aufl., S. 94 f.; Hubmann/Götting, Gewerblicher Rechtsschutz, 7. Aufl., § 5 Rn. 23.

1242 Z.B. BGH GRUR 1981, 142, 144 *Kräutermeister*; GRUR 1983, 247, 248 *Rolls-Royce*; GRUR 1985, 550, 551 ff. *DIMPLE*; GRUR 1990, 711, 712 *Telefonnummer 4711*; GRUR 1991, 863, 865 *Avon*.

1243 Grdl. BGH GRUR 1999, 161, 162 *MAC Dog*; s. ferner BGH GRUR 1999, 252, 253 *Warsteiner II*; GRUR 2000, 70, 73 *SZENE*; GRUR 2001, 1050, 1051 *Tagesschau*; GRUR 2001, 1054, 1055 *Tagesreport*; GRUR 2002, 622, 623 *shell.de*; GRUR 2002, 706, 707 *vossius.de*; GRUR 2002, 898, 900 *defacto*; GRUR 2004, 1039, 1041 *SB-Beschriftung*; GRUR 2005, 163, 165 *Aluminiumräder*; GRUR 2005, 419, 422 *Räucherkate*; GRUR 2005, 423, 427 *Staubsaugerfiltertüten*; GRUR 2005, 583, 585 *Lila-Postkarte*; GRUR 2006, 329, 332 (Nr. 36) *Gewinnfahrzeug mit Fremdemblem*; GRUR 2007, 339, 342 (Nr. 23) *Stufenleitern*; GRUR 2008, 160, 163 (Nr. 25) *CORDARONE*; GRUR 2008, 793, 795 (Nr. 26) *Rillenkoffer*; GRUR 2008, 917, 919 (Nr. 27) *EROS*; GRUR 2009, 1162, 1165 (Nr. 40) *DAX*.

1244 So die Formulierung z.B. in BGH GRUR 2001, 73, 76 *Stich den Buben*; GRUR 2002, 167, 171 *Bit/Bud*; GRUR 2003, 332, 335 f. *Abschlussstück*; GRUR 2004, 235, 238 *Davidoff II*; GRUR 2004, 1039, 1041 *SB-Beschriftung*; GRUR 2005, 419, 422 *Räucherkate*; GRUR 2006, 329, 332 (Nr. 36) *Gewinnfahrzeug mit Fremdemblem*; GRUR 2008, 628, 629 (Nr. 14) *Imitationswerbung*; GRUR 2009, 1162, 1165 (Nr. 40) *DAX*.

Hinter dieser sog. *Vorrangthese* stand die Überlegung, dass die durch das Markenrecht 798
(wie durch andere gewerbliche Schutzrechte) vermittelte Vorzugsstellung im Wettbewerb (s. dazu oben Rdn. 19 ff.)

- nur dem Markeninhaber als Inhaber eines ausschließlichen Rechts (§ 14 I MarkenG),
- unter den spezifischen Voraussetzungen dieser Schutzrechte (§§ 3, 4, 8–13, 14 II-IV MarkenG),
- und in den gesetzlich festgelegten Grenzen (Verletzungstatbestände und Schutzschranken wie etwa §§ 23, 24 MarkenG)

zukommen soll.[1245]

Die Gegenmeinung, die das UWG grundsätzlich uneingeschränkt neben dem MarkenG anwenden wollte,[1246] konnte sich nicht durchsetzen.

Neue Nahrung hat die Diskussion um die Vorrangthese durch Änderungen im 799
UWG erhalten. Das Lauterkeitsrecht ist durch die Richtlinie 2005/29/EG über unlautere Geschäftspraktiken[1247] (UGP-RL) vollständig harmonisiert worden, soweit der Geschäftsverkehr zwischen Unternehmen und Verbrauchern betroffen ist. Der deutsche Gesetzgeber hat die Richtlinie durch das 1. UWGÄndG vom 22. Dezember 2008 in deutsches Recht umgesetzt. Der für die vorliegende Konkurrenzfrage besonders relevante Art. 6 II lit. a UGP-RL hat in Gestalt des neuen § 5 II Eingang in das UWG gefunden. Die Vorschrift lautet:

»Eine geschäftliche Handlung ist auch irreführend, wenn sie im Zusammenhang mit der Vermarktung von Waren oder Dienstleistungen einschließlich vergleichender Werbung eine Verwechslungsgefahr mit einer anderen Ware oder Dienstleistung oder mit der Marke oder einem anderen Kennzeichen eines Mitbewerbers hervorruft.«

Umstritten ist, ob diese neue Vorschrift eine Korrektur der Vorrangthese erforderlich macht.

Hierzu lassen sich im wesentlichen drei Meinungen feststellen: Die Gegner der 800
Vorrangthese (Rdn. 798 a.E.) sehen sich in ihrer Auffassung bestätigt; eine uneingeschränkte Anwendung des UWG neben den Vorschriften des MarkenG ist demnach – sozusagen »jetzt erst recht« – geboten.[1248] Andere sehen im Hinblick auf die

---

1245 Vgl. Köhler/Bornkamm/Feddersen, § 5 Rn. 0.101.
1246 Fezer, 3. Aufl., § 2 Rn. 2 ff.; ders., WRP 2000, 863 ff; Deutsch WRP 2000, 854 ff; HK-MarkenR/Klippel/Pahlow, 1. Aufl., § 2 Rn. 3 und Rn. 7.
1247 ABl-EG Nr. L 149 vom 11.06.2005, S. 22.
1248 Fezer, 4. Aufl., § 2 Rn. 54, 95–100; s. auch ders., MarkenR 2006, 511, 512; ders., WRP 2008, 1 ff.; ders., GRUR 2009, 451, 454; Harte/Henning/Dreyer, 3. Aufl., UWG § 5 Abschnitt J Rn. 10 ff.; Jonas/Weber, GRUR-RR 2009, 204, 207; mit Einschränkung auch Hildebrandt, § 26 Rn. 6.

Vorrangklausel des Art. 3 IV UGP-RL[1249] keinen Änderungsbedarf[1250] bzw. halten eine klare Grenzziehung zwischen Marken- und Lauterkeitsrecht – wiederum »jetzt erst recht« – für geboten.[1251] Richtigerweise wird man differenzieren müssen: Außerhalb des Anwendungsbereichs der UGP-RL, also im Geschäftsverkehr zwischen Unternehmen, kann und sollte an der – an sich ja vernünftigen – Vorrangthese festgehalten werden, wogegen gegenüber Verbrauchern § 5 II UWG neben den markengesetzlichen Vorschriften angewendet werden muss, sofern dessen spezifische Voraussetzungen, nämlich eine »echte« Verwechslungsgefahr im Sinne einer wettbewerblich relevanten Irreführung, vorliegen. Insoweit kann die Vorrangthese keinen Bestand mehr haben, so dass sie vom BGH zu Recht aufgegeben worden ist.[1252]

801 Eine wettbewerblich relevante Verwechslungsgefahr wird allerdings nur angenommen werden können, wenn das nachgeahmte Kennzeichen eine gewisse *Verkehrsbekanntheit bei nicht unerheblichen Teilen der angesprochenen Verkehrskreise* erlangt hat.[1253] Demzufolge scheidet eine parallele Anwendung des § 5 II UWG aus, wenn die betreffende Marke noch gar nicht oder nur in geringem Umfang benutzt wird oder wenn aufgrund aller »Begleitumstände« eine Irreführung ausgeschlossen ist (z.B. Angebot einer »Rolex«-Uhr für 10 €) oder wenn die erforderliche wettbewerbliche Relevanz der Irreführung (§ 3 II UWG) fehlt.[1254]

802 Des weiteren ist zu beachten, dass nach der Rechtsprechung des BGH kennzeichenrechtliche Wertungen nicht über die Anwendung des wettbewerbsrechtlichen Irreführungsverbotes des § 5 II UWG unterlaufen werden dürfen. Daher scheiden wettbewerbsrechtliche Ansprüche aus, soweit der angegriffene Zeichengebrauch kennzeichenrechtlich gedeckt ist, z.B. aufgrund einer besseren Priorität des angegriffenen Zeichens[1255] oder weil zugunsten des Zeichennutzers eine der markenrechtlichen Schutzschranken, z.B. Verwirkung (§ 21 MarkenG), eingreift.[1256] Insoweit gilt also eine Art »negative Vorrangthese«.[1257] Ob dies mit dem harmonisierten Lauterkeitsrecht in Einklang steht, wäre freilich noch vom EuGH zu erfragen.

1249 Art. 3 IV UGP-RL lautet: »Kollidieren die Bestimmungen dieser Richtlinie mit anderen Rechtsvorschriften der Gemeinschaft, die besondere Aspekte unlauterer Geschäftspraktiken regeln, so gehen die Letzteren vor und sind für diese besonderen Aspekte maßgebend.« S. hierzu auch den 9. Erwägungsgrund (S. 2) zur UGP-RL: »[Diese Richtlinie] berührt ferner nicht die gemeinschaftlichen und nationalen Vorschriften in den Bereichen …, Schutz des geistigen Eigentums, …«.

1250 Sosnitza, § 10 Rn. 6; ders. in: Ohly/Sosnitza, UWG § 5 Rn. 707 ff.

1251 HK-MarkenR/Pahlow, § 2 Rn. 3 unter Aufgabe der früheren Auffassung.

1252 BGH GRUR 2013, 1161, 1165 (Nr. 60) *Hard Rock Cafe.*

1253 Vgl. zur Herkunftstäuschung im Rahmen des § 4 Nr. 3 lit. a UWG Köhler/Bornkamm/ Feddersen, UWG § 4 Rn. 3.41a m.w.N.

1254 S. im einzelnen Ströbele/Hacker/Thiering, § 2 Rn. 15–39; ähnlich Hildebrandt, § 26 Rn. 22; Büscher GRUR 2009, 230, 236.

1255 BGH GRUR 2016, 965, 966 (Nr. 23) *Baumann II.*

1256 BGH GRUR 2013, 1161, 1166 (Nr. 64) *Hard Rock Cafe.*

1257 Gegen diesen Ansatz Harte/Henning/Dreyer, 4. Aufl., § 5 Abschnitt J Rn. 10.

II. Einzelfälle

1. Vorrang des Sonderschutzes bekannter Marken

Der BGH hat die These vom Vorrang des Markenrechts zunächst am Sonderschutz   803
der bekannten Marke entwickelt. Wie oben bei Rdn. 560 – 579 dargestellt, ist der früher wettbewerbsrechtlich begründete, zum Teil auch im bürgerlichen Recht verankerte
Schutz bekannter Marken vor Verwässerung, Rufausbeutung und Rufschädigung in
Umsetzung von Art. 5 II MarkenRL-1988 in das MarkenG (§ 14 II S. 1 Nr. 3, § 9
I Nr. 3) übernommen worden (s. jetzt Art. 10 II lit. c MarkenRL). Es ist ständige
Rechtsprechung gewesen, dass diese Bestimmungen dem UWG vorgehen und dieses
verdrängen.[1258] Daran kann ohne weiteres festgehalten werden, weil Aspekte der ver-
braucherbezogenen Unlauterkeit insoweit keine Rolle spielen (s. Rdn. 800).

Außerhalb des Anwendungsbereichs des § 14 II S. 1 Nr. 3 MarkenG kommt aber   804
wettbewerbsrechtlicher Schutz in Betracht.

▶ Beispiel:[1259]

Die Klägerin ist Inhaberin der für einen Kräuterlikör bekannten Marke »Jägermeister«, den sie seit langem mit dem ebenfalls bekannten Werbespruch »Deutschlands meistgetrunkener Kräuterlikör« bewirbt. Die Beklagte hat beim DPMA die
Marke »Kräutermeister« für die Ware »Magenbitter« zur Eintragung gebracht.
Die Klägerin nimmt die Beklagte daraufhin – vorbeugend – auf Unterlassung in
Anspruch. – Hier scheidet zunächst eine mittelbare Verwechslungsgefahr unter
dem Gesichtspunkt des Serienzeichens aus, weil der gemeinsame Stammbestandteil »-meister« nur schwach kennzeichnungskräftig ist (s. oben Rdn. 557). Unter
demselben Gesichtspunkt muss auch eine relevante Zeichenähnlichkeit im Sinne
von § 14 II S. 1 Nr. 3 MarkenG verneint werden. Jedoch kommt zu der markenrechtlich nicht fassbaren Anlehnung an die Marke »Jägermeister« die weitere Anlehnung an den bekannten Werbespruch hinzu. Beides zusammen kann zu einer
wettbewerbswidrigen Rufausbeutung führen.[1260]

2. Fehlender markenmäßiger oder sonst funktionsstörender Gebrauch

Wie oben bei Rdn. 589 ff. dargestellt, sind die Verletzungstatbestände des § 14 II   805
Nr. 1–3 MarkenG nur dann erfüllt, wenn das Konkurrenzzeichen so benutzt wird,
dass eine von diesen Verletzungstatbeständen jeweils geschützte Markenfunktion
beeinträchtigt wird. Geklärt ist insoweit auch, dass bei anderweitigem Gebrauch der

---

1258 Grdl. BGH GRUR 1999, 161, 162 *MAC Dog*; s. ferner z.B. BGH GRUR 2003, 973, 974
      Tupperwareparty; zum Sonderschutz nach § 15 III MarkenG ebenso BGH GRUR 2000,
      70, 73 *SZENE*; GRUR 2001, 1050, 1051 *Tagesschau*; GRUR 2001, 1054, 1055 *Tages-
      report*; GRUR 2003, 973, 974 *Tupperwareparty*; zu § 127 III MarkenG BGH GRUR
      2002, 426 *Champagner bekommen, Sekt bezahlen*.
1259 BGH GRUR 1981, 142 *Kräutermeister*.
1260 BGH GRUR 1981, 142, 144 *Kräutermeister*.

Anwendungsbereich des MarkenG nicht eröffnet ist, so dass einer Anwendung des UWG in solchen Fällen nichts entgegensteht.[1261]

3. Entfernung fremder Marken

806   S. dazu oben Rdn. 599 und Rdn. 622.

4. Irreführung über die betriebliche Herkunft

807   Die Abwehr von Irreführungen über die betriebliche Herkunft, die durch die Verwendung oder Nachahmung einer fremden Marke hervorgerufen werden, fiel nach früher h.M. in den originären Anwendungsbereich des MarkenG (anders als die Entfernung einer fremden Marke, Rdn. 806). Diese Handlungen konnten also nur unter den im MarkenG geregelten Voraussetzungen (§ 14 II Nr. 1 oder 2: bestehender Zeichenschutz, Doppelidentität oder Verwechslungsgefahr, zeichenmäßiger Gebrauch des Verletzerzeichens; kein Eingreifen einer Schutzschranke) bekämpft werden. Das allgemeine Irreführungsverbot der §§ 3, 5 I S. 1 UWG trat dahinter zurück.[1262] Insoweit war es auch nicht möglich, in der Benutzung eines fremden Kennzeichens eine Angabe über die betriebliche Herkunft im Sinne von § 5 I S. 2 Nr. 1 UWG zu sehen.

808   An dieser Auffassung konnte im Hinblick auf § 5 II UWG nicht uneingeschränkt festgehalten werden. Vielmehr kommt eine konkurrierende Anwendung des UWG in Betracht, soweit mit der Kennzeichenverletzung zugleich eine konkrete und wettbewerblich relevante Irreführung oder zumindest Irreführungsgefahr verbunden ist.[1263] Das wird allerdings nicht in jedem Fall einer kennzeichenrechtlichen Verwechslungsgefahr bejaht werden können, sondern nur dann, wenn es um die Verletzung eines Kennzeichens geht, das eine gewisse Bekanntheit in nicht unerheblichen Teilen der angesprochenen Verkehrskreise erlangt hat (vgl. oben Rdn. 801). Darüber hinaus können die spezifischen markenrechtlichen Schutzschranken bei der lauterkeitsrechtlichen Bewertung nicht unberücksichtigt bleiben (s. oben Rdn. 802).

5. Spezifisch lauterkeitsrechtlicher Zeichenschutz

809   Das UWG enthält an mehreren Stellen *spezifische Vorschriften* über den lauterkeitsrechtlichen Schutz von Kennzeichen (also auch Marken).

a) Herabsetzung und Verunglimpfung

810   So verbietet § 4 Nr. 1 UWG (früher § 4 Nr. 7 UWG) u.a. die Herabsetzung und Verunglimpfung von Kennzeichen eines Mitbewerbers. Nach der Rechtsprechung des BGH wird diese Vorschrift zwar durch den Sonderschutz der bekannten Marke

---

1261 BGH GRUR 2005, 419, 422 *Räucherkate*.
1262 Köhler/Bornkamm UWG § 5 Rn. 4.210; vgl. auch BGH GRUR 2008, 160, 163 (Nr. 25) *CORDARONE*.
1263 Vgl. BGH GRUR 2013, 1161, 1165 (Nr. 60) *Hard Rock Cafe*.

nach § 14 II S. 1 Nr. 3 MarkenG verdrängt, soweit dieser reicht.[1264] Im Übrigen bleibt § 4 Nr. 1 UWG aber anwendbar, z.B. soweit es um die Herabsetzung oder Verunglimpfung einer Marke geht, die das Bekanntheitserfordernis des § 14 II S. 1 Nr. 3 MarkenG nicht erfüllt. Das verstößt nicht gegen die Wertung des § 14 II S. 1 Nr. 3 MarkenG. Denn die Herabsetzung oder Verunglimpfung im Sinne von § 4 Nr. 1 UWG stellt eine stärkere Beeinträchtigung dar als die in § 14 II S. 1 Nr. 3 MarkenG umschriebenen Handlungen; der Schutz hiergegen kann daher auch nicht bekannten Marken zukommen.[1265]

b) Vergleichende Werbung

Einen Sonderfall stellen die wettbewerbsrechtlichen Vorschriften über die vergleichende Werbung dar. Nach § 6 II UWG ist es untersagt, im Rahmen vergleichender Werbung eine Kennzeichenverwechslung herbeizuführen (Nr. 3), die Wertschätzung des von einem Mitbewerber verwendeten Kennzeichens in unlauterer Weise auszunutzen oder zu beeinträchtigen (Nr. 4), sowie eine Ware oder Dienstleistung als Imitation oder Nachahmung einer unter einem geschützten Kennzeichen vertriebenen Ware oder Dienstleistung darzustellen (Nr. 6). 811

Diese Regeln gehen in mehrfacher Hinsicht über den markenrechtlichen Schutz hinaus. So setzen die Tatbestände des § 6 II Nr. 3 und 4 UWG noch nicht einmal einen markenrechtlichen Schutz der betroffenen Kennzeichnung voraus; dennoch wird Schutz u.a. gegen Verwechslungsgefahr gewährt. Des Weiteren ähnelt § 6 II Nr. 4 UWG dem Verletzungstatbestand des § 14 II S. 1 Nr. 3 MarkenG, verlangt aber keine Bekanntheit des ausgenutzten oder beeinträchtigten Kennzeichens. Insoweit scheinen die Wertungen des Markenrechts eine Verdrängung der genannten UWG-Bestimmungen zu fordern. Das ist aber nicht der Fall. Vielmehr bleiben diese neben dem MarkenG voll anwendbar. Das liegt daran, dass § 6 II Nr. 3, 4 und 6 UWG auf den zwingenden Vorgaben der europäischen Richtlinie 2006/114/EG beruhen, die ihrerseits eine abschließende Regelung der *wettbewerbsrechtlichen* Beurteilung vergleichender Werbung darstellt.[1266] Das bedeutet, dass eine vergleichende Werbung, die alle Anforderungen des § 6 II Nr. 1–6 UWG erfüllt, nicht markenrechtlich verboten werden kann.[1267] Umgekehrt gilt das aber nicht. Ist also eine vergleichende Werbung wettbewerbsrechtlich unzulässig, so können daneben auch markenrechtliche Ansprüche gegeben sein, sofern deren Voraussetzungen (§ 14 II MarkenG) erfüllt sind. Das 812

1264 BGH GRUR 2005, 583, 585 *Lila-Postkarte*; a.A. Köhler/Bornkamm/Feddersen, UWG § 4 Rn. 1.9b.

1265 Ströbele/Hacker/Thiering, § 2 Rn. 61.

1266 EuGH GRUR 2003, 533, 536 (Nr. 44) und 537 (Nr. 61) *Pippig Augenoptik/Hartlauer*; BGH GRUR 2015, 1136, 1139 (Nr. 38) *Staubsaugerbeutel im Internet*.

1267 EuGH GRUR 2008, 698, 699 f. (Nr. 45, 51) *O₂ und O₂(UK)/H3G*; GRUR 2009, 756, 761 (Nr. 54) *L'Oréal/Bellure*; BGH GRUR 2010, 161, 166 (Nr. 35) *Gib mal Zeitung*; GRUR 2010, 835, 838 (Nr. 41) *POWER BALL*; GRUR 2015, 1136, 1139 (Nr. 38) *Staubsaugerbeutel im Internet*.

war schon bisher anerkannt[1268] und ist jetzt durch § 14 III Nr. 7 MarkenG nach der Vorgabe des Art. 10 III lit. f MarkenRL ausdrücklich geregelt (ebenso Art. 9 III lit. f UMV).[1269]

III. Ergänzender bürgerlich-rechtlicher Markenschutz

813   Die Frage eines ergänzenden bürgerlich-rechtlichen Markenschutzes (§§ 823 I, 826 BGB) stellt sich heute nur noch selten. Immerhin kann sich dafür ein Bedürfnis ergeben, wenn es um beeinträchtigende Handlungen *außerhalb des geschäftlichen Verkehrs* geht, was sowohl einen marken- als auch einen wettbewerbsrechtlichen Schutz ausschließt. So etwa, wenn eine bekannte Marke im Rahmen einer *politischen Kampagne* benutzt und dadurch in seiner Wertschätzung beeinträchtigt wird.

▶ Beispiel:[1270]

> Wahlkampfwerbung einer rechtsextremen Partei mit dem Slogan »Pack den Tiger in die Bürgerschaft« in Anlehnung an den markenrechtlich geschützten Werbespruch »Pack den Tiger in den Tank« eines bekannten Mineralölunternehmens.

Ein genereller Schutz (auch berühmter) Marken gegen Verwendungen außerhalb des geschäftlichen Verkehrs lässt sich aus § 823 I BGB indessen nicht herleiten.[1271]

IV. Ergänzende Schutzrechtsbeschränkung

814   Neben einem flankierenden Markenschutz können sich aus dem UWG auch Schutz- und Ausübungsschranken *zulasten des Markeninhabers* ergeben, die über die Beschränkungen der §§ 20 ff. MarkenG hinausgehen.[1272] So kann sich schon die Anmeldung einer Marke als *unlauterer Behinderungswettbewerb* darstellen (§§ 3, 4 Nr. 4 UWG) und so den Bösgläubigkeitstatbestand des § 8 II Nr. 14 MarkenG erfüllen (s. oben Rdn. 182 – 189). Das gleiche gilt im Hinblick auf die Ausübung der Rechte aus der Marke. Des Weiteren ist ein *irreführender Markengebrauch* denkbar, der dann über § 5 UWG unterbunden werden kann[1273] und nach § 49 II Nr. 2 MarkenG möglicherweise sogar den Verfall der Marke herbeiführt.

1268   S. dazu EuGH GRUR 2008, 698, 699 (Nr. 33–37) *O₂ und O₂ (UK)/H3G*; GRUR 2009, 756, 761 (Nr. 53) *L'Oréal/Bellure*; GRUR 2010, 445, 448 (Nr. 70) *Google und Google France*; BGH GRUR 2010, 161, 166 (Nr. 35) *Gib mal Zeitung*; GRUR 2010, 835, 838 (Nr. 41) *POWER BALL*.

1269   Zu Einzelheiten s. Ströbele/Hacker/Thiering, § 14 Rn. 222 ff.; Köhler/Bornkamm/Feddersen, UWG § 6 Rn. 35 ff.

1270   OLG Hamburg NJW-RR 1998, 552 *Pack den Tiger in die Bürgerschaft*.

1271   BGH GRUR 2009, 871, 874 (Nr. 37) *Ohrclips*.

1272   Grdl. RGZ 66, 236 *Sansibar*.

1273   Vgl. BGH GRUR 1955, 251 *Silberal*; GRUR 1973, 532 *Millionen trinken…*; GRUR 1981, 910, 911 *Der größte Biermarkt der Welt*; GRUR 2011, 85, 86 (Nr. 18) *Praxis Aktuell*.

F. Marken als Gegenstand des Vermögens

§ 30 Veräußerung und dingliche Belastung von Marken

I. Veräußerung

1. Von der Akzessorietät zur Nichtakzessorietät der Marke

Im Laufe der geschichtlichen Entwicklung haben sich im Wesentlichen zwei Grund- **815** konzeptionen für die Übertragbarkeit von Marken herausgebildet. Die eine, z.B. im früheren WZG verwirklichte Konzeption wird von dem Gedanken beherrscht, dass eine Marke kein selbständiges Wirtschaftsgut darstelle,[1274] sondern als Mittel zur individualisierenden Herkunftskennzeichnung von Waren/DL untrennbar mit dem Unternehmen oder Geschäftsbetrieb verbunden sei, aus dem die betreffenden Waren/DL stammen (sog. Akzessorietät der Marke).[1275] So konnte nach § 1 I WZG ein Zeichen zur Eintragung in die Zeichenrolle (heute: Markenregister) nur anmelden, wer einen Geschäftsbetrieb hatte, in dem die von der Anmeldung erfassten Waren/DL hergestellt bzw. angeboten und vertrieben wurden. Warenzeichen ohne einen solchen Geschäftsbetrieb unterlagen der Löschung (§ 11 I Nr. 2 WZG). Folgerichtig war auch eine Übertragung oder ein sonstiger Übergang des Warenzeichens nur zusammen mit dem Geschäftsbetrieb oder dem Teil des Geschäftsbetriebs möglich, zu dem das Warenzeichen gehörte (§ 8 I S. 1 und 2 WZG). Übertragungen ohne Geschäftsbetrieb (sogenannte Leerübertragungen) waren unwirksam (§ 8 I S. 3 WZG a.F.).[1276]

1274 RGZ 100, 3, 6 *Antiformin.*
1275 Z.B. BGH GRUR 1987, 525, 526 *LITAFLEX*; RGZ 146, 325, 331 *Fratelli.*
1276 Vgl. BGH GRUR 1995, 117, 119 *NEUTREX.*

Das Warenzeichen wurde insoweit in deutlicher Nähe zur Firma gesehen (vgl. zur Unzertrennlichkeit von Firma und Unternehmen § 23 HGB und unten Rdn. 865). Darin kam die heute als veraltet angesehene Vorstellung zum Ausdruck, dass der Unternehmer (im 19. Jahrhundert noch vielfach eine natürliche Person) mit seinem Namen und seinem Warenzeichen für die Qualität der Produkte geradesteht (patriarchalisches Unternehmerbild).

816 Die andere, quasi »modernere« Konzeption sieht in der Marke dagegen ein *selbständiges Immaterialgut*, das wie andere Immaterialgüter, z.b. ein Patent, frei veräußerbar oder anderweitig, etwa durch Belastung oder Lizenzierung, verwertbar ist (Grundsatz der Nichtakzessorietät).

817 Weder die PVÜ noch die MarkenRL-1988 haben eine Entscheidung für die eine oder die andere Konzeption getroffen. Insoweit hatten die Mitgliedstaaten freie Hand. Allerdings ist die Auffassung der Marke als nichtakzessorisches, frei zirkulierbares Immaterialgut international seit längerem im Vordringen begriffen.[1277] Am deutlichsten kommt dies in *Art. 21 TRIPS-Übk* zum Ausdruck. Danach können die Mitgliedstaaten die Bedingungen für die Übertragung von Marken festlegen, wobei jedoch davon auszugehen ist, dass der Inhaber einer eingetragenen Marke berechtigt ist, seine Marke mit oder ohne den Geschäftsbetrieb, zu dem die Marke gehört, zu übertragen.[1278]

818 Im deutschen Recht ist der Akzessorietätsgrundsatz schon vor dem MarkenG durch das am 01.05.1992 in Kraft getretene ErstreckungsG gelockert worden (s. zum ErstrG oben Rdn. 32). Durch *§ 47 Nr. 3 ErstrG* wurde § 8 I WZG dahingehend geändert, dass das durch die Eintragung eines Warenzeichens begründete Recht unabhängig von der Übertragung oder dem Übergang des (Teil-) Geschäftsbetriebs, zu dem das Warenzeichen gehörte, auf andere übertragen werden oder übergehen konnte. Für die Begründung des Rechts (d.h. bei der Anmeldung) bedurfte es indessen nach wie vor eines Geschäftsbetriebs.

819 Das MarkenG hat dann die Akzessorietät der Marke fast vollständig beseitigt. So bedarf es nach geltendem Recht schon für die Anmeldung keines Geschäftsbetriebs mehr (vgl. § 7 MarkenG und oben Rdn. 85). Der Grundsatz der freien Übertragbarkeit (§ 8 I S. 1 WZG i.d.F. des ErstrG) ist in § 27 I MarkenG übernommen worden. Art. 22 I MarkenRL-2015 schreibt ihn jetzt ebenfalls verbindlich vor.

820 Ein Relikt des alten Akzessorietätsgrundsatzes findet sich nur noch in § 27 II MarkenG. Danach wird die Marke, sofern sie zu einem (Teil-)Geschäftsbetrieb gehört, im Zweifel von der Übertragung oder dem Übergang des (Teil-)Geschäftsbetriebs, zu dem die Marke gehört, mit erfasst. Art. 22 II MarkenRL enthält eine vergleichbare Regelung.

1277 Vgl. Regierungsbegr. zu § 47 ErstrG, BlPMZ 1992, 213, 247; Fezer, § 3 Rn. 182 und § 27 Rn. 6; Celli, Internationales Kennzeichenrecht, S. 128.
1278 Vgl. auch Art. 11 IV Nr. iv TLT.

2. Einzelheiten

a) Rechtsgeschäftliche Übertragung

§ 27 I MarkenG enthält lediglich den Grundsatz der freien Übertragbarkeit der Marke.   **821**
Die Vorschrift regelt nicht, *wie* die Marke übertragen wird. Zu unterscheiden sind
insoweit, wie bei allen Veräußerungsvorgängen, das schuldrechtliche Kausalgeschäft
und das die dingliche Rechtsänderung bewirkende Verfügungsgeschäft.

aa) Das schuldrechtliche Kausalgeschäft

Ist eine dauerhafte Rechtsübertragung gewollt, wird es sich bei dem schuldrechtlichen   **822**
Kausalgeschäft meist um einen *Rechtskauf* handeln (§ 453 BGB).[1279] Eine zeitlich
begrenzte Vollrechtsübertragung kann etwa auf einem Treuhand- oder einem *Siche-*
rungsvertrag[1280] beruhen.

Nach dem schuldrechtlichen Grundgeschäft richten sich die persönlichen Rechts-   **823**
beziehungen des Veräußerers und des Erwerbers der Marke, insbesondere die Haftung
für Bestand, Rechtsbeständigkeit und Lastenfreiheit der Marke einerseits und eine
etwaige Kaufpreiszahlungspflicht andererseits.

Der Veräußerer einer Marke haftet gemäß §§ 275, 311a BGB verschuldensabhän-   **824**
gig auf das positive Interesse dafür, dass die Marke bei Vertragsschluss *tatsächlich*
besteht,[1281] es sich insbesondere nicht um ein bloßes formales Scheinrecht handelt.
Ist daher z.b. die Benutzungsschonfrist bereits abgelaufen, erstreckt sich die Haftung
auch darauf, dass kein Verfall wegen Nichtbenutzung (§ 49 I MarkenG) eingetreten
ist. Für die *Freiheit von Belastungen* wie dinglichen Rechten (§ 29 MarkenG) oder
Lizenzen (s. § 30 V MarkenG) hat der Veräußerer nach den Vorschriften über die
Mängelgewährleistung einzustehen (§§ 435, 437 BGB).[1282]

Die *Rechtsbeständigkeit der Marke* (Nichtigkeit aus absoluten Gründen oder wegen   **825**
relativer Schutzhindernisse) fällt dagegen in die Risikosphäre des Erwerbers. Eine
etwaige spätere Löschung der Marke wegen Nichtigkeit löst daher grundsätzlich
keine Ansprüche des Erwerbers aus. Auch eine Anwendung der Grundsätze über die
Störung der Geschäftsgrundlage (§ 313 BGB) scheidet regelmäßig aus.[1283] Andererseits hat der Veräußerer aber den Erwerber über alle Umstände *aufzuklären*, die eine

---

1279 Vgl. BGH GRUR 1982, 481, 482 *Hartmetallkopfbohrer.*
1280 Umfassend hierzu Brämer, Die Sicherungsabtretung von Markenrechten (2005); s. ferner
     Lwowski/Hoes WM 1999, 771, 772 ff.
1281 Vgl. zum Patent Busse/Hacker, PatG, § 15 Rn. 24; Fitzner VPP-Rundbrief 2004, 1, 2.
1282 Fitzner VPP-Rundbrief 2004, 1, 3; für verschuldensunabhängige Schadensersatzpflicht
     Haedicke GRUR 2004, 123, 124 f.
1283 Vgl. Beyerlein Mitt. 2004, 193, 194; Fitzner VPP-Rundbrief 2004, 1, 2 f.

Nichtigkeit der Marke zur Folge haben könnten.[1284] Unterlässt er dies schuldhaft, so haftet er gemäß § 280 BGB auf Schadensersatz.

826   Der Veräußerer einer *Markenanmeldung* (s. § 31 MarkenG) haftet für deren Bestand, im Hinblick auf den Wagnischarakter eines solchen Geschäfts aber nicht dafür, dass die Marke eingetragen wird.[1285] Auch insoweit treffen den Veräußerer jedoch umfassende Aufklärungspflichten im Hinblick auf sämtliche Umstände, die einer Eintragung entgegenstehen könnten.[1286]

bb) Das dingliche Verfügungsgeschäft

827   Mangels besonderer Vorschriften finden auf die dingliche Rechtsübertragung über *§ 413 BGB* die Vorschriften der *§§ 398 ff. BGB* über die Abtretung Anwendung. Die Übertragung erfolgt demnach durch Vertrag. Formvorschriften bestehen nicht. Aus Gründen der Rechtssicherheit empfiehlt es sich aber, den Übertragungsvertrag schriftlich abzuschließen, zumal auf diese Weise zugleich dem Patentamt gegenüber der Nachweis des Rechtsübergangs geführt werden kann, um die registerliche Umschreibung der Marke auf den Erwerber zu erreichen (§ 27 III MarkenG; § 28 III Nr. 2 lit. b DPMAV). *Die Umschreibung im Register ist aber keine Voraussetzung für einen wirksamen Rechtserwerb!*

828   Ein *gutgläubiger Erwerb* ist – wie auch sonst im Rahmen des § 398 BGB – *ausgeschlossen*, da es hierfür an einem geeigneten *Rechtsscheinträger fehlt*. Das Markenregister kommt hierfür nicht in Betracht. Praktisch erfolgt die Umschreibung (§ 27 III MarkenG), wenn überhaupt, oft erst geraume Zeit nach dem materiell-rechtlichen Inhaberwechsel. Das Register gibt schon insoweit den materiellen Rechtsstand nicht zuverlässig wieder. Hinzu kommt, dass das Patentamt im Umschreibungsverfahren keine umfassende Prüfung der materiellen Wirksamkeit von Übertragungsvorgängen durchführt. Bei dieser Sachlage kann das Vertrauen Dritter in die Richtigkeit des Registers nicht geschützt werden, d.h. das Register genießt keinen öffentlichen Glauben im Sinne einer positiven Publizität und scheidet als Rechtsscheinträger zur Vermittlung eines gutgläubigen Erwerbs aus. Öffentlicher Glaube kommt dem Markenregister auch nicht etwa deswegen zu, weil nach § 28 I MarkenG vermutet wird, dass das durch die Eintragung einer Marke begründete Recht dem im Register als Inhaber Eingetragenen zusteht. Richtigkeitsvermutung des Registers und öffentlicher Glaube als Grundlage eines gutgläubigen Erwerbs sind streng voneinander zu trennen.[1287] Die Vermutung des § 28 I MarkenG stellt eine lediglich beweisrechtliche Regelung für den Fall dar, dass Rechte aus der Marke geltend gemacht werden (s. dazu oben Rdn. 645).

1284 Vgl. BGH GRUR 1982, 481, 483 *Hartmetallkopfbohrer;* krit. hierzu Beyerlein Mitt. 2004, 193, 196 f.
1285 Vgl. BGH GRUR 1982, 481, 482 f. *Hartmetallkopfbohrer;* Fitzner VPP-Rundbrief 2004, 1, 2 f.
1286 Vgl. BGH GRUR 1982, 481, 482 f. *Hartmetallkopfbohrer;* Busse/Hacker, PatG, § 15 Rn. 26; krit. hierzu Beyerlein Mitt. 2004, 193, 196 f.
1287 Vgl. für das Grundbuch §§ 891, 892 BGB.

b) Rechtsübergang kraft Gesetzes

Neben der rechtsgeschäftlichen *Übertragung* lässt § 27 I MarkenG auch den nicht-   **829** rechtsgeschäftlichen *Übergang* von Marken zu. In Betracht kommen insoweit etwa die erbrechtliche Universalsukzession (§ 1922 I BGB) oder sonstige Fälle der Gesamtrechtsnachfolge, insbesondere aufgrund gesellschaftsrechtlicher Bestimmungen.[1288]

c) Vermuteter Rechtsübergang

Nach § 27 II S. 1 MarkenG wird vermutet, dass die zu einem Geschäftsbetrieb oder   **830** zu einem Teil eines Geschäftsbetriebs gehörende Marke von der (rechtsgeschäftlichen) Übertragung oder dem anderweitigen Übergang des (Teil-)Geschäftsbetriebs miterfasst wird.[1289] Dasselbe gilt nach § 27 II S. 2 MarkenG auch schon für das schuldrechtliche Verpflichtungsgeschäft. Was einen Geschäftsbetrieb in diesem Sinne ausmacht, ob die Marke zu diesem Geschäftsbetrieb gehört und ob der betreffende Geschäftsbetrieb übertragen worden oder übergegangen ist, lässt sich nur im Einzelfall aufgrund einer *wirtschaftlichen Betrachtungsweise* feststellen.[1290] Die *Verpachtung* eines Unternehmens, die dem Pächter lediglich ein Nutzungsrecht verschafft (§ 581 I S. 1, §§ 99, 100 BGB), stellt jedoch *keine Übertragung* des Geschäftsbetriebs im Sinne von § 27 II MarkenG dar.[1291]

d) Wettbewerbsrechtliche Grenzen der freien Übertragbarkeit

Die Übertragung bereits benutzter Marken kann zu einer Täuschung der Allgemein-   **831** heit und zu einer Verwirrung des Verkehrs führen (dies vor allem, wenn die Übertragung isoliert, d.h. ohne den zugehörigen Geschäftsbetrieb erfolgt) und insoweit wegen Verstoßes gegen ein gesetzliches Verbot, insbesondere gegen das wettbewerbsrechtliche Irreführungsverbot (§§ 3, 5 UWG) unwirksam sein (§ 134 BGB).[1292] Bei der Beurteilung, ob eine relevante Irreführung im Sinne von §§ 3, 5 UWG vorliegt, sind jedoch die Wertungen des Markenrechts mit zu berücksichtigen, das ohne weiteres auch die freie Übertragung benutzter Marken gestattet. Die mit jeder (isolierten) Übertragung (ohne Geschäftsbetrieb) verbundene Zuordnungsverwirrung (Herkunftstäuschung) reicht daher für sich genommen nicht aus, um von einer Irreführung nach §§ 3, 5 UWG ausgehen zu können. Vielmehr ist die Schwelle zur verbotenen Irreführung erst dann überschritten, wenn der Verkehr mit der Marke eine bestimmte *Gütevorstellung* verbindet und in dieser Erwartung nunmehr *getäuscht* wird.[1293] Eine solche

---

1288 Vgl. z.B. BPatGE 37, 143, 146 ff. *Umschreibungsgebühr.*

1289 Zum vermuteten Übergang einer Benutzungsmarke s. OLG Köln MarkenR 2003, 158, 159 f. *Weinbrandpraline.*

1290 BGH GRUR 2004, 868, 869 *Dorf MÜNSTERLAND II.*

1291 BGH GRUR 2002, 967, 969 *Hotel Adlon*; GRUR 2004, 868 *Dorf MÜNSTERLAND II.*

1292 Vanzetti GRUR Int. 1999, 205 ff.; Fezer, § 3 Rn. 201.

1293 Vgl. EuGH GRUR 2006, 416, 418 (Nr. 48) *ELIZABETH EMANUEL* und zur Gestattung des Namensgebrauchs BGH GRUR 2002, 703, 704 f. *VOSSIUS & PARTNER*; Ingerl/Rohnke, § 27 Rn. 17.

Enttäuschung von Gütevorstellungen kann auf waren- oder unternehmensbezogenen Angaben beruhen, die in der Marke selbst enthalten sind und denen der Erwerber nicht gerecht wird. Sie können aber auch auf eine tatsächliche Benutzung der Marke durch den Rechtsvorgänger zurückgehen mit der Folge, dass der Verkehr mit der Marke bestimmte Eigenschaften der damit gekennzeichneten Waren/DL verbindet, denen die Waren/DL des Rechtsnachfolgers nicht entsprechen.[1294]

3. Unionsmarken

832   Der Inhaberwechsel bei Unionsmarken folgt im Ausgangspunkt ähnlichen Regeln wie sie § 27 MarkenG für die nationale Marke vorsieht. Im Einzelnen bestehen aber einige signifikante Unterschiede.

a) Die Kollisionsregel des Art. 19 UMV

833   Die UMV enthält, soweit die Unionsmarke als Gegenstand des Rechtsverkehrs in Betracht kommt, keine abschließende Regelung, sondern beschränkt sich auf die in den Art. 20–29 UMV erfassten Teilaspekte. Ergänzend gilt nationales Recht. Insoweit bedarf es zunächst einer kollisionsrechtlichen Regelung, welches nationale Recht einschlägig ist. Diese findet sich in Art. 19 UMV. Danach wird die Unionsmarke vermögensrechtlich vorrangig wie eine nationale Marke behandelt, die in dem Mitgliedstaat eingetragen ist, in dem der Inhaber zum jeweils für das betreffende Rechtsverhältnis maßgeblichen Zeitpunkt seinen Wohnsitz (bei natürlichen Personen) oder Sitz (bei juristischen Personen) oder mangels Wohnsitzes oder Sitzes eine Niederlassung hat. Maßgeblich sind insoweit nur die Angaben im Unionsmarkenregister, nicht die davon etwa abweichenden tatsächlichen Verhältnisse.[1295] Dadurch wird sichergestellt, dass sich das anwendbare Recht unmittelbar aus dem Register erschließen lässt.[1296]

834   Wird im Register eine Verlegung des Wohnsitzes/Sitzes bzw. der Niederlassung in einen anderen Mitgliedstaat eingetragen, ändert sich auch das auf die Unionsmarke anwendbare Recht. Die Unionsmarke unterliegt somit einem *wechselnden Statut*, dies jedoch nur innerhalb der EU. Gehört die Unionsmarke einem Nicht-EU-Angehörigen, kommt als Auffangrechtsordnung immer spanisches Recht als das am Sitz des EUIPO in Alicante geltende Recht zur Anwendung (Art. 19 II UMV).

b) Freie Übertragbarkeit

835   Wie eine deutsche Marke, so kann auch die Unionsmarke – ganz oder für einen Teil der Waren/DL – frei, d.h. unabhängig vom Übergang des Unternehmens, zu dem die

---

1294 Vgl. BGH GRUR 1965, 676, 677 *Nevada-Skibindung.*
1295 A.A. Eisenführ/Schennen, Art. 16 Rn. 4.
1296 HK-MarkenR/von Kapff, 1. Aufl., GMV Art. 16 Rn. 1; Taxhet in Kur/von Bomhard/
        Albrecht, UMV Art. 19 Rn. 12.

Marke etwa gehört, übertragen werden (Art. 20 I UMV). Eine territoriale Teilung ist aber nicht möglich (Art. 1 II S. 2 UMV).[1297]

Abweichend vom deutschen Recht bedarf es für die Übertragung der *Schriftform* und **836** der *Unterschrift* der Vertragsparteien (Art. 20 III UMV). Im Übrigen richten sich die Voraussetzungen einer wirksamen Übertragung nach dem gemäß Art. 19 UMV auf die Unionsmarke anzuwendenden nationalen Recht.[1298] Unterscheidet das maßgebliche Recht, wie z.b. das deutsche, zwischen schuldrechtlicher Verpflichtung und dinglicher Verfügung, so bedürfen beide der Form des Art. 20 III UMV.[1299]

Darüber hinaus enthält Art. 20 II UMV eine Vermutung des Rechtsübergangs zusam- **837** men mit dem Unternehmen, zu dem die Marke gehört.

II. Dingliche Belastungen

Als selbständige Immaterialgüter können Marken (und Markenanmeldungen, s. § 31 **838** MarkenG) nicht nur frei veräußert werden (§ 27 MarkenG), sondern auch Gegenstand von beschränkt dinglichen Rechten sein (§ 29 I Nr. 1 MarkenG). Für Unionsmarken ist dasselbe in Art. 22 I UMV bestimmt (zu Unionsmarkenanmeldungen s. Art. 28 UMV). In Betracht kommen insoweit das Pfandrecht (vgl. §§ 1273 ff. BGB) und der Nießbrauch (s. §§ 1068 ff. BGB). Die praktische Bedeutung ist gering.

§ 31 Die Markenlizenz

In § 30 MarkenG hat die Markenlizenz erstmals im deutschen Recht eine – wenngleich **839** sehr lückenhafte – Regelung erfahren (vgl. auch die Vorgabe in Art. 25 MarkenRL).

I. Begriff der Lizenz

Lizenz im Sinne dieser Vorschrift ist die vertragliche *Einräumung eines Nutzungs-* **840** *rechts an der Marke* durch den Markeninhaber oder einen anderen an der Marke Berechtigten, z.B. durch einen Nießbraucher (vgl. Rdn. 838), als *Lizenzgeber* an den

---

1297 Von Mühlendahl/Ohlgart, § 9 Rn. 9; HK-MarkenR/von Kapff, 1. Aufl., GMV Art. 17
      Rn. 7; Eisenführ/Schennen, Art. 17 Rn. 3.
1298 Von Mühlendahl/Ohlgart, § 9 Rn. 10; HABM-BK ABl-HABM 2001, 1770, 1778 *XXL*.
1299 A.A. HK-MarkenR/von Kapff, GMV Art. 17 Rn. 20.

Lizenznehmer.[1300] Der Lizenznehmer partizipiert insoweit an den dem Markeninhaber ausschließlich zugewiesenen Nutzungsrechten (§ 14 I MarkenG). Gegenstand einer Lizenz im Rechtssinne ist stets und kann nur sein eine *geschützte Marke* im Sinne von § 4 Nr. 1–3 MarkenG. *Abreden über die Benutzung eines anderen, der Marke lediglich ähnlichen Zeichens oder auch eines mit der Marke identischen Zeichens für nur ähnliche Waren/DL stellen daher keine Lizenz dar*[1301] – und zwar auch dann nicht, wenn das ähnliche Zeichen oder die ähnlichen Waren/DL im Schutzbereich der Marke liegen sollten, die gestatteten Benutzungshandlungen also ohne die Abrede nach § 14 II Nr. 1–3, III-IV MarkenG als Markenverletzung anzusehen wären und unterbunden werden könnten.

II. Lizenzarten

841 Anders als bei körperlichen Sachen sind die Nutzungsbefugnisse an Immaterialgüterrechten theoretisch unbegrenzt vervielfältigbar. Während etwa eine Wohnung oder ein Buch zur gleichen Zeit naturgemäß immer nur einmal zur Nutzung überlassen, also z.B. vermietet, verpachtet oder verliehen werden kann, können an einem Immaterialgut wie der Marke ohne weiteres zu gleicher Zeit inhaltsgleiche Nutzungsbefugnisse bestehen. Nichts steht z.B. dem entgegen, dass der Inhaber einer für Bekleidungsstücke geschützten Marke X es sowohl dem A als auch dem B gestattet, unter dieser Marke X zu gleicher Zeit und im selben Gebiet Bekleidungsstücke herzustellen und zu vertreiben. Die Parteien sind aber natürlich frei, dies vertraglich anders zu regeln. An dieser Stelle setzt die in § 30 I MarkenG erwähnte Unterscheidung von *ausschließlicher und nicht ausschließlicher Lizenz* an.

842 Von einer *ausschließlichen Lizenz* spricht man, wenn nach dem Lizenzvertrag *nur der Lizenznehmer* die Marke im Geltungsbereich der Lizenz benutzen darf. Einen besonderen Fall der ausschließlichen Lizenz stellt die so genannte *Alleinlizenz* dar, d.h. der Fall, dass nach dem Inhalt des Lizenzvertrages der Lizenzgeber (Markeninhaber) zwar keine weiteren Lizenzen im Geltungsbereich der Lizenz vergeben kann, sich selbst aber ein Nutzungsrecht in diesem Bereich vorbehält.[1302]

843 Die *nicht ausschließliche Lizenz* ist demgegenüber dadurch gekennzeichnet, dass zwar der Lizenznehmer ein Nutzungsrecht erhält, der Lizenzgeber aber befugt ist, weitere

---

1300 RG GRUR 1937, 627, 630 (zur Patentlizenz); U. Krieger, in: Beier/Deutsch/Fikentscher, Die Warenzeichenlizenz, S. 39.

1301 BGH GRUR 2001, 54, 55 f. *SUBWAY/Subwear;* OLG Hamburg GRUR-RR 2004, 175, 176 *Löwenkopf;* OLG München GRUR-RR 2006, 130, 132 *UltraMind;* krit. Emmert MarkenR 2001, 344 ff.

1302 Vgl. § 31 III S. 2 UrhG, wo die Alleinlizenz ausdrücklich als Unterfall der ausschließlichen Lizenz geregelt ist. Das Schrifttum zu dieser Frage ist uneinheitlich, wie hier Sosnitza, § 8 Rn. 9; Fammler, Der Markenlizenzvertrag, S. 82; a.A. Fezer, § 30 Rn. 16; vgl. auch BGH GRUR 1982, 411, 412 *Verankerungsteil.*

Lizenzen gleichen Inhalts zu vergeben. Die nicht ausschließliche Lizenz wird häufig auch als *einfache Lizenz* bezeichnet.[1303]

Nach den in § 30 I MarkenG erwähnten weiteren Differenzierungen kann die Lizenz **844** als *gegenständliche Teillizenz* nur für einen Teil der von der Marke erfassten Waren/ DL oder als *räumliche Teillizenz* nur für einen Teil des Gebietes der Bundesrepublik Deutschland erteilt werden. Eine Beschränkung möglicher Lizenzvarianten ist darin jedoch nicht zu sehen. Weitere inhaltliche Beschränkungen (z.B. auf bestimmte Benutzungshandlungen im Sinne von § 14 III, IV MarkenG) und insbesondere auch zeitliche Grenzen einer Lizenz können frei vereinbart werden. Nicht möglich ist allerdings die Aufspaltung des Markenzeichens selbst, z.B. eines mehrgliedrigen Zeichens. Ein solcher Vertrag wäre keine Lizenz im Rechtssinne (s. oben Rdn. 840).

Die genannten Lizenzarten können *beliebig miteinander kombiniert* werden, z.B. als **845** ausschließliche Lizenz für ein bestimmtes Teilgebiet und für einen Teil der von der Marke erfassten Waren/DL oder als einfache Lizenz ohne räumliche Beschränkung für eine bestimmte Benutzungshandlung. Insoweit können dann z.B. auch *mehrere ausschließliche Lizenzen nebeneinander* bestehen; die lizenzierten Nutzungsbefugnisse dürfen sich – anders als bei der einfachen Lizenz – nur nicht überlappen.

III. Rechtsnatur der Markenlizenz; Sukzessionsschutz

Die Rechtsnatur der Markenlizenz ist umstritten. Die ganz überwiegende Meinung **846** nimmt jedoch – im Anschluss an die im Patentrecht herrschende Lehre – an, dass jedenfalls der Einräumung einer ausschließlichen Lizenz *dingliche Wirkung* zukomme, der ausschließliche Lizenznehmer also im Wege einer *Teilrechtsabspaltung* ein dinglich gegenüber Dritten wirkendes Teilrecht an der Marke erwerbe.[1304] Demnach weist der ausschließliche Lizenzvertrag einen rechtlichen Doppelcharakter auf, sofern er teils rein schuldrechtliche Elemente enthält (z.B. Vereinbarungen über die Zahlung einer Lizenzgebühr), teils aber auch dinglich-verfügende Elemente (nämlich hinsichtlich der Nutzungsrechtseinräumung). Bei der einfachen Lizenz sind die Meinungen geteilt: Einige sprechen auch ihr dinglichen Charakter zu,[1305] während andere insoweit von einer rein schuldrechtlichen Natur ausgehen.[1306]

Die besseren Gründe sprechen indessen dafür, die Markenlizenz insgesamt (also **847** auch die ausschließliche) als rein *schuldrechtliches Institut* aufzufassen. Gegen einen

---

1303 Vgl. Ingerl/Rohnke, § 30 Rn. 18; Bühling, GRUR 1998, 196 ff.
1304 Vgl. BGH GRUR 2007, 877, 879 (Nr. 29) *Windsor Estate*; Fezer, § 30 Rn. 7; Bühling GRUR 1998, 196, 197; Starck WRP 1994, 698, 702; OLG München NJW-RR 1997, 1266, 1267 *1860 München*; OLG Hamburg GRUR-RR 2005, 181, 182 *ZOMIG/AscoTop*; für das österreichische Markenrecht ebenso ÖsterrOGH GRUR Int. 2000, 785, 787 *BOSS-Brillen I*; ÖsterrOGH ÖBl 2001, 89, 90 *BOSS-Brillen II*.
1305 Vgl. Fezer, § 30 Rn. 7, 8, 16; Kellenter, FS Tilmann, S. 807, 816 f.; Ingerl/Rohnke, § 30 Rn. 13 und zum Urheberrecht BGH GRUR 2009, 946, 948 (Nr. 20) *Reifen Progressiv*; GRUR 2010, 628, 631 (Nr. 29) *Vorschaubilder*.
1306 Bühling GRUR 1998, 196 f.; Starck WRP 1994, 698, 702.

dinglichen Charakter spricht zunächst, dass der Lizenznehmer (auch der ausschließliche) nach *§ 30 III S. 1 MarkenG* eine Verletzungsklage grundsätzlich nur mit Zustimmung des Markeninhabers erheben kann.[1307] Für den Inhaber einer dinglichen Rechtsposition ist eine solche Beschränkung bei einem Vorgehen gegenüber Dritten zumindest ungewöhnlich. Vor allem aber sind sind die dinglichen Rechte an Marken schon in § 29 I Nr. 1 MarkenG geregelt, während § 30 MarkenG eine hiervon ganz unabhängige Regelung trifft. So kann die h.M. auch nicht erklären, worin eigentlich der Unterschied zwischen einem (in jedem Falle dinglichen) Nießbrauch an der Marke (§ 29 I Nr. 1 MarkenG i.V.m. § 1068 BGB) und der vermeintlich ebenfalls dinglichen Lizenz bestehen soll.[1308]

848   Unbestritten ist allerdings, dass die Markenlizenz (auch die einfache) über den in *§ 30 V MarkenG* angeordneten sog. *Sukzessionsschutz* eine gewisse Verdinglichung erfährt. Denn danach berührt ein (späterer) »Rechtsübergang«[1309] der Marke nach § 27 MarkenG oder die Erteilung einer (nachfolgenden; ausschließlichen oder einfachen) Lizenz nicht die Lizenzen, die Dritten vorher erteilt worden sind (vgl. auch die ähnlichen Regelungen in § 15 III PatG und § 33 UrhG). Ein Rechtsnachfolger des Markeninhabers muss also vorher erteilte Lizenzen gegen sich gelten lassen; ein gutgläubiger lastenfreier Erwerb findet nicht statt. Entsprechendes gilt für einen Lizenznehmer, soweit vorher ganz oder partiell deckungsgleiche Lizenzen erteilt wurden. Solche Verdinglichungen schuldrechtlicher Rechtspositionen kommen aber auch sonst vor (vgl. aus dem bürgerlichen Recht §§ 566, 883 BGB).

IV. Form und Inhalt des Lizenzvertrages

849   Der Abschluss des Lizenzvertrages unterliegt grundsätzlich keinen Formvorschriften. Allerdings werden Lizenzverträge im kaufmännischen Verkehr in der Regel schriftlich dokumentiert; fehlt es daran, ist nach der Rechtsprechung des BGH davon auszugehen, dass ein über eine bloße Benutzungsgestattung hinausgehender Lizenzvertrag nicht vorliegt.[1310]

850   Nach § 30 VI MarkenG können Markenlizenzen nunmehr auch im deutschen Register eingetragen werden. Das entspricht der Verpflichtung aus Art. 25 V MarkenRL; Ausführungsvorschriften hierzu enthalten § 25 Nr. 34a und §§ 42a, 42b MarkenV. Mit der Eintragung oder Nichteintragung der Lizenz sind aber keine materiell-rechtlichen Konsequenzen verbunden. Weder ist die Eintragung konstitutiv für die Wirksamkeit

---

[1307] So auch Lange, Rn. 2092.

[1308] Ausf. hierzu Ströbele/Hacker/Thiering, § 30 Rn. 24–28; wie dort auch Sosnitza, FS Schricker, S. 183, 195; Sosnitza, § 8 Rn. 13; tendenziell auch Lange, Rn. 2092; für das schweizerische Recht auch SchweizBG sic! 2007, 140, 142 *Schweizerischer Sex Anzeiger SAZ.*

[1309] Der Begriff des Rechtsübergangs meint hier neben dem Übergang ex lege auch die rechtsgeschäftliche Übertragung der Marke!

[1310] BGH GRUR 2016, 201, 203 (Nr. 31) *Ecosoil*; GRUR 2016, 965, 968 (Nr. 37) *Baumann II.*

der Lizenz noch begründet die Nichteintragung irgendeinen Vertrauensschutz Dritter (anders im Bereich der UMV [Art. 27], s. dazu Rdn. 858). Die Eintragung hat daher rein formal-informatorischen Charakter.

Bei der inhaltlichen Ausgestaltung des Lizenzvertrages sind die Parteien ebenfalls frei **851** (z.b. bei der inhaltlichen und zeitlichen Ausgestaltung des Nutzungsrechts; ob und in welcher Höhe eine Lizenzgebühr geschuldet ist, wie diese berechnet wird, wie darüber abzurechnen ist; welche Kontrollbefugnisse dem Lizenzgeber zustehen sollen usw.). Disponibel sind auch der Zustimmungsvorbehalt nach § 30 III S. 1 MarkenG und der Sukzessionsschutz des § 30 V MarkenG. Grenzen sind der Vertragsfreiheit lediglich durch das Kartell- und das allgemeine Lauterkeitsrecht gesetzt.[1311]

Von grundlegender Bedeutung ist aber die Unterscheidung von gegenständlichen und **852** nicht-gegenständlichen Vertragsbestimmungen. § 30 II MarkenG zählt in Umsetzung der zwingenden Vorgabe des Art. 25 II lit. a–e MarkenRL fünf Arten von Bestimmungen auf, die den Inhalt des Nutzungsrechts des Lizenznehmers *gegenständlich festlegen und beschränken*, nämlich Abreden
- über die Dauer der Lizenz;
- über die von der Eintragung erfasste Form, in der die Marke benutzt werden darf;
- über die Art der Waren oder DL, für die die Lizenz erteilt wird;
- über das Gebiet, in dem die Marke angebracht werden darf, sowie
- über die Qualität der vom Lizenznehmer hergestellten bzw. erbrachten Waren/ DL.

Die Aufzählung ist *abschließend*.[1312]

Haben die Parteien solche Bestimmungen im Lizenzvertrag getroffen (sie müssen dies natürlich nicht tun) und verstößt der Lizenznehmer hiergegen, so stellt dies nach § 30 II MarkenG *nicht nur eine Vertragsverletzung, sondern darüber hinaus auch eine Verletzung des dinglichen Markenrechts dar.*

Gegenüber dem Lizenznehmer bringt dies dem Markeninhaber nur insoweit nennens- **853** werte Vorteile, als er nicht zugleich der Lizenzgeber ist.

Besondere Bedeutung erlangt § 30 II MarkenG dagegen *im Verhältnis zu Dritten,* **854** insbesondere den Abnehmern des Lizenznehmers. Da nämlich Verstöße gegen die im Gesetz abschließend aufgeführten gegenständlichen Beschränkungen des Nutzungsrechts als Markenverletzung eingestuft werden, benutzt der Lizenznehmer die Marke insoweit nicht mehr mit Zustimmung des Markeninhabers. *Die Zustimmung entfällt.* Das hat zur Folge, dass hinsichtlich solcher vertragswidrigen Lizenzwaren *keine Erschöpfung der Rechte des Markeninhabers im Sinne von § 24 I MarkenG eintritt.* Der Weitervertrieb solcher Waren – auch durch nachfolgende Dritte! – stellt daher eine Markenverletzung dar. Der Markeninhaber kann deswegen den weiteren Vertrieb dieser Waren auch gegenüber Dritten, also gegenüber den Abnehmern des

---

1311 Ausf. hierzu Ströbele/Hacker/Thiering, § 30 Rn. 119–144; Fezer, § 30 Rn. 56–101.
1312 EuGH GRUR 2009, 593, 594 (Nr. 20) *Copad/Dior.*

Lizenznehmers und den nachfolgenden Handelsstufen unterbinden. Für diese Dritten stellt dies freilich eine besondere Belastung dar, da sie von den gegenständlichen Vereinbarungen des Lizenzvertrages (z.b. von Qualitätsabreden nach § 30 II Nr. 5 Marken) in aller Regel nichts wissen. Werden sie vom Markeninhaber auf Unterlassung, Vernichtung usw. in Anspruch genommen (eine Schadensersatzhaftung wird mangels Verschuldens meist nicht in Betracht kommen), so können sie sich nur an ihren jeweiligen Vertragspartner halten und versuchen, dort Regress zu nehmen.

▶ **Beispiel:**

Markeninhaber M hat seine Marke X für Herrenoberhemden an den Lizenznehmer L lizensiert und dem L im Lizenzvertrag bestimmte Qualitätsvorgaben gemacht. L hält sich daran nicht und veräußert die vertragswidrigen Hemden an den Großhändler G, der sie wiederum an den Einzelhändler E weitergibt. Bei E stellt M die vertragswidrigen Hemden fest. Da die Hemden wegen des Vertragsverstoßes des L und im Hinblick auf § 30 II Nr. 5 MarkenG ohne Zustimmung des M mit der Marke X versehen worden sind, ist keine Erschöpfung der Rechte des M eingetreten. M kann daher von E Unterlassung, gegebenenfalls auch Vernichtung der Hemden verlangen. E muss zusehen, ob er sich bei G schadlos halten kann, dieser gegebenenfalls bei L.

855 Die – für die Abnehmer der vertragswidrigen Lizenzware – verhängnisvolle Wirkung des § 30 II MarkenG sollte an sich Anlass sein, die Vorschrift so eng wie möglich auszulegen. Insofern ist es nicht unproblematisch, dass der EuGH insbesondere Art. 25 II lit. e MarkenRL/§ 30 II Nr. 5 MarkenG recht großzügig anwendet. Danach ist es nämlich nicht ausgeschlossen, dass die Qualität der Waren/DL auch durch *immaterielle Eigenschaften* wie insbesondere den Prestige- oder Luxuscharakter bestimmt wird.[1313] Insoweit können dann auch Vereinbarungen über den Vertriebsweg (z.B. Beschränkung auf ein selektives Vertriebssystem; Ausschluss der Abgabe an Discounter usw.) oder auch über die Bewerbung der Lizenzwaren gegenständlich wirkende Qualitätsabreden im Sinne von Art. 25 II lit. e MarkenRL/§ 30 II Nr. 5 MarkenG darstellen.[1314] Voraussetzung für ein Vorgehen aus der Marke ist aber immerhin, dass durch den Verstoß gegen solche Vertragsbestimmungen die Ausstrahlung der Marke konkret beschädigt und damit die mit ihr verbundene Qualitätsvorstellung beeinträchtigt wird.[1315] Das wird nur in krassen Fällen angenommen werden können.

856 Alle von § 30 II MarkenG nicht erfassten Bestimmungen des Lizenzvertrages sind dagegen nicht-gegenständlicher Art, z.B. die Pflicht zur Zahlung einer Lizenzgebühr, Abrechnungs- und Rechnungslegungspflichten usw., aber auch Abreden über das *Vertriebs*gebiet (§ 30 II Nr. 4 MarkenG betrifft nur Vereinbarungen über das Gebiet, in dem die Marke *angebracht* werden darf!). Verstöße gegen solche nicht-gegenständlichen

---

1313 EuGH GRUR 2009, 593, 595 (Nr. 24) *Copad/Dior*; krit. zu dieser Entscheidung Fröhlich, MarkenR 2010, 241 ff.
1314 EuGH GRUR 2009, 593, 595 (Nr. 30) *Copad/Dior*.
1315 EuGH GRUR 2009, 593, 595 (Nr. 31) *Copad/Dior*.

Vertragsabreden stellen zwar, sofern sie wirksam sind (Beschränkungen des Vertriebs-gebiets z.b. sind kartellrechtlich grundsätzlich verboten[1316]), Vertragsverletzungen dar und können Schadensersatzpflichten auslösen. Sie berühren aber nicht die Zustim-mung des Markeninhabers im Sinne von § 24 I MarkenG und entfalten daher auch keine Drittwirkungen.

V. Unionsmarken

Art. 25 I-IV UMV enthalten für die Unionsmarkenlizenz Regeln, die den teilharmo-   857
nisierten Bestimmungen des § 30 I–IV MarkenG entsprechen. Insoweit kann auf die Darstellung der nationalen Markenlizenz Bezug genommen werden. Hinzuweisen ist lediglich auf folgende Besonderheiten:

Nach Art. 25 V UMV wird die Erteilung oder der Übergang einer Lizenz an einer   858
Unionsmarke auf Antrag eines Beteiligten in das Register eingetragen und veröffent-licht. Die Eintragung ist zwar wie bei § 30 VI MarkenG nicht Voraussetzung für die Wirksamkeit des Lizenzvertrages.[1317] Sie hat aber erhebliche Bedeutung im Hinblick auf die negative Publizität des Unionsmarkenregisters, Art. 27 I UMV. Danach ent-faltet eine Lizenzerteilung gegenüber Dritten erst Wirkung, wenn sie in das Register eingetragen worden ist, sofern nicht der Dritte beim Erwerb des Rechts von der Lizenz wusste. Ein Sukzessionsschutz kommt daher grundsätzlich nur in Betracht, wenn und sobald die Lizenz gemäß Art. 25 V UMV in das Register eingetragen worden ist.[1318] Das unterscheidet sich wesentlich von der Rechtslage bei deutschen Marken (§ 30 V MarkenG, s. oben Rdn. 848).

1316 Ströbele/Hacker/Thiering, § 30 Rn. 139.
1317 Von Mühlendahl/Ohlgart, § 9 Rn. 32.
1318 Eisenführ/Schennen, Art. 23 Rn. 11.

G. Geschäftliche Bezeichnungen

Das Recht der geschäftlichen Bezeichnungen, d.h. der Unternehmenskennzeichen **859** und der Werktitel (§ 5 I MarkenG), war in Deutschland traditionell im UWG geregelt (zunächst in § 8 UWG 1896, seit der großen Novelle von 1909 in *§ 16 UWG a.F.*). Erst aus Anlass der durch die MarkenRL-1988 erforderlich gewordenen Reform wurde es (zusammen mit dem Recht der geographischen Herkunftsangaben) in die einheitliche Kodifikation des MarkenG übernommen. § 16 UWG a.F. wurde aufgehoben (Art. 25 MarkenRRG). An seine Stelle sind die §§ 5, 15 MarkenG getreten.

Eine inhaltliche Änderung gegenüber dem früheren Recht war damit jedoch zunächst **860** nicht verbunden. Insbesondere gilt die MarkenRL (auch die reformierte von 2015) *nicht* für das Recht der geschäftlichen Bezeichnungen.[1319] Es handelt sich also grundsätzlich um autonomes nationales Recht. Dessen ungeachtet entfaltet die europäische Rechtsharmonisierung auf zwei Wegen *mittelbare Wirkungen* auch insoweit. Zum einen enthält das MarkenG eine Reihe von Vorschriften wie z.B. die §§ 23, 24, die gleichermaßen für registrierte Marken gelten – und insoweit harmonisiertes Recht darstellen – als auch für andere Marken und geschäftliche Bezeichnungen. Solche Bestimmungen können nach der Rechtsprechung des BGH nur einheitlich, und dann eben nur richtlinienkonform ausgelegt werden[1320] (s. auch oben Rdn. 56 – 57). Zum anderen ist die Rechtsprechung unter dem Gesichtspunkt der *Einheitlichkeit des Kennzeichenrechts* bemüht, die verschiedenen Kennzeichenarten, soweit es die Sache zulässt, gleich zu behandeln.[1321]

Was schließlich die Sanktionen einer Rechtsverletzung angeht, ist zu beachten, dass **861** die *Vorgaben der Durchsetzungs RL 2004/48/EG* als *Mindeststandard* für alle gewerblichen Schutzrechte gelten, also auch für die im Übrigen nicht harmonisierten Schutzrechte wie z.B. die geschäftlichen Bezeichnungen (s. oben Rdn. 40).

§ 32 Unternehmenskennzeichen

1319 Vgl. BGH GRUR 1995, 825, 827 *Torres*; GRUR 1994, 652, 653 *Virion*.
1320 BGH GRUR 1999, 992, 995 *BIG PACK*; GRUR 2002, 1063, 1065 *Aspirin*.
1321 Vgl. BGH BlPMZ 2001, 210, 211 *WINDSURFING CHIEMSEE*; BGH GRUR 2001, 344 *DB Immobilienfonds*; Ingerl/Rohnke, § 5 Rn. 5; Fezer, § 15 Rn. 3; Teplitzky WRP 2003, 415 f.; Starck, FS DPA 100 Jahre Marken*-Amt, S. 291, 303; Schricker GRUR 1998, 310, 311.

I. Begriff und Arten der Unternehmenskennzeichen

862   So wie die Marke Waren und DL als solche eines bestimmten Unternehmens im Wettbewerb mit Waren und DL anderer Unternehmen individualisiert, soll das Unternehmenskennzeichen das Unternehmen selbst im Wettbewerb individualisieren und von anderen Unternehmen unterscheidbar machen.

863   Dabei kommt als mögliches Kennzeichnungsobjekt nicht nur das Unternehmen als Ganzes, sondern auch ein *Unternehmensteil* in Betracht, sofern er im Geschäftsverkehr, also *nach außen* als *selbständige Einheit* in Erscheinung tritt. Unter diesem Gesichtspunkt können z.b. die Bezeichnungen von Buch- oder Sendereihen von Verlags- bzw. Rundfunkunternehmen,[1322] die Bezeichnung einer Musiker- und Tänzergruppe als Teil eines auf die Veranstaltung eines Musicals ausgerichteten Unternehmens,[1323] aber auch etwa die Bezeichnungen größerer Bauvorhaben (»Seniorenresidenz am Mühlbach« usw.) oder Baukomplexe[1324] Schutz als Unternehmenskennzeichen genießen. Umstritten ist, ob für die Ausrichtung einer Veranstaltung ein Unternehmenskennzeichenschutz in Betracht kommt.[1325] Keine Unternehmensteile in diesem Sinne sind jedenfalls einzelne Waren- oder DL-Angebote;[1326] für deren individualisierende Kennzeichnung ist allein der Markenschutz zuständig.

1. Kennzeichen mit Namensfunktion

864   Die individualisierende Kennzeichnung eines Unternehmens oder Unternehmensteils kann zum einen durch die in *§ 5 II S. 1 MarkenG* angesprochenen *namensmäßigen Bezeichnungen* erfolgen. Das Gesetz erwähnt insoweit zunächst den Namen (§ 12 BGB) und die Firma, also den Namen des Kaufmanns (§§ 1–6 HGB), unter dem er seine Geschäfte betreibt und die Unterschrift abgibt (§ 17 I HGB).

865   Neben den oft sehr langen und unübersichtlichen Firmenbezeichnungen kommen auch *Firmenschlagwörter* als Gegenstand eines *eigenständigen kennzeichenrechtlichen*

1322 Vgl. BGH GRUR 1990, 218, 220 *Verschenktexte*; GRUR 1980, 227, 232 *Monumenta Germaniae Historica*; s. auch Deutsch GRUR 1994, 673, 674.
1323 OLG Köln GRUR-RR 2001, 3, 4 *Sikulu*.
1324 Vgl. BGH GRUR 1976, 311, 312 *Sternhaus*; KG NJW 1988, 2892, 2893 *Esplanade*; LG Düsseldorf GRUR-RR 2001, 311 *Skylight*.
1325 Dafür OLG Frankfurt MarkenR 2011, 222 *Jim-Clarke-Revival*; Ingerl/Rohnke, § 5 Rn. 28; eher dagegen Ströbele/Hacker/Thiering, § 5 Rn. 8; Goldmann, § 8 Rn. 140 f.; ausf. Lerach, Kennzeichenschutz für Veranstaltungen, S. 397 ff., 409 f.
1326 Vgl. KG WRP 1980, 409 *Intercity*.

Schutzes in Betracht. Solche Firmenschlagwörter sind in der Regel aus einem Firmenbestandteil gebildet. Voraussetzung für einen kennzeichenrechtlichen Schutz ist, dass der betreffende Firmenbestandteil *hinreichende Unterscheidungskraft aufweist und seiner Art nach im Vergleich zu den übrigen Firmenbestandteilen (insbesondere neben rein beschreibenden Bestandteilen) geeignet erscheint, sich im Verkehr als schlagwortartiger Hinweis auf das Unternehmen durchzusetzen. Auf eine tatsächliche Benutzung des Bestandteils in Alleinstellung als Firmenschlagwort und erst recht auf eine Verkehrsgeltung kommt es daneben nicht an.*[1327]

▶ Beispiele:

In der Firma »defacto marketing GmbH« bildet »defacto« das Firmenschlagwort, das neben der vollständigen Firma eigenständigen kennzeichenrechtlichen Schutz genießt;[1328] ebenso liegt es bei »Altberliner« im Hinblick auf die Gesamtfirma »Altberliner Verlag GmbH«.[1329]

Bedeutung erlangt dieser eigenständige Schutz des Firmenschlagworts insbesondere bei der Beurteilung einer unternehmenskennzeichenrechtlichen Verwechslungsgefahr (s. unten Rdn. 873).

Gemeinsam ist den Namen, Firmen und Firmenschlagwörtern, dass sie das betref- **866** fende Unternehmen über den jeweiligen *Unternehmensträger* (natürliche oder juristische Person) individualisieren, somit *subjektbezogen* sind.

Als weiteres namensmäßiges Kennzeichnungsmittel neben Name und Firma (Firmen- **867** schlagwort) nennt das Gesetz in § 5 II S. 1 die *besondere Geschäftsbezeichnung*. Anders als der Name und die Firma individualisiert die besondere Geschäftsbezeichnung das Unternehmen nicht über die Benennung des Unternehmensträgers, sondern ist mehr *objektbezogen*.[1330] Typische Beispiele hierfür sind die *Etablissementbezeichnungen* von Gaststätten, Hotels, Apotheken und ähnlichen Betrieben. Die Gaststätte selbst (und nicht der Unternehmensträger) »heißt« z.B. »Zum Goldenen Löwen«, die Apotheke selbst »heißt« »Nikolaus-Apotheke«, »Uhland-Apotheke«[1331] usw.

1327   BGH GRUR 2016, 705, 706 f. (Nr. 19, 21) *ConText*; GRUR 2013, 638, 641 (Nr. 24) *Völkl*; GRUR 2013, 68, 70 (Nr. 28) *Castell/VIN CASTEL*; GRUR 2009, 772, 778 (Nr. 75) *Augsburger Puppenkiste*; GRUR 2007, 65, 66 (Nr. 13) *Impuls*; GRUR 2005, 262, 263 *soco.de*; GRUR 2005, 873, 874 *Star Entertainment*; GRUR 2004, 865, 867 *Mustang*; GRUR 2004, 779, 783 *Zwilling/Zweibrüder*; GRUR 2004, 514, 515 *Telekom*; GRUR 2002, 898 *defacto*; GRUR 2001, 1161 *CompuNet/ComNet* (s. hierzu auch BGH GRUR 2005, 61 *CompuNet/ComNet II*); BGH BlPMZ 2001, 210, 211 *WINDSURFING CHIEMSEE*; BGH GRUR 2000, 605, 607 *comtes/ComTel*; GRUR 1999, 492, 493 *Altberliner*; GRUR 1997, 845 *Immo-Data*; GRUR 1997, 468, 469 *NetCom*.
1328   BGH GRUR 2002, 898, 899 *defacto*.
1329   BGH GRUR 1999, 492, 493 f. *Altberliner*.
1330   Goldmann, § 3 Rn. 151, 158; Ullmann NJW 1994, 1255, 1257, 1262.
1331   Vgl. LG Stuttgart GRUR-RR 2006, 333, 334 *Uhland-Apotheke*.

2. Kennzeichen ohne Namensfunktion

868   Neben diesen Kennzeichen mit Namensfunktion kommen im Geschäftsverkehr aber auch *nicht-namensmäßige Kennzeichen* vor, mit denen Unternehmen individualisiert werden. *§ 5 II S. 2 MarkenG* spricht insoweit von *Geschäftsabzeichen* und *sonstigen Zeichen*. Beispiele hierfür sind etwa besondere Hausfarben,[1332] die Aufmachung von Geschäftsfahrzeugen, die Kleidung der Angestellten, Telefonnummern usw. Eine bestimmte Mineralölgesellschaft z.B. »heißt« nicht »blau-weiß«, wird im Geschäftsverkehr aber doch anhand dieser Farben individualisiert.

II. Schutzentstehung

1. Unternehmenskennzeichen mit Namensfunktion

869   Der Schutz der in § 5 II S. 1 MarkenG geregelten Unternehmenskennzeichen mit Namensfunktion entsteht grundsätzlich mit der Aufnahme der Benutzung im geschäftlichen Verkehr. Bei Firmenschlagwörtern, die ja keine eigenständige Benutzung in Alleinstellung voraussetzen (Rdn. 847), kommt es auf die Aufnahme der Benutzung der Gesamtfirma an, der sie entnommen sind. Der Zeitpunkt der Benutzungsaufnahme bestimmt zugleich den *Zeitrang* des Rechts (§ 6 III MarkenG).[1333] Eine Eintragung im Handelsregister ist nicht erforderlich.

870   Benutzungsaufnahme ist jede *nach außen in Erscheinung tretende Benutzung* als Hinweis auf das Unternehmen, die auf den Beginn einer dauerhaften wirtschaftlichen Betätigung schließen lässt,[1334] z.B. die Verwendung der Kennzeichnung auf Geschäftspapieren, im Zusammenhang mit der Anmietung oder dem Bau von Fabrik-/Büroräumen, der Aufbau eines Vertriebsnetzes, die Durchführung von Informationsveranstaltungen.[1335] Es muss sich noch nicht um den An- oder Verkauf von Waren oder DL handeln. Rein interne Vorbereitungshandlungen stellen aber noch keine Benutzung dar.[1336] Auch die bloße Registrierung eines Domainnamens reicht nicht aus.[1337]

871   Voraussetzung der Schutzentstehung durch Benutzungsaufnahme ist, dass das Kennzeichen als solches hinreichende *Unterscheidungskraft* aufweist. Dabei kann der unternehmenskennzeichenrechtliche Begriff der Unterscheidungskraft nicht ohne weiteres mit dem Begriff der konkreten Unterscheidungskraft im Sinne von § 8 II Nr. 1 MarkenG gleichgesetzt werden. Dem steht schon die unterschiedliche Funktion von

---

1332 Vgl. BGH GRUR 2015, 1201, 1210 (Nr. 82) *Sparkassen-Rot/Santander-Rot*.
1333 BGH GRUR 2002, 972, 973 *FROMMIA*; GRUR 2009, 685, 688 (Nr. 29) *ahd.de*; GRUR 2013, 68, 70 (Nr. 28) *Castell/VIN CASTEL*.
1334 BGH GRUR 2016, 1066, 1067 (Nr. 23) *mt-perfect*.
1335 BGH GRUR 1969, 357, 359 *Sihl*; GRUR 1997, 903, 905 *GARONOR*.
1336 BGH GRUR 2008, 1099, 1102 (Nr. 37) *afilias.de* (Korrespondenz mit einem Konsortiumspartner).
1337 BGH GRUR 2009, 685, 688 (Nr. 30) *ahd.de*; GRUR 2009, 1055, 1057 (Nr. 40) *airdsl*.

Unternehmenskennzeichen und Marke entgegen.[1338] So ist es z.B. durchaus denkbar, dass eine Bezeichnung geeignet ist, ein Unternehmen in einem lokal begrenzten Raum zu individualisieren (etwa »Johannes Apotheke« für einen Apothekenbetrieb), die für einen bundesweiten Markenschutz erforderliche Unterscheidungskraft für pharmazeutische Erzeugnisse aber fehlt, weil es im Bundesgebiet zahlreiche Geschäftsbetriebe dieses Namens gibt.[1339] Unterscheidungskraft in diesem Sinne besitzt eine geschäftliche Bezeichnung, wenn sie geeignet ist, den Verkehr die Kennzeichnung als einen Hinweis auf ein bestimmtes Unternehmen verstehen zu lassen, es also namensmäßig von anderen Unternehmen zu unterscheiden.[1340]

Die insoweit zu stellenden *Anforderungen* sind *nicht hoch anzusetzen*. Eine besondere Originalität, etwa durch eigenartige Wortbildung oder eine Heraushebung aus der Umgangssprache, kann jedenfalls nach neuerer Rechtsprechung des BGH nicht mehr verlangt werden. Grundsätzlich kann nur *rein (unternehmens-)beschreibenden Angaben* die erforderliche (geringe) Unterscheidungskraft abgesprochen werden.[1341] **872**

Als von Hause aus *schutzfähig* sind z.B. angesehen worden: **873**

»tabu« (Gaststätten),[1342] »Rhein-Chemie«,[1343] »Charme & Chic« (Bekleidung),[1344] »CONTACT« bzw. »product-contact« (Werbeagentur),[1345] »Interglas«,[1346] »Wach- und Schließ« (Bewachungsunternehmen),[1347] »Blitz-Blank« (Gebäudereinigung),[1348] »Interprint«,[1349] »ComputerLand«,[1350] »PicNic«,[1351] »Garant-Möbel«,[1352] »Net-Com«,[1353] »DB-Immobilienfonds«;[1354] »Altberliner« (Verlag),[1355] »CompuNet«

1338 Amtl. Begr., S. 62; vgl. auch BPatG GRUR 2003, 1051, 1052 *rheuma-world*; a.A. Deutsch GRUR 2002, 308, 309; Harte-Bavendamm/Goldmann, FS von Mühlendahl, S. 23, 31, 33 f.
1339 BPatG, Beschl. v. 02.06.2008, 30 W(pat) 170/06; s. auch BPatG GRUR 2014, 998, 999 f. *ENGEL APOTHEKE SEEHEIM/ENGEL APOTHEKE*.
1340 Vgl. BGH GRUR 2008, 1104, 1105 (Nr. 17) *Haus & Grund II*; GRUR 1996, 68, 69 *COTTON LINE*; GRUR 1995, 754, 758 *Altenburger Spielkartenfabrik*.
1341 BGH GRUR 2003, 792, 793 *Festspielhaus II*; GRUR 2001, 1161, 1162 *CompuNet/Com-Net*; GRUR 1999, 492, 494 *Altberliner*; GRUR 1996, 68, 69 *COTTON LINE*.
1342 BGH GRUR 1957, 547, 548 *Tabu I*.
1343 BGH GRUR 1957, 561, 562 *REI-Chemie*.
1344 BGH GRUR 1973, 265, 266 *Charme & Chic*.
1345 BGH GRUR 1973, 539, 540 *product-contact*.
1346 BGH GRUR 1976, 643, 644 *Interglas*.
1347 BGH GRUR 1977, 226 *Wach- und Schließ*.
1348 OLG Hamburg GRUR 1986, 475 *Blitz-Blank*.
1349 OLG Hamm WRP 1990, 345 *Interprint*.
1350 OLG München GRUR 1990, 699 *ComputerLand* (zweifelhaft, vgl. OLG Düsseldorf GRUR-RR 2001, 307, 308 *Motorradland*; Goldmann, § 5 Rn. 206).
1351 BGH GRUR 1993, 923 *Pic Nic*.
1352 BGH GRUR 1995, 156 *Garant-Möbel*.
1353 BGH GRUR 1997, 468, 469 *NetCom*.
1354 BGH GRUR 2001, 344 *DB Immobilienfonds*.
1355 BGH GRUR 1999, 492, 494 *Altberliner*.

(Beschaffung, Installation und Wartung von PC-Netzwerken);[1356] »Slow Food« (Organisation für gehobene Eßkultur),[1357] »Frühstücks-Drink GmbH«,[1358] »Flüssiggas-Bayern«,[1359] »START« (Zeitarbeitsunternehmen);[1360] »arena-berlin« (Kulturveranstalter);[1361] »Haus & Grund« (Verein zur Unterstützung und Beratung von Haus- und Grundbesitzern),[1362] »sr« (für »Saarländischer Rundfunk«);[1363] »Peter´s Objektservice« (für Garten- und Landschaftspflegebetrieb);[1364] »HomeCompany« (für Mitwohnzentrale).[1365]

874   Dagegen wurden als *nicht unterscheidungskräftig* eingestuft:

»Getränke-Industrie«,[1366] »Bücherdienst«,[1367] »Management-Seminare«,[1368] »alta moda«,[1369] »Sicherheit + Technik« (für Sicherheitsanlagen),[1370] »VIDEO-RENT«,[1371] »Leasing Partner«,[1372] »Mitwohnzentrale«,[1373] »Volksbank«,[1374] »COTTON LINE«,[1375] »Bauland«,[1376] »Telekom«,[1377] »Business Radio«,[1378] »Printer-Store« (für Handel mit Druckern);[1379] »Motorradland«,[1380] »Festspielhaus« (Theaterbetrieb),[1381] »Arena« in

---

1356   BGH GRUR 2001, 1161 *CompuNet/ComNet.*
1357   OLG München GRUR-RR 2002, 230 *Slow Food* (unrichtig).
1358   BGH GRUR 2002, 809, 812 *FRÜHSTÜCKS-DRINK I*; (zweifelhaft, krit. auch Ingerl/ Rohnke, § 5 Rn. 36; zustimmend dagegen Goldmann, § 5 Rn. 27).
1359   OLG München Mitt 2004, 34 *Flüssiggas Bayern* (Ls).
1360   OLG Düsseldorf GRUR-RR 2003, 8, 9 *START.*
1361   KG GRUR-RR 2003, 370, 372 *arena-berlin.de.*
1362   BGH GRUR 2008, 1108, 1111 (Nr. 34) *Haus & Grund III.*
1363   BGH GRUR 2014, 506, 507 (Nr. 11) *sr.de.*
1364   OLG Frankfurt MarkenR 2016, 398, 399 *Peter´s Objektservice.*
1365   OLG Frankfurt GRUR-RR 2018, 345, 348 (Nr. 35) *Home Company.*
1366   BGH GRUR 1957, 426, 427 *Getränke Industrie.*
1367   BGH GRUR 1957, 428, 429 *Bücherdienst.*
1368   BGH GRUR 1976, 254, 255 *Management-Seminare.*
1369   OLG Frankfurt WRP 1986, 339 *alta moda.*
1370   OLG Hamburg GRUR 1987, 184 *Sicherheit + Technik.*
1371   BGH GRUR 1988, 319, 320 *VIDEO-RENT.*
1372   BGH GRUR 1991, 556, 557 *Leasing Partner.*
1373   OLG Frankfurt GRUR 1991, 251, 252 *Mitwohnzentrale*; vgl. auch BGH GRUR 2001, 1061, 1962 *Mitwohnzentrale.de* (»Gattungsbezeichnung«).
1374   BGH GRUR 1992, 865 *Volksbank.*
1375   BGH GRUR 1996, 68, 69 *COTTON LINE.*
1376   OLG Dresden GRUR 1997, 846 *Bauland.*
1377   BGH GRUR 2004, 514, 515 *Telekom*; ebenso OLG Köln MarkenR 2005, 153, 155 *Telekom* (zweifelhaft; vgl. BGH GRUR 2004, 154, 156 *Farbmarkenverletzung II*, wo der Begriff »Telekom« für den in etwa gleichen Zeitraum [1998] als Hinweis auf die Deutsche Telekom verstanden wurde! Dem BGH zustimmend dagegen Goldmann, § 5 Rn. 164).
1378   OLG Brandenburg WRP 1996, 308 *Business Radio.*
1379   OLG Köln GRUR-RR 2001, 266, 267 *Printer-Store.*
1380   OLG Düsseldorf GRUR-RR 2001, 307 *Motorradland.*
1381   BGH GRUR 2003, 792, 793 *Festspielhaus II.*

Alleinstellung (Kulturveranstalter),[1382] »Clever Reisen«,[1383] »Seetours« (Kreuzfahrten-veranstalter);[1384] »Literaturhaus«;[1385] »1–800-FLOWERS.COM« (für Blumenversand lediglich Kombination einer Vanity-Nummer mit beschreibender Angabe und Top-Level-Domain);[1386] »Star Entertainment« (Unterhaltungsbranche);[1387] »Bundesver-band Psychiatrie-Erfahrener«;[1388] »Zentrales Verzeichnis antiquarischer Bücher«;[1389] »Flugplatz Speyer«;[1390] »Castell« (für Weinbaubetrieb, da geographische Herkunfts-angabe);[1391] »WetterOnline«.[1392]

Fehlt die erforderliche originäre Unterscheidungskraft, kommt ein Schutz nur in   875
Betracht, wenn die betreffende Kennzeichnung *Verkehrsgeltung* erlangt hat. Die bloße
Benutzungsaufnahme allein genügt somit in diesen Fällen nicht. Der Begriff der Verkehrsgeltung hat hier dieselbe Bedeutung wie in § 4 Nr. 2 MarkenG. Insoweit kann
auf die Darstellung oben Rdn. 249 – 253 verwiesen werden.

2. Unternehmenskennzeichen ohne Namensfunktion

Für alle nicht-namensmäßigen Unternehmenskennzeichen (Geschäftsabzeichen und   876
sonstige Unterscheidungszeichen wie Hausfarben usw.) setzt § 5 II S. 2 MarkenG
ausdrücklich *Verkehrsgeltung* voraus. Der Begriff entspricht wiederum § 4 Nr. 2 MarkenG.

3. Räumlicher Schutzbereich des Unternehmenskennzeichens

Der räumliche Schutzbereich einer von Hause aus unterscheidungskräftigen Unter-   877
nehmensbezeichnung erfasst regelmäßig das *gesamte Bundesgebiet*.[1393]

Anders verhält es sich dagegen bei der Bezeichnung von Unternehmen, die nach Zweck   878
und Zuschnitt nur *lokal oder regional tätig* und auch nicht auf Expansion angelegt
sind. In diesen Fällen ist der Schutz *örtlich auf das Wirkungsgebiet des Unternehmens*

1382 KG GRUR-RR 2003, 370 *arena-berlin.de*.
1383 OLG Düsseldorf GRUR-RR 2003, 342, 343 *Clever Reisen*.
1384 OLG Köln GRUR-RR 2005, 16, 18 *Kreuzfahrten*.
1385 BGH GRUR 2005, 517, 518 *Literaturhaus* (vgl. auch BGH GRUR 1999, 988, 989 *HOUSE OF BLUES*).
1386 OLG München MarkenR 2005, 337, 342 *800-FLOWERS*.
1387 BGH GRUR 2005, 873, 874 *Star Entertainment*.
1388 KG GRUR-RR 2009, 317 *Bundesverband Psychiatrie-Erfahrener*.
1389 KG GRUR-RR 2009, 61 *Antiquarische Bücher*.
1390 OLG Frankfurt MarkenR 2011, 187, 188 (Nr. 17) *Flugplatz Speyer*.
1391 BGH GRUR 2013, 68, 71 (Nr. 31–35) *Castell/VIN CASTEL*.
1392 BGH GRUR 2014, 393, 394 (Nr. 19) *wetteronline.de*.
1393 BGH GRUR 1961, 535, 537 *arko*; BGH GRUR 1995, 754, 757 *Altenburger Spielkarten-fabrik*; GRUR 2005, 262, 263 *soco.de*; GRUR 2007, 884, 886 (Nr. 29) *Cambridge In-stitute*; GRUR 2014, 506, 507 (Nr. 23) *sr.de*.

beschränkt.[1394] Typische Beispiele hierfür sind die besonderen Geschäftsbezeichnungen (Etablissementbezeichnungen) von Gaststätten, Hotels, Apotheken, Fahrschulen, Sprachschulen, Theatern, Friseuren, Bewachungsunternehmen (sog. *Platzgeschäfte*), sowie die Bezeichnungen von Gebäuden und Bauvorhaben von nur örtlicher Bedeutung.[1395]

879   Im Streitfall maßgebend ist der im Kollisionszeitpunkt (d.h. im Zeitpunkt der Ingebrauchnahme der *angegriffenen* Kennzeichnung) tatsächlich durch Benutzung abgedeckte Wirtschaftsraum, wobei allerdings eine *natürliche künftige Ausdehnungstendenz* je nach Art des Geschäftsbetriebs zu berücksichtigen ist. Die Verwendung einer besonderen Geschäftsbezeichnung *im Internet* verschafft jedoch bei im Übrigen nur ortsgebundener Benutzung keinen bundesweiten Schutz.[1396]

III. Erlöschen des Schutzes

880   Der Schutz des § 5 II S. 1 MarkenG besteht nur in Verbindung mit einem »lebenden« Unternehmen.[1397] Die prioritätswahrende Erhaltung des Kennzeichenschutzes nach § 5 II S. 1 MarkenG setzt daher grundsätzlich die Fortbenutzung des Kennzeichens für das Unternehmen oder den Geschäftsbetrieb voraus, für den der Schutz begründet worden ist. Dementsprechend endet der Schutz von Hause aus unterscheidungskräftiger Kennzeichen mit der *endgültigen Aufgabe des Kennzeichengebrauchs* bzw. mit der *endgültigen Aufgabe des Geschäftsbetriebs*.[1398] Der etwaige Fortbestand im Handelsregister vermag daran nichts zu ändern.[1399] Andererseits führt aber auch die bloße Löschung einer Firma im Handelsregister als solche noch nicht zur Beendigung des kennzeichenrechtlichen Schutzes.[1400]

881   Ebenso wie die vollständige Beendigung der Geschäftstätigkeit führt auch eine *wesentliche Änderung des Geschäftscharakters* zum Erlöschen des bisher benutzten

---

1394 BGH GRUR 2005, 262, 263 *soco.de*; GRUR 2007, 884, 886 (Nr. 29) *Cambridge Institute*; GRUR 2014, 506, 507 (Nr. 23) *sr.de*.
1395 Vgl. BGH GRUR 2007, 884, 886 (Nr. 29) *Cambridge Institute* (Sprachschule); BGH GRUR 2006, 159, 160 (Nr. 15) *hufeland.de* (Kreiskrankenhaus); BGH GRUR 1995, 507, 508 *City-Hotel*; GRUR 1993, 923, 924 *Pic Nic* (Imbißstube); BGH GRUR 1992, 865 *Volksbank*; GRUR 1991, 155, 156 *Rialto* (Eisdiele); GRUR 1977, 166, 166 *Parkhotel*; GRUR 1970, 479, 480 *Treppchen* (Gaststätte); BGH GRUR 1957, 547, 548 *Tabu I* (Gaststätte); OLG Nürnberg WRP 1971, 334, 335 *Maximilians-Apotheke*; LG Stuttgart GRUR-RR 2006, 333, 334 *Uhland-Apotheke*; OLG Frankfurt WRP 2015, 1002, 1003 (Nr. 15) *Neuro-Spine-Center* (Klinik und Arztpraxis).
1396 OLG Frankfurt WRP 2015, 1002, 1003 (Nr. 15) *Neuro-Spine-Center* (Klinik und Arztpraxis); ebenso Goldmann, § 11 Rn. 53; Lange, Rn. 1640.
1397 Vgl. BGH GRUR 2002, 967, 969 *Hotel Adlon*; BGH GRUR 2002, 972, 974 *FROMMIA*.
1398 BGH GRUR 2016, 1066, 1067 (Nr. 22) *mt-perfect*; GRUR 2013, 1150, 1152 (Nr. 29) *Baumann*; GRUR 2005, 871, 872 *Seicom*; GRUR 1997, 749, 752 *L'Orange*.
1399 OLG Düsseldorf GRUR-RR 2003, 8, 10 *START*.
1400 BGH GRUR 1961, 420, 422 *Cuypers*; Lange, Rn. 2655.

Kennzeichens und gegebenenfalls zur Entstehung eines *neuen Schutzrechts mit neuem Zeitrang.*[1401]

Beruht der Schutz des Unternehmenskennzeichens (nur) auf Verkehrsgeltung (wie insbesondere in den Fällen des § 5 II S. 2 MarkenG), so endet er ohne weiteres mit dem Verlust der Verkehrsgeltung.   882

Die bisher angesprochenen Erlöschenstatbestände stellen quasi das Spiegelbild der Entstehungstatbestände dar. Darüber hinaus führt aber auch *jede sonstige Trennung von Unternehmenskennzeichen und zugehörigem Unternehmen* zum Erlöschen des Schutzes. Denn ebenso wie eine Marke nicht von ihrem Kennzeichnungsobjekt, d.h. den Waren/DL, getrennt werden kann, kann auch das Unternehmenskennzeichen nicht von seinem Kennzeichnungsobjekt, dem Unternehmen, gelöst werden. Daher sieht *§ 23 HGB* ausdrücklich vor, dass eine Firma nicht ohne das Handelsgeschäft, für das sie geführt wird, veräußert werden kann. Ein Verstoß hiergegen hat unmittelbar den Verlust des kennzeichenrechtlichen Schutzes zur Folge.[1402] Dasselbe gilt für alle anderen Unternehmenskennzeichen.[1403]   883

IV. Inhalt und Schranken des Schutzes

Den inhaltlichen Schutz des Unternehmenskennzeichens regelt *§ 15 MarkenG.* Danach ist es Dritten zunächst untersagt, das Unternehmenskennzeichen oder ein ähnliches Zeichen im geschäftlichen Verkehr unbefugt in einer Weise zu benutzen, die geeignet ist, *Verwechslungen* mit der geschützten Bezeichnung hervorzurufen (§ 15 II MarkenG). Des weiteren kann der Inhaber eines im Inland *bekannten Unternehmenskennzeichens* nach § 15 III MarkenG auch außerhalb einer Verwechslungsgefahr dagegen vorgehen, dass die Unterscheidungskraft oder die Wertschätzung des Unternehmenskennzeichens ohne rechtfertigenden Grund in unlauterer Weise ausgenutzt oder beeinträchtigt wird.   884

Der Begriff der Verwechslungsgefahr hat hier im wesentlichen dieselbe Bedeutung wie in § 14 II S. 1 Nr. 2 MarkenG. § 15 III MarkenG ist § 14 II S. 1 Nr. 3 MarkenG nachgebildet. Insoweit kann auf die Darstellungen oben bei Rdn. 458 – 559 und bei Rdn. 560 – 579 verwiesen werden. Die Besonderheiten des Unternehmenskennzeichens bringen allerdings *zwei wesentliche Modifikationen* mit sich: 885

1. Branchennähe und Verwechslungsgefahr im weiteren Sinne

So passt zunächst der für die Beurteilung der Verwechslungsgefahr bei Marken relevante Gesichtspunkt der Waren/DL-Ähnlichkeit bei Unternehmenskennzeichen nicht. An dessen Stelle tritt das Kriterium der *Branchennähe*. Demnach bestimmt sich die Verwechslungsgefahr bei Unternehmenskennzeichen aus einer Gesamtabwägung   886

1401 BGH GRUR 1957, 550, 552 *Tabu II*; GRUR 2005, 871, 872 *Seicom*; GRUR 2016, 1066, 1067 (Nr. 22) *mt-perfect*.
1402 Vgl. BGH GRUR 2002, 972, 974 *FROMMIA*.
1403 Vgl. BGH GRUR 2019, 535, 539 (Nr. 45) *Das Omen*.

der wechselbezüglichen Faktoren: (1.) Identität oder Ähnlichkeit der einander gegenüberstehenden Bezeichnungen, (2.) Kennzeichnungskraft der älteren Bezeichnung und (3.) die Tätigkeitsgebiete, für welche die konkurrierenden Bezeichnungen verwendet werden.[1404]

887 Als Faustregel kann festgehalten werden, dass die markenrechtliche Identität oder Ähnlichkeit der von den Vergleichsunternehmen produzierten Waren/DL eine entsprechende Branchenidentität oder –nähe indiziert.[1405] Umgekehrt gilt dies allerdings nicht. Es kann somit eine zur Verwechslungsgefahr führende Branchennähe auch zwischen Unternehmen bestehen, deren Waren/DL markenrechtlich nicht ähnlich sind. Insofern geht der Begriff der Branchennähe über den der Waren/DL-Ähnlichkeit hinaus.[1406]

888 Das hängt mit der besonderen Bedeutung zusammen, die der *Verwechslungsgefahr im weiteren Sinne* im Recht der Unternehmenskennzeichen zukommt. Insoweit geht es um Fälle, in denen es zwar – sei es im Hinblick auf die verwendeten Bezeichnungen, sei es aus anderen Gründen, z.B. Branchenferne – nicht zu einer Verwirrung über die Unternehmensidentität kommt, aber die irrtümliche Annahme *vertraglicher, organisatorischer oder sonstiger wirtschaftlicher Beziehungen* zwischen den konkurrierenden Unternehmen zu besorgen ist.[1407] Hierfür soll es nach vorherrschender Meinung bereits ausreichen, wenn das Publikum zu der Annahme gelangen kann, das eine Unternehmen benütze das Kennzeichen des anderen als dessen Lizenznehmer (*Lizenzvermutung*).[1408]

1404 BGH GRUR 2016, 705, 707 (Nr. 23) *ConText*; GRUR 2012, 635 (Nr. 12) *METRO/ ROLLER's Metro*; GRUR 2010, 738, 742 (Nr. 22) *Peek & Cloppenburg*; GRUR 2009, 685, 687 (Nr. 24) *ahd.de*; GRUR 2008, 1102, 1103 (Nr. 15) *Haus & Grund I*; GRUR 2008, 803, 804 (Nr. 17) *HEITEC*; GRUR 2008, 801, 802 (Nr. 20) *Hansen-Bau*; GRUR 2007, 888, 889 *Euro Telekom*; GRUR 2005, 61 *CompuNet/ComNet II*; GRUR 2004, 865, 867 *Mustang*; GRUR 2004, 514, 515 *Telekom*; GRUR 2002, 898, 899 *defacto*; GRUR 2002, 626, 629 *IMS*; GRUR 2001, 1161, 1162 *CompuNet/ComNet*; GRUR 2001, 344, 345 *DB Immobilienfonds*; GRUR 2000, 605, 607 *comtes/ComTel*; GRUR 1999, 492, 494 *Altberliner*; GRUR 1997, 468, 470 *NetCom*.
1405 Vgl. BGH GRUR 2011, 831, 833 (Nr. 23) *BCC*; GRUR 1991, 317, 319 *MEDICE*; GRUR 1974, 162, 163 *etirex*; GRUR 1973, 539, 540 *product-contact*; OLG Hamburg WRP 2015, 477, 484 (Nr. 79) *Anson's/ASOS*.
1406 BGH GRUR 2006, 937, 941 (Nr. 38) *Ichthyol II*; GRUR 2016, 810, 816 (Nr. 65) *profitbricks.es*; aus der früheren Rspr. s. BGH GRUR 1985, 461, 463 *Gefa/Gewa*; GRUR 1974, 162, 163 *etirex*; GRUR 1973, 539, 540 *product-contact*; GRUR 1966, 267, 269 *White Horse*; GRUR 1960, 550, 551 *Promonta*; GRUR 1959, 25, 26 *Triumph*; GRUR 1957, 287, 288 *Plasticummännchen*.
1407 Vgl. z.B. BGH GRUR 2009, 484, 489, 491 (Nr. 52, 79) *Metrobus*; GRUR 2008, 1104, 1106 (Nr. 20) *Haus & Grund II*; GRUR 2002, 898, 900 *defacto*; GRUR 2001, 344, 345 *DB Immobilienfonds*; GRUR 1988, 635, 636 *Grundcommerz*; GRUR 1986, 253, 255 *Zentis*.
1408 Vgl. BGH GRUR 1986, 402, 403 f. *Fürstenberg*; s. ferner BGH GRUR 1999, 581, 582 *Max*; GRUR 1993, 692, 693 *Guldenburg*; GRUR 1990, 68, 69 *VOGUE-Ski* (letztere alle zum Werktitelschutz); BGH GRUR 1993, 151, 153 *Universitätsemblem* (zum

So wurde eine Branchennähe etwa in folgenden Fällen bejaht: 889

Damenstrümpfe/Kosmetik (bekanntes Klagezeichen, Verwechslungsgefahr im weiteren Sinne);[1409] Whisky/Kosmetik (bekanntes Klagezeichen, jedenfalls Verwechslungsgefahr im weiteren Sinne);[1410] elektrische Messgeräte/Schleifmaschinen;[1411] Verpackungsmittel/Etikettiergeräte (bei Verwechslungsgefahr im weiteren Sinne);[1412] Druckmaschinen/Druckfarben (bei Verwechslungsgefahr im weiteren Sinne);[1413] Bankgeschäft/Immobilienvermittlung;[1414] Fruchtjoghurt/Konfitüre;[1415] Damenbekleidung/Modeschmuck, Taschen, Schuhe (nur bei starker Verkehrsgeltung des Klagezeichens);[1416] Hotel/Reisebüro;[1417] Bank/Bauträger;[1418] Sportwagen/Kosmetik (Verwechslungsgefahr im weiteren Sinne);[1419] Immobilienfond/Konzeption, Organisation und Einrichtung von Immobilienfonds;[1420] Einzelhandel mit Bekleidung/Einzelhandel mit Schuhen;[1421] Betrieb eines Großhandelsmarktes/Herstellung und Vertrieb von Waren/DL, die üblicherweise in solchen Märkten vertrieben werden;[1422] ärztliche Leistungen (Krankenhaus)/Herstellung und Vertrieb von Kosmetika;[1423] stationärer Einzelhandel/Versand- und Onlinehandel.[1424]

Namensschutz nach § 12 BGB); ausf. hierzu Goldmann, § 13 Rn. 47 ff. Ob diese sehr ausdehnende Interpretation der Verwechslungsgefahr im weiteren Sinne beibehalten werden kann, erscheint jedoch zweifelhaft. Für das Markenrecht jedenfalls hat der BGH klargestellt, dass eine branchenübergreifende Lizenzierungspraxis für sich genommen nicht ausreicht, um eine zur Verwechslungsgefahr führende Waren/DL-Ähnlichkeit zu begründen. Diese Fälle sollen vielmehr über § 14 II S. 1 Nr. 3 MarkenG gelöst werden (s. dazu oben Rdn. 480). Es liegt nahe, diese Sichtweise auch in das Recht der Unternehmenskennzeichen zu übernehmen, wo mit dem Bekanntheitsschutz des § 15 III MarkenG ein adäquater Verletzungstatbestand zur Verfügung steht.

1409 BGH GRUR 1965, 540, 541 f. *Hudson.*
1410 BGH GRUR 1966, 267, 269 f. *White Horse.*
1411 BGH GRUR 1973, 661, 663 *Metrix.*
1412 BGH GRUR 1974, 162, 163 *etirex.*
1413 BGH GRUR 1981, 66, 67 *MAN/G-man.*
1414 BGH GRUR 1985, 461, 463 *Gefa/Gewa.*
1415 BGH GRUR 1986, 253, 255 *Zentis.*
1416 Vgl. BGH GRUR 1986, 402, 403 f. *Fürstenberg.*
1417 BGH GRUR 1989, 449, 451 *Maritim.*
1418 BGH GRUR 1989, 856, 858 *Commerzbau.*
1419 OLG Frankfurt WRP 1992, 718, 720 *Ferrari.*
1420 BGH GRUR 2001, 344, 345 *DB Immobilienfonds.*
1421 OLG Hamburg GRUR-RR 2006, 182, 183 *Miss 17.*
1422 BGH GRUR 2009, 484, 490 (Nr. 74) *Metrobus.*
1423 OLG Düsseldorf GRUR-RR 2013, 21, 22 *Charité.*
1424 OLG Hamburg WRP 2015, 477, 488 (Nr. 129) *Anson's/ASOS.*

890   Eine die Verwechslungsgefahr ausschließende Branchenferne wurde dagegen angenommen für:

Lebensmittelgroßhandel/Füllhalterfabrik;[1425] Spezialkameras für Berufsfotographen/ Baumaschinenhandel[1426]; Lebensmittelhandel/Hotel[1427]; Damenschuhe/Ski-Bekleidung[1428]; Molkereiprodukte/Schlaf- und Speisewagenbewirtschaftung[1429]; Kosmetik/ Schallplatten[1430]; Kfz-Handel/Kapitalanlagen[1431]; Textilien/Verwaltung von (auch Textil-)Unternehmen[1432]; Werkzeugmaschinen/Scanner, Telefaxgeräte, Monitore[1433]; Fastfood-Restaurant/Farben[1434]; VersicherungsDL (auch Kfz-Versicherung)/Kfz-Motoren[1435]; Unternehmensberatung/Programmierung[1436]; Confiserie/Weinhandel[1437]; Krankenhaus/Werbeagentur[1438]; Verlag/Brauerei[1439].

2. Verwechslungsgefahr bei mehrbestandteiligen Unternehmenskennzeichen

891   Eine weitere wesentliche Modifikation zur Rechtslage bei Marken ergibt sich daraus, dass – wie oben bei Rdn. 847 dargelegt – Firmenbestandteile als Firmenschlagwörter auch unabhängig von einer Benutzung in Alleinstellung selbständige Objekte eines kennzeichenrechtlichen Schutzes sein können. Insoweit erübrigt sich nicht selten die im Markenrecht oft schwierige Beurteilung, ob Übereinstimmungen in nur einem Bestandteil zur Verwechslungsgefahr führen (s. dazu oben Rdn. 495 – 529).[1440]

3. Schutzschranken

892   Die Schutzschranken der §§ 23, 24 MarkenG gelten ausdrücklich auch für geschäftliche Bezeichnungen, somit auch für Unternehmenskennzeichen. Auch insoweit kann daher auf die Darstellung oben bei Rdn. 580 – 620 verwiesen werden.

1425 BGH GRUR 1955, 299, 301 *Koma.*
1426 BGH GRUR 1958, 339, 341 *Technika.*
1427 BGH GRUR 1975, 606, 609 *IFA.*
1428 BGH GRUR 1984, 471, 472 *Gabor/Caber.*
1429 BGH GRUR 1986, 826 *Mitropa.*
1430 BGH GRUR 1991, 863, 864 *Avon.*
1431 BGH GRUR 1993, 404, 405 *Columbus.*
1432 BGH GRUR 1995, 54, 56 f. *Nicoline.*
1433 OLG Düsseldorf GRUR 1996, 361, 362 *Teco.*
1434 OLG Düsseldorf WRP 1997, 590 *McPaint.*
1435 OLG Hamburg GRUR-RR 2002, 190, 191 *HDI.*
1436 OLG Düsseldorf GRUR-RR 2003, 80, 82 *EXES.*
1437 Vgl. BGH GRUR 2004, 512, 514 *Leysieffer.*
1438 BGH GRUR 2005, 430 *mho.de.*
1439 OLG Köln GRUR-RR 2011, 459, 461 *DUMONT/Dumont Kölsch.*
1440 Vgl. z.B. BGH GRUR 2002, 898, 899 *defacto*; GRUR 2008, 1102, 1104 (Nr. 18) *Haus & Grund I*; GRUR 2016, 705, 707 (Nr. 28) *ConText.*

Besondere Bedeutung kann in diesem Zusammenhang der Freistellung des Gebrauchs 893
des eigenen Namens und der Anschrift zukommen (§ 23 Nr. 1 MarkenG). Die Rechtsprechung hat hierzu unter dem Stichwort des *Gleichnamigenrechts* zahlreiche Sonder-
regeln entwickelt. Wegen der Einzelheiten muss auf die Spezialliteratur verwiesen
werden.[1441]

V. Unternehmenskennzeichenrechtliche Verletzungsansprüche

Im Falle der Verletzung eines Unternehmenskennzeichens ergibt sich der Unter- 894
lassungsanspruch aus *§ 15 IV MarkenG*, der (auch hier verschuldens-abhängige)
Schadensersatzanspruch aus *§ 15 V MarkenG*. Inhaltliche Unterschiede zu den mar-
kenrechtlichen Ansprüchen nach § 14 V, VI MarkenG bestehen nicht. Alle weiteren
Ansprüche (§§ 18–19d MarkenG) gelten ohnehin gleichermaßen für geschäftliche
Bezeichnungen wie für Marken.

§ 33 Werktitel

I. Begriff und Funktion

Werktitel sind nach § 5 III MarkenG die Namen oder besonderen Bezeichnungen von 895
Werken. Als namensmäßig bezeichnungsfähige Werke nennt die Vorschrift Druck-
werke, Filmwerke, Tonwerke und Bühnenwerke (ein Buch, eine Zeitschrift, ein Film,
eine Oper, ein Theaterstück usw. »heißt« soundso, hat also einen Namen). Mit diesen
Werken sind nicht die Waren oder DL gemeint, in denen das Werk gegebenenfalls verkörpert ist (z.B. Buch, CD) oder durch die das Werk produziert wird (z.B. Theateraufführung). Bezeichnungsobjekt des Werktitels ist vielmehr die im Werk zum Ausdruck
kommende geistige Leistung, der *gestaltete gedankliche Inhalt*. Dieser soll als solcher
durch den Werktitel namensmäßig benannt und von anderen gedanklichen Inhalten
(Werken) unterscheidbar gemacht werden.[1442]

1441 S. z.B. Ströbele/Hacker/Thiering, § 23 Rn. 23–56.
1442 Vgl. BGH GRUR 1993, 767, 768 *Zappel-Fisch.*

896 Daraus ergibt sich zugleich, was unter dem generalklauselartigen Begriff des »vergleichbaren Werkes« im Sinne von § 5 III MarkenG zu verstehen ist, nämlich *jeder nach der Verkehrsauffassung als solcher bezeichnungsfähige gedankliche Inhalt*.[1443] Dazu gehören z.b. Computerprogramme[1444] einschließlich Computerspiele[1445] und Smartphone-Apps[1446], Homepages[1447], Datenbanken[1448], auch Spiele, soweit sie einen der gedanklichen Umsetzung zugänglichen geistigen Inhalt aufweisen und nicht ein lediglich manuell handhabbares Spiel*zeug* (also eine bloße Ware) darstellen.[1449] Ebenso kommen auch Buch- und Sendereihen als solche – d.h. unabhängig von den im Einzelnen wechselnden Werkinhalten – als Objekte eines Werktitelschutzes in Betracht.[1450] Sogar *Veranstaltungen* (z.B. Sportveranstaltungen) sollen Werkcharakter aufweisen können.[1451]

897 Unerheblich ist, ob das Werk urheberrechtlichen Schutz genießt. Daher kann auch an Werktiteln gemeinfreier oder nach Ablauf der urheberrechtlichen Schutzfrist gemeinfrei gewordener Werke ein Werktitelschutz bestehen oder auch neu begründet werden.[1452]

898 Dagegen gehört es nicht zur originären Funktion des Werktitels, auf die *betriebliche Herkunft* des Werkes selbst oder der Ware, in der das Werk gegebenenfalls verkörpert ist, oder der Dienstleistung, durch die das Werk produziert wird, hinzuweisen.[1453] Dies schließt nicht aus, dass der Verkehr unter bestimmten Voraussetzungen mit einem Werktitel gleichzeitig auch die Vorstellung einer bestimmten betrieblichen

---

1443 BGH GRUR 2012, 1265, 1266 (Nr. 13) *Stimmt's?*; GRUR 2016, 939, 940 (Nr. 15) *wetter.de*; GRUR 2016, 1300, 1302 (Nr. 17) *Kinderstube*; GRUR 2019, 535, 538 (Nr. 30) *Das Omen*.
1444 BGH GRUR 1998, 155, 156 *PowerPoint*; NJW 1997, 3315, 3316 *FTOS*; GRUR 1998, 1010, 1011 *WINCAD*; GRUR 2006, 594 (Nr. 16) *Smartkey*; GRUR 2016, 939, 940 (Nr. 15) *wetter.de*.
1445 OLG Köln GRUR-RR 2015, 239, 240 *Farming Simulator*.
1446 OLG Köln WRP 2014, 1355, 1356 (Nr. 13) *Wetter-App*; bestätigt durch BGH GRUR 2016, 939, 940 (Nr. 16) *wetter.de*.
1447 BGH GRUR 2010, 156, 157 (Nr. 20) *EIFEL-ZEITUNG*; OLG München GRUR 2006, 686, 687 *Österreich.de/österreich.de*.
1448 Ströbele/Hacker/Thiering, § 5 Rn. 101; Deutsch/Ellerbrock, Rn. 43.
1449 BGH GRUR 1993, 767, 768 *Zappel-Fisch*.
1450 Grdl. BGH GRUR 1977, 543, 545 *Der 7. Sinn*; s. ferner BGH GRUR 1993, 692 *Guldenburg*; GRUR 2001, 1050, 1051 *Tagesschau*.
1451 BGH GRUR 2010, 642, 644 (Nr. 33) *WM-Marken*; im einzelnen str., vgl. Ströbele/Hacker/Thiering, § 5 Rn. 103.
1452 BGH GRUR 2003, 440, 441 *Winnetous Rückkehr*.
1453 Vgl. BGH GRUR 2014, 483, 485 (Nr. 29) *test*; GRUR 2012, 1265, 1267 (Nr. 23) *Stimmt's?*; GRUR 2003, 342, 343 *Winnetou*; GRUR 2000, 504, 505 und 506 *FACTS*; GRUR 1999, 235, 237 *Wheels Magazine*; GRUR 1994, 908, 910 *WIR IM SÜDWESTEN*; GRUR 1994, 191, 201 *Asterix-Persiflagen*; GRUR 1993, 692, 693 *Guldenburg*; GRUR 1988, 377 *Apropos Film*; GRUR 1982, 431, 432 *POINT*; GRUR 1980, 227, 232 *Monumenta Germaniae Historica*; GRUR 1958, 354, 357 *Sherlock Holmes*.

Herkunft verbindet; Bedeutung hat dies aber allein für den Schutzumfang des Titels (s. dazu Rdn. 917, 918).

II. Schutzentstehung

Ähnlich wie bei den in § 5 II S. 1 MarkenG geregelten Unternehmenskennzeichen 899 mit Namensfunktion entsteht der Werktitelschutz grundsätzlich mit der *Ingebrauchnahme des Titels* für ein bestimmtes Werk im Sinne von § 5 III MarkenG, sofern ihm im Hinblick auf das gekennzeichnete Werk eine hinreichende *werkindividualisierende Unterscheidungskraft* zukommt.

1. Benutzungsaufnahme und Titelschutzanzeige

Die Benutzung muss nach außen im (inländischen) geschäftlichen Verkehr aufgenom- 900 men werden.[1454] Interne Verwendungen genügen nicht.

Außerdem setzt die rechtsbegründende werktitelmäßige Benutzung nach der Recht- 901 sprechung des BGH ein *fertiggestelltes Werk* voraus. Bloße Konzepte, Ideen, Pläne stellen noch kein Werk dar, für das durch Ingebrauchnahme eines Titels der Schutz nach § 5 III MarkenG erworben werden könnte.[1455] Bei Druckschriften erfolgt die Benutzungsaufnahme regelmäßig mit dem *Erscheinen des Werkes*.[1456] Bei anderen Werken (z.B. Computerprogrammen) erfordert die Benutzungsaufnahme den *Vertrieb* des fertigen, mit der fraglichen Bezeichnung versehenen Produkts oder zumindest eine der Auslieferung des fertigen Produkts unmittelbar vorhergehende werbende Ankündigung.[1457]

Der Werktitelschutz entsteht somit – aus Sicht des Titelberechtigten – verhältnismä- 902 ßig spät, nämlich zu einem Zeitpunkt, zu dem die wesentlichen Investitionen in die Verbreitung des Werkes bereits getätigt sind. Andererseits lassen sich etwaige prioritätsältere kollidierende Titelrechte wegen der fehlenden Registrierung nur unzureichend recherchieren, so dass stets die Gefahr einer aufwändigen und kostenträchtigen Teiländerung droht. Um diese Gefahr zu mildern, wird vielfach versucht, einen in Aussicht genommenen Titel frühzeitig als Marke registrieren zu lassen. Das scheitert aber nicht selten an der fehlenden markenmäßigen Unterscheidungskraft (Herkunftsfunktion) der Werktitel (s. oben Rdn. 170, 898). Als weiteres von der Rechtspraxis entwickeltes Instrument kommt eine sog. *Titelschutzanzeige* in Betracht.

Unter einer Titelschutzanzeige ist eine *öffentliche Ankündigung* zu verstehen, dass 903 ein bestimmter (zu nennender) Titel zur künftigen Benutzung für ein bestimmtes (zu nennendes) Werk in Anspruch genommen wird. Zweck dieses Vorgehens ist, die

---

1454 BGH GRUR 2019, 535, 537 (Nr. 17) *Das Omen*.
1455 BGH GRUR 2009, 1055, 1057 (Nr. 41) *airdsl* (zu einer Internetseite).
1456 BGH GRUR 1989, 760, 761 *Titelschutzanzeige*; OLG Hamburg GRUR-RR 2002, 393 *motorradmarkt.de*.
1457 BGH GRUR 1997, 902, 903 *FTOS*; Schabenberger, FS Helm (2002), S. 219, 223; a.A. Ingerl WRP 1997, 1127, 1129; Deutsch/Ellerbrock, Rn. 72, 74.

Inhaber kollidierender älterer Rechte zu bewegen, den Titelaspiranten auf diese Rechte hinzuweisen. Eine Pflicht dazu besteht freilich nicht. Wenn aber der Titelaspirant innerhalb einer angemessenen Zeitspanne ab der Ankündigung den Titel in Gebrauch nimmt, erhält er für sein nunmehr entstehendes Werktitelrecht die *Priorität der Titelschutzanzeige*.[1458] Die Titelschutzanzeige stellt also *selbst noch keine Benutzungshandlung* dar und ersetzt diese auch nicht. Sie bringt daher kein Titelrecht zur Entstehung, sie *sichert aber* – abweichend von § 6 III MarkenG! – *den Zeitrang* des künftig durch Benutzungsaufnahme entstehenden Rechts.[1459]

904 An das Vorliegen einer öffentlichen Ankündigung werden im Interesse der Mitbewerber an einer zuverlässigen Unterrichtung *strenge Anforderungen* gestellt. Es reicht nicht jede irgendwie öffentlich zugängliche Ankündigung; erforderlich ist vielmehr eine *branchenübliche Veröffentlichung* der Titelschutzanzeige mit der Möglichkeit einer breiten Kenntnisnahme durch die interessierten Konkurrenten.[1460] Dem genügen z.B. Ankündigungen im *Börsenblatt des deutschen Buchhandels*.[1461] Nicht ausreichend sind demgegenüber Werbeaktionen, Einladungen zu einem Einführungskurs für ein neues Computerprogramm, die Herausgabe von Pressemitteilungen[1462], Berichte im redaktionellen Teil einer Tageszeitung[1463] oder Ankündigungen im Internet.[1464]

905 Welche *Frist* bis zum tatsächlichen Erscheinen oder dem Vertrieb des Werkes angemessen ist, richtet sich nach der Art des Werkes, wobei auch insoweit im Interesse der Mitbewerber eher strenge Anforderungen zu stellen sind.[1465] Eine Titelblockade qua Titelschutzanzeige muss jedenfalls vermieden werden. Bei Zeitschriften z.B. werden etwa sechs Monate angemessen sein.

2. Unterscheidungskraft

906 Der Werktitel muss, um bereits mit der Benutzungsaufnahme den Schutz nach § 5 III MarkenG zu erlangen, hinreichende Unterscheidungskraft aufweisen. Unterscheidungskraft in diesem Sinne ist die Eignung, *das Werk als solches* zu individualisieren, d.h. von anderen Werken (gedanklichen Inhalten) unterscheidbar zu machen.[1466] Der titelrechtliche Begriff der Unterscheidungskraft ist daher streng vom markenrechtlichen Begriff

---

1458 BGH GRUR 1989, 760 *Titelschutzanzeige*; KG JW 1932, 885, 888 *Die Lindenwirtin*.
1459 OLG Hamburg WRP 2002, 337 *Bremer Branchen*; KG GRUR-RR 2004, 303, 305 *automobil TEST*; vgl. auch BGH GRUR 2001, 1054, 1055 *Tagesreport*; Deutsch GRUR 2002, 308, 313; von Linstow, FS Erdmann, S. 375, 378; differenzierend Schmid, FS Erdmann, S. 469, 474 ff.
1460 BGH GRUR 1998, 1010, 1012 *WINCAD*; GRUR 2009, 1055, 1058 (Nr. 43) *airdsl*.
1461 BGH GRUR 1989, 760, 762 *Titelschutzanzeige*; zu weiteren Blättern s. Deutsch/Ellerbrock, Rn. 86.
1462 BGH GRUR 1998, 1010, 1012 *WINCAD*.
1463 BGH GRUR 1989, 760, 762 *Titelschutzanzeige*.
1464 BGH GRUR 2009, 1055, 1058 (Nr. 45) *airdsl*.
1465 BGH GRUR 1989, 760, 761 *Titelschutzanzeige*.
1466 Z.B. BGH GRUR 2019, 535, 537 (Nr. 19) *Das Omen*; GRUR 2012, 1265, 1267 (Nr. 19) *Stimmt's?*.

der Unterscheidungskraft gemäß § 8 II Nr. 1 MarkenG zu trennen, bei dem es um die Eignung geht, Waren/DL nicht als solche, sondern ihrer betrieblichen Herkunft nach unterscheidbar zu machen. Dieser unterschiedliche Ansatz führt dazu, dass die *Anforderungen an die Unterscheidungskraft von Werktiteln grundsätzlich niedriger anzusetzen* sind als die für die Unterscheidungskraft von Marken geltenden Kriterien.[1467] Es ist daher ohne weiteres möglich, dass eine Werkbezeichnung zwar als Marke wegen fehlender Unterscheidungskraft nach § 8 II Nr. 1 MarkenG von der Eintragung ausgeschlossen ist (s. oben Rdn. 170), gleichwohl aber Titelschutz nach § 5 III MarkenG genießt.[1468]

Insbesondere bei *Zeitungen* und *Zeitschriften*, aber auch bei bestimmten Sachbuchsparten **907** wie z.B. *Kochbüchern* werden nur sehr geringe Anforderungen an die Unterscheidungskraft gestellt, weil der Verkehr seit langem daran gewöhnt ist, dass sie mit mehr oder weniger farblosen, lediglich inhaltlich oder räumlich konkretisierten Gattungsbezeichnungen gekennzeichnet werden.[1469] Gleiches gilt für *Rundfunksendungen*[1470] und hier insbesondere für die Titel von *Nachrichtensendungen*, die im Allgemeinen so gewählt werden, dass dem Titel der Charakter der Sendung ohne weiteres entnommen werden kann.[1471] Bloße Gattungsbezeichnungen als solche, z.B. »Magazin«, genießen aber auch hier keinen Schutz.

Keine Unterscheidungskraft haben glatt werkbeschreibende Werktitel. In diesem Sinne **908** kommt fehlende Unterscheidungskraft insbesondere bei *Sachbuchtiteln* sowie *Computerprogrammen* in Betracht.[1472]

1467 BGH GRUR 2009, 949, 950 (Nr. 17 a.E.) *My World*; GRUR 2010, 640, 641 (Nr. 15) *hey!*; GRUR 2010, 1100, 1101 (Nr. 14) *TOOOR!*; OLG Düsseldorf GRUR-RR 2015, 10, 11 (Nr. 22) *Die schönsten Wanderwege der Wanderhure*; KG GRUR-RR 2016, 505, 508 (Nr. 37) *Casual Concerts*; a.A. Deutsch GRUR 2002, 308, 309; Deutsch/Ellerbrock, Rn. 116.

1468 Vgl. BGH GRUR 2003, 440, 441 *Winnetous Rückkehr*; GRUR 2001, 1043, 1045 *Gute Zeiten – Schlechte Zeiten*; BPatGE 38, 138, 141 *Klassentreffen*; KG GRUR-RR 2004, 303, 304 *automobil TEST*.

1469 BGH GRUR 2019, 535, 537 (Nr. 19) *Das Omen*; GRUR 2016, 939, 940 (Nr. 23) *wetter. de*; GRUR 2010, 156 (Nr. 14) *EIFEL-ZEITUNG*; GRUR 2002, 176 *Auto Magazin*; GRUR 2000, 504, 505 *FACTS*; GRUR 2000, 70, 72 *SZENE*; GRUR 1999, 235, 237 *Wheels Magazine*; GRUR 1997, 661, 662 *B.Z./Berliner Zeitung*; GRUR 1992, 547, 548 *Morgenpost*; GRUR 1991, 331, 332 *Ärztliche Allgemeine*; für Kochbücher ebenso BGH GRUR 1991, 153, 154 *Pizza & Pasta*; OLG Köln GRUR 2000, 1073, 1074 *Blitzgerichte*; krit. Deutsch GRUR 2002, 308, 309.

1470 Vgl. BGH GRUR 1993, 769, 770 *Radio Stuttgart*; GRUR 2019, 535, 537 (Nr. 19) *Das Omen*.

1471 BGH GRUR 2001, 1054, 1055 *Tagesreport*; GRUR 2001, 1050, 1051 *Tagesschau*; OLG Hamburg GRUR-RR 2002, 389, 390 *die tagesschau*.

1472 Vgl. LG Hamburg AfP 1993, 775 *Geschichte der arabischen Völker*; LG München I GRUR 1991, 931, 933 *Wellness*; s. zu Sachbuchtiteln auch BGH GRUR 1991, 153, 154 *Pizza & Pasta*; zu Computerprogrammen s. Ingerl WRP 1997, 1127, 1131.

909   Die erforderliche Unterscheidungskraft wurde z.B. *bejaht* für:

»Der Spiegel«[1473], »Der Nußknacker« (für eine Rätselzeitschrift)[1474], »Hobby«[1475], »Deutsche Zeitung«[1476], »St.-Pauli-Nachrichten«[1477], »Pizza & Pasta«[1478], »Berliner Morgenpost«[1479], »Radio Stuttgart« (für den einheitlichen Teil eines Rundfunk-programms)[1480], »Berliner Zeitung«[1481], »Wheels Magazine« (Zeitschrift für amerikanische Automobile)[1482]; »SZENE Hamburg« (Zeitschrift)[1483]; »FACTS« (für ein Magazin für Bürokommunikation)[1484]; »Tagesschau«[1485], »Auto Magazin«[1486]; »Uhren Magazin«[1487]; »Motorradmarkt«[1488]; »MONEY« (Zeitschrift für Geldanlagen)[1489]; »test« bzw. »FINANZtest«[1490]; »Heimat« (Zeitungsbeilage)[1491]; »America« (Computerspiel)[1492]; »Druckerei« (für ein Computerprogramm zur Erstellung von Visiten-karten, Etiketten usw.)[1493]; »LEICHTER LEBEN« (Rubriktitel einer Zeitschrift mit Tipps und Tricks für den Alltag)[1494]; »AGENDA« (Zeitungsteil)[1495]; »EIFEL-ZEI-TUNG«[1496]; »Festivalplaner«[1497]; »Stimmt's?« (für Zeitungskolumne)[1498]; »Farming Simulator 2013« (für Landwirtschafts-Simulations-Computerspiel)[1499]; »Ich bin dann mal weg« (für Reisebericht)[1500]; »Das Omen« (für mystische Musik)[1501].

1473   BGH GRUR 1957, 29, 31 *Spiegel.*
1474   BGH GRUR 1959, 541, 542 *Nußknacker.*
1475   BGH GRUR 1961, 232, 233 f. *Hobby.*
1476   BGH GRUR 1963, 378, 379 *Deutsche Zeitung.*
1477   BGH GRUR 1974, 661, 662 *St.-Pauli-Nachrichten.*
1478   BGH GRUR 1991, 153, 154 *Pizza & Pasta.*
1479   BGH GRUR 1992, 547, 548 *Morgenpost.*
1480   BGH GRUR 1993, 769, 770 *Radio Stuttgart.*
1481   BGH GRUR 1997, 661, 662 *B.Z./Berliner Zeitung.*
1482   BGH GRUR 1999, 235, 237 *Wheels Magazine.*
1483   BGH GRUR 2000, 70, 72 *SZENE.*
1484   BGH GRUR 2000, 504, 505 *FACTS.*
1485   Offen gelassen dagegen für »Tagesthemen«: BGH GRUR 2001, 1050, 1051 *Tagesschau*; GRUR 2001, 1054, 1055 *Tagesreport.*
1486   BGH GRUR 2002, 176 *Auto Magazin* (zweifelhaft).
1487   LG Frankfurt/Main GRUR-RR 2002, 68 *Uhren Magazin* (zweifelhaft).
1488   OLG Hamburg GRUR-RR 2002, 393 *motorradmarkt.de* (zweifelhaft).
1489   OLG München MarkenR 2005, 149, 151 *FOCUS MONEY/MONEY SPECIALIST.*
1490   KG GRUR-RR 2004, 303, 304 *automobil TEST.*
1491   ÖsterrOGH ÖBl 2004, 280 *Heimat/meine Heimat.*
1492   KG MarkenR 2003, 367, 368 *No Peace Beyond The Line.*
1493   LG Düsseldorf GRUR-RR 2006, 133, 134 *Hochzeitsdruckerei.*
1494   OLG München GRUR-RR 2008, 402, 403 *Leichter leben.*
1495   OLG Hamburg GRUR-RR 2009, 309, 310 *agenda.*
1496   BGH GRUR 2010, 156 (Nr. 14) *EIFEL-ZEITUNG.*
1497   OLG Köln WRP 2010, 1413, 1414 f. *Festivalplaner.*
1498   BGH GRUR 2012, 1265, 1267 (Nr. 20) *Stimmt's?*
1499   OLG Köln GRUR-RR 2015, 239, 241 (Nr. 39) *Farming Simulator.*
1500   OLG Köln GRUR-RR 2015, 292, 295 (Nr. 31–33) *Ich bin dann mal weg.*
1501   BGH GRUR 2019, 535, 537 (Nr. 20) *Das Omen.*

Verneint wurde sie dagegen für:

910

»Geschichte der arabischen Völker«[1502], »Who's who...« (für ein biographisches Nachschlagewerk)[1503]; »Wellness« (Sachbuch)[1504] sowie für die Gattungsbezeichnungen »Morgenpost«[1505] und »Sonntagsblatt«[1506]; »automobil« (für Zeitschrift)[1507]; »hallo« (für Anzeigenblatt)[1508]; »wetter DE« (für Smartphone-App)[1509].

Von Hause aus nicht unterscheidungskräftige Werktitel erlangen den Schutz erst mit *Verkehrsgeltung*.[1510]

911

III. Berechtigter

Während es bei Marken und Unternehmenskennzeichen in der Regel keine größeren Schwierigkeiten bereitet, den Berechtigten festzustellen, kann dies bei Titelrechten anders sein, weil von der Schaffung des Werkes bis zur Vermarktung oft eine ganze Reihe von Personen involviert ist. Nach der Rechtsprechung des BGH ist Inhaber des Titelrechts zunächst der *Hersteller des Werkes*, also der Autor[1511], bei Filmen der Regisseur, bei Musikwerken der Komponist usw. Dies gilt auch bei Titeln, die erst aufgrund der von einem Dritten, z.B. einem Verleger, vorgenommenen Benutzungshandlungen Unterscheidungskraft durch Verkehrsgeltung erlangt haben.[1512] Bei Zeitungen wurde das Titelrecht dem Herausgeber bzw. Verleger zuerkannt[1513], ebenso bei Sammelwerken,[1514] weil durch die entsprechenden Tätigkeiten jeweils neue immaterielle Arbeitsergebnisse geschaffen werden.[1515]

912

Das schließt aber nicht aus, dass auch andere Personen, die *an der Herstellung des Werkes nicht beteiligt* sind, aber den Titel rechtmäßig nutzen, z.B. Verlage, zur

913

1502 LG Hamburg AfP 1993, 775 *Geschichte der arabischen Völker*.
1503 KG GRUR 1988, 158 *Who's who*.
1504 LG München I GRUR 1991, 931, 933 *Wellness*.
1505 BGH GRUR 1992, 547, 549 *Morgenpost*.
1506 OLG Oldenburg GRUR 1987, 127 *Sonntagsblatt*; BGH GRUR 1992, 547, 549 *Morgenpost*.
1507 BGH GRUR 2010, 646, 648 (Nr. 17) *OFFROAD*.
1508 OLG Jena GRUR-RR 2012, 350, 351 *hallo* (jedoch nicht richtig; krit. auch Thiering GRUR-RR 2012, 369, 378).
1509 OLG Köln WRP 2014, 1355, 1357 (Nr. 17) *Wetter-App*.
1510 BGH GRUR 2001, 1050, 1051 *Tagesschau*; GRUR 2001, 1054, 1056 *Tagesreport*; GRUR 1988, 638, 639 *Hauer's Auto-Zeitung*; GRUR 1957, 29, 31 *Spiegel*.
1511 BGH GRUR 2019, 535, 538 (Nr. 32) *Das Omen*; GRUR 2005, 264, 265 *Das Telefon-Sparbuch*; GRUR 1990, 218, 220 *Verschenktexte*.
1512 BGH GRUR 1990, 218, 220 *Verschenktexte*; bestätigt durch BGH GRUR 2019, 535, 538 (Nr. 32) *Das Omen*.
1513 Vgl. BGH GRUR 1997, 661, 662 *B.Z./Berliner Zeitung*.
1514 Vgl. BGH GRUR 1980, 227, 232 *Monumenta Germaniae Historica*.
1515 BGH GRUR 2019, 535, 538 (Nr. 33) *Das Omen*.

Geltendmachung von Ansprüchen aus diesem Recht berechtigt sind.[1516] Dabei bleibt freilich unklar, worauf hier die Berechtigung letztlich beruht.

IV. Erlöschen des Schutzes

914 Ähnlich dem Unternehmenskennzeichen setzt das Werktitelrecht die *fortbestehende Verbindung mit einem Werk* voraus, denn ein Kennzeichenrecht ohne Kennzeichnungsobjekt ist nicht denkbar.[1517] Der Titelschutz endet daher mit *endgültiger Aufgabe des Gebrauchs* für das Werk, für das der Titelschutz begründet worden ist.[1518] Ob eine endgültige Aufgabe in diesem Sinne vorliegt, ist nicht leicht zu beurteilen. Maßgeblich ist die Verkehrsauffassung unter Berücksichtigung der Verkehrssitte und wirtschaftlicher Gegebenheiten. Die Kontrollfrage lautet: Nach welcher Zeit wird ein ehemals verwendeter, aktuell aber nicht mehr benutzter Titel frei und kann von Dritten für andere Werke unbehelligt in Benutzung genommen werden? Bei einer vergriffenen Buchauflage z.B. muss eine angemessene Zeit für eine Neuauflage berücksichtigt werden[1519], die bei wissenschaftlichen Großwerken wohl sogar Jahrzehnte betragen kann, bevor der Titel frei wird. Auch bei einem bekannten Zeitschriftentitel kann eine längere Benutzungsunterbrechung unschädlich sein.[1520] Wird eine Sendefolge mit neuer Bezeichnung ausgestrahlt, erlischt der frühere Titelschutz[1521] und ist auch nicht auf eine andere Sendung mit dem alten Zeitrang übertragbar.

V. Inhalt des Werktitelschutzes

915 Den inhaltlichen Schutz des Werktitels regelt ebenso wie für Unternehmenskennzeichen *§ 15 MarkenG*. Danach ist es Dritten untersagt, den Werktitel oder ein ähnliches Zeichen im geschäftlichen Verkehr unbefugt in einer Weise zu benutzen, die geeignet ist, *Verwechslungen* mit der geschützten Bezeichnung hervorzurufen (§ 15 II MarkenG). Des Weiteren kann der Inhaber eines im Inland *bekannten Werktitels* nach § 15 III MarkenG auch außerhalb einer Verwechslungsgefahr dagegen vorgehen, dass die Unterscheidungskraft oder die Wertschätzung des Werktitels ohne rechtfertigenden Grund in unlauterer Weise ausgenutzt oder beeinträchtigt wird.

1. Verwechslungsgefahr bei Werktiteln

916 Für den Schutz von Werktiteln gegen Verwechslungsgefahr gelten im Grundsatz dieselben Regeln wie für Marken und Unternehmenskennzeichen, wobei an die Stelle der Waren/DL-Ähnlichkeit bzw. der Branchennähe das Kriterium der *Werknähe* tritt (s. dazu unten Rdn. 920 – 923). Wie auch sonst gilt, dass sämtliche für die

---

1516 BGH GRUR 2019, 535, 538 (Nr. 35) *Das Omen* unter Hinweis auf BGH GRUR 2003, 440 *Winnetous Rückkehr*.
1517 Vgl. BGH GRUR 2019, 535, 539 (Nr. 46) *Das Omen*.
1518 BGH GRUR 1993, 769, 770 *Radio Stuttgart*; GRUR 1959, 45, 48 *Deutsche Illustrierte*; GRUR 1959, 541, 542 *Nußknacker*; OLG München GRUR-RR 2007, 307 *Der Seewolf*.
1519 BGH GRUR 1960, 346, 348 *Naher Osten*.
1520 Vgl. OLG Köln GRUR 1997, 63 *PC-Welt*: 4jährige Unterbrechung zu lang.
1521 BGH GRUR 1993, 769, 770 *Radio Stuttgart*.

Beurteilung der Verwechslungsgefahr relevanten Faktoren (insbesondere die Identität oder Ähnlichkeit der Titel, die Werknähe und die Kennzeichnungskraft des älteren Titels) zueinander in einem Wechselwirkungsverhältnis stehen.[1522]

Eine *grundlegende Abweichung* ergibt sich jedoch daraus, dass Werktitel von Hause   **917** aus nur der Unterscheidung eines Werkes von anderen dienen; einen Hinweis auf den Hersteller oder Inhaber des Werkes stellen sie regelmäßig nicht dar (s. dazu oben Rdn. 898). Sie sind daher *in der Regel nur gegen eine unmittelbare Verwechslungsgefahr im engeren Sinne (Werkverwechslung) geschützt.*[1523]

Die Annahme einer *mittelbaren Verwechslungsgefahr* (etwa unter dem Gesichtspunkt   **918** des Serientitels[1524]) sowie einer *Verwechslungsgefahr im weiteren Sinne* (fälschlicher Eindruck geschäftlicher, organisatorischer oder sonstiger Beziehungen) setzt daher voraus, dass der Verkehr in dem betreffenden Titel nicht nur ein auf den gedanklichen Werkinhalt bezogenes Individualisierungszeichen sieht, sondern mit ihm *ausnahmsweise* zugleich eine bestimmte betriebliche Herkunftsvorstellung verbindet. Bejaht wird dies für *bekannte Titel regelmäßig erscheinender Druckschriften* (Zeitungen, Zeitschriften)[1525] sowie von *Fernseh- und Hörfunksendungen.*[1526] Denn diese Werktitel sind dadurch gekennzeichnet, dass der Werkinhalt, also das eigentliche Kennzeichnungsobjekt, nur mehr oder weniger allgemein festgelegt ist, in der konkreten Ausgestaltung aber wechselt. Insoweit liegt es nahe, den Werktitel nicht nur auf diesen Werkinhalt, sondern auch auf das dahinter stehende Unternehmen zu beziehen.

Bei *Titeln von Einzelwerken* rechtfertigt dagegen die Bekanntheit als solche noch nicht   **919** die Annahme, dass der Verkehr mit dem Titel eine betriebliche Herkunftsvorstellung verbindet.[1527] Insoweit bleibt es dabei, dass solche Werktitel nur gegen unmittelbare Verwechslungsgefahr geschützt sind.

1522 BGH GRUR 2019, 535, 540 (Nr. 62) *Das Omen*; GRUR 2012, 1265, 1267 (Nr. 23) *Stimmt's?*; GRUR 2005, 264, 265 *Das Telefon-Sparbuch*; GRUR 2001, 1050, 1051 f. *Tagesschau*; GRUR 2001, 1054, 1056 *Tagesreport*; GRUR 2002, 176 *Auto Magazin*; GRUR 2002, 1083, 1084 *1, 2, 3 im Sauseschritt*.

1523 BGH GRUR 2019, 535, 540 (Nr. 61) *Das Omen*; GRUR 2012, 1265, 1267 (Nr. 23) *Stimmt's?*; GRUR 2005, 264, 265 f. *Das Telefon-Sparbuch*; GRUR 2002, 1083, 1085 *1, 2, 3 im Sauseschritt*; GRUR 2000, 504, 505 *FACTS*; GRUR 2000, 70, 72 *SZENE*; GRUR 1999, 581, 582 *Max*; GRUR 1999, 235, 237 *Wheels Magazine*; GRUR 1993, 692, 693 *Guldenburg* m.w.N.; vgl. auch BGH GRUR 2003, 342, 343 *Winnetou*.

1524 Vgl. BGH GRUR 1999, 235, 238 *Wheels Magazine*; OLG Hamburg GRUR-RR 2001, 31 *Screen/Screen basics*; KG GRUR-RR 2004, 303, 305 *automobil TEST*.

1525 BGH GRUR 2016, 1300, 1302 (Nr. 22) *Kinderstube*; GRUR 2014, 483, 486 (Nr. 29) *test*; GRUR 2000, 504, 505 *FACTS*; GRUR 2000, 70, 72 *SZENE*; GRUR 1999, 235, 237 *Wheels Magazine*; KG GRUR-RR 2004, 303, 305 *automobil TEST*.

1526 BGH GRUR 2001, 1050, 1052 *Tagesschau*; GRUR 2001, 1054, 1056 *Tagesreport*; vgl. auch BGH GRUR 2019, 535, 542 (Nr. 85) *Das Omen*; EuG GRUR Int. 2010, 50, 52 (Nr. 25) *Dr. No*.

1527 BGH GRUR 2005, 264, 266 *Das Telefon-Sparbuch*; GRUR 2003, 342, 343 *Winnetou*; GRUR 2002, 1083, 1085 *1, 2, 3 im Sauseschritt*; vgl. auch EuG GRUR Int. 2010, 50, 52 (Nr. 25) *Dr. No*.

2. Werknähe

920   An die Stelle der markenrechtlichen Waren/DL-Ähnlichkeit und der unternehmenskennzeichenrechtlichen Branchennähe tritt im Titelrecht – wie gesagt – der Gesichtspunkt der *Identität oder Ähnlichkeit der Werkkategorie (Werknähe)*.[1528] Der Begriff
der Werkkategorie ist dabei zunächst in einem mehr *äußerlichen Sinne* zu verstehen,
da unterschiedliche Werkinhalte dem Publikum meist unbekannt sind, wenn es
den konkurrierenden Titeln begegnet.[1529] Darüber hinaus sind bei der Beurteilung
der Werknähe auch die *Marktverhältnisse*, vor allem der *Charakter* und das *Erschei-
nungsbild* (Aufmachung, Erscheinungsweise, Vertriebsform) der Werke zu berücksichtigen.[1530] Unter diesem Gesichtspunkt wurde z.B. die Werkidentität bzw. -nähe
verneint zwischen einem Sachbuch und einer Zeitschriftenbeilage[1531], zwischen einem
an das allgemeine Publikum gerichteten Internet-Portal und einer juristischen Fach-
zeitschrift[1532], oder zwischen einer Zeitungskolumne und einem Internet-Portal.[1533]
Andererseits bewirkt bei Computerspielen und anderen Computerprogrammen die
unterschiedliche Vertriebsform als Download oder Datenträger keinen Werkabstand,
weil diese Vertriebsformen häufig nebeneinander auftreten.[1534]

921   Betreffen die zum Vergleich stehenden Titel *unterschiedliche Werkkategorien* (z.B. Fern-
sehsendung einerseits, Würfelspiel oder Buch andererseits), so scheidet eine Werkverwechslung naturgemäß aus[1535] und es kommt nur eine *Verwechslungsgefahr im weiteren
Sinne* in Betracht, die jedoch, wie ausgeführt, eine auf Bekanntheit beruhende Herkunftsfunktion des älteren Titels voraussetzt. Eine Verwechslungsgefahr im weiteren
Sinne kann in diesen Fällen nur angenommen werden, wenn zwischen den Werken
sachliche Berührungspunkte bestehen, die auf das Vorliegen organisatorischer oder
sonstiger geschäftlicher Zusammenhänge schließen lassen. Solche Berührungspunkte
liegen z.B. vor, wenn das jüngere Werk als Bearbeitung oder Fortsetzung des älteren
erscheint.[1536] Beispiel: Spiel zu bekannter Fernsehserie.[1537]

922   Die dargestellten Regeln haben allerdings in der jüngeren Rechtsprechung des BGH
im Hinblick auf *Titel von Einzelwerken* erhebliche Modifikationen erfahren.[1538] So

---

1528 Vgl. Amtl. Begr., S. 70; BGH GRUR 2002, 176 *Auto Magazin.*
1529 BGH GRUR 1961, 232, 234 *Hobby*; GRUR 1959, 360, 362 *Elektrotechnik*; GRUR
      1959, 182, 184 *Quick.*
1530 BGH GRUR 2005, 264, 266 *Das Telefon-Sparbuch*; GRUR 2002, 176 *Auto Magazin*;
      GRUR 2000, 504, 505 *FACTS*; GRUR 1975, 604, 605 *Effecten-Spiegel*; OLG Hamburg
      GRUR-RR 2005, 50, 51 *OFF ROAD*; vgl. auch OLG Köln GRUR-RR 2002, 130, 133
      Focus.
1531 BGH GRUR 2005, 264, 266 *Das Telefon-Sparbuch.*
1532 LG Düsseldorf GRUR-RR 2003, 11, 12 *versicherungsrecht.de.*
1533 Vgl. BGH GRUR 2012, 1265, 1268 (Nr. 27) *Stimmt's?*
1534 OLG Köln GRUR-RR 2015, 239, 241 (Nr. 42) *Farming Simulator.*
1535 BGH GRUR 2005, 264, 266 *Das Telefon-Sparbuch.*
1536 BGH GRUR 1977, 543, 546 *Der 7. Sinn.*
1537 BGH GRUR 1977, 543, 546 *Der 7. Sinn.*
1538 S. zum nachfolgenden näher Hacker MarkenR 2003, 337, 338 ff.

wurde der Fall, dass aus einem bekannten Buchtitel bzw. aus einem fiktiven Namen einer bekannten Roman-Titelfigur (»Sherlock Holmes«) gegen die Kennzeichnung einer vermeintlichen Verfilmung des Werkes vorgegangen wurde, früher unter dem Gesichtspunkt der *Verwechslungsgefahr im weiteren Sinne* erörtert. Eine unmittelbare Verwechslungsgefahr wurde dagegen im Hinblick auf die unterschiedlichen Gattungen Buch/Film als fernliegend eingestuft.[1539] Anders nunmehr der BGH in seiner Entscheidung »Winnetous Rückkehr«. Auch hier war der Inhaber des Rechts am Werktitel der (mittlerweile gemeinfreien) »Winnetou«-Romane gegen den Titel eines Films (»Winnetous Rückkehr«) vorgegangen, der mit den Romanen nichts zu tun hatte. Der BGH hat angenommen, dass zwischen den Kategorien Roman und Film eine nicht geringe Werknähe bestehe, weil in Filmen häufig eine Romanvorlage umgesetzt werde. Danach sind Kollisionen zwischen Roman- und Filmtiteln als ein Problem der *unmittelbaren Verwechslungsgefahr* einzuordnen.[1540] Der Begriff der Ähnlichkeit der Werkkategorie erfährt dadurch eine erhebliche Ausdehnung, ja Inhaltsänderung. Denn dieselben »sachlichen Berührungspunkte«, die bisher nur zur Begründung einer Verwechslungsgefahr im weiteren Sinne herangezogen wurden, können demnach auch eine Werknähe und damit die Gefahr einer unmittelbaren Verwechslung (Werkverwechslung) begründen.

Der Grund für diese Inhaltsänderung ist wohl darin zu suchen, dass der BGH in seiner ständigen jüngeren Rechtsprechung den Titeln von Einzelwerken, auch soweit sie im Verkehr bekannt sind, einen herkunftshinweisenden Charakter abspricht (s. oben Rdn. 919). Dadurch scheidet ein Schutz gegen Verwechslungsgefahr im weiteren Sinne von vornherein aus (Rdn. 919). Die so entstandene Schutzlücke kann dann im Rahmen des § 15 II MarkenG nur über ein weites Verständnis der Werknähe als Voraussetzung einer unmittelbaren Verwechslungsgefahr geschlossen werden. **923**

VI. Werktitelrechtliche Verletzungsansprüche

Im Falle der Verletzung eines Werktitels ergibt sich der Unterlassungsanspruch wie bei der Verletzung eines Unternehmenskennzeichens aus *§ 15 IV MarkenG*, der Schadensersatzanspruch aus *§ 15 V MarkenG*. Inhaltliche Unterschiede zu den markenrechtlichen Ansprüchen nach § 14 V, VI MarkenG bestehen wiederum nicht. Alle weiteren Ansprüche (§§ 18–19d MarkenG) gelten ohnehin gleichermaßen für geschäftliche Bezeichnungen wie für Marken. **924**

1539 BGH GRUR 1958, 354, 357 *Sherlock Holmes*; vgl. auch BGH GRUR 1977, 543, 546 *Der 7. Sinn*.
1540 BGH GRUR 2003, 440, 441 *Winnetous Rückkehr*; vgl. auch BGH GRUR 2005, 264, 266 *Das Telefon-Sparbuch*.

Synopse zu den Übergangsvorschriften nach § 158 V – VIII MarkenG und Art. 5 III MaMoG

Fassung vom 01.07.2016

§ 8 Absolute Schutzhindernisse

(1) Von der Eintragung sind als Marke schutzfähige Zeichen im Sinne des § 3 ausgeschlossen, die sich nicht grafisch darstellen lassen.

(2) Von der Eintragung ausgeschlossen sind Marken,
1. denen für die Waren oder Dienstleistungen jegliche Unterscheidungskraft fehlt,
2. die ausschließlich aus Zeichen oder Angaben bestehen, die im Verkehr zur Bezeichnung der Art, der Beschaffenheit der Menge, der Bestimmung, des Wertes, der geographischen Herkunft, der Zeit der Herstellung der Waren oder der Erbringung der Dienstleistungen oder zur Bezeichnung sonstiger Merkmale der Waren oder Dienstleistungen dienen können,
3. die ausschließlich aus Zeichen oder Angaben bestehen, die im allgemeinen Sprachgebrauch oder in den redlichen und ständigen Verkehrsgepflogenheiten zur Bezeichnung der Waren oder Dienstleistungen üblich geworden sind,
4. die geeignet sind, das Publikum insbesondere über die Art, die Beschaffenheit oder die geographische Herkunft der Waren oder Dienstleistungen zu täuschen,
5. die gegen die öffentliche Ordnung oder die gegen die guten Sitten verstoßen,
6. die Staatswappen, Staatsflaggen oder andere staatliche Hoheitszeichen oder Wappen eines inländischen Ortes oder eines inländischen Gemeinde- oder weiteren Kommunalverbandes enthalten,
7. die amtliche Prüf- oder Gewährzeichen enthalten,
8. die Wappen, Flaggen oder andere Kennzeichen, Siegel oder Bezeichnungen internationaler zwischenstaatlicher Organisationen enthalten,
9. deren Benutzung ersichtlich nach sonstigen Vorschriften im öffentlichen Interesse untersagt werden kann, oder

Fassung vom 14.01.2019

§ 8 Absolute Schutzhindernisse

(1) Von der Eintragung sind als Marke schutzfähige Zeichen im Sinne des § 3 ausgeschlossen, die nicht geeignet sind, in dem Register so dargestellt zu werden, dass
die zuständigen Behörden und das Publikum den Gegenstand des Schutzes klar und
eindeutig bestimmen können.

(2) Von der Eintragung ausgeschlossen sind Marken,

1. denen für die Waren oder Dienstleistungen jegliche Unterscheidungskraft
   fehlt,
2. die ausschließlich aus Zeichen oder Angaben bestehen, die im Verkehr zur Bezeichnung der Art, der Beschaffenheit der Menge, der Bestimmung, des Wertes, der geographischen Herkunft, der Zeit der Herstellung der Waren oder der
   Erbringung der Dienstleistungen oder zur Bezeichnung sonstiger Merkmale
   der Waren oder Dienstleistungen dienen können,
3. die ausschließlich aus Zeichen oder Angaben bestehen, die im allgemeinen
   Sprachgebrauch oder in den redlichen und ständigen Verkehrsgepflogenheiten
   zur Bezeichnung der Waren oder Dienstleistungen üblich geworden sind,
4. die geeignet sind, das Publikum insbesondere über die Art, die Beschaffenheit oder die geographische Herkunft der Waren oder Dienstleistungen zu
   täuschen,
5. die gegen die öffentliche Ordnung oder die gegen die guten Sitten verstoßen,
6. die Staatswappen, Staatsflaggen oder andere staatliche Hoheitszeichen oder
   Wappen eines inländischen Ortes oder eines inländischen Gemeinde- oder
   weiteren Kommunalverbandes enthalten,
7. die amtliche Prüf- oder Gewährzeichen enthalten,
8. die Wappen, Flaggen oder andere Kennzeichen, Siegel oder Bezeichnungen
   internationaler zwischenstaatlicher Organisationen enthalten,
9. die nach deutschem Recht, nach Rechtsvorschriften der Europäischen Union
   oder nach internationalen Übereinkünften, denen die Europäische Union oder
   die Bundesrepublik Deutschland angehört, und die Ursprungsbezeichnungen
   und geografische Angaben schützen, von der Eintragung ausgeschlossen sind,
10. die nach Rechtsvorschriften der Europäischen Union oder von internationalen
    Übereinkünften, denen die Europäische Union angehört, und die dem Schutz
    von traditionellen Bezeichnungen für Weine dienen, von der Eintragung aus-
    geschlossen sind,
11. die nach Rechtsvorschriften der Europäischen Union oder nach interna-
    tionalen Übereinkünften, denen die Europäische Union angehört, und die
    dem Schutz von traditionellen Spezialitäten dienen, von der Eintragung aus-
    geschlossen sind,
12. die aus einer im Einklang mit deutschem Recht, mit den Rechtsvorschriften
    der Europäischen Union oder mit internationalen Übereinkünften, denen
    die Europäische Union oder die Bundesrepublik Deutschland angehört, zu

10. die bösgläubig angemeldet worden sind.

(3) Absatz 2 Nr. 1, 2 und 3 findet keine Anwendung, wenn die Marke sich vor dem Zeitpunkt der Entscheidung über die Eintragung infolge ihrer Benutzung für die Waren oder Dienstleistungen, für die sie angemeldet worden ist, in den beteiligten Verkehrskreisen durchgesetzt hat.

(4) [1]Absatz 2 Nr. 6, 7 und 8 ist auch anzuwenden, wenn die Marke die Nachahmung eines dort aufgeführten Zeichens enthält. [2]Absatz 2 Nr. 6, 7 und 8 ist nicht anzuwenden, wenn der Anmelder befugt ist, in der Marke eines der dort aufgeführten Zeichen zu führen, selbst wenn es mit einem anderen der dort aufgeführten Zeichen verwechselt werden kann. [3]Absatz 2 Nr. 7 ist ferner nicht anzuwenden, wenn die Waren oder Dienstleistungen, für die die Marke angemeldet worden ist, mit denen, für die das Prüf- oder Gewährzeichen eingeführt ist, weder identisch noch diesen ähnlich sind. [4]Absatz 2 Nr. 8 ist ferner nicht anzuwenden, wenn die angemeldete Marke nicht geeignet ist, beim Publikum den unzutreffenden Eindruck einer Verbindung mit der internationalen zwischenstaatlichen Organisation hervorzurufen.

Sortenschutzrechten eingetragenen früheren Sortenbezeichnung bestehen oder diese in ihren wesentlichen Elementen wiedergeben und die sich auf Pflanzensorten derselben Art oder eng verwandter Arten beziehen,

13. deren Benutzung ersichtlich nach sonstigen Vorschriften im öffentlichen Interesse untersagt werden kann, oder

14. die bösgläubig angemeldet worden sind.

(3) Absatz 2 Nr. 1, 2 und 3 findet keine Anwendung, wenn die Marke sich vor dem Zeitpunkt der Entscheidung über die Eintragung infolge ihrer Benutzung für die Waren oder Dienstleistungen, für die sie angemeldet worden ist, in den beteiligten Verkehrskreisen durchgesetzt hat.

(4) [1]Absatz 2 Nr. 6, 7 und 8 ist auch anzuwenden, wenn die Marke die Nachahmung eines dort aufgeführten Zeichens enthält. [2]Absatz 2 Nr. 6, 7 und 8 ist nicht anzuwenden, wenn der Anmelder befugt ist, in der Marke eines der dort aufgeführten Zeichen zu führen, selbst wenn es mit einem anderen der dort aufgeführten Zeichen verwechselt werden kann. [3]Absatz 2 Nr. 7 ist ferner nicht anzuwenden, wenn die Waren oder Dienstleistungen, für die die Marke angemeldet worden ist, mit denen, für die das Prüf- oder Gewährzeichen eingeführt ist, weder identisch noch diesen ähnlich sind. [4]Absatz 2 Nr. 8 ist ferner nicht anzuwenden, wenn die angemeldete Marke nicht geeignet ist, beim Publikum den unzutreffenden Eindruck einer Verbindung mit der internationalen zwischenstaatlichen Organisation hervorzurufen.

Fassung vom 01.09.2008

§ 25 Ausschluss von Ansprüchen bei mangelnder Benutzung

(1) Der Inhaber einer eingetragenen Marke kann gegen Dritte Ansprüche im Sinne der §§ 14 und 18 bis 19c nicht geltend machen, wenn die Marke innerhalb der letzten fünf Jahre vor der Geltendmachung des Anspruchs für die Waren oder Dienstleistungen, auf die er sich zur Begründung seines Anspruchs beruft, nicht gemäß § 26 benutzt worden ist, sofern die Marke zu diesem Zeitpunkt seit mindestens fünf Jahren eingetragen ist.

(2) Werden Ansprüche im Sinne der §§ 14 und 18 bis 19c wegen Verletzung einer eingetragenen Marke im Wege der Klage geltend gemacht, so hat der Kläger auf Einrede des Beklagten nachzuweisen, dass die Marke innerhalb der letzten fünf Jahre vor Erhebung der Klage für die Waren oder Dienstleistungen, auf die er sich zur Begründung seines Anspruchs beruft, gemäß § 26 benutzt worden ist, sofern die Marke zu diesem Zeitpunkt seit mindestens fünf Jahren eingetragen ist. Endet der Zeitraum von fünf Jahren der Nichtbenutzung nach Erhebung der Klage, so hat der Kläger auf Einrede des Beklagten nachzuweisen, dass die Marke innerhalb der letzten fünf Jahre vor dem Schluss der mündlichen Verhandlung gemäß § 26 benutzt worden ist. Bei der Entscheidung werden nur die Waren oder Dienstleistungen berücksichtigt, für die die Benutzung nachgewiesen worden ist.

Fassung vom 14.01.2019

§ 25 Ausschluss von Ansprüchen bei mangelnder Benutzung

(1) Der Inhaber einer eingetragenen Marke kann gegen Dritte Ansprüche im Sinne der §§ 14 und 18 bis 19c nicht geltend machen, wenn die Marke innerhalb der letzten fünf Jahre vor der Geltendmachung des Anspruchs für die Waren oder Dienstleistungen, auf die er sich zur Begründung seines Anspruchs beruft, nicht gemäß § 26 benutzt worden ist, sofern zu diesem Zeitpunkt seit mindestens fünf Jahren kein Widerspruch mehr gegen die Marke möglich war.

(2) ¹Werden Ansprüche im Sinne der §§ 14 und 18 bis 19c wegen Verletzung einer eingetragenen Marke im Wege der Klage geltend gemacht, so hat der Kläger auf Einrede des Beklagten nachzuweisen, dass die Marke innerhalb der letzten fünf Jahre vor Erhebung der Klage für die Waren oder Dienstleistungen, auf die er sich zur Begründung seines Anspruchs beruft, gemäß § 26 benutzt worden ist oder dass berechtigte Gründe für die Nichtbenutzung vorliegen, sofern zum Zeitpunkt der Klageerhebung seit mindestens fünf Jahren kein Widerspruch mehr gegen die Marke möglich war. ²Endet der Zeitraum von fünf Jahren der Nichtbenutzung nach Erhebung der Klage, so hat der Kläger auf Einrede des Beklagten nachzuweisen, dass die Marke innerhalb der letzten fünf Jahre vor dem Schluss der mündlichen Verhandlung gemäß § 26 benutzt worden ist oder dass berechtigte Gründe für die Nichtbenutzung vorlagen. ³Bei der Entscheidung werden nur die Waren oder Dienstleistungen berücksichtigt, für die die Benutzung nachgewiesen worden ist.

Fassung vom 01.01.1995

§ 26 Benutzung der Marke

(1) Soweit die Geltendmachung von Ansprüchen aus einer eingetragenen Marke oder die Aufrechterhaltung der Eintragung davon abhängig ist, daß die Marke benutzt worden ist, muß sie von ihrem Inhaber für die Waren oder Dienstleistungen, für die sie eingetragen ist, im Inland ernsthaft benutzt worden sein, es sei denn, daß berechtigte Gründe für die Nichtbenutzung vorliegen.

(2) Die Benutzung der Marke mit Zustimmung des Inhabers gilt als Benutzung durch den Inhaber.

(3) Als Benutzung einer eingetragenen Marke gilt auch die Benutzung der Marke in einer Form, die von der Eintragung abweicht, soweit die Abweichungen den kennzeichnenden Charakter der Marke nicht verändern. Satz 1 ist auch dann anzuwenden, wenn die Marke in der Form, in der sie benutzt worden ist, ebenfalls eingetragen ist.

(4) Als Benutzung im Inland gilt auch das Anbringen der Marke auf Waren oder deren Aufmachung oder Verpackung im Inland, wenn die Waren ausschließlich für die Ausfuhr bestimmt sind.

(5) Soweit die Benutzung innerhalb von fünf Jahren ab dem Zeitpunkt der Eintragung erforderlich ist, tritt in den Fällen, in denen gegen die Eintragung Widerspruch erhoben Worden ist, an die Stelle des Zeitpunkts der Eintragung der Zeitpunkt des Abschlusses des Widerspruchsverfahrens.

Fassung vom 14.01.2019

§ 26 Benutzung der Marke

(1) Soweit die Geltendmachung von Ansprüchen aus einer eingetragenen Marke oder die Aufrechterhaltung der Eintragung davon abhängig ist, dass die Marke benutzt worden ist, muss sie von ihrem Inhaber für die Waren oder Dienstleistungen, für die sie eingetragen ist, im Inland ernsthaft benutzt worden sein, es sei denn, dass berechtigte Gründe für die Nichtbenutzung vorliegen.

(2) Die Benutzung der Marke mit Zustimmung des Inhabers gilt als Benutzung durch den Inhaber.

(3) Als Benutzung einer eingetragenen Marke gilt, unabhängig davon, ob die Marke in der benutzten Form auch auf den Namen des Inhabers eingetragen ist, auch die Benutzung der Marke in einer Form, die von der Eintragung abweicht, soweit die Abweichung den kennzeichnenden Charakter der Marke nicht verändert.

(4) Als Benutzung im Inland gilt auch das Anbringen der Marke auf Waren oder deren Aufmachung oder Verpackung im Inland, wenn die Waren ausschließlich für die Ausfuhr bestimmt sind.

(5) Soweit die Benutzung innerhalb von fünf Jahren ab dem Zeitpunkt, ab dem kein Widerspruch mehr gegen die Marke möglich ist, erforderlich ist, tritt in den Fällen, in denen gegen die Eintragung Widerspruch erhoben worden ist, an die Stelle des Ablaufs der Widerspruchsfrist der Zeitpunkt, ab dem die das Widerspruchsverfahren beendende Entscheidung Rechtskraft erlangt hat oder der Widerspruch zurückgenommen wurde.

Fassung vom 01.01.1995

§ 43 Einrede mangelnder Benutzung; Entscheidung über den Widerspruch

(1) Ist der Widerspruch vom Inhaber einer eingetragenen Marke mit älterem Zeitrang erhoben worden, so hat er, wenn der Gegner die Benutzung der Marke bestreitet, glaubhaft zu machen, daß sie innerhalb der letzten fünf Jahre vor der Veröffentlichung der Eintragung der Marke, gegen die der Widerspruch sich richtet, gemäß § 26 benutzt worden ist, sofern sie zu diesem Zeitpunkt seit mindestens fünf Jahren eingetragen ist. Endet der Zeitraum von fünf Jahren der Nichtbenutzung nach der Veröffentlichung der Eintragung, so hat der Widersprechende, wenn der Gegner die Benutzung bestreitet, glaubhaft zu machen, daß die Marke innerhalb der letzten fünf Jahre vor der Entscheidung über den Widerspruch gemäß § 26 benutzt worden ist. Bei der Entscheidung werden nur die Waren oder Dienstleistungen berücksichtigt, für die die Benutzung glaubhaft gemacht worden ist.

(2) Ergibt die Prüfung des Widerspruchs, daß die Marke für alle oder für einen Teil der Waren oder Dienstleistungen, für die sie eingetragen ist, zu löschen ist, so wird die Eintragung ganz oder teilweise gelöscht. Kann die Eintragung der Marke nicht gelöscht werden, so wird der Widerspruch zurückgewiesen.

(3) Ist die eingetragene Marke wegen einer oder mehrerer Marken mit älterem Zeitrang zu löschen, so kann das Verfahren über weitere Widersprüche bis zur rechtskräftigen Entscheidung über die Eintragung der Marke ausgesetzt werden.

(4) Im Falle der Löschung nach Absatz 2 ist § 52 Abs. 2 und 3 entsprechend anzuwenden.

Fassung vom 14.01.2019

§ 43 Einrede mangelnder Benutzung; Entscheidung über den Widerspruch

(1) [1]Ist der Widerspruch vom Inhaber einer eingetragenen Marke mit älterem Zeitrang erhoben worden, so hat er, wenn der Gegner die Einrede der Nichtbenutzung erhebt, nachzuweisen, dass die Marke innerhalb der letzten fünf Jahre vor dem Anmelde- oder Prioritätstag der Marke, gegen die der Widerspruch sich richtet, gemäß § 26 benutzt worden ist, sofern zu diesem Zeitpunkt seit mindestens fünf Jahren kein Widerspruch mehr gegen sie möglich war. [2]Der Nachweis kann auch durch eine eidesstattliche Versicherung erbracht werden. [3]Bei der Entscheidung werden nur Waren und Dienstleistungen berücksichtigt, für die die Benutzung nachgewiesen worden ist.

(2) [1]Ergibt die Prüfung des Widerspruchs, dass die Marke für alle oder für einen Teil der Waren oder Dienstleistungen, für die sie eingetragen ist, zu löschen ist, so wird die Eintragung ganz oder teilweise gelöscht. [2]Kann die Eintragung der Marke nicht gelöscht werden, so wird der Widerspruch zurückgewiesen.

(3) Ist die eingetragene Marke wegen einer oder mehrerer Marken mit älterem Zeitrang zu löschen, so kann das Verfahren über weitere Widersprüche bis zur rechtskräftigen Entscheidung über die Eintragung der Marke ausgesetzt werden.

(4) Im Falle der Löschung nach Absatz 2 ist § 52 Abs. 2 und 3 entsprechend anzuwenden.

Fassung vom 01.01.1995

§ 49 Verfall

(1) Die Eintragung einer Marke wird auf Antrag wegen Verfalls gelöscht, wenn die Marke nach dem Tag der Eintragung innerhalb eines ununterbrochenen Zeitraums von fünf Jahren nicht gemäß § 26 benutzt worden ist. Der Verfall einer Marke kann jedoch nicht geltend gemacht werden, wenn nach Ende dieses Zeltraums und vor Stellung des Löschungsantrags eine Benutzung der Marke gemäß § 26 begonnen oder wieder aufgenommen worden ist. Wird die Benutzung jedoch im Anschluß an einen ununterbrochenen Zeitraum von fünf Jahren der Nichtbenutzung innerhalb von drei Monaten vor der Stellung des Löschungsantrags begonnen oder wieder aufgenommen, so bleibt sie unberücksichtigt, sofern die Vorbereitungen für die erstmalige oder die erneute Benutzung erst stattgefunden haben, nachdem der Inhaber der Marke Kenntnis davon erhalten hat, daß Antrag auf Löschung gestellt werden könnte. Wird der Antrag auf Löschung nach § 53 Abs. 1 beim Patentamt gestellt, so bleibt für die Berechnung der Frist von drei Monaten nach Satz 3 der Antrag beim Patentamt maßgeblich, wenn die Klage auf Löschung nach § 55 Abs. 1 innerhalb von drei Monaten nach Zustellung der Mitteilung nach § 53 Abs. 4 erhoben wird.

(2) Die Eintragung einer Marke wird ferner auf Antrag wegen Verfalls gelöscht,

1. wenn die Marke infolge des Verhaltens oder der Untätigkeit ihres Inhabers im geschäftlichen Verkehr zur gebräuchlichen Bezeichnung der Waren oder Dienstleistungen, für die sie eingetragen ist, geworden ist;

2. wenn die Marke Infolge Ihrer Benutzung durch den Inhaber oder mit seiner Zustimmung für die Waren oder Dienstleistungen, für die sie eingetragen ist, geeignet Ist, das Publikum insbesondere über die Art, die Beschaffenheit oder die geographische Herkunft dieser Waren oder Dienstleistungen zu täuschen oder

3. wenn der Inhaber der Marke nicht mehr die in § 7 genannten Voraussetzungen erfüllt.

(3) Liegt ein Verfallsgrund nur für einen Teil der Waren oder Dienstleistungen vor, für die die Marke eingetragen ist, so wird die Eintragung nur für diese Waren oder Dienstleistungen gelöscht.

Fassung vom 14.01.2019

§ 49 Verfall

(1) ¹Die Eintragung einer Marke wird auf Antrag für verfallen erklärt und gelöscht, wenn die Marke nach dem Tag, ab dem kein Widerspruch mehr gegen sie möglich ist, innerhalb eines ununterbrochenen Zeitraums von fünf Jahren nicht gemäß § 26 benutzt worden ist. ²Der Verfall einer Marke kann jedoch nicht geltend gemacht werden, wenn nach Ende dieses Zeitraums und vor Stellung des Antrags auf Erklärung des Verfalls eine Benutzung der Marke gemäß § 26 begonnen oder wieder aufgenommen worden ist. ³Wird die Benutzung jedoch im Anschluss an einen ununterbrochenen Zeitraum von fünf Jahren der Nichtbenutzung innerhalb von drei Monaten vor der Stellung des Antrags auf Erklärung des Verfalls begonnen oder wieder aufgenommen, so bleibt sie unberücksichtigt, sofern die Vorbereitungen für die erstmalige oder die erneute Benutzung erst stattgefunden haben, nachdem der Inhaber der Marke Kenntnis davon erhalten hat, dass der Antrag auf Erklärung des Verfalls gestellt werden könnte. ⁴Wird der Antrag auf Erklärung des Verfalls nach § 53 Abs. 1 beim Deutschen Patent- und Markenamt gestellt, so bleibt für die Berechnung der Frist von drei Monaten nach Satz 3 der Antrag beim Patentamt maßgeblich, wenn die Klage auf Löschung nach § 55 Abs. 1 innerhalb von drei Monaten nach Zustellung der Mitteilung nach § 53 Abs. 4 erhoben wird.

(2) Die Eintragung einer Marke wird ferner auf Antrag für verfallen erklärt und gelöscht,
1. wenn die Marke infolge des Verhaltens oder der Untätigkeit ihres Inhabers im geschäftlichen Verkehr zur gebräuchlichen Bezeichnung der Waren oder Dienstleistungen, für die sie eingetragen ist, geworden ist;
2. wenn die Marke in Folge Ihrer Benutzung durch den Inhaber oder mit seiner Zustimmung für die Waren oder Dienstleistungen, für die sie eingetragen ist, geeignet ist, das Publikum insbesondere über die Art, die Beschaffenheit oder die geographische Herkunft dieser Waren oder Dienstleistungen zu täuschen oder
3. wenn der Inhaber der Marke nicht mehr die in § 7 genannten Voraussetzungen erfüllt.

(3) Liegt ein Verfallsgrund nur für einen Teil der Waren oder Dienstleistungen vor, für die die Marke eingetragen ist, so wird die Eintragung nur für diese Waren oder Dienstleistungen für verfallen erklärt und gelöscht.

Fassung vom 01.06.2004

§ 50 Nichtigkeit wegen absoluter Schutzhindernisse

(1) Die Eintragung einer Marke wird auf Antrag wegen Nichtigkeit gelöscht, wenn sie entgegen §§ 3, 7 oder 8 eingetragen worden ist.

(2) Ist die Marke entgegen §§ 3, 7 oder 8 Abs. 2 Nr. 1 bis 9 eingetragen worden, so kann die Eintragung nur gelöscht werden, wenn das Schutzhindernis auch noch im Zeitpunkt der Entscheidung über den Antrag auf Löschung besteht. Ist die Marke entgegen § 8 Abs. 2 Nr. 1, 2 oder 3 eingetragen worden, so kann die Eintragung außerdem nur dann gelöscht werden, wenn der Antrag auf Löschung innerhalb von zehn Jahren seit dem Tag der Eintragung gestellt wird.

(3) Die Eintragung einer Marke kann von Amts wegen gelöscht werden, wenn sie entgegen § 8 Abs. 2 Nr. 4 bis 10 eingetragen worden ist und
1. das Löschungsverfahren innerhalb eines Zeltraums von zwei Jahren seit dem Tag der Eintragung eingeleitet wird,
2. das Schutzhindernis gemäß 8 Abs. 2 Nr. 4 bis 9 auch noch im Zeitpunkt der Entscheidung über die Löschung besteht und
3. die Eintragung ersichtlich entgegen den genannten Vorschriften vorgenommen worden ist.

(4) Liegt ein Nichtigkeitsgrund nur für einen Teil der Waren oder Dienstleistungen vor, für die die Marke eingetragen ist, so wird die Eintragung nur für diese Waren oder Dienstleistungen gelöscht.

Fassung vom 14.01.2019

§ 50 Nichtigkeit wegen absoluter Schutzhindernisse

(1) Die Eintragung einer Marke wird auf Antrag für nichtig erklärt und gelöscht, wenn sie entgegen §§ 3, 7 oder 8 eingetragen worden ist.

(2) [1]Ist die Marke entgegen § 3, 7 oder 8 Absatz 2 Nummer 1 bis 13 eingetragen worden, so kann die Eintragung nur für nichtig erklärt und gelöscht werden, wenn das Schutzhindernis noch im Zeitpunkt der Entscheidung über den Antrag auf Erklärung der Nichtigkeit besteht. [2]§ 8 Absatz 2 Nummer 1, 2 oder 3 findet im Nichtigkeitsverfahren keine Anwendung, wenn die Marke sich bis zu dem Antrag auf Erklärung der Nichtigkeit infolge ihrer Benutzung für die Waren und Dienstleistungen, für die sie eingetragen worden ist, in den beteiligten Verkehrskreisen durchgesetzt hat. [3]Ist die Marke entgegen § 8 Absatz 2 Nummer 1, 2 oder 3 eingetragen worden, so kann die Eintragung nur dann gelöscht werden, wenn der Antrag auf Löschung innerhalb von zehn Jahren seit dem Tag der Eintragung gestellt wird.

(3) Die Eintragung einer Marke kann von Amts wegen für nichtig erklärt und gelöscht werden, wenn sie entgegen § 8 Abs. 2 Nummer 4 bis 14 eingetragen worden ist und

1. das Nichtigkeitsverfahren innerhalb eines Zeitraums von zwei Jahren seit dem Tag der Eintragung eingeleitet wird,
2. das Schutzhindernis gemäß § 8 Abs. 2 Nummer 4 bis 13 auch noch im Zeitpunkt der Entscheidung über die Erklärung der Nichtigkeit besteht und
3. die Eintragung ersichtlich entgegen den genannten Vorschriften vorgenommen worden ist.

(4) Liegt ein Nichtigkeitsgrund nur für einen Teil der Waren oder Dienstleistungen vor, für die die Marke eingetragen ist, so wird die Eintragung nur für diese Waren oder Dienstleistungen für nichtig erklärt und gelöscht.

Fassung vom 01.01.1995

§ 51 Nichtigkeit wegen des Bestehens älterer Rechte

(1) Die Eintragung einer Marke wird auf Klage wegen Nichtigkeit gelöscht, wenn ihr ein Recht im Sinne der §§ 9 bis 13 mit älterem Zeitrang entgegensteht.

(2) Die Eintragung kann aufgrund der Eintragung einer Marke mit älterem Zeitrang nicht gelöscht werden, soweit der Inhaber der Marke mit älterem Zeitrang die Benutzung der Marke mit jüngerem Zeitrang für die Waren oder Dienstleistungen, für die sie eingetragen ist, während eines Zeitraums von fünf aufeinanderfolgenden Jahren in Kenntnis dieser Benutzung geduldet hat, es sei denn, daß die Anmeldung der Marke mit jüngerem Zeitrang bösgläubig vorgenommen worden ist. Das gleiche gilt für den Inhaber eines Rechts mit älterem Zeitrang an einer durch Benutzung erworbenen Marke im Sinne des § 4 Nr. 2, an einer notorisch bekannten Marke im Sinne des § 4 Nr. 3, an einer geschäftlichen Bezeichnung im Sinne des § 5 oder an einer Sortenbezeichnung im Sinne des § 13 Abs. 2 Nr. 4. Die Eintragung einer Marke kann ferner nicht gelöscht werden, wenn der Inhaber eines der in den §§ 9 bis 13 genannten Rechte mit älterem Zeitrang der Eintragung der Marke vor der Stellung des Antrags auf Löschung zugestimmt hat.

(3) Die Eintragung kann aufgrund einer bekannten Marke oder einer bekannten geschäftlichen Bezeichnung mit älterem Zeitrang nicht gelöscht werden, wenn die Marke oder die geschäftliche Bezeichnung an dem für den Zeitrang der Eintragung der Marke mit Jüngerem Zeitrang maßgeblichen Tag noch nicht im Sinne des § 9 Abs. 1 Nr. 3, des § 14 Abs. 2 Nr. 3 oder des § 15 Abs. 3 bekannt war.

(4) Die Eintragung kann aufgrund der Eintragung einer Marke mit älterem Zeitrang nicht gelöscht werden, wenn die Eintragung der Marke mit älterem Zeitrang am Tag der Veröffentlichung der Eintragung der Marke mit jüngerem Zeitrang

1. wegen Verfalls nach § 49 oder
2. wegen absoluter Schutzhindernisse nach § 50
hätte gelöscht werden können.

(5) Liegt ein Nichtigkeitsgrund nur für einen Teil der Waren oder Dienstleistungen vor, für die die Marke eingetragen ist, so wird die Eintragung nur für diese Waren oder Dienstleistungen gelöscht.

Fassung vom 14.01.2019

§ 51 Nichtigkeit wegen des Bestehens älterer Rechte

(1) [1]Die Eintragung einer Marke wird auf Klage gemäß § 55 oder Antrag gemäß § 53 für nichtig erklärt und gelöscht, wenn ihr ein Recht im Sinne der §§ 9 bis 13 mit älterem Zeitrang entgegensteht. [2]Der Antrag auf Erklärung der Nichtigkeit kann auch auf mehrere ältere Rechte desselben Inhabers gestützt werden.

(2) [1]Die Eintragung kann auf Grund der Eintragung einer Marke mit älterem Zeitrang nicht für nichtig erklärt und gelöscht werden, soweit der Inhaber der Marke mit älterem Zeitrang die Benutzung der Marke mit jüngerem Zeitrang für die Waren oder Dienstleistungen, für die sie eingetragen ist, während eines Zeitraums von fünf aufeinander folgenden Jahren in Kenntnis dieser Benutzung geduldet hat, es sei denn, dass die Anmeldung der Marke mit jüngerem Zeitrang bösgläubig vorgenommen worden ist. [2]Das Gleiche gilt für den Inhaber eines Rechts mit älterem Zeitrang an einer durch Benutzung erworbenen Marke im Sinne des § 4 Nr. 2, an einer notorisch bekannten Marke im Sinne des § 4 Nr. 3, an einer geschäftlichen Bezeichnung im Sinne des § 5 oder an einer Sortenbezeichnung im Sinne des § 13 Abs. 2 Nr. 4. [3]Die Eintragung einer Marke kann ferner nicht für nichtig erklärt und gelöscht werden, wenn der Inhaber eines der in den §§ 9 bis 13 genannten Rechte mit älterem Zeitrang der Eintragung der Marke vor der Stellung des Antrags auf Erklärung der Nichtigkeit zugestimmt hat.

(3) Die Eintragung kann auf Grund einer bekannten Marke oder einer bekannten geschäftlichen Bezeichnung mit älterem Zeitrang nicht für nichtig erklärt und gelöscht werden, wenn die Marke oder die geschäftliche Bezeichnung an dem für den Zeitrang der Eintragung der Marke mit jüngerem Zeitrang maßgeblichen Tag noch nicht im Sinne des § 9 Abs. 1 Nr. 3, des § 14 Absatz 2 Satz 1 Nummer 3 oder des § 15 Abs. 3 bekannt war.

(4) [1]Die Eintragung kann aufgrund der Eintragung einer Marke mit älterem Zeitrang nicht für nichtig erklärt und gelöscht werden, wenn die Eintragung der Marke mit älterem Zeitrang am Anmelde- oder Prioritätstag der Marke mit jüngerem Zeitrang aus folgenden Gründen hätte für verfallen oder nichtig erklärt und gelöscht werden können:
1. Verfall nach § 49 oder
2. absolute Schutzhindernisse nach § 50.

[2]Für die Prüfung der Verwechslungsgefahr nach § 9 Absatz 1 Nummer 2 ist auf die Kennzeichnungskraft der älteren Marke am Anmeldeoder Prioritätstag der jüngeren Marke abzustellen.

(5) Liegt ein Nichtigkeitsgrund nur für einen Teil der Waren oder Dienstleistungen vor, für die die Marke eingetragen ist, so wird die Eintragung nur für diese Waren oder Dienstleistungen für nichtig erklärt und gelöscht.

Fassung vom 01.01.1995

§ 53 Löschung durch das Patentamt wegen Verfalls

(1) Der Antrag auf Löschung wegen Verfalls (§ 49) kam, unbeschadet des Rechts, den Antrag durch Klage nach § 55 geltend zu machen, beim Patentamt gestellt werden.

(2) Das Patentamt unterrichtet den Inhaber der eingetragenen Marke über den Antrag und fordert ihn auf, dem Patentamt mitzuteilen, ob er der Löschung widerspricht.

(3) Widerspricht der Inhaber der eingetragenen Marke der Löschung nicht Innerhalb von zwei Monaten nach Zustellung der Mitteilung, wird die Eintragung gelöscht.

(4) Widerspricht der Inhaber der eingetragenen Marke der Löschung, teilt das Patentamt dies dem Antragsteiler mit und unterrichtet ihn darüber, daß der Antrag auf Löschung durch Klage nach § 55 geltend zu machen ist.

Zukünftige Fassung vom 01.05.2020

§ 53 Verfalls- und Nichtigkeitsverfahren vor dem Deutschen Patent- und Markenamt

(1) [1]Der Antrag auf Erklärung des Verfalls (§ 49) und der Nichtigkeit wegen absoluter Schutzhindernisse (§ 50) und älterer Rechte (§ 51) ist schriftlich beim Deutschen Patent- und Markenamt zu stellen. [2]Die zur Begründung dienenden Tatsachen und Beweismittel sind anzugeben. [3]Für die Sicherheitsleistung gilt § 81 Absatz 6 des Patentgesetzes entsprechend. [4]Der Antrag ist unzulässig, soweit über denselben Streitgegenstand zwischen den Parteien durch unanfechtbaren Beschluss oder rechtskräftiges Urteil entschieden wurde. [5]Dies gilt auch, wenn über denselben Streitgegenstand zwischen den Parteien eine Klage nach § 55 rechtshängig ist. [6]§ 325 Absatz 1 der Zivilprozessordnung gilt entsprechend. [7]Werden zwischen denselben Beteiligten mehrere Anträge nach Satz 1 gestellt, so können diese verbunden und kann über diese in einem Verfahren durch Beschluss entschieden werden.

(2) Der Antrag auf Erklärung des Verfalls und der Nichtigkeit wegen absoluter Schutzhindernisse kann von jeder natürlichen oder juristischen Person gestellt werden sowie von jedem Interessenverband von Herstellern, Erzeugern, Dienstleistungsunternehmern, Händlern oder Verbrauchern, der am Verfahren beteiligt sein kann.

(3) Der Antrag auf Erklärung der Nichtigkeit wegen des Bestehens älterer Rechte kann von dem Inhaber der in den §§ 9 bis 13 genannten Rechte und Personen, die berechtigt sind, Rechte aus einer geschützten geografischen Angabe oder geschützten Ursprungsbezeichnung geltend zu machen, gestellt werden.

(4) Wird ein Antrag auf Erklärung des Verfalls oder der Nichtigkeit gestellt oder ein Nichtigkeitsverfahren von Amts wegen eingeleitet, so stellt das Deutsche Patent- und Markenamt dem Inhaber der eingetragenen Marke eine Mitteilung hierüber zu und fordert ihn auf, sich innerhalb von zwei Monaten nach der Zustellung zu dem Antrag oder dem von Amts wegen eingeleiteten Verfahren zu erklären.

(5) [1]Widerspricht der Inhaber der Löschung aufgrund Verfalls oder Nichtigkeit nicht innerhalb der in Absatz 4 genannten Frist, so wird die Nichtigkeit oder der Verfall erklärt und die Eintragung gelöscht. [2]Wird dem Antrag auf Nichtigkeit fristgemäß widersprochen, so teilt das Deutsche Patent- und Markenamt dem Antragsteller den Widerspruch mit. [3]Wird dem Antrag auf Verfall fristgemäß widersprochen, so stellt das Deutsche Patent- und Markenamt dem Antragsteller den Widerspruch zu. [4]Das Verfallsverfahren wird nur fortgesetzt, wenn innerhalb eines Monats nach Zustellung des Widerspruchs die Gebühr zur Weiterverfolgung des Verfallsverfahrens nach dem Patentkostengesetz gezahlt wird. [5]Anderenfalls gilt das Verfallsverfahren als abgeschlossen.

(6) [1]Ist der Antrag auf Erklärung der Nichtigkeit wegen älterer Rechte vom Inhaber einer eingetragenen Marke mit älterem Zeitrang erhoben worden, so hat er auf Einrede des Antragsgegners nachzuweisen, dass die Marke innerhalb der letzten fünf Jahre vor Antragstellung gemäß § 26 benutzt worden ist, sofern zu diesem Zeitpunkt seit mindestens fünf Jahren kein Widerspruch mehr gegen sie möglich war. [2]Wurde

Widerspruch erhoben, werden die fünf Jahre ab dem Zeitpunkt gerechnet, ab dem die das Widerspruchsverfahren beendende Entscheidung Rechtskraft erlangt hat oder der Widerspruch zurückgenommen wurde. [3]Endet der Zeitraum von fünf Jahren der Nichtbenutzung nach Stellung des Antrags, so hat der Antragsteller auf Einrede des Antragsgegners nachzuweisen, dass die Marke innerhalb der letzten fünf Jahre vor der Entscheidung gemäß § 26 benutzt worden ist. [4]War die Marke mit älterem Zeitrang am Anmelde- oder Prioritätstag der Marke mit jüngerem Zeitrang bereits seit mindestens fünf Jahren eingetragen, so hat der Antragsteller auf Einrede des Antragsgegners ferner nachzuweisen, dass die Eintragung der Marke mit älterem Zeitrang an diesem Tag nicht nach § 49 Absatz 1 für verfallen hätte erklärt werden können. [5]Bei der Entscheidung werden nur die Waren oder Dienstleistungen berücksichtigt, für die die Benutzung nachgewiesen worden ist. [6]Der Nachweis kann auch durch eine eidesstattliche Versicherung erbracht werden.

(7) [1]Ist das durch die Eintragung der Marke begründete Recht auf einen anderen übertragen worden oder übergegangen, so ist die Entscheidung in der Sache auch gegen den Rechtsnachfolger wirksam und vollstreckbar. [2]Für die Befugnis des Rechtsnachfolgers, in das Verfahren einzutreten, gelten die §§ 66 bis 74 und 76 der Zivilprozessordnung entsprechend.

Fassung vom 01.01.2002

§ 54 Löschungsverfahren vor dem Patentamt wegen absoluter Schutzhindernisse

(1) [1]Der Antrag auf Löschung wegen absoluter Schutzhindernisse (§ 50) ist beim Patentamt zu stellen. [2]Der Antrag kann von jeder Person gestellt werden.

(2) [1]Wird ein Antrag auf Löschung gestellt oder wird ein Löschungsverfahren von Amts wegen eingeleitet, so unterrichtet das Patentamt den Inhaber der eingetragenen Marke hierüber. [2]Widerspricht er der Löschung nicht innerhalb von zwei Monaten nach Zustellung der Mitteilung, so wird die Eintragung gelöscht. [3]Widerspricht er der Löschung, so wird das Löschungsverfahren durchgeführt.

Fassung ab 01.05.2020

§ 54 Beitritt zum Verfalls- und Nichtigkeitsverfahren

(1) [1]Ein Dritter kann einem Verfalls- oder Nichtigkeitsverfahren beitreten, wenn über den Antrag auf Erklärung des Verfalls oder der Nichtigkeit noch keine unanfechtbare Entscheidung getroffen wurde und er glaubhaft machen kann, dass

1. gegen ihn ein Verfahren wegen Verletzung derselben eingetragenen Marke anhängig ist oder
2. er aufgefordert wurde, eine behauptete Verletzung derselben eingetragenen Marke zu unterlassen.

[2]Der Beitritt kann innerhalb von drei Monaten ab Einleitung des Verfahrens nach Satz 1 Nummer 1 oder ab Zugang der Unterlassungsaufforderung nach Satz 1 Nummer 2 beantragt werden.

(2) [1]Für die Antragstellung gilt § 53 Absatz 1 bis 3 entsprechend. [2]Erfolgt der Beitritt im Beschwerdeverfahren vor dem Bundespatentgericht, erhält der Beitretende die Stellung eines Beschwerdebeteiligten.

Fassung vom 08.07.2004

§ 55 Löschungsverfahren vor den ordentlichen Gerichten

(1) Die Klage auf Löschung wegen Verfalls (§ 49) oder wegen des Bestehens älterer Rechte (§ 51) ist gegen den als Inhaber der Marke Eingetragenen oder seinen Rechtsnachfolger zu richten.

(2) Zur Erhebung der Klage sind befugt:
1. in den Fällen des Antrags auf Löschung wegen Verfalls jede Person,
2. in den Fällen des Antrags auf Löschung wegen des Bestehens von Rechten mit älterem Zeitrang die Inhaber der in den §§ 9 bis 13 aufgeführten Rechte,

3. in den Fällen des Antrags auf Löschung wegen des Bestehens einer geographischen Herkunftsangabe mit älterem Zeitrang (§ 13 Abs. 2 Nr. 5) die nach § 8 Abs. 3 des Gesetzes gegen den unlauteren Wettbewerb zur Geltendmachung von Ansprüchen Berechtigten.

(3) Ist die Klage auf Löschung vom Inhaber einer eingetragenen Marke mit älterem Zeitrang erhoben worden, so hat er auf Einrede des Beklagten nachzuweisen, daß die Marke innerhalb der letzten fünf Jahre vor Erhebung der Klage gemäß § 26 benutzt worden ist, sofern sie zu diesem Zeitpunkt seit mindestens fünf Jahren eingetragen ist. Endet der Zeitraum von fünf Jahren der Nichtbenutzung nach Erhebung der Klage, so hat der Kläger auf Einrede des Beklagten nachzuweisen, daß die Marke innerhalb der letzten fünf Jahre vor dem Schluß der mündlichen Verhandlung gemäß § 26 benutzt worden ist. War die Marke mit älterem Zeitrang am Tag der Veröffentlichung der Eintragung der Marke mit jüngerem Zeltrang bereits seit mindestens fünf Jahren eingetragen, so hat der Kläger auf Einrede des Beklagten ferner nachzuweisen, daß die Eintragung der Marke mit älterem Zeitrang an diesem Tag nicht nach § 49 Abs. 1 hätte gelöscht werden können. Bei der Entscheidung werden nur die Waren oder Dienstleistungen berücksichtigt, für die die Benutzung nachgewiesen worden ist.

(4) Ist vor oder nach Erhebung der Klage das durch die Eintragung der Marke begründete Recht auf einen anderen übertragen worden oder übergegangen, so ist die Entscheidung in der Sache selbst auch gegen den Rechtsnachfolger wirksam und vollstreckbar. Für die Befugnis des Rechtsnachfolgers, in den Rechtsstreit einzutreten, gelten die §§ 66 bis 74 und 76 der Zivilprozeßordnung entsprechend.

Fassung vom 14.01.2019

§ 55 Verfalls- und Nichtigkeitsverfahren vor den ordentlichen Gerichten

(1) [1]Die Klage auf Erklärung des Verfalls (§ 49) oder der Nichtigkeit wegen Bestehens älterer Rechte (§ 51) ist gegen den als Inhaber der Marke Eingetragenen oder seinen Rechtsnachfolger zu richten. [2]Die Klage ist unzulässig, wenn über denselben Streitgegenstand zwischen den Parteien
1. bereits gemäß § 53 entschieden wurde,
2. ein Antrag gemäß § 53 beim Deutschen Patent- und Markenamt gestellt wurde.

[3]§ 325 Absatz 1 der Zivilprozessordnung gilt entsprechend.

(2) Zur Erhebung der Klage sind befugt:
1. in den Fällen des Antrags auf Erklärung des Verfalls jede Person,
2. in den Fällen des Antrags auf Erklärung der Nichtigkeit wegen des Bestehens von Rechten mit älterem Zeitrang die Inhaber der in den §§ 9 bis 13 aufgeführten Rechte,
3. in den Fällen des Antrags auf Erklärung der Nichtigkeit wegen des Bestehens einer geographischen Herkunftsangabe mit älterem Zeitrang (§ 13 Abs. 2 Nr. 5) die nach § 8 Abs. 3 des Gesetzes gegen den unlauteren Wettbewerb zur Geltendmachung von Ansprüchen Berechtigten.

(3) [1]Ist die Klage auf Erklärung der Nichtigkeit vom Inhaber einer eingetragenen Marke mit älterem Zeitrang erhoben worden, so hat er auf Einrede des Beklagten nachzuweisen, dass die Marke innerhalb der letzten fünf Jahre vor Erhebung der Klage gemäß § 26 benutzt worden ist, sofern zu diesem Zeitpunkt seit mindestens fünf Jahren kein Widerspruch mehr gegen sie möglich war. [2]Endet der Zeitraum von fünf Jahren der Nichtbenutzung nach Erhebung der Klage, so hat der Kläger auf Einrede des Beklagten nachzuweisen, dass die Marke innerhalb der letzten fünf Jahre vor dem Schluss der mündlichen Verhandlung gemäß § 26 benutzt worden ist. [3]War die Marke mit älterem Zeitrang am Anmelde- oder Prioritätstag der jüngeren Marke bereits seit mindestens fünf Jahren eingetragen, so hat der Kläger auf Einrede des Beklagten ferner nachzuweisen, dass die Eintragung der Marke mit älterem Zeitrang an diesem Tag nicht nach § 49 Absatz 1 hätte für nichtig erklärt und gelöscht werden können. [4]Bei der Entscheidung werden nur die Waren oder Dienstleistungen berücksichtigt, für die die Benutzung nachgewiesen worden ist.

(4) [1]Ist vor oder nach Erhebung der Klage das durch die Eintragung der Marke begründete Recht auf einen anderen übertragen worden oder übergegangen, so ist die Entscheidung in der Sache selbst auch gegen den Rechtsnachfolger wirksam und vollstreckbar. [2]Für die Befugnis des Rechtsnachfolgers, in den Rechtsstreit einzutreten, gelten die §§ 66 bis 74 und 76 der Zivilprozessordnung entsprechend.

(5) [1]Das Gericht teilt dem Deutschen Patent- und Markenamt den Tag der Erhebung der Klage mit. [2]Das Deutsche Patent- und Markenamt vermerkt den Tag der Erhebung der Klage im Register. [3]Das Gericht übermittelt dem Deutschen Patent- und Markenamt eine Ausfertigung des rechtskräftigen Urteils. [4]Das Deutsche Patent- und Markenamt trägt das Ergebnis des Verfahrens mit dem Datum der Rechtskraft in das Register ein.

Sachregister

Die Zahlen verweisen auf die Randnummern.

Sachregister

Sachregister

Heymanns Einführungen

Hacker
Markenrecht
5. Auflage